WiSo-KURZLEHRBÜCHER
Reihe Betriebswirtschaft

Perridon/Steiner
Finanzwirtschaft der Unternehmung

Finanzwirtschaft der Unternehmung

von

Dr. Louis Perridon

ord. Professor der Betriebswirtschaftslehre

und

Dr. Manfred Steiner

beide Universität Augsburg

Verlag Franz Vahlen München 1977

CIP-Kurztitelaufnahme der Deutschen Bibliothek
Perridon, Louis
Finanzwirtschaft der Unternehmung / von Louis Perridon u. Manfred Steiner. –
1. Aufl. –
München: Vahlen, 1977.
 (WiSo-Kurzlehrbücher: Reihe Betriebswirtschaft)
 ISBN 3 8006 0502 3
NE: Steiner, Manfred:

ISBN 3 800 60502 3
© 1977 Verlag Franz Vahlen GmbH, München
Satz und Druck: G. Wagner, Nördlingen

Vorwort

Mit der vorliegenden Arbeit wird der Versuch unternommen, ein Lehrbuch des Finanzmanagements zu schaffen, in dem die entscheidungsorientierte Finanzierungslehre einen Schwerpunkt bildet. Deshalb umfaßt das Werk gleichzeitig die Finanzierungsformen, die Investitionsrechnung sowie die Instrumente der Finanzanalyse und -planung unter Einbeziehung der relevanten Theorie, wobei die Autoren jedoch nicht die Absicht hatten, primär ein Buch zur Finanz- und Investitionstheorie zu schaffen. Das Buch wendet sich in erster Linie an Studenten der Wirtschaftswissenschaften und ist didaktisch so aufgebaut, daß es sowohl ergänzend zu den Investitions- und Finanzierungsvorlesungen des Grund- und Hauptstudiums als auch zum Selbststudium verwendet werden kann. Daneben richtet es sich jedoch auch an den Finanzpraktiker in Produktions-, Dienstleistungs- und Finanzunternehmen. Für den Finanzmanager, Kreditfachmann oder Wertpapieranalysten dürfte das Buch insbesondere deshalb von Nutzen sein, weil es den heutigen Stand des Wissens in der modernen Finanzierungslehre systematisch zusammengefaßt wiedergibt.

Wie im Titel zum Ausdruck kommt, stellt das Buch auf die Finanzierungsprobleme von Unternehmen (private und öffentliche Produktionshaushalte) ab. Damit ist zwar primär aus der Sicht des Finanzmanagements geschrieben, die instrumentalen und analytischen Teile sind jedoch auch in gleicher Weise für öffentliche und private Konsumhaushalte sowie für Kreditinstitute von Bedeutung. Da Unternehmen als Kreditnehmer wie auch als Kreditgeber auftreten, werden die Finanzanalyse und Kreditsicherung sowohl aus Kreditoren- wie Debitorensicht behandelt.

Der Grundaufbau des Buches orientiert sich am Bilanzdenken mit den Begriffen Vermögen und Kapital. Zunächst werden die Instrumente des Mangements der Vermögensstruktur (Kapitalverwendung), dann die der Kapitalstruktur (Kapitalaufbringung) dargestellt. Daran anschließend erfolgt die Behandlung der Finanzanalyse und der Finanzplanung als Instrumente der Beurteilung und Abstimmung von Kapitalverwendung und Kapitalaufbringung unter Berücksichtigung der grundlegenden Aussagen der modernen Kapitaltheorie. Finanzierung wird in diesem Zusammenhang als entscheidungsbezogene Unternehmensrechnung verstanden.

Entsprechend dem Phasenschema des Investitionsentscheidungsprozesses werden die Überlegungen zur Kapitalverwendung den Finanzierungsalternativen vorgelagert. Bei der Behandlung des Managements der Vermögensstruktur stehen die Investitionsrechenverfahren im Vordergrund. Daneben wird die Wertpapieranalyse als ergänzendes Instrumentarium für Finanzinvestitionen behandelt. Darüber hinaus sind auch die in der deutschen Lehrbuchliteratur häufig vernachlässigten Grundzüge des Managements des kurzfristig sich liquidierenden Vermögens aufgezeigt.

Bei der Behandlung der Finanzierungsalternativen wird die Trennung in Außen- und Innenfinanzierung als grundlegende Einteilung gewählt. Dabei wird versucht, die wichtigsten finanzwirtschaftlichen Entscheidungsaspekte des jeweiligen Finanzierungsinstruments darzulegen. Für konkurrierende Finanzierungsformen, wie Industrieobligation und Schuldscheindarlehen, Leasing und Kreditfinanzierung, werden auch Vorteilhaftigkeitsvergleiche angestellt.

Breiter Raum wird der finanzwirtschaftlichen Analyse mit Kennzahlen, Kennzahlensystemen und Kapitalflußrechnungen eingeräumt, wobei die Ausführungen sowohl auf interne wie auch externe Analyse abstellen. Die Analyse wird als Vorstufe bzw. integrativer Bestandteil des sich anschließenden Kapitels „Finanzplanung" gesehen. Der Planungsprozeß selbst und die Budgetierung werden als Managementaufgabe und Führungsinstrument eingeordnet. In diesem Abschnitt werden auch die wichtigsten mathematischen Prognosemethoden dargestellt, da das Problem der Informationsgewinnung bei Planungsmodellen in der Literatur leider häufig vernachlässigt wird. Wegen der größeren praktischen Relevanz wird die integrierte Finanzplanung ausführlicher diskutiert als Simultanplanungsmodelle. Letztere wurden der Investitionsprogrammentscheidung zugeordnet.

Eine Behandlung der Abstimmung von Kapitalbedarf und Kapitalverwendung ohne Berücksichtigung der Aussagen der modernen Kapitaltheorie bliebe unvollständig. Deshalb werden im letzten Kapitel die kapitaltheoretischen Grundmodelle im Hinblick auf ihre Aussagen zu Kapitalkosten-, Kapitalstruktur- und Ausschüttungsentscheidungen referiert. Neben dem materiellen Inhalt soll dieser Abschnitt dem Leser auch eine Einführung in das modellanalytische Denken vermitteln, die ihn in die Lage versetzt, Modellprämissen sowie Möglichkeiten und Grenzen der Verifizierung einer Theorie zu erkennen.

Zur Erhöhung der Verständlichkeit als Lehrbuch wurde eine einfache Sprache angestrebt. Gleichem Zweck dienen Kontrollfragen und Aufgaben am Ende eines jeden Kapitels. Die nach den Abschnitten eingefügten Literaturempfehlungen stellen keine qualitative Auswahl dar, sondern sind ausschließlich unter dem didaktischen Gesichtspunkt der systematischen Ergänzung und Abrundung der Ausführungen des Lehrbuchs gewählt worden. Die Literaturempfehlungen wurden hierbei bewußt knapp gehalten; der interessierte Leser sei auf das ausführlichere Literaturverzeichnis verwiesen.

Für die Mitarbeit an dem Buch durch Anregungen und Hilfen danken die Verfasser Herrn Dipl.-oec. Grünwald, Herrn Dipl.-oec. Rössler, Herrn Dipl.-Hdl. Spies und Herrn Dipl.-Kfm. Strohmeier. Darüber hinaus gilt der Dank Frau Becker für die mühevolle Arbeit des wiederholten Schreibens der Manuskripte.

Louis Perridon   *Manfred Steiner*

Hauptkapitel der Gliederung

A. Grundlagen der Finanzwirtschaft der Unternehmung

B. Management der Vermögensstruktur
    I. Investition und Investitionsentscheidung
    II. Investitionsrechnung
    III. Wertpapieranalyse
    IV. Finanzwirtschaftliche Disposition des Umlaufvermögens

C. Alternativen der Kapitalaufbringung
    I. Systematisierungsansätze der Finanzierungsformen
    II. Außenfinanzierung
    III. Innenfinanzierung

D. Finanzanalyse
    I. Kennzahlenanalyse
    II. Kennzahlensysteme
    III. Kapitalflußrechnungen

E. Finanzplanung

F. Grundmodelle der betriebswirtschaftlichen Kapitaltheorie

Inhaltsverzeichnis

Vorwort V
Abkürzungsverzeichnis XV

A. Grundlagen der Finanzwirtschaft der Unternehmung

I. Einordnung der Finanzwirtschaft und finanzwirtschaftliche Grundbegriffe 1
   1. Ökonomischer Bezugsrahmen 1
   2. Der Begriff Finanzwirtschaft 4
   3. Kapital und Vermögen 4
   4. Stellung der Finanzwirtschaft im Rahmen des Management . . . 7

II. Finanzwirtschaft und Zielsetzung der Unternehmung 11
   1. Theorien der Unternehmung und finanzwirtschaftliche Modelle . 11
   2. Traditionelle finanzwirtschaftliche Entscheidungskriterien 13
      a) Rentabilität 13
      b) Liquidität 14
      c) Sicherheit 17
      d) Unabhängigkeit 18

B. Management der Vermögensstruktur

I. Investition und Investitionsentscheidung 19
   1. Investitionsbegriff 19
   2. Investitionsarten 21
   3. Investition als Entscheidungsprozeß 22
      a) Investitionsanregung 23
      b) Investitionsuntersuchung 24
      c) Investitionsentscheidung 27

II. Investitionsrechnung 28
   1. Grundlagen und Überblick über die Investitionsrechenverfahren 28
   2. Statische Investitionsrechenverfahren
      (Einperioden-Modelle) 30
      a) Kostenvergleichsrechnung 30
         aa) Auswahlproblem 31
         bb) Ersatzproblem 34
      b) Gewinnvergleichsrechnung 37
         aa) Isolierter Vergleich 37
         bb) Differenzbetrachtung 38
      c) Rentabilitätsvergleichsrechnung
         (Return on investment) 40
      d) Amortisationsrechnung (pay-off-period) 41

aa) Durchschnittsrechnung 42
bb) Totalrechnung 42
e) Aussagefähigkeit der statischen Investitionsrechenverfahren . 45
3. Dynamische Investitionsrechenverfahren
(Isolierte Mehrperioden-Modelle) 47
   a) Grundlagen dynamischer Verfahren 47
   b) Darstellung der dynamischen Verfahren für den Fall der
      Einzelinvestition 49
      aa) Kapitalwertmethode 49
      bb) Interne Zinssatzmethode 51
      cc) Annuitätenmethode 53
      dd) Einfluß der Verfahrenswahl auf die Investitionsentscheidung 53
   c) Das Auswahlproblem 54
      aa) Vollständiger und begrenzter Vorteilsvergleich 54
      bb) Einfluß der Rechenverfahren auf die Investitionsentscheidung beim Alternativenvergleich 58
   d) Das Problem der optimalen Nutzungsdauer 60
      aa) Bestimmungsfaktoren der Nutzungsdauer 61
      bb) Ermittlung der optimalen Nutzungsdauer eines einmaligen
Investitionsobjektes 61
      cc) Ermittlung der wirtschaftlichen Nutzungsdauer bei Unterstellung von Investitionsketten 63
   e) Das Problem des optimalen Ersatzzeitpunktes 64
      aa) Investitionsrechenverfahren und Ersatzzeitpunkt 64
      bb) Lösung des Ersatzproblems mit Hilfe der MAPI-Methode 66
   f) Modellannahmen und Wirklichkeit 68
      aa) Die Finanzierungsannahmen der dynamischen Verfahren 68
      bb) Die Zurechenbarkeit der Ein- und Auszahlungen zu einem
einzelnen Investitionsprojekt 69
      cc) Einzahlungen und Auszahlungen versus Erlöse und Kosten
als Rechengrößen 70
      dd) Der Kalkulationszinssatz in Theorie und Praxis 70
      ee) Die Steuern als Einflußgröße in der Investitionsrechnung . 73
4. Berücksichtigung der Unsicherheit bei Investitionsentscheidungen 78
   a) Die Unsicherheitssituation und ihre Formen 78
      aa) Risiko 79
      bb) Ungewißheit 79
   b) Traditionelle Lösung durch Korrekturverfahren 81
   c) Sensitivitätsanalyse 82
   d) Investitionsentscheidungen aufgrund subjektiver Wahrscheinlichkeiten (Bayes Regel und Bernoulli-Prinzip) 85
   e) Simulation als Hilfsmittel der Investitionsrechnung 93
      aa) Anwendung der Simulationstechnik auf Investitionsentscheidungen 94
      bb) Beispiel einer Investitionssimulation 95
   f) Entscheidungsbaumverfahren 99

5. Investitionsprogrammentscheidungen 105
   a) Problemstellung 105
   b) Die klassischen Ansätze zur Bestimmung des optimalen Investitionsprogramms 105
   c) Die Lösung des Interdependenzproblems mit Hilfe der linearen Programmierung 108
      aa) Das Einperiodenmodell von Albach 109
      bb) Der Ansatz von Hax 111
      cc) Der Einfluß des Produktionsprogramms auf das optimale Investitionsprogramm 113
   d) Beurteilung der Modellansätze für Investitionsprogrammentscheidungen 114
   Literaturempfehlungen und Kontrollfragen zu Kapitel B II . . 115

III. Wertpapieranalyse 116
   1. Beurteilung festverzinslicher Effekten 116
      a) Sicherheit und Fungibilität 117
      b) Effektivverzinsung 117
   2. Konzeption und methodische Ansätze der Aktienanalyse . . . 120
      a) Aufgaben der Aktienanalyse 120
      b) Fundamentale Ansätze 121
      c) Technische Analyse 122
      d) Random-Walk-Hypothese 123
   3. Fundamentalanalyse 124
      a) Das theoretisch fundierte Konzept des „present value" . . . 124
         aa) Investitionstheoretische Grundlagen 124
         bb) Ansatz der wertbestimmenden Ertragsgrößen 125
         cc) Bestimmung von Höhe und Dauer des Gewinn-Wachstums 126
         dd) Wahl des dem Modell zugrunde liegenden Kapitalisierungszinsfußes 126
      b) Das vereinfachende Konzept des Price-Earning-Ratio-Wertfaktors 127
         aa) PER als Kennziffer zur Aktienkurs-Bewertung 127
         bb) Wertpapierstrategien auf Basis von PER-Analysen . . . 128
      c) Monetaristische Erweiterungen 129
   4. Technische Analyse 132
      a) Die Verwendung von Kursdiagrammen (Charts) 132
      b) Ansätze der Bewertung des Gesamtmarkts 135
         aa) Aktienindizes 135
         bb) Trendentwicklungen und zyklische Schwankungen
             Basistrend – Primärbewegungen – Sekundärzyklen – kurzfristige Kursschwankungen 137
         cc) Prognose des Gesamtmarktverlaufs
             Die klassische Dow-Theorie – Advance-Decline-Methode – Gleitende Durchschnitte – Sonstige Methoden – Zuverlässigkeit von Gesamtmarktprognosen 140
      c) Ansätze zur Prognose von Einzelwerten 146
         aa) Aktientrendanalyse 146
         bb) Widerstands- und Unterstützungslinien 148

cc) Formationen
Trendbestätigende Konsolidierungsformationen – Trendumkehrformationen 149
dd) Zuverlässigkeit des Formationssystems und des chart-reading 152
Literaturempfehlungen und Kontrollfragen zu Kapitel B III 153

IV. Finanzwirtschaftliche Disposition des Umlaufvermögens 154
  1. Das Kassenhaltungsproblem 155
    a) Ziele und Aufgaben der Kassenhaltung 155
    b) Kassenhaltungsmodelle 156
      aa) Baumol-Modell 156
      bb) Das Modell von Beranek 159
      cc) Das Modell von Miller und Orr 159
      dd) Beurteilung der Kassenhaltungsmodelle 162
  2. Die Disposition der Forderungen 162
  3. Die Lagerhaltung als finanzwirtschaftliches Entscheidungsproblem 164
Literaturempfehlungen und Kontrollfragen zu Kapitel B IV ... 165

C. Alternativen der Kapitalaufbringung

I. Systematisierungsansätze der Finanzierungsformen 167

II. Außenfinanzierung 170
  1. Eigen- und Beteiligungsfinanzierung 170
    a) Beteiligungsfinanzierung von Unternehmungen ohne Zugang zur Börse 170
    b) Beteiligungsfinanzierung von Unternehmungen mit Zugang zur Börse 175
  2. Kreditfinanzierung 183
    a) Charakteristika und Formen 183
    b) Kreditwürdigkeit 184
    c) Kreditbesicherung 185
    d) Langfristige Kreditformen 191
      aa) Schuldverschreibungen 191
      bb) Schuldscheindarlehen 196
      cc) Langfristiger Bankkredit 201
      dd) Euromarktkredite 204
    e) Kurzfristige Kredite 206
      aa) Handelskredite 206
      bb) Kontokorrentkredit 208
      cc) Wechseldiskontkredit 209
      dd) Lombardkredit 213
      ee) Kreditleihe 216
      ff) Kredite im Auslandsgeschäft 217
    f) Kreditsubstitute 220
      aa) Factoring 220
      bb) Leasing 222

XII Inhaltsverzeichnis

        Literaturempfehlungen und Kontrollfragen zu Kapitel C I und C II 231

III. Innenfinanzierung 235
    1. Selbstfinanzierung 236
       a) Offene Selbstfinanzierung 236
       b) Stille Selbstfinanzierung 237
    2. Finanzierung aus Abschreibungen 242
       a) Begriff 242
       b) Kapitalfreisetzungs- und Kapazitätserweiterungseffekt 243
       c) Beurteilung des Kapazitätserweiterungseffekts 245
    3. Finanzierung aus Rückstellungen 247
    4. Finanzierung durch Vermögensumschichtung (Kapitalfreisetzung) 248
       Literaturempfehlungen und Kontrollfragen zu Kapitel C III ... 249

D. Finanzanalyse

I. Kennzahlenanalyse 251
    1. Analysezwecke 251
    2. Analyseablauf 252
    3. Bestandsorientierte Strukturkennzahlen 254
       a) Vermögensstruktur 254
       b) Kapitalstruktur 255
       c) Horizontale Bilanzstruktur 258
          aa) Finanzierungsregeln (langfristige Deckungsgrade) 258
          bb) Liquiditätsregeln und -kennzahlen (kurzfristige Deckungsgrade) 260
       d) Beurteilung bestandsorientierter Kennzahlen 263
    4. Stromgrößenorientierte Kennzahlen 264
       a) Erfolgskennzahlen 265
          aa) Absolute Erfolgskennzahlen 265
              Bilanzgewinn 265
              Jahresüberschuß 265
              geschätzter Steuerbilanzgewinn 268
              Cash Flow 270
          bb) Relativierte Erfolgskennzahlen 275
              Rentabilitäten 276
              Return on Investment 277
       b) Aktivitätskennzahlen 279
       Literaturempfehlungen zu Kapitel D I 280
       Kontrollfragen zu Kapitel D I 281

II. Kennzahlensysteme 284
    1. Logisch-deduktive Kennzahlensysteme 285
       a) Du Pont-System 285
       b) „Pyramid Structure of Ratios"-System 286
       c) ZVEI-System 286
    2. Empirisch-induktive Kennzahlensysteme 288
       a) Kennzahlensystem nach Beaver 289

b) Kennzahlensystem nach Weibel 290
   Literaturempfehlungen und Kontrollfragen zu Kapitel D II . . . 292

III. Kapitalflußrechnungen 293
   1. Arten von Kapitalflußrechnungen 293
   2. Beständedifferenzbilanz 293
   3. Veränderungsbilanz und Bewegungsbilanz 295
   4. Einbeziehung von Kontenumsätzen in Kapitalflußrechnungen
      (Brutto- und Teil-Brutto-Bewegungsrechnungen) 300
   5. Einbeziehung der Erfolgsrechnung in Kapitalflußrechnungen . . 301
   6. Fondsrechnung 302
   Literaturempfehlungen und Kontrollfragen zu Kapitel D III . . . 306

E. Finanzplanung

I. Begriff und Wesen der Finanzplanung 307
   1. Planung 308
   2. Organisation der Planung 309
   3. Planungs- und Budgetierungsgrundsätze 312
   4. Stellung der Finanzplanung und Budgetierung im Rahmen der
      Gesamtplanung 314
   5. Aufgaben und Ablauf der Finanzplanung 315
   6. Formen und Arten der Finanzplanungsrechnung 316

II. Prognosemethoden im Rahmen der Finanzplanung 318
   1. Subjektive Planzahlenbestimmung 318
   2. Extrapolierende Verfahren 319
      a) Trendanalyse 320
      b) Berücksichtigung von Zyklus und Saison 328
   3. Kausale Prognosen 330

III. Kapitalbedarfsplanung 332
   1. Prognoseplanung 332
   2. Standardfinanzplanung 336

IV. Liquiditätsplanung 338

V. Integrierte Finanzplanung 343

VI. Plananpassung und Kontrolle 345
   Literaturempfehlungen und Kontrollfragen zu Kapitel E 348

F. Grundmodelle der betriebswirtschaftlichen Kapitaltheorie

I. Zielsetzung und Struktur der neueren betriebswirtschaftlichen Kapitaltheorie 351

II. Kapitalkosten und Leverage 353

III. Verschuldungsanalyse 357
   1. Modigliani-Miller-Theorem 357
      a) Modellannahmen 357
      b) Thesen 358
      c) Thesen-Beweise 360
      d) Beurteilung des Modells 362
   2. Modell des optimalen Verschuldungsgrades 364

IV. Ausschüttungsentscheidung 367
   1. Gewinn- und Dividendenthese 367
   2. Modelle zur Bestimmung der optimalen Ausschüttung 368

V. Portfolioanalytischer Ansatz 370
Literaturempfehlung und Kontrollfragen zu Kapitel F 372

Literaturverzeichnis 375
Stichwortverzeichnis 392

Abkürzungsverzeichnis

AktG	Aktiengesetz
BAV	Bundesaufsichtsamt für das Versicherungs- und Bausparwesen
BBankG	Bundesbankgesetz
BdF	Bundesministerium der Finanzen
BFH	Bundesfinanzhof
BFuP	Betriebswirtschaftliche Forschung und Praxis
BGB	Bürgerliches Gesetzbuch
BGH	Bundesgerichtshof
BGHZ	Amtliche Sammlung von Entscheidungen des BGH in Zivilsachen
DB	Der Betrieb
DIHT	Deutscher Industrie- und Handelstag
DStZ	Deutsche Steuerzeitung
FR	Finanzrundschau
GenG	Genossenschaftsgesetz
GewStG	Gewerbesteuergesetz
HdSW	Handwörterbuch der Sozialwissenschaft
HFA des IdW	Hauptfachausschuß des Instituts der Wirtschaftsprüfer
KWG	Kreditwesengesetz
NB	Neue Betriebswirtschaft
NJW	Neue Juristische Wochenschrift
OLG	Oberlandesgericht
RGZ	Amtliche Sammlung der Entscheidung des Reichsgerichts
RKW	Rationalisierungskuratorium der Wirtschaft
VAG	Versicherungsaufsichtsgesetz
WiSt	Wirtschaftswissenschaftliches Studium
WiWo	Wirtschaftswoche
WP	Das Wertpapier
WPg	Die Wirtschaftsprüfung
ZfB	Zeitschrift für Betriebswirtschaft
ZfgK	Zeitschrift für das gesamte Kreditwesen
ZfhF	Zeitschrift für handelswissenschaftliche Forschung
ZfO	Zeitschrift für Organisation
ZKA	Zentraler Kapitalmarktausschuß

A. Grundlagen der Finanzwirtschaft der Unternehmung

I. Einordnung der Finanzwirtschaft und finanzwirtschaftliche Grundbegriffe

1. Ökonomischer Bezugsrahmen

In einer arbeitsteilig organisierten Volkswirtschaft gibt es grundsätzlich zwei Kategorien von Wirtschaftssubjekten, solche, die sich der Produktion von Gütern bzw. Dienstleistungen widmen und solche, die diese Güter oder Dienstleistungen verbrauchen. Erstere werden »**Unternehmen**«, letztere »**Haushalte**« genannt. Beide Kategorien haben miteinander gemein, daß sie aus ökonomischer Sicht über knappe Ressourcen verfügen und deshalb mit ihnen **sparsam**, d. h. effizient haushalten müssen. Anders gesagt, die Wirtschaftseinheiten, die man richtiger **Produktionshaushalte**, bzw. **Konsumhaushalte** nennen sollte, müssen, wenn sie ihre Zielsetzungen optimal erreichen wollen, die ihnen zur Verfügung stehenden Ressourcen so anwenden, daß sie damit unter den gegebenen technologischen, ökonomischen, soziologischen, rechtlichen, politischen und sonstigen Bedingungen einen höchstmöglichen ökonomischen Nutzen erzielen, sei es in der Form der Einkommenserzielung (Gewinn), sei es in der Form der Einkommensverwendung.

Ein **Produktionshaushalt**, etwa in der Gestalt einer Unternehmung ist eine *auf Fortbestand ausgerichtete und von einem Willenszentrum geleitete Wirtschaftseinheit, die an einem oder mehreren Teilvorgängen des gesellschaftlichen Produktionsprozesses teilnimmt, indem sie einerseits Wirtschaftsgüter auf ihren Beschaffungsmärkten erwirbt und nach ihrer Umwandlung in absatzfähigere Produkte, diese andererseits auf den einschlägigen Absatzmärkten veräußert.* In dieser Definition wird absichtlich auf mögliche Zielsetzungen, wie Gewinnerzielung, Kostendeckung usw., verzichtet, da die Ziele nicht für alle Produktionshaushalte identisch sein müssen. So können z. B. Unterschiede in den Zielsetzungen zwischen öffentlichen und privaten Produktionshaushalten bestehen. Die Unternehmung stellt eine spezielle Form des Produktionshaushalts dar.

Volkswirtschaftlich fällt den Produktionshaushalten die Aufgabe zu, die Gesellschaft mit Gütern und Dienstleistungen zu versorgen, die zur Befriedigung der vorhandenen und erkennbaren Bedürfnisse benötigt werden. Die Produktionshaushalte sollen einen Beitrag zur Erhaltung und Erhöhung des Wohlstandes der Volkswirtschaft, in die sie eingebettet sind, liefern. Sobald ein Produktionshaushalt diese Dienstleistung an der Gesellschaft nicht mehr erbringt, hat er grundsätzlich sein *raison d' être* verloren.

Den anderen Pol der Volkswirtschaft bilden die **Konsumhaushalte**. Auf diese ist letzten Endes die Aktivität der Produktionshaushalte gerichtet, weil sie die letzten Abnehmer der in der Volkswirtschaft produzierten Güter und Dienstleistungen sind. *Der Konsumhaushalt ist somit eine Wirtschaftseinheit, welche die zur Befriedigung der Bedürfnisse ihrer Mitglieder notwendigen Güter und Dienstleistungen auf den einschlägigen Beschaffungsmärkten erwirbt und das dazu benötigte Einkommen über den Arbeitsmarkt und ggf. den Finanzmarkt aufbringt, indem sie Arbeitskraft und/ oder finanzielle Mittel auf diesen Märkten anbietet.*

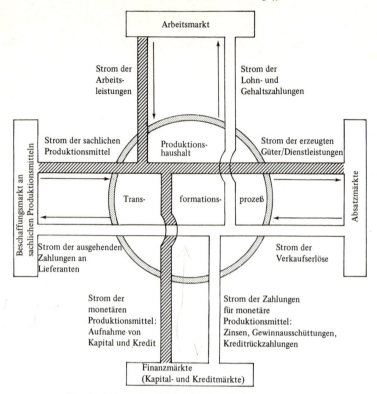

Abb. 1: Bindung des Produktionshaushaltes im Marktsystem

Aus den obigen Definitionen geht hervor, daß die einzelnen Wirtschaftseinheiten durch ein Netz von Märkten miteinander verbunden sind (s. Abb. 1). In einer arbeitsteiligen Verkehrswirtschaft sind Märkte notwendige Institutionen, deren **primäre** Aufgabe – alle anderen ihnen zugesprochenen Funktionen, wie Preisgestaltungsfunktion, Informationsfunktion, u.ä. können auf ihr begründet werden – es ist, Anbieter und Nachfrager von Wirtschaftsgütern miteinander in Verbindung zu bringen. Märkte sind also funktional betrachtet »Bindeglieder« zwischen den Produktionshaushalten untereinander einerseits und zwischen diesen und den Konsumhaushalten andererseits.

Die bloße Existenz der Märkte genügt aber nicht, um den Tauschverkehr zwischen den Wirtschaftseinheiten optimal zu gestalten. Um ihre Funktion als »Bindeglied« effizient erfüllen zu können, müssen die Marktteilnehmer über ein Instrument verfügen, das sie in die Lage versetzt, ihre Wertschätzungen bezüglich der auf den Märkten befindlichen Wirtschaftsgüter zu **quantifizieren** und sie somit miteinander vergleichen zu können. Dieses Instrument ist das **Geld**. In einer geldmäßig organisierten Volkswirtschaft gibt Geld seinem Besitzer **undifferenzierte Kaufkraft**, d. h. ein Anrecht auf einen Teil des Sozialprodukts. Die Volkswirtschaftslehre lehrt, daß Geld grundsätzlich drei Funktionen erfüllt: Es ist **Zahlungsmittel, Tauschmittel und Wertaufbewahrungsmittel**. Diese Eigenschaft des Geldes ermöglicht es, zeitliche Differenzen zwischen eingehenden und ausgehenden Zahlungsströmen zu überbrücken. Auf dieser Funktion beruht unter anderem die **Kassenhaltung** der Wirtschaftssubjekte. Neben diesen beiden »materiellen« Funktionen erfüllt das Geld noch eine abstrakte Funktion, von der oben bereits die Rede war, nämlich die einer **Recheneinheit**. Diese Funktion ermöglicht es, die Wertschätzungen hinsichtlich der Güter und Dienstleistungen in einem »Referenzgut« auszudrücken.

Das Finanzgebaren der Wirtschaftssubjekte beruht letzten Endes auf einer rationalen Ausnützung dieser drei Hauptfunktionen des Geldes. In diesem Zusammenhang empfiehlt es sich kurz einzugehen auf die Gründe, die die Wirtschaftssubjekte veranlassen, Geld zu halten.

Jeder Produktionshaushalt[1] ist darauf ausgerichtet, Güter und/oder Dienstleistungen für den Markt herzustellen. Dazu bedarf es Sachmittel und Arbeitskräfte, die im Produktionsprozeß in marktfähige Produkte transformiert werden. Die Beschaffung dieser Produktionsmittel sowie der Absatz der Produkte lösen innerhalb des Produktionshaushaltes Bewegungen aus, die wir unter dem Begriff »Realströme« zusammenfassen wollen (vgl. die schraffierten Linien des Schaubildes 1). Für die Beschaffung der Produktionsmittel braucht der Produktionshaushalt Geld, während er durch den Verkauf seiner Produkte wieder Geld erhält. Die **monetäre Sphäre** eines Produktionshaushaltes umfaßt alle durch Änderungen in den Realströmen ausgelösten Aus- und Einzahlungsströme. Zwischen den Realströmen und den monetären Strömen besteht also ein Zusammenhang in dem Sinne, daß Zu- und Abnahmen der ersteren entgegengerichtete Bewegungen in der monetären Phase nach sich ziehen. Die Bindung von Geld, oder genauer von liquiden Mitteln in Produktionsmitteln, wird als »Investition« bezeichnet. Das Finanzierungsproblem entsteht, wie S. Garcia Echevarria mit Recht betont, nun dadurch, daß die Ein- und Auszahlungsströme, die durch die Bewegungen in der realen Sphäre ausgelöst werden, zeitlich auseinanderfallen: »Der Faktor Zeit ist somit in der Finanzierung die Basisvariable.«[2]

In Anlehnung an J. M. Keynes werden die Gründe, weshalb ein Wirtschaftssubjekt Zahlungsmittel hält, auf drei Motive zurückgeführt: das **Transaktionsmotiv**, das **Vorsichtsmotiv** und das **Spekulationsmotiv**. Dadurch daß die Ein- und Auszahlungsströme zeitlich auseinanderfallen, müssen Zahlungsmittel gehalten werden. Die Kassenhaltung erfüllt also eine Pufferfunktion, denn sie soll den zeitlichen Ausgleich der Zahlungsströme sicherstellen. Das Vorsichtsmotiv bezieht sich auf die Unsicherheit bezüglich der zukünftigen Bewegungen im Zahlungsbereich. Auch wenn ein Produktionshaushalt noch so gut die Zahlungsströme der künftigen Perioden plant, hat er keine absolute Sicherheit, daß die geplanten Ein- und Auszahlungen auch tatsächlich in den vorhergesehenen Zeitpunkten eintreten. Deshalb muß ein zusätzlicher Puffer geschaffen werden, um unvorhergesehene Engpässe im Zahlungsbereich zu überbrücken.

Die aus dem Transaktions- und Vorsichtsmotiv gehaltenen liquiden Mittel sind demzufolge notwendig, um den Produktionsprozeß aufrecht zu erhalten und sie stellen somit, genau wie die anderen Sachmittel, einen Produktionsfaktor dar.

---

[1] Das Finanzgebaren der Konsumhaushalte wirft besondere Probleme auf, die im Rahmen der noch in den Kinderschuhen stehenden speziellen Betriebswirtschaftslehre der Konsumhaushalte zu behandeln wäre. Diese Disziplin wird im angelsächsischen Sprachraum des öfteren als »*Consumer Economics*« bezeichnet. Während sie in Italien unter dem Namen »economia di erogazione« bereits seit vielen Jahrzehnten gepflegt wird, befindet sie sich in Deutschland als »Haushaltswissenschaft« erst in der Entwicklung.

[2] S. Garcia Echevarria: »Politica economica de la empresa«, Bd. II, Madrid 1976, S. 237.

Die aufgrund des Spekulationsmotives gehaltenen liquiden Mittel dienen nicht unmittelbar dem Transformationsprozeß. Die Spekulationskasse ist daher kein Produktionsfaktor im eigentlichen Sinne, obwohl sie eine bedeutende Rolle im Finanzgebaren spielen kann. Von Spekulation ist in diesem Zusammenhang dann die Rede wenn ein Produktionshaushalt es vorzieht, vorhandene liquide Mittel nicht in Sachgütern (einschließlich langfristigen Wertpapieranlagen) zu investieren, weil er aufgrund von (erwarteten) Preisschwankungen und/oder Veränderungen des Zinsfußes einen zusätzlichen Gewinn bzw. Beschränkung eines Verlustes erhofft. Wenn beispielsweise die Preise der Rohstoffe voraussichtlich sinken werden, wird man vernünftigerweise davon Abstand nehmen, sie zu den geltenden Preisen zu beschaffen. Das Spekulationsmotiv kann natürlich auch zu einer »negativen« Spekulationskasse führen, wenn aus Spekulationsgründen Produktionsfaktoren in größeren Mengen beschafft werden, als für die normale Aktivität des Produktionshaushaltes erforderlich wäre. Die Finanzierung dieser negativen Kasse kann beispielsweise durch Aufnahme von Krediten geschehen.

2. Der Begriff „Finanzwirtschaft"

Um an dem gesellschaftlichen Tauschprozeß teilnehmen zu können, müssen die Wirtschaftseinheiten also über Geld verfügen.Hieraus läßt sich bereits folgern, daß die Beschaffung von Kaufkraft eine der wichtigsten Funktionen der finanzwirtschaftlichen Aktivität einer Wirtschaftseinheit darstellt. In der älteren Literatur stand die Kaufkraftbeschaffung bisweilen so sehr im Vordergrund, daß sie als die finanzwirtschaftliche Funktion schlechthin betrachtet wurde. In den letzten Jahren wurde dieser enge Finanzierungsbegriff weitgehend verlassen und eine **Verbindung der Beschaffungs- und Verwendungsfunktion** unter dem Begriff der **Finanzwirtschaft** hergestellt.

Nach moderner Ansicht ist die Finanzwirtschaft ein Teil der allgemeinen Managementfunktion, die später noch näher erläutert wird. Vorläufig sei nur darauf hingewiesen daß eine rationale finanzielle Führung eines Produktionshaushaltes sich folgender Instrumente bedienen muß:

(1) **Planung** (Investitionsplanung, Finanzplanung, Budgetierung), zur Beurteilung und Auswahl der Investitionen und Ermittlung des Bedarfs an finanziellen Mitteln nach Qualität und Quantität;

(2) **Organisation** (Finanzorganisation), zur Steuerung des Prozesses der Beschaffung und Verwaltung finanzieller Mittel im Rahmen der allgemeinen Geschäftspolitik der Unternehmung;

(3) **Kontrolle,** zur Überwachung der Planrealisation.

Die Instrumente der Finanzwirtschaft sollen anschließend noch näher betrachtet werden. Bevor wir dazu übergehen, erscheint es angebracht, zwei grundlegende Begriffe, Kapital und Vermögen, zu klären.

3. Kapital und Vermögen

Um produzieren zu können, braucht wie bereits erwähnt ein Produktionshaushalt Sachmittel wie Rohstoffe, Betriebsmittel, Maschinen, Gebäude, Bargeld u.ä., aber auch Personen in dispositiver und ausführender Tätigkeit. Schließlich verfügt er evtl. noch über immaterielle Güter, wie Patente, Rechte usw. In der Bilanz erscheinen diese Gegenstände als Vermögenswerte. Betriebswirtschaftlich läßt sich das **Vermögen** einer Unternehmung definieren als der Inbegriff aller

Güter, materielle und immaterielle, die in Übereinstimmung mit ihren Zielsetzungen, eine produktive Funktion erfüllen. In der Literatur wird meistens der Begriff Vermögen weiter gefaßt; er bezieht sich auf alle Vermögenselemente über die ein Produktionshaushalt verfügt, ungeachtet ihrer Funktionen. Es erscheint sinnvoll, hier ähnlich wie in der betriebswirtschaftlichen Kostenlehre zwischen „**betriebsnotwendigem Vermögen**" und „**neutralem Vermögen**" zu differenzieren. Das notwendige Betriebsvermögen unterliegt den spezifischen Risiken, die ein Produktionshaushalt aufgrund der Natur seiner Aktivitäten eingehen muß. Das neutrale Vermögen unterliegt ökonomischen Risiken, die primär nicht unmittelbar aus den normalen Aktivitäten des Produktionshaushalts entstehen: es handelt sich um Vermögenselemente, die zwar für den Produktionshaushalt als Ganzes von Vorteil sein können, aber nicht direkt für die erklärten Sachziele eingesetzt werden. Wenn beispielsweise mehr Vorräte gehalten werden, als für den normalen Aktivitätsgrad notwendig sind, weil davon ein Spekulationsgewinn erhofft wird, gehört diese Vorratshaltung nicht zu den Aktivitäten der normalen Geschäftsausübung des betreffenden Produktionshaushaltes. Zur Bestimmung, ob ein Vermögenselement dem notwendigen oder neutralen Vermögen zuzurechnen ist, muß die Frage der betriebswirtschaftlichen Funktion des betreffenden Vermögenselements geklärt werden.

Das Vermögen stellt potentielle Kaufkraft dar; erst wenn es in undifferenzierte Kaufkraft umgewandelt worden ist, verfügt die Unternehmung über Geld. Anders gesagt, im Vermögen wird Geld gebunden, investiert. Diese potentielle Kaufkraft des Vermögens nennen wir das **Kapital** der Unternehmung. Es entspricht der „Summe der Werte aller materiellen und immateriellen Güter, in denen das Kapital des Unternehmens investiert ist".[3] Abzugrenzen von den betriebswirtschaftlichen Vermögens- und Kapitalbegriffen sind die **bilanziellen** Begriffe. Sie sind enger gefaßt, da zu ihnen nur das ausweisungspflichtige, d. h. das aufgrund der handels- und steuerrechtlichen Vorschriften zu bilanzierende Vermögen und Kapital zählen. Beispielsweise wird ein gemietetes Vermögensgut in der Regel nicht bilanziert, ebenso gegebene Garantien, die potentielle Verpflichtungen darstellen, und auch Eigentumsvorbehalte bleiben außer Ansatz.

In der Bilanzpraxis wird das Vermögen in Anlagevermögen und Umlaufvermögen unterteilt. Unter **Anlagevermögen** versteht man die Gesamtheit der Vermögenselemente, die dazu bestimmt sind, dauernd dem Geschäftsbetrieb zu dienen (vgl. AktG § 152 Abs. 1). Sie stehen in der Regel für mehrere Produktionszyklen zur Verfügung.[4] Der Ersatz des abnutzbaren Anlagevermögens erfolgt über die Abschreibungen, soweit diese vom Absatzmarkt vergütet werden. Da diese längerfristig vorhandenen Vermögensgüter die Struktur eines Produktionshaushaltes bestimmen, können sie auch als **Strukturvermögen** bezeichnet werden. **Im Umlaufvermögen** werden Vermögensgegenstände ausgewiesen, die nicht dauernd dem Geschäftsbetrieb dienen sollen (Vorräte, Forderungen, Zahlungsmittel). Die Zusammensetzung der einzelnen Vermögenspositionen verändert sich mit dem Umsatzprozeß. Die tatsächlich kurzfristigen Teile des Umlaufvermögens bezeichnet man auch als **Umschlagvermögen**, da sie sich innerhalb eines Produktionszykluses umsetzen.

---

[3] Gutenberg, E., Einführung in die Betriebswirtschaftslehre, Wiesbaden 1958, S. 106.
[4] Der Produktionszyklus umfaßt grundsätzlich drei Phasen: Beschaffung der Produktionsfaktoren, ihre Transformation in Erzeugnisse (Produktion im technischen Sinne) und den Absatz derselben.

Vermögen und Kapital stehen in einem spiegelbildlichen Verhältnis. Sie sind zwei Bezeichnungen für ein und dieselbe Sache, nämlich für die Gesamtheit aller Werte, die ein Produktionshaushalt zur Erreichung seiner Ziele einsetzt. Eine Beziehung zwischen beiden Größen kann nur über eine Bewertung des Vermögens in Geldeinheiten hergestellt werden. In der Bilanz kommt der Spiegelbildcharakter dadurch zum Ausdruck, daß sich die Summen der Aktiva und Passiva entsprechen. Die Passivseite gibt Auskunft darüber, welche Teile des Kapitals von den Eigentümern (Eigenkapital) und welche Teile von Gläubigern (Fremdkapital) zur Verfügung gestellt worden sind. Demgegenüber gibt die Aktivseite darüber Aufschluß, zu welchen Zwecken die finanziellen Mittel verwendet worden sind.

Eine direkte Beziehung zwischen speziellen Kapitalpositionen und einzelnen Vermögensteilen liegt jedoch generell nicht vor, obwohl die traditionellen Finanzierungsregeln, wie etwa die „Goldene Bilanzregel" (sie fordert, daß das Anlagevermögen vom permanenten Kapital, d. h. Eigenkapital und langfristigem Fremdkapital gedeckt wird) solche direkten Beziehungsverhältnisse herstellen. Diese Regeln gehen vom Gedanken der **partiellen Finanzierung** aus.

Die partielle Betrachtungsweise stellt die Bindungsdauer des Kapitals auf das einzelne Vermögensteil bzw. auf eine Gruppe von Vermögensteilen ab. Man geht also davon aus, daß das vorhandene oder noch zu beschaffende Kapital jeweils in einen ganz bestimmten Vermögensgegenstand investiert wird. Da sich das Vermögen aus einer Vielzahl von einzelnen Objekten zusammensetzt, wird angenommen, daß diese infolge unterschiedlicher Investitions- und Desinvestitionsintervalle auch eine fristenkongruente Finanzierung erfordern. Die Finanzierung hat sich bei partieller Betrachtungsweise also nach der Dauer der Kapitalbindung in den individuellen Vermögensgütern zu richten.

Anstatt die Betrachtung auf einzelne Vermögensteile oder auf Gruppen von Vermögensteilen abzustellen, kann man den Kapitalbedarf auch für die gesamte Vermögensmasse des Produktionshaushalts **global** ermitteln und die Finanzierung den Schwankungen des Gesamtvermögens bzw. des gesamten investierten Kapitals anpassen. Wird der Gesamtkomplex aller Zahlungsvorgänge betrachtet, spricht man von **totaler Finanzierung**.

Während also bei der partiellen Finanzierungsauffassung für jedes einzelne Investitionsobjekt (Aktiva) die geeignete Finanzierungsform besonders bestimmt werden muß, dienen im totalen Finanzierungsansatz z. B. Kredite nicht der Finanzierung ganz bestimmter Investitionsobjekte, sondern der Finanzierung des ganzen Produktionshaushalts.[5] Folgt die finanzielle Unternehmensführung der totalen Finanzierungstheorie, muß sie ihre Finanzierungsentscheidungen auf einen langfristigen Finanzplan stützen. Aus diesem müssen alle künftigen Finanzbedürfnisse in Höhe und zeitlicher Dauer ersichtlich werden, und die finanzielle Unternehmensführung kann sich dann aufgrund dieser Informationen entscheiden, ob sie kurz- oder langfristiges Fremdkapital oder zusätzliches

---

[5] Dies schließt natürlich nicht aus, daß Kredite zweckgebunden sein können. Aber in der Logik des totalen Finanzierungsansatzes ist die Investition, die durch den gebundenen Kredit finanziert wird, als ein Teil der totalen Investitionsmasse zu sehen, die einen zusätzlichen Kapitalbedarf auslöst, der durch diese zusätzliche Kreditaufnahme gedeckt wird. Die totale Finanztheorie betrachtet einen Produktionshaushalt als ein organisches Ganzes. Sie behauptet allerdings nicht, daß partielle Betrachtungsweisen nicht zulässig sind, sondern lediglich, daß diese im Rahmen des Ganzen gesehen werden müssen.

Eigenkapital zur Finanzierung des Defizits im Finanzplan in Anspruch nehmen kann oder soll. Für die Finanzanalyse kann die partielle Betrachtungsweise wertvolle Erkenntnisse liefern (vgl. Kapitel D Finanzanalyse, I. Kennzahlenanlyse, S. 251 ff.).

Neben den bisher erläuterten Begriffen des Eigen- und Fremdkapitals wird in der Finanzpraxis sowie im Schrifttum noch ein anders gearteter Kapitalbegriff häufig verwendet: der Begriff des **„arbeitenden Kapitals"**. Es wird meist mit dem amerikanischen Begriff „Working Capital" belegt, obwohl hierfür früher bereits das deutsche Wort „Betriebskapital" verwendet wurde.

Bilanziell ist das Betriebskapital – französisch „Fonds de roulement" – die Differenz zwischen Eigenkapital und Anlagevermögen. Das Betriebskapital ist positiv, wenn das Eigenkapital das Anlagevermögen übersteigt, und negativ im umgekehrten Falle. Es ist somit der Teil des Umlaufvermögens, der durch Eigenkapital finanziert ist. Dieser Begriff des Betriebskapitals wird von der Mehrzahl der Autoren jedoch als zu eng angesehen. Das Betriebskapital bzw. Working Capital wird überwiegend als der Teil des Umlaufvermögens definiert, der durch das permanente Kapital (Eigenkapital + langfristiges Fremdkapital) finanziert ist. Die Höhe des Betriebskapitals wird als Kennzahl zur Beurteilung der finanziellen Lage einer Unternehmung herangezogen. Es stellt den Überschuß an langfristiger Finanzierung dar (siehe hierzu auch Kennzahl „Working Capital", S. 262 f.).

AKTIVA Mittelverwendung		PASSIVA Mittelherkunft	
	TDM		TDM
Anlagevermögen	80	Eigenkapital	100
Umlaufvermögen	60	Fremdkapital	
		langfristig 10	
		kurzfristig 30	40
Bilanzsumme	140	Bilanzsumme	140

Betriebskapital im engeren Sinne (Working Capital): 100 − 80 = 20
oder: 60 − 40 = 20
im weiteren Sinne: 110 − 80 = 30

Betriebswirtschaftlich ist das Betriebskapital ein wichtiges Element; es zeigt, ob ein Produktionshaushalt in der Lage ist, den permanenten Kern des Umlaufvermögens langfristig zu finanzieren. Das in diesem permanenten Teil gebundene Kapital wird im Rahmen des Produktionszyklus nicht freigesetzt. Der permanente Kern des Umlaufvermögens muß daher dem Strukturkapital zugerechnet werden. Ein zu geringes Betriebskapital kann, wie empirische Untersuchungen nachgewiesen haben, die Ursache des Zusammenbruches eines Produktionshaushaltes sein.

4. Stellung der Finanzwirtschaft im Rahmen des Management

Bezüglich des Begriffs Management gibt es viele sehr unterschiedliche Auffassungen. Sofern sich überhaupt eine comunis opinio feststellen läßt, dürfte sie wohl dahin gehen, daß Management die Tätigkeit der Führung eines Unternehmens bzw. einer Organisation ist. Diese Tätigkeit umfaßt je nach der zugrundeliegenden Auffassung drei oder mehr Phasen: Planung, Organisation und Steuerung bzw. Kontrolle. In bezug auf den organisatorischen Aufbau und somit der hierarchischen Gliederung der Managementfunktion werden traditionell drei Ebenen unterschieden: Das **Topmanagement**, etwa der Vorstand einer AG, der in bestimmten Fällen seine Managementaufgaben mit dem Aufsichtsrat teilt; das **Middle Management**, etwa Abteilungsleiter; und das **Lower Management**, etwa die Meister in den Werkstätten. Diese Auffassung des Managements ist zwar für praktische Zwecke, insbesondere für die Entwicklung von Managementtechniken sehr nützlich, trifft aber u. E. nicht das Wesen der Dinge. Um diese zu erfassen, ist es notwendig, von der funktionalen Stellung der Produktionshaushalte in der Volkswirtschaft auszugehen. Diese beruht auf der Arbeitsteilung des gesellschaftlichen Produktions- und Konsumprozesses. Durch die Arbeitsteilung sind alle Produktionshaushalte über den Weg des Marktsystems miteinander verbunden, sie sind aufeinander angewiesen. Die Arbeitsteilung – und das gilt auch für die Arbeitsteilung innerhalb eines Unternehmens – ist dann erst sinnvoll und möglich, wenn alle an einem bestimmten Produktionsprozeß teilhabenden Produktionshaushalte **kontinuierlich** arbeiten, so daß ein Güterstrom entsteht, der alle einschlägigen Produktionshaushalte durchläuft. Ein Produktionshaushalt kann nur dann sinnvoll am gesellschaftlichen Leistungserstellungsprozeß teilnehmen, wenn er von seinen vorgelagerten Lieferanten regelmäßig bedient wird und selbst mit einem regelmäßigen Absatz seiner Produkte rechnen kann. Aus diesem Umstand läßt sich schon die Notwendigkeit der Dauerhaftigkeit der Produktionshaushalte ableiten. Auch betriebswirtschaftlich ist das Prinzip der Dauerhaftigkeit zu belegen. Die technische Produktion erfordert den Einsatz von Vermögenselementen, die mehreren Produktionszyklen dienen, und über viele Jahre nutzungsfähig sind. Eine nur kurzfristige Verwendung dieser Vermögensgüter ist meist unwirtschaftlich. Man kann also die Behauptung aufstellen, daß **Produktionshaushalte generell auf Fortbestand angelegt sind.** (Dies soll die zeitlich begrenzte Tätigkeit, wie sie etwa bei Arbeitsgemeinschaften auftreten kann, nicht ausschließen, sie stellt jedoch die Ausnahme dar). **Dem Management fällt damit die Aufgabe zu, durch Erhaltung des erfolgs- und finanzwirtschaftlichen Gleichgewichts die Dauerhaftigkeit der Organisation zu bewirken.**[6] Das **erfolgswirtschaftliche Gleichgewicht** ist gewährleistet, wenn langfristig die Erträge mindestens die Aufwendungen decken (ohne Beachtung des Inflationsproblems!) Demgegenüber ist das **finanzwirtschaftliche Gleichgewicht** ein Zeitpunktproblem. Die Zahlungskraft muß in jedem Zeitpunkt ausreichen, die Zahlungsanforderungen abzudecken (vgl. Finanzwirtschaftliche Entscheidungskriterien, b „Liquidität", S. 14 ff.).

Die Aufgabe der Aufrechterhaltung des wirtschaftlichen Gleichgewichts läßt sich – wie eine funktionale Analyse rationalen und zielbezogenen Handelns zeigt – in drei fundamentale Phasen aufgliedern:

(1) die **Festlegung der Ziele** der zu unternehmenden Aktion;
(2) die **Übersetzung** dieser Ziele in operationale Pläne;
(3) die **Verwirklichung** der Ziele, d. h. die Ausführung der Pläne.

Diese Phasen sind durch einen ständigen Rückkoppelungsprozeß (feedback) miteinander zu verbinden, um eine Überwachung und Kontrolle zu gewährlei-

---

[6] Mit dieser Aussage ist noch nicht die ganze Fülle des Managementbegriffs erschöpft, denn es wird kein Bezug genommen auf die Notwendigkeit des Managements, die nicht-ökonomischen Faktoren in der Entscheidungsfindung zu beachten.

sten. Den Phasen können im Produktionshaushalt die drei Fundamentalfunktionen:

(1) Management;
(2) Verwaltung;
(3) Ausführung;

zugeordnet werden.

In den Bereich der Managementfunktion gehört die Festlegung der Ziele und die Billigung der Gesamtplanung des Produktionshaushaltes sowie die Überwachung der Kontrolle. Im Bereich der Verwaltungsfunktion werden die operationalen Teilpläne erarbeitet, zu einem Gesamtplan integriert und die zur Überwachung und Kontrolle benötigten Daten aufbereitet. Im Rahmen der Ausführungsfunktion werden die im Bereich der Verwaltungsfunktion angeordneten Maßnahmen ausgeführt, d. h. die Pläne realisiert, und die zur Überwachung und Kontrolle erforderlichen Daten geliefert.

Diese ausschließlich zum besseren Verständnis der komplexen Zusammenhänge im Produktionshaushalt angestellte funktionale Analyse abstrahiert bewußt von der Realität und trennt streng zwischen den Funktionen des Produktionshaushaltes und ihren Trägern; sie impliziert **nicht** etwa eine hierarchische Ordnung dieser Funktionen. Demgegenüber geht die herrschende Lehre davon aus, daß die in einem Produktionshaushalt zu erfüllenden Aufgaben aufgrund einer hierarchisch abgestimmten Arbeitsteilung dem einzelnen Mitarbeiter oktroyiert werden. Damit jedoch bilden nicht die Fähigkeiten der dem Produktionshaushalt zur Verfügung stehenden Menschen, sondern ein schematisch-funktionaler Organisationsplan die Grundlage der Arbeitsteilung, gleichsam als ob sich die Organisation eines Produktionshaushaltes in concreto nach einem vorgefaßten Schema richten könnte und sich nicht an der Qualifikation der zur Verfügung stehenden Mitarbeiter orientieren müßte. Eine derartige Betrachtungsweise wird jedoch dem personalen Charakter der Funktionsträger im Produktionshaushalt nicht gerecht.[7]

In der hier vertretenen Konzeption ist prinzipiell jeder Mitarbeiter eines Produktionshaushaltes Träger aller drei Fundamentalfunktionen, d. h. alle Mitarbeiter „managen", verwalten und führen aus; was sie jedoch unterscheidet, ist der – je nach Arbeitsbereich und Stellung in der Hierarchie – unterschiedliche Anteil an diesen Fundamentalfunktionen. So wird ein zum sogenannten Top Management zählender Mitarbeiter zwar tendenziell stärker mit Managementfunktionen betraut sein, als die zum sogenannten Lower Management oder traditionell nicht zum Management zählenden Mitarbeiter, einen Rest an verwaltenden bzw. ausführenden Funktionen wird jedoch auch er ausüben müssen. Diese Zusammenhänge sind bereits im ersten Viertel dieses Jahrhunderts von dem italienischen Einzelwirtschaftler *Vianello* und dem Franzosen *Fayol* erkannt worden. Ihre Epigonen haben allerdings aus dieser Erkenntnis nicht die Konsequenzen für die Weiterentwicklung der Einzelwirtschaftslehre gezogen.

Aus der funktionalen Auffassung des Managementbegriffs ergibt sich, daß »Management« nicht auf eine bestimmte Ebene der Organisation beschränkt ist, sondern auf allen Stufen der Hierarchie, wenn auch in unterschiedlichem Umfang, angetroffen werden kann. Für die Finanzierung bedeutet dies, daß in den

---

[7] Ein Organisationsplan oder Organigramm sollte daher einerseits die logisch-funktionale und andererseits die personale Struktur der Arbeitsteilung zum Ausdruck bringen.

verschiedensten Organisationseinheiten des Produktionshaushalts finanzwirtschaftlich relevante Managemententscheidungen gefällt werden. So können liquiditätswirksame Vorgänge von nahezu allen betrieblichen Funktionsbereichen ausgelöst werden. Die Finanzfunktion ist somit, im Gegensatz zu anderen betrieblichen Funktionen, wie etwa Produktion undnAbsatz, in allen betrieblichen Funktionsbereichen anzutreffen. Hieraus ergeben sich für die Organisation des Finanzwesens Informations- und Koordinierungsprobleme. Zur Lösung dieser Probleme muß die Finanzierungsfunktion in die erwähnten Teilbereiche Management, Verwaltung und Ausführung zerlegt werden.

Dem Management sind die Festlegung der Ziele, die Billigung der Gesamtplanung und die Finanzpolitik zuzuordnen. Hierzu gehören etwa Grundsatzentscheidungen über die Kapitalstruktur, die Kreditpolitik und das Investitionsbudget. Der Verwaltungsebene obliegt die Konkretisierung und Operationalisierung dieser Grundsatzentscheidungen.

Auf der Ebene der Ausführung stützt sich die Finanzfunktion weitgehend auf die übrigen betrieblichen Funktionsbereiche, wie etwa bei der Realisierung von Investitionen. Besondere Bedeutung erlangt auf der Ausführungsebene der organisatorische Aufbau, nämlich, ob das Finanzwesen nach dem Prinzip der

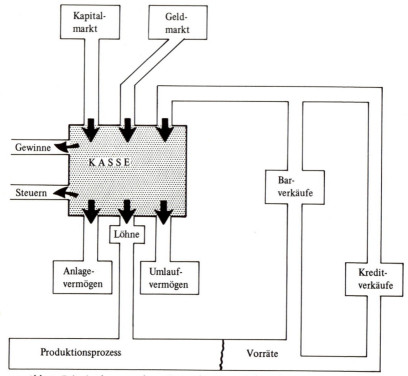

Abb. 2: Prinzip der zentralen „Gesamtkasse" und der relevanten Zahlungsströme

Zentralisation oder der Dezentralisation strukturiert werden soll.[8] Bei Dezentralisation besteht die Gefahr, daß ein finanzwirtschaftliches Ungleichgewicht auftritt. Es ist daher zumindest für das sogenannte „Cash Management" (Disposition der Zahlungsmittel) eine gewisse Zentralisation empfehlenswert. Dies schließt nicht aus, daß im Betrieb mehrere „Kassen" existieren können. Sie müssen jedoch planungs- und entscheidungstechnisch zu einer Einheit zusammengefaßt werden, um eine ausreichende Koordinierung der Zahlungsströme zu gewährleisten (vgl. Abb. 2).

Schließlich sei noch darauf hingewiesen, daß die Produktionshaushalte Teile der Gesellschaft und Institutionen sind, in denen Menschen tätig sind. Das Management muß sich daher auch mit soziologischen und psychologischen Problemen auseinandersetzen. Inwieweit diese bei Entscheidungen, hier speziell finanzwirtschaftlicher Art, Berücksichtigung finden, hängt weitgehend von den Zielsetzungen ab.[9]

II. Finanzwirtschaft und Zielsetzung der Unternehmung

Die Einteilung der Wirtschaftseinheiten in Produktions- und Konsumhaushalte ist systemindifferent, d. h. unabhängig davon, welches Wirtschaftssystem jeweils vorliegt. Im marktwirtschaftlichen Wirtschaftssystem hat sich die **Unternehmung** als historische Erscheinungsform des Produktionshaushalts herausgebildet. Sie stellt einen am **erwerbswirtschaftlichen Prinzip** orientierten Produktionshaushalt dar, der durch seine Aktivitäten einen Mehrwert (z. B. Gewinn) für seine Eigentümer erwirtschaften soll.[10] Die weiteren Ausführungen dieses Buches stellen auf die Unternehmung als der in marktwirtschaftlichen Systemen vorherrschenden Form des Produktionshaushaltes ab.

1. Theorien der Unternehmung und finanzwirtschaftliche Modelle

Die Lehre von der Finanzwirtschaft der Unternehmung befaßt sich mit Theorie und Technik der Kapitalaufbringung und Kapitalanlage (Investition). Die **Kapitalaufbringung** zerfällt dabei in drei Teilprobleme:

(1) **Kapitalstruktur**
(Finanzierungsarten und deren zweckmäßige Kombination).

(2) **Kapitalvolumen**
(Ermittlung des Kapitalbedarfs) und

(3) **Kapitalkosten**
(Bestimmung der Kapitalkosten und der kostenoptimalen Finanzierung).

---

[8] Siehe hierzu z. B. Arbeitskreis Prof. Krähe der Schmalenbach-Gesellschaft, Finanzorganisation, Köln und Opladen 1964; Hauschildt, J., Organisation der finanziellen Unternehmensführung – eine empirische Untersuchung, Stuttgart 1970.

[9] Es würde den Rahmen dieses Elementarlehrbuches sprengen, hier noch auf die verhaltensorientierten Ansätze der betrieblichen Finanzwirtschaft einzugehen. Es sei lediglich darauf hingewiesen, daß auch finanzwirtschaftliche Problemstellungen **in praxi** nicht ohne gebührende Berücksichtigung der relevanten psychologischen und soziologischen Komponenten gelöst werden können.

[10] Vgl. auch Gutenberg, E., Grundlagen der Betriebswirtschaftslehre, Bd. I: Die Produktion, 18. Aufl., Berlin/Heidelberg/New York 1971, S. 457 ff.; Wöhe, G., Einführung in die Allgemeine Betriebswirtschaftslehre, 11. Aufl., München 1973, S. 2 ff.

Im Bereich der **Kapitalanlage** wird untersucht:
- **welche Vermögensteile** beschafft werden sollen,
- in welchem wertmäßigen **Umfang** Vermögensteile beschafft werden sollen
- und wie lange eine Kapitalanlage in den entsprechenden Vermögensteilen erfolgen soll (**Kapitalanlagedauer**).

Rationale finanzwirtschaftliche Entscheidungen über diese Tatbestände können nur bei Zugrundelegung eines Zieles oder eines Zielkatalogs getroffen werden. In der Betriebswirtschaftslehre haben sich unterschiedliche Betrachtungsweisen der Unternehmung und damit verknüpft, der unternehmerischen Zielvorstellungen herausgebildet. Stark vereinfacht kann in holistische und behavioristische Theorien der Unternehmung getrennt werden.

(1) **Holistische** Unternehmungstheorien

a) Traditionelle ökonomische Konzeptionen

b) Spieltheoretische Unternehmensanalyse

c) Kybernetische und systemtheoretische Unternehmungstheorie

(2) **Behavioristische** Unternehmungstheorien

a) Verhaltensorientierte Unternehmungstheorien
(Behavioral theory of the firm)

b) Konflikttheoretische Unternehmungsanalyse.

Bei den holistischen Betrachtungsweisen wird die Unternehmung letztendlich als Entscheidungseinheit gesehen. Die Theorien gehen daher in der Regel davon aus, daß nur ein oder wenige Unternehmensziele existieren, die zudem quantifizierbar sind. Dabei wird eine maximale oder optimale Zielerreichung angenommen. Die behavioristischen Unternehmenstheorien gehen demgegenüber von Individualzielen der Organisationsteilnehmer aus, die sich im Zeitablauf verändern. Ferner wird angenommen, daß sich die Organisationsteilnehmer mit einer befriedigenden Zielerreichung begnügen, da maximale oder optimale Zielverwirklichung in der Realität meist nicht erreichbar und häufig auch nicht meßbar ist.

Die Finanzierungs- und Investitionstheorien beruhen überwiegend auf holistischen Unternehmungsauffassungen. Dies ist darauf zurückzuführen, daß diese Theorien neben Erklärungsmodellen vor allem auch Entscheidungsmodelle anbieten. Die behavioristischen Ansätze eignen sich dagegen zur Zeit meist nur für Erklärungsmodelle. Im Bereich der Finanzwirtschaft finden sie vor allem Verwendung beim Budgetmanagement (Budgetfestsetzung und Kontrolle unter Berücksichtigung von Verhaltensreaktionen), bei der Beurteilung von Humaninvestitionen und bei der Analyse der Zielsetzungen von Fremd- und Eigenkapitalgebern. Die Theorien, die nur mit einem oder wenigen quantifizierbaren Zielen arbeiten, haben den Vorteil, daß sich hierbei konkrete Zielfunktionen formulieren lassen und damit mathematische Methoden zur Lösung von Entscheidungsproblemen verwendet werden können. Je spezieller die Zielgröße jeweils gewählt wird und je enger die Annahmen über die Zielvorschrift sind, um so leichter lassen sich Rechenverfahren wie etwa Programmierungsansätze einsetzen, desto weniger allgemein gültig werden aber auch die Aussagen.

2. Traditionelle finanzwirtschaftliche Entscheidungskriterien

Als traditionelle finanzwirtschaftliche Entscheidungskriterien werden **Rentabilität, Liquidität, Sicherheit** (Risiko einer Kapitalanlage) und **Unabhängigkeit** (Erhaltung der unternehmerischen Dispositionsfreiheit) angesehen. Andere Zielsetzungen wie Macht, Ruf, Marktanteil usw. wie sie insbesondere bei behavioristischer Betrachtungsweise Verwendung finden, bleiben außer Ansatz. Ein allgemeineres Zielkriterium, das derartige Zielsetzungen mitberücksichtigt, stellt die Nutzenmaximierung dar, das jedoch für Entscheidungsmodelle wiederum der Operationalisierung bedarf.

a) Rentabilität

Die Rentabilität einer finanzwirtschaftlichen Maßnahme ergibt sich aus ihrem Ergebnis (Gewinn, Jahresüberschuß, Cash Flow u. a.) im Verhältnis zum eingesetzten Kapital. Je nachdem was als Ergebnis und was als Kapitaleinsatz betrachtet wird, sind verschiedene Rentabilitäten zu unterscheiden:

Eigenkapitalrentabilität
$$= \frac{\text{Gewinn (bzw. Jahresüberschuß)}}{\text{Eigenkapital}} \times 100$$

Gesamtkapitalrentabilität
$$= \frac{\text{Gewinn (bzw. Jahresüberschuß)} + \text{Fremdkapitalzinsen}}{\text{Gesamtkapital}} \times 100$$

Betriebskapitalrentabilität
$$= \frac{\text{Betriebsgewinn}}{\text{betriebsnotwendiges Kapital}} \times 100$$

Rentabilität eines einzelnen Investitionsprojektes
$$= \frac{\text{Erträge, die dem Projekt zurechenbar sind}}{\text{Kapitaleinsatz, den das Projekt erfordert}} \times 100$$

Die Rentabilitätsmessung kann für eine Abrechnungsperiode oder für einen längeren Handlungszeitraum (Totalperiode), wie etwa Gesamtlebensdauer der Unternehmung oder eines Investitionsprojektes, erfolgen. Die Erzielung maximaler Rentabilität bedingt das Ziel Gewinnmaximierung. Konsequente Gewinnmaximierung bei jedem einzelnen Geschäft kann jedoch zur vorzeitigen Beendigung des Unternehmens führen. Langfristige Gewinn- bzw. Rentabilitätsmaximierung setzt die Vorgabe einer endlichen Lebensdauer d. h. eines begrenzten Planungshorizonts voraus. Beim finanzwirtschaftlichen Entscheidungskriterium Rentabilität ist daher jeweils zu konkretisieren, ob der Periodengewinn maximiert werden soll oder das Ergebnis am Ende des Gesamtplanungszeitraums (Totalperiode). Dieter Schneider unterscheidet in diesem Zusammenhang drei denkbare Zielsetzungen:[11]

(1) **Vermögensmaximierung**

Maximierung des Unternehmensvermögens am Ende des Handlungszeitraums (Totalperiode) bei gegebenem Einkommen (Entnahmen).

---

[11] Schneider, D., Investition und Finanzierung, Opladen 1975, 4. Aufl., S. 179 ff.

(2) **Einkommensmaximierung**
Maximierung der Periodenentnahmen während des Handlungszeitraums bei gegebenem Endvermögen.

(3) **Wohlstandsmaximierung**
Erreichung eines Optimums von Entnahmen und gleichzeitigem Vermögenszuwachs (Kombination von Einkommensmaximierung und Vermögensmaximierung), wobei für eine eindeutige Lösung eine Austauschregel für die beiden Zielgrößen bestehen muß, d. h. welcher zukünftige Vermögenszuwachs einen heutigen bestimmten Einkommensverzicht rechtfertigt. Die Wohlstandsmaximierung ist nur bei **personenbezogenen** Unternehmungen (z. B. Einzelfirma, OHG) möglich, nicht dagegen bei **firmenbezogenen** Unternehmungen (z. B. Publikums-Aktiengesellschaften), da es bei letzteren keine alle Anteilseigner gleichzeitig befriedigende Aufteilung zwischen Ausschüttung und Einbehaltung gibt.

Bei Unternehmungen, bei denen die Geschäftsführung nicht in den Händen der Eigentümer liegt (firmenbezogene Unternehmungen), können neben die Vermögens- und Einkommensmaximierungsziele der Anteilseigner (Eigentümer) auch Ziele der Unternehmensleitung (firmeneigene Ziele) treten. Ein Machtstreben der Geschäftsleitung kann sich z. B. in einem übertriebenen Umsatzwachstum ohne Rücksicht auf die Ertragslage äußern. Die Zielsetzungen Marktanteil und Marktmacht können dann das Rentabilitätsziel überlagern. Die Rentabilität kann im Rahmen einer Finanzanalyse ex post ermittelt werden zur Beurteilung des Unternehmenserfolges in den abgelaufenen Perioden. Bei zukunftsgerichteten finanzwirtschaftlichen Entscheidungen muß die Rentabilität aufgrund von Erwartungsgrößen berechnet werden. Bei der retrospektiven Rentabilitätsmessung stehen die Probleme der „richtigen" Gewinnermittlung und der zeitlichen, dimensionsmäßigen und wertmäßigen Übereinstimmung der Bezugsgrößen im Vordergrund.[12] Eine exakte Rentabilitätsberechnung bei wechselndem Kapitaleinsatz ist nur mit dynamischen Investitionsrechenverfahren (vergl. Kapitel Investitionsrechnung) möglich. Für die Ermittlung der Eigen- und Gesamtrentabilität einer Unternehmung geht man jedoch meistens vom durchschnittlichen Kapitaleinsatz in der Periode aus. Bei der prospektiven Rentabilitätsmessung kommt das Problem der Fehleinschätzung zukünftiger Erträge hinzu. Die Ungewißheit bedingt die Einbeziehung des Sicherheitsstrebens als ergänzendes finanzwirtschaftliches Entscheidungskriterium.

b) Liquidität

Der Begriff Liquidität ist in der Literatur in verschiedenen Begriffsintensionen und -extensionen anzutreffen. Im wesentlichen werden mit dem Begriff Liquidität folgende Tatbestände belegt:

(1) Liquidität als positiver Zahlungsmittelbestand;

(2) Liquidität als Eigenschaft von Vermögensgütern zur Rückverwandlung in Geld (Liquidierbarkeit);

(3) Liquidität als Deckungsverhältnis von Vermögensteilen zu Verbindlichkeiten (Liquiditätsgrade);

---

[12] Zum Problem des Gewinns als finanzieller Zielgröße vgl. Schneider, D., Investition und Finanzierung, a.a.O., S. 223 ff.

(4) **Liquidität als Eigenschaft von Wirtschaftssubjekten** im Sinne ihrer jederzeitigen Zahlungsfähigkeit.

Wenn die Liquidität mit dem Zahlungsmittelbestand gleichgesetzt wird, dann ist ihr Umfang eindeutig und ihre Messung unproblematisch. So wird vereinzelt ein Unternehmen als liquide angesehen, wenn sein Zahlungsmittelbestand nicht negativ ist.[13] Die Definition der Liquidität als positiver Zahlungsmittelbestand ist als finanzwirtschaftliches Kriterium wenig aussagekräftig. Nicht die Höhe des Zahlungsmittelbestandes ist ausschlaggebend, sondern ob die Zahlungskraft einer Unternehmung insgesamt ausreicht, die an sie gestellten Anforderungen zu erfüllen. Der Zahlungsmittelbestand umfaßt zudem nur einen Teil des disponierbaren Geldes. Diese Tatsache wird vom zweiten Liquiditätsbegriff (Liquidität als Eigenschaft von Vermögensobjekten) berücksichtigt. Für die Geldnähe von Vermögensobjekten sind zwei Aspekte bestimmend:

(a) Der **Zeitraum**, in dem sich die in den einzelnen Vermögensposten gebundenen Zahlungsmittel im Rahmen des üblichen Unternehmensablaufes wieder verflüssigen, (self liquidating period),

(b) die **Möglichkeit**, vor Ablauf der Wiedergeldwerdungszeit ein Vermögensobjekt vorzeitig zu liquidieren (shiftability).[14]

Bei der vorzeitigen Liquidierung von Vermögensteilen muß häufig ein Disagio in Kauf genommen werden, das ex ante mitunter nicht exakt bestimmt werden kann.

Beim Liquiditätsbegriff, der sich auf das Deckungsverhältnis von kurzfristigen Vermögensteilen zu kurzfristigen Verbindlichkeiten stützt, wird die Liquidität als Beziehungsverhältnis gesehen. Je nachdem, welche Teile des kurzfristigen Vermögens mit einbezogen werden, können verschiedene Grade der Liquidität unterschieden werden (vgl. auch Kapitel Finanzanalyse, D I 3c):

$$\text{Liquidität 1. Grades} = \frac{\text{Zahlungsmittel}}{\text{kurzfristige Verbindlichkeiten}} \cdot 100$$

$$\text{Liquidität 2. Grades} = \frac{\text{Zahlungsmittel + kurzfristige Forderungen}}{\text{kurzfristige Verbindlichkeiten}} \cdot 100$$

$$\text{Liquidität 3. Grades} = \frac{\text{kurzfristiges Umlaufvermögen}}{\text{kurzfristige Verbindlichkeiten}} \cdot 100$$

Je höher diese Prozentsätze jeweils ausfallen, um so liquider wird ein Betrieb angesehen. Bereits in dieser Aussage zeigt sich, daß bei diesem Liquiditätsbegriff nicht an die jederzeitige Zahlungsfähigkeit der Unternehmung gedacht ist, da es hierbei kein „Mehr" oder „Weniger" an Zahlungsfähigkeit geben kann, sondern nur den Tatbestand zahlungsfähig oder nicht zahlungsfähig. Die Liquiditätsgra-

---

[13] Vgl. z. B. Schneider, E., Wirtschaftlichkeitsrechnung, Theorie der Investition, 7. Aufl., Tübingen und Zürich 1968, S. 141.

[14] Vgl. Stützel, W., Liquidität, in: Handwörterbuch der Sozialwissenschaften, Hrsg. E. v. Beckerath u. a., Bd. 6, Stuttgart/Tübingen/Göttingen 1959, S. 622.

de beziehen sich auf gegenwärtige Bestände an Forderungen, Verbindlichkeiten, Zahlungsansprüchen, Zahlungsverpflichtungen und verflüssigungsfähigen Vermögensteilen und beziehen zukünftige Entwicklungen nicht mit ein.[15] Für die Aufrechterhaltung der Zahlungsfähigkeit sind jedoch nicht Vergangenheitsbestände, sondern zukünftige Einzahlungen und Auszahlungen bestimmend. Liquiditätsgrade garantieren daher nicht die jederzeitige Zahlungsfähigkeit einer Unternehmung, sie stellen jedoch im Rahmen der Finanzanalyse wichtige Indikatoren dar.

Der zahlungsorientierte Liquiditätsbegriff stellt auf die Eigenschaft von Wirtschaftssubjekten ab, ihren Zahlungsverpflichtungen zu jedem Zeitpunkt und uneingeschränkt nachkommen zu können. Liquide zu sein bedeutet im Sinne dieses Liquiditätsbegriffes also nicht, über einen hohen Bestand an Zahlungsmitteln zu verfügen. Zu einem Zeitpunkt, an dem keine Ausgaben (Auszahlungen) getätigt werden müssen, kann der Zahlungsmittelbestand sogar Null sein. Eine größere Zahlungskraft, als sie von den Zahlungsanforderungen her bedingt wird, ist unnötig und unter dem Rentabilitätsgesichtspunkt unwirtschaftlich. Reicht die Zahlungskraft nicht aus, die auftretenden Zahlungsanforderungen zu erfüllen, so liegt Illiquidität vor. Die Angabe der Zahlungsunfähigkeit der Unternehmung kann nicht in Begriffskategorien wie „mehr" oder „weniger", „über" oder „unter" erfolgen. Sie verlangt eine klare Feststellung durch ein „ja" oder „nein" bzw. „erfüllt" oder „nicht erfüllt".[16] Die Aufrechterhaltung ausreichender Liquidität stellt deshalb kein Optimierungsproblem dar, sondern ein Deckungsproblem. Daher ist die Aufrechterhaltung der Liquidität als Nebenbedingung des Rentabilitätsstrebens anzusehen. Sie wird auch als strenge Nebenbedingung bezeichnet, da deren Nichterfüllung zum Ausscheiden der Unternehmung aus dem Wirtschaftsprozeß führt.[17] Das Streben nach Rentabilität hat sich im Rahmen der Liquiditätssicherung zu vollziehen. Die Erhaltung der Liquidität ist Voraussetzung für das Rentabilitätsstreben. Rentabilität führt jedoch nicht automatisch zu gesicherten Liquiditätsverhältnissen. Eine rentable Unternehmung kann durchaus an Illiquidität zugrunde gehen, ebenso kann ein vorübergehend unrentables Unternehmen liquide bleiben.

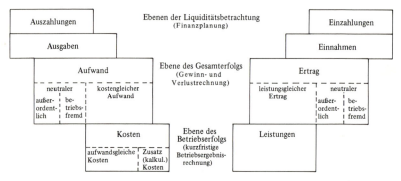

Abb. 3: Das Auseinanderfallen der Erfolgs- und Liquiditätsbetrachtung

---

[15] Vgl. Witte, E., Die Liquiditätspolitik der Unternehmung, Tübingen 1963, S. 10.
[16] Vgl. Witte, E., Die Liquiditätspolitik der Unternehmung, a.a.O., S. 15.
[17] Vgl. Stützel, W., Liquidität, in: Handwörterbuch der Sozialwissenschaften, Hrsg. Erwin von Beckerath u. a., Bd. 6, Stuttgart/Tübingen/Göttingen 1959, S. 622–629.

Die Gegensätze zwischen Liquidität und Rentabilität rühren daher, daß die Liquidität ein Zeitpunktproblem darstellt, während sich die Rentabilität als Zeitraumproblem erweist. Für die Erfolgs- und damit Rentabilitätsbeurteilung ist es nicht entscheidend, wann Aufwendungen zu Ausgaben und Erträge zu Einnahmen werden. Für die Liquiditätsbetrachtung sind dagegen die effektiven Zahlungszeitpunkte bestimmend. Das zeitliche Auseinanderfallen der Zahlungszeitpunkte und der Zeitpunkte der Erfolgseinwirkung kann dazu führen, daß die Erfolgsbeurteilung und die Liquiditätsbeurteilung eines zur Entscheidung stehenden Projektes gegensätzlich ausfallen. Dies gilt insbesondere für Investitionen im Anlagevermögen, wo die Zeitpunkte der Ausgaben besonders weit von den Aufwendungen (Abschreibungen) entfernt sein können. Die Rentabilitätsanalyse muß daher um eine Liquiditätsbetrachtung ergänzt werden.

c) Sicherheit

Als komplementäres Entscheidungskriterium zur Rentabilität ist das einer finanzwirtschaftlichen Maßnahme innewohnende Risiko zu sehen. Dies gilt sowohl für die Kapitalanlage- als auch die Kapitalaufbringungsentscheidungen der Unternehmung. Bei Kapitalaufbringungsentscheidungen steht das Sicherheitsstreben einer zu hohen Verschuldung entgegen. Mit zunehmendem Verschuldungsgrad wächst generell das Unternehmensrisiko, insbesondere das Risiko einer Illiquidität. Eine risikoentsprechende Finanzierung sollte dafür Sorge tragen, daß das Unternehmensrisiko durch das Eigenkapital als Haftungs- bzw. Risikokapital abgedeckt werden kann und nicht auf das Fremdkapital überwälzt wird.

Bei Kapitalanlageentscheidungen stellt sich das Sicherheitsstreben als Risikoscheu bzw. Risikoneigung gegenüber der Unsicherheit dar. Das Auftreten bestimmter Erträge bzw. Rentabilitäten kann ex ante meist nur mit subjektiven Wahrscheinlichkeiten belegt werden. Mit steigender maximal erzielbarer Rentabilität nimmt meist auch das Kapitalverlustrisiko zu. Die Abb. Nr. 4 zeigt zwei

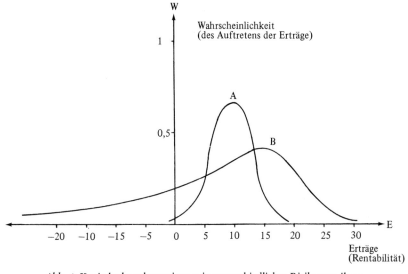

Abb. 4: Kapitalanlagealternativen mit unterschiedlicher Risikoverteilung

Kapitalanlagealternativen (A und B), deren Ertragserwartungen eine unterschiedliche Wahrscheinlichkeitsverteilung aufweisen. Das Projekt B verspricht eine höhere maximale Rendite, beinhaltet gleichzeitig aber auch ein wesentlich höheres Verlustrisiko als das Projekt A. Die Alternative A ist somit „sicherer" als die Alternative B.

Um zu einer rationalen Entscheidung zwischen Kapitalanlagealternativen mit bezüglich des Risikos unterschiedlich verteilten Ertragserwartungen zu gelangen, muß die Risikopräferenzfunktion des Entscheidungssubjektes bekannt sein. Die persönliche Risikoneigung von Entscheidungssubjekten kann jedoch vielfach nur sehr ungenau bestimmt werden. Im Rahmen der Wertpapierberatung wird teilweise von Banken versucht, die Risikoneigung des Kapitalanlegers mit Hilfe eines Fragebogens zu ermitteln. Das Ergebnis ist dabei jedoch keine Risikopräferenzfunktion, sondern eine punktuelle Risikoklassifizierung des Anlegers (Risikoscheu, mittlere Risikoaversion, geringe Risikoaversion).

Die Risikoneigung stellt ein das Rentabilitätsstreben ergänzendes finanzwirtschaftliches Entscheidungskriterium dar (nähere Ausführungen siehe Kapitel: B II 4, Berücksichtigung der Unsicherheit bei Investitionsentscheidungen).

d) Unabhängigkeit

Bei finanzwirtschaftlichen Entscheidungen, insbesondere im Bereich der Kapitalaufbringung, ist auf die Erhaltung der Dispositionsfreiheit und der Flexibilität des Unternehmens zu achten. Mit der Aufnahme zusätzlichen Kapitals werden neue Mitspracherechte geschaffen. Bei Beteiligungsfinanzierung (Aufnahme zusätzlicher Eigentümer) ergeben sich in der Regel größere Mitspracherechte, als bei Kreditfinanzierung. Je nach Marktmacht und Umfang der Kreditierung kann jedoch auch die Einflußnahme von Gläubigern die finanzwirtschaftliche Dispositionsfreiheit eines Unternehmens erheblich einengen. Aus dem Unabhängigkeitsstreben heraus kann sich ein Verzicht auf weitere Kapitalaufnahme und damit mögliches Unternehmenswachstum ergeben.

Bei Kreditaufnahme müssen vielfach Sicherheiten in Form von Hypotheken, Sicherungsübereignungen, Verpfändungen usw. gestellt werden, die die unternehmerische Verfügungsgewalt einengen und die Möglichkeiten weiterer Kreditaufnahmen begrenzen. Das Kriterium der finanzwirtschaftlichen Flexibilität verlangt daher eine gewisse Begrenzung der Sicherheitsleistungen einer Unternehmung. Die Erhaltung der finanzwirtschaftlichen Dispositionsfreiheit und Unabhängigkeit stellt eine Nebenbedingung zum Rentabilitätsziel dar.

B. Management der Vermögensstruktur

Die Zusammensetzung des Vermögens einer Unternehmung wird durch vergangene und gegenwärtige Kapitalverwendungsentscheidungen bestimmt. Dabei ist zwischen lang-, mittel- und kurzfristiger Kapitalbindung in Vermögensteilen zu unterscheiden. Lang- und mittelfristige Kapitalanlagen bilden das **Strukturvermögen** einer Unternehmung. Zum Strukturvermögen zählen Sachanlagen, Finanzanlagen, immaterielle Anlagegüter und die längerfristigen Teile des Umlaufvermögens (Kapitalbindung über ein Jahr). Entscheidungsinstrumente für strukturbestimmende Kapitalanlagen sind Investitions- und Wirtschaftlichkeitsrechnungen zur Rentabilitätsermittlung und Abwägung der Vorteilhaftigkeit alternativer Projekte (siehe Abschnitt II). Für Kapitalanlagen in Aktien und sonstigen börsennotierten Wertpapieren (Finanzinvestitionen) ist als zusätzliches Entscheidungshilfsmittel die Wertpapieranalyse heranzuziehen. Die Verfahren der Wertpapieranalyse versuchen neben der ausschüttungsbedingten Rentabilität auch bewertungsbedingte Wertzuwächse zu erfassen (siehe Abschnitt III).

Bei finanzwirtschaftlichen Entscheidungen über das betriebliche **Umlaufvermögen** mit kurzfristiger Kapitalbindung (bis zu einem Jahr) kommt der Beachtung der Liquidität als strenger Nebenbedingung besondere Bedeutung zu. Im Vordergrund steht daher das Problem der ausreichenden Kassenhaltung, zu dessen Lösung verschiedene Modellansätze entwickelt wurden (siehe Abschnitt IV).

I. Investition und Investitionsentscheidung

1. Investitionsbegriff

Die unterschiedliche Verwendung des betriebswirtschaftlichen Investitionsbegriffs verlangt aus Gründen sprachlicher Kommunikation und im Hinblick auf abzuleitende betriebswirtschaftliche Aussagen eine Darstellung der wesentlichen Tatbestände des Investitionsphänomens und ihre Abgrenzung.

Die etymologische Wurzel ist im lateinischen „investire = einkleiden" zu suchen, während im allgemeinen wirtschaftlichen Sprachgebrauch unter Investition „Kapitalverwendung" oder „langfristige Kapitalanlage zur Gewinnerzielung" verstanden wird. Der Investitionsbegriff in der wissenschaftlichen Literatur zeigt rein finanzwirtschaftliche, rein leistungswirtschaftliche und gemischte finanz-leistungswirtschaftliche Aspekte.[1]

Der am Bilanzbild ausgerichtete vermögensorientierte Investitionsbegriff beschreibt Investition als Umwandlung von Kapital in Vermögen (**gemischt finanz-leistungswirtschaftlicher Aspekt**). Die Definitionen innerhalb dieser Gruppe unterscheiden sich im Umfang der einbezogenen Vermögensteile (Anla-

---

[1] Vgl. Pack, L., Betriebliche Investition, Wiesbaden 1966. Heinen, E., Zum Begriff und Wesen der betriebswirtschaftlichen Investition, BFuP 1957, S. 16 ff., S. 85 ff.

gevermögen, Umlaufvermögen). Beispielhaft sei hier le Coutre angeführt, der einen sehr weiten Vermögensbegriff zugrundegelegt und unter Investition jegliche „Verwendung bzw. Anlage des Unternehmenskapitals im Betriebe"[2] versteht. Der kombinationsbestimmte Investitionsbegriff stellt nun nicht den Umwandlungsvorgang von Kapital in Vermögen in den Vordergrund der Betrachtung, die eigentliche Tätigkeit des Investierens sei vielmehr in der (optimalen) Kombination der bereits beschafften Anlagen zu suchen (**leistungswirtschaftlicher Aspekt**). Ballmann definiert sie als „... die Umformung der transzendenten Unternehmensidee in die reale Gestalt der Betriebsapparatur. Sie erfolgt durch Kombination von materiellen Anlagegütern".[3] Neben anderen verwendet auch Schmalenbach diesen Aspekt: „... Güter, die bisher Güter des freien Kapitals waren oder aus ihrem bisherigen Verbande herausgerissen wurden ..., zu einer neuen Wirtschaftseinheit vereinigt werden."[4]

Die konträre Position beziehen die Vertreter des zahlungsorientierten Investitionsbegriffes. Im Hinblick auf die dominante finanzwirtschaftliche Zielsetzung der Unternehmung seien lediglich die mit einer Investition verbundenen Ein- und Ausgaben relevant (**finanzwirtschaftlicher Aspekt**). Als Vertreter seien hier Ruchti: – „Die Ausgaben für Anlagen, Stoffe und Dienste stellen Investitionen dar.[5] Jede Ausgabe ist eine Investition, jede Einnahme ist eine Desinvestition"[6] – und Dieter Schneider angeführt: „Eine Investition ist durch einen Zahlungsstrom gekennzeichnet, der mit einer Ausgabe beginnt."[7]

Abb. 5: Aspekte des Investitionsbegriffs

Aus der Vielfalt von Definitionsversuchen, die oben skizzenhaft aufgezeigt werden, gilt es nun einen Investitionsbegriff herauszuschälen. Da es einen wahren oder falschen Begriff nicht gibt, ist er hauptsächlich am Kriterium der abzuleitenden Aussagen auszurichten. Die Behandlung der Investitionsentscheidung setzt voraus, Investition als Vorgang des Investierens, als zielgerichtete **Aktion** zu sehen. Durch die dem unternehmerischen Handeln zugrundeliegenden finanzwirtschaftlichen Zielsetzungen dominiert die Betrachtung der mit einer Investition verbundenen **Zahlungen,** wobei allerdings die konkrete **Umwandlung in Güter** nicht außer Acht gelassen werden kann, da z. B. eine Investition, die mit einem bestimmten Zahlungsziel erworben wird, offensicht-

---

[2] le Coutre, W., Grundzüge der Bilanzkunde, Wolfenbüttel 1949, S. 7.
[3] Ballmann, W., Beitrag zur Klärung des betriebswirtschaftlichen Investitionsbegriffs und zur Entwicklung einer Investitionspolitik der Unternehmung. Diss. Mannheim 1954, S. 5.
[4] Schmalenbach, E., Kapital, Kredit und Zins, 3. Aufl., Köln und Opladen 1951, S. 96.
[5] Ruchti, H., Erfolgsermittlung und Bewegungsbilanz. In: ZfhF, Jg. 1955, S. 500.
[6] Ebenda, S. 500 f.
[7] Schneider, D., Investition und Finanzierung, 4. verb. Aufl., Opladen 1975, S. 167.

lich das betriebliche Geschehen im Anschaffungszeitpunkt beeinflußt. Zusätzlich beeinflußt die Art des Gutes die organisatorischen Vorkehrungen. Eine weitere Spezifizierung enthält der Investitionsbegriff durch die Beschränkung auf das **Struktur- bzw. Anlagevermögen,** da dieses Vermögen langfristig Kapital bindet, wodurch die zukünftigen betrieblichen Dispositionen wesentlich eingeschränkt werden.

Aufgrund der angeführten Merkmale soll unter Investition der zielgerichtete Einsatz finanzieller Mittel zur Beschaffung von Gütern des Strukturvermögens verstanden werden.

2. Investitionsarten

Nach der Art der Investitionsobjekte lassen sich, ausgehend von der **Bilanzgliederung, Sach-** und **Finanzinvestitionen** unterschieden. Die Bedeutung dieses Kriteriums liegt in den unterschiedlichen organisatorischen Konsequenzen: Sachinvestitionen tangieren sowohl die Leistungs- als auch die Finanzsphäre, während der Schwerpunkt der Finanzanlageüberlegungen bei der finanziellen Führung liegt. Für die Investitionsentscheidungen ergeben sich Unterschiede hinsichtlich der Unsicherheit der Daten, der Zurechnungsproblematik und der Entscheidungsflexibilität, um nur einige Aspekte anzusprechen.

Die wesentlichen *Investitionszwecke* im Bereich der Sachinvestitionen lassen sich in folgende Kategorien einordnen:[8]

Die **Erst-** oder **Errichtungsinvestition** als Grundlage geplanter erstmaliger Leistungserstellung. Hier tritt der ganze zu errichtende Betrieb gegenüber dem einzelnen Investitionsobjekt in den Vordergrund der Betrachtung.

Die **Ersatzinvestition** in der Form des identischen Ersatzes oder der Rationalisierungsinvestitionen. In Zeiten fortschreitender technischer Entwicklung ist im allgemeinen jeder Ersatz einer Anlage mit irgendeinem Rationalisierungseffekt verbunden, ferner führen auch Ersatzinvestitionen oft zu Kapazitätsveränderungen, so daß unter Ersatz- oder Rationalisierungsinvestitionen solche verstanden werden sollen, deren dominantes Motiv im Ersetzen und/oder Verbessern einer Anlage besteht.

Die **Erweiterungsinvestition** dient der Anpassung an erwartete Absatzsteigerungen oder der Erschließung neuer (zusätzlicher) Märkte. Bei Ermittlung der Wirtschaftlichkeit ergeben sich besondere Probleme im Bereich der Prognose von Absatzmengen und Preisen.

Die Ähnlichkeit der Datenermittlungsprobleme und die gleichen **kapazitiven** Auswirkungen führen zu einer Vernachlässigung der eigenständigen Behandlung der Probleme der Erstinvestition, da sie weitgehend den Fragen über Erweiterungsinvestitionen entsprechen. Es genügt somit eine Unterteilung in Ersatz- und Erweiterungsinvestitionen.

---

[8] Vgl. z. B. Priewasser, E., Betriebliche Investitionsentscheidungen, Berlin/New York 1972, S. 18 ff.; oder Brandt, H., Investitionspolitik des Industriebetriebes, 3. Aufl., Wiesbaden 1970, S. 12 f.

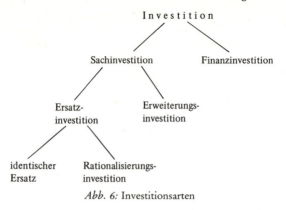

Abb. 6: Investitionsarten

3. Investition als Entscheidungsprozeß

Investitionen beeinflussen das Betriebsgeschehen nachhaltig, weil sie aufgrund der Langfristigkeit der Kapitalbindung nicht ohne große Schwierigkeiten oder sogar Verluste rückgängig gemacht werden können. Sie erhöhen außerdem den Kostenteil, der von der Auslastung unabhängig ist (Fixkosten), so daß sich bei sinkender Beschäftigung die Stückkosten stark erhöhen. Neben der dargestellten nachhaltigen Beeinflussung des Erreichens betrieblicher Ziele stellen Investitionen eine der wesentlichen Grundlagen des technischen Fortschritts und damit der Erhöhung des Lebensstandards dar und zählen somit zu den dominierenden Faktoren der sozialen Entwicklung.

Diese außergewöhnliche inner- wie außerbetriebliche Bedeutung veranlaßt die einzelnen Disziplinen der Sozialwissenschaften, sich mit dem Problem der Investition auseinanderzusetzen. Die folgende Behandlung konzentriert sich auf die Investitionsentscheidungen als auslösendes Moment der Investition.

Volkswirtschaftliche wie psychologisch-soziologisch orientierte Studien sind auf das reale Entscheidungsverhalten ausgerichtet. Sie versuchen, den Einfluß des sozialen Rahmens – inner- und außerbetriebliche Umwelt (ökonomisch, sozial und politisch) – sowie die individuellen Motivationen, resultierend aus unterschiedlichen Antrieben, Erfahrungen und Wertvorstellungen oder gewissen Rollenerwartungen zu erklären und daraus zukünftiges Investitionsverhalten zu prognostizieren.[9]

In der Betriebswirtschaftslehre wird – im Gegensatz zu dieser als „deskriptiv" bezeichneten Entscheidungstheorie – nach Möglichkeiten der rationalen Entscheidungsfindungen unter bestimmten Zielsetzungen gesucht (bezüglich der finanzwirtschaftlichen Zielsetzungen sei auf Kapitel A verwiesen). Eine derartige Betrachtung der Investitionsentscheidung wird im Bereich der »präskriptiven« Entscheidungstheorie vollzogen.[10]

Die Frage nach rationalen, zielgerechten Entscheidungen setzt die Analyse des Entscheidungsprozesses voraus, der hier nur kurz in seiner allgemeinen Form dargestellt wird.[11] Als wesentliche Phasen lassen sich Willensbildung und Wil-

---

[9] Vgl. Hederer, G., Die Motivation von Investitionsentscheidungen in der Unternehmung, Meisenheim am Glan 1971, S. 20 f.

[10] Vgl. Bamberg, G., Coenenberg, A. G., Betriebswirtschaftliche Entscheidungslehre, München 1974, S. 2 ff.

[11] Vgl. Heinen, E., Industriebetriebslehre, Wiesbaden 1972, S. 48 f.

lensdurchsetzung unterscheiden, wobei die Willensbildung in die Anregungs-, Such- und Auswahlphase unterteilbar ist. Mit der Entschlußfassung beginnt die Willensdurchsetzung mit dem Schwerpunkt der Realisationsphase. Der Willensbildungs- und Durchsetzungsprozeß wird von der Kontrollphase überlagert. Die Zusammenhänge seien noch einmal durch folgendes Schaubild (Abb. 7) erläutert.

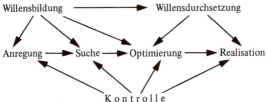

Abb. 7: Phasen des Entscheidungsprozesses

Die Darstellung des Investitionsentscheidungsprozesses erfolgt in der Literatur unter den Begriffen Investitionspolitik oder Investitionsplanung, wobei der Planungsbegriff unterschiedlich weit gefaßt ist[12], im allgemeinen aber die Phasen der Willensbildung beinhaltet.

Unter dem Gesichtspunkt optimalen Investitionsverhaltens ergeben sich *zwei* Anforderungen an den Investitionsentscheidungsprozeß: Man benötigt zum einen ein zuverlässiges Verfahren zur *Bewertung* einzelner Investitionen oder Investitionsprogramme, zum anderen eine geeignete Organisation. Die Kommunikations- und Aufgabenstruktur sowie die Verteilung der Kompetenzen sollen vom Aufbau wie vom Ablauf her im Sinne der Unternehmensziele gestaltet sein. Dieser Aspekt der optimalen Strukturierung wird innerhalb der Betriebswirtschaftslehre im Rahmen der Organisationslehre abgehandelt, während die finanzwirtschaftliche Betrachtung die Qualität der Bewertungsverfahren in den Mittelpunkt der Betrachtungen stellt. Dennoch soll hier bei der Darstellung des Investitionsplanungsprozesses in Anlehnung an Frischmuth[13] kurz auf einige organisatorische Aspekte in den einzelnen Phasen verwiesen sein.

a) Investitionsanregung

Gutes Management und somit gute Investitionspolitik zeichnen sich dadurch aus, daß nicht erst dann Investitionen angeregt werden, wenn augenscheinlich Probleme im Geschäftsablauf auftreten, sondern bereits möglichen Problemen frühzeitig und systematisch begegnet wird.

Hierzu ist es erforderlich, Anhaltspunkte für derlei Probleme rechtzeitig zu erkennen und entsprechend zu deuten. Solche Anzeichen können in den unterschiedlichsten Teilbereichen gefunden werden. So zeichnen sich beispielsweise in der Einkaufsabteilung Neuheiten der Investitionsgüterindustrie durch vermehrte Vertreterbesuche ab, im Fertigungsbereich können Kapazitätsengpässe und zunehmende Reparaturen Anzeichen für etwaige neue Vorhaben sein und nicht zuletzt ließen sich gerade im Vertrieb durch verändertes Konkurrenten- oder Konsumentenverhalten langfristig nötige Sachinvestitionen zur Änderung der

---

[12] Vgl. Orth, L., Die kurzfristige Finanzplanung industrieller Unternehmungen, Köln und Opladen 1961, S. 14 f.
[13] Vgl. Frischmuth, G., Daten als Grundlage für Investitionsentscheidungen, Berlin 1969, S. 190 ff.

Produktionsstruktur ableiten. Die angeführten Beispiele stehen stellvertretend für eine Vielzahl möglicher Investitionsanzeichen.

Für die Gestaltung ergeben sich hierfür mehrere Konsequenzen. Um Anregungen verfügbar zu machen, muß das betriebliche Informationswesen (vor allem das Rechnungswesen) zweckentsprechend umgestaltet werden, wie z. B. objektweise Erfassung der Kosten über Anlagekarteien oder am Absatz des einzelnen Produkts orientierte statistische Nebenrechnungen. Direkte inner- und außerbetriebliche Hinweise sollten in einer betrieblichen Dokumentationsstelle gesammelt und aufbereitet werden, da sie jederzeit zur Verfügung stehen sollten. Weitere Möglichkeiten bestehen in der Zusammenarbeit innerhalb branchenspezifischer Verbände oder der Inanspruchnahme der Dienste von Forschungsinstituten oder Auskunfteien.

Die besten Informationsquellen helfen wenig, wenn sie nicht genutzt werden. In der Unternehmung sind deshalb geeignete organisatorische Maßnahmen zu treffen, damit die relevanten Informationen an die Verantwortlichen weitergeleitet und von ihnen ausgewertet werden. Die Möglichkeiten hierzu reichen von Anregungsrecht der Belegschaftsmitglieder (betriebliches Vorschlagswesen) bis hin zu »Anregungspflicht« von Personenkreisen, die aufgrund ihres Tätigkeitsfeldes Anregungen für einschneidende Großinvestitionen liefern.

Da sich Investitionsanregungen überschneiden oder anderweitig gegenseitig beeinflussen (technisch oder finanziell gegenseitig ausschließen) ist eine Koordination der Anregungen anzustreben. Da die Unternehmensleitung nicht jede Anregung selbst bearbeiten kann, andererseits aber Anregungen aus der Gesamtschau der Unternehmung heraus beurteilt werden sollten, wird in der Literatur zumeist eine der Unternehmensleitung zugeordnete Stabstelle »Investitionsplanung« vorgeschlagen. Dieser sollen die Anregungen direkt zugehen um Filterungen durch vorgelagerte Stellen und Frustration bei den Anregenden zu vermeiden. Außerdem soll diese Selle selbst systematisch nach möglichen Entwicklungen und damit Investitionsmöglichkeiten suchen. Bei Großbetrieben sollten solche Stabstellen bereits auf der Ebene der einzelnen Organisationsbereiche wie Fertigung, Entwicklung, Absatz angesiedelt sein.[14]

b) Investitionsuntersuchung

Ist der Bedarf nicht von vornherein mit der Anschaffung eines ganz bestimmten Aggregats verbunden, so besteht die nächste Aufgabe darin, diesen zu konkretisieren. Es müssen Möglichkeiten zur Deckung dieses Bedarfs gefunden werden. Der Investitionsstab hat hier mit den einzelnen Abteilungen (Produktion, Entwicklung, Einkauf u. a.) zusammenzuarbeiten, um ein möglichst breites Spektrum von Alternativen vorzulegen.

Bevor nun die konkrete Untersuchung einzelner Alternativen beginnt, sind solche Vorschläge auszusondern, die aufgrund gesetzlicher Vorschriften (Lärmbelästigung, Sicherheitsvorschriften), mangelnder technischer (Qualität) und wirtschaftlicher Durchführbarkeit (Arbeitskräftemangel, Lieferfristen) oder wegen bestimmter unternehmensspezifischer Investitionsgrundsätze nicht in ein Investitionsprogramm aufgenommen werden können. Die technische Vorprüfung (Qualität, Harmonie mit dem vorhandenen Produktionsapparat) wird durch eine wirtschaftliche Untersuchung ergänzt, wobei die Auswirkungen auf

---

[14] Vgl. Brandt, H., Investitionspolitik, a.a.O., S. 122.

Gewinn, Risiko, Liquidität und nicht oder nur schwer quanitifizierbare Faktoren die wichtigsten Determinanten darstellen.

Die Anwendung verschiedener Beurteilungsmethoden (Investitionsrechenverfahren), Hauptteil der späteren Betrachtungen, erfordert unterschiedlichstes Datenmaterial.

Die Frage nach der Art dieses Materials (Auszahlung, Aufwand, Kosten) wird im Zusammenhang mit den einzelnen Verfahren erörtert, während in diesem Abschnitt ganz kurz einige wichtige Daten vor allem unter Berücksichtigung organisatorischer Aspekte bei der Ermittlung erläutert werden.[15]

Ein augenscheinliches Hindernis, zukünftige Nutzen durch Investitionen zu erlangen, besteht im *Kapitaleinsatz*. Dieser spiegelt sich meist nicht nur im Kaufpreis wider, sondern darüber hinaus sind die Anschaffungsnebenkosten und alle Ausgaben der Projektierung, Umorganisation und Finanzierung mit einzubeziehen. Ebenso wirken sich durch Investitionen bewirkte Erhöhungen des Umlaufvermögens aus. Die Feststellung des Kapitaleinsatzes läßt sich durch vorliegende Angebote der Hersteller, durch das geringe Maß an Unsicherheit und Abhängigkeit von anderen Größen, durch den Sachbearbeiter der Stabstelle »Investitionsplanung« bewältigen. (Ausnahme: Investitionen mit langer Errichtungszeit wie z. B. Zweigwerke). Bei kleineren Projekten kann der Kapitaleinsatz bereits vom Antragsteller mit angegeben werden.

Die größten Schwierigkeiten der Datenermittlung treten bei der Ermittlung der *Ertragswirkung* einer Erweiterungs-, Umstellungs- oder Diversifikationsinvestition auf. Die Heterogenität und Komplexität der Einflußgrößen der Absatzmengen und Absatzpreise neuer Produkte auf neuen Märkten, sowohl im inneral als im außerbetrieblichen Bereich, erschweren die exakte längerfristige Fixierung über mehrerer Jahre hinweg; da aber gerade durch die zugrundegelegten Ertragsdaten das Ergebnis der Investitionsentscheidung wesentlich beeinflußt wird, ist ein relativ hoher Aufwand der Datenermittlung vertretbar. Um möglichst gute Schätzungen zu erzielen, sollten vor allem die einzelnen Vertriebsstellen in Zusammenarbeit mit der Vertriebsleitung sowie die zuständigen Absatzplanungsstellen, ausgestattet mit dem betriebswirtschaftlichen Prognoseinstrumentarium, herangezogen werden.

Das innerbetriebliche Rechnungswesen und Daten vergleichbarer Anlagen in ähnlichen Betrieben liefern dem Investitionsplaner Unterlagen zur **Kostenschätzung.** Dennoch auftretende Schwierigkeiten zeigen sich z. B. in der Preiskomponente der Kosten in Form von Löhnen und Materialpreisen sowie der mengenmäßigen Veränderung der Kostengüter durch Lerneffekte, wie Verkürzung der Arbeitszeit oder sinkender Ausschuß.

Ein Denken in Erträgen und Aufwendungen setzt zur Ermittlung des Aufwandspostens „Abschreibungen" die Schätzung der **Nutzungsdauer** voraus. Andererseits beeinflussen aber Erträge und Aufwendungen die Nutzungsdauer, so daß sie selbst zum Entscheidungsproblem wird (siehe S. 60). Hier sei nur angemerkt, daß die Praxis im allgemeinen von einer um wirtschaftliche Gesichtspunkte modifizierten, technischen Nutzungsdauer ausgeht, die aus Anlagen-Karteien, Betriebsstatistiken oder Schätzung von technischen Experten ermittelt wird.

Diese Daten bilden nun die Grundlage der Investitionsrechnung, deren Aus-

---

[15] Vgl. Biergans, E., Investitionsrechnung, Nürnberg 1973, S. 54 ff. Frischmuth, G., a.a.O., S. 208 ff.

sagefähigkeit für die Entscheidung vom Grad der Isomorphie zwischen Realität und Entscheidungsmodell (Rechenverfahren) sowohl im Bereich der Unternehmensziele als auch der Konsequenzen der einzelnen Alternativen abhängt. Diese vollständige Abbildung der betrieblichen Wirklichkeit wird durch folgende Faktoren erschwert:

Die Investitionsentscheidung bezieht sich auf zukünftige Handlungen und erfaßt die ebenfalls zukünftigen Konsequenzen dieser Handlungen. Die unvollkommene Information über die Zukunft bewirkt die **Unsicherheit** der Daten. Die besondere Bedeutung im Investitionsbereich liegt in der Langfristigkeit der Auswirkungen einer Investitionsentscheidung sowie in der Einmaligkeit wesentlicher Vorhaben, welche die Erfassung der Unsicherheit über objektive Häufigkeitsverteilungen erschwert.

Außerdem bestehen vielfältige **Interdependenzen** (Abhängigkeiten) zwischen den einzelnen Investitionsprojekten und den verschiedenen betrieblichen Teilbereichen. Kapazitive Erweiterungen durch Investitionen führen im Beschaffungsbereich zu Mengenänderungen bezüglich der zu beschaffenden Roh-, Hilfs- und Betriebsstoffe. Neben der Frage, ob sie überhaupt geliefert werden können, muß geklärt werden, ob die Lager ausreichen und wie das Preisgefüge durch die Mengenänderung beeinflußt wird. Die Personalabteilung hat qualifizierte Arbeitskräfte für das Vorhaben zu interessieren und anzuwerben, was manchmal überhaupt nicht oder nur zu erhöhten Löhnen möglich ist; bereits Beschäftigte sind eventuell umzuschulen. Die finanziellen Mittel müssen in der nötigen Höhe zur Verfügung stehen. Hohe Finanzierungskosten oder Nichtbeschaffbarkeit der Mittel zwingen zur Änderung des Investitionsvorhabens. Zusätzlich werden zukünftige Mittelverwendungen beeinträchtigt. Im Fertigungsbereich muß die Maschinenbelegung neu durchdacht werden, was sich auf die Zusammensetzung des Produktionsprogramms auswirken kann. Die zusätzliche produzierte Ware muß abgesetzt werden, enge Märkte und Preiszugeständnisse sind die Folge. Nicht zuletzt sind größere Investitionsvorhaben oft nicht ohne tiefgreifende organisatorische Veränderungen in der Verwaltung zu bewerkstelligen.[16] Inwieweit Unsicherheit und vielfältige Abhängigkeiten in der Investitionsrechnung berücksichtigt werden können, wird im folgenden (S. 78) dargestellt.

Schließlich lassen sich eine Vielzahl von zusätzlichen entscheidungsrelevanten Faktoren nicht quantifizieren. Wie soll zum Beispiel die Unfallsicherheit, die Sauberkeit, die vielfältige Verwendbarkeit oder eine besonders schöne Form des Produkts seinen Ausdruck in monetären Größen finden? Neben diesen **technischen Imponderabilien** sind auch wirtschaftliche Einflußgrößen auf die Entscheidung nicht oder nur schwer zu quantifizieren. Die Gefährdung guter Lieferantenbeziehungen oder die Qualität der Erzeugnisse sollen als Beispiele für **die wirtschaftlichen Imponderabilien** genügen. Dies gilt vor allem auch für den Bereich der vielfältigen Zielvorstellungen, die nicht berücksichtigt werden können, wie Prestige oder auch Unabhängigkeit. Dennoch wird die Rechnung nicht überflüssig, da viele Ziele die Erzielung des Gewinns zur Voraussetzung haben. Es sind jedoch auch Fälle denkbar, in denen imponderable Ziele konträr zum Gewinnstreben stehen; man denke nur an den Personal- oder Sozialbereich der Unternehmung (Zufriedenheit der Mitarbeiter, soziale Sicherung). Aber auch im Bereich der Konsequenzen bestimmter Investitionsvorhaben in bezug auf ty-

---

[16] Vgl. Krause, W., Investitionsrechnungen und unternehmerische Entscheidungen, Berlin 1973, S. 55 ff.

pisch rechenbare Ziele, wie z. B. Gewinn, ergeben sich Schwierigkeiten. Als Beispiele mögen die Quantifizierung der Ertragswirkungen von Werbemaßnahmen oder die Auswirkungen auf den Gewinn durch Änderung der Erzeugnisqualität oder die Verkürzung von Lieferfristen dienen. Besonders problematisch sind Erfolgswirkungen im sozialen Bereich abzuschätzen, wie z. B. bei Bildungsinvestitionen. Die Beurteilung der Imponderabilien ist meist den Entscheidenden zu überlassen, da Versuche der allgemeinen Lösung durch Punktesysteme sehr willkürlich bleiben müssen.[17]

c) Investitionsentscheidung

Die Investitionsentscheidung wird sowohl aufgrund ihrer Bedeutung für die Erreichung der Unternehmensziele als auch wegen der mangelnden Erfaßbarkeit aller entscheidungsrelevanten Faktoren durch die Investitionsrechenverfahren in der Literatur einheitlich der Unternehmensleitung zugewiesen. Würde allerdings der Vorstand jedes Investitionsvorhaben entscheiden und prüfen, so würde die Vielzahl der Anträge schnell zu einer hoffnungslosen Überlastung führen. Dies führt in Großunternehmen zur Bildung von Investitionsausschüssen[18], in denen Vertreter der einzelnen Abteilungen, der Unternehmensleitung und der Investitionsstäbe sitzen. Hier können die vielfältigen Interdependenzen, nicht oder bedingt quantifizierbarer Daten, durch die Heterogenität der Teilnehmer aufgezeigt und geklärt werden und als abgewogene Gesamtstellungnahme der Unternehmensleitung einer Entscheidung zugeführt werden. Die Entscheidungen werden dann meistens im Sinne des Investitionsausschusses unter laufendem Kontakt mit diesem von der Unternehmensleitung getroffen, was dadurch erleichtert wird, daß das Top-Management im Ausschuß vertreten ist. Außerdem werden in der Regel die Entscheidungen über kleinere oder auch Ersatzinvestitionen auf untergeordnete Stellen delegiert, die im Rahmen eines begrenzten Budgets disponieren können. Die Festlegung dieses Budgets sollte sich weniger an vergangener Ausnutzung als am zukünftigen Bedarf ausrichten. Zusätzlich ist neben der Festlegung einer operationalen Grenze für Kleininvestitionen darauf zu achten, daß größere Investitionsvorhaben nicht in mehrere kleine zerlegt werden können, um die übergeordneten Instanzen zu umgehen. Die Realisation dieser Entschlüsse wird dann entsprechend eingeleitet. Hinsichtlich weiterer Ausführungen zur organisatorischen Problematik der Realisation und Kontrolle sei auf die einschlägige Literatur verwiesen, da sich die finanzwirtschaftliche Betrachtung vor allem auf den dispositiven Kern – die Entscheidung – konzentriert.

Literatur: Investition und Investitionsentscheidung

Biergans, E., Investitionsrechnung, Nürnberg 1973; *Blohm, H., Lüder, K.*, Investition, 3. Aufl., München 1974; *Brandt, H.*, Investitionspolitik des Industriebetriebes, 3. Aufl., Wiesbaden 1970; *Frischmuth, G.*, Daten als Grundlage für Investitionsentscheidungen, Berlin 1969; *Krause, W.*, Investitionsrechnungen und unternehmerische Entscheidungen, Berlin 1973; *Priewasser, E.*, Betriebliche Investitionsentscheidungen, Berlin/New York 1972.

---

[17] Vgl. Schwarz, H., Zur Bedeutung und Berücksichtigung nicht oder schwer quantifizierbarer Faktoren im Rahmen des investitionspolitischen Entscheidungsprozesses, in: BFuP 1960, S. 673 ff. Krause, W., a.a.O., S. 42 ff.
[18] Vgl. Frischmuth, G., a.a.O., S. 237 f.

Fragen: Investition und Investitionsentscheidung

1. Beurteilen sie einzeln die Bedeutung der wesentlichen Aspekte des Investitionsbegriffs.
2. Versuchen Sie, die Investitionszwecke weiter zu untergliedern. Welche Bedeutung ist solchen Differenzierungen beizulegen?
3. Zeigen Sie die gesellschaftlichen Zusammenhänge betrieblicher Investitionsentscheidungen auf!
4. Beurteilen Sie in diesem Zusammenhang die den Modellen zugrunde liegende Zielvorschrift Gewinnmaximierung!
5. Welche wesentlichen Faktoren beeinflussen die Güte der betrieblichen Investitionsentscheidung?
6. Versuchen Sie, systematisch Anzeichen für mögliche Investitionen aufzulisten.
7. Welche Gesichtspunkte sind bei der Ausgestaltung des betrieblichen Vorschlagswesens zu beachten?
8. Nennen Sie einige gesetzliche Vorschriften, welche die Durchführbarkeit von Investitionen einschränken oder unmöglich machen!
9. Welche Rolle spielt die Investitionsrechnung für die Investitionsentscheidung?
10. Welche organisatorischen Überlegungen sind bei der Einrichtung der Stabstelle Investitionsplanung und dem Investitionsausschuß anzustellen?

II. Investitionsrechnung

1. Grundlagen und Überblick über die Investitionsrechenverfahren

Grundlage der Investitionsentscheidung ist neben den nicht quantifizierbaren Faktoren die Investitionsrechnung. Darunter werden alle Verfahren zur Beurteilung von Investitionsvorhaben bezüglich quantifizierbarer Unternehmensziele verstanden. Es kann sich dabei um die isolierte Beurteilung der Vorteilhaftigkeit eines einzelnen Investitionsobjekts handeln oder um den Vergleich mehrerer Alternativen mit dem gleichen Verwendungszweck (technisches Auswahlproblem). Die investitionsrechnerische Aufgabe konzentriert sich hierbei auf die Ermittlung des Investitionsobjekts, das die günstigen Voraussetzungen für eine rationelle Gestaltung des Produktionsprozesses oder – im weiteren Sinne – des gesamtbetrieblichen Vollzugs aufweist. Die Ermittlung der optimalen Nutzungsdauer und des optimalen Ersatzzeitpunkts sind als Spezialfälle dieses Auswahlproblems anzusehen.

Die neuere Entwicklung der betriebswirtschaftlichen Investitionstheorie hat zu Modellen geführt, die unter Berücksichtigung der finanziellen, technischen und absatzmäßigen Möglichkeiten des Betriebes ein optimales Investitionsbudget ermitteln. Hierbei handelt es sich um die Bestimmung eines optimalen

II 1: Grundlagen

Investitionsprogrammes unter Berücksichtigung der gegenseitigen Abhängigkeiten der einzelnen Funktionsbereiche.

Die bei Investitionsrechnungen unterstellten Zielsetzungen sind im allgemeinen am Gewinnmaximierungsprinzip orientiert, wobei teilweise das Liquiditätspostulat Berücksichtigung findet. Die vielfältige, mit unterschiedlichsten Inhalten bedachte Größe Gewinn wird in einperiodischen Modellen meist als Differenz zwischen Leistung und Kosten definiert. Mehrperiodische Modelle beinhalten als Gewinnmaßstab im allgemeinen den Überschuß der diskontierten Einzahlungen über die diskontierten Auszahlungen. Neuere Modelle, die ohne einen Kalkulationszinssatz auskommen, unterstellen jährliche Entnahmemaximierung bei Vermögenserhaltung oder Endvermögensmaximierung bei gegebenen Entnahmen.

Aufgrund vielfältiger Gemeinsamkeiten erscheint eine Abgrenzung zu anderen Gebieten des Rechnungswesens insbesondere der Kostenrechnung nötig. Die Investitionsrechnung ist im allgemeinen eine diskontinuierliche, mehrperiodige Planungsrechnung, während die Kostenrechnung die kontinuierliche, periodenbezogene ex-post Kontrollaufgabe des bestehenden Leistungsprozesses erfüllt.

Theorie und Praxis haben eine Fülle von Rechenverfahren zur Bestimmung der vorteilhaftesten Kapitalverwendung erarbeitet. Die Skala reicht von einfachen Faustregeln bis zu anspruchsvollen mathematischen Verfahren. Dabei ist in bezug auf die theoretische Exaktheit und Schwierigkeit der Anwendung eine gegenläufige Tendenz zu erkennen. Je exakter ein Verfahren vom theoretischen Standpunkt aus ist, desto schwieriger erweist sich im allgemeinen seine Realisierung in der Praxis.

Für eine Systematisierung können verschiedene Kriterien herangezogen werden. Dabei bietet sich zunächst eine Unterteilung in praxisorientierte Methoden an und solche, die mehr theoretisch mathematischer Art sind. Die Hilfsverfahren der Praxis, wie die der ersten Gruppe auch oft bezeichnet werden, sind dadurch gekennzeichnet, daß sie von Gesetzmäßigkeiten, die die Kostentheorie aufdeckt, ausgehen und außerdem den Zeitfaktor überhaupt nicht oder nur unvollkommen berücksichtigen, d. h. Änderungen im Zeitablauf der in die Rechnung eingehenden Ertrags-, Aufwands- und Kostengrößen werden außer acht gelassen und meist nur auf eine Periode bezogen. Zu diesen deterministischen Ermittlungsmodellen zählt man folgende Verfahren:

1. Das Kostenvergleichsverfahren
2. Das Gewinnvergleichsverfahren
3. Den Rentabilitätsvergleich
4. Die Amortisationsrechnung.

Die zweite Gruppe, die theoretischen Methoden, werden unter dem historischen Blickwinkel in traditionelle und neuere Verfahren unterteilt. Beiden ist gemeinsam, daß sie die Konsequenzen von Alternativen über den gesamten Investitionszeitraum bis zur Desinvestition beschreiben. Diese Verfahren der Investitionsrechnung gehen von Einzahlungs- und Auszahlungsströmen aus und betrachten diese bis zum Ende der wirtschaftlichen Nutzungsdauer eines Investitionsobjektes. Diese Verfahren, die **kapitaltheoretisch orientiert** sind, werden auch **dynamische Verfahren** genannt, d. h. daß bei diesen Verfahren die Ein- und Auszahlungsströme diskontiert werden. Zu diesen traditionellen dynamischen Verfahren zählt man die:

Kapitalwertmethode
Annuitätenmethode
die Methode des internen Zinsfußes.

Der wesentliche gemeinsame Mangel der angeführten Verfahren besteht in der Nichtberücksichtigung der Zukunftsorientierung jeglichen Handelns, die sich in der **Ungewißheit** der verwendeten Daten niederschlägt. Behelfen sich die Praktiker zur Lösung des Unsicherheitsproblems im allgemeinen durch vorsichtige Schätzung der mit der Entscheidung verbundenen Daten, so versucht die Theorie die statistischen Erkenntnisse für die Investitionsrechnung nutzbar zu machen. Zusätzlich werden Methoden der Unternehmensforschung, wie Simulation und Entscheidungsbaumverfahren zur Lösung des Problems herangezogen.

Die bedingte Eignung der genannten Verfahren zur Ermittlung optimaler Investitionsprogramme und die große Bedeutung dieser Fragestellung für Theorie und Praxis haben zur **Entwicklung von Simultanmodellen** geführt. Unter dem Blickwinkel der Erstellung eines Gesamtmodells der Unternehmung wurden für die Investitionsentscheidung zwei wesentliche Modellvarianten aufgestellt. Zum einen wird das optimale Investitionsprogramm durch Abstimmung zwischen Investition und Finanzierung ermittelt (kapitaltheoretische Modelle) während die andere Richtung das Optimum unter der Berücksichtigung der Abhängigkeit des Investitionsprogrammes vom Produktionsprogramm ermittelt, (produktionstheoretische Modelle) wobei zusätzlich der Versuch unternommen wird, mehrwertige Erwartung in den Modellen mit zu berücksichtigen.

2. Statische Investitionsrechenverfahren (Einperioden-Modelle)

Die statischen Verfahren der Investitionsrechnung, auch als „Hilfsverfahren der Praxis"[1] bezeichnet, werden wegen ihrer unkomplizierten und mit geringeren Kosten durchzuführenden Methoden noch in großem Umfang angewandt. Zu diesen Verfahren rechnet man die

- Kostenvergleichsrechnung
- Gewinnvergleichsrechnung
- Rentabilitätsrechnung
- Amortisationsrechnung

Sie werden als statisch bezeichnet, weil sie zeitliche Unterschiede im Auftreten von Einnahmen und Ausgaben einer Investition nicht oder nur unvollkommen berücksichtigen.

a) Kostenvergleichsrechnung

Dieses Verfahren versucht über einen Vergleich der Kosten von zwei oder mehreren Alternativinvestitionen diejenige zu bestimmen, die langfristig die geringsten Kosten erfordert. Dadurch wird unter den gegebenen Möglichkeiten die Alternative ausgewählt, die relativ die höchste Wirtschaftlichkeit – **Kostenersparnis** – aufweist.

In den Vergleich sind grundsätzlich alle durch das geplante Projekt verursachten Kosten einzubeziehen. Unberücksichtigt bleiben die Erlöse, da unterstellt wird, daß – gleichgültig, welche Alternative gewählt wird – die gleiche Leistung

---

[1] Vgl. z. B. Wöhe, G., Einführung in die Allgemeine Betriebswirtschaftslehre, 11. Aufl., München 1973, S. 507.

und damit der gleiche Erlös erwirtschaftet wird. Ebenso können Kosten, die für jede Alternative in gleicher Höhe anfallen, vernachlässigt werden.

Wesentlich sind im allgemeinen folgende Kostenarten, die in leistungsabhängige (variable) und leistungsunabhängige (fixe) Kosten im Einzelfall zu trennen sind.[2]

$\left.\begin{array}{l}\text{kalkulatorische Abschreibungen} \\ \text{kalkulatorische Zinsen}\end{array}\right\}$ Kapitalkosten

Löhne und Gehälter sowie
die Lohnnebenkosten (soziale Leistungen)
Materialkosten,
Energiekosten,
Werkzeugkosten,
Raumkosten,
Instandhaltung und Reparatur,
Betriebsstoffe.

Durch den Vergleich der Kosten zwischen zwei bzw. mehreren Alternativen ($K_1 \gtreqless K_2 \gtreqless K_3 \gtreqless K_4$) oder den Vergleich der Kosten vor Realisierung (K_a) und nach Realisierung (K_n) der Investition bietet sich das Kostenvergleichsverfahren besonders für Ersatz- und Rationalisierungsinvestitionen an.

aa) Auswahlproblem[3]

Aus einer Vielzahl funktionsgleicher Objekte soll die kostengünstige Alternative bestimmt werden. Zu vergleichen sind die **Kosten pro Zeiteinheit** oder pro Leistungseinheit der verschiedenen Alternativen. Beide Methoden führen – bei identischer mengenmäßiger Leistung aller Anlagen – zum gleichen Ergebnis. Bestehen Unterschiede in der Leistung, führt nur ein Vergleich der Kosten je Leistungseinheit zu einem brauchbaren Ergebnis.

$$\frac{K_a}{xp} \gtrless \frac{K_n}{xp} \qquad \begin{array}{l} K_a = \text{Kosten vor Realisierung} \\ K_n = \text{Kosten nach Realisierung} \\ xp = \text{geplante Fertigungsmenge} \end{array}$$

Beim Kostenvergleich werden Durchschnittswerte angesetzt, wobei entweder „echte" Durchschnitte der voraussichtlichen Kosten während der Nutzungsdauer ermittelt werden oder man unterstellt, daß die wahrscheinlichen Kosten des ersten Jahres auch repräsentativ für die folgenden Perioden sind.[4]

Beispiel 1: Kostenvergleich auf Basis von „unechten Durchschnittswerten"

Gesamtkosten	Anlage A	Anlage B	Anlage C
Anschaffungswert (DM)	80.000,--	70.000,--	100.000,--
Nutzungsdauer (Jahr)	10	7	10
Auslastung (LE/Jahr)	10.000	10.000	10.000

---

[2] Vgl. Blohm, H., Lüder, K., Investition, 3. Aufl., München 1974, S. 46.
[3] Vgl. Blohm, H., Lüder, K., a.a.O., S. 46 ff.
[4] Vgl. Biergans, E., a.a.O., S. 92 f.

Jährliche Kosten:

Abschreibungen	8.000,--	10.000,--	10.000,--
Zinsen (10 % vom 1/2 Anschaffungswert)	4.000,--	3.500,--	5.000,--
sonstige leistungsunabhängige Kosten	1.000,--	1.500,--	1.000,--
Summe der leistungsunabhängigen Kosten	13.000,--	15.000,--	16.000,--
Personalkosten	25.000,--	20.000,--	18.000,--
Fertigungsmaterial	5.000,--	5.000,--	5.000,--
Energie	800,--	1.000,--	800,--
sonstige leistungsabhängige Kosten	1.200,--	800,--	1.000,--
Summe der leistungsabhängigen Kosten	32.000,--	26.800,--	24.800,--
Gesamtkosten/Jahr:	45.000,--	41.800,--	40.800,--

Aufgrund dieses Rechenergebnisses wäre trotz des nur geringen Kostenunterschiedes von DM 1000,– zwischen B und C die Anlage C die vorteilhafteste.

Hebt man die unrealistische Bedingung, gleiche Leistungen aller zu vergleichenden Anlagen auf und berücksichtigt man, daß Investitionen nicht nur Kostenänderungen bewirken, sondern auch unterschiedliche Leistungen erbringen, läßt sich nur durch einen Vergleich der **Kosten je Leistungseinheit** eine richtige Entscheidung treffen. Auf das Beispiel 1 bezogen ergibt sich dann:

Beispiel 2: Kostenvergleich je Leistungseinheit

Gesamtkosten	Anlage A	Anlage B	Anlage C
Anschaffungswert (DM)	80.000,--	70.000,--	100.000,--
Nutzungsdauer (Jahr)	10	7	10
Auslastung (LE/Jahr)	10.000	7.000	12.000
leistungsunabhängige Kosten (in DM)	13.000,--	15.000,--	16.000,--
leistungsunabhängige Kosten/LE (in DM)	1,30	2,15	1,34
leistungsabhängige Kosten (in DM)	32.000,--	26.800,--	24.800,--
leistungsabhängige Kosten/LE (in DM)	3,20	3,83	2,07
Gesamtkosten/LE:	4,50	5,98	3,41

Unter den angegebenen Leistungsmengen ist zweifellos die Anlage C den Anlagen A und B überlegen. Im Gegensatz zu Beispiel 1 zeigt sich aber hier, daß die vorher außer Betracht gebliebene Anlage A beim Vergleich je Leistungseinheit der Anlage B vorzuziehen wäre.

Für eine Beurteilung von Investitionen bezüglich ihrer Vorteilhaftigkeit genügt oft nicht nur die Feststellung, daß bei einer bestimmten Kapazität die Anlage A kostengünstiger arbeitet als B oder C, sondern es interessiert, ab welcher Produktionsmenge dies eintrifft. Da die jeweilige Auslastung für die Entscheidungsfindung eine ausschlaggebende Rolle spielt, für die Zukunft aber in vielen Fällen sehr schwer abzuschätzen ist, ergibt sich häufig die Notwendigkeit der Orientierung an der „kritischen Menge". Als kritische Auslastung oder Menge wird diejenige bezeichnet, bei der die Kosten je Zeiteinheit oder Leistungseinheit für zwei verschiedene Anlagen die gleiche Höhe aufweisen.[5]

Für die Bestimmung der kritischen Menge sind die Kostenfunktionen der zu vergleichenden Anlagen zu ermitteln. Dies soll für das Beispiel 2 exemplarisch für die Anlagen A und C angeführt werden:

Kostenart (in DM/Jahr)	Anlage A	Anlage C
leistungsunabhängige Kosten	13.000,--	16.000,--
leistungsabhängige Kosten/LE	3,20	2,48

Kostenfunktionen:
$$K_A = 3{,}2 \text{ LE} + 13.000$$
$$K_C = 2{,}48 \text{ LE} + 16.000$$

Die kritische Menge wird allgemein bestimmt durch:

$$X_{kritisch} = \frac{K_{f2} - K_{f1}}{K_{v1} - K_{v2}}$$

K_{f1} bzw. K_{f2} = die fixen Kosten der Anlage 1 bzw. der Anlage 2

K_{v1} bzw. K_{v2} = die entsprechenden variablen Kosten der Anlage 1 bzw. 2

Die kritische Menge ergibt sich somit aus:

$$X_{kritisch} = \frac{16\,000 - 13\,000}{3{,}2 - 2{,}48} = 4\,167 \text{ LE}$$

Bis zu einer Kapazität von 4167 LE/Jahr wäre somit unter Kostengesichtspunkten die Anlage A der Anlage C vorzuziehen. Werden jedoch mehr als 4167 LE/Jahr produziert, ist die Anlage C vorteilhafter.

---

[5] Vgl. Blohm, H., Lüder, K., a.a.O., S. 48 f.; Heinen, E., Industriebetriebslehre, Wiesbaden 1972, S. 598; Wöhe, G., a.a.O., S. 508 f. zeigt die Ermittlungen der „kritischen Menge" auf Basis von Stückkosten.

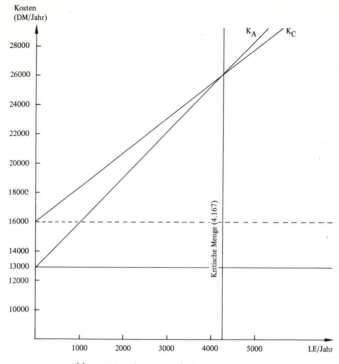

Abb. 8: Kritische Menge beim Kostenvergleich

bb) Ersatzproblem

Ist die Nutzungsdauer einer Anlage oder nur eines Teiles begrenzt, so tritt das Problem des rechtzeitigen und kostengünstigen Ersatzes auf, wobei wie beim Auswahlproblem die **Entscheidung aufgrund von Kosten je ZE oder LE** getroffen werden kann. Es soll überprüft werden, ob es kostengünstiger ist, während der Vergleichsperiode mit der vorhandenen Anlage weiterzuarbeiten oder sie durch eine neue Anlage schon jetzt oder erst am Ende der Periode zu ersetzen. Die Bestimmung des günstigsten **Ersatzzeitpunktes** erfordert eine Betrachtung des **Restbuch- und Resterlöswertes** des vorhandenen Investitionsobjektes.

Der **Restbuchwert** ist derjenige Wert, mit dem eine Anlage zum Kalkulationszeitpunkt noch zu Buche steht. Man erhält ihn, wenn man vom Anschaffungswert die bisher verrechneten Abschreibungen abzieht. Dabei sind für die Investitionsrechnung ausschließlich die **kalkulatorischen Buchwerte** von Bedeutung.[6]

Beim **Resterlöswert** handelt es sich um denjenigen Betrag, den man zum Kalkulationszeitpunkt bei einem Verkauf der Anlage für diese erzielen würde.

---

[6] Vgl. Männel, W., Der Einfluß des Restbuchwertes alter Anlagen auf Investitionsentscheidungen, NBW 1964, S. 115; Brandt, H., Der Restwert in der Investitionsrechnung, ZfB 1959, S. 398.

II 2 a: Kostenvergleichsrechnung

Der Restwert ist die Differenz zwischen dem potentiellen Verkaufserlös und den eventuell anfallenden Verkaufs- und Abbruchkosten.[7]

Unterschiedliche Ansichten bestehen darüber, ob der Restbuchwert im Rahmen der Investitionsrechnung berücksichtigt werden soll. In der Praxis und auch in dem vom Rationalisierungs-Kuratorium der Deutschen Wirtschaft erarbeiteten Investitionsüberlegungen für gewerbliche Betriebe werden die Restbuchwerte vorhandener Anlagen genauso wie der Kapitaleinsatz neuer Anlagen behandelt.[8] Der Restbuchwert einer alten Anlage wird auf die noch verbleibende Nutzungsdauer verteilt. Die alte, noch nicht voll abgeschriebene Anlage wird mit ihren kalkulatorischen Kapitalkosten belastet. Diese Abschreibungsbeträge werden der alten Anlage zugerechnet.[9]

Eine weitere Möglichkeit besteht darin, daß der Restbuchwert der alten Anlage nicht in das Investitionskalkül aufgenommen wird, weil dieser Wert der Vergangenheit angehört und somit in einer auf die Zukunft ausgerichteten Investitionsrechnung nicht angesetzt werden darf. Nur der neuen Anlage werden die entsprechenden Kapitalkosten zugerechnet.[10]

Schließlich gibt es eine dritte Gruppe (Gutenberg, Mellerowicz, Schwarz), die die Ansicht vertritt, daß sowohl die **alte Anlage** mit den normalen Kapitalkosten auf ihren Restbuchwert **als auch die Ersatzanlage** mit diesen und ihren eigenen Kapitalkosten belastet werden muß.[11] Da aber bei beiden Anlagen die gleichen Beträge verrechnet werden, heben sich diese auf und können deshalb vernachlässigt werden.

Belastet man eine zu ersetzende Anlage mit ihren kalkulatorischen Kapitalkosten, so bedeutet dies wegen der falschen Einschätzung der Nutzungsdauer, daß die Zukunft der alten Anlage mit Kosten belastet wird, die schon in der Vergangenheit entstanden sind.[12]

Das Beispiel 3 zeigt, daß ein Ansatz von Restbuchwerten in der Investitionsrechnung zu folgenden Ergebnissen führen kann:

Zwei Unternehmen haben zum gleichen Zeitpunkt zwei gleiche Maschinen zum Preis von DM 240 000,– gekauft, deren Betrieb laufende Kosten von DM 140 000,– verursacht. Die maximale Nutzungsdauer liegt bei beiden Aggregaten bei 10 Jahren.

Das Unternehmen A rechnet mit einer 8-jährigen Nutzungsdauer, während Unternehmen B eine 6-jährige Nutzungsdauer ansetzt. Aufgrund dieser Schätzungen schreibt A jährlich DM 30 000,– und B jährlich DM 40 000,– ab. Nach 6 Jahren erscheint eine technisch verbesserte Anlage zum Preis von DM

---

[7] Vgl. Männel, W., a.a.O., S. 115 f.

[8] Vgl. z. B. Kinnebrock, F., Das Rechnungswesen der Brauerei und Mälzerei, Nürnberg 1965, S. 605.

[9] Vgl. Biergans, E., a.a.O., S. 120.

[10] Vgl. Abromeit, H. G., Das Problem der Anlagenerneuerung, ZfB 1953, S. 93; Käfer, K., Investitionsrechnungen, Zürich 1966, S. 9; Schneider, E., Wirtschaftlichkeitsrechnung, Tübingen/Zürich 1961, S. 95 f.

[11] Gutenberg, E., Der Stand der wissenschaftlichen Forschung auf dem Gebiet der betrieblichen Investitionsplanung, ZfbF 1954, S. 560 f.; Mellerowicz, K., Betriebswirtschaftslehre der Industrie, Bd. 1, Freiburg 1958, S. 103; siehe aber auch Bd. 1, 6. Aufl., Freiburg 1968, S. 374 f.; Schwarz, H., Optimale Investitionsentscheidungen, München 1967, S. 23 f.

[12] Vgl. Biergans, E., a.a.O., S. 125.

260 000,–, die aber DM 120 000,– laufende Kosten verursacht. A und B rechnen bei diesem Aggregat mit einer Nutzungsdauer von 10 Jahren.

Beide stellen unter Zugrundelegung eines kalkulatorischen Zinssatzes von 10% ihre Investitionrechnung auf.

Kostenrechnung A	alte Anlage DM	neue Anlage DM
laufende Betriebskosten	140.000,--	120.000,--
Kapitalkosten, Abschreibung	30.000,--	26.000,--
kalkulatorische Zinsen	3.000,--	13.000,--
Summe	173.000,--	159.000,--
Kosteneinsparung der neuen Anlage		DM 14.000,--

Kostenrechnung B	alte Anlage DM	neue Anlage DM
laufende Betriebskosten	140.000,--	120.000,--
Kapitalkosten, Abschreibung	-,--	26.000,--
kalkulatorische Zinsen	-,--	13.000,--
Summe	140.000,--	159.000,--
Kosteneinsparung der alten Anlage gegenüber der neuen Anlage		DM 19.000,--

Die Berücksichtigung von Restbuchwerten in der Investitionsrechnung (siehe Kostenrechnung A) führt dazu, daß ein hoher Buchwert – also extrem falsche Schätzung der Nutzungsdauer – zu einer hohen Belastung (Kapitalkosten) eines bereits angeschafften Wirtschaftsgutes führt. Je geringer die schon erwirtschafteten kalkulatorischen Abschreibungen einer Anlage sind und **je größer damit der Betrag ist, mit dem sie noch zu Buche steht, um so vorteilhafter erscheint der Ersatz einer alten durch eine neue Anlage.** Dieses Resultat ist nicht nur inkonsequent, es steht auch in krassem Widerspruch zu den Hemmungen der Praxis, Gegenstände mit hohem Restbuchwert abzustoßen.

Als Ergebnis kann festgehalten werden, daß die Investitionsrechnung eine von der Vergangenheit gelöste, in die Zukunft weisende Untersuchung ist. In einer solchen Analyse darf grundsätzlich nur der Werteverzehr Berücksichtigung finden, der vom Zeitpunkt der Investitionsentscheidung an entsteht. „Der Restbuchwert ist dagegen nur eine auf dem Papier stehende Zahl, die auf weit zurückliegende Schätzungen über die Entwertung eines Wirtschaftsgutes beruht."[13] Wenn zum Kalkulationszeitpunkt noch ein Restbuchwert, aber kein tatsächlicher Liquidationswert mehr vorhanden ist, beruht das Resultat auf einem Schätzungsfehler in der Vergangenheit. Wird er trotzdem zum Ansatz gebracht, liefert der Kostenvergleich falsche Ergebnisse.

---

[13] Biergans, E., a.a.O., S. 127; vgl. auch Hax, H., Investitionstheorie, a.a.O., S. 34.

Es tritt nun häufig der Fall auf, daß ein Aggregat zum Ersatzzeitpunkt noch einen Liquidationswert – **Resterlöswert** – aufweist. Da bei weiterer Nutzung der Anlage im Unternehmen der Resterlöswert abnimmt, liegt dieser Werteverzehr in der Zukunft, und er ist als kalkulatorische Abschreibung den Kosten der zu ersetzenden Maschine zuzuschreiben.[14] Das gleiche gilt für die **kalkulatorischen Zinsen,** denn es muß gefordert werden, daß sich die alte Anlage bei Weiterbetrieb mindestens ebenso bezahlt macht, wie bei einer Veräußerung oder anderweitigen Verwendung.[15]

Der Resterlöswert der zu ersetzenden Anlagen muß im Gegensatz zum Restbuchwert in die Investitionsrechnung einbezogen werden.[16]

Beurteilung des Verfahrens

Abgesehen von den Schwierigkeiten, die in der Praxis mit der Aufstellung von Kostenfunktionen verbunden sind, weist die Kostenvergleichsrechnung noch erhebliche weitere Mängel auf:

1. Sie ist kurzfristiger statischer Natur und erlaubt damit nur einen Vergleich zweier Zustände.

2. Unterschiedlich lange Nutzungsperioden werden nicht berücksichtigt, ebenso künftige Veränderungen der Kapazität und Qualitätsunterschiede der Anlagen.

3. Es wird nur die relative Wirtschaftlichkeit ermittelt, da keine Erlöse berücksichtigt werden; deshalb erlaubt dieses Verfahren keine Analyse über die Rentabilität des eingesetzten Kapitals.

4. Die angesetzten Durchschnittswerte, meist die Größen des ersten Jahres, werden als repräsentativ für die folgenden Perioden betrachtet, obwohl dies in der Realität nur sehr selten der Fall sein wird.

Eine Verbesserung der Aussagefähigkeit kann erreicht werden, wenn der Kostenvergleichsrechnung nicht nur eine Periode, sondern die ganze Nutzungszeit zugrunde gelegt und nicht die durchschnittlichen Kosten, sondern die jeweiligen Barwerte, d. h. die auf den Entscheidungszeitpunkt abgezinsten zukünftigen Werte, miteinander verglichen werden.[17] Auf die dabei entstehenden Schwierigkeiten der Datenermittlung für längerfristige Investitionsobjekte wird bei der Darstellung der dynamischen Investitionsrechenverfahren näher eingegangen.

b) Gewinnvergleichsrechnung

aa) Isolierter Vergleich

Bei zahlreichen Investitionsvorhaben ist ein bloßer Kostenvergleich im Sinne einer Wirtschaftlichkeitsanalyse nicht aussagefähig, da sich mehr oder weniger bei den meisten Alternativinvestitionen (insbesondere bei Erweiterungsinvestitionen) auch die Ertragsseite verändert.

---

[14] Vgl. Biergans, E., a.a.O., S. 127.
[15] Vgl. Matzeit, E., Die Investitionsrechnung, Diss. Nürnberg 1954, S. 56.
[16] Vgl. Blohm, H., Lüder, K. a.a.O., S. 50–53; Biergans, E., a.a.O., S. 128; Hahn, O., Finanzwirtschaft, München 1975, S. 91–93.
[17] Vgl. Munz, M., Investitionsrechnung, Wiesbaden 1971, S. 24.

Die Gewinnvergleichsrechnung stellt gewissermaßen eine Erweiterung des Kostenvergleiches dar und zwar in der Weise, daß nicht mehr von konstanten Absatzpreisen und einheitlicher Leistung ausgegangen wird, sondern die Auswirkungen auf die Absatzseite berücksichtigt werden.[18]

Zur Beurteilung einer Investition müssen neben den Kosten auch die Erlöse bzw. der Jahresgewinn mit einbezogen werden. Vorteilhaft ist die Alternative, die den im Durchschnitt höheren Jahresgewinn erwirtschaftet.

Aus der Gegenüberstellung der Erlöse (E) und Kosten (K) vor und nach Realisierung des Investitionsvorhabens entsteht ein „Gewinn" (Verlust), der einer Investition zugerechnet wird.[19]

$$G_v = \left[\frac{\sum_{i=1}^{t}(E_i - K_i)}{t}\right] \gtreqless G_n = \left[\frac{\sum_{i=t+1}^{t+n}(E_i - K_i)}{n}\right]$$

Erlös- und Kostensituation bis zum Investitionszeitpunkt (t)

Erlöse und Kosten vom Investitionszeitpunkt bis (t + n), wobei n die Nutzungsdauer des Investitionsobjektes darstellt.

In der Regel wird nur der Gewinn der Periode (t + 1), also des ersten Jahres geschätzt und als „Durchschnittsgewinn" für die folgenden Perioden in die Rechnung eingesetzt, weil die Schätzung der in weiterer Zukunft liegenden Gewinne mit zu großer Unsicherheit verbunden ist.

bb) Differenzbetrachtung

Ist eine Zurechnung der Erlöse und Kosten auf einzelne Investitionsvorhaben kritisch, kann der Gewinnvergleich auch durch **Gegenüberstellung von Gesamterlösen und -kosten einer Unternehmung,** die bei Verzicht auf das Investitionsprojekt und bei Ausführung der Investition auftreten, vorgenommen werden. Ergibt sich eine Erhöhung des Periodenerfolgs, so ist das Projekt vorteilhaft.

Beispiel eines Gewinnvergleichs durch Gegenüberstellung von Gesamterlösen und -kosten der Unternehmung:

Ein Unternehmen steht vor der Frage, ob es vorteilhaft ist, die Kapazität zu erweitern, damit ein neuer Großkunde, mit einer jährlichen Abnahme von 10 000 ME, beliefert werden kann. Zur Ausweitung der Kapazität wäre eine Investition in Höhe von DM 500 000,– zu tätigen. Auf der Grundlage eines vollständigen Gewinnvergleichs müßte wie folgt entschieden werden:

---

[18] Vgl. Herbst, G., a.a.O., S. 68.
[19] Vgl. Heinen, E., a.a.O., S. 599; Kern, W., Investitionsrechnung, Stuttgart 1974, S. 126.

II 2 b: Gewinnvergleichsrechnung

Kostenarten in DM/Jahr	Kostensituation vor Erweiterung	Kostensituation nach Erweiterung
Kapitalkosten:		
kalkul. Abschreibungen	200.000,--	250.000,--
kalkul. Zinsen	100.000,--	125.000,--
	300.000,--	375.000,--
Betriebskosten:		
Personalkosten	150.000,--	170.000,--
Materialkosten	75.000,--	90.000,--
Energiekosten	30.000,--	35.000,--
Instandhaltungskosten	45.000,--	48.000,--
sonstige Betriebskosten	40.000,--	50.000,--
Kosten in Sekundärbereichen, z.B. Lager, Verwaltung, Vertrieb	123.000,--	147.000,--
Kosten insgesamt	763.000,--	915.000,--
Erlöse in DM/Jahr	852.000,--	1.043.000,--
Gewinn	89.000,--	128.000,--
Gewinnzuwachs		DM 39.000,--

Die Erweiterung wäre somit vorteilhaft.

Die Gewinnvergleichsrechnung setzt voraus, daß einem Investitionsprojekt neben seinen Kosten auch abgrenzbare Erlöse bzw. Teile des Unternehmensgewinns zugerechnet werden können. Da die Ermittlung der Kosten und Erlöse über die volle Nutzungsdauer eines Projektes nicht immer möglich ist, verwendet man ersatzweise Durchschnittswerte, die sich auf die Kosten und Erlöserwartungen der ersten Nutzungsjahre stützen und es wird unterstellt, daß für die Folgeperioden die gleichen Durchschnittswerte Gültigkeit besitzen.

Soll z. B. bei gleicher Gewinnhöhe zweier Alternativen eine rationale Entscheidung getroffen werden, so müßte man Kenntnis über die zeitliche Verteilung der Einnahmen und Ausgaben haben, um zu überprüfen, ob die eingesetzten Plandaten für alle Perioden zutreffen.[20]

Beurteilung des Verfahrens

Der Gewinnvergleich ist eine kurzfristige statische Rechnung, bei der die Zuordnung der Einnahmen bzw. Erlöse und auch der Ausgaben bzw. Kosten häufig sehr schwierig oder unmöglich ist.

Beim Gewinnvergleich erfolgt keine Relativierung des Überschusses auf den Kapitaleinsatz und damit keine Aussage über die Verzinsung des eingesetzten Kapitals, d. h. der Rentabilität des Kapitaleinsatzes.[21]

Somit wird durch die Gewinnvergleichsrechnung nur ein Ziel der Investitionsrechnung, nämlich Ermittlung des jährlichen Überschusses einer neuen Anlage, erreicht. Es kann aber keine Aussage gemacht werden, ob der Verzicht

---

[20] Vgl. Munz, M., a.a.O., S. 32.
[21] Vgl. Wöhe, G., a.a.O., S. 510; Herbst, G., Investitionen, Bonn 1974, S. 68.

auf eine anderweitige Verwendung des eingesetzten Kapitals zu rechtfertigen ist.[22]

Die Aussagefähigkeit könnte durch die Einbeziehung aller Perioden der gesamten Lebensdauer des Objektes (= Totalperiode) und durch einen Vergleich der Gewinnbarwerte erhöht werden.

Trotz dieser Einschränkungen hat die Gewinnvergleichsrechnung in der Praxis ihren festen Platz. Dies ist besonders auf die einfache Verständlichkeit des Rechenverfahrens und auf die Verwendung der bekannten Kosten- und Erlöswerte zurückzuführen. Sie eignet sich für die Beurteilung von Investitionsvorhaben, die starke Auswirkungen auf die Erlössituation haben, also besonders für **Neu- und Erweiterungsinvestitionen.**[23]

c) *Rentabilitätsvergleichsrechnung* (Return on investment)

Eine verbesserte Form der Gewinn- und Kostenvergleichsrechnung stellt die Rentabilitätsrechnung dar.[24] Die statische Rentabilitätsrechnung setzt den Jahresgewinn einer Investition zum Kapitaleinsatz ins Verhältnis.

$$\text{Rentabilität R} = \frac{\text{Periodenerfolg (DM/ZE)}}{\text{Kapitaleinsatz (DM)}} \cdot 100 \ (\%/\text{ZE})$$

zeigt, in welcher Höhe sich das eingesetzte Kapital in der Abrechnungsperiode verzinst hat. Vorteilhaft ist die Alternative, die die größte Rentabilität aufweist. Dabei können – je nach Definition der Begriffe Gewinn- und Kapitaleinsatz – eine Reihe unterschiedlicher Rentabilitätsgrößen für das gleiche Projekt ermittelt werden.

$$\text{Gesamtkapitalrentabilität} = \frac{\text{Gewinn + Fremdkapitalzins}}{\text{Gesamtkapital}} \cdot 100$$

$$\text{Eigenkapitalrentabilität} = \frac{\text{Gewinn}}{\text{Eigenkapital}} \cdot 100$$

$$\text{Umsatzrentabilität} = \frac{\text{Gewinn}}{\text{Umsatz}} \cdot 100$$

Der Rentabilitätsvergleich kann durch die Einbeziehung des Umsatzes zum „Return on Investment" (RoI) erweitert werden, insbesondere sollen dadurch Beschäftigungsänderungen berücksichtigt werden (siehe Kapitel: Kennzahlenanalyse RoI, S. 277).

$$\text{RoI} = \frac{\text{Gewinn}}{\text{Umsatz}} \cdot \frac{\text{Umsatz}}{\text{Kapitaleinsatz}} \times 100$$

Soll die durchschnittliche jährliche Verzinsung eines Investitionsprojektes festgestellt werden, darf man nicht die eventuell schon beim Kostenvergleich

---

[22] Vgl. Biergans, G., a.a.O., S. 90.
[23] Vgl. Biergans, G., a.a.O., S. 91; Kern, W., a.a.O., S. 125; Mellerowicz, K., a.a.O., S. 375; Schwarz, H., a.a.O., S. 22.
[24] Vgl. Brandt, H., Statische und dynamische Verfahren der Investitionsrechnung, in: (Hrsg.) Agthe, K., Blohm, H., Schnaufer, E., Industrielle Produktion, Baden-Baden 1967, S. 382.

abgezogenen kalkulatorischen Zinsen vernachlässigen, da man sonst nur die über den kalkulatorischen Zins hinausgehende Verzinsung erhält.[25]

Für die Erweiterungsinvestition des vorausgehenden Beispiels (Gewinnvergleich durch Gegenüberstellung von Gesamterlösen und -kosten) ergibt sich eine Rentabilität von

$$R = \frac{\text{Ertragsüberschuß}}{\text{Kapitaleinsatz (durchschnittlich gebundenes Kapital,)}} \cdot 100$$

$$R = \frac{39.000}{250.000} \cdot 100 = 15{,}6\,\%$$

Die Rentabilitätsrechnung wird bevorzugt dort eingesetzt, wo nicht nur verschiedene Aggregate gleicher Funktion miteinander konkurrieren, sondern wo unterschiedliche Aggregate mit unterschiedlichen Funktionen zu vergleichen sind, wie dies häufig bei Erweiterungs- und Diversifizierungsinvestitionen der Fall ist.

Voraussetzung für eine Anwendung der Rentabilitätsvergleichsrechnung ist – wie bei der Gewinnvergleichsrechnung –, daß eine Zurechnung von Erlösen und Gewinnen zu bestimmten Projekten möglich ist.

Beurteilung des Verfahrens

Auch der Rentabilitätsvergleichsrechnung liegt eine kurzfristige, statische Betrachtungsweise zugrunde. Ein zeitlicher Unterschied im Anfall der Gewinne wird nicht berücksichtigt und bereits realisierte Gewinne werden mit Zukunftsgewinnen verglichen. Im übrigen können, da es sich bei diesen Verfahren um eine Erweiterung bzw. Kombination von Kosten- und Gewinnvergleich handelt, auch die Kritikpunkte für diese beiden Verfahren angeführt werden.

d) Amortisationsrechnung (pay-off-period)

Die Amortisationsrechnung (Kapitalrückfluß-, pay-off-, pay-back-Methode) baut – wie die Rentabilitätsrechnung – auf dem Kosten- oder Gewinnvergleich auf. Sie ermittelt den Zeitraum, in dem das investierte Kapital über die Erlöse wieder in die Unternehmung zurückfließt; geht man von gleichbleibenden Kosten und Erträgen aus, ergibt sich die

$$\text{Amortisationsdauer (ZE)} = \frac{\text{Kapitaleinsatz (DM)}}{\text{jährliche Wiedergewinnung (DM)}}$$

Berechnet wird jene Zeitspanne, innerhalb derer das investierte Kapital wieder zurückgeflossen ist bzw. der Zeitpunkt, bei dem die Rückflüsse R (Amortisation) gleich den Anschaffungsausgaben I_0 sind.

$$I_0 = \sum_{t=1}^{m} \overbrace{(G_t + A_t)}^{R_t} \qquad \text{Gewinn und Abschreibungen erbringen die Amortisation}$$

Bei dieser Vorgehensweise werden die Rückflüsse gedanklich zunächst ausschließlich für die Amortisation verwendet. Nach dem Amortisationszeitpunkt

---

[25] Vgl. Biergans, G., a.a.O., S. 95; anderer Ansicht ist Brandt, H., Investitionspolitik des Industriebetriebs, a.a.O., S. 36 f.

dienen sie nur noch der Kapitalverzinsung. Als Entscheidungsregel kann für den Vergleich alternativer Projekte formuliert werden: **Vorteilhaft ist das Projekt mit der kürzesten Amortisationszeit.** Bei Beurteilung einer Einzelinvestition ist die Investition vorteilhaft, bei der die effektive Amortisationszeit t_e kleiner ist als die vom Entscheidungsträger als maximal zulässig angesehene Amortisationszeit t_a.

$$t_e < t_a$$

Die Ermittlung der Amortisationsdauer dient in erster Linie der Beurteilung des Risikos des Kapitalverlustes und der Liquiditätsauswirkungen einer Investition, wobei in den Faktor t_a die subjektiven Sicherheitsvorstellungen des Entscheidungsträgers eingehen.

Die Amortisationsrechnung kann auf zwei Arten durchgeführt werden: als Durchschnittsrechnung und als Totalrechnung.

aa) Durchschnittsrechnung

Der Kapitaleinsatz wird durch die **durchschnittlichen** Rückflüsse dividiert. Die Amortisationszeit wird wie folgt ermittelt:

$$AZ = \frac{I_0}{G + A} = \frac{\text{Kapitaleinsatz (DM)}}{\emptyset \text{ Rückfluß (DM/Jahr)}}$$

Für die Beurteilung einer Erweiterungsinvestition setzt sich der Rückfluß aus dem jährlichen zusätzlichen Gewinn und den Abschreibungsbeträgen für die neue Anlage zusammen.

$$AZ = \frac{\text{Kapitaleinsatz}}{\text{zusätzlicher Gewinn + Abschreibung für Erweiterungsanlage}}$$

Für eine Rationalisierungsinvestition gilt dann entsprechend:

$$AZ = \frac{\text{Kapitaleinsatz}}{\text{Kostenersparnis + Abschreibungsbeträge der Ersatzanlage}}$$

Diese Art der Amortisationsrechnung wird eingesetzt, wenn konstante Überschüsse für die gesamte Nutzungsdauer des Investitionsobjektes angenommen werden können. Die Ermittlung der Amortisationszeit entspricht wegen der angesetzten durchschnittlichen Rückflüsse einer Durchschnittsrechnung. Aus diesem Grunde können die bereits angeführten Einwände gegen die Durchschnittsbildung hier wiederum vorgebracht werden.

bb) Totalrechnung

Die Amortisationsrechnung kann unter Berücksichtigung der Totalperiode zu einem befriedigenden Ergebnis führen, d. h. daß die effektiven jährlichen Rückflüsse solange aufaddiert werden, bis sie die Höhe des Kapitaleinsatzes erreicht haben. Wegen dieser kumulativen Betrachtung wird diese Vorgehensweise auch als **Kumulationsrechnung** bezeichnet.

$$I_0 = \sum_{t=1}^{m} (G_t + A_t)$$

II 2 d: Amortisationsrechnung (pay-off-period)

Bei dieser Rechnung wird davon ausgegangen, daß alle Einnahmen, soweit sie nicht für laufende Ausgaben dieser Investition gebunden sind, für die Rückzahlung des ursprünglich eingesetzten Kapitals verwendet werden. **Überschüsse entstehen erst dann, wenn das eingesetzte Kapital voll zurückgezahlt ist.**

Beispiel für die Durchschnittsrechnung

	Anlage 1	Anlage 2
Anschaffungsausgabe (DM)	100.000,--	120.000,--
Nutzungsdauer (Jahr)	8	10
Abschreibung (DM/Jahr)	12.500,--	12.000,--
∅ Gewinn (DM/Jahr)	6.000,--	7.800,--
∅ Rückfluß (DM/Jahr)	18.500,--	19.800,--
Amortisationszeit (Jahr)	$\frac{100.000,--}{18.500,--}$	$\frac{120.000,--}{19.800,--}$
	= 5,4 Jahre	= 6 Jahre

Anlage 1 wäre aufgrund der kürzeren Amortisationsdauer der Anlage 2 vorzuziehen.

Für die kumulative Ermittlung der Amortisationsdauer gibt es keine Formel; sie läßt sich zweckmäßigerweise in Form einer Tabelle oder auch graphisch darstellen:

Beispiel für die Kumulationsrechnung in Tabellenform für zwei Anlagen, 1 und 2 mit DM 100 000,- bzw. DM 120 000,- Anschaffungskosten

Jahr	Überschuß		Abschreibung		Rückfluß		Kapitalrückfluß kumulativ	
	A1	A2	A1	A2	A1	A2	A1	A2
1	3.000	6.000	10.000	12.000	13.000	18.000	13.000	18.000
2	5.000	6.000	10.000	12.000	15.000	18.000	28.000	56.000
3	5.000	8.000	10.000	12.000	15.000	20.000	43.000	45.000
4	3.000	8.000	10.000	12.000	13.000	20.000	56.000	76.000
5	3.000	6.000	10.000	12.000	13.000	17.000	69.000	93.000
6	3.000	8.000	10.000	12.000	13.000	20.000	82.000	113.000
7	5.000	8.000	10.000	12.000	15.000	20.000	97.000	133.000
8	5.000	8.000	10.000	12.000	15.000	20.000	112.000	153.000

Aufgrund dieser Rückflußstruktur hat sich die Anlage 1 zwischen dem 7. und 8. Jahr und die Anlage 2 zwischen dem 6. und 7. Jahr amortisiert. Anlage 2 wäre somit der Anlage 1 vorzuziehen.

Die Betonung des Risikogesichtspunktes tritt bei der graphischen Darstellung noch stärker hervor.

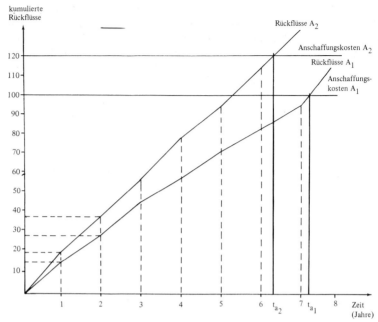

Abb. 9: Amortisationsrechnung als Kumulationsrechnung

Wie aus der graphischen Darstellung ersichtlich, ist $t_{a2} < t_{a1}$ und somit die Anlage 2 der Anlage 1 vorzuziehen.

Beurteilung des Verfahrens

Zielsetzung der Amortisationsrechnung ist die Ermittlung des Zeitpunktes, in dem die Summe der erwarteten Aufwendungen (Ausgaben) gleich der Summe der voraussichtlichen Erträge (Einnahmen) ist. Es wird damit keine Wirtschaftlichkeit ermittelt, da eine Berücksichtigung der Relation Gewinn zu Kapitaleinsatz nicht erfolgt. Im Rahmen der Amortisationsrechnung wird vielmehr die Kapitalbindungsdauer eines Investitionsobjektes bestimmt. Da in der Regel das Risiko einer Investition mit der Dauer der Kapitalbindung positiv korreliert, stellt die Amortisationsrechnung ein einfaches Rechenverfahren zur Beurteilung des Investitionsrisikos dar.

Der Zeitraum nach der Amortisation wird im Kalkül nicht berücksichtigt. Dabei besteht die Gefahr einer Fehlbeurteilung mehrperiodiger Investitionsprojekte, da alle Wertebewegungen nach der Widergewinnungszeit außer Betracht bleiben. Wie bei allen statischen Verfahren werden zeitliche Unterschiede im Anfall der Rückflüsse nicht beachtet, wobei der Durchschnittsrechnung außerdem der Mangel der Durchschnittsbildung anhaftet.

Da die Amortisationszeit nur einen Teilaspekt im Rahmen einer Investitionsbeurteilung darstellt, sollte sie nur in Verbindung mit anderen Verfahren, insbesondere ergänzt durch die Berechnung der relativen Wirtschaftlichkeit, eingesetzt werden.

Die pay-off-Methode liefert wichtige Unterlagen, insbesondere für die Finanz- und Liquiditätsplanung. Aufgrund der vorliegenden Ergebnisse läßt sich überprüfen, ob die eventuell aufgenommenen Kredite aus den jeweiligen Überschüssen termingerecht getilgt werden können, und welche Mittel darüber hinaus für andere Verwendungszwecke verbleiben.

Die pay-off-Methode gilt als Faustregel für die Praxis, mit der die Unsicherheiten der zukünftigen Entwicklung abgebaut werden sollen. Es liegt der Gedanke zugrunde, daß die Unsicherheit mit der Ausdehnung des Planungshorizonts steigt. Eine Investition, die sich schnell amortisiert, ist aus diesem Grunde sicherer, da die Voraussage exakter wird, je kürzer der Zeitraum gewählt wird. In diesem Sinne läßt sich die pay-off-period als Maß des Wagnisses oder der Elastizität einer Investition bezeichnen.

So einfach diese Methode für die Risikobeurteilung einer Investition auch sein mag, so können doch Fehler bei der Interpretation der Ergebnisse gemacht werden.

Es liegt z. B. der Fehlschluß nahe, daß es sich hier um ein dynamisches Verfahren handelt, weil die Amortisationszeiten meist länger als ein Jahr sind. Von einem mehrperiodigen Kalkül kann man aber erst sprechen, wenn statt der Durchschnittsgrößen für Rückflüsse effektive Periodenwerte zugrunde gelegt werden und außerdem die „Zeitpräferenz des Geldes" im Verfahren zum Ausdruck kommt.

e) Aussagefähigkeit der statischen Investitionsrechenverfahren

Der wohl schwerwiegendste Nachteil der statischen Investitionsrechnung ist die von der Methode her naheliegende **kurzfristige Betrachtungsweise.** Dabei wird **häufig nur das erste Jahr** nach der Anschaffung des Investitionsgegenstandes analysiert, da dieser Zeitraum relativ gut zu überblicken ist. Für die restliche Nutzungsdauer werden die gleichen Verhältnisse unterstellt.

Eine solche „statische" Betrachtungsweise ist bedenklich, da doch die **Beschaffungspreise** für Roh-, Hilfs- und Betriebsstoffe, ebenso wie die **Löhne und Gehälter,** die mengenmäßige **Ausbringung,** der erzielbare **Erlös je Produkt** usw. **im Zeitablauf Schwankungen unterliegen.** Eine Untersuchung, die dieser Entwicklung nicht Rechnung trägt, führt allzu leicht zu falschen Ergebnissen. Die meisten Anlagegüter erfordern während ihrer Nutzungsdauer **Instandhaltungsaufwand,** der mit **Alter und Beanspruchung der Aggregate ungleichmäßig** steigt. Auch diese Tatsache bleibt bei den Verfahren, die nur das erste Jahr betrachten, unberücksichtigt.

Bei den statischen Methoden wäre es theoretisch möglich, die Erträge und laufenden Kosten für jedes Jahr der Nutzungsdauer gesondert zu analysieren und alle so gewonnenen Werte aufzuaddieren. Nach Abzug des Kapitaleinsatzes und der Summe der kalkulatorischen Zinsen erhält man den Gesamtüberschuß eines Projektes. Der Mangel der kurzfristigen Betrachtungsweise wäre damit hinfällig. Dabei bleibt aber unberücksichtigt, daß gleiche Ereignisse, die zu unterschiedlichen Zeitpunkten eintreten, auch verschieden bewertet werden müssen. So hat z. B. eine Steigerung der Beschaffungspreise im nächsten Jahr eine größere Bedeutung als eine Steigerung, die in fünf Jahren zu erwarten ist. In der Bildung von Durchschnittsgrößen, wie sie bei den statischen Verfahren üblich sind, kommt dies nicht zum Ausdruck.

Eine Investition mit anfangs geringen und später steigenden Überschüssen wird wie der entgegengesetzte Fall bewertet.

Zeiteinheit	1 DM	2 DM	3 DM	4 DM	5 DM	⌀ DM
Gewinn I	12.000	10.000	8.000	6.000	4.000	8.000
Gewinn II	4.000	4.000	8.000	10.000	12.000	8.000

Aus der Zinsrechnung ist uns aber bekannt, **daß flüssige Mittel um so weniger wert sind, je ferner der Zeitpunkt ist, an dem über sie verfügt werden kann.**

Außerdem wird bei den statischen Verfahren die Ungewißheit der zukünftigen Daten und Größen nicht mit in das Kalkül einbezogen, obwohl dies möglich wäre (siehe hierzu das Kapitel über die Berücksichtigung der Ungewißheit bei Investitionsentscheidungen).

Literatur: Statische Verfahren

Biergans, E., Investitionsrechnung, Verfahren der Investitionsrechnung und ihre Anwendung in der Praxis, Nürnberg 1973; *Blohm, H., Lüder, K.*, Investition, 3. Aufl., München 1974; *Brandt, H.*, Investitionspolitik des Industriebetriebs, Wiesbaden 1970; *Munz, M.*, Investitionsrechnung, Wiesbaden 1971

Fragen: Statistische Verfahren

1. Geben Sie einen kurzen Überblick über die grundsätzlichen Probleme, die Gegenstand der Investitionsrechnung sind.
2. Welche Zurechnungsprobleme bestehen bei der Investitionsrechnung?
3. Ist es mit Hilfe der pay-off-Methode möglich, gewinnzielorientierte Investitionsentscheidungen zu treffen?
4. Ändert sich das Ergebnis einer Investitionsrechnung, wenn statt Erträgen und Kosten, Ein- und Auszahlungen als Rechnungsgrößen angesetzt werden?
5. Wodurch unterscheiden sich die Kostenvergleichs-, die Gewinnvergleichs- und die Rentabilitätsvergleichsrechnung?
6. Welche Aussagen macht die Amortisationsrechnung bezüglich der Rendite einer Investition?
7. Welche Prämissen, die den statischen Verfahren zugrundeliegen, schränken deren praktische Anwendungsmöglichkeit ein?
8. Welche Erweiterungen schlagen Sie für die statischen Verfahren vor, um deren praktische Anwendbarkeit zu erhöhen?
9. Welche Aussagen, bezüglich der Vorteilhaftigkeit einer Investition, lassen sich mit Hilfe der einzelnen statischen Verfahren machen?
10. Welche Mängel weist die Kostenvergleichsrechnung auf?

3. Dynamische Investitionsrechenverfahren
(Isolierte Mehrperioden-Modelle)

a) Grundlagen dynamischer Verfahren

Das Bestreben der Investitionstheorie geht dahin, möglichst viele Prämissen der statischen Verfahren abzubauen, um eine größere Isomorphie zwischen Modell und Realität herzustellen. Die traditionellen dynamischen (finanzmathematischen) Verfahren bringen eine Verbesserung dieses Zieles in zweierlei Hinsicht:

1. Die Durchschnittsbetrachtung, welche den statischen Verfahren zugrunde liegt, wird zugunsten der Berücksichtigung der Ein- und Auszahlungen während der ganzen Nutzungsdauer aufgegeben.

2. Der unterschiedliche zeitliche Anfall während dieser Nutzungsdauer wird durch die Berücksichtigung von Zinseszinsen explizit einbezogen.

Das Verständnis für die unten angeführten dynamischen Verfahren erfordert relativ wenige mathematische Grundkenntnisse, die auch im Bank- und Versicherungswesen eine erhebliche Bedeutung besitzen: Die Zinseszins- und Rentenrechnung.

Bei der **Aufzinsung** wird errechnet, wieviel ein im Zeitpunkt 0 eingesetzter Betrag nach einer Anzahl von Jahren, in deren Verlauf Zins und Zinseszins anfallen, wert ist.

Beispiel: Zinssatz $r = 10\%$; $i = \dfrac{r}{100} = 0{,}1$,

Kapital im Zeitpunkt 0
$= 50$ Einheiten
Anlagezeitraum $n = 2$ Jahre

Kapital am Ende des 1. Jahres:
$50 + 0{,}1 \cdot 50 = (1 + 0{,}1)^1 \cdot 50$

Kapital am Ende des 2. Jahres:
$50 \cdot (1 + 0{,}1) + 0{,}1 \cdot 50 (1 + 0{,}1) =$
$= 50 \cdot (1 + 0{,}1) \cdot (1 + 0{,}1) =$
$= 50 \cdot (1 + 0{,}1)^2$

Hieraus läßt sich die allgemeine Formel für den **Aufzinsungsfaktor** ableiten.

I. $(1 + i)^n$

Bei der **Abzinsung** wird errechnet, welcher Betrag im Zeitpunkt 0 eingesetzt werden muß, um einen Betrag K im Zeitpunkt n zu besitzen. Der erwünschte Betrag wird mit dem **Abzinsungsfaktor**

II. $\dfrac{1}{(1+i)^n}$ oder $\dfrac{1}{q^n}$ (Barwertfaktor)

abgezinst. Mit Hilfe des Abzinsungsfaktors wird auch die Frage beantwortet, wie ein nach n Perioden anfallender Betrag im Entscheidungszeitpunkt 0 bewertet werden soll.

Annahme: Am Ende des 2. Jahres sollen K = 50 (1 + 0,1)² zur Verfügung stehen; wie das Beispiel zeigt, müssen dafür 50 Einheiten im Zeitpunkt 0 eingesetzt werden.

$$50 = \underbrace{\frac{1}{(1+0{,}1)^2}}_{\text{Abzinsungsfaktor}} \cdot (1+0{,}1)^2 \cdot 50$$

Fällt eine begrenzte Reihe von Rückflüssen (Einzahlungen ./. Auszahlungen) am Ende mehrerer Jahre in gleicher Höhe an, so wird ihr Gegenwartswert, der Wert im Zeitpunkt 0 (Bezugszeitpunkt) durch Multiplikation mit dem **Rentenbarwertfaktor** ermittelt:

III. $\quad \dfrac{q^n - 1}{q^n (q - 1)}$

Die Verteilung eines heute zur Verfügung stehenden Betrages zu gleichen Teilen über eine Anzahl von Jahren unter Berücksichtigung von Zinseszinsen wird durch Multiplikation mit dem Annuitäten- oder **Wiedergewinnungsfaktor** (Umkehrung des Rentenbarwertfaktors) ermöglicht:

IV. $\quad \dfrac{q^n (q - 1)}{q^n - 1}$

Diese Ermittlungsmethoden des Barwerts (Wert nach Diskontierung) gehen von jährlicher Zinsgutschrift und Wiederanlage der Zinsen aus (Zahlungsreihe). Dagegen wird vorgebracht, daß die Rückflüsse aus Anlagen kontinuierlich anfallen (Zahlungsströme) und auch wieder angelegt werden, woraus sich die Forderung nach kontinuierlicher Verzinsung ableitet. Für den Fall einer mehrmaligen Verzinsung während eines Jahres (m – mal) gilt folgende modifizierte Formel für den Aufzinsungsfaktor:

V. $\quad (j + \dfrac{j}{m})^{m \cdot n}$

Für m → ∞ ergibt sich aus V. der Aufzinsungsfaktor bei kontinuierlichem Zinszuwachs mit:[26]

VI. $\quad \lim\limits_{m \to \infty} (1 + \dfrac{j}{m})^{m n} = \lim\limits_{m \to \infty} (1 + \dfrac{1}{m:j})^{\frac{m}{j} j n}$

$= e^{jn}$ da gilt: $\lim\limits_{u \to \infty} (1 + \dfrac{1}{u})^u = e$.

j wird im Falle des kontinuierlichen Zinszuwachses als Verzinsungsenergie bezeichnet. Der Zusammenhang zum effektiven Jahreszinssatz i ergibt sich aus:

$(1 + i)^n = e^{jn} \to j = \ln(1 + i)$

---

[26] Ebenso: Weston, J. F., Brigham, E. F.: Managerial Finance, Hinsdale 1972, S. 129 ff. Schneider, D.: Investition und Finanzierung, Opladen 1975, S. 280.

Die kontinuierliche Verzinsung ist vor allem für theoretische Überlegungen von Nutzen, da sie Grenzbetrachtungen zuläßt.

Den obigen Formeln liegt die Annahme konstanter jährlicher Zinsen zugrunde. Dieser Spezialfall soll nun aufgehoben und dafür die Möglichkeit variierender Zinsen während der einzelnen Jahre eingeführt werden. Zur Erläuterung dieses Sachverhalts wird das Beispiel zum Aufzinsungsfaktor herangezogen, wobei die Verzinsung im ersten Jahr gleich bleibt (10%), im zweiten Jahr aufgrund von Änderungen des Diskontsatzes auf 5% sinkt. Dies führt zu folgendem Kapital am Ende des zweiten Jahres:

$$50 \cdot (1 + 0,1) + 0,05 \cdot 50 (1 + 0,1) =$$
$$= 50 \cdot (1 + 0,05)(1 + 0,1)$$

Daraus folgt allgemein für die Aufzinsung in n Jahren bei jährlich unterschiedlichen Zinssätzen als Aufzinsungsfaktor:

VII. $\quad (1 + i_1)(1 + i_2) \ldots (1 + i_n)$

und analog für den Abzinsungsfaktor:

VIII. $\quad \dfrac{1}{(1 + i_1)(1 + i_2) \ldots (1 + i_n)}$

b) Darstellung der dynamischen Verfahren für den Fall der Einzelinvestition

aa) Kapitalwertmethode (KWM)

Die KWM ermittelt den Barwert (Kapitalwert) einer Investition durch Diskontierung der Zahlungsreihen auf den Bezugszeitpunkt.

$$C_0 = \sum_{t=0}^{n} (E_t - A_t) \cdot \frac{1}{(1 + i)^t}$$

oder bei Ersetzen von E–A durch R und (1 + i) durch q

$$C_0 = \sum_{t=0}^{n} \frac{R_t}{q^t}$$

t = einzelne Perioden von 0 bis n
E_t = Einzahlungen der Periode t (z. B. jährliche Einzahlungen)
A_t = Auszahlungen der Periode t
R_t = $E_t - A_t$ (Rückflüsse der Periode t)
C_0 = Kapitalwert

Bei der KWM wird die Zahlungsreihe einer Investition an einer Alternativinvestition gemessen, die sich zum Kalkulationszinssatz verzinst.[27] Ist der Kapitalwert positiv ($C_0>0$), so ist die Verzinsung des **jeweils gebundenen Kapitals** höher als der Kalkulationszinssatz und das Projekt ist damit vorteilhaft. Ein negativer Kapitalwert weist die Investition als unvorteilhaft aus, ein Kapitalwert von 0 führt zu keiner Vorteilsentscheidung.

---

[27] Vgl. Schneider D., Investition, a.a.O., S. 203.

Ein Beispiel möge dies verdeutlichen:
X will eine Maschine erwerben, die im Zeitpunkt 0 eine Auszahlung von 201,81 erfordert. Er geht von einer Nutzungsdauer von 3 Jahren aus, wobei jeweils am Ende der einzelnen Jahre folgende Beträge zurückfließen sollen:

Jahre	1	2	3
$R_n = E_n - A_n$	50	100	120

Der Zinssatz für Geldanlage und Kreditaufnahme beträgt einheitlich 10%. Die KWM führt in diesem Fall zu folgendem Ergebnis:

$$C_0 = -201,81 + \frac{50}{1,1} + \frac{100}{1,1^2} + \frac{120}{1,1^3} \approx 16,44$$

Die Abzinsungsfaktoren sind aus gängigen Tabellen (vgl. Anhang S. 76) abzulesen, so daß außer den vier Grundrechenarten keine besonderen mathematischen Fähigkeiten benötigt werden (Einwände der Praxis hinsichtlich hoher mathematischer Anforderung also gegenstandslos). Die Multiplikation der einzelnen Zahlungsströme mit den Barwertfaktoren führt zu folgendem Ergebnis:

BF_t = Barwertfaktor für t
BW = Barwert

t	R_t	BF_t	BW
1	50	0,9091	45,455
2	100	0,8264	82,640
3	120	0,7513	90,156
Σ			218,251
			./. 201,810
			16,441

Der Kapitalwert von 16,44 läßt nun zweierlei Deutung zu:

1. Die effektive Verzinsung der Investition ist höher als der Kalkulationszinsfuß (Maßstab für die Verzinsung);[28]
2. Der Kapitalwert zeigt analog zur Gewinnvergleichsrechnung den Gewinn einer Investition auf, wobei es sich im Gegensatz zur Gewinnvergleichsrechnung um den Barwert der Gewinne handelt.[29]

Diese zweite Fassung wird der Kapitalwertmethode mehr gerecht, da sie einen absoluten Maßstab und keine relative Renditeaussage liefert.

Es wurde bereits darauf verwiesen, daß die Verzinsung auf das jeweils gebundene Kapital erfolgt. Anhand des Beispiels soll diese Aussage verdeutlicht werden; daneben wird gezeigt, daß neben Zinsen und Tilgung des eingesetzten

---

[28] Vgl. Blohm, H., Lüder, K.: Investition, München 1974, S. 63.
[29] Vgl. Biergans, E.: Investitionsrechnung, Nürnberg 1973, S. 175.

Kapitals am Ende der Lebensdauer der Investition ein Gewinn verbleibt, der abgezinst den Kapitalwert ergibt.

Jahre	a) gebundenes Kapital	b) Zins	c) Tilgung	d) Gewinn	R_t (b+c+d)
1	201,81	20,181	29,819	0	50
2	171,991	17,199	82,801	0	100
3	89,190	8,919	89,190	21,891	120
	0	0	0		

Am Ende des 3. Jahres wird also der Rückfluß in Höhe von 120 mit 89,19 für die Tilgung des eingesetzten Kapitals herangezogen, während ein Gewinn mit dem Zeitwert 21,891 verbleibt. Der Barwert dieses Gewinns beträgt 16,44 (21,891 · 0,7513 = 16,44).

Soll der Gewinn gleich zur Verfügung stehen, so läßt sich das Ergebnis auch als Aufnahme eines Kredits von 218,251 deuten, der mit 201,81 zur Anschaffung des Aggregats verwendet wird, während 16,44 als Überschuß anderweitiger Verwendung zugeführt wird. Der Gesamtkredit läßt sich aus den Rückflüssen der Investition decken.[30]

Jahre	a) gebundenes Kapital	b) Zins am Ende der Periode	c) Tilgung am Ende der Periode	R_t (b + c)
1	218,251	21,825	28,175	50
2	190,076	19,007	80,993	100
3	109,083	10,908	109,092	120
	0	0	0	

bb) Interne Zinssatzmethode (IZM)

Durch die interne Zinssatzmethode wird, ähnlich der Rentabilitätsrechnung, die Verzinsung des jeweils gebundenen Kapitals ermittelt. Für die Berechnung der Verzinsung wird der Kapitalwert gleich 0 gesetzt und die Gleichung nach dem internen Zinssatz aufgelöst.

$$0 = \sum_{t=0}^{n} (E_t - A_t) \cdot \frac{1}{(1+i)^t}$$

Die Auflösung der Gleichung bereitet Schwierigkeiten, da eine Gleichung n-ten Grades vorliegt. Die Lösung wird durch Diskontierung mit zwei Versuchszinssätzen und anschließender linearer Interpolation ermittelt, deren Genauigkeit im allgemeinen ausreicht, obwohl es sich bei der Funktion der Kapitalwerte um eine nicht lineare Funktion handelt.

Ermittlung am Ausgangsbeispiel:

C_{01} (10 %) = 16,44 r_1 = 10 (%)

C_{02} (20 %) = − 21,26 r_2 = 20 (%)

---

[30] Vgl. Hax, H.: Investitionstheorie, Würzburg-Wien 1970, S. 21.

Lineare Interpolation mathematisch:

$$r = 10 - 16{,}44 \cdot \frac{10}{-37{,}7} \approx 14{,}36\,\%$$

allgemein:

$$r = r_1 - C_{01} \frac{r_2 - r_1}{C_{02} - C_{01}} \quad (\%)$$

Der Fehler der linearen Interpolation nimmt mit dem Interpolationsintervall ab, d. h. um größere Fehler zu vermeiden, soll ein möglichst kleines Interpolationsintervall gewählt werden; für unseren konkreten Fall 13% und 15%.

C_{03} (13%) = 3,92;
C_{04} (15%) = −3,82; $r \approx 14\%$

Lineare Interpolation graphisch

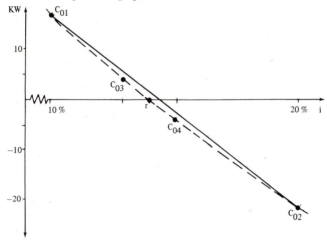

Die Aussagen über die konkreten Geldbewegungen, die der internen Zinssatzmethode zugrunde liegen, sollen für dieses Beispiel verdeutlicht werden.

t	a) gebundenes Kapital	b) Zins	c) Tilgung	R_t (b + c)
1	201,810	28,253	21,747	50
2	180,063	25,209	74,791	100
3	105,272	14,728	105,272	120

Bei Beurteilung einer Einzelinvestition liegen also auch bei der internen Zinssatzmethode keine Reinvestitionsannahmen zugrunde. Der interne Zinsfuß spiegelt lediglich die Rendite des jeweils gebundenen Kapitals wider.[31]

Die Investition wird unter der Annahme des vollkommenen Kapitalmarktes dann durchgeführt, wenn der interne Zinssatz über dem Kapitalmarktzinssatz (Kalkulationszinssatz) liegt (bei beschränktem, unvollkommenem Kapitalmarkt besteht also zusätzlich die Kalkulationszinsfußproblematik, siehe S. 70).

---

[31] Vgl. Kilger, W.: Zur Kritik am internen Zinsfuß, ZfB 1965, S. 765 ff. bes. S. 792.

Die Berechnung interner Zinssätze bringt einen Nachteil mit sich: Die mathematische Struktur der Gleichung n-ten Grades läßt grundsätzlich n Lösungen zu. Wie Kilger nachgewiesen hat, besitzt eine Zahlungsreihe, die in den ersten Perioden (Auszahlungsphase) Auszahlungsüberschüsse und in den folgenden Perioden nur Einzahlungsüberschüsse (Einzahlungsphase) aufweist, nur eine positive Lösung.[32] Treten dagegen bei einer Investition Auszahlungs- und Einzahlungsüberschüsse auf, ohne daß eine eindeutige Trennung in eine Auszahlungs- und in eine Einzahlungsüberschußphase möglich ist, so besitzt die Gleichung n-ten Grades mehrere oder keine Lösung.

cc) Annuitätenmethode

Die Vorteilhaftigkeit einer Investition läßt sich neben dem Kapitalwert auch durch die (äquivalente, äquidistante und uniforme)[33] Annuität zeigen. Sie ist der gleichbleibende Betrag, der neben Tilgung und Verzinsung in jeder Periode zur Verfügung steht. Diese Betrachtungsweise kommt der Praxis entgegen, wo ein Denken in jährlichen Gewinnen üblich ist.

Äquivalent: bedeutet hier:
Barwert der neuen Reihe = Barwert der gegebenen Reihe.
Äquidistant: Die Zahlungszeitpunkte sind gleich weit voneinander entfernt.
Uniform: Die Zahlen sind gleich groß.

Die Ermittlung der Annuität erfolgt durch Multiplikation des Kapitalwerts mit dem **Wiedergewinnungsfaktor.** Sie setzt also die Kenntnis des Kapitalwerts voraus. Auf unser Ausgangsbeispiel bezogen ergibt sich:

16,44 · 0,40211 = 6,61

Die Bedeutung einer Annuität von 6,61 sei noch einmal am Ausgangsbeispiel (Zinssatz 10%) verdeutlicht:

t	a) gebundenes Kapital	b) Zins	c) Tilgung	d) Annuität	R_t (b + c + d)
1	201,810	20,181	23,209	6,61	50
2	178,601	17,860	75,530	6,61	100
3	103,071	10,307	103,071	6,61	120

dd) Einfluß der Verfahrenswahl auf die Investitionsentscheidung

Unterschiedliche Verfahren werfen die Frage auf, wann welches Verfahren zu wählen ist und ob die Verfahrenswahl die Entscheidung beeinflußt. Die gleiche mathematische Grundlage führt bei Betrachtung einer Einzelinvestition zur gleichen Entscheidung. Bei der Kapitalwertmethode und Annuitätenmethode leuchtet dies unmittelbar ein, da nur eine Investition mit Kapitalwert ≥ 0 und Annuität ≥ 0 durchgeführt wird. Die Annuität wird aber andererseits durch Multiplikation des Kapitalwertes mit dem Wiedergewinnungsfaktor errechnet,

---

[32] Vgl. ebenda, S. 797.
[33] Vgl. Jacob, H., Investitionsrechnung, in: Allgemeine Betriebswirtschaftslehre in programmierter Form, Hrsg. Jacob H., Wiesbaden 1969, S. 608.

so daß beide Methoden zur gleichen Entscheidung gelangen, da die Annuität nur bei einem positiven Kapitalwert größer als Null ist.

Ein positiver Kapitalwert bedingt im allgemeinen einen internen Zinssatz, der über dem Kalkulationszins liegt (Problem: mehrere Lösungen).

Außer den drei dargestellten dynamischen Verfahren wurden spezielle Methoden, wie die dynamische Amortisationsrechnung, die vereinfachte Interne Zinssatzmethode und die Baldwin-Methode, entwickelt. Bezüglich ihrer Darstellung und Kritik sei auf die Literatur verwiesen.[34]

c) Das Auswahlproblem

Die bisherigen Überlegungen haben sich auf die Vorteilhaftigkeit eines einzelnen Investitionsprojektes beschränkt. Eine Investitionsentscheidung bezieht sich aber nicht immer auf Annahme oder Ablehnung eines einzelnen Projekts, vielmehr muß häufig eine Auswahl aus Investitionsalternativen getroffen werden. Die Entscheidung kann dabei von finanzwirtschaftlichen Engpässen beeinflußt werden. Mit diesem Problemkreis beschäftigt sich das Kapitel 5. Ein Auswahlproblem stellt sich aber auch aufgrund technischer Abhängigkeiten einzelner Investitionsvorhaben. In den Extremfällen kann von zwei Investitionsprojekten nur eines durchgeführt werden (Substitutionalität) oder es können nur beide Investitionen gemeinsam vorgenommen werden (Komplementarität). Die folgende Darstellung geht nur auf einander ausschließende Projekte ein, da durch geeignete Formulierung der Alternativen sich jede Investitionsentscheidung als substitutionales Auswahlproblem darstellen läßt.[35]

Die bisher beschriebenen Rechenverfahren können vom Management auch als Entscheidungshilfe unter Einbeziehung der Auswahlproblematik herangezogen werden. Die Anwendung dieser Methoden wirft neue Probleme auf, falls sich die Investitionsalternativen bezüglich Kapitaleinsatz, Lebensdauer oder Struktur der Rückflüsse unterscheiden.

aa) Vollständiger und begrenzter Vorteilsvergleich[36]

Beispiel: Projekt I und II stehen mit folgenden Daten zur Wahl:

Investition \ Jahre	0	1	2
I $E_i - A_i$	−200	0	+242,55
II $E_i - A_i$	−100	+126	

Die Kapitalwertmethode führt bei i = 5% zu folgendem Ergebnis:

$$C_0 \; I \; = \; -200 + \frac{242{,}55}{(1+0{,}05)^2} = 20$$

$$C_0 \; II \; = \; -100 + \frac{126}{(1+0{,}05)} = 20$$

---

[34] Vgl. Blohm, H., Lüder, K., a.a.O., S. 76 ff.
[35] Vgl. Hax, H., Investitionstheorie, a.a.O., S. 25.
[36] Vgl. Leffson, U., Investitionsrechnung, Wiesbaden 1973, S. 88 ff.

II 3 c: Auswahlproblem

Nach der Kapitalwertmethode würden die Projekte gleichwertig eingestuft. Da aber offensichtlich DM 200,- zur Verfügung stehen (sonst könnte I nicht realisiert werden), können bei II zusätzlich DM 100,- investiert werden. Diese zusätzliche Investition muß bei einem vollständigen Vergleich berücksichtigt werden. Wird dieser Betrag für eine 2. Anlage des Typ II verwendet, so wird in t_1 eine Einzahlung von 2 × DM 126,- erzielt. Die Investitionen I und II sind nun im Zeitpunkt t_o vergleichbar. Die gleiche Voraussetzung wird für t_1 durch Wiederanlage der Einzahlungen (DM 252,-) erfüllt. DM 200,- werden für zwei Anlagen von Typ II verwendet, die restlichen DM 52,- werden zum Kalkulationszinssatz (z. B. Bank) reinvestiert. Aus den beiden Maßnahmen in t_1 folgen für t_2 Einzahlungen in Höhe von DM 252,- bzw. DM 54,60. Unter diesen Voraussetzungen wäre Investition II vorzuziehen, da sich folgende Situation ergibt:

Zeitpunkt		t_0	t_1	t_2
Auszahlung	Anschaffung (II)	− 100		0
	Komplementärinvestition (II)	− 100	− 200	0
	Komplementärinvestition zum Kalkulationszinssatz	0	− 52	0
Einzahlung	Investitionsobjekt (II)	0	+ 126	
	Komplementärinvestition (II)	0	+ 126	+ 252
	Komplementärinvestition zum Kalkulationszinssatz	0	0	+ 54,60
$E_i - A_i$		− 200	0	+ 306,60

Investitionen, die zur Vergleichbarkeit von Alternativen hinsichtlich Lebensdauer, Struktur der Rückflüsse und Kapitaleinsatz vorzunehmen sind, werden in der Literatur als Differenz-, Supplement-, Komplementär- oder Zusatzinvestitionen bezeichnet. Mit Hilfe von Komplementärinvestitionen werden die Zahlungsüberschüsse von zwei zu vergleichenden Investitionsobjekten in allen Zeitpunkten außer dem Endzeitpunkt des längeren Investitionsobjektes einander angeglichen.

Vergleicht man nun I mit II, so ist bei diesem **vollständigen Vorteilsvergleich** die Vorteilhaftigkeit am Ende der Vergleichsperiode t_n am Wert der Rückflüsse in t_n abzulesen. Beim vollständigen Vorteilsvergleich ist somit keine Diskontierung nötig und damit eine Kapitalwertberechnung überflüssig.

Da die Ermittlung aller realen Komplementärinvestitionen mit Schwierigkeiten verbunden sein kann, wird oft der vereinfachte **begrenzte Vorteilsvergleich** durchgeführt, der unterstellt, daß sich die notwendigen Komplementärinvestitionen zum Kalkulationszinsfuß verzinsen.

Damit ergibt sich ein Kapitalwert von 0 für die jeweiligen Komplementärinvestitionen, was eine Vernachlässigung bei der Ermittlung erlaubt. Der begrenzte Vorteilsvergleich wird also durch Ermittlung des Kapitalwertes durchgeführt. Unterschiede in der Lebensdauer, Struktur der Rückflüsse und Kapitaleinsatz brauchen wegen der unterstellten Verzinsung der Komplementärinvestitionen zum Kalkulationszinssatz nicht ausdrücklich berücksichtigt werden.

Die folgende Darstellung zeigt, daß Investition I und II nur unter diesen Voraussetzungen gleich zu beurteilen sind.

Zeitpunkt		t_0	t_1	t_2
Auszahlungen	Anschaffung (II)	−100		
	Komplementärinvestition zum Kalkulationszinssatz	−100	−231	
Einzahlungen	Investitionsobjekt (II)	0	+126	
	Komplementärinvestition zum Kalkulationszinssatz	0	+105	+242,55
$E_i - A_i$		−200	0	+242,55

Der begrenzte Vorteilsvergleich kann zu Fehlentscheidungen führen, wenn die Rendite der Realinvestitionen und der Kalkulationszinsfuß differieren, was aufgrund der Problematik des Kalkulationszinsfußes (realitätsferne Prämissen, siehe S. 70) nicht auszuschließen ist.

Die Erkenntnisse hinsichtlich des begrenzten Vorteilsvergleichs lassen sich analog auf die interne Zinssatzmethode übertragen (die Komplementärinvestitionen verzinsen sich dann zum internen Zinssatz). Der Annuitätenmethode liegen die Prämissen der Kapitalwertmethode zugrunde.

Die Annahmen des begrenzten Vorteilvergleichs seien nun noch am Beispiel der Ausgangsinvestition A (siehe S. 50) und einer Alternative B mit den Daten:

t_0	t_1	t_2	
−100	+70	+56,65	dargestellt.

Unter Verwendung der Kapitalwertmethode (i = 0,1) ergibt sich für:

A: C_{0A} = 16,44   B: C_{0B} = 10,45

A	t_0	t_1	t_2	t_3
$E_i - A_i$	−201,81	+50	+100	+120
Differenzinvestition		−50		+60,50
Differenzinvestition			−100	+110
∑	−201,81	0	0	+290,50

II 3 c: Auswahlproblem

B	t_0	t_1	t_2	t_3
$E_i - A_i$	-100	$+70$	$+56,65$	
Differenz-investition		-70		$+84,70$
Differenz-investition			$-56,65$	$+62,31$
Differenz-investition	$-101,81$			$+135,51$
Σ	$-201,81$	0	0	$+282,52$

Der Kapitalwert unter den Annahmen des begrenzten Vorteilsvergleichs vollständiger Alternativen beträgt für A:

$$290,50 \cdot 0,7513 - 201,81 = 218,25 - 201,81 = 16,44$$

und für B:

$$282,52 \cdot 0,7513 - 201,81 = 212,26 - 201,81 = 10,45$$

Die interne Zinssatzmethode liefert folgendes Ergebnis:

$IZ_A = 14\%$
$IZ_B = 18\%$

A	t_0	t_1	t_2	t_3
$E_i - A_i$	$-201,81$	$+50$	$+100$	$+120$
Differenz-investition		-50		$+64,98$
Differenz-investition			-100	$+114$
Σ	$-201,81$	0	0	$+298,98$

B	t_0	t_1	t_2	t_3
$E_i - A_i$	-100	$+70$	$+56,65$	0
Differenz-investition		-70		$+97,46$
Differenz-investition			$-56,65$	$+66,86$
Differenz-investition	$-101,81$			$+167,28$
Σ	$-201,81$	0	0	$+331,59$

Der Kapitalwert der Investition A ergibt sich aus:

$298,98 \cdot 0,675$ (BF t_3 bei 14%) $- 201,81 = 0$
$331,59 \cdot 0,6086$ (BF t_3 bei 18%) $- 201,81 = 0$

Der begrenzte Vorteilsvergleich mit Hilfe der dynamischen Verfahren unterstellt also bezüglich der Differenzinvestitionen
- die Differenz der Anschaffungsauszahlungen wird bis zum Ende der Nutzungsdauer des längerlebigen Investitionsprojekts zum Kalkulationszinssatz bzw. internen Zinssatz angelegt;
- außer in der letzten Periode werden alle Rückflüsse sofort zum Kalkulationszinssatz bzw. internen Zinssatz reinvestiert. Es erfolgt also keine Kassenhaltung.

bb) Einfluß der Rechenverfahren auf die Investitionsentscheidung beim Alternativenvergleich
Wie schon festgestellt wurde, führen die verschiedenen Verfahren bei Einzelinvestitionen aufgrund der mathematischen Struktur zum gleichen Ergebnis.
Der Einfluß der Verfahren beim technischen Auswahlproblem sei anhand der Beispiele A (S. 50) und B (S. 56) dargestellt. Hinzu komme noch eine Alternative C mit den Daten:

	t_0	t_1	t_2	t_3
	-100	45	45	45

Die Anwendung der Kapitalwertmethode (für i = 0,1) führt zu folgendem Ergebnis:

	A	B	C
Kapitalwert:	16,44	10,45	11,90

Hinsichtlich der Vorteilhaftigkeitsentscheidung ergibt sich folgende Rangfolge: A > C > B
Die Ermittlung der Annuitäten ergibt:

	A	B	C
Annuität:	6,61	6,02	4,78

und damit folgende Rangfolge: A > B > C
Die interne Zinssatzmethode führt zu folgendem Ergebnis:

	A	B	C
Interner Zinssatz:	14%	18%	16,66%

Rangfolge: B > C > A

Offensichtlich hängt die Entscheidung für eine der Investitionsalternativen von der Wahl der Methode ab. Es gilt nun, die Ursachen dieser Unterschiede aufzuzeigen. Aus der Darstellung des vollständigen Vorteilsvergleichs wurde ersichtlich, daß Alternativen, die sich in Lebensdauer, Kapitaleinsatz und Rückflußstruktur unterscheiden, nur unter Berücksichtigung von Komplementärinvestitionen verglichen werden können. In den vollständigen Vorteilsvergleich gehen die Komplementärinvestitionen detailliert ein, während sie im beschränkten Vorteilsvergleich durch Pauschalannahmen berücksichtigt werden. Diese Annahmen sind bei den einzelnen Rechenmethoden unterschiedlich, die Vorteilsentscheidung muß damit von dem gewählten Rechenverfahren abhängen.
Beim Alternativenvergleich mit Hilfe der Kapitalwertmethode muß der Anwender eine Verzinsung der Komplementärinvestitionen zum Kalkulationszinssatz, bei der internen Zinssatzmethode zum internen Zinssatz unterstellen. Da beide Zinssätze im allgemeinen verschieden sind, können die beiden Methoden

zu unterschiedlichen Vorteilsentscheidungen führen. Überraschend scheinen die differierenden Ergebnisse bei Anwendung der Kapitalwert- und Annuitätenmethode, da doch auch letztere auf dem Kapitalwert beruht. Der Unterschied ist dadurch zu erklären, daß bei gleichem Kapitalwert auf unterschiedliche Lebensdauer verteilt, also mit unterschiedlichen Wiedergewinnungsfaktoren multipliziert, unterschiedliche Annuitäten ermittelt werden. Es wird für die Lebensdauerdifferenz eine Reinvestition mit gleicher Annuität unterstellt (identische Reinvestition). Legt man aber bei der Annuitätenermittlung grundsätzlich die längste Nutzungsdauer der Vergleichsobjekte zugrunde, so führen Kapitalwertmethode und Annuitätenmethode zum gleichen Ergebnis (Annahme der Reinvestition zum Kalkulationszinssatz).

Die Rangfolge von Investitionsalternativen ist selbst bei gleicher Lebensdauer und gleichem Kapitaleinsatz wegen der unterschiedlichen Reinvestitionsannahmen nicht notwendigerweise unabhängig vom gewählten Verfahren oder von Datenänderungen.[37] Dies sei am folgenden Beispiel dargestellt:

Jährliche Rückflüsse

Jahr	Projekt D	Projekt E
0	− 35.282	− 35.282
1	20.000	5.000
2	15.000	10.000
3	10.000	15.000
4	5.000	25.514
5	0	0
	50.000	55.514
Kapitalwert (i = 0,07)	8.490	9.835
Interner Zinssatz (%)	20	16,183

Die Abhängigkeit der Kapitalwerte der Projekte D und E vom gewählten Kalkulationszinssatz zeigt die Abbildung 10:

Die Vorteilsentscheidung hängt vom Zinssatz ab. Dieses Ergebnis ist auf zwei Gründe zurückzuführen:

1. Mit zunehmendem Kalkulationszinsfuß werden weiter in der Zukunft liegende Rückflüsse stärker abgewertet und gehen mit immer weniger Gewicht in das Ergebnis ein.

2. Mit zunehmendem Kalkulationszinssatz ändert sich aber auch die Reinvestitionsmöglichkeit der Rückflußdifferenz.

Bei dem angeführten Beispiel zeigt sich eine Umkehr der Entscheidung in p (vgl. Abb. 10). Dieser als Fisher-rate bekannte kritische Zinssatz liefert eine wichtige Aussage: Die Reinvestitionsannahmen brauchen nicht exakt zuzutreffen, es muß vielmehr nur festgestellt werden, ob die Reinvestition eine Rendite über oder unter der Fisher-rate erbringt. Die Wahl des Verfahrens hängt also

---

[37] Vgl. z. B. Dudley, C. L., A note on reinvestment assumptions in choosing between net present value and internal rate of return, in: Journal of Finance, 1972, S. 911 f.

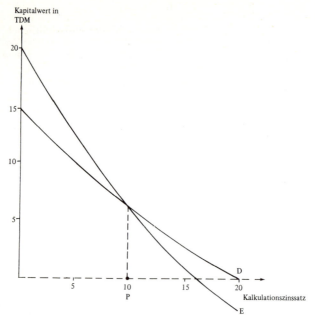

Abb. 10: Die Abhängigkeit des Kapitalwerts vom Kalkulationszinssatz

hauptsächlich von den Reinvestitionserwartungen der Differenzinvestition ab. Sollten sich die Differenzinvestitionen auch zum internen Zinsfuß verzinsen, so bleibt die interne Zinssatzmethode doch eine Methode „mit Tücken"[38] und dies aus folgenden Gründen:

1. Es ist immer ein zusätzlicher Vergleichsmaßstab in Form des Kalkulationszinssatzes nötig.

2. Die Möglichkeit mehrerer Lösungen kann zu unbrauchbaren Ergebnissen führen.

3. Der interne Zinsfuß einer in Betrieb befindlichen Anlage ist nicht mehr zu ermitteln, da zum Entscheidungszeitpunkt keine Anschaffungsauszahlungen mehr anfallen.[39]

4. Die Annahmen über mögliche Reinvestitionen sind erst mit dem Ergebnis der Rechnung ex-post bekannt und somit nicht ex-ante entsprechend der realen Reinvestitionsmöglichkeiten beeinflußbar.

d) Das Problem der optimalen Nutzungsdauer

Wurden bisher Entscheidungen über Investitionsprojekte hinsichtlich des Ziels Gewinnmaximierung bei gegebenen Daten angestrebt, so soll im folgenden die Nutzungsdauer selbst zum Entscheidungsproblem werden. Durch Festlegen der optimalen Nutzungsdauer lassen sich gleichzeitig die Abschreibungsbeträge und der Zeitpunkt für Folgeinvestitionen festlegen.

Bevor das Entscheidungsproblem „Nutzungsdauer" weiter verfolgt wird, sollen die Bestimmungsfaktoren etwas durchleuchtet werden. Unter Nutzungs-

---

[38] Schneider, D., Investition, a.a.O., S. 205.
[39] Vgl. ebenda, S. 214 ff.

dauer wird der Zeitraum zwischen Anschaffung (Inbetriebnahme) und Ausscheiden eines Objektes aus rechtlichen, technischen oder wirtschaftlichen Gründen verstanden.

aa) Bestimmungsfaktoren der Nutzungsdauer

Gesetzliche Vorschriften oder Vereinbarungen zivilrechtlicher Natur können die Nutzungsdauer eines Investitionsobjektes begrenzen, obwohl es weiterhin wirtschaftlich sinnvoll wäre, dieses Objekt zu nutzen. Beispiele für rechtliche Beschränkungen sind vor allem im Finanzanlagenbereich zu suchen. Lizenzen oder Patente sowie die Zeichnung von Anleihen sind an bestimmte Fristen gebunden, die nicht ohne weiteres zu überschreiten sind. Bei Sachanlagen wären Mietverträge u. ä. als Ursache einer rechtlichen Beschränkung zu nennen. Die Feststellung der **rechtlichen Nutzungsdauer** ist im allgemeinen aufgrund ihrer vertraglichen Fixierung unproblematisch.

Unter **technischer Nutzungsdauer** wird der Zeitraum verstanden, in dem das Investitionsobjekt technisch in der Lage ist, Nutzung abzugeben. Die technische Nutzungsdauer wird durch mechanischen, aber auch chemisch-biologischen Verschleiß herbeigeführt. Sie ist schwer zu bestimmen, da sie laufend durch Reparaturen und Einbau von Ersatzteilen hinausgezögert werden kann und somit von der technischen Nutzungsdauer eines Aggregats nur in Ausnahmefällen gesprochen werden kann.

Die **wirtschaftliche Nutzungsdauer** als der Zeitraum, in dem es aus finanzwirtschaftlichen Zielkriterien heraus vorteilhaft ist, eine Anlage zu nutzen, ist abhängig von der technischen und rechtlichen Nutzungsdauer und zusätzlich von der Änderung wirtschaftlicher Daten (Angebots-, Nachfrageverschiebungen) sowie von neuen technischen Entwicklungen (technischer Fortschritt).

bb) Ermittlung der optimalen Nutzungsdauer eines einmaligen Investitionsobjektes

Das Entscheidungskriterium lautet bei Anwendung der Kapitalwertmethode: Bei welcher Nutzungsdauer wird der Kapitalwert am größten, wenn man von der kontinuierlichen Verzinsung des jeweils gebundenen Kapitals ausgeht. Es ergibt sich folgende Kapitalwertformel:

$$C_0 = \int_0^n R(t)\, e^{-jt}\, dt + L(n)\, e^{-jn} - a_0$$

$R(t)$ = Rückflüsse in t
$L(n)$ = Liquidationserlös (Resterlöswert) am Ende der Nutzungsdauer
j = Verzinsungsenergie
t = o ... n (n = Ende der Nutzungsdauer)
a_0 = Anschaffungsauszahlung

In dieser Formel sind das Integral und der diskontierte Resterlöswert von der Nutzungsdauer abhängig.

Wenn man auf längere Sicht tendenziell fallende Einzahlungen und steigende Auszahlungen unterstellt (die Einzahlungen sinken durch zunehmende Marktsättigung, die Auszahlungen steigen durch wachsenden Verschleiß) und zusätzlich die realistische Annahme trifft, daß der Restverkaufserlös im Zeitablauf fällt, so ergibt sich eine Kapitalwertfunktion in Abhängigkeit von der Zeit, die ein Maximum aufweist (vgl. Abb. 11).

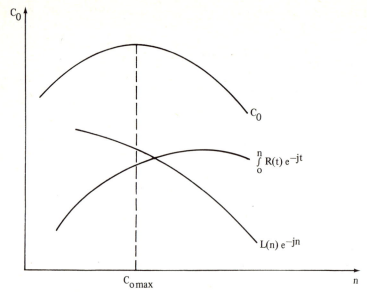

Abb. 11: Kapitalwert und Nutzungsdauer

Die optimale Investitionsdauer kann dann durch Nullsetzen der ersten Ableitung ermittelt werden:
(Bei der Differenzierung des diskontierten Restwertes $L(n)\,e^{-jn}$ ist die Produktregel
$$Y = u(x) \cdot v(x) \rightarrow Y' = u(x)\,v'(x) + u'(x)\,v(x)$$
anzuwenden).

oder:
$$\frac{dC_0}{dn} = R(n) \cdot e^{-jn} + \frac{dL}{dn}(n) \cdot e^{-jn} + L_{(n)} \cdot -j \cdot e^{-jn} = 0\,;$$

$$R(n) = j\,L(n) - \frac{dL(n)}{dn}$$

$\frac{dL(n)}{dn}$ nimmt im allgemeinen negative Werte an, da der Resterlöswert im Zeitablauf fällt.

Das Maximum ist dann erreicht, wenn der Zahlungsüberschuß in n gleich den Zinsen auf den Restverkaufserlös am Anfang der Periode plus der Abnahme des Restverkaufserlöses in der betrachteten Periode ist.

Diese Aussage ist auch rein gedanklich ohne mathematische Hilfestellung leicht erklärbar, da der Kapitalwert vom Zahlungsüberschuß in den entsprechenden Perioden beeinflußt wird und jeder Zahlungsüberschuß in einer Periode den Kapitalwert erhöht. Tatsächlich aber wird er nur erhöht, wenn der positive Rückfluß mindestens die Abnahme des Restverkaufserlöses deckt, da sich sonst durch den späteren Verkauf die möglichen Einzahlungen einer früheren Periode vermindern.

Zusätzlich müssen durch den Rückfluß in n aber auch die Zinsen auf den Restverkaufserlös getilgt werden können, da dieser Restverkaufserlös zumindest zum Kalkulationszinssatz wieder angelegt werden könnte.

cc) Ermittlung der wirtschaftlichen Nutzungsdauer bei Unterstellung von Investitionsketten

Unter dem Begriff „Investitionskette" versteht man die identische Wiederholung einer Investition jeweils nach Ende der wirtschaftlichen Nutzungsdauer, wobei das Ende der Nutzungsdauer des einen Investitionsprojekts mit dem Beginn der Nutzung des neuen zusammenfällt.

Die Fragestellung betrifft nun nicht mehr die einzelnen Kettenglieder, es muß vielmehr ein Gesamtmaximum des Kapitalwertes aus der Summe der Kettenglieder ermittelt werden, das nicht mit den einzelnen Maxima hinsichtlich der Nutzungsdauer übereinzustimmen braucht. Die Zahlungsströme der nachfolgenden Projekte können für vorausgehende Kettenglieder Opportunitätskosten darstellen. Das Problem sei am Beispiel einer Investitionskette mit zwei Gliedern erläutert.

Der Gesamtkapitalwert C_0 ergibt sich aus:

$$C_0 = C_1(n_1) + C_2(n_2) e^{-jn_1}$$

n_1 = Lebensdauer der Investition I
n_2 = Lebensdauer des 2. Kettengliedes

Das Optimum für n_1 und n_2 kann durch partielle Differentiation nach n_1 und n_2 ermittelt werden:

$$\frac{DC_0}{Dn_1} = \frac{DC_1}{Dn_1} - j C_2(n_2) e^{-jn_1}$$

Dividiert durch e^{-jn_1} ergibt sich unter Verwendung der Ableitung $C_1(n_1)$ aus dem Beispiel der einmaligen Investition folgender Ausdruck:

$$R(n_1) = -\frac{DL(n_1)}{Dn_1} + jL_1(n_1) + jC_2(n_2)$$

Verglichen mit der optimalen Nutzungsdauer einer Einzelinvestition müssen die Rückflüsse des ersten Kettengliedes zusätzlich die Zinsen auf den Kapitalwert des nächsten Kettengliedes abwerfen. Im Ergebnis bedeutet dies: Wird die gleiche Investition einmal als Einzelinvestition das zweite Mal als erstes Glied einer Investitionskette betrachtet, so ist die optimale Nutzungsdauer beim Kettenglied kürzer als bei der Einzelinvestition.

Wird in der Investitionskette das erste Glied optimal genutzt, so ist der Kapitalwert der Investitionskette maximal, falls das zweite Kettenglied einen maximalen Kapitalwert aufweist. Dies ist durch partielles Differenzieren nach n_2 nachzuweisen:

$$\frac{DC_0}{Dn_2} = e^{-jn_1} \cdot \frac{DC_2}{Dn_2} \; ; \quad da \; e^{-jn_1} > 0$$

folgt:

$$\frac{DC_2}{Dn_2} = \frac{DC_0}{Dn_2} = 0 \; ;$$

Die Nutzungsdauer der einzelnen Glieder einer Investitionskette wird mit zunehmender Kettenlänge kürzer, da die jeweiligen Rückflüsse die Zinsen auf den Kapitalwert aller folgenden Investitionen verdienen müssen.

Unterstellt man eine unendliche identische Wiederholung, so ergibt sich für die Nutzungsdauer der einzelnen Kettenglieder jeweils die gleiche optimale Nutzungsdauer, da die Verzinsung des Kapitalwertes der Folgeinvestitionen bei jeweils unendlichen Folgeinvestitionen den gleichen Betrag ergibt.

Die angestellte Grenzbetrachtung der optimalen Nutzungsdauer entspricht derjenigen der Kostentheorie, wo das Gewinnmaximum bei Grenzertrag = Grenzkosten liegt. Diese Grenzbetrachtung ist nur sinnvoll bei steigenden Grenzkosten und sinkenden Grenzerträgen, die stetig verlaufen müssen, um nur eine Lösung zuzulassen.

Daß es ausgesprochen schwierig ist, die notwendigen Daten zur Ermittlung der optimalen Nutzungsdauer zu erheben, bedarf keines besonderen Beweises. Auch andersartige Grenzkosten bzw. Grenzertragsverläufe mit mehreren Schnittpunkten lassen sich in der Praxis leicht finden, doch sollen diese Probleme hier ausgeklammert bleiben.

e) Das Problem des optimalen Ersatzzeitpunktes

Veränderungen der Daten während der Nutzungsdauer einer Anlage erfordern neue Überlegungen hinsichtlich des Ersatzzeitpunktes. Der technische Fortschritt kann einen völlig neuen Datenkranz schaffen, der den vorzeitigen Ersatz eines Investitionsobjektes erforderlich macht.

Die Entscheidungsalternative lautet:
1. sofortiger Ersatz der alten Anlage;
2. Ersatz nach einer weiteren Nutzungsperiode, wobei dort erneut die Vorteilhaftigkeit überprüft werden soll.

Das **Wahlproblem** zwischen den möglichen Ersatzanlagen wird als gelöst vorausgesetzt. Die alte Anlage ist zu ersetzen, wenn der Gewinn bei Installierung einer neuen Anlage größer ist. Der Gewinnvergleich wird auf der Basis der **zukünftigen** Zahlungsreihen der alten und neuen Anlage durchgeführt.

aa) Investitionsrechenverfahren und Ersatzzeitpunkt

Beim vorliegenden Entscheidungsproblem weist die alte Anlage in der Regel nur noch Einzahlungsüberschüsse auf, die Anschaffungsauszahlungen wurden in der Vergangenheit getätigt und sind für die Entscheidung bedeutungslos. Die Frage nach dem optimalen Ersatzzeitpunkt kann mit Hilfe der **internen Zinssatzmethode** nicht beantwortet werden, da sich bei der skizzierten Rückflußstruktur ein interner Zinssatz von „Unendlich" ergibt; dies ist keine sinnvolle Entscheidungsgrundlage.

Die **Kapitalwertmethode** ist rechentechnisch geeignet, da der Barwert der Gewinne der künftigen Zahlungsreihe berechnet wird. Die in der Regel erheblichen Nutzungsdauerunterschiede zwischen alter und Ersatzanlage führen aber zu einer übermäßigen Berücksichtigung der Differenzinvestitionen, wodurch das Ergebnis besonders von den in diesem Falle unrealistischen Prämissen beeinflußt wird.

Die **Annuitätenmethode** beruht auf der Kapitalwertermittlung und beinhaltet deshalb die gleichen Prämissen beim Vorteilsvergleich (unter der Bedingung von S. 59).

Bestimmte Modifikationen der angeführten Verfahren führen jedoch zu einer bedingten Eignung. So wird an Stelle der fehlenden Anschaffungsauszahlung der

II 3 e: Optimaler Ersatzzeitpunkt

alten Anlage ihr Resterlöswert angesetzt, da er wegen der vermiedenen Einzahlung als Auszahlung[40] interpretiert werden kann. Die Wiederanlageprämissen werden durch Unterstellung einer unendlichen Investitionskette mit identischer Reinvestition ersetzt. Da die herkömmlichen Methoden der dynamischen Rechenverfahren nur sehr bedingt zur Lösung dieses Problems geeignet sind, wird in der Literatur auf ein anderes Verfahren zurückgegriffen: die **approximative Annuitätenmethode**.[41]

Bei diesem Verfahren werden die Annuitäten nicht aus dem Kapitalwert, sondern direkt aus den Zahlungsströmen errechnet. Unter der Annahme, daß die **laufenden Einzahlungen** durch den Ersatz nicht beeinflußt werden, wird nur ein Vergleich der **Auszahlungsannuitäten** vorgenommen. (Einmalige Einzahlungen werden dabei als Auszahlungsminderung aufgefaßt). Hinsichtlich der **Nutzungsdauer** unterstellt die approximative Annuitätenmethode für die alte Anlage (I): Weiterbenutzung vom Betrachtungszeitpunkt bis zur ex ante berechneten optimalen Nutzungsdauer (n-Perioden). Die Ersatzanlage (II) soll im Betrieb bis zum Ende ihrer optimalen Nutzungsdauer (m-Perioden) verbleiben.

Die Auszahlungsannuitäten setzen sich aus folgenden Größen zusammen:
(1) laufende Auszahlungen (A),
(2) Abnahme des Restverkaufserlöses (L) im Zeitablauf,
(3) Zinsen (i) auf das durch die Ausgangsinvestition gebundene Kapital.

zu (1)

Es wird unterstellt, daß die laufenden Ausgaben im Zeitablauf gleich hoch, aber für jedes Projekt unterschiedlich sind. (Es wird kein Zeitindex benötigt). $A_I \neq A_{II}$

zu (2)

Die Restverkaufserlösänderung wird als linear angenommen, was zu einer jährlichen Änderung von

$$\frac{L_{oI} - L_{nI}}{n}$$

für die alte Anlage und

$$\frac{J_{oII} - L_{mII}}{m}$$

für die neue Anlage führt. (J_{oII} = Anschaffungsausgabe der neuen Anlage.)

zu (3)

Da bei jeder dieser Alternativen Kapital gebunden ist, entstehen Opportunitätskosten, die durch Zinsen auf dieses gebundene Kapital berücksichtigt werden. (Die approximative Annuitätenmethode unterstellt nur **einfache Zinsen**, keine Zinseszinsen).

Die Zinsen betragen für die alte Anlage:

$$\frac{L_{oI} + L_{nI}}{2} \cdot i$$

---

[40] Biergans, E., a.a.O., S. 234.
[41] Leffson, U., a.a.O., S. 166 ff.

Für die neue Anlage ergibt sich:

$$\frac{J_{oII} + L_{mII}}{2} \cdot i$$

Die Auszahlungsannuitäten (a) lauten dann unter Berücksichtigung des oben Gesagten:

$$a_I = A_I + \frac{L_{oI} - L_{nI}}{n} + \frac{L_{oI} + L_{nI}}{2} \cdot i$$

$$a_{II} = A_{II} + \frac{J_{oII} - L_{mII}}{m} + \frac{J_{oII} + L_{mII}}{2} \cdot i$$

Die alte Anlage wird dann durch eine neue ersetzt, wenn die Auszahlungsannuität der alten Anlage größer ist als die der neuen Anlage: $a_I > a_{II}$.

Unterstellt man, daß beide Anlagen einen Restverkaufserlös von 0 am Ende ihrer Nutzungsdauer erzielen und nimmt man zusätzlich an, daß dieser bei der alten Anlage bereits im Betrachtungszeitpunkt 0 ist, läßt sich das Entscheidungskriterium wie folgt formulieren:

$$A_I > A_{II} + \frac{J_{oII}}{m} + \frac{J_{oII}}{2} \cdot i$$

Diese Näherungslösung auf Stückkosten bei gegebener Ausbringungsmenge bezogen, lautet:

Der Ersatz ist dann vorteilhaft, wenn die variablen Stückkosten der alten Anlage größer sind, als die (gesamten) Stückkosten der Ersatzanlage.

Wie aus der Darstellung zu ersehen ist, gehen nur zukünftige Daten in die Rechnung ein. Die Berücksichtigung der Abschreibung des Restbuchwertes ist nicht nötig, da er beide Anlagen in gleicher Weise belasten würde, und somit keinen Einfluß auf die Entscheidung ausübt.

Die approximative Annuitätenmethode vernachlässigt zum einen die Zinseszinsberücksichtigung, den Grundgedanken der dynamischen Verfahren, und geht zum anderen von nicht vollständig formulierten Alternativen aus. Sie zeigt aber in anschaulicher Weise die Einflußgrößen bei einer Ersatzinvestition.

bb) Lösung des Ersatzproblems mit Hilfe der MAPI-Methode[42]

Zur Bewältigung des Ersatzproblems in der Investitionsrechnung sei hier neben der approximativen Annuitätenmethode ein zweites nicht oder nur teilweise dynamisches Verfahren dargestellt. Terborgh versucht seit 1945 im „Machinery and Allied Products Institute" (MAPI) eine für kleinere und mittlere Investitionen geeignete Investitionsformel anzubieten, die neben der Lösung des Ersatzproblems auch auf das Wahlproblem bei Erweiterungsinvestitionen angewendet werden kann. Aufgrund der Schwierigkeit, die Prämissen der Theorie des optimalen Ersatzzeitpunktes, insbesondere in bezug auf die Notwendigkeit zukünftiger Daten zu erfüllen, versucht Terborgh die Ableitung einer Entscheidungsformel mit leicht zu ermittelnden Daten und pauschalen Annahmen unter

---

[42] Terborgh, G., Leitfaden der betrieblichen Investitionspolitik, Wiesbaden 1969; ders., Business Investment Management, Washington/DC 1967.

Betrachtung des Zeitraumes eines Jahres. In diesem Punkt gleicht die MAPI-Methode den statischen Verfahren. Theoretisch wird dieses Vorgehen durch folgende Annahmen abgesichert: Die relativen Gewinne durch den Ersatz steigen im Zeitablauf, da die alte Anlage wachsendem technischen Verschleiß unterliegt und außerdem bei Unterstellung des technischen Fortschritts zunehmend veraltet. Wenn nun aber die relativen Gewinne steigen, genügt eine Betrachtung des nächsten Jahres. Die Frage lautet dann: Ist die Rendite der neuen Anlage nach Abzug von Steuern – verglichen mit dem Zustand ohne Ersatzinvestition (Differenzbetrachtung) – größer als der Kalkulationszinsfuß? Die Formel will nicht den optimalen Ersatzzeitpunkt ermitteln, sondern nur die Ersatzfrage für das betrachtete Jahr klären. Bei mehreren Ersatzgütern ist das mit dem höchsten Dringlichkeitsmaßstab bezüglich der alten Anlage zu wählen (im Gegensatz zur approximativen Annuitätenmethode, wo das Wahlproblem ex ante zu lösen ist).

Die Berechnung des MAPI-Dringlichkeitsmaßstabes (relative Rentabilitätskennzahl):

$$D = \frac{BG + VK - EK - ESt}{NIA}$$

D = Dringlichkeitsmaßstab
BG = Betriebsgewinn des nächsten Jahres
VK = vermiedener Kapitalverzehr des nächsten Jahres
EK = entstehender Kapitalverzehr
ESt = Erhöhung der Ertragsbesteuerung des nächsten Jahres
NIA = Nettoinvestitionsausgabe

Der Betriebsgewinn des nächsten Jahres (BG) ergibt sich aus den Ertrags- und Kostenveränderungen des nächsten Jahres (Differenzbetrachtung), der vermiedene Kapitalverzehr (VK) aus der Verminderung des Resterlöswertes der alten Anlage + vermiedene Reparaturen. Die Nettoinvestitionsausgabe (NIA) wird als Anschaffungsausgaben ./. Liquidationswert der alten Anlage errechnet.

Die dynamische Komponente der MAPI-Methode kommt bei der Ermittlung des entstehenden Kapitalverzehrs (EK) zum Tragen, der aus der Differenz zwischen Anschaffungskosten und Nutzungswert am Ende der Periode (ausgedrückt durch den Kapitalwert der Summe der Nutzungswerte und des Liquidationserlöses) errechnet wird. Dies erfordert die Ermittlung zukünftiger Gewinne, die über die pauschalierenden Annahmen der MAPI-Diagramme ermittelt werden: So werden verschiedene Gewinnormverläufe (linear, degressiv, progressiv), die Nutzungsdauer (5–40 Jahre), der Restwert (0–50% der Anschaffungskosten) und der Steuersatz (50%) unterstellt. Verschuldungsgrad (25%), Fremdkapitalzinsfuß (3%) und Eigenkapitalrentabilität (10%) gehen automatisch als Annahmen mit in die Berechnung ein.

Die Erhöhung der Ertragsbesteuerung beruht auf einer Erhöhung des laufenden Betriebsgewinns durch die neue Anlage. Bei der Berechnung des Betriebsgewinns müssen erhöhte Abschreibungen und Fremdkapitalzinsen berücksichtigt werden.

Die Qualität des Ergebnisses mittels der MAPI-Formel wird entscheidend vom Zutreffen der Annahme der steigenden relativen Gewinne und der Realitätsadäquanz der MAPI-Diagramme beeinflußt, so daß neben positiven Einschätzungen[43] gegenüber dem Verfahren viele kritische Stimmen laut wurden.[44]

---

[43] Vgl. Albach, H., Investitionspolitik in Theorie und Praxis, ZfB 1958, S. 783.
[44] Vgl. Biergans, E., a.a.O., S. 302 ff.

f) Modellannahmen und Wirklichkeit

Die Darstellung und Kritik an den einzelnen Verfahren wurde bisher auf einer theoretischen abstrahierenden Ebene durchgeführt unter der Annahme einiger Prämissen, die nun auf ihr Verhältnis zur ökonomischen Realität überprüft werden müssen. Zuerst seien diese Prämissen noch einmal kurz dargestellt:
- Die Zielfunktion sei durch die Gewinnmaximierung treffend dargestellt. (Der Einfluß imponderabler Faktoren im Zielbereich wurde bereits im Kapitel B I erwähnt).
- Es existiert kein Liquiditätsproblem.
- Die Größen, die für die Rechnung von Bedeutung sind, sind bestimmbar. Dies verlangt im einzelnen:
 den Investitionsprojekten können in Höhe und zeitlicher Fälligkeit bestimmbare Ein- und Auszahlungen zugerechnet werden;
 der Kalkulationszinsfuß ist eindeutig festgelegt;
 die Nutzungsdauer ist zu ermitteln;
 die Reinvestitionsmöglichkeiten sind beim Auswahlproblem durch Kalkulationszinsfuß, internen Zinsfuß oder Annuität zutreffend beschrieben, soweit sie nicht explizit berücksichtigt werden.

Unter Ausklammerung des Zielbereiches werden diese Prämissen nun auf ihren Realitätsgehalt untersucht.

aa) Die Finanzierungsannahmen der dynamischen Verfahren

Die dynamischen Verfahren sind auf das Ziel der Gewinnmaximierung unter der Annahme eines **vollkommenen Kapitalmarkts** ausgerichtet.

Diese Form des Kapitalmarkts zeichnet sich durch folgende Merkmale aus:[45]
- das Kapital ist hinsichtlich Eigen- oder Fremdkapital und unterschiedlicher Bonität der Kunden nicht differenziert. Es steht in einer einzigen gleichbleibenden Qualität zur Verfügung (Homogenität);
- jeder Kapitalanbieter und Nachfrager hat Zugang zum Kapitalmarkt in unbeschränkter Höhe (free entry);
- durch die vollständige Markttransparenz existiert ein einheitlicher sich nicht verändernder Zinssatz, der Marktzins, der als Kostenfaktor die „Beschränkung" dieses vollkommenen Kapitalmarktes darstellt.

Diese Voraussetzungen führen zur Ausschaltung jeglicher Liquiditätsproblematik. Geld steht immer in jeder Höhe zur Verfügung.

Die reale Kapitalmarktsituation ist durch Aufnahme- und Anlageobergrenzen und unterschiedliche Zinssätze gekennzeichnet (**unvollkommener,** beschränkter **Kapitalmarkt**).

Die Kapitalaufnahme ist damit nach oben begrenzt, die Liquiditätserhaltung wird zum Problem. Dauernde Zahlungsfähigkeit kann nur durch Einbeziehung aller Finanzierungsmöglichkeiten in das Entscheidungsfeld garantiert werden.

---

[45] Vgl. Hahn, O., Finanzwirtschaft, München 1975, S. 109.

bb) Die Zurechenbarkeit der Ein- und Auszahlungen zu einem einzelnen Investitionsprojekt

Diese Prämisse wird vor allem bezüglich der Einzahlung in der Literatur häufig angegriffen. Manche Autoren gehen soweit, die Zurechnung der Einzahlungen auf ein einzelnes Investitionsprojekt für unmöglich zu erklären.[46]

Dies wird einmal mit der auf unvollkommener Information (aufgrund der Komplexität) beruhenden Unsicherheit der Zahlungsreihen begründet, ein Argument, das auch die Auszahlungsseite betrifft. Dieser Aspekt ist von solcher Tragweite und hat in der neueren Entscheidungstheorie so breiten Raum gefunden, daß ihm ein eigenes Kapitel gewidmet ist (siehe S. 78).

Der zweite Grund für diese Ansicht ist in der Schwierigkeit zu sehen, beim ganzheitlichen Charakter der Unternehmung einzelnen Maschinen Einzahlungen zuzurechnen.[47] Das Zurechnungsproblem von Einzahlungen scheint immer dann unproblematisch, wenn es sich um Finanzinvestitionen handelt oder in sich abgeschlossene Projekte, wie die Errichtung eines Zweigwerkes oder die Einführung eines völlig neuen Produkts, das auf Spezialmaschinen in einem „Einproduktunternehmen" hergestellt wird. Auch hier kann aber das Zurechnungsproblem auftreten, falls diese neuen Vorhaben Änderungen in der Belastung der Verwaltung oder Einfluß auf den vorhandenen Produktionsapparat im Sinne der Komplementarität oder partiellen Substitutionalität ausüben.

Das Zurechnungsproblem kann aber dadurch umgangen werden, daß nicht die Zahlungen einzelner Investitionsvorhaben für die Beurteilung herangezogen werden, sondern lediglich die Veränderung der Gesamtsituation und damit der Gesamtzahlungsströme betrachtet wird (Zahlungsströme der Unternehmung nach Durchführung der Investition – Zahlungsströme ohne Durchführung solcher Vorhaben). In diesem speziellen Fall besteht also für die Investitionsrechnung kein Zurechnungsproblem.[48] Trotzdem lassen sich die Zahlungsreihen aufgrund der vielfältigen Interdependenzen im Betriebsablauf nur begrenzt bestimmen. Die erschwerte Prognose der Änderung von Zahlungsreihen sei am Beispiel der zeitlich horizontalen und vertikalen Interdependenzen und an der Abhängigkeit des optimalen Produktionsprogramms von Investitionen dargestellt:

Die zeitlich horizontalen Interdependenzen zeigen sich sowohl im Einfluß bereits vorhandener Anlagen als auch in der Abhängigkeit der betrachteten Investition mit anderen Investitionsvorhaben. Dadurch können Investitionen, die für sich allein betrachtet unwirtschaftlich sind, sehr wohl in ein optimales Investitionsprogramm mit aufgenommen werden.

Zudem hängen Investitionsvorhaben von den Einflüssen künftiger Investitionen ab. Diese Form der Abhängigkeit wird als zeitlich-vertikal bezeichnet.[49]

Im Mehrproduktunternehmen ändert sich in der Regel bei Vornahme neuer Investitionen das optimale Produktionsprogramm. Die angeführten Einflüsse können in den finanzmathematischen Verfahren nur ungenügend berücksichtigt werden, da die einzelnen abhängigen Größen nicht als Variablen eingehen. Die

---

[46] Vgl. Klinger, K., Das Schwächebild der Investitionsrechnungen. Ein Diskussionsbeitrag, in: Der Betrieb, 17, 1964, S. 1823.
[47] Vgl. Krause, W., a.a.O., S. 178.
[48] Vgl. Krause, W., a.a.O., S. 178.
[49] Vgl. Jacob, H., Neuere Entwicklungen in der Investitionsrechnung, Sonderdruck in der ZfB, Wiesbaden 1964, S. 25 f.

Lösung dieses Problems wird bei der Behandlung von Programmentscheidungen vorgestellt.

Die Zahlungsstromberechnung bereitet nicht nur aufgrund der angeführten Zurechnungsprobleme Schwierigkeiten. Sie wird zusätzlich durch die zeitliche Komponente (Zeitpunkt des Anfalls) und damit auch indirekt bezüglich der Höhe erschwert.

cc) Einzahlungen und Auszahlungen versus Erlöse und Kosten als Rechengrößen

Die finanzmathematischen Verfahren berücksichtigen den unterschiedlichen zeitlichen Anfall von Zahlungen durch Verzinsung. Dies setzt voraus, daß mit Zahlungsströmen oder Zahlungsreihen gearbeitet wird. (Die Annahme von Zahlungsreihen birgt zusätzliche Probleme in sich – die bereits bei den finanzmathematischen Grundlagen erwähnt wurden –, da nur konkrete Zahlungen zu Zinsleistungen führen). Die Festlegung des zeitlichen Anfalls bereitet besondere Schwierigkeiten, da das eigene Verhalten bezüglich der Zahlungsziele und auch das der Kunden im voraus nahezu unmöglich zu ermitteln ist.

Daraus resultiert, trotz der Einsicht, daß die Rechnung an Zahlungsgrößen orientiert sein müßte, der Vorschlag, in periodisierten Größen, wie Aufwand, Ertrag oder Kosten, Leistung zu rechnen, da das Rechnungswesen im allgemeinen periodisierte Daten liefert.

Diese Auffassung wird dadurch untermauert, daß bei entsprechender Berücksichtigung der Verzinsung aufwandsungleicher Auszahlungen die Identität zwischen Kosten – Auszahlungen und Leistung – Einzahlungen nachzuweisen ist.[50] Die Befürworter sind sich allerdings darin einig, daß hier entgegen den Kostenrechnungsgrundsätzen nicht die Periodisierung und Normalisierung, sondern die möglichst gute Anpassung an Ein- und Auszahlungen im Vordergrund der Bemühungen stehen muß.

Dies bedeutet für die Anwendung von Kosten und Erlösen, daß die Rückflüsse als Differenz der finanzwirksamen Kosten und Erlöse (Cash Flow) aufzufassen sind.

Trotz eventueller Ermittlungsvorteile darf nicht übersehen werden, daß das Zurechnungsproblem auch bei den periodisierten Größen besteht. Ferner ist die formale Identität zwischen Aufwand und Auszahlung in der Praxis nicht zu erreichen.

Manche Autoren[51] bringen anstatt der Zahlungsgrößen noch das Begriffspaar Ausgaben – Einnahmen ins Spiel. Die sachlichen und zeitlichen Unterschiede zwischen den Begriffspaaren rechtfertigen diese Größen für die theoretische Betrachtung nicht, so daß für die Theorie allein Einzahlungen und Auszahlungen sinnvoll bleiben.

dd) Der Kalkulationszinssatz in Theorie und Praxis

Die theoretische Betrachtung der einzelnen Verfahren zeigt die relative Vorteilhaftigkeit der Kapitalwertmethode. Diese setzt aber die Kenntnis des Kalkulationszinsfußes voraus. Bei vollkommenem Kapitalmarkt entsteht unter der Voraussetzung sicherer Erwartungen diesbezüglich kein Problem, da der Markt-

---

[50] Vgl. Lücke, W., Investitionsrechnungen auf der Grundlage von Ausgaben oder Kosten?, ZfhF 1955, S. 310 ff.

[51] Vgl. Schneider, E., Wirtschaftlichkeitsrechnung. Theorie der Investition, 5. Aufl., Tübingen/Zürich 1964, S. 6.

zins in diesem System bekannt ist und für gewinnmaximale Handlungen den einzigen Maßstab darstellt.

Wie aber ist bei der Wahl dieses Zinsfußes unter den realen Gegebenheiten beschränkter Kapitalbeschaffungsmöglichkeiten bei unterschiedlichsten, sich ändernden und unsicherer Erwartung unterliegenden Zinsverhältnissen zu verfahren?

Schwarz[52] schlägt als „Rechenzinsfuß„ einen „Basiszinsfuß" vor, der am „für die nächsten Jahre im Durchschnitt zu erwartenden Zinsfuß für Obligationen" orientiert sein soll. Zuschläge sollen nur mit größter Vorsicht, allenfalls zur Erfassung spezieller Risiken oder finanzpolitischer Gesichtspunkte der Kapitallenkung, verwendet werden.

Brandt unterscheidet drei mögliche Ansätze:[53]

- **Kapitalzins:**
Der Kalkulationszinsfuß orientiert sich an den Kapitalkosten für Fremdkapital und kalkulatorischen Eigenkapitalkosten sowie am Verhältnis zwischen Eigenkapital und Fremdkapital.

- **Normalzins:**
Darunter versteht Brandt die unter normalen Umständen erwartete Verzinsung des Kapitaleinsatzes. Diese beinhaltet die objektiven Marktgegebenheiten, die Finanzierungskosten und die Gewinnforderungen des Investors.

- **Ausnahmezins:**
Durch einen Aufschlag können besondere Risiken berücksichtigt werden. Es sind auch Abschläge für aus anderen Gründen wichtige Investitionen denkbar.

Brandt selbst tendiert unter diesen möglichen Zinssätzen zum Normalzins, da er die Stetigkeit und Vergleichbarkeit der Investitionsbeurteilung fördert.

Eine systematische Darstellung bietet Krause, der von Grund- und Hilfsfunktionen des Kalkulationszinsfußes spricht.[54] Er sieht die Grundfunktion in der Herstellung der Vergleichbarkeit der Alternativen und in der Erfassung der Reinvestitionsmöglichkeiten.

Die Funktion der Vergleichbarkeit der Alternativen wird einmal durch die Berücksichtigung der Finanzierungskosten erfüllt (diese werden ja in den Rückflüssen nicht berücksichtigt). Sie kann aber auch Vergleichbarkeit mit anderen Investitionsprojekten anhand der Opportunitätskosten bedeuten. Diese Interpretation bedarf einer näheren Erläuterung. Der interne Zinssatz, der nächstbesten nicht mehr zum Zuge kommenden Alternative, wird als Kalkulationszinssatz für das betrachtete Objekt herangezogen. Ergibt sich dann noch ein Kapitalwert größer Null, dann ist diese Investition offensichtlich durchzuführen. Diese Interpretation scheint brillant, sie weist aber einen Pferdefuß auf: Vor Durchführung der Investitionsrechnung muß die beste verdrängte Alternative bekannt sein. Ist dies der Fall, so erübrigt sich die Rechnung, da bereits bekannt ist, welche Alternativen durchgeführt werden. Der Kalkulationszinsfuß ist also Abfallprodukt des Ergebnisses und nicht Voraussetzung der Ergebnisermittlung. (Dies zeigt sich am konkreten Beispiel bei optimalen Investitionsprogrammen).

Gegen die Wahl des Kalkulationszinsfußes nach Finanzierungsgesichtspunkten werden folgende Gründe vorgebracht:

---

[52] Vgl. Schwarz, H., Optimale Investitionsentscheidungen, München 1967, S. 51.
[53] Vgl. Brandt, H., Investitionspolitik, a.a.O., S. 146.
[54] Vgl. Krause, W., a.a.O., S. 154 ff.

- Beim Auswahlproblem werden Differenzinvestitionen zum Kalkulationszinssatz reinvestiert. Dies braucht nun keineswegs mit den Finanzierungskosten übereinstimmen.
- Die Finanzierungsquellen einzelner Investitionsprojekte lassen sich nur schwer eruieren.
- Hinzu kommt die mangelnde Bestimmbarkeit der Eigenkapitalkosten.

Die zweite Funktion des Kalkulationszinsfußes besteht darin, beim Auswahlproblem (unter der Annahme unterschiedlichen Kapitaleinsatzes, Lebensdauer und Rückflußstruktur) Aussagen über die weitere Verzinsung der Differenzinvestition zu treffen.

Albach[55] wählt die langfristige Durchschnittsrentabilität als Kalkulationszinssatz, die er dadurch rechtfertigt, daß sie den Ausdruck der langfristig gewünschten Durchschnittsverzinsung darstelle. Daneben sei Grund zu der Annahme, daß die frei werdenden Mittel zu diesem Zinssatz angelegt werden können, da es der Unternehmung stets gelungen sei, zu diesem Zinssatz zu investieren (der Kalkulationszinssatz hat hier also die Funktion einer Mindestverzinsung).

Gegen die Annahme einer konstanten Durchschnittsrentabilität als (implizite) Berücksichtigung zukünftiger Investitionen werden mehrere Gründe angeführt.

Swoboda[56] bemerkt, daß hier nicht das Ziel der Rentabilitätsverbesserung für die Reinvestition in Betracht gezogen wird. Es wird durch die Annahme der Durchschnittsrentabilität nur ein unvermeidliches Absinken der Rentabilität vermieden. Jacob wendet ein, daß die Verzinsung der Rückflüsse zum Kalkulationszinssatz bei Reinvestition wenig wahrscheinlich ist. Zur richtigen Beurteilung muß die Wiederanlage der Rückflüsse bis zum Planungshorizont (gleichgesetzt mit der Lebensdauer des längstlebigen Investitionsprojektes) explizit mit einbezogen werden, da die Reinvestition zum Kalkulationszinssatz nicht den Gegebenheiten entspricht und zu falschen Schlußfolgerungen führt. Hax[57] bezeichnet die Annahme der Durchschnittsrentabilität unter dem Gesichtspunkt der Mindestverzinsung als sicherlich falsch. Er weist nach, daß der Ansatz der Kapitalwertzielfunktion dann zum richtigen Ergebnis führt, wenn der Kalkulationszinssatz als der interne Zinssatz des günstigsten, nicht mehr zur Durchführung gelangenden Investitionsprojekts angesetzt wird. Dieser Zinssatz wird dann aber erst durch die Lösung des Dualproblems ex post bekannt. Er zeigt eine Lösung, ebenso wie Jacob, durch das Umgehen des Kalkulationszinssatzes auf, wie später dargestellt wird.

Die beiden Funktionen der Vergleichbarkeit und der Reinvestitionsannahme hat der Kalkulationszinsfuß aufgrund der Modellannahmen zu erfüllen.

Da Änderungen des Kalkulationszinsfußes das Rechnungsergebnis beeinflussen, wird in der Literatur versucht, ihm zusätzliche Funktionen zuzuweisen. So wird häufig ein Risikozuschlag in Form einer Kalkulationszinsfuß-Erhöhung vorgeschlagen. Ohne dem Unsicherheitskapitel vorgreifen zu wollen, kann bereits hier festgestellt werden, daß es sich um eine sehr globale Risikobetrachtung handelt, die besser durch Berücksichtigung der einzelnen Risikokomponenten bei den verschiedenen Größen ersetzt werden sollte.

---

[55] Vgl. Albach, H., Investition und Liquidität, Wiesbaden 1962, S. 86 f.
[56] Vgl. Swoboda, P., Die Ermittlung optimaler Investitionsentscheidungen durch Methoden der Operations Research, in: ZfB 1961, 31, S. 98.
[57] Vgl. Hax, H., Investitions- und Finanzplanung mit Hilfe der linearen Programmierung, in: ZfhF (NF 16), 1964, S. 434.

Des weiteren wird die Berücksichtigung der Geldentwertung in einem Zinsaufschlag erwähnt. Hier ist der Meinung von Biergans[58] zuzustimmen, der das Problem der Geldentwertung als nicht existent für die Investitionsrechnung betrachtet, da die Entwertung bei der Prognose explizit in die einzelnen Zahlungsströme und die Kapitalkosten mit eingeht. Zum Versuch, die Steuerbelastung über den Kalkulationszinsfuß zu berücksichtigen, ist analog zur Risikoberücksichtigungsfunktion festzustellen, daß die Komplexität der Gewinnsteuern nicht durch einen globalen Zuschlag hinreichend darzustellen ist.

Als Fazit ist festzuhalten, daß die vielfältigen Anforderungen an den Kalkulationszinsfuß zu einer Überforderung führen. Selbst die beiden Grundfunktionen lassen sich nur bei vollkommenen Kapitalmarkt in einer Größe ausdrücken. Daraus resultiert für die Anwendung der Kapitalwertmethode, daß eine vereinfachende Pauschalannahme hinsichtlich Finanzierung und Ertragssituation sinnvoll erscheint, da „der" Kalkulationszinsfuß nicht existiert.[59]

Differenziertere Annahmen über die Finanzierung und andere betroffene Teilbereiche sind Modellen für Programmentscheidungen vorbehalten.

ee) Die Steuern als Einflußgröße in der Investitionsrechnung

Steuern, die das Investitionsobjekt betreffen, stellen Auszahlungen für dieses Objekt dar und sind deshalb bei den Zahlungsströmen zu berücksichtigen. Dies ist bei den typischen Kostensteuern (Grund-, Grunderwerbs-, Gewerbekapital-, Lohnsummensteuer u. a.) deutlich erkennbar. Schwierig wird die Berücksichtigung der Gewinn- oder Erfolgssteuern (Einkommens-, Körperschafts-, Gewerbeertragssteuer). Die Einbeziehung der Gewinnsteuern ist dann erforderlich, wenn sie Einfluß auf den Gewinn ausüben (was offensichtlich der Fall ist) und wenn ihre Berücksichtigung die Entscheidung hinsichtlich der Vorteilhaftigkeit beeinflußt. Letzteres kann nicht generell behauptet werden, da unter bestimmten Voraussetzungen die Investitionsentscheidung nicht berührt wird.[60] Im allgemeinen aber wird durch die unterschiedlichen Abschreibungen einzelner Objekte die Vorteilhaftigkeit beeinflußt. (Sonderabschreibungsmöglichkeiten, unterschiedliche Arten der Abschreibungen). Inwieweit Investitionsentscheidungen steuerliche Auswirkungen haben, zeigen Blohm-Lüder:[61]

- Gewinnverlagerung durch Abschreibungstechniken (Zinsvorteil durch erwirkte Steuerkredite bei der Wahl von degressiven oder Sonderabschreibungen);
- Steuerminimierung durch Spitzenausgleich bei progressiven Steuern (Einkommensteuer);
- Ersparnis durch Ausnutzen von Änderungen der Steuersätze durch Gewinnverlagerungen;
- Der Progressionseffekt bei gespaltenem Körperschaftssteuersatz und konstanter Ausschüttung kann durch Gewinnegalisierung neutralisiert werden.

Zusätzlich ist die Wahl der Finanzierungsart mit zu berücksichtigen, wobei die steuerliche Diskriminierung des Eigenkapitals gegenüber dem Fremdkapital zu erwähnen ist.

---

[58] Vgl. Biergans, E., a.a.O., S. 252.
[59] Vgl. Schneider, D., Investition, a.a.O., S. 304 f.
[60] Vgl. Schneider, D., Investition, a.a.O., S. 314 ff.
[61] Vgl. Blohm, H., Lüder, K., a.a.O., S. 37 ff.

Die unterschiedlichen gewinnsteuerlichen Wirkungen treten allerdings nur auf, wenn Gewinn erwirtschaftet wird oder Verlustausgleich möglich ist.

Die obigen Überlegungen zeigen die Notwendigkeit, Steuern zur Ermittlung „echter" Vorteilhaftigkeit hinsichtlich des Zieles Gewinnmaximierung mit einzubeziehen.

Die Einbeziehung aber birgt besondere praktische Schwierigkeiten in sich:[62]
– Die Gewinnsteuern werden nicht auf die Zahlungsströme der Investitionen berechnet, sondern auf unterschiedliche fiktive steuerliche Gewinne nach EStG, KStG, GewStG. Daraus resultiert die Schwierigkeit, den Beitrag der einzelnen Investitionsgrößen zu diesen Gewinnarten festzulegen.

– Da die Steuer nur vom Gesamtgewinn der Unternehmung berechnet wird, ergibt sich bei Steuern mit variierenden Steuersätzen das Problem der Ermittlung des Steuersatzes. Dies tritt in zwei Variationen auf:
a) Der Steuersatz variiert durch die Progression der Einkommensteuer;
b) Der Steuersatz variiert durch die unterschiedliche körperschaftssteuerliche Behandlung der ausgeschütteten und nicht ausgeschütteten Gewinne. Zur Ermittlung der Berechnungsgrundlage sind von den Rückflüssen im allgemeinen die Abschreibungen und die Fremdkapitalzinsen abzuziehen. Außerdem muß der Restbuchwert berücksichtigt werden.

Da sich die steuerliche Belastung eines Investitionsvorhabens aus dem Produkt Steuersatz x Bemessungsgrundlage ergibt, muß die Ermittlung der Bemessungsgrundlage bei Vorhandensein variierender Steuersätze angesprochen werden. Hier scheint nur eine Gesamtgewinnprognose unter Berücksichtigung der Dividendenpolitik sinnvoll. Bei Personengesellschaften ist dieses Problem durch eine Gewinnprognose unter Einbeziehung der privaten Verhältnisse zu lösen. Diese Ermittlung bringt erhebliche praktische Schwierigkeiten mit sich, doch führt nur diese Methode zu einer sinnvollen Einbeziehung der Steuern, was von der globalen Berücksichtigung im Zinsfuß nicht behauptet werden kann.

Literatur: Dynamische Verfahren

Biergans, E., Investitionsrechnung, Nürnberg 1973;
Blohm, H., Lüder, K., Investition, 3. Aufl., München 1974;
Hax, H., Investitionstheorie, Würzburg/Wien 1970;
Krause, W., Investitionsrechnungen und unternehmerische Entscheidungen, Berlin 1973;
Leffson, U., Programmiertes Lehrbuch der Investitionsrechnung, Wiesbaden 1973.

---

[62] Vgl. Krause, W., a.a.O., S. 168 f.

Fragen: Dynamische Verfahren

1. Welche Verbesserungen bringen die dynamischen Verfahren gegenüber den statischen Rechenmethoden?
2. Wodurch unterscheiden sich Kalkulationssatz und interner Zinssatz?
3. Konstruieren Sie ein Beispiel, bei dem die interne Zinssatzmethode zu mehreren Lösungen führt!
4. Welche Mängel weist die Methode der linearen Interpolation zur Bestimmung des internen Zinssatzes auf?
5. Durch welche Merkmale ist eine Annuität gekennzeichnet?
6. Welche Rolle spielen dynamische Verfahren beim vollständigen Vorteilsvergleich?
7. Wodurch unterscheidet sich die Frage nach der optimalen Nutzungsdauer von der nach dem optimalen Ersatzzeitpunkt?
8. Versuchen Sie, die Stärken und Schwächen der MAPI-Methode herauszuarbeiten.
9. Welche Funktionen hat der Kalkulationszinssatz bei Anwendung der dynamischen Verfahren zu erfüllen?
10. Diskutieren Sie die Bedeutung des Zurechnungsproblems von Ein- und Auszahlungen für die Investitionsrechnung.

B II: Investitionsrechnung

Abzinsungsfaktoren $\quad \dfrac{1}{r^n} = \dfrac{1}{(1+i)^n} \quad i = \dfrac{p}{100} \quad p =$ kalkulatorischer Zinsfuß

Tabelle I (Abzinsungsfaktoren)

Jahr	5%	6%	8%	10%	12%	14%	15%	16%	18%	20%	Jahr
1	0,9524	0,9434	0,9259	0,9091	0,8929	0,8772	0,8696	0,8621	0,8475	0,8333	1
2	0,9070	0,8900	0,8573	0,8264	0,7972	0,7695	0,7561	0,7432	0,7182	0,6944	2
3	0,8638	0,8396	0,7938	0,7513	0,7118	0,6750	0,6575	0,6407	0,6086	0,5787	3
4	0,8227	0,7921	0,7350	0,6830	0,6355	0,5921	0,5718	0,5523	0,5158	0,4823	4
5	0,7835	0,7473	0,6806	0,6209	0,5674	0,5194	0,4972	0,4761	0,4371	0,4019	5
6	0,7462	0,7050	0,6302	0,5645	0,5066	0,4556	0,4323	0,4104	0,3704	0,3349	6
7	0,7107	0,6651	0,5835	0,5132	0,4523	0,3996	0,3759	0,3538	0,3139	0,2791	7
8	0,6768	0,6274	0,5403	0,4665	0,4039	0,3506	0,3269	0,3050	0,2660	0,2326	8
9	0,6446	0,5919	0,5002	0,4241	0,3606	0,3075	0,2843	0,2630	0,2255	0,1938	9
10	0,6139	0,5584	0,4632	0,3855	0,3220	0,2697	0,2472	0,2267	0,1911	0,1615	10
11	0,5847	0,5268	0,4289	0,3505	0,2875	0,2366	0,2149	0,1954	0,1619	0,1346	11
12	0,5568	0,4970	0,3971	0,3186	0,2567	0,2076	0,1869	0,1685	0,1372	0,1122	12
13	0,5303	0,4688	0,3677	0,2897	0,2292	0,1821	0,1625	0,1452	0,1163	0,0935	13
14	0,5051	0,4423	0,3405	0,2633	0,2046	0,1597	0,1413	0,1252	0,0985	0,0779	14
15	0,4810	0,4173	0,3152	0,2394	0,1827	0,1401	0,1229	0,1079	0,0835	0,0649	15
16	0,4581	0,3936	0,2919	0,2176	0,1631	0,1229	0,1069	0,0930	0,0708	0,0541	16
17	0,4363	0,3714	0,2703	0,1978	0,1456	0,1078	0,0929	0,0802	0,0600	0,0451	17
18	0,4155	0,3503	0,2502	0,1799	0,1300	0,0946	0,0808	0,0691	0,0508	0,0376	18
19	0,3957	0,3305	0,2317	0,1635	0,1161	0,0829	0,0703	0,0596	0,0431	0,0313	19
20	0,3769	0,3118	0,2145	0,1486	0,1037	0,0728	0,0611	0,0514	0,0365	0,0261	20
21	0,3589	0,2942	0,1987	0,1351	0,0926	0,0638	0,0531	0,0443	0,0309	0,0217	21
22	0,3418	0,2775	0,1839	0,1228	0,0826	0,0560	0,0462	0,0382	0,0262	0,0181	22
23	0,3256	0,2618	0,1703	0,1117	0,0738	0,0491	0,0402	0,0329	0,0222	0,0151	23
24	0,3101	0,2470	0,1577	0,1015	0,0669	0,0431	0,0349	0,0284	0,0188	0,0126	24
25	0,2953	0,2330	0,1460	0,0923	0,0588	0,0378	0,0304	0,0245	0,0160	0,0105	25
26	0,2812	0,2198	0,1352	0,0839	0,0525	0,0331	0,0264	0,0211	0,0135	0,0087	26
27	0,2678	0,2074	0,1252	0,0763	0,0469	0,0291	0,0230	0,0182	0,0115	0,0073	27
28	0,2551	0,1956	0,1159	0,0693	0,0419	0,0255	0,0200	0,0157	0,0097	0,0061	28
29	0,2429	0,1846	0,1073	0,0630	0,0374	0,0224	0,0174	0,0135	0,0082	0,0051	29
30	0,2314	0,1741	0,0994	0,0573	0,0334	0,0196	0,0151	0,0116	0,0070	0,0042	30

II 3: Dynamische Verfahren – Zinstabellen

Tabelle II (Wiedergewinnungsfaktoren)
$(1+i)^n - 1$ (Annuitätsfaktoren)

Jahr	6%	8%	10%	12%	Kalkulatorischer Zinsfuß 14%	15%	16%	18%	20%	Jahr
1	1,06000	1,08000	1,10000	1,12000	1,14000	1,15000	1,16000	1,18000	1,2000	1
2	0,54544	0,56077	0,57619	0,59170	0,60729	0,61512	0,62296	0,63872	0,65455	2
3	0,37411	0,38803	0,40211	0,41635	0,43073	0,43798	0,44526	0,45992	0,47473	3
4	0,28859	0,30192	0,31547	0,32923	0,34320	0,35027	0,35737	0,37174	0,38629	4
5	0,23740	0,25046	0,26380	0,27741	0,29128	0,29832	0,30541	0,31978	0,33438	5
6	0,20336	0,21632	0,22961	0,24323	0,25716	0,26424	0,27139	0,28591	0,30071	6
7	0,17914	0,19207	0,20541	0,21912	0,23319	0,24036	0,24761	0,26236	0,27742	7
8	0,16104	0,17401	0,18744	0,20130	0,21557	0,22285	0,23022	0,24524	0,26061	8
9	0,14702	0,16008	0,17364	0,18768	0,20217	0,20957	0,21708	0,23239	0,24808	9
10	0,13587	0,14903	0,16275	0,17698	0,19171	0,19925	0,20690	0,22251	0,23852	10
11	0,12679	0,14008	0,15396	0,16842	0,18339	0,19107	0,19886	0,21478	0,23110	11
12	0,11928	0,13270	0,14676	0,16144	0,17667	0,18448	0,19241	0,20963	0,22526	12
13	0,11296	0,12652	0,14078	0,15568	0,17116	0,17911	0,18718	0,20369	0,22062	13
14	0,10758	0,12130	0,13575	0,15087	0,16661	0,17469	0,18290	0,19968	0,21689	14
15	0,10296	0,11683	0,13147	0,14682	0,16281	0,17102	0,17936	0,19640	0,21388	15
16	0,09895	0,11298	0,12782	0,14339	0,15962	0,16795	0,17641	0,19371	0,21144	16
17	0,09544	0,10963	0,12466	0,14046	0,15692	0,16537	0,17395	0,19149	0,20944	17
18	0,09236	0,10670	0,12193	0,13794	0,15462	0,16319	0,17188	0,18964	0,20781	18
19	0,08962	0,10413	0,11955	0,13576	0,15266	0,16134	0,17014	0,18810	0,20646	19
20	0,08718	0,10185	0,11746	0,13388	0,15099	0,15976	0,16867	0,18682	0,20536	20
21	0,08500	0,09983	0,11562	0,13224	0,14954	0,15842	0,16742	0,18575	0,20444	21
22	0,08305	0,09803	0,11401	0,13081	0,14830	0,15727	0,16635	0,18485	0,20369	22
23	0,08128	0,09642	0,11257	0,12956	0,14723	0,15628	0,16545	0,18409	0,20307	23
24	0,07968	0,09498	0,11130	0,12846	0,14630	0,15543	0,16467	0,18345	0,20255	24
25	0,07823	0,09368	0,11017	0,12750	0,14550	0,15470	0,16401	0,18292	0,20212	25
26	0,07690	0,09251	0,10916	0,12665	0,14480	0,15407	0,16345	0,18247	0,20176	26
27	0,07570	0,09145	0,10826	0,12590	0,14419	0,15353	0,16296	0,18209	0,20147	27
28	0,07459	0,09049	0,10745	0,12524	0,14366	0,15306	0,16255	0,18177	0,20122	28
29	0,07358	0,08962	0,10673	0,12466	0,14320	0,15265	0,16219	0,18149	0,20102	29
30	0,07265	0,08883	0,10608	0,12414	0,14280	0,15230	0,16189	0,18126	0,20085	30

4. Berücksichtigung der Unsicherheit bei Investitionsentscheidungen

Investitionsentscheidungen beruhen im allgemeinen auf einer Reihe von Daten, die mit Unsicherheit behaftet sind. Dies resultiert aus dem Charakter der Investitionsrechnung als zukunftsorientierter Planungsrechnung. Die Aufgabe besteht nun darin, eine Investitionsrechnung so zu gestalten, daß auch bei Berücksichtigung von unsicheren zukünftigen Größen, ein Ergebnis geliefert werden kann, das in seiner Gesamtheit eine tragfähige Grundlage bildet, von der ausgehend die anstehenden Investitionsentscheidungen rational getroffen werden können.

Investitionsrechnungen, bei denen für mindestens eine Entscheidungsalternative mehrere Ergebnisse für möglich gehalten werden, sind somit Investitionsentscheidungen unter Unsicherheit.[63]

Bei den in den vorangehenden Kapiteln behandelten Investitionsrechenverfahren handelte es sich um **deterministische Entscheidungsmodelle**, weil hierbei für jede Investitionsalternative ein sicheres Ergebnis ermittelt werden kann, d. h. jeder Investitionsalternative kann ein Ergebniswert zugeordnet werden und nur dieser Wert wird für möglich gehalten. Das Entscheidungsproblem bestand darin, für jede Investitionsalternative den Beitrag zur Zielerreichung zu berechnen und unter den gegebenen Möglichkeiten die optimale auszuwählen. Voraussetzung war hierzu, daß vollkommene Information bezüglich der zielrelevanten Größen herrschte. Obwohl dies in der Praxis nur sehr selten der Fall ist, haben diese deterministischen Verfahren große praktische Bedeutung. In der Realität sind Entscheidungen, insbesondere Investitionsentscheidungen, fast ausschließlich bei unvollkommener Information zu treffen. Im Einzelfall kann nicht damit gerechnet werden, daß der ermittelte Zielbetrag auch tatsächlich eintrifft, weil dieser das Ergebnis aus zahlreichen unsicheren Einflußgrößen, z. B. Verkaufspreisen, Absatzmengen, Faktorpreisen usw. ist.

a) Die Unsicherheitssituation und ihre Formen

Wie bei den statischen und dynamischen Verfahren der Investitionsrechnung stellt sich auch bei Berücksichtigung der Unsicherheit die Frage, welche von mehreren, technisch für möglich gehaltenen Alternativen, wirtschaftlich die vorteilhafteste für die Unternehmung ist. Bei einer Beurteilung der Vorteilhaftigkeit von Investitionsalternativen muß selbstverständlich die zukünftige Entwicklung der Umwelt in das Kalkül einbezogen werden, weil Investitionen das Betriebsgeschehen langfristig determinieren und die Gefahr einer Fehlentscheidung – und damit verbunden die Möglichkeit des Verlustes des eingesetzten Kapitals – mit zunehmendem Planungshorizont ansteigt.

Dieser Tatsache wird in der Entscheidungstheorie durch die Formulierung von **stochastischen Modellen** Rechnung getragen. Man unterscheidet hierbei zwischen Risiko- und Ungewißheitssituationen.[64]

---

[63] Vgl. Blohm, H., Lüder, K., a.a.O., S. 99.
[64] Vgl. Bamberg, G., Coenenberg, A. G., Betriebswirtschaftliche Entscheidungslehre, a.a.O., S. 35.

aa) Risiko

Eine Risikosituation ist nach Bamberg/Coenenberg dadurch charakterisiert, daß dem Entscheidungsträger Wahrscheinlichkeiten für das Eintreten der möglichen Umweltzustände bekannt sind.[65]

Häufig wird mit dem Begriff Risiko auch die Gefahr einer Fehlentscheidung bezeichnet.[66] Diese Auslegung ist jedoch unzweckmäßig, weil hierbei offen bleibt, wie die Gefahr einer Fehlentscheidung zu messen ist. Das Risiko einer Handlungsmöglichkeit, hier Investition, läßt sich nur durch die Gesamtheit der alternativen Zielbeiträge und deren Glaubwürdigkeit im einzelnen kennzeichnen. Dies äußert sich aber nur in der Wahrscheinlichkeitsverteilung der Zielbeiträge.[67]

Für das Aufstellen der benötigten Wahrscheinlichkeitsverteilungen der Umweltzustände gibt es zwei grundsätzliche Möglichkeiten:[68]

1. **Objektive Wahrscheinlichkeiten** werden aus empirischen Häufigkeitsverteilungen der Ergebnisse von gleichwertigen Entscheidungssituationen gewonnen, die Wahrscheinlichkeiten können häufig durch kombinatorische Überlegungen oder aufgrund von statistischem Datenmaterial exakt berechnet werden. Als Beispiele können hier die Teilnahme an den staatlichen Lotterien oder die Berechnung der Wahrscheinlichkeiten für den Eintritt eines Versicherungsfalles angeführt werden.

2. **Subjektive Wahrscheinlichkeiten**, auch Glaubwürdigkeitsziffern, werden auf der Basis subjektiver Erfahrung und Überlegung gebildet. Diese numerischen Werte dienen ebenso wie die objektiven Wahrscheinlichkeiten zur Beurteilung in welchem Maße verschiedene Situationen eintreten werden.

bb) Ungewißheit

Können bei einer Investitionsentscheidung für das Eintreten der relevanten Umweltzustände keine Wahrscheinlichkeiten, also weder objektive noch subjektive angegeben werden, dann handelt es sich um eine Entscheidung unter Ungewißheit.[69] Der Entscheidende weiß in einem solchen Falle nicht, welchen Wert eine Zustandsvariable annehmen wird.

Die Lösung von Entscheidungsproblemen bei völliger Unkenntnis über die relevanten Faktoren ist natürlich unmöglich, weil es bei völliger Unkenntnis der künftigen Entwicklung für den Entscheider gleichgültig ist, welche „Alternative" er wählt. Der hier dargestellten und in der Literatur häufig anzutreffenden Dreiteilung der Ungewißheitsgrade in Sicherheit, Risiko und Ungewißheit folgt D. Schneider nicht, weil sich eine Darstellung der Risikosituation als überflüssig erweist. Ist eine Entscheidung beliebig oft wiederholbar und kann somit eine Häufigkeitsverteilung aufgestellt werden, handelt es sich nicht mehr um eine

---

[65] Vgl. ebenda, S. 58.
[66] Vgl. Krelle, W., Unsicherheit und Risiko in der Preisbildung, in: Zeitschrift für die gesamte Staatswissenschaft, Bd. 113, 1957, S. 632–677.
[67] Vgl. Schneider, D., Investition und Finanzierung, 3. Aufl. a.a.O., S. 81 f.
[68] Vgl. hierzu die unterschiedliche Auffassung von Schneider, D., Investition, 4. Aufl., a.a.O., S. 83 f.
[69] Vgl. Bamberg, G., Coenenberg, A. G., a.a.O., S. 91. Siehe hierzu die Lösungsvorschläge bei Bamberg/Coenenberg, a.a.O., S. 92 ff.

Entscheidung unter Risiko, sondern unter Sicherheit, weil bei hinreichend vielen Wiederholungen sich die Häufigkeitsverteilung verwirklicht; ist diese Entscheidung aber nicht beliebig wiederholbar, liegt Ungewißheit vor.[70] Es müssen mindestens zwei mögliche Aktionen des Entscheidenden bekannt sein, sowie eine Funktion – z. B. Nutzenfunktion – die die Handlungsfolgen in Abhängigkeit von der gewählten Aktion und dem tatsächlichen aber unbekannten Zustand beschreibt, um von Entscheidung unter Ungewißheit sprechen zu können.

Bei Investitionsentscheidungen tritt in der Praxis wesentlich häufiger der Fall auf, daß subjektive Einschätzungen über die relevanten Faktoren einer Entscheidung vorliegen, weil für betriebswirtschaftliche Entscheidungsprobleme ein rationales Handeln unter Berücksichtigung der Reaktionen der möglichen „Gegner" unterstellt wird und der Entscheidende somit aus den ihm vorliegenden Unterlagen für eine Investitionsalternative subjektive Glaubwürdigkeitsziffern für verschiedene Zukunftslagen ableiten kann, auf denen seine Entscheidung letztlich beruht.

Die praktische Erfahrung zeigt weiter, daß besonders bei Planungsrechnungen wie es die Investitionsrechnung ist, Entscheidungen getroffen werden müssen, die die Unternehmung langfristig belasten. Investitionsentscheidungen sind im allgemeinen einmalige Einzelentscheidungen, so daß nur in Ausnahmefällen mehrere gleichartige Entscheidungssituationen vorliegen, für die objektive Wahrscheinlichkeiten angegeben werden können.

Geht man von diesen Tatsachen aus, dann müssen die Verfahren zur Berücksichtigung der Unsicherheit ebenfalls von subjektiven Wahrscheinlichkeiten ausgehen.

Die Unterteilung in objektive und subjektive oder in bekannte und unbekannte Wahrscheinlichkeiten ist für das weitere Vorgehen unerheblich, weil objektive oder subjektive Wahrscheinlichkeiten die Beurteilung einer oder mehrerer Investitionsobjekte in gleichem Maße beeinflussen, aus diesem Grunde wird im folgenden nur noch von Wahrscheinlichkeiten gesprochen.[71]

Zusammenfassend kann festgehalten werden, daß Unsicherheit im Hinblick auf die künftige Entwicklung der für eine Investitionsentscheidung relevanten Daten allein nicht ausreicht, um diese Entscheidung mit einem Risiko zu belasten. Kann eine im Zeitpunkt t_0 getroffene Entscheidung – wenn es erforderlich ist – sofort und ohne zusätzliche Kosten korrigiert werden, so geht das Unternehmen mit einer solchen Entscheidung keinerlei Risiko ein. Anders liegen die Dinge, wenn das Unternehmen an eine Entscheidung langfristig gebunden ist und sie diese nur durch einen außerordentlichen Aufwand rückgängig machen oder korrigieren kann, was für Investitionsentscheidungen im allgemeinen zutreffen dürfte.[72]

Das „Risiko" einer Entscheidung beruht somit auf zwei Komponenten:

1. Der **Unsicherheit** über die künftige Entwicklung der relevanten Größen und unvollkommener Information,

---

[70] Vgl. Schneider, D., Investition, a.a.O., S. 81 ff.

[71] Der interessierte Leser sei auf die unterschiedlichen Meinungen in der Literatur hingewiesen, siehe z. B. Schneider, D., Investition, 4. Aufl., a.a.O., S. 80 ff. und Bamberg, G., Coenenberg, A. G., a.a.O., S. 58 ff. und die dort aufgeführte Literatur.

[72] Vgl. Jacob, H., Investitionsplanung und Investitionsentscheidung, 2. Aufl., Wiesbaden 1971, S. 110 f.

2. der **Inflexibilität** von Entscheidungen, d. h. daß kurzfristig diese Entscheidungen bzw. ihre Auswirkungen nicht rückgängig gemacht oder abgeändert werden können.[73]

Bei der Beurteilung von Entscheidungen unter Berücksichtigung der Unsicherheit ist streng zwischen der Situation vor und nach der Entscheidung zu trennen. Heute – zum Zeitpunkt der Entscheidung (t_0) – sind eine Reihe von Zielwerten für die Zukunft (t_n) möglich. Zum Zeitpunkt t_n ist dann bekannt, daß einer der möglichen Werte eingetreten ist. Im Nachhinein läßt sich somit stets sagen, ob die Entscheidung „zu investieren" falsch oder richtig war.

b) Traditionelle Lösung durch Korrekturverfahren

In der Literatur[74] wird häufig der Vorschlag gemacht, die Unsicherheit bei der Datenermittlung in der Investitionsrechnung durch die Variation bestimmter Eingangsgrößen zu berücksichtigen und zwar in der Weise, daß „Risikoabschläge" bzw. „Risikozuschläge" angesetzt werden, insbesondere für den kalkulatorischen Zinssatz, die Nutzungsdauer bzw. Lebensdauer und die Rückflüsse oder Gewinne bzw. Kosteneinsparungen.

Trotz der oft erhobenen Einwände und der Kritik[75] an dieser Vorgehensweise kann davon ausgegangen werden, daß diese Verfahren häufig zur Berücksichtigung des Risikos einer Investition in der Praxis Anwendung finden.

(1) Variation des kalkulatorischen Zinssatzes

Die Höhe des Kalkulationszinssatzes richtet sich nach der Unsicherheit des Projektes. Wird die Unsicherheit hoch eingeschätzt, bedeutet dies ebenfalls einen hohen Zinssatz. Dadurch ergibt sich bei unsicheren Erwartungen ein niedrigerer Kapitalwert als ohne Berücksichtigung des Risikos, d. h. aber auch, daß „sichere" Investitionen bei gleicher Höhe der Rückflüsse den risikoreichen Investitionen vorgezogen werden. In der Praxis haben sich mehrere Risikokategorien herausgebildet, die mit unterschiedlichen Zinssätzen berücksichtigt werden.[76]

Situation		Zinssatz
vorhandener Markt und bekannte Produkte	=	10 %
vorhandener Markt und neues Produkt	=	15 %
(Expansion) neuer Markt und bekanntes Produkt	=	25 %
(Diversifikation) neuer Markt und neues Produkt	=	30 %

Die Höhe der Zinssätze ist abhängig von der subjektiven Einschätzung der Risikosituation. Variationsmöglichkeiten bestehen z. B. bei Anwendung der Kapitalwertmethode durch eine Diskontierung mit ansteigenden Zinssätzen,

---

[73] Vgl. Jacob, H., a.a.O., S. 111.
[74] Vgl. Blohm, H., Lüder, K., a.a.O., S. 100 ff.; Biergans, G., a.a.O., S. 253 ff.; Gutenberg, E., Der Stand der wissenschaftlichen Forschung auf dem Gebiet der betrieblichen Investitionsplanung, ZfbF, 1954, S. 563 ff.; Priewasser, E., a.a.O., S. 55.
[75] Vgl. Priewasser, E., a.a.O., S. 55, der diese Verfahren aus grundsätzlichen Erwägungen generell ablehnt; siehe auch Biergans, G., a.a.O., S. 254 f.; Blohm, H., Lüder, K., a.a.O., S. 102.
[76] Vgl. Blohm, H., Lüder, K., a.a.O., S. 100.

d. h. je weiter die erwarteten Rückflüsse in der Zukunft liegen, desto unsicherer sind sie und werden deshalb mit einem höheren Zinssatz diskontiert.[77]

(2) Kürzung der Nutzungsdauer
Die voraussichtliche Nutzungsdauer kann bei Berücksichtigung der Ungewißheit gekürzt werden, d. h. je größer die Ungewißheit ist, desto kürzer wird die Nutzungsdauer angesetzt. Der Kapitaleinsatz muß sich dann in kürzerer Zeit amortisieren, um eine Investition als vorteilhaft einzustufen. Der Kapitalwert muß c. p. um so niedriger sein, je unsicherer die Erwartungen sind und je kürzer die Nutzungsdauer gewählt wurde.

(3) Risikobewußte Schätzung der Gewinne bzw. Kosteneinsparungen
Bei Investitionsentscheidungen, die mit hoher Unsicherheit belastet sind, werden die Rückflüsse niedriger angesetzt als bei sicheren Investitionen. Der Kapitalwert ist dann um so niedriger, je unsicherer die zukünftige Situation eingeschätzt wird.

Beurteilung der Korrekturverfahren
1. Für die Bestimmung von Risikozu- oder Risikoabschlägen gibt es keinerlei Maßstab. Statt effektiv die Gefahr der Fehleinschätzung zukünftiger Entwicklungen zu berücksichtigen, verfälscht man die eigentliche Aussage der Investitionsrechnung, weil die Unsicherheit „summarisch" bestimmt und verrechnet und nicht „analytisch" aus der Unsicherheit der Einflußfaktoren ermittelt wird.[78]

Ein auf diese Weise durchgeführter Investitionsvergleich ist ungenau und vermittelt nur vage Vorstellungen von der zukünftigen Auswirkung der geplanten Investitionsentscheidung.

2. Außerdem erfolgt der Ansatz der Unsicherheit bei solchen Größen, die zum großen Teil selbst gar nicht unsicher sind (Zinssatz, Nutzungsdauer).

3. Bei der Berücksichtigung der Unsicherheit durch Korrektur verschiedener Einflußgrößen besteht die Möglichkeit, jede Investitionsalternative nachteilig erscheinen zu lassen. Durch einen Kumulationseffekt, dessen Auswirkungen nicht mehr zu überschauen sind, ist es möglich, Projekte „totzurechnen".[79]

Wegen der angeführten Mängel können die Korrekturverfahren lediglich als praktikable Faustregeln bezeichnet werden, die dem Vorsichtsprinzip durch globale Risikoabschläge Rechnung tragen.

c) Sensitivitätsanalyse

Eine spezifische Rechentechnik, die der Eingrenzung und Absicherung von unsicheren Größen dient, ist die „Methode der kritischen Werte" oder die Sensitivitätsanalyse. Ausgehend vom jeweiligen Verfahren zur Beurteilung einer Investition, Kosten-, Gewinnvergleich oder Kapitalwertmethode soll die Sensitivitätsanalyse Antwort auf die Fragen geben, wie weit eine Größe von ihrem

---

[77] Vgl. Blohm, H., Lüder, K., a.a.O., S. 101.
[78] Vgl. Blohm, H., Lüder, K., a.a.O., S. 101 f.
[79] Vgl. Rühli, E., Methodische Verfeinerungen der traditionellen Verfahren der Investitionsrechnung und Übergang zu den mathematischen Modellen, in: Die Unternehmung, Heft 3, 1970, S. 168.

ursprünglichen Wertansatz abweichen kann, ohne daß das Ergebnis einen festgelegten Wert über- oder unterschreitet oder in welchem Maße sich ein Ergebnis ändert, wenn eine oder mehrere Inputgrößen von ihrem ursprünglichen Wertansatz abweichen.[80]

Wird z. B. der Kapitalwert für die Beurteilung der Vorteilhaftigkeit einer Investition herangezogen, erkennt man an folgender Formel die Abhängigkeit des Zielwertes von den Variablen $i = \frac{p}{100}$, E_t, A_t und n (= Investitionslaufzeit):

(1) $$C_0 = -I_0 + \sum_{t=1}^{n} \frac{E_t + A_t}{(1+i)^t}$$

Die Einzahlungsbeträge E_t hängen im wesentlichen von den abgesetzten Produktmengen x_t und den Produktpreisen p_t ab. Die Auszahlungsbeträge A_t enthalten einmal sämtliche Beträge für die Bereitstellung von Arbeitskräften für dispositive Aufgaben, deren Höhe vom Produktions- und Absatzvolumen unabhängig ist und auch alle zur mengenmäßigen Produktion proportionalen Beträge.[81] Geht man hiervon aus, kann man die Kapitalwertfunktion wie folgt formulieren:

(2) $$C_0 = \sum_{t=1}^{n} \frac{x_t(p_t - a_t) - A_{ft}}{(1+i)^t} - I_0$$

I_0 = Kapitaleinsatz für das Investitionsprojekt
x_t = Absatzmenge in Periode t
p_t = Absatzpreis in Periode t
a_t = Faktorpreis in Periode t
A_{ft} = von Produktions- und Absatzvolumen unabhängige Ausgaben (Gehälter)

Alle genannten Mengen- oder Wertansätze der Gleichung (2) sind zukünftige Größen und daher mehr oder weniger unsicher.

Die Methodik der Sensitivitätsanalyse besteht darin, daß man die Gleichung (2) nach den Variablen auflöst, die als besonders unsicher angesehen werden, während man die anderen Größen als gegeben (sicher) erachtet.

Der kritische Wert bei positiver Korrelierung zwischen Variablen und Kapitalwert ist derjenige Variablenwert, bei dem sich ein Kapitalwert von 0 errechnet. Für kleinere Variablenwerte wird der Kapitalwert negativ.[82]

Bei negativer Korrelierung (mit steigendem Variablenwert sinkt der Kapitalwert) gibt der kritische Wert die Obergrenze an, die die betreffende Variable nicht überschreiten darf, ohne daß das Investitionsvorhaben unwirtschaftlich wird.[83]

---

[80] Vgl. Blohm, H., Lüder, K., a.a.O., S. 102. Hax, H., Investitionstheorie, a.a.O., S. 95 ff.
[81] Vgl. Kilger, W., Kritische Werte in der Investitions- und Wirtschaftlichkeitsrechnung, ZfB, Heft 6, 1965, S. 339.
[82] Vgl. Kilger, W., Kritische Werte, a.a.O., S. 341.
[83] Vgl. Schneider, E., Wirtschaftlichkeitsrechnung, Theorie der Investition, 4. Aufl., Tübingen 1962, S. 62 f.

Je weiter bei zunehmendem C_o ($-C_o$) die Bandbreite der unsicheren Variablen über (unter) dem kritischen Wert liegt, desto „sicherer" ist die Wirtschaftlichkeit der Investition bezüglich dieser Größe.

Beispielhaft für die Bestimmung von kritischen Werten wird die Ermittlung der kritischen Absatzmenge dargestellt.

Besonders unsicher sind bei vielen Investitionsrechnungen die Prognosen über die möglichen Absatzmengen. Eine vorsichtige Einschätzung der zukünftigen Situation ist sicherlich angebracht, denn das zukünftige Absatzvolumen beeinflußt nicht nur die Investitionsentscheidungen, sondern alle betrieblichen Teilbereiche. Aus diesem Grunde beschränkt man sich bei der Mengenplanung auf die Angabe eines bestimmten Intervalls, so daß hier die Methode des kritischen Wertes eine zweckmäßige Ergänzung bildet.

Die kritische Absatzmenge stellt erstens die Untergrenze dar, bei deren Unterschreiten sich die Investition nicht einmal mehr zum Kalkulationszinsfuß verzinst. Zweitens vermittelt sie im Vergleich mit der prognostizierten Absatzmenge einen Eindruck von der Sicherheit des Investitionsprojektes. Liegt die geplante Absatzmenge über der kritischen Menge, so ist das Vorhaben wirtschaftlich; mit anderen Worten, es kann unter Einbeziehung des Risikos damit gerechnet werden, daß der Kapitalwert positiv ist.

Setzt man voraus, daß nur eine Anfangsauszahlung im Zeitpunkt Null anfällt und die ausbringungsunabhängigen Auszahlungen im Zeitablauf nicht verändert werden und die Absatzpreise sowie die Faktorpreise konstant sind, erhält man unter Berücksichtigung der Gleichung (2) folgenden Ausdruck für die kritische Absatzmenge:[84]

$$(3) \quad x_k = \frac{A_f + [I_o \cdot w(i,n)]}{p - a}$$

A_f = ausbringungsunabhängige Auszahlung pro Periode
I_o = Anschaffungsausgaben im Zeitpunkt Null
$w(i, n)$ = Wiedergewinnungsfaktor beim Kalkulationszinsfuß i und einer Investitionslaufzeit von n Jahren (Numerische Bestimmung in den Tabellen)
p = Preis für abgesetzte Einheiten
a = Ausgaben pro Einheit

Bei einer Auszahlung von DM 1 600 000,- im Zeitpunkt Null, einer Nutzungsdauer von 10 Jahren, einem Kalkulationszinssatz von 23% und laufenden fixen Auszahlungen von DM 300 000,- und einem Absatzpreis von $DM/_{ME}$ 20,- sowie $DM/_{ME}$ 10,- für die Produktionsfaktoren erhält man eine kritische Menge von

$$x_k = \frac{300.000 + 1.600.000 \cdot 0{,}1490312}{20 - 10}$$

= 53.845 Stück

die nicht unterschritten werden darf, wenn die Vorteilhaftigkeit dieser Investition gewährleistet sein soll.

---

[84] Vgl. Kilger, W., Kritische Werte, a.a.O., S. 340.

II 4 c: Sensitivitätsanalyse

Es empfiehlt sich, den kritischen Wert in Prozent der zugehörigen Plangröße anzugeben, um eine Meßzahl zu erhalten, die besagt, daß in den einzelnen Perioden die Absatzmenge höchstens um x% unter den Planangaben liegen darf, wenn die Investition gerade noch den Kalkulationszinsfuß erwirtschaften soll. Analog hierzu lassen sich kritische Werte für alle in der Zielfunktion angesetzten Variablen ermitteln.

Neben der Bestimmung kritischer Werte kann mit Hilfe der Sensitivitätsanalyse die Veränderung des Kapitalwertes bei Variation der unsicheren Einflußgrößen untersucht werden.

Dabei können die Einflußgrößen willkürlich um einen bestimmten Betrag oder Prozentsatz vom Ausgangswert verändert werden oder aber für die betreffenden Werte eine optimistische oder pessimistische Einschätzung der zukünftigen Situation zugrunde gelegt werden.

Werden die ungewissen Einflußgrößen z. B. um 10% abgeändert, so hat dies bei einer negativen bzw. positiven Änderung aller Inputgrößen auch eine Verschlechterung bzw. Verbesserung des Kapitalwertes zur Folge. Man ist somit in der Lage, Aussagen darüber zu machen, um welchen Prozentsatz sich der Kapitalwert eines Investitionsvorhabens ändert, wenn für die Einflußgrößen bestimmte, in Zukunft für möglich gehaltene Änderungen angesetzt werden. (Z. B. bei einer Absatzpreisminderung um 10% sinkt der Kapitalwert c. p. um 30%).[85]

Beurteilung des Verfahrens

Als Nachteil dieser Methode erweist sich die für eine Partialanalyse typische isolierte Betrachtungsweise. Die Analyse bezieht sich nur auf jeweils eine Größe, wobei die anderen unsicheren Größen als konstant vorausgesetzt werden. Da diese Annahme für die Realität üblicherweise nicht zutrifft, bedeutet dies eine erhebliche Einschränkung für die praktische Anwendbarkeit.

Wird eine Globalanalyse vorgenommen oder eine Variation mehrerer Inputgrößen zugelassen, so muß vorausgesetzt werden, daß die unterstellten funktionalen Abhängigkeiten zwischen diesen Größen richtig wiedergegeben werden. Außerdem muß eine Abweichung mit gleicher Wahrscheinlichkeit für positive und negative Änderungen auftreten können.[86]

Eine eindeutige Lösung des Unsicherheitsphänomens kann die Methode der kritischen Werte nicht bieten. Sie vermittelt aber wertvolle Einblicke in die Struktur eines Investitionsvorhabens, insbesondere liefert sie zusätzliche Informationen über die unsicheren Größen, wodurch die Unsicherheit des Entscheidungsproblems verringert werden kann. Man ermittelt einen kritischen Bereich nicht nur der Inputgrößen, sondern auch des Kapitalwertes, in welchem dieser sehr wahrscheinlich liegen wird, woraus wiederum Aussagen über die Sicherheit eines Investitionsvorhabens gemacht werden können.[87]

d) Investitionsentscheidungen aufgrund subjektiver Wahrscheinlichkeiten

Investitionsentscheidungen unter Unsicherheit werden ebenso wie im Fall sicherer Erwartungen anhand des Kapitalwertes der Annuität, dem Wert des

---

[85] Vgl. Blohm, H., Lüder, K., a.a.O., S. 104–106, 192, 193, Beispiel zur Sensitivitätsanalyse.
[86] Vgl. Blohm, H., Lüder, K., a.a.O., S. 107.
[87] Vgl. Kilger, W., Kritische Werte, a.a.O., S. 341; Schneider, E., a.a.O., S. 63; Hax, H., Investitionstheorie, a.a.O., S. 104 f.

Vermögens und ähnlicher Größen getroffen. Man versucht aber mit Hilfe der Ungewißheitstheorie, die Entscheidung auf eine objektivere Grundlage zu stellen, weil jede Investitionsplanung zu verschiedenen Werten der jeweiligen Zielgröße führen kann, je nachdem, wie das Risiko nach den subjektiven Vorstellungen des Investors angesetzt wird. Unterstellt man, daß der Entscheidende subjektive Wahrscheinlichkeiten, mit denen verschiedene Ereignisse eintreten, angeben kann, so fordert eine der bekanntesten Entscheidungsregeln die Maximierung des Erwartungswertes der Wahrscheinlichkeitsverteilung.[88]

Es ist somit diejenige Alternative zu wählen, bei der der mathematische Erwartungswert der Zielgröße ein Maximum aufweist, d. h. der mit den Wahrscheinlichkeiten W_i gewogene Durchschnitt aller möglichen Zielbeiträge Z_i (i = 1,2 ... n) der Wahrscheinlichkeitsverteilung ist zu maximieren bzw. zu minimieren.

$$\sum_{i=1}^{n} W_i Z_i \rightarrow \text{Max.} \quad \underline{\text{(Bayes-Regel, } \mu\text{-Prinzip)}}$$

Diese **Entscheidungsregel nach Th. Bayes** benannt, dient dazu, subjektive a-priori Wahrscheinlichkeiten auf Grund von empirischen Informationen in a-posteriori Wahrscheinlichkeiten zu transformieren.

Das Bayessche-Kriterium verlangt eine genaue Kenntnis der Wahrscheinlichkeitsverteilung der alternativen Zukunftslagen. Die Zielwerte z. B. Gewinne oder Verluste werden mit den Wahrscheinlichkeiten der entsprechenden Zustände gewichtet und für jede Investitionsalternative aufsummiert. Auf diese Weise erhält man für jedes betrachtete Investitionsobjekt einen Erwartungswert, der das mit der Investition verbundene Risiko ausdrückt. Aus den betrachteten Strategien ist diejenige auszuwählen, bei der das Risiko am geringsten ist, oder anders formuliert, der Erwartungswert der Zielgröße ein Maximum bzw. Minimum erreicht.

Für die Anwendung dieses Entscheidungskriteriums ist es also Voraussetzung, Kenntnis über die Wahrscheinlichkeitsverteilungen zu haben, die als a-priori Verteilungen bezeichnet werden, weil man davon ausgeht, daß sie **vor** der Lösung des Entscheidungsproblems bekannt sind.[89]

Orientiert sich ein Investor an diesem Prinzip, so muß er für die geplanten Vorhaben verschiedene für möglich gehaltene Datenkonstellationen berücksichtigen, um den einzelnen Alternativen aufgrund seiner Erfahrung und seiner Gefühle subjektive Wahrscheinlichkeitskoeffizienten zwischen 0 und 1 zuzuordnen.

Ein Investor hat die Wahl zwischen zwei Investitionsalternativen A und B, die beide den gleichen Kapitaleinsatz erfordern. In den Vorteilsvergleich wurden je vier Situationen einbezogen und Wahrscheinlichkeiten zugeordnet.

---

[88] Vgl. Hax, H., Investitionstheorie, a.a.O., S. 105 f., zur Eignung von Entscheidungsregeln aufgrund subjektiver Wahrscheinlichkeiten siehe auch Bamberg, G., Coenenberg, A., a.a.O., S. 59 ff.; Menges, G., Grundmodelle wirtschaftlicher Entscheidungen, 2. Aufl. Köln 1969, S. 26 ff.; Schneeweiss, H., Entscheidungskriterien bei Risiko, Berlin/Heidelberg/New York 1967, S. 27 ff.
[89] Vgl. Menges, G., a.a.O., S. 179.

II 4 d: Subjektive Wahrscheinlichkeiten

	Investition A			Investition B		
Alternative	Rückfluß Z_{i_A}	W_{i_A}	E_{i_A}	Rückfluß Z_{i_B}	W_{i_B}	E_{i_B}
1	30	0,1	3,0	250	0,1	25
2	15	0,7	10,5	100	0,1	10
3	5	0,1	0,5	150	0,1	15
4	−10	0,1	− 1,0	−50	0,7	− 35

$$E_A = \sum_{i=1}^{4} Z_{i_A} W_{i_A} = 13,0$$

$$E_B = \sum_{i=1}^{4} Z_{i_B} W_{i_B} = 15$$

Aufgrund des Erwartungswertes erweist sich das Vorhaben B als vorteilhafter.

Gegen die dargestellte Methode zur Berücksichtigung der Unsicherheit wird oft geäußert, daß der Investor die Wahrscheinlichkeit des Eintretens für möglich gehaltener Entwicklungen nicht exakt numerisch festlegen kann.[90]

Ein Investor kann im allgemeinen verschiedene Trends der für einen Vergleich relevanten Größen angeben; verlangt man aber eine Quantifizierung der Wahrscheinlichkeit seiner Erwartungen, so wird dies nicht möglich sein. Hax hält es außerdem für problematisch, „ob eine Entscheidungstheorie, die in dieser Weise sich auf subjektive Gegebenheiten stützt, noch zu praktisch relevanten Aussagen kommen kann".[91]

Der zweite Einwand zielt auf die völlige Vernachlässigung der persönlichen Risikoeinstellung gegenüber zu vergleichenden Investitionsalternativen. Die Bayes Regel unterstellt dem Entscheidenden, daß er sich indifferent verhält zwischen einem sicheren Gewinn G und einer Chance, mit der Wahrscheinlichkeit von 0,5 einen Gewinn von 2 G zu erzielen.

Bei Berücksichtigung der Ungewißheit ergibt sich für A (Ersatzinvestition) und B (eine stark konjunkturabhängige Ersatzinvestition) folgendes Bild unter der Annahme dreier verschiedener Wirtschaftslagen:

Wirtschaftslage	Rückfluß A	Rückfluß B	subjektive Wahrscheinlichkeit
Rezession	400	0	0,2
Normal	500	500	0,6
Hochkonjunktur	600	1.000	0,2

---

[90] Vgl. Schwarz, M., Optimale Investitionsentscheidungen, München 1967, S. 137; vgl. Menges, G., macht vier Vorschläge für den Ansatz von Wahrscheinlichkeitsverteilungen, wenn keine a-priori-Verteilung angegeben werden kann, a.a.O., S. 179 f.

[91] Hax, H., Investitionstheorie, a.a.O., S. 106.

Erwartungswert A:
$$E = 400 \cdot 0{,}2 + 500 \cdot 0{,}6 + 600 \cdot 0{,}2 = 500$$
Erwartungswert B:
$$E = 0 \cdot 0{,}2 + 500 \cdot 0{,}6 + 1000 \cdot 0{,}2 = 500$$

Eine Aussage über die Vorteilhaftigkeit aufgrund des Erwartungswertes kann in diesem Beispiel nicht gemacht werden.

Soll die Risikopräferenz des Investors berücksichtigt werden, so bietet sich hierzu insbesondere das Streuungsmaß der Wahrscheinlichkeit bzw. die Varianz an. Das Risiko einer Investitionsalternative ist umso höher, je größer der Wert der Standardabweichung ist.

Die Entscheidungsregel lautet somit: Investitionsalternativen mit niedrigen Standardabweichungen sind vorteilhafter als solche mit höheren Standardabweichungen.

Für das obige Beispiel ergeben sich folgende Werte: Summe aus (Rückfluß − Erwartungswert)² · Wahrscheinlichkeit = Varianz

$$\sum_{i=1}^{N} (R_i - E)^2 \cdot W_i = \sigma^2 \qquad (\mu\,\sigma\text{ - Kriterium})$$

Alternative A
$(400 - 500)^2 \cdot 0{,}2 = 2\,000$
$(500 - 500)^2 \cdot 0{,}6 = 0$
$(600 - 500)^2 \cdot 0{,}2 = 2\,000$
$\sigma^2 = 4\,000$

Alternative B
$(0 - 500)^2 \cdot 0{,}2 = 50\,000$
$(500 - 500)^2 \cdot 0{,}6 = 0$
$(1\,000 - 500)^2 \cdot 0{,}2 = 50\,000$
$\sigma^2 = 100\,000$

Standardabweichung $\sigma_A = \sqrt{4\,000} = 63{,}25$
Standardabweichung $\sigma_B = \sqrt{100\,000} = 316{,}23$

Alternative A ist vorteilhafter als B, weil sie ein geringeres Risiko aufweist.

Diese Vorgehensweise auch als µσ-**Prinzip** bezeichnet, erweitert die Bayes-Regel, für die auch die Bezeichnung µ-Prinzip Verwendung findet, weil der Erwartungswert üblicherweise mit µ abgekürzt wird und bei dem die mathematische Erwartung des monetären Gewinns als Maßstab zugrunde lag, indem nicht nur von der Gewinnerwartung ausgegangen wird, sondern auch von der Streuung σ^2 der Gewinne um ihren Erwartungswert, womit ein Risikomaßstab angegeben werden kann.

Eine weitere Möglichkeit der Messung des Risikos besteht in der Ermittlung des **Abweichungskoeffizienten A** (coefficient of variation)

$$A = \frac{\text{Risiko}}{\text{Erwartungswert}} \quad \text{oder} \quad \frac{\text{Standardabweichung}}{\text{Erwartungswert}}$$

Hierbei werden die beiden Maßstäbe, Erwartungswert und Risiko, gemeinsam zur Beurteilung einer Investition herangezogen. Je kleiner der Abweichungskoeffizient ist, desto vorteilhafter bzw. risikoärmer ist das Investitionsprojekt.

Bei den Entscheidungsproblemen unter Unsicherheit im Rahmen der Investition handelt es sich um ein Abwägen zwischen einem größeren Gewinn verbunden mit höherem Risiko oder einem kleineren Gewinn mit niedrigerem Risiko. Graphisch läßt sich der Zusammenhang des µσ-Prinzips mit Hilfe von Risikoindifferenzkurven darstellen, die alle Kombinationen von Gewinnerwartungen und Risiko, die einem Entscheider gleichwertig erscheinen, aufzeigen.

Eine **Risikopräferenzfunktion** gibt Auskunft darüber, welche Anzahl zusätzlicher „Erfolgseinheiten" der Investor für notwendig erachtet, um eine zusätzliche Risikoeinheit zu kompensieren.[92]

Die Abhängigkeit des Risikonutzens vom Erwartungswert des Gewinns und vom Risiko wird somit als Risikopräferenzfunktion bezeichnet.

Ist U der Risikonutzen, μ der Erwartungswert des Gewinns und σ die Streuung, erhält man für die Risikopräferenzfunktion[93]

$$U = U(\mu, \sigma)$$

Die drei möglichen Ausprägungen von Risikopräferenzfunktionen linear, konvex und konkav kennzeichnen ein bestimmtes Verhältnis des Investors zum Risiko. Eine konvexe Risikopräferenzfunktion beschreibt ein risikofreudiges, eine konkave Risikopräferenzfunktion ein risikoscheues Verhalten. Die lineare Risikopräferenzfunktion entspricht der Bayes Regel und beschreibt ein risikoindifferentes Verhalten.

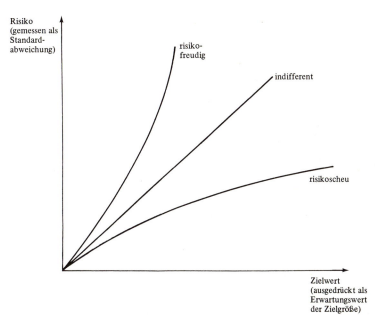

Abb. 12: Risikopräferenzfunktionen

Unterstellt man z. B. risikoscheues Verhalten, so spiegeln die Indifferenzlinien der folgenden Abbildung alle Kombinationen von Erwartungswert und Risiko wieder, die einem Investor gleichwertig erscheinen.

---

[92] Vgl. Schneider, D., Investition, a.a.O., 4. Aufl., S. 131 f.
[93] Vgl. Schneider, D., Investition, a.a.O., 4. Aufl., S. 132.

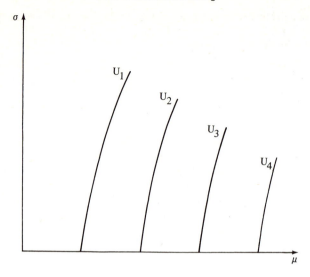

Abb. 13: Indifferenzlinien bei Risikoscheu

Soll sich ein Investor z. B. zwischen zwei Objekten O_1 und O_2 entscheiden, so wird er das Investitionsobjekt wählen, mit dem sich die am weitesten rechts liegende Indifferenzkurve verwirklichen läßt.

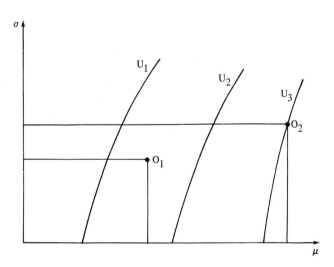

Abb. 14: Investitionsobjekte und Risikopräferenzfunktion

Bei dem in der Abbildung (Abb. 14) dargestellten Beispiel ist die Alternative O_2 zu wählen, da sie auf der am weitesten rechts liegenden Indifferenzkurve U_3 liegt.

Das **Bernoulli-Prinzip** ist ein Entscheidungsgrundsatz, aufbauend auf der kardinalen Meßbarkeit des Nutzens, der die subjektive Einstellung des Entscheidenden zum Risiko berücksichtigt.[94]

Es handelt sich um eine sehr allgemeine Regel für die Auswahl von Entscheidungsalternativen mit unsicheren Ergebnissen, d. h. mit einer Wahrscheinlichkeitsverteilung möglicher Ergebnisse, die nun nicht mehr unbedingt meßbare, quantifizierbare Größen sein müssen, sondern es kann sich auch um qualitativ definierte Ereignisse handeln. Mit diesem Prinzip, das auf der Theorie des Risikonutzens beruht, läßt sich die Präferenzrelation zwischen den Wahrscheinlichkeitsverteilungen von Ereignissen durch eine Nutzenfunktion zum Ausdruck bringen.

Bezogen auf die individuellen **Nutzenfunktionen** von Investoren bedeutet dies, daß jedem Zielwert (Z) ein bestimmter Nutzen (U) zugeordnet wird. Es gilt somit $U = U(Z)$. Für den Entscheidenden kann eine persönliche Nutzenfunktion, die jedem Ergebnis Z einen Nutzen U zuordnet, aufgestellt werden. Alternativen mit größerem Erwartungswert der zugeordneten Nutzenwerte sind denen mit kleineren Werten vorzuziehen. Optimal ist die Alternative, bei der die mathematische Erwartung des Nutzens ein Maximum erreicht.

Bei der Risikonutzenfunktion hängt der Risikonutzen von den Gewinnchancen ab, während bei der Risikopräferenzfunktion der Risikonutzen vom Erwartungswert des Gewinns und dem Risikomaß z. B. der Varianz abhängig ist. Bei den Risikonutzenfunktionen wird der Zielbeitrag einer jeden zukünftigen Alternative ausgewertet, während bei der Risikopräferenzfunktion die Wahrscheinlichkeitsverteilung jeder Alternative erst auf Ersatzgrößen (z. B. μ und σ) umgerechnet wird, ehe der Risikonutzen einer Alternative angegeben werden kann.[95]

Entschieden wird nach der Regel

$$\sum_{i=1}^{n} w_i \cdot U(Z_i) \rightarrow \text{Max.} \qquad \text{(Bernoulli-Prinzip)}$$

(1) Bei einer linearen Nutzenfunktion (Bayes Regel) ist die Maximierung des Erwartungswertes des Nutzens gleichbedeutend mit der Maximierung des Erwartungswertes der Zielgröße.

Unterstellt man den Fall, daß mit einer Wahrscheinlichkeit von 0,5 ein Gewinn von G_1 oder G_2 mit einer Investition erzielt werden kann, so ist der erwartete Nutzen

$$0,5[U(G_1) + U(G_2)]$$

gleich dem Nutzen des Erwartungswertes

$$U[0,5(G_1 + G_2)]$$

(2) Bei einer konvexen Nutzenfunktion ergibt sich folgende Situation:

---

[94] Vgl. Blohm, H., Lüder, K., a.a.O., S. 110 f.; Hax, H., Investitionstheorie, a.a.O., S. 106 f.; Hax, H., Entscheidungsmodelle in der Unternehmung, Einführung in Operation Research, Reinbek bei Hamburg 1974, S. 58 f.

[95] Vgl. Schneider, D., Investition, a.a.O., 4. Aufl., S. 132.

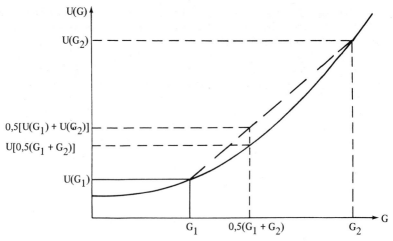

Abb. 15: Nutzenfunktion bei Risikofreude

Aus der Abbildung ist ersichtlich, daß im Falle von Risikofreude der erwartete Nutzen

$$0,5 \, [U \, (G_1) + U \, (G_2)]$$

größer ist als der Nutzen des Erwartungswertes

$$U \, [0,5 \, (G_1 + G_2)].$$

Dies besagt nun, daß der Möglichkeit, mit gleicher Wahrscheinlichkeit einen Gewinn von G_1 und G_2 zu erzielen, der Vorzug gegeben wird vor dem sicheren Gewinn

$$0,5 \, (G_1 + G_2)\,[96]$$

(3) Unterstellt man risikoscheues Verhalten, so ergibt sich gerade das Gegenteil von Fall 2:

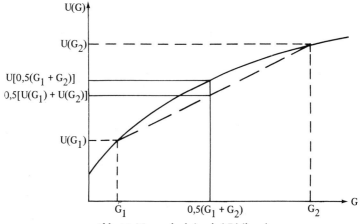

Abb. 16: Nutzenfunktion bei Risikoscheu

---

[96] Vgl. Hax, H., Entscheidungsmodelle, a.a.O., S. 62.

Hier wird der sichere Gewinn der Möglichkeit vorgezogen, einen Gewinn von G_1 oder G_2 bei gleichem Erwartungswert zu erzielen, d. h. daß der erwartete Nutzen kleiner ist als der Nutzen des Erwartungswertes.[97]

Bei beiden Verfahren μ,σ-Kriterium und Bernoulli-Prinzip erfolgt die Berücksichtigung des Risikos im Rahmen der Investitionsrechnung durch Risiko-Nutzenfunktionen des Investors, wobei der Nutzen zahlenmäßig festzulegen ist. Eine Quantifizierung des Nutzens gelingt aber in der Praxis nur in wenigen Ausnahmefällen. Wird dennoch ein Weg gefunden, kann die Risikopräferenz niemals allgemeingültig festgelegt werden, da die Risikoneigung einmal von der Situation der Unternehmung und zum anderen von der Art der Investition abhängig ist. Prinzipiell sind zur Nutzenquantifizierung Methoden der Befragung und Introspektion sowie auch Entscheidungsspiele und das Ableiten aus früheren Entscheidungen denkbar.

Außerdem wird es bei einer sehr schnell zu treffenden Entscheidung zu lange dauern, bis eine Nutzenmessung erfolgt ist, auch wenn der Bernoulli-Nutzen schon bekannt sein sollte, braucht diese Kenntnis wegen der Zeit- und Situationsabhängigkeit des Nutzens einer Alternative nicht zu einer schnelleren Entscheidung führen.[98]

Weitere Einwände, die schon bei den anderen Verfahren gemacht wurden, sind die Festlegung der Wahrscheinlichkeiten für das Eintreten der zukünftigen Umweltzustände und die Unmöglichkeit, alle Aktionen und zukünftige Umweltzustände sowie deren Konsequenzen exakt zu bestimmen.

Solange das Problem der Nutzenquantifizierung nicht zufriedenstellend gelöst ist, sind Entscheidungsregeln, die auf Nutzenfunktionen bzw. Indifferenzkurvensystemen aufbauen, in der Praxis nur mit starken Vorbehalten anwendbar.

e) Simulation als Hilfsmittel der Investitionsrechnung

In die dynamischen Verfahren der Investitionsrechnung gehen zwar unsichere Zukunftsdaten ein, es ist aber nicht möglich, zu einem errechneten Kapitalwert die Wahrscheinlichkeit seines Eintretens sowie die Wahrscheinlichkeit zu nennen, mit der andere Kapitalwerte realisiert werden. Gerade diese Daten spiegeln das Risiko einer Investition wider und bilden wertvolle Entscheidungshilfen. Durch die Simulation gelingt es, die Verteilung der Ergebnisse zu ermitteln. Der Unsicherheit der Erwartungen wird in der Struktur des Modells durch Zufallszahlengeneratoren Rechnung getragen, mit deren Hilfe die Wahrscheinlichkeitsverteilung der Einflußgrößen abgebildet wird.

Bei der Simulation können sich grundsätzlich alle Parameter des Modells in festgelegten Grenzen und Abhängigkeiten voneinander ändern. Dadurch umgeht man die c. p.-Klausel, die das Ergebnis analytischer Modelle sehr oft als fragwürdig erscheinen läßt.

An die Stelle der direkten Frage nach der besten Lösung bei analytischen Verfahren tritt hier die Frage »was ist, wenn . . .?« Man fragt nach den Auswirkungen der alternativ in die Rechnung einbezogenen Aktionsparameter. Die Ergebnisse der einzelnen „Rechenläufe" werden miteinander verglichen und im Hinblick auf die Zielvorstellung diskutiert.[99]

---

[97] Vgl. auch die Ausführungen bei Blohm, H., Lüder, K., a.a.O., S. 112–114; Hax, H., Investitionstheorie, a.a.O., S. 107 ff., über quadratische und stufige Nutzenfunktionen.
[98] Vgl. Bamberg, G., Coenenberg, A. G., a.a.O., S. 83.
[99] Vgl. Koller, H., Simulation als Methode in der Betriebswirtschaft, in: ZfB, Heft 2, Wiesbaden 1966, S. 95 ff.

Die Simulation ist auf die unterschiedlichsten Problemstellungen anwendbar, worauf eine Unterteilung der Simulationstechnik in statische und dynamische sowie die Differenzierung in deterministische und stochastische Simulation beruht.

Der Unterschied zwischen statischer und dynamischer Simulation, vergleichbar mit statischen und dynamischen Investitionsrechenverfahren, besteht darin, daß bei **dynamischer Simulation** ein System im zeitlichen Ablauf betrachtet wird, während die **statische Simulation** einen von der Zeit unabhängigen Zustand beschreibt.

Von **deterministischer Simulation** spricht man, wenn die relevanten Daten im voraus mit Sicherheit bekannt sind und der Rechenprozeß bei vorgegebenem Anfangszustand nach festgelegten Ablauf- und Entscheidungsregeln vollzogen wird. Dagegen liegt **stochastische Simulation** vor, wenn der Ablauf des Prozesses von zufälligen Einflüssen abhängig ist und diese Zufallsabhängigkeiten im Rechenverfahren berücksichtigt werden. Um diese probabilistischen Aspekte mathematisch erfassen zu können, bedient man sich der Zufallszahlentechnik.[100]

Die vier Grundarten lassen sich nun untereinander beliebig kombinieren, so daß von statisch-deterministischer, statisch-stochastischer, dynamisch-deterministischer und dynamisch-stochastischer Simulation gesprochen werden kann.[101] Umstritten ist allerdings, ob Probleme, bei denen der Anfangszustand, die Variablen und der Ablauf bekannt sind, zur Simulation gezählt werden können; hier handelt es sich vielmehr um das Durchrechnen eines Problems bei vollkommener Information, so daß hier kein „probieren am Modell" erforderlich ist und auch keine Vielzahl von möglichen Ergebnissen geliefert wird.

Von größerem Interesse, nicht nur unter dem Blickwinkel der Berücksichtigung der Unsicherheit, sind die Methoden der stochastischen Simulation, auf die sich die weiteren Ausführungen beziehen.

aa) Anwendung der Simulationstechnik auf Investitionsentscheidungen

Soll eine geplante Investition z. B. anhand des Kapitalwertes beurteilt werden, müssen zunächst die Parameter, die in das Simulationsmodell aufgenommen werden, festgestellt werden, z. B. Marktvolumen, Verkaufspreise, Entwicklung der Nachfrage, Marktanteil, Kapitaleinsatz, Nutzungsdauer, Ausgaben usw., danach müssen die Abhängigkeiten der Größe untereinander und die Auswirkungen auf den Kapitalwert (Prognoseproblem) ermittelt werden. Für die einzelnen Faktoren sind für den Planungszeitraum subjektive Wahrscheinlichkeitsverteilungen zu bestimmen.

Bei den Wahrscheinlichkeitsverteilungen für die unabhängigen Einflußgrößen besteht die Möglichkeit, daß den Werten innerhalb der Bereiche verschiedene Gewichte zugeordnet werden können, die die verschiedenen geschätzten Wahrscheinlichkeiten des Eintreffens bestimmter Werte innerhalb der Bereiche ausdrücken. Ist die Unsicherheit jedoch so groß, daß eine vorherige Angabe von verschiedenen Wahrscheinlichkeiten nicht möglich ist, so haben alle Werte innerhalb des abgesteckten Bereiches die gleiche Wahrscheinlichkeit.

---

[100] Vgl. Schneeweiss, H., Monte-Carlo-Methoden, in: Beiträge zur Unternehmensforschung, Hrsg. Mayer, G., Würzburg/Wien 1969, S. 129 ff.
[101] Vgl. Müller-Merbach, H., Mathematik für Wirtschaftswissenschaftler, in: WiSt, Heft 6, Juni 1975, S. 286.

Aus diesen Wahrscheinlichkeitsverteilungen wird dann rein zufällig ein Wert ausgewählt und in die Funktion des Zielwertes eingesetzt. Die zufällige Auswahl der Werte geschieht nach den erzeugten Zufallszahlen, meist nach der sogenannten Monte-Carlo-Methode.[102] Im Mittelpunkt dieser Methode steht ein Zufallsgenerator, mit dessen Hilfe Zufallszahlen erzeugt werden können, deren Verteilung der jeweils betrachteten Wahrscheinlichkeitsverteilung entspricht. In jedem Simulationsdurchlauf wird für jede Einflußgröße ein Wert durch Zufallsauswahl realisiert, der Kapitalwert wird mit den Realisationen aller Einflußgrößen errechnet. Für jede Wiederholung des Simulationsdurchlaufes ergibt sich ein anderer Kapitalwert, bei zahlreichen Wiederholungen läßt sich eine Wahrscheinlichkeitsverteilung des Kapitalwertes bestimmen.

Ablaufschema der Investitionssimulation:[103]

(1) Bestimmung von Wahrscheinlichkeitsverteilungen der relevanten Einflußgrößen;
(2) Zufallsauswahl von Kombinationen dieser Werte unter Berücksichtigung der Wahrscheinlichkeit;
(3) Ermittlung des Zielwertes für jede Kombination;
(4) Darstellung der Ergebnisverteilung.

bb) Beispiel einer Investitionssimulation

Ein Betrieb steht vor der Aufgabe, die Vorteilhaftigkeit einer Investition zu beurteilen. Hierzu stehen folgende Angaben zur Verfügung:

Die Anschaffungskosten A_0, die Nutzungsdauer des Investitionsprojektes t, die jährliche Absatzmenge x, die variablen Kosten k_v des produzierten Gutes und der Verkaufspreis p pro Mengeneinheit.

A_0 im Bereich $w(A_0)$	von 200.000 bis 220.000 0,2	220.000 240.000 0,4	240.000 260.000 0,2	260.000 280.000 0,2	
t $w(t)$	8 0,2	9 0,2	10 0,4	11 0,2	
k_v $w(k_v)$	50 < 55 0,2	55 < 60 0,6	60 < 65 0,2		
x $x(x)$	750 < 850 0,2	850 < 950 0,2	950 < 1050 0,2	1050 < 1150 0,2	1150 < 1250 0,2
p $w(p)$	80 < 90 0,2	90 < 100 0,2	100 < 110 0,4	110 < 120 0,2	

---

[102] Vgl. Schneeweiss, H., Monte-Carlo-Methode, in: Beiträge zur Unternehmensforschung, Hrsg. Menges, G., Würzburg/Wien 1969, S. 119; mathematische Darstellung der Monte-Carlo-Methode bei Churchman, Ackoff, Arnoff, Operations-Research, Wien/München 1959, S. 166–175.

[103] Vgl. Blohm, H., Lüder, K., a.a.O., S. 119 ff.; Weston-Brigham, a.a.O., S. 205; Hertz, D. B., Risk Analysis in Capital Investment, in: Harvard Business Review 1/1964, S. 95 ff.

Der Kalkulationszinsfuß sei 10%.

Im vorliegenden Fall wird ein einfacher Zufallsmechanismus verwendet, ein Würfel, aber mit der Einschränkung, daß nur fünf Zahlen – von 1 bis 5 – verwendet werden. Wird eine Sechs gewürfelt, muß nochmals gewürfelt werden, d. h. die Wahrscheinlichkeit w (i) beträgt $^1/_5$.

Den gewürfelten Zahlen (Zufallszahlen) werden die folgenden Werte der Zufallsvariablen zugeordnet:

gewürfelte Zahl \ Größe	A_o	t	k_v	x	p
1	210.000	8	52,5	800	85
2	230.000	9	57,5	900	95
3	230.000	10	57,5	1.000	105
4	250.000	10	57,5	1.100	105
5	270.000	11	62,5	1.200	115

Als Zielwert dient der maximale Gewinn pro Jahr:

$$Z = x(p - k_v) - A_o \cdot w(t_i)$$

Aus dem angegebenen Zahlenmaterial lassen sich die folgenden Werte **ohne** Simulation ermitteln.

schlechtester Wert

$$Z_{min} = x_{min}(p_{min} - k_{v max}) - A_{o max} \cdot w(t_{min})$$
$$750 (80 - 65) - 280.000 \cdot 0,18744 = -41.233,-DM$$

bester Wert

$$Z_{max} = x_{max}(p_{max} - k_{v min}) - A_{o min} \cdot w(t_{max})$$
$$1.250 (120 - 50) - 200.000 \cdot 0,15396 = 56.708,-DM$$

Durchschnittswert

$$Z_\emptyset = x_\emptyset (p_\emptyset - k_{v\emptyset}) - A_{o\emptyset} \cdot w(t_\emptyset)$$
$$1.000 (100 - 57,5) - 240.000 \cdot 0,16275 = 3.440,-DM$$

Die Simulation wird nun nach folgenden, mit dem Würfel ermittelten Zufallszahlen durchgeführt:

```
3 2 4 2 2
5 5 4 4 5
5 2 2 3 1
1 5 5 3 3
4 3 2 3 2
1 5 1 5 5
2 5 1 5 4
2 2 5 1 4
```

Lauf \ Größe	A_o	t	k_v	x	p	Zielwert
1	230.000	9	57,5	900	95	− 9.950,--
2	270.000	11	57,5	1.100	115	21.750,--
3	270.000	9	57,5	1.000	85	− 19.300,--
4	210.000	11	62,5	1.000	105	10.200,--
5	250.000	10	57,5	1.000	95	− 3.150,--
6	210.000	11	52,5	1.200	115	45.000,--
7	230.000	11	52,5	1.200	105	28.600,--
8	230.000	9	62,5	800	105	− 5.700,--

Abb. 17: Simulationsläufe

Bringt man die Zielwerte in eine Rangfolge, so ergibt sich folgende Tabelle:

Rang	Zielwert Nr.	Zielwert in DM
1	bester Wert	56.708,--
2	6	45.000,--
3	7	28.600,--
4	2	21.750,--
5	4	10.200,--
6	∅	3.500,--
7	5	− 3.150,--
8	8	− 5.700,--
9	1	− 9.950,--
10	3	− 19.300,--
11	schlechtester Wert	− 41.233,--

Abb. 18: Rangordnung der Zielwerte

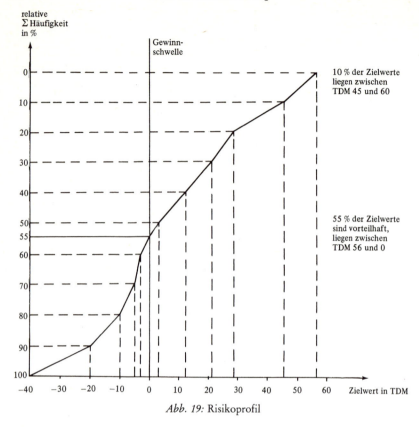

Abb. 19: Risikoprofil

Trägt man die durch die Simulation ermittelten Zielwerte, z. B. Kapitalwerte, auf der Abszisse eines Koordinaten-Systems und die Häufigkeit der aufgetretenen Zielwerte auf der Ordinate ab, erhält man eine Verteilung der Ergebnisse, aus der abgelesen werden kann, wie groß die Wahrscheinlichkeit ist, daß die Durchführung der Investition wirtschaftlich ist; oder anders formuliert, mit welchem Maß an Risiko dieses Investitionsobjekt verbunden ist.

Liegt die kritische Schwelle (Gewinnschwelle) innerhalb der Ergebnisverteilung, so ist mit der Realisation des Vorhabens ein größeres Risiko verbunden, als wenn diese Wirtschaftlichkeitsschwelle außerhalb der Ergebnisverteilung liegt, also keinen unwirtschaftlichen Bereich aufweist, d. h. bei Realisation des Vorhabens treten keine Verluste auf.

Beurteilung des Simulationsverfahrens

Mit Hilfe der Simulation können betriebswirtschaftliche Experimente durchgeführt werden, die sonst in anderer Form nicht möglich sind. Gegenüber analytischen Methoden bringt die Simulation den Vorteil,[107] daß komplexere Situationen behandelt werden können und damit wirklichkeitsnahe Modelle.

---

[107] Vgl. Blohm, H., Lüder, K., a.a.O., S. 124; Mertens P., Simulation, Stuttgart 1969, S. 90 ff.

Änderungen der Datenkonstellationen werden ohne große Abänderung des Modells berücksichtigt.

Als nachteilig erweist sich der hohe Aufwand für die Datenerfassung und die EDV-Anlagen.

Insbesondere für die Investitionsmodelle gilt, daß die relevanten Einflußgrößen nicht unbedingt zufallsabhängig sind, weil einige Größen teilweise vom Entscheider kontrolliert und beeinflußt werden können. Weiter ist die unterstellte stochastische Unabhängigkeit nicht immer gegeben.

Die Grenzen der Simulation liegen dort, wo es nicht mehr möglich ist, die Vielzahl der Abhängigkeitsbezeichnungen der Inputgrößen zu ermitteln und zu berücksichtigen; oder es wird unmöglich, eine „Schätzung" der Wahrscheinlichkeitsverteilungen für alle unsicheren Einflußgrößen anzugeben.

f) Entscheidungsbaumverfahren

Mit diesem Verfahren lassen sich komplexe Probleme unter unsicheren Bedingungen lösen. Dabei wird berücksichtigt, daß Entscheidungen von großer Bedeutung in mehreren Stufen getroffen werden. Deshalb kann zwischen der ursprünglichen Investitionsentscheidung und den Folgeentscheidungen, die die Vorteilhaftigkeit der ursprünglichen Alternativen beeinflussen, unterschieden werden. Mit Hilfe eines Entscheidungsbaumes lassen sich solche komplexen Problemstellungen graphisch darstellen und durch den Einsatz verschiedener Methoden auch optimieren, d. h. die optimale der in Betracht gezogenen Alternativen wird ermittelt.

Jeder Pfad vom Ursprung eines Entscheidungsbaumes, dem Entscheidungsknoten zu den Endpunkten, Ergebnisknoten über verschiedene Zufallsereignisknoten, stellt eine vollständige Entscheidung dar. Die Aufgabe besteht darin, den optimalen Weg durch einen Entscheidungsbaum zu finden, d. h. den Weg bei dessen Verfolgung der Erwartungswert der Zielgröße, z. B. des Kapitalwertes ein Maximum aufweist.

Durch die graphische Darstellung eines Entscheidungsproblems in Form eines Baumes können alle in Betracht gezogenen zukünftigen Alternativen berücksichtigt werden und der Investor kann sich entscheiden, welche Maßnahmen er zunächst einleiten will. Seine Entscheidung im Zeitpunkt t basiert auf der Erwartung, daß sich später die geplanten Situationen tatsächlich einstellen. Ist dies jedoch nicht der Fall, besteht die Möglichkeit, auf der nachfolgenden Entscheidungsstufe zum Zeitpunkt t + 1 das ursprüngliche Verhalten zu ändern und auf einen für die geänderte Situation optimalen Pfad d. h. Entscheidungsweg durch den Baum zu wechseln. Bei sehr umfangreichen Problemen kann die Zahl dieser Pfade so groß werden, daß eine Durchrechnung des gesamten Entscheidungsbaumes vom wirtschaftlichen Standpunkt aus nicht vertretbar oder vom rechentechnischen Standpunkt aus heute noch gar nicht möglich ist.

Die Anwendung des Entscheidungsbaumes in der Investitionstheorie, insbesondere zur Berücksichtigung unsicherer Erwartungen, bringt genau genommen keine neuen Aspekte, positiv wirkt sich jedoch die klare Formulierung und die übersichtliche Darstellung des Entscheidungsspielraumes und auch des Entscheidungsvorganges aus.

Ein Betrieb steht vor der Frage, ob er zur Produktion eines neuen Artikels die Alternative A_1 oder A_2 einsetzen bzw. kaufen soll:

A_1 vollautomatische Fertigung
A_2 Vergabe von Lohnaufträgen

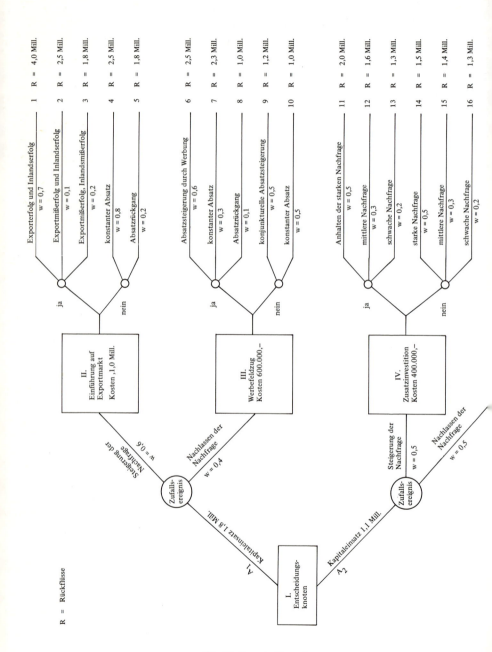

Abb. 20: Entscheidungsbaum

Für die Realisierung der Alternative A₁ ist eine Investition in Höhe von 1,8 Mill. DM zu tätigen, während bei A₂ nur ein Kapitaleinsatz von 1,1 Mill. DM erforderlich ist. Die maximale Produktionsmenge liegt bei A₁ wesentlich höher als im Falle von A₂ und weist daher gegenüber dem Alternativprojekt die höhere Gewinnchance auf. Kann jedoch ein bestimmter Auslastungsgrad nicht erreicht werden – bedingt durch einen zu geringen Absatz –, so erwirtschaftet die Alternative A₁ Verluste, während A₂ sich unter diesen Bedingungen als bessere Alternative erweist. Außerdem müssen Folgeentscheidungen getroffen werden, und zwar

– soll eine Einführung des Produktes auf ausländischen Märkten erfolgen oder
– kann der Absatz durch eine Werbekampagne erhöht werden?
– ist die Realisierung einer Zusatzinvestition vorteilhaft?

Für die Entscheidung können grundsätzlich die dynamische Programmierung, das Branch and Bound- und das rollback-Verfahren Anwendung finden.

Das **rollback-Verfahren** beruht auf der gleichen Grundlage wie die dynamische Programmierung und zwar auf der Rekursion, d. h. einer Optimierung vom Prozeßende her. Die zeitlich am weitesten in die Zukunft reichenden Entscheidungen werden zuerst getroffen. Sind die jeweils optimalen Alternativen bestimmt, sind diese Grundlage für das weitere Vorgehen, bis schließlich der Entscheidungspunkt erreicht wird und die im gegenwärtigen Zeitpunkt relevante Entscheidung gefällt werden kann.[105]

Bei den angesetzten Werten handelt es sich um Rückflüsse, die bereits auf den Barwert bezogen und auf die Gesamtlebensdauer des Investitionsprojektes abgezinst wurden. Gleiches gilt für die Zusatzinvestition, den Werbeaufwand und die Aufwendungen für die Produkteinführung auf dem Exportmarkt. Selbstverständlich können – ohne daß sich das Prinzip des Verfahrens ändert – auch die tatsächlichen Werte angegeben werden. Darauf wurde aus Gründen der vereinfachten Darstellung verzichtet.

Gemäß der oben angeführten Vorgehensweise für das rollback-Verfahren ist zuerst eine Entscheidung zu treffen, ob das Produkt auf dem Exportmarkt eingeführt werden soll oder nicht. Die Bestimmung der optimalen Alternative erfolgt anhand des Erwartungswertes für den Kapitalwert. Die Alternative mit dem höheren Kapitalwert ist vorteilhafter.

1. Entscheidung in Knoten II
a) Einführung

Rückflüsse für Ergebnisknoten II	Wahrscheinlichkeit	Erwartungswert
1 4.000.000,--	0,7	2.800.000,--
2 2.500.000,--	0,1	250.000,--
3 1.800.000,--	0,2	360.000,--
		3.410.000,--
	·/. zusätzliche Kosten	1.000.000,--
		2.410.000,--

---

[105] Vgl. Blohm, H., Lüder, K., a.a.O., S. 126.

b) keine Einführung

4 2.500.000,--	0,8	2.000.000,--
5 1.800.000,--	0,2	360.000,--
		2.360.000,--

Aufgrund der Erwartungswerte kann für den Entscheidungsknoten II folgendes Ergebnis festgehalten werden:
Die Einführung des Produkts für den Export ist vorteilhaft.

2. Entscheidung in Knoten III (Werbefeldzug)

a) Durchführung

Rückflüsse für Ergebnisknoten III	Wahrscheinlichkeit	Erwartungswert
6 2.500.000,--	0,6	1.500.000,--
7 2.300.000,--	0,3	690.000,--
8 1.000.000,--	0,1	100.000,--
		2.290.000,--
	·/. Kosten für Werbung	600.000,--
		1.690.000,--

b) keine Werbung

Unter Berücksichtigung der angegebenen Daten ergibt sich für die Äste 9 und 10 ein Erwartungswert von 1,1 Mill. DM.
Der Werbefeldzug wird somit durchgeführt.

3. Entscheidung für Knoten IV (Zusatzinvestition)

a) Realisierung

Rückflüsse für Ergebnisknoten IV	Wahrscheinlichkeit	Erwartungswert
11 2.000.000,--	0,5	1.000.000,--
12 1.600.000,--	0,3	480.000,--
13 1.300.000,--	0,2	260.000,--
		1.740.000,--
	·/. Kosten	400.000,--
		1.340.000,--

b) keine Investition

Für die Äste 14, 15 und 16 ergibt sich ein Erwartungswert von
1 430 000,-- DM
Die Entscheidung in Knoten IV lautet somit, die Zusatzinvestition wird nicht realisiert.

Auf der Basis der bisherigen Resultate kann nun bereits die endgültige Entscheidung zwischen A_1 und A_2 mit Hilfe der Erwartungswerte errechnet werden.

4. Entscheidung in Knoten I

a) A_1

Zufallsereignis	Erwartungswert des Rückflusses	Wahrscheinlichkeit	Erwartungswert
Steigerung der Nachfrage	2.410.000,--	0,6	1.446.000,--
Nachlassen der Nachfrage	1.690.000,--	0,4	676.000,--
			2.122.000,--
		·/. Kapitaleinsatz A_1	1.800.000,--
			322.000,--

b) A_2

Steigerung der Nachfrage	1.430.000,--	0,5	715.000,--
Nachlassen der Nachfrage	1.000.000,--	0,5	500.000,--
			1.215.000,--
		·/. Kapitaleinsatz A_2	1.100.000,--
			115.000,--

Man erhält somit als Ergebnis für I:
Der Erwartungswert für A_1 liegt über dem für A_2, d. h. die Alternative A_1 – vollautomatische Fertigung – wird der Alternative A_2 – Vergabe von Lohnaufträgen – vorgezogen.

Beurteilung des Verfahrens

Werden Investitionsprobleme mit Hilfe des Entscheidungsbaumverfahrens beurteilt, so ist es erforderlich, über die vereinfachenden Voraussetzungen Kenntnis zu haben.[106]

1. Im Entscheidungsbaumverfahren können nur gleichartige Entscheidungen eingesetzt werden, d. h. das eigentliche Entscheidungsproblem und die Zusatz- bzw. Folgeentscheidungen sind Investitionsentscheidungen.

2. Die Ergebnisverteilungen sind entscheidungsunabhängig, d. h. die Entscheidungen beeinflussen nicht den Zufallsmechanismus der Ergebnisse.

3. Es wird von diskreten Wahrscheinlichkeitsverteilungen ausgegangen.

---

[106] Blohm, H., Lüder, K., Investition, 3. Aufl., München 1974, S. 129 ff.

4. Wird das rollback-Verfahren als Lösungsmethode eingesetzt, so wird dem Entscheidenden Risikoneutralität unterstellt.

5. Es muß möglich sein, die relevanten Daten zur Bestimmung des Kapitalwertes und die Wahrscheinlichkeiten zu quantifizieren; dies setzt u. a. voraus, daß die Größen bis zum Ende der Planperiode, identisch mit der Lebensdauer des langlebigsten Objektes, determiniert werden können.

Das Entscheidungsbaumverfahren ist ein typisches Instrument für die sequentielle Behandlung von Investitionsentscheidungen. Durch die Graphen erfolgt eine übersichtliche Darstellung der gegenseitigen Abhängigkeiten von gegenwärtigen und zukünftigen Entscheidungen, wobei insbesondere beachtet wird, daß die gegenwärtigen Entscheidungen die zukünftigen in eine gewisse Richtung festlegen und daß die optimalen Entscheidungen durch Auswirkungen zukünftiger Handlungen beeinflußt werden.

Literatur: Berücksichtigung der Unsicherheit bei Investitionsentscheidungen

Hax, H., Entscheidungsmodelle in der Unternehmung. Einführung in Operations Research, Reinbek bei Hamburg 1974; *Hax, H.*, Investitionstheorie, Würzburg/Wien 1970, *Hax, H.* (Hrsg.), Entscheidungen bei unsicheren Erwartungen, Köln und Opladen 1970; *Jacob, H.*, Investitionsplanung und Investitionsentscheidung mit Hilfe der Linearprogrammierung, 2. Aufl., Wiesbaden 1971; *Kilger, W.*, Kritische Werte in der Investitions- und Wirtschaftlichkeitsrechnung, in: ZfB, Heft 6, 1965, S. 338–353.

Fragen: Berücksichtigung der Unsicherheit bei Investitionsentscheidungen

1. Definieren Sie die Begriffe Sicherheit, Risiko und Ungewißheit.
2. Auf welchen Grundgedanken basiert die Sensitivitätsanalyse?
3. Welche Faktoren werden bei Investitionsrechnungen als besonders ungewiß betrachtet?
4. Wie beurteilen Sie die traditionellen Verfahren zur Lösung des Unsicherheitsproblems?
5. Inwieweit läßt sich das Unsicherheitsproblem mit Hilfe von Nutzenfunktionen lösen?
6. Welche Grundlagen der Ungewißheitstheorie lassen sich auf Investitionsentscheidungen anwenden?
7. Was besagt die Bayes-Regel?
8. Welche Vor- und Nachteile für Investitionsrechnungen bietet der Einsatz der Simulation zur Bewältigung des Unsicherheitsproblems?
9. Welche Bedeutung hat das Risikoprofil?
10. Erläutern Sie die Prämissen und den Anwendungsbereich des Entscheidungsbaumverfahrens.
11. Wie müßte eine Investitionsrechnung aufgebaut sein, um den Anforderungen der Theorie und Praxis gerecht zu werden?
12. Beschreiben Sie allgemein die Mängel von Investitionsrechenverfahren.

5. Investitionsprogrammentscheidungen

a) Problemstellung

In den bisherigen Ausführungen wurde die Antwort auf zwei Fragen gesucht:
- Soll ein einzelnes Investitionsprojekt durchgeführt werden oder nicht?
- Welches von mehreren sich (technisch) ausschließenden Projekten soll realisiert werden?

Das Auswahlproblem stellt sich aber nicht nur in dieser technischen Sicht; der Unternehmung stehen im allgemeinen viele komplementäre oder neutrale (voneinander unabhängige) Investitionsmöglichkeiten offen, die nach den Kriterien für Einzelinvestitionen alle vorteilhaft sein mögen. Damit kann aber noch kein Investitionsprogramm zusammengestellt werden, da die vielschichtigen Einflüsse auf andere betriebliche Funktionsbereiche, wie Beschaffung, Produktion, Absatz und Finanzierung, bei der Beurteilung der Einzelinvestitionen unberücksichtigt bleiben. Die ersten Versuche zur Einbeziehung dieser Abhängigkeiten wurden durch die Berücksichtigung der Finanzierung bei Investitionsentscheidungen unternommen. Die neue Fragestellung lautet dann:

- Welches Investitionsprogramm soll unter Berücksichtigung verschiedener Finanzierungsannahmen verwirklicht werden?

b) Die klassischen Ansätze zur Bestimmung des optimalen Investitionsprogramms

Erste Ansätze zur Lösung des Problems erfolgten mit Hilfe der dynamischen Verfahren. Grundsätzlich lassen sich auch statische Verfahren zur Lösung heranziehen, doch werden sie wegen ihrer größeren theoretischen Mängel nicht als Ausgangspunkt für Untersuchungen verwendet. Die hier noch zu ziehenden Schlußfolgerungen lassen sich allerdings bedingt auch auf statische Verfahren anwenden, wobei die Aussagen in bezug auf die Kapitalwertmethode der Gewinnvergleichsrechnung, diejenigen über die interne Zinssatzmethode und die noch zu erläuternde Kapitalwertrate der Rentabilitätsrechnung entsprechen.

Zur Überprüfung der Eignung der dynamischen Verfahren für unterschiedliche Kapitalmarktsituationen seien als Ausgangsbeispiel fünf unabhängige Investitionsprojekte (I) gegeben, die jeweils einmal durchgeführt werden können. Die Daten und die sich daraus ergebenden Kapitalwerte (KW), internen Zinssätze (IZ) und Kapitalwertraten (KWR) sind aus Abbildung 21 zu ersehen.

I	$-A_0$	$E_1 - A_1$	$E_2 - A_2$	KW (10 %)	Rang	KWR	Rang	IZ	Rang
1	− 400	350	150	42,149	1	0,105	3	19,1 %	2
2	− 200	130	125	21,488	2	0,107	2	18,5 %	3
3	− 100	65	70	16,942	3	0,169	1	22,0 %	1
4	− 100	50	60	− 4,596	5	− 0,050	5	6,5 %	5
5	− 50	30	30	2,066	4	0,041	4	13,0 %	4

Abb. 21: Beispiel zur Bestimmung des optimalen Investitionsprogrammes mit dynamischen Investitionsrechenverfahren.

Die **Kapitalwertrate** (profitability index) findet sich in der amerikanischen Literatur[107] als Rangordnungskriterium von Investitionen. Sie ist definiert als Relation Kapitalwert zu Kapitaleinsatz und stellt eine zusätzliche Rentabilitätskennziffer dar.

Als erste Finanzierungsannahme wird die unbeschränkte Kreditaufnahme und Finanzmittelanlage zum Einheitszinssatz von 10% unterstellt. Bei diesen Bedingungen des **vollkommenen Kapitalmarkts** wird das optimale Investitionsprogramm nur von der Kostenseite beeinflußt. Aus dem Beispiel ergibt sich, daß die Projekte 1, 2, 3 und 5 im optimalen Investitionsprogramm enthalten sind, da sie sowohl einen positiven KW als auch einen IZ > 10% aufweisen. Das Ergebnis ist unabhängig von der Wahl des Verfahrens (siehe S. 53), da sich die Fragestellung nicht von der Frage nach der Vorteilhaftigkeit einer Einzelinvestition unterscheidet. Wird unterstellt, daß die einzelnen Investitionsobjekte beliebig teilbar sind und der interne Zinssatz mit der Zunahme des Investitionsvolumens stetig fällt, so läßt sich hier die allgemeine Gewinnmaximierungsbedingung Grenzerlöse gleich Grenzkosten wie folgt formulieren: Das optimale Investitionsprogramm ist dann erreicht, wenn der marginale interne Zinssatz dem Kalkulationszinssatz entspricht.

Die Annahme konstanter Kapitalkosten wird aufrechterhalten. Allerdings soll nun nur ein gewisser **begrenzter Betrag** (im Beispiel 400 GE) zur Verfügung stehen. Jedes Investitionsobjekt ist beliebig teilbar, kann aber höchstens einmal durchgeführt werden.

Nach der KWM enthält das optimale Investitionsprogramm das Investitionsprojekt 1 mit einem KW von 42,149. Bei Anwendung der IZM ergibt sich ein Programm aus den Projekten 3 und ¾ des Projektes 1. Der Kapitalwert beträgt in diesem Falle 48,442. Wird die Auswahl nach der KWR vorgenommen, so werden die Projekte 3 und 2 sowie ¼ des Projektes 1 verwirklicht, was einen Kapitalwert von 48,93 ergibt.

Die verschiedenen Rechenverfahren weisen unterschiedliche Investitionsprogramme als optimal aus. Bei der Beurteilung der KWM muß berücksichtigt werden, daß der KW als ein Ausdruck des Gewinns ohne Beziehung zum Kapitaleinsatz (abgesehen von der Verzinsung des jeweilig gebundenen Kapitals) kein Auswahlkriterium bei begrenzten Mitteln bietet. Die Erklärung des Unterschiedes im Ergebnis zwischen IZM und KWR beruht auf der unterschiedlichen Wiederanlageprämisse beider Methoden (siehe S. 57). Da die Mittelanlage späterer Perioden durch den einheitlichen Kapitalmarktzins vorgegeben ist, ist das Ergebnis der KWR vorzuziehen, weil es den hier getroffenen Annahmen entspricht. Dieses Ergebnis stimmt mit dem von Lorie und Savage[108] überein, die bei begrenztem Kapital zu konstantem Zins die KWR vorschlagen.

Anders ist die Situation, wenn beliebig teilbare Investitionsobjekte mit zunehmendem Umfang des Investitionsprogramms nur durch zunehmend teureres Kapital finanziert werden können. Der Umfang des Investitionsprogramms ist nicht ex ante gegeben und somit kann die Frage nach dem richtigen Kalkulationszinsfuß, von dem ja die Vorteilhaftigkeit entscheidend abhängt, nicht beantwortet werden. Dean[109] schlägt in diesem Falle die IZM zur Lösung vor.

---

[107] Weston, J. F., Brigham, E. F., a.a.O., S. 149 f.
[108] Vgl. Lorie, J. H., Savage, L. J., Three Problems in Capital Rationing, in: The Journal of Business, Oct. 1955, S. 229–239.
[109] Vgl. Dean, J., Capital budgeting, New York/London 8th print 1969.

Die Investitionsprojekte werden nach fallenden internen Zinssätzen geordnet, während die Finanzierungsmöglichkeiten in der Reihenfolge steigender Kapitalkosten angeordnet werden. Der optimale Umfang des Investitionsprogramms ist durch den Schnittpunkt der Kapitalangebote und Kapitalnachfragekurve gegeben, für den gilt: marginaler interner Zinsfuß = marginaler Kapitalmarktzins. Den Investitionsalternativen des Ausgangsbeispiels stehen folgende Finanzierungsmöglichkeiten gegenüber:

Finanzierungs-möglichkeit	1	2	3	4
zur Verfügung stehende Finanzmittel	300	200	300	200
Zinssatz	10 %	12 %	13 %	15 %

Die Lösung ergibt sich aus Abbildung 22. Es werden die Investitionsprojekte 1, 2, 3 und 5 verwirklicht.

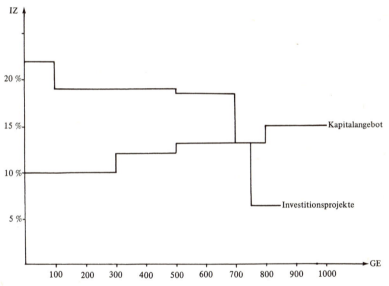

Abb. 22: Optimales Investitionsprogramm mit Hilfe der IZM

Abschließend soll noch einmal der Fall konstanter Kapitalkosten (10%) bei einem begrenzten Betrag von 550 GE unter Aufgabe der Prämisse beliebiger Teilbarkeit untersucht werden. Die einzelnen Projekte sind also entweder vollständig oder gar nicht durchführbar. Werden die zur Verfügung stehenden Mittel exakt nach der im Beispiel vermittelten Rangfolge verteilt, so zeigen sich folgende Ergebnisse:

Nach der Rangordnung der KWM wird nur Projekt 1 durchgeführt, da die zusätzliche Verwirklichung von Projekt 2 bereits 600 GE erfordern würde. Der

Kapitalwert von Projekt 1 beträgt 42,149. Die interne Zinssatzmethode liefert als Investitionsprogramm die Projekte 3 und 2. DER KW beträgt in diesem Fall 59,091. Das nach der Rangordnung der KWR ausgewählte Investitionsprogramm beinhaltet Projekt 3 und 2, was einen KW von 38,43 ausmacht. Die IZM scheint das optimale Investitionsprogramm zu liefern, doch zeigt eine kurze Betrachtung der Ausgangssituation, daß ein Programm mit den Projekten 1, 3 und 5 einen höheren KW von 61,157 erbringt, der in diesem Falle auch das Maximum darstellt, wie durch Überprüfung der möglichen Restkombinationen festzustellen ist.

Als Ergebnis bleibt festzuhalten, daß ein Vorgehen nach der durch verschiedene Verfahren bedingten Rangordnung bei Unteilbarkeit der Investitionsprojekte nicht zu einer optimalen Programmentscheidung führt.

Kritik an den Ansätzen

Gegen die Lösung der Frage nach dem optimalen Investitionsprogramm mit Hilfe der dynamischen Verfahren werden folgende Einwendungen vorgebracht[110]:

Es muß unterstellt werden, daß

- keine Absatzbeschränkungen wirksam werden,

- sämtliche andere Produktionsfaktoren in ausreichender Menge zur Verfügung stehen,

- die Liquidität der Unternehmung in späteren Perioden durch die Rückflüsse gesichert ist,

- die Investitionsprojekte beliebig teilbar sind; der Fehler bei Unteilbarkeit der Investitionssumme ist allerdings bei hoher Gesamtinvestitionssumme im Verhältnis zum Einzelbetrag relativ klein,

- die Investitionsprojekte untereinander unabhängig sind,

- die Investition der zur Wahl stehenden Projekte im selben Zeitpunkt erfolgt.

Die Kapitalangebotskurve unterstellt neben der Unabhängigkeit von Finanzierung und Investition die Unabhängigkeit zwischen den einzelnen Finanzierungsarten.[111] Hier wird also sowohl von der Bindung einzelner Kredite an bestimmte Investitionsvorhaben als auch von der Voraussetzung bestimmter Eigenkapitalverhältnisse für zusätzliche Kreditgewährung abstrahiert.

Zusätzlich wird eingewendet, daß die obige Ermittlung optimaler Investitionsprogramme in dem Sinne statisch ist, daß nur Investitionsmöglichkeiten im Bezugszeitpunkt betrachtet werden und zukünftige Investitionen nur über die pauschalen Reinvestitionsannahmen der dynamischen Verfahren berücksichtigt werden. Ferner gelten alle Einwendungen, die bereits bei der Beurteilung der dynamischen Verfahren vorgebracht wurden.

c) Die Lösung des Interdependenzproblems mit Hilfe der linearen Programmierung

Wird bei begrenzten Finanzierungsmöglichkeiten mit unterschiedlichen Kosten und teilweise unteilbaren Investitionsvorhaben in verschiedenen Perioden

---

[110] Vgl. z. B. Blohm, H., Lüder, K., a.a.O., S. 140 f., sowie Biergans, E., a.a.O., S. 250.
[111] Vgl. Hax, H., Investitionstheorie, a.a.O., S. 53.

unter Berücksichtigung von Absatzgrenzen oder Unterstellung von Mehrproduktunternehmen der Versuch unternommen, optimale Investitionsprogramme abzuleiten, so ist dies nicht mehr durch Anwendung dynamischer Verfahren zu erreichen.

Die Lösung dieses Problems scheint aber um so dringlicher, als dieser für die Realität typische Fall die Frage nach der Vorteilhaftigkeit einzelner Investitionsprojekte sinnlos erscheinen läßt, da jede Investition gegenwärtige und zukünftige Vorhaben beeinflußt und somit nur in dieser Gesamtsicht beurteilt werden kann. Diese Berücksichtigung zeitlich horizontaler und vertikaler Interdependenzen wird durch Anwendung der linearen Programmierung erreicht. Die verschiedenen Modelle lassen sich grundsätzlich in produktions-[112] und kapitaltheoretische[113] unterteilen. Die **produktionstheoretischen Modelle** behandeln Investitions- und Produktionsprogramm als Variable, während die **kapitaltheoretischen Ansätze** Investitions- und Finanzierungsprogramm als Variable einbeziehen. Die Absatzmengen werden bei beiden Modellen durch Obergrenzen berücksichtigt. Produktionstheoretische Modelle berücksichtigen Finanzierungsrestriktionen, kapitaltheoretische setzen ein optimales Produktionsprogramm voraus.

Die kapitaltheoretischen Modelle lassen sich hinsichtlich der Zielfunktionen und der zeitlich vertikalen Interdependenzberücksichtigung unterteilen in:

- Einperiodenmodelle mit Kapitalwertmaximierung,
- Mehrperiodenmodelle mit Einkommens- und Vermögensmaximierung.

aa) Das Einperiodenmodell von Albach

In diesem simultanen Planungsansatz[114] werden Entscheidungen der Investitions- und Finanzierungssphäre für die Periode 1 ermittelt und ihre Auswirkungen bis zum Planungshorizont betrachtet. Die Unternehmenszielsetzung wird durch die Maximierung der Kapitalwerte c_r bzw. v_u der Investitionsvorhaben x_r und der Finanzierungsmöglichkeiten y_u verwirklicht. Es stehen n Investitionsvorhaben und m Finanzierungsmöglichkeiten zur Verfügung. Dies entspricht einer Anfangsvermögensmaximierung, die sich von der Endvermögensmaximierung durch die Diskontierung auf die unterschiedlichen Zeitpunkte unterscheidet. Der Kapitalwert ergibt sich aus dem Barwert der diskontierten Ein- und Auszahlungsüberschüsse der einzelnen Projekte.

---

[112] Vgl. Förstner, K., Henn, R., Dynamische Produktionstheorie und lineare Programmierung, Meisenheim/Glan 1957; Swoboda, P., Die simultane Planung von Rationalisierungs- und Erweiterungsinvestitionen und von Produktionsprogrammen, in: ZfB, 35. Jg., 1965, S. 148-163; Jacob, H., Investitionsplanung..., a.a.O.; Schweim, J., Integrierte Unternehmensplanung, Bielefeld 1969, S. 32.
[113] Vgl. Lorie, J. H., Savage, L. J., Three Problems in Rationing Capital, in: The Journal of Business, Vol. 27, 1955, S. 229-239; Charnes, A., Cooper, W. W., Miller, H. M., Application of Linear Programming to Financial Budgeting and the Costing of Funds, in: The Journal of Business, Vol. 32, 1959, S. 2+-46; Weingartner, H. M., Mathematical Programming and the Analysis of Capital Budgeting Problems, 2. Aufl., Englewood Cliffs 1964; Massé P., Investitionskriterien, Würzburg 1968, S. 94 ff.; Albach, H., Investition und Liquidität, Wiesbaden 1962; Hax, H., Investitionstheorie a.a.O.; derselbe, Investitions- und Finanzplanung mit Hilfe der linearen Programmierung, in: ZfhF, NF 16, Jg. 1964, S. 430-446.
[114] Vgl. Albach, H., Investition und Liquidität, a.a.O., S. 305-315.

Die Zielfunktion lautet:

$$\sum_{r=1}^{n} c_r x_r + \sum_{u=1}^{m} v_u y_u \Rightarrow \text{MAX!}$$

Das finanzielle Gleichgewicht wird dadurch aufrechterhalten, daß alle bis zum Zeitpunkt t anfallenden Ein- und Auszahlungsüberschüsse b_{tr}^* bzw. d_{tu}^* der Vorhaben x_r bzw. y_u die Summe w_t^* der bis zu diesem Zeitpunkt angesammelten liquiden Mittel einschließlich des anfänglichen Kassenbestandes nicht übersteigen dürfen (die Ein- bzw. Auszahlungsüberschüsse in den einzelnen Perioden i sind mit b_{ir} bzw. d_{iu} bezeichnet). Die finanzielle Gleichgewichtsbedingung lautet also:

$$\sum_{r=1}^{n} b_{tr}^* x_r + \sum_{u=1}^{m} d_{tu}^* y_u \leq w_t^* \quad (t = 1, 2, ..., s)$$

(s = letzte Periode des Planungszeitraumes)

wobei $\quad b_{tr}^* = \sum_{i=1}^{t} b_{ir} \,;\, d_{tu}^* = \sum_{i=1}^{t} d_{iu} \,;\, w_t^* = \sum_{i=1}^{t} w_i \,;\quad (t = 1, 2, ..., s)$

Als weitere Nebenbedingung wird die Anzahl der Projekteinheiten nach oben beschränkt (obere Schranke l_r). Die Höchstbeträge h_u beschränken die Finanzierungsarten nach oben.

$$x_r \leq l_r \,;\, y_u \leq h_u \,;$$

Die Nebenbedingung für die Absatzgrenzen lautet:

$$\sum_{r=1}^{n} e_{trk} x_r \leq Z_{tk} \quad (t = 1, ..., s;\, k = 1, ..., K)$$

Dabei ist e_{trk} die Menge des Produktes k, die von einem Investitionsvorhaben x_r in der Periode t hergestellt wird, Z_{tk} die obere Absatzschranke je Produkt k und Periode t.

Die Nichtnegativitätsbedingung rundet das Albachsche Modell ab:

$$x_r \geq 0 \,;\qquad y_u \leq 0;$$

Dieses Programm ist mit Hilfe der Simplexmethode lösbar.[115]

Die Vorteile des Albachschen Modells gegenüber den dynamischen Verfahren liegen in der Einbeziehung der Bedingung des finanziellen Gleichgewichts für alle Planungsperioden. Ein Teil der Prämissen der dynamischen Verfahren bleibt jedoch erhalten. So beschränken sich die Investitionsentscheidungen nur auf die Periode 1 und behandeln die Reinvestitionen nur implizit über den Kalkulationszinssatz. Der Kapitalwert einer Investition wird aber entscheidend durch den gewählten Kalkulationszinssatz beeinflußt, da die unterschiedliche Abzinsung

---

[115] Vgl. Hax, H., Lineare Planungsrechnung und Simplexmethode als Instrumente betriebswirtschaftlicher Planung, in: ZfhF, NF 12, Jg. 1960, S. 586–603.

auf den Zeitpunkt 0 zu unterschiedlichen Ergebnissen führt. Das „richtige" Ergebnis kann also nur der „richtige" Kalkulationszinssatz liefern. Die Unmöglichkeit der ex ante Bestimmung des Kalkulationszinsfußes (siehe S. 70) führte zu Lösungsversuchen unter Umgehung des Kalkulationszinssatzes.

bb) Der Ansatz von Hax

Hax[116] berücksichtigt alle Investitions- und Finanzierungsmöglichkeiten im Laufe des Planungszeitraums, Rückflüsse verzinsen sich also nicht mehr zum Kalkulationszinssatz, sondern werden explizit reinvestiert. Kassenhaltung scheidet aus – außer dem Anfangsbestand w_1 an liquiden Mitteln –, da eine Finanzinvestition ohne Beschränkung in bezug auf ihre Höhe mit einer bestimmten Verzinsung eingeführt wird. Die Abzinsung mittels des Kalkulationszinssatzes wird somit überflüssig, da die Reinvestitionen ausdrücklich berücksichtigt werden. Die Aufgabe des Kalkulationszinssatzes als eine Art Mindestverzinsung wird durch den Zinssatz der unbeschränkten Finanzinvestition übernommen, da nur die Sachinvestitionen mit höherer Rentabilität gegen diese Finanzinvestition konkurrieren können.[117] Die Zeitpräferenz, die früher angefallene Einnahmen höher bewertet, wird ebenso durch diese Finanzinvestition berücksichtigt.

Das finanzielle Gleichgewicht ist im Haxschen Modell gewahrt, wenn die Einzahlungen größer oder gleich den Auszahlungen sind. Die Gleichgewichtsbedingung unterscheidet sich von der Albach's nur durch die Einführung der unbegrenzten Finanzinvestition.

Gleichgewichtsbedingung für die Periode 1:

$$\sum_{r=1}^{n} b_{1r} x_r + \sum_{u=1}^{m} d_{1u} y_u + l_1 = w_1$$

Gleichgewichtsbedingung für die Perioden 2 bis s-1:

$$\sum_{r=1}^{n} b_{tr} x_r + \sum_{u=1}^{m} d_{tu} y_u + l_t = 0; (t = 2,...,s-1)$$

Gleichgewichtsbedingung für die Periode s:

$$\sum_{r=1}^{n} b_{sr} x_r + \sum_{u=1}^{m} d_{su} y_u + l_s \leq 0 ;$$

Unter der Voraussetzung gegebener Entnahmen wird das erwerbswirtschaftliche Prinzip durch die Maximierung des Vermögens am Ende des Planungszeitraums ausgedrückt.[118] Unter der Annahme, daß alle Investitions- und Finanzierungsmöglichkeiten mit dem Ende der s-ten Periode abgelaufen sind, drückt sich das Endvermögen nur noch in dem Überschuß der Einzahlungen über die Auszahlungen in der s-ten Periode aus. Es ist somit folgende Funktion zu maximieren, wobei die Konstante l_s ($l_1 \ldots l_s$ = Entnahmen der jeweiligen Periode) unberücksichtigt bleiben kann:

$$- \sum_{r=1}^{n} b_{sr} x_r - \sum_{u=1}^{m} d_{su} x_u - l_s \Rightarrow \text{MAX}!$$

---

[116] Vgl. Hax, H., Investitions- und Finanzplanung, a.a.O., S. 435–439.
[117] Vgl. Jacob, H., Investitionsplanung ..., a.a.O., S. 104 f.
[118] Vgl. Heister, M., Rentabilitätsanalyse von Investitionen, Köln und Opladen 1962, S. 30 ff.

Hax bietet auch noch ein weiteres modifiziertes Modell mit der Zielfunktion der Maximierung gleicher jährlicher Entnahmen bei gegebenem Endvermögen. Dies bedingt auch eine Umformulierung der Nebenbedingungen des finanziellen Gleichgewichts, womit der Ansatz folgende Gestalt annimmt:

Zielfunktion: $L \Rightarrow MAX$!

Die Nebenbedingung des finanziellen Gleichgewichts ändert sich nur in der letzten Periode, wobei $-w_s$ das Endvermögen am Planungshorizont darstellt. (Bezüglich des Abschlusses der Investitions- und Finanzierungsvorhaben gelten die gleichen Annahmen wie oben).
Gleichgewichtsbedingung der s-ten Periode:

$$\sum_{r=1}^{n} b_{sr} x_r + \sum_{u=1}^{m} d_{su} x_u + l \leq -w_s \ ;$$

Diese Art der Zielsetzung wird von Schneider beim ersten Fall als Vermögensmaximierung und beim zweiten als Einkommensmaximierung bezeichnet. Beide Zielsetzungen können beim gleichen Problem zu unterschiedlichen Ergebnissen führen, da die gleichmäßige maximale Entnahme auch Kreditaufnahme zu Entnahmezwecken auslösen kann.[119]

Eine weitere Verbesserung des Modells in bezug auf die Anpassung an die betriebliche Realität besteht in der Berücksichtigung der Annahme, daß ein Unternehmen auch nach dem Planungszeitraum weiter existiert und somit Investitionen, die im Planungszeitraum berücksichtigt wurden, aber über den Planungszeitraum hinaus Nutzungen abgeben, mit in das Kalkül einbezogen werden. Hierbei muß allerdings wieder mittels eines Kalkulationszinssatzes der Überschuß der Ein- über die Auszahlungen auf das Ende des Planungszeitraums abgezinst werden, was nur ungefähre Lösungen erlaubt und das errechnete Optimum nicht absichert.[120]

Da halbe Maschinen im optimalen Investitions- und Finanzplan nicht verwirklicht werden können, ist die Ganzzahligkeitsbedingung mit zu berücksichtigen. Es bieten sich dafür grundsätzlich drei Möglichkeiten an:[121]
- Das Auf- und Abrunden der Ergebnisse; dies kann allerdings bei Engpässen zu Schwierigkeiten führen.
- Das Zurückführen eines Problems auf ein Transportproblem, das nur ganzzahlige Lösungen ergibt.
- Exakte Verfahren:
 a) die dynamische Programmierung nach Bellmann,
 b) die lineare Programmierung mit Ganzzahligkeitsbedingung.

Die dynamischen Programmierungs-Verfahren werden bei einer Vielzahl von Alternativen schwerfällig. Es ist daher vielfach die Simplexmethode vorzuziehen, für die Gomory einen Algorithmus für ganzzahlige Probleme entwickelt hat.
Die **Ganzzahligkeitsbedingung** ermöglicht es, die Prämisse der Unabhängigkeit der einzelnen Projekte weitgehend aufzuheben. Es können durch Einführung der Ganzzahligkeitsbedingung bestimmte Abhängigkeiten zwischen einzelnen

---

[119] Vgl. Schneider, D., Investition, a.a.O., S. 190.
[120] Vgl. Hax, H., Investitions- und Finanzplanung, a.a.O., S. 438 f.
[121] Vgl. Albach, H., Lineare Programmierung als Hilfsmittel betrieblicher Investitionsplanung, in: ZfhF, NF 12, Jg. 1960, S. 535–538.

Investitionsvorhaben berücksichtigt werden. Wenn sich zwei oder mehrere Investitionsobjekte x_r ($r = i, i + 1, \ldots j$) ausschließen, kann dies durch folgende Nebenbedingung berücksichtigt werden:

$$\sum_{r=i}^{r=j} x_r \leq 1 \; ; \quad x_r \text{ ganzzahlig} \; ;$$

Andererseits kann ein Investitionsvorhaben vom anderen abhängig sein; x_i kann allein andere Ein- und Auszahlungsströme auslösen als zusammen mit x_j, das gleiche gilt für x_j. Die Durchführung beider Investitionsvorhaben wird als eigenes Projekt x_{ij} angesehen und geht in folgende Nebenbedingungen ein:

$$x_i + x_{ij} + x_j \leq 1 \; ; \quad x_i, x_j, x_{ij} \text{ ganzzahlig} \; ;[122]$$

Das Haxsche Modell bietet also zwei Vorteile gegenüber dem Albachschen Einperiodenmodell:

- Es verzichtet auf den problematischen Kalkulationszinssatz; und
- es stellt ein Mehrperiodenmodell dar.

Ungelöst bleiben weitere betriebliche Interdependenzen:[123]

- Es wird das optimale Produktionsprogramm vorausgesetzt;
- der Absatz wird nur in Form von Obergrenzen berücksichtigt;
- die Investitionsprojekte sind isolierbar und unabhängig, sowohl untereinander als auch von den Finanzierungsmöglichkeiten. (Durch Ganzzahligkeitsbedingungen können allerdings gewisse Abhängigkeiten dargestellt werden);
- Investitionen, die über den Planungshorizont hinausreichen, werden wiederum über den Kalkulationszinsfuß berücksichtigt.;
- die Kapitalwerte steigen linear mit der Anzahl der Projekteinheiten.

cc) Der Einfluß des Produktionsprogramms auf das optimale Investitionsprogramm

Die finanzwirtschaftlichen Modelle gehen von der isolierten Zurechenbarkeit von Ein- und Auszahlungen auf das einzelne Investitionsprojekt aus. Dies setzt voraus, daß der Produktionsbeitrag des einzelnen Projekts ex ante bekannt ist. Bei Mehrproduktunternehmen tritt aber in der Regel mit Änderung der Kapazität (Erweiterungsinvestitionen) eine Änderung des Produktionsprogramms auf, was im folgenden Beispiel gezeigt werden soll:[124]

Zwei Produkte: A und B
Drei Fertigungsstellen mit folgenden Kapazitäten:

I	3 500 Stunden
II	7 500 Stunden
III	12 000 Stunden

---

[122] Vgl. Hax, H., Investitions- und Finanzplanung, a.a.O., S. 442 f.
[123] Vgl. z. B. Blohm, H., Lüder, K., a.a.O., S. 154 f.
[124] Vgl. Swoboda, P., Die Ermittlung optimaler Investitionsentscheidungen durch Methoden des Operations Research, in: ZfB, 1961, S. 97.

Zeitbedarf der Produkte auf den einzelnen Fertigungsstellen:

	I	II	III
A	2	2	2
B	1	4	6

Bruttogewinn der einzelnen Produkte:

A DM 400,–
B DM 300,–

Mit Hilfe der Simplexmethode ergibt sich folgende Lösung:

A   750 Stück
B 1 500 Stück

Wird nun die Kapazität der Fertigungsstelle I um 500 Stunden erhöht, so ergibt sich folgende optimale Lösung:

A 1 083,33 Stück
B 1 333,33 Stück

Dieses Beispiel zeigt, daß die Ein- bzw. Auszahlungsstruktur eines einzelnen Investitionsprojekts nicht isoliert, sondern nur durch Einbeziehung des gesamten Produktionsprogramms zu lösen ist.

Aus dieser Erkenntnis resultieren die produktionstheoretischen Simultanmodelle, wobei besonders das Modell von Jacob zu erwähnen ist, das in der Variante 1 einen exogenen Kalkulationszinsfuß zur Diskontierung verwendet, während in Modelltyp 2 auf die Verwendung der Diskontierung verzichtet wird.[125] Die Produktionskapazitäten werden in diesem Modell beim Mehrproduktunternehmen nicht mehr von vornherein auf einzelne Produkte verteilt, sondern stellen sowohl im Umfang als auch in der Art der Nutzung durch unterschiedliche Produkte selbst Entscheidungsvariable dar. Absatz und Finanzierung werden als Obergrenzen berücksichtigt. Unter der Zielfunktion eines für einen bestimmten Planungszeitraum zu maximierenden Gesamtgewinns wird unter Beachtung der Kapazität sowie ihrer Zugänge durch Erweiterungsinvestitionen und der Abgänge durch Desinvestition bei mehrstufigen Produktionsprozessen simultan das optimale Investitions- und Produktionsprogramm ermittelt. Zur differenzierten Darstellung wird auf die Literatur verwiesen.

d) Beurteilung der Modellansätze für Investitionsprogrammentscheidungen

Neuere Modellentwicklungen zeichnen sich durch die zunehmende Einbeziehung verschiedener Abhängigkeiten und die Berücksichtigung der Unsicherheit aus, wobei eine verbesserte Angleichung des Modells an die ökonomische Realität erreicht wird. Für die Berücksichtigung unsicherer Erwartungen wurde die stochastische Programmierung und das chance-constrained-programming entwickelt.[126] Durch die Berücksichtigung der Interdependenzen und der Unsicherheit in den Modellen nimmt allerdings auch der Rechenaufwand zu. Die

---

[125] Vgl. Jacob, H., Investitionsplanung und Investitionsentscheidung mit Hilfe der Linearprogrammierung, 2. Aufl., Wiesbaden 1971.
[126] Vgl. Haegert, L., Die Aussagefähigkeit der Dualvariablen und wirtschaftliche Deutung der Optimalitätsbedingungen beim chance-constrained-programming, in: Hax, H. (Hrsg.), Entscheidungen bei unsicheren Erwartungen, Köln/Opladen 1970, S. 101 ff.

umfangreichere Kalkülisierung führt zu einer Vervielfachung der Prognosefehler, mit denen die in das Modell eingehenden Daten behaftet sind. Es ist daher erforderlich, die gefundene Lösung mit Hilfe einer Sensitivitätsanalyse auf ihr Verhalten bezüglich Daten- und Parameterveränderungen zu untersuchen. Je robuster sich die Lösung hierbei verhält, um so mehr kann darauf vertraut werden, daß mit dieser Lösung in der Planperiode ein reales Optimum der Finanzmittelkombination verwirklicht wird. Reagiert die gefundene Optimallösung auf Änderungen der Datenkonstellation sehr empfindlich, so ist sie gegenüber Prognosefehlern sehr anfällig. In solchen Fällen besteht die Gefahr, daß dieses Moment bei finanzwirtschaftlichen Entscheidungen, die ja von Personen getroffen werden, die mit den Modellerstellern nicht identisch sind, nicht bewußt gesehen wird und daher der geringe Vertrauensbereich für die Optimalität der Lösung im Entscheidungsprozeß nicht zum Tragen kommt.

Empirische Untersuchungen haben ergeben, daß das mittlere Management bei der Budgetfestsetzung mitwirken will.[127]

Eine Nichtbeteiligung kann zu einer Abschwächung der Motivation, bzw. in gewissen Fällen, z. B. wenn das vorgegebene Budget in keiner Weise mit den individuellen Vorstellungen übereinstimmt, zu einer offenen oder versteckten Nicht-Akzeptierung der Planwerte führen. Als Folge ergeben sich Leistungsminderungen, wodurch der Plan nicht eingehalten werden kann und ursprünglich als optimal anzusehende Lösungen aufgrund der neuen Gegebenheiten nicht mehr optimal sind. Bei der sukzessiven Ermittlung der Finanzplandaten kann im allgemeinen eine bessere Beteiligung der Organisationseinheiten am Entscheidungsprozeß erreicht werden, als dies bei den simultanen Planungsverfahren der Fall ist. Die Identifikation der Organisationsteilnehmer mit den Plan- und Vorgabewerten ist daher in der Regel bei den sukzessiven Verfahren größer. Demgegenüber besitzen die simultanen Planungsmethoden den Vorteil, daß bei ihnen Ressort-Interessen nicht in dem Umfang durchschlagen können, wie dies beim sukzessiven Entscheidungsprozeß aufgrund ungleicher Verhandlungsmacht und -stärke der Organisationsteilnehmer der Fall ist.

Es ist fraglich, ob die Verbesserung der Finanzplanungsmodelle durch immer weitere Einbeziehung von Einflußgrößen, so daß Modelle mit einer sehr großen Variablenzahl entstehen, auch zu einer entsprechenden Informationsverbesserung führt. Unter dem Planungsaspekt können vielfach bewußte Vereinfachungen sachgerechter sein. So führt auch Dieter Schneider an, daß es nicht darum geht, die richtigen Wertansätze zu suchen, sondern festzustellen, welche vereinfachenden Pauschalannahmen unter bestimmten Umweltbedingungen zulässig sind. Er sieht daher das Ziel der Unternehmensrechnung und speziell der Finanzplanungsrechnung nicht darin, alle Einflüsse zu erfassen, sondern vorab die wesentlichen Zusammenhänge erkennbar zu machen.[128]

Literatur: Investitionsprogrammentscheidung

Blohm, H., Lüder, K., Investition, 3. Aufl., München 1974; *Hax, H.,* Investitionstheorie, Würzburg/Wien 1970; *Jacob, H.,* Investitionsplanung und Investitionsentscheidung mit Hilfe der Linearprogrammierung, Wiesbaden 1971; *Schneider, D.,* Investition und Finanzierung, 4. Aufl., Opladen 1975; *Schweim, J.,* Integrierte Unternehmungsplanung, Bielefeld 1969; *Schwerna, W.,* Untersuchungen zur Theorie der Investition, Tübingen 1971;

---

[127] Vgl. Hofstede, G. H., The Game of Budget Control, Assen 1967.
[128] Vgl. Schneider, D., Investition und Finanzierung, a.a.O., S. 594 f.

> **Fragen: Investitionsprogrammentscheidungen**
> 1. Welchen Stellenwert nimmt die Frage nach dem optimalen Investitionsprogramm im Rahmen der von der Investitionstheorie beantworteten Fragen ein?
> 2. Zeigen Sie die Grenzen der Eignung dynamischer Verfahren zur Bestimmung des optimalen Investitionsprogramms auf.
> 3. Versuchen Sie die unterschiedlichen Abhängigkeiten von Investition und Finanzierung herauszuarbeiten.
> 4. Wo liegen die Unterschiede zwischen den von Hax und Albach verwendeten Zielfunktionen?
> 5. Welche Annahmen werden bei der Einkommensmaximierung bezüglich des Endvermögens getroffen?
> 6. Die angeführten Verfahren setzen die Festlegung eines Planungszeitraums voraus; nach welchen Kriterien würden Sie den Planungshorizont festlegen?
> 7. Wo liegen die Vorteile der Simultanplanung mit Hilfe der Linearprogrammierung, wo ihre Schwächen?
> 8. Auf welches Merkmal bezieht sich die Unterscheidung in Ein- und Mehrperiodenmodelle?
> 9. Wodurch ist die seltene praktische Anwendung dieser Modelle zu erklären?
> 10. Zeigen Sie einige Entwicklungsmöglichkeiten neuer Investitionsrechenmodelle auf!

III. Wertpapieranalyse

1. Beurteilung festverzinslicher Effekten

Festverzinsliche Wertpapiere sind Effekten von öffentlich-rechtlichen oder privatrechtlichen Schuldnern, die sich durch Emission dieser Teilschuldverschreibungen in kleiner Stückelung über den anonymen Kapitalmarkt (Börse) langfristig kreditfinanzieren. Diese Wertpapiere sind entweder Anleihen der großen Gebietskörperschaften (Bund, Länder, Großgemeinden) und der Sondervermögen des Bundes (Bundesbahn, Bundespost, u. a.) oder Kommunalobligationen, die von Staatsbanken, Girozentralen etc. zur Finanzierung kleiner Gemeinden, Landkreise und Bezirke emittiert werden. Außerdem zählen zu den „Festverzinslichen" die Industrieobligationen von privaten Großunternehmen aus Industrie, Handel, Verkehr, Kredit- und Versicherungswirtschaft und deren modifizierte Formen der Wandelschuld- und Optionsschuldverschreibungen, Gewinnobligationen sowie schließlich die Pfandbriefe, die von Hypothekenbanken und Girozentralen vor allem zur Finanzierung des Wohnungsbaus gegen Hingabe von Grundpfandrechten begeben werden.[1]

---

[1] Vgl. zum Folgenden auch Kapitel: Kreditfinanzierung, S. 191 ff.

Kriterien für die Beurteilung festverzinslicher Wertpapiere aus Sicht der Unternehmung als Kapitalanleger sind:
(1) die Sicherheit der Kapitalanlage,
(2) die Fungibilität, d. h. der Grad der Liquidierbarkeit der Kapitalanlage,
(3) die Höhe der Effektivverzinsung.

a) Sicherheit und Fungibilität

Die Sicherheit der Kapitalanlage wird in erster Linie durch den Emittent und die von ihm explizite oder implizite dem Anleger (Gläubiger) zur Verfügung gestellten Sicherheiten bestimmt. Bei den Anleihen der Gebietskörperschaften und deren Sondervermögen haftet mangels einer direkten dinglichen Absicherung der Emittent oder dessen Gewährträger durch sein Vermögen und besonders durch sein Steueraufkommen für die vertraglich vereinbarte Bedienung des Schuldtitels, also für laufende Verzinsung und vereinbarte Schuldrückzahlung. In gleicher Weise sind auch die Kommunalobligationen abgesichert. Die besonders hohe Bonität von Anleihen und Kommunalobligationen im Kapitalmarkt zeigt sich beispielsweise auch darin, daß diese Papiere ohne besonders Prüfungsverfahren sowohl automatisch börsenfähig als auch deckungsstockfähig bei den Versicherungsgesellschaften sind.

Bei Industrieobligationen und deren Varianten gibt es eine entsprechende generelle Börsenzulassung nicht. Um diese Papiere börsenfähig zu machen, was dem Käufer die relative Sicherheit permanenter Liquidierbarkeit gibt, bedarf es einer eingehenden Bonitätsprüfung durch die Börsenzulassungsstellen deutscher Effektenbörsen. Bei diesen Prüfungen wird insbesondere die substanzielle Belastbarkeit des Betriebsvermögens der Emittenten durch langfristiges Fremdkapital untersucht. Soweit der Emittent nicht bereits dingliche Sicherheiten, insbesondere in Form von Grundpfandrechten, anbieten kann oder will, werden vor allem bei den Publikumskapitalgesellschaften auch sogenannte Negativklauseln seitens der Börsenzulassungsstellen akzeptiert. In diesen Erklärungen verpflichtet sich der Emittent, bestimmte Teile des Vermögens, insbesondere des Grundvermögens, nicht durch anderweitige Fremdkapitalaufnahme zu belasten oder zu beleihen.

Eine gewisse Sonderstellung nehmen in diesem Rahmen die Pfandbriefe der Hypothekenbanken und Girozentralen ein. Sie sind indirekt immer dinglich durch Beleihung von Grundstücken in Form von Hypotheken oder Grundschulden abgesichert. Und da zudem die bankrechtlichen Beleihungsrichtlinien den emittierenden Kreditinstituten sehr restriktive Verhaltens- und Bemessungsnormen vorgeben, besitzen diese Anlageformen ein relativ geringes Kapitalverlustrisiko.

b) Effektivverzinsung

Die **effektive Rendite** festverzinslicher Titel ist in aller Regel nicht mit dem Nominalzins, den das Wertpapier verspricht, identisch. Sie muß unter Berücksichtigung von **Ankaufskurs, Laufzeit** der Anleihe und **Rückzahlungskurs** errechnet werden, wenn der Ankaufskurs von pari abweicht. Die Rendite ist immer höher als die Nominalverzinsung, wenn der Ankaufskurs unter dem Rückzahlungskurs liegt und umgekehrt.

Festverzinsliche Wertpapiere werden in der Regel zum Nominalwert, d. h. pari zu 100%, zurückgezahlt. Die Verzinsung erhöht sich, wenn bei Erwerb dieser Wertpapiere infolge der Marktzinslage oder aufgrund der traditionellen

Ausgabekonditionen weniger als 100% gezahlt werden muß und umgekehrt. Die Kursdifferenz realisiert sich zwar erst bei Rückzahlung des Schuldtitels, zur Berechnung der Effektivverzinsung wird sie jedoch anteilig auf die Restlaufzeit verteilt als (zusätzliches) Zinsplus oder -minus. Die Effektivrendite festverzinslicher Effekten schwankt somit mit dem Ankaufskurs. Zur exakten Berechnung sind finanzmathematische Rechenverfahren erforderlich (siehe Abschnitt Investitionsrechnung: dynamische Verfahren). In der Praxis werden **Näherungsformeln** verwendet, die in relativ einfacher Weise Ausgabe- und Rückzahlungskurs sowie die mittlere Laufzeit des Wertpapiers mit der Nominalverzinsung verrechnen. Eine Auf- oder Abzinsung, wie sie zur präzisen Berechnung erforderlich ist, erfolgt nicht.

Beispiel für die Ermittlung der Effektivverzinsung:

Der Ausgabekurs für eine Anleihe mit einer Nominalverzinsung von 8% beträgt 97%. Die Rendite (R) des aufgewendeten Kapitals errechnet sich somit:

$$\text{Rendite} = \frac{\text{Nominalzins} \cdot \text{Rückzahlungskurs}}{\text{Emissions-(Kauf)Kurs}}$$

$$R = \frac{8 \cdot 100}{97} = 8{,}247\,\%$$

Je nachdem, wie die Rückzahlungsbedingungen lauten, muß diese Rendite noch berichtigt werden, um zur gesamten Effektivverzinsung zu kommen.

(1) Erfolgt die Rückzahlung vom Kauf an gerechnet in einem Betrag nach 5 Jahren zu 100%, so ist das Rückzahlungsagio (Differenz zwischen Rückzahlungskurs und darunter liegendem Ausgabekurs 100 ./. 97 = 3) von DM 3,–, das für den Anleger einen zusätzlichen Gewinn darstellt, gleichmäßig auf die 5 Jahre zu verteilen. Das ergibt einen Agiogewinn pro Jahr von DM –,60 und erhöht damit die obige Rendite aus den jährlichen Zinsen von 8,247% um

$$\frac{0{,}60 \cdot 100}{97} = 0{,}618\,\%$$

Die effektive Verzinsung beträgt folglich insgesamt 8,427% + 0,618% = 8,865%.

(2) Die Rückzahlung möge im Gegensatz zu (1) nun sukzessive in gleichen Jahresraten während der 5 Jahre erfolgen. In diesem Fall würde der Agiogewinn von DM 3,– nicht auf 5 Jahre, sondern auf die mittlere Laufzeit der gesamten Anleihe, also 5:2 = 2,5 Jahre verteilt werden. Die mittlere Laufzeit wird zugrunde gelegt, da die erste Quote noch einem Jahr, die letzte nach 5 Jahren fällig wird. Diese Rechnung gilt allerdings bei Auslosung der Anleihe für die gesamte Tranche, nicht für Teilbeträge. Bei einer mittleren Laufzeit von 2,5 Jahren würde sich die Effektivverzinsung auf 9,484% erhöhen, da

$$\frac{\text{DM } 3{,}-}{2{,}5} = 1{,}20 \text{ und}$$

$$\frac{1{,}20 \cdot 100}{97} = 1{,}237\,\% \text{ und}$$

8,247 % + 1,237 % = 9,484 %.

(3) Heute ziemlich unüblich ist eine Rückzahlung von Rentenwerten über pari. Selbstverständlich erhöht sich dann ebenfalls die Effektivverzinsung, weil der Differenzgewinn zwischen unter-pari-Ausgabekurs und über-pari-Rückzahlungskurs bezogen auf die Laufzeit bzw. mittlere Laufzeit in analoger Weise dem Nominalzins hinzugeschlagen werden muß.

(4) In Zeiten niedriger Kapitalmarktzinsen steigen konsequenterweise mit hohem Nominalzins ausgestattete Wertpapiere vormaliger Emmissionen im Kurs. Der Erwerb derartiger Papiere an der Börse zum Tageskurs würde damit eine effektive Zinssenkung gegenüber dem Nominalzins bedeuten. Wird beispielsweise ein 9%iges Papier, das bereits vor 3 Jahren emittiert wurde, heute mit 108% gehandelt und erfolgt die Tilgung nach insgesamt 5 tilgungsfreien Jahren in 10 gleichen Jahresraten zu 100%, so errechnet sich die Effektivverzinsung des Papiers in folgenden Schritten:

$$R = \frac{9\% \cdot 100}{108} = 8{,}333$$

noch tilgungsfreie Jahre + mittlere Laufzeit = 7 Jahre
Rückzahlungsdisagio von 8% verteilt auf 7 Jahre = 1,142%
Gesamtrendite 8,333% ./. 1,142% = 7,191%.

Die Zinsen für Rentenwerte werden in der Regel halbjährlich und rückwirkend ausgezahlt. Die bisher geschilderte Berechnung beruht stillschweigend auf der Annahme, daß die Zinszahlung jeweils nach Ablauf von zwölf Monaten erfolgt. Durch die Interimsauszahlung halbjährlicher Zinsen nach jeweils sechs Monaten erhöht sich die effektive Verzinsung von Rentenwerten, da die Zwischenzinsen jeweils wieder für sechs Monate zinsbringend angelegt werden können. Auch diese Verfeinerung läßt sich rechnerisch exakt erfassen, in der Praxis jedoch wird mit bekannten Annäherungswerten die Effektivverzinsung auf Jahreszahlungen berichtigt:

Der Zuschlag auf die oben errechnete Effektivverzinsung ist bei nominellen Festzinsen von

Nominalzinsen 5% = 0,06% p. a.
6% = 0,09% p. a.
7% = 0,12% p. a.
8% = 0,16% p. a.

Mit diesem rechnerischen Instrumentarium können die Effektivrenditen jedes festverzinslichen Wertpapiers in sehr guter Annäherung berechnet werden. Aufgrund der Ausgleichsfunktion der Börse ergibt sich, daß Rentenwerte mit unterschiedlichem Nominalzins eine annähernd gleiche Effektivrendite zu einem bestimmten Zeitpunkt abwerfen.

Auch der absolute jährliche Zinsertrag aus einer solchen Wertpapieranlage ist durch die Emissions-Information bekannt. Dieser Zinsertrag ist für den Anleger jedoch ein Bruttoertrag, denn Zinsen aus Renten zählen zu den einkommensteuerpflichtigen Einkünften aus Kapitalvermögen (vgl. § 22 Abs. 1 Ziff. 4 EStG). Die steuerliche Belastung dieser Zinseinkünfte durch die Kapitalertragssteuer ist jedoch unterschiedlich, so daß es für den Anleger gilt, jenen Rententyp zu finden, der den größten Nettoertrag nach Berücksichtigung der Steuern erbringt.[2]

---

[2] Vgl. die Kapitalertragssteuersätze gem. § 44 EStG.

2. Konzeption und methodische Ansätze der Aktienanalyse

a) Aufgaben der Aktienanalyse

Etwas anders als bei festverzinslichen Wertpapieren sind die Motive beim Aktienerwerb. Zwar werden auch Aktien-Portefeuilles privater und institutioneller Anleger zum Zweck langfristiger Anlagerenditen zusammengestellt, oft aber dominieren andere Zielsetzungen oder ergänzen langfristiges Zinsdenken. Beispielsweise werden Aktienpakete erworben zum **Aufbau von Beteiligungen,** oder um frei verfügbares oder kreditiertes Kapital kurzfristig in Papiere zu investieren, um sie möglichst bald zu günstigen Verkaufskursen mit **spekulationsgewinn** wieder abzugeben.

Aufgabe der Aktienanalyse ist es in diesem Zusammenhang, die Bestimmungsgründe für Angebot von und Nachfrage nach Wertpapieren zu erforschen und aus diesen Erkenntnissen Vorteile für die Gegenwart oder die Zukunft zu ziehen. Die Aktienanalyse bezweckt, die Kaufwürdigkeit von Aktien im Hinblick auf zu erwartende Kursgewinne festzustellen oder größere finanzielle Verlustrisiken durch die Suche nach günstigem oder rechtzeitigem Verkaufstiming zu vermeiden.

Für den Hauptteil der Aktienbesitzer in der Bundesrepublik, die Daueraktionäre, ist die **permanente** Aktienanalyse verständlicherweise nicht so bedeutsam; sie halten rund 80% des Grundkapitals der Gesellschaften in festen Beteiligungen. Die restlichen 20% bleiben für den Börsenhandel übrig. Aber auch davon stehen dem Markt ca. zwei Drittel – mehr zufällig als beabsichtigt – nicht zur Verfügung. Aus Trägheit und Desinteresse beteiligen sich viele kleine Aktienbesitzer nicht am Handel. An den deutschen Börsen herrscht deshalb extreme Marktenge, nur etwa 4,5% des gesamten Grundkapitals fluktuieren (vergleichsweise in den USA 16%).[3]

Für den aktiven Börsenteilnehmer ist die realisierbare Kurswertsteigerung längst der wichtigere Bestandteil des Anlageertrages geworden. Da die durchschnittliche Dividendenrendite deutscher Beteiligungspapiere bei Werten von etwa 4–6% kaum mehr attraktive Kapitalrenditen für den Anleger erwirtschaften, lautet die Frage an den Aktienanalysten heute nicht mehr so sehr, welche Papiere dem „inneren Wert" nach die höchsten Dividenden erwarten lassen, sondern, *wann* man *welche* Aktien kaufen oder verkaufen sollte, um interessante Wertzuwachsgewinne oder Spekulationsgewinne realisieren zu können. Die Analyse zur Erforschung potentieller Kursgewinne oder vermeidbarer Kursverluste hat in diesem Zusammenhang nach Siebert[4] folgende Einflußfaktoren als Datenkranz zu berücksichtigen:

(1) Die Beurteilung der allgemeinen Entwicklung der Gesamtwirtschaft und der einzelnen Branchen;

(2) Die Betrachtung der politischen Ereignisse;

(3) Die Beurteilung der betriebswirtschaftlichen Situation, in der sich die Gesellschaften befinden; Berechnung eines „inneren Wertes";

(4) Die Mechanismen der Börse und die Wirkungen der „Börsenpsychologie";

---

[3] Vgl. Schulz, Hans-Dieter: Nur wenig Grundkapital fluktuiert, in: VW 1966, S. 1532 und ders.: Analyse zyklischer Aktienkursbewegungen, in: ZFK 1969, S. 523.

[4] Vgl. Siebert G., Beiträge zur Aktienanalyse, Frankfurt 1972.

(5) Die Bedeutung und Verbreitung der bereits praxiserprobten Instrumente der Aktienanalyse.

b) Methodische Ansätze zur Kursprognose

Nach den Bestimmungsgründen für Angebot und Nachfrage und damit für die Kurshöhe von Aktien unterscheidet man heute drei Analysemethoden oder Erklärungsmodelle mit zum Teil gegensätzlichen Prämissen und Aussagen:

(1) die Fundamentalanalyse,
(2) die technische Analyse,
(3) die Random-Walk-Hypothese.

Bevor in den folgenden Abschnitten diese einzelnen Theorien näher dargestellt werden, sollen sie zunächst kurz skizziert und auf ihre wechselseitigen Beziehungen hin untersucht werden.

aa) Die Fundamentalanalyse

Die Fundamentalanalyse ist die älteste Methode zur Prognose von Aktienkursen. Sie geht von dem naheliegenden Grundgedanken aus, daß der Kurs einer Aktie durch interne und externe Unternehmensdaten und damit durch den „**inneren Wert**" („**intrinsic value**") des Unternehmens bestimmt wird, das sie repräsentiert. Vielfältig sind die Methoden der Fundamentalanalytiker, die zur Ermittlung des intrinsic value benützt werden. Deren Vertreter versuchen in erster Linie, aus verschiedenen **betriebsinternen Ertragsdaten** einen inneren Wert zu errechnen, den sie dann mit dem Marktpreis (Börsenkurs) vergleichen. Als Bestimmungsgrößen dieses inneren Wertes werden Jahresüberschuß, Dividende, zukünftige Ertragsaussichten genannt. Je nachdem, auf welche Faktoren man besonderes Gewicht legt, erhält man einen inneren Wert, der meist nicht nur vom Börsenkurs verschieden ist, sondern auch von allen anderen mit anderen Bestimmungsfaktoren und Gewichten ermittelten Werten. Gemeinsam ist allen Fundamentalanalytikern lediglich die Überzeugung, daß sich der Kurs der Aktien auf die Dauer nach ihrem inneren Wert richtet und daß Abweichungen zwischen den beiden Werten im Sinne des Anlagegewinns ausgenützt werden können. Der tatsächliche Börsenkurs wird, durch verschiedene Störeinflüsse induziert, um den inneren Wert oszillierend gesehen.

Während der innere Wert einer Aktie früher durch Substanz- und einfaches Dividendendenken bestimmt wurde, steht heute ein weiter gefaßtes Ertragskraftdenken eindeutig im Vordergrund. Ausdruck dieser Tatsache ist eine Aktienbewertungsmethode, die derzeit in der Fundamentalanalyse führend ist und „**present value theory**" genannt wird. Sie besagt, daß der Kurs einer Aktie im Sinne des inneren Werts bestimmt wird durch den Wert, der sich ergibt, wenn man die Summe aller je noch auf diese Aktie entfallenden Dividenden auf den heutigen Tag abzinst. Dabei wird versucht, die zukünftige Dividendensumme mangels anderer Anhaltspunkte durch Extrapolation aus der Vergangenheit zu ermitteln.

Inzwischen gibt es mehrere Modifizierungen dieses Gedankens, die auf unterschiedliche Ansätze der Basisgrößen (Gewinn oder Dividenden), die auf unterschiedlichen Annahmen über Wachstumsraten und Wachstumsdauer dieser Größen oder schließlich auf unterschiedliche Empfehlungen des Kapitalisierungszinses (Diskontrate) zurückzuführen sind (siehe im einzelnen Kapitel B III S. 124 ff.).

Gleichzeitig mit dem Aufkommen dieses theoretischen Ansatzes wurde in den

USA die Kritik an ihr – selbst unter den Vertretern der Fundamentalanalyse – hervorgerufen. Diesen Kritikern reichen die Determinanten Dividende und Gewinne schon vom theoretischen Konzept her nicht aus, ganz abgesehen davon, daß sie das present value Konzept für praktische Anlageentscheidungen für nicht durchführbar halten. Sie beziehen deshalb noch andere Ertragskennzahlen einer Unternehmung in ihre Methode mit ein, wie etwa Cash Flow, Leverage, price earning ratio, rate of return usw.

Eine Weiterentwicklung wird zudem angestrebt durch Einbeziehung weiterer fundamentaler Einflüsse, wie etwa gesamtwirtschaftliche Zinsentwicklung, Geldmenge, Vermögensverteilung, Wechselkursrelationen, weltwirtschaftliche Konjunkturentwicklungen u. ä. rein ökonomische Indikatoren.

bb) Technische Analyse

Die Kritik an fundamental-analytischen Bewertungsmethoden geht indes weiter. Mit Sicherheit bestimmen nicht nur innerbetriebliche Ertragsgrößen und eventuell sonstige ökonomische Daten den Kurs einer Aktie, sondern dieser ergibt sich aus einer Vielzahl von teils quantifizierbaren, teils nur beschreibbaren Einflußgrößen, und zwar sind diese ökonomischer, psychologischer, politischer und anderer Art. Außerdem lehrt die Erfahrung, daß bisher die tatsächlichen Börsenkurse weit häufiger von den wie auch immer errechneten inneren Werten abwichen, als daß sie damit in Übereinstimmung gestanden hätten. Dies hat ausgehend von Amerika zu einem völlig anderen Ansatz angeregt, der es zu großer Popularität in Börsenkreisen gebracht hat.

Dieses unter dem Namen **„technische Analyse"** geführte Instrumentarium geht vom Geschehen des Marktes selbst aus. Es erklärt den Börsenkurs nicht, sondern es beobachtet, registriert ihn nur und zieht aus dem bisherigen Kursverlauf Rückschlüsse auf zukünftige Bewegungen. Die Beobachtung von Einzelkursverläufen oder Indexverläufen evtl. in Verbindung mit den Börsenumsätzen dient dem Ziel, Trendverläufe und deren Richtung und Umkehrpunkte frühzeitig zu erkennen. Die technische Analyse will vor allem dort eingreifen, wo die Fundamentalanalyse versagen muß. Sie interessiert im engeren Sinn weder ein innerer Wert einer Aktie, noch Produktionsprogramm, Marktstellung, Finanzstruktur, Rentabilität etc. eines Unternehmens, kurzum alles nicht, wonach der Fundamentalanalytiker forscht. Denn aus der Erfahrung heraus, daß eine ökonomische Begründung der Kursprognose weitgehend unbefriedigend bleibt, baut die Technische Analyse auf Hypothesen ihre Aussage über künftige Entwicklungen:

(a) Kurse entwickeln sich aus Angebot und Nachfrage;

(b) diese bestimmen sich durch eine Vielzahl rationaler und irrationaler Einflüsse, die vom Markt kontinuierlich ausgeglichen werden, die aber im einzelnen weder bekannt zu sein brauchen noch in ihrem Wirkungszusammenhang untersucht werden müssen.

(c) Von Störungen in Form zufälliger Ausschläge abgesehen, neigen Kurse dazu, sich in abschätzbaren Phasen in Trends zu entwickeln;

(d) Änderungen der Grundrichtung, hervorgerufen durch manifeste Änderungen in Angebot und Nachfrage sind demnach im Kurs registrierbar;

(e) bestimmte charakteristische Kursverläufe der Vergangenheit, induziert durch bestimmte Wirkungseinflüsse, neigen dazu, sich zu wiederholen, weil sich menschliche Verhaltensweisen in wiederkehrenden Situationen wiederholen, und so können bisherige Kursbildungen (-verläufe) danach für die Prognose genützt werden.

Die technische Analyse konzentriert sich also allein auf den Kursverlauf. Sie verzichtet auf die Suche nach Einflußgrößen und deren Quantifizierung, sie betrachtet nur die bisherigen Entwicklungen und zieht daraus ihre Schlüsse bzw. baut darauf ihre Theorien für künftige Kursverläufe auf. Die Aufgabe dieser Verfahren liegt somit in der Suche nach Mitteln und Wegen, die Entwicklung der Kurse unabhängig von äußeren Einflußfaktoren abschätzen zu können. Ein wichtiger Schritt dazu ist die Erstellung und Interpretation von **Chart-Diagrammen** (Kurs- und Umsatzverläufe).

Die technische Analyse hat ihre Methoden im Laufe der Zeit immer mehr verfeinert. Sie läßt sich in zwei große Gruppen gliedern:

(1) Verfahren, die die **Grundtendenz** der Börse oder bestimmter Teilmengen daraus zu erfassen suchen (Gesamtindex oder Branchenindizes). Darunter fallen die Verfahren nach der Dow-Theorie, Advance-Decline-Index, die odd-lotts-Statistiken und das gleitende Durchschnittsverfahren als wichtigste Techniken.

(2) Verfahren, die der Analyse der Kursverläufe **einzelner Aktien** dienen, wie ebenfalls die Kursanalyse mittels gleitender Durchschnitte, die sog. Aktientrendanalyse und das Formationen-System.

cc) Random-Walk-Hypothese

Das System der technischen Analyse hat ihre schärfste Kritik unter den Anhängern der sogenannten „Random-Walk-Hypothese" gefunden, wonach die Kurse einer Aktie **zufällig** um deren inneren Wert schwanken.

Die Fluktuation der Aktienkurse mit einem Zufallsweg-Modell zu interpretieren, geht zurück auf Louis Bachelier und seine Schrift „Theorie de la speculation" aus dem Jahr 1900. Basis für die Überlegung ist die Börse als effizienter Markt. „Effizient" ist ein Markt, an dem sich eine große Zahl rational handelnder und auf Gewinnmaximierung ausgerichteter Teilnehmer – jeder für sich – durch Prognosen versucht, und an dem gleichzeitig alle wichtigen Nachrichten zur Verfügung stehen. Der Kurs einer Aktie wird so zu jedem Zeitpunkt als gewogenes Mittel aus allen Nachrichten der Vergangenheit und allen Erwartungen der Zukunft gesehen, d. h. als gute Schätzung ihres inneren Wertes.

Da nun aber der innere Wert einer Aktie niemals genau genug bestimmt werden kann, führt die Uneinigkeit des Publikums zu Unterschieden zwischen dem Kurs und dem inneren Wert; diese Differenzen kommen nach der Random-Walk-Hypothese aufgrund der geschilderten Umstände *zufällig* zustande. Aber selbst wenn diese nicht zufällig sind, sondern systematisch, führt der Versuch aller Marktteilnehmer, diese Unterschiede für sich auszunutzen, zu einer Neutralisierung dieses systematischen Einflusses und somit wiederum zu zufälligen Kursschwankungen um den inneren Wert. Schwanken aber die Kurse zufällig um den inneren Wert, so schwanken auch die Differenzen zwischen den beiden Größen zufällig.

Schwankungen der Kurse werden durch neue Informationen hervorgerufen, wobei es gleichgültig ist, ob diese wichtig oder unwichtig sind, da sich die Anpassung augenblicklich vollzieht und selbst in ihrem Ergebnis unsicher ist. Es kann zu einer Über- oder Unteranpassung im Verhältnis zu dem neuen inneren Wert kommen, wobei das eine so wahrscheinlich wie das andere ist. Der Lag in der Anpassung selbst ist ebenfalls eine Zufallsvariable, weil die Anpassung sowohl vor als auch nach dem Eintritt des Ereignisses stattfinden kann.

Das alles zusammengefaßt bedeutet, daß jedes Ereignis völlig unabhängig von dem vorausgegangenen ist, daß also die Vergangenheit *nicht* zur Vorhersage der Zukunft verwendet werden kann. Das macht deutlich, daß sich Random-Walk-Hypothese und technische Analyse gegenseitig ausschließen. Das Chart reading der technischen Analyse muß bei Gültigkeit der Random-Walk-Hypothese als reine Astrologie aufgefaßt werden.

Um die Hypothese zu beweisen, versuchen ihre Anhänger die Unabhängigkeit aufeinander folgender Kursänderungen und Reihen von Kursen durch verschiedene mathematische Verfahren theoretisch zu belegen[5] oder die Methoden der technischen Analyse auf ihre Wirksamkeit zu testen. Das Hauptziel aller Tests ist festzustellen, ob durch Einführung verfeinerter Kauf- und Verkaufsregeln im Sinne des Chart reading bessere Ergebnisse erzielt werden können, als durch eine einfache „Kaufe- und Haltepolitik". Ist das nicht signifikant nachweisbar, so kann die Vergangenheit nicht als Indikator für die zukünftige Entwicklung benützt werden, d. h. der Vorwurf würde sich bestätigen, die technische Analyse sei reine Astrologie.

Die bisherigen Forschungsarbeiten bestätigen nicht eindeutig die Richtigkeit der Random-Walk-Hypothese, untermauern aber andererseits auch nicht die Prognosetechnik der technischen Analyse. Es bliebe daher zu fordern, daß sich die Anhänger der technischen Analyse nicht darauf beschränken, die Modelle der Random-Walk-Hypothese als unzureichend zu verwerfen, sondern daß sie selbst den Beweis antreten, daß ihre Prognosemethoden strengsten empirischen Untersuchungen standhalten. Dieser Beweis steht noch aus.

3. Fundamentalanalyse

a) Das theoretisch fundierte Konzept des „present value"

aa) Investitionstheoretische Grundlagen

Im Sinne der Fundamentalanalyse den inneren Wert einer Aktie als **Gegenwartswert** aller zukünftigen Erträge zu beschreiben, wurde erstmals von J. B. Williams explizit formuliert.[6] Dieses Gegenwartswert- oder Barwertkonzept ist an sich nichts Neues, wir kennen es in der Finanztheorie seit langem zur Ermittlung von Versicherungsprämien, Annuitäten, zur Bewertung von festverzinslichen Wertpapieren und Investitionen usw. Die Übertragung dieser Konzeption zur Bewertung von Aktien war deshalb relativ naheliegend. Heute gibt es eine Vielzahl von einzelnen Modifizierungen, die jedoch alle auf der present-value-Theorie basieren.

Um den Barwert aller zukünftigen zu erwartenden Dividenden oder Gewinne berechnen zu können, sind diese unter Berücksichtigung eines bestimmten Kapitalisierungszinses auf die Gegenwart hin abzuzinsen und damit in ihrem Wert aus heutiger Sicht vergleichbar zu machen. (Vgl. Kapitel Investition)

$$K_0 = \sum_{i=0}^{n} \frac{G_i}{(1+q)^i}$$

---

[5] Z. B. Cootner und Kendall durch Reihenkorrelationen, Fama durch Reihenkorrelationen und auch durch Vorzeichentests, Godfrey, Granger und Morgenstern durch Spektralanalysemethoden.

[6] vgl. J.B. Williams, The Theory of Investment-Value, Cambridge 1938.

wobei
- K_o = Gegenwartswert der Aktie (innerer Wert)
- G_i = Gewinn/Dividende je Aktie in den Jahren i = 1 bis n
- q = Kapitalisierungszinsfuß

Insoweit stellt sich das Konzept des present-value für die Aktienanalyse als investitionstheoretisches Kapitalwert-Modell ohne besondere weitere Problematik dar.

Da Aktienanalytiker nicht für jedes Jahr ad infinitum die zu erwartenden Gewinne bzw. Dividenden einzeln berechnen, sondern diese durch Extrapolation vergangener Daten ansetzen, z. B. den Gewinn bzw. die Dividende des Vorjahres G_o, und ihr ein bestimmtes Wachstum (g) unterstellen, wird die obige Ausgangsgleichung überführt

$$K_0 = \sum_{i=0}^{n} \frac{G_0 (1+g)^i}{(1+q)^i}$$

- G_o = Basisgewinn (-Dividende) im Jahr 0
- g = Wachstumsrate

Die Problematik dieses Modells besteht nun, wie bei allen Investitionsproblemen, in der *Bemessung der wertbestimmenden Größen* dieses Ansatzes, d. h. insbesondere in der Interpretation der Gewinngröße (G_o), der Wachstumsrate (g), in der Wahl des Diskontsatzes (q) und in der zeitlichen Erstreckung (i).

bb) Ansatz der wertbestimmenden Ertragsgrößen

Die present-value-Theorie basiert auf der Schätzung der Ertragskraft der Gesellschaften. Dabei wäre nun zu überprüfen, welche konkreten Größen die Ertragskraft einer Gesellschaft in G_o zum Ausdruck bringt. Verschiedene Autoren empfehlen den Ansatz von Dividenden, so etwa Williams, Cohen-Zinbarg, Graham-Dodd u. a. Von vielen wird der Ansatz der Dividende abgelehnt, etwa mit der Begründung, daß Aktien von Gesellschaften, die keine Dividende zahlen, somit überhaupt keinen Wert hätten. Andererseits wird argumentiert, daß die Ausschüttungspolitik der Gesellschaften wenigstens in der Vergangenheit immer der entscheidende Kursbestimmungsfaktor gewesen sei. Verschiedene deutsche Autoren bezweifeln jedoch diese fundamentale Bedeutung der Dividenden für den Kurswert einer Aktie. Sie weisen auf den sachlogischen Zusammenhang von Dividenden und Gewinnen hin, die die unerläßliche Voraussetzung für Ausschüttungen an Gesellschafter sind. Außerdem haben einbehaltene Gewinne solange einen positiven Einfluß auf spätere Dividendenzahlungen, wie der Prozentsatz, der von der Firma mit akzeptablem Risiko auf ihre Investitionen erzielt wird, größer ist, als die von ihren Aktionären gegenwärtig erzielbare Rendite. Nach Büschgen[7] ist nicht der als Dividende ausgeschüttete, sondern der insgesamt erwirtschaftete Gewinn zugrunde zu legen.

Während die Dividende je Aktie eine genau bestimmte weil registrierbare Größe ist, macht die Ermittlung des „echten" Gewinns erhebliche Schwierigkeiten. Wie später im Rahmen der Ausführungen zur Finanzanalyse noch näher gezeigt werden wird, ist der Unternehmensgewinn eine umstrittene, manipulierbare Größe. Durch Bewertungswahlrechte, Bildung und Auflösung stiller Reser-

---

[7] vgl. Büschgen, H. E., Wertpapieranalyse, Stuttgart 1966, S. 91 ff.

ven, durch die Aussetzung von betriebsnotwendigen Abschreibungen oder Aussetzung der Zuweisung zu bestimmten Rückstellungspositionen und ähnlichem mehr lassen sich Unternehmensgewinne nach beiden Seiten – für den Außenstehenden kaum erkennbar – manipulieren. Aus dieser Erkenntnis heraus versuchte man, durch die Entwicklung einer Formel zur Schätzung des Gewinns aus dem Steuerausweis der Gesellschaften eine einigermaßen befriedigende Lösung zu finden. (Vgl. Kapitel D I 4a.)

$$SG = 1{,}575 \text{ gSt} + 0{,}488 \text{ D}$$

SG = Steuerbilanzgewinn
gSt = gewinnabhängige Steuern
D = Dividende

Obwohl diese Schätzungsmethode, die im Grunde nur eine Konvention darstellen kann, in der praktischen Verwendung eine erstaunliche Zuverlässigkeit ergab – nach Schlembach betrugen die Schätzfehler bei sachgerechter Anwendung maximal 5–10% – wurden in der Folge weitere Schätzverfahren entwickelt. Unter anderem hat eine Kommission der DVFA ein Arbeitsschema zur Ermittlung des echten Gewinns vorgeschlagen. Es geht vom Jahresüberschuß nach Abzug von Steuernachzahlungen aus und bereinigt diesen von diversen Verfälschungen.[8]

cc) Bestimmung von Höhe und Dauer des Gewinn-Wachstums

Der Gegenwartswert künftiger Gewinne hängt in entscheidendem Maß von Ausmaß und Dauer des Wachstums derselben ab. Wachsen die Gewinne einer Gesellschaft beispielsweise 10 Jahre lang um 20%, so muß – bei einem zugrunde gelegten Kapitalisierungszinsfuß von q = 8% – jede DM Gewinn pro Aktie mit dem 37-fachen bewertet werden; hält das Wachstum jedoch 20 Jahre an, so beträgt der entsprechende Multiplikator bereits mehr als das Dreifache, nämlich genau 122. Umgekehrt bewirkt ein 10-jähriges 10%iges Wachstum des Gewinns nur einen Multiplikator von 18,2, also nicht einmal die Hälfte des Multiplikators für das 10-jährige 20%ige Wachstum. Dieses Beispiel sollte die wechselseitige Abhängigkeit und die Bedeutung der beiden Einflußgrößen Wachstumsrate (g) und Zeitdauer (i) verdeutlichen.

dd) Wahl des dem Modell zugrunde liegenden Kapitalisierungszinsfußes

Die Funktion des Kapitalisierungszinses ist uns bereits aus früheren Überlegungen zur Investitionstheorie bekannt. Sie beruht auf der Erkenntnis, daß zukünftige Einnahmen in ihrem Wert nicht identisch sind mit jetzigen Einnahmen, d. h. erst durch Abzinsung künftiger Erfolgsgrößen auf die Gegenwart werden sie vergleichbar gemacht. Um auch hier den Einfluß der Diskontrate auf den Gegenwartswert deutlich zu machen, sei auf die in der Anlage vorgegebenen Kapitalisierungs-Faktoren verwiesen; beispielsweise beträgt der Barwert einer Zahlungsgröße der 10. Periode bei einem Kapitalisierungszins von 10% nur 38,6% derselben, während er bei einem Zinsfuß von 5% immerhin noch 61,4% derselben ausmacht. In bezug auf die Bewertungsformel unserer present-value-Theorie ergibt sich:

Selbst wenn der Strom zukünftiger Dividenden bzw. Gewinne je Aktie objektiv bestimmbar wäre, ergibt sich durch die subjektive Wahl eines Kapitalisierungszinsfußes ein Gesamtwert, der von dem durch einen anderen Zinsfuß

---

[8] vgl. Deutsche Vereinigung für Finanzanalyse und Anlageberatung (DVFA), Darmstadt 1975.

bestimmten völlig verschieden ist. Nachfolgende kleine Tabelle zeigt den Gegenwartswert einer Aktie für einen Basisgewinn (G_0) je Aktie von DM 1,– und einem jährlichen Wachstum von 5% bei alternativen Zinsfüßen:

K_0 bei $G = 1$ und $g = 5\%$	Kapitalisierungszins
105	6 %
35	8 %
21	10 %

Die Werte errechnen sich in Anlehnung an Cohen-Zinbarg nach der Formel:[9]

$$\text{Gegenwartswert} = \frac{1}{((1 + \text{Kap.zinsfuß})/(1 + \text{Wachstumsrate}))-1}$$

Bei einer solchen gravierenden Abweichung in der Bewertung der Aktie stellt sich die Frage, durch welche Faktoren der Kapitalisierungszinsfuß zu bestimmen ist; Fragen, die analog der allgemeinen Investitionsüberlegungen zu beantworten sind. Allgemein setzt sich der Kapitalisierungszins aus einer echten Zinskomponente und einer Risikoprämie zusammen. Die Literatur hat, wie uns bereits bekannt ist, hier verschiedene Vorschläge entwickelt. In diesem Fall könnten als Anhaltswerte die auf dem Kapitalmarkt zu erzielenden Renditen für risikofreie Geldanlagen zum einen und durchschnittliche Dividendenrenditen zum anderen herangezogen werden. Auf beide werden wegen der Unsicherheit der zu erwartenden Größen der Gewinne und wegen der Möglichkeit der Schwankungen im Bereich des Kapitalmarktzinses gewisse Risikoprämien aufgeschlagen. Wie auch bereits bekannt ist, wird andererseits von vielen Autoren der Gedanke der Opportunitätskosten bei der Fixierung des Kapitalisierungszinses als gültiges theoretisches Konzept genannt. Danach soll jener Zinssatz gewählt werden, der sich dem Investor als nächstgünstige Anlagemöglichkeit bietet.

Ebensowenig wie die Fixierung der Gewinngröße und der Wachstumsrate ist also auch der Kapitalisierungszinsfuß objektiv nicht nachprüfbar, sondern immer von subjektiven Wertungen abhängig. So ist es nicht verwunderlich, daß bei den konkreten Aktienbewertungen nahezu so viele Kapitalisierungszinsfüße wie Bewertungsmethoden als solche in Erscheinung treten.

b) Das vereinfachende Konzept des Price-Earning-Ratio-Wertfaktors

aa) PER als Kennziffer der Aktienkurs-Bewertung

Zur einfacheren Beurteilung der Kaufwürdigkeit von Aktien ist der statisch orientierte Kennziffern-Vergleich über die Price-Earning-Ratio weit verbreitet. Die Ursachen liegen darin, daß dieser Ansatz ohne finanzmathematischen Aufwand einen schnellen Überblick über Preiswürdigkeit und damit Kursgewinnchancen liefert.

Kurs und Gewinn je Aktie sind die beiden zentralen Größen in der fundamentalen Aktienanalyse. Setzt man den Kurs zum Gewinn in Beziehung, so erhält

---

[9] Vgl. Cohen, J. B., Zinbarg, E. D., Investment Analysis and Portfolios Management, Homewood 1967, S. 224.

man als Kennziffer das sogenannte Kurs-Gewinn-Verhältnis (KGV) oder nach angloamerikanischem Sprachgebrauch die Price-Earning-Ratio (PER). Diese Kennziffer ist ein **Multiplikator,** der zum Ausdruck bringt, mit welchem Faktor des Jahresgewinns die Börse eine Aktie bewertet.

$$\text{PER (KGV)} = \frac{\text{Kurs}}{\text{Gewinn}}$$

$$\text{Kurs} = \text{PER} \cdot \text{Gewinn}$$

Da der Gewinn je Aktie eine Zeitraumgröße ist und ein Jahr lang gleich bleibt, der Kurs aber nach der Börsenmarktlage ständig schwankt, ergeben sich damit zwingend auch ständig neue PER. Der Werktfaktor PER ist nun bei den verschiedenen an der Börse notierten Gesellschaften selbst bei gleichem Gewinn verschieden; das deutet darauf hin, daß die Börse trotz gleicher Gewinnsituation in verschiedenen Gesellschaften den jeweiligen Wert der Gesellschaft und damit gleichzeitig deren Anteilsscheine unterschiedlich einstuft. Mag beispielsweise der Gewinn je Aktie für Gesellschaft A wie für Gesellschaft B gleich DM 20,- sein, so kann die Börse der Gesellschaft A ohne weiteres einen Wertfaktor von 15 und der Gesellschaft B von 10 beilegen. In der Meinung des Kapitalmarkts wird der Gesellschaft A also eine höhere Qualität beigemessen.

Die Ursachen für solche Unterschiede in der Bewertung sind leicht einzusehen: Die PER ist eine vergangenheitorientierte Rechnung, in der der aktuelle Kurs zum letzten bekannten Jahresgewinn in Beziehung gesetzt wird. Wird, wie in unserem Beispiel, nun die Gesellschaft A besser eingestuft, so verbergen sich in dieser Bewertung die Erwartungen auf zukünftige höhere Gewinne bei A als bei B. Letzten Endes mißt also der Kurs durch die Gewichtung mit dem Wertfaktor PER die Qualität zurückliegender Gewinne im Hinblick auf deren Zukunftsentwicklung. PER ist somit ein Qualitätsmaßstab zur Beurteilung von Gesellschaften im Zeitvergleich aber auch im Unternehmensvergleich. Hohe und niedrigere, steigende und fallende PER signalisieren die Einstellung der Börse zu den Zukunftsaussichten des Unternehmens.

bb) Wertpapierstrategien auf Basis von PER-Analysen

PER-Ziffern liefern eine brauchbare Hilfe für Anlageentscheidungen dann, wenn der ermittelte Wert einer Gesellschaft mit dem früherer Jahre und/oder mit denen anderer Unternehmen möglichst der gleichen oder einer vergleichbaren Branche gemessen wird. Durch Gegenüberstellung ist es möglich zu erkennen, ob eine Aktie im Augenblick relativ preisgünstig, angemessen im Vergleich zu anderen, oder überbewertet, d. h. zu teuer ist: Im Vergleich *billig bewertete,* d. h. mit niedrigen PER-Ziffern ausgestattete Aktien gelten an der Börse als *kaufenswert,* während teuer bewertete Papiere nach dieser Ansicht keine großen Kurschancen versprechen.

Diese recht einfachen Engagementstrategien sind von der Wissenschaft in Amerika und in Deutschland mehrfach bereits getestet worden. Eine erste Untersuchung über die zukünftige Kursentwicklung von Aktien mit hoher und niedriger PER wurde 1960 von Nicholson durchgeführt.[10] Weitere empirische Untersuchungen, die die angegebene Strategie zu fundieren oder zu widerlegen suchen, finden sich bei McWilliams, Miller und Widmann, Murphy und Steven-

---

[10] Vgl. Nicholson, S. F., Price-Earnings-Ratios, in: The Financial Analysts Journal, Vol. 16, Nr. 4 – abgedruckt bei Lerner, S. 300–304.

son.[11] Für den deutschen Aktienmarkt hat Mayer in einer Untersuchung die einfache Anlagenstrategie auf Basis von PER-Vergleichen getestet.[12] Die Untersuchungen in den USA belegten, daß Aktien mit niedriger PER in den Folgejahren eine wesentlich bessere Kursentwicklung hatten als Aktien mit hoher PER. Auch auf dem deutschen Markt ist diese Tendenz im wesentlichen bestätigt. Allerdings ist nach den Untersuchungen Mayers der Vorteil stärkerer Kursanstiege nach durchschnittlich drei Jahren beendet und schlägt dann eher in das Gegenteil um; Aktien mit hoher PER haben auf kurze Sicht nur geringe Kurschancen, Kursverluste sind sogar wahrscheinlicher. Offensichtlich hat die Börse die Tendenz, Aktien mit niedrigerer PER auf Kosten derer mit hoher PER nachzuziehen. Erstaunlicherweise ist dabei der bessere Kursanstieg von Aktien niedriger PER nicht in einer besseren Gewinnentwicklung begründet, vielmehr hatten Aktien mit niedriger PER in den Untersuchungsperioden die schlechteste, die Aktien mit hoher PER in fast allen Perioden die beste Gewinnentwicklung. Das zeigt, daß die Kursentwicklung der Aktien weniger von den Gewinnveränderungen, die in der PER ihren Niederschlag finden, bestimmt wird.[13]

c) Monetaristische Erweiterungen

Die Börse zeigt für den unbefangenen Außenstehenden oft ein widersprüchliches Bild: In Zeiten allgemeiner Prosperität und Hochkonjunktur mit hohen Unternehmensgewinnen und entsprechenden Dividenden fallen die Kurse der Aktien und in Phasen allgemeiner Rezession, gedämpfter Auftragseingänge, schlechter Ertragslage, führen steigende Kurse zu neuem Börsenaufschwung, oft Monate vor einer allgemeinen Konjunkturwende. Wie läßt sich dieser Widerspruch erklären, wenn Gewinne und Dividenden die primären Kursbestimmungsfaktoren nach fundamental-analytischen Theorien sind?

---

[11] Eine kurze Beschreibung dieser Tests findet sich bei Mayer, G., Darstellung und Kritik fundamental-analytischer Aktienbewertungsmethoden, (Diss.) München 1973, S. 172 ff.
[12] Vgl. ebenda, S. 179 ff.
[13] Vgl. ebenda, S. 192 f.

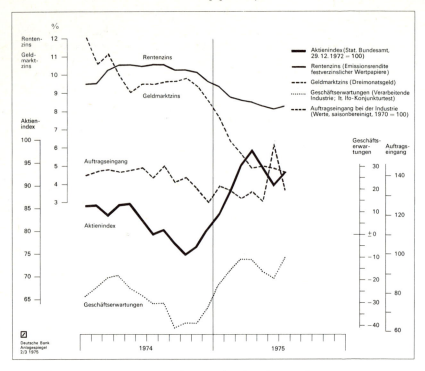

Abb. 23: Monetäre und fundamentale Daten für den Aktienmarkt 1974/75, entnommen aus Deutsche Bank, Anlagespiegel 2/3 1975, Frankfurt, 1975, S. 8.

Die Begründung der Fundamentalisten kann nicht sehr befriedigen. Sie lösen die Phasenverschiebung von Kursumschwüngen und Änderungen in der Ertragssituation der Wirtschaft durch psychologische Erklärungen: Im Vorauseilen der Kurse drücke sich die Erwartung des Kapitalmarkts über künftige Wirtschaftsentwicklungen (Ertragslage) aus und die Börse eskomptiere diese Erwartungen bereits zu einem Zeitpunkt, zu dem die ökonomischen Daten noch keine signifikanten Änderungen signalisierten. So fraglich es schon ist, aufgrund bisheriger Erfahrungen in Konjunkturzyklen angesichts der sehr unterschiedlichen Zeitdauer und Intensität der Zyklen weit vorgreifende Prognosen abzugeben und darauf durch Verhalten zu reagieren, so unverbindlich bleibt auch dieser psycho-ökonomische Erklärungsansatz für diejenigen, die ein Mindestmaß an Sicherheit für Anlagedispositionen suchen. Die Skepsis ist um so größer, je unbestimmter der Zeitpunkt der tatsächlichen Wende im Konjunkturverlauf zu fixieren ist, je unsicherer auch Prognosen wissenschaftlicher Konjunkturforschungsinstitute ausfallen usw.

Die Börse bedarf somit heute anderer, zusätzlicher Indikatoren, den Umschwung frühzeitig zu erkennen und zu terminieren. Zumal in einer Zeit allgemeiner weltwirtschaftlicher Abflachung des Wachstums liegt die Chance des Anlegers vorwiegend in seinem Erfolg, **börsenkonjunkturelle** Zyklen durch rechtzeitige Engagements für sich zu nutzen.

Die sogenannten **Monetaristen** versuchen deshalb, Veränderungen von Kursen, die sich nicht aus der aktuellen Ertragslage der Gesellschaften begründen lassen, durch andere **objektive** Daten des Kapitalmarkts *außerhalb* der zu analysierenden Gesellschaft zu erklären und daraus prospektive Kursentwicklungs-Aussagen abzuleiten. Inbesondere die Entwicklung der monetären Größen **Geldmenge** und **Zins** in der Volkswirtschaft, ausgelöst durch binnenwirtschaftliche Eingriffe des Staates und seiner Notenbank oder induziert durch außenwirtschaftliche Einflüsse seitens des Euro-Markts oder seitens ausländischer kredit- und devisenpolitischer Maßnahmen, werden als Indikatoren für Kursbewegungen gesehen.

In konjunkturellen Abschwungphasen der Wirtschaft reduziert sich die monetäre Nachfrage nach Gütern. Dieser Entspannungsprozeß wird noch verstärkt durch kreditpolitische Maßnahmen des Staates, indem die bisherige Restriktionspolitik aufgegeben wird oder bereits erste gegensteuernde Maßnahmen ergriffen werden. Rückläufige Zinsen bei konkurrierenden Anlageformen – beispielsweise auf dem Festgeldsektor oder in den festverzinslichen Wertpapieren – erhöhen die relative Attraktivität der Aktie, außerdem gewährleistet die reichliche Liquidität, daß die Aktie eine verstärkte Nachfrage finden kann. Die gegenläufige Entwicklung auf dem Aktienmarkt bei beginnender konjunktureller Prosperität läßt sich leicht nachvollziehen.

Da die monetäre Entwicklung für den Konjunkturverlauf wichtige Impulse gibt, wird nachweislich im normalen Konjunkturzyklus diese monetäre Kursthese durch die Wirtschaftsentwicklung nicht widerlegt. Nach dieser Theorie brauchen sich die Brems- oder Stimulierungswirkungen der monetären Faktoren auf die tatsächliche Konjunktur – etwa die Entwicklung der industriellen Auftragseingänge, auf Produktion, Kostenentwicklung, Beschäftigung und schließlich Ertragslage – nicht erst ausgewirkt zu haben, vielmehr stellen sie bereits Frühindikatoren für einen mit relativer Sicherheit zu erwartenden konjunkturellen Umschwung dar. Die monetäre Analyse hat also gegenüber der rein fundamentalen Kurstheorie einen zeitlichen Vorsprung. Die Schwierigkeit der Monetaristen liegt jedoch darin, daß sie die Konjunkturverläufe nur mit bedingter Sicherheit erklären können, weil Konjunktur auf monetäre Impulse zuweilen nicht planmäßig, d. h. entweder mit unerwarteter langer Verzögerung oder weiter gestört durch andere Einflußgrößen gar nicht oder entgegengesetzt reagiert.

Beide Theorien der Aktienkursabhängigkeit, die streng fundamentale und die monetäre, weisen für sich, wie die meisten überwiegend monokausalen Erklärungstheorien auch anderer ökonomischer Zusammenhänge, Mängel auf. Die Chance liegt in einem Prognosesystem, in dem beide Instrumentarien in ihren wechselseitigen Wirkungen auf das Kräftefeld der Börse studiert werden. Die Kursentwicklung ergibt sich dann aus einer Kombination mehrerer gleich- oder gegenläufiger Einflußfaktoren meist unterschiedlicher Stärke. So kann ein Kursanstieg durchaus auch bei konjunktureller Talfahrt mit verschlechterten Gewinnerwartungen eintreten, wenn sich das Zinsniveau ermäßigt und die Liquidität für Aktienanlagen vorhanden ist. Andererseits können die Kurse dann aber auch zurückgehen, wenn die monetäre Schubkraft nachläßt und noch keine Stabilisierung der Konjunktur- bzw. Gewinnerwartungen aufgrund weiterer wirtschaftlicher Frühindikatoren erreicht ist.

4. Technische Analyse

Im Mittelpunkt aller theoretischen und praktischen Überlegungen im Rahmen der technischen Aktienanalyse steht der Aktienkurs selbst. Auf dem Wertpapiermarkt bildet sich aus dem Zusammenspiel von Angebot und Nachfrage der Preis eines Papiers, der Kurs. Während die extremen Fundamentalisten, wie wir gesehen haben, für die Preisbildung nur betriebsinterne Bestimmungsgründe – Gewinne, Dividenden, Ertragsaussichten – verantwortlich machen, sehen die „Techniker" die Einflüsse auf die Börse aus verschiedenen Richtungen eindringen.

So werden die oft unerklärlichen Börsenschwankungen mit wirtschaftlich irrationalem Verhalten begründet, andere sehen den Kurs als ein Spiegelbild der Meinungen, in denen sich politische und ökonomische Veränderungen ebenso ausdrücken wie psychologisch bedingte Erwartungen und individuell subjektive Annahmen. Da bei der bekannten Marktenge ein Großteil der an der Börse fluktuierenden Titel in den Händen von Spekulanten oder zumindest nicht im Besitz von Anteilseignern ist, die langfristige Anlagen im Sinn haben, kann eine kontinuierliche, an den wirtschaftlichen Gegebenheiten orientierte Börsenkursentwicklung überhaupt nicht erwartet werden. So können Börsentips und gezielte Aktivitäten von „opinion leadern" mit massenpsychologischen Reaktionen zu Marktveränderungen führen, die oft keine wirtschaftliche Basis mehr haben. Eine typische Folge derartiger psychologischer Einflüsse sind die stets wiederkehrenden Übertreibungen der Börse in beiden Richtungen sowohl à la hausse wie à la baisse.

In Kenntnis dieser verschiedenen Einflußgrößen und in dem Zweifel, den substantiellen Wert eines Papiers richtig ermitteln zu können, konzentrieren sich die Anhänger der technischen Analyse allein auf den Kursverlauf, den sie beobachten und aus dem sie durch verschiedene Aussagesysteme Kursprognosen ableiten zu können glauben.

a) Die Verwendung von Kursdiagrammen (Charts)

Als geistiger Vater der technischen Aktienanalyse gilt Charles Dow. Um möglichst viele Börseninformationen ständig überblicken zu können, orientierte er sich anhand von graphischen Aufzeichnungen, sog. Charts, die einfach zu erstellen und schneller überschaubar sind als lange Zahlenreihen. Die **Charts**, die graphischen Darstellungen des Kursverlaufs einer Aktie, des Index einer Branche oder des Gesamtmarkts evtl. in Verbindung mit den dazu gehörenden Börsenumsätzen, sind das wichtigste Instrument der technischen Analyse.[14]

Üblich sind heute drei Darstellungen. Bei den vor allem in Deutschland gängigen *Linien-* und *Balkencharts* werden in der Vertikalen des Diagramms die Kurse und evtl. die Umsätze abgebildet, während in der Horizontalen die Beobachtungszeiträume eingetragen sind. In vielen Diagrammen – in Deutschland besonders bekannt sind die Hoppenstedt-Charts (siehe Abb. 24, 25) – wählt man in der Ordinate einen logarithmischen Maßstab, um Verhältnisgleiches dadurch metrisch gleich groß abbilden zu können (z. B. 5 zu 8 entspricht 500 zu 800).

---

[14] Deshalb werden oft Technische Analyse und chart-reading synonym gebraucht.

Liniencharts

entstehen durch die einfache Verbindung der im Diagramm periodisch (z. B. täglich) eingetragenen Schlußkurse. Mit Hilfe dieser Darstellungsweise kann man zwar Trendveränderungen recht gut erkennen, feine Veränderungen der Angebots- und Nachfragestruktur bleiben unklar.

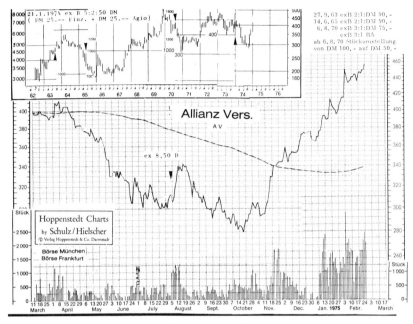

Abb. 24: Linien-Chart.

Balkencharts

dagegen zeigen Höchst- und Tiefstkurse innerhalb des betrachteten Zeitraumes (z. B. eines Börsentages) im Diagramm, indem diese Kursspanne durch einen senkrechten Strich abgebildet wird. Bei amerikanischen Balkencharts wird oft zusätzlich zur *Kursspanne* der Schlußkurs des Wertpapiers durch einen Punkt seitlich des Balkens oder durch einen Querstrich durch den Balken gekennzeichnet. Die Aussagekraft der Charts wird wesentlich verbessert, wenn neben der Abbildung der Kurse auch *Umsatzangaben* (z. B. in Form eines Stabdiagramms wie bei den Hoppenstedt-Charts) zur Verfügung stehen. Eine parallele Entwicklung von Kursen und Umsätzen deutet nämlich auf eine gute, feste Marktsituation hin, dagegen wird eine gegenläufige Entwicklung als Zeichen von Unsicherheit oder schlechter Marktverfassung gewertet. Balkencharts sind weit verbreitet, da sie wegen der Aufzeichnung der Höchst- und Tiefstkurse und oft auch der Umsätze als sensible Indikatoren für Marktveränderungen betrachtet werden.

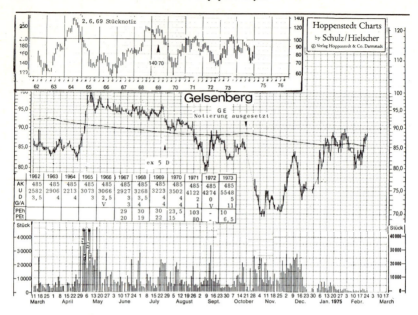

Abb. 25: Balkenchart mit Umsatzangaben und diversen Zusatzinformationen.

Point-and-figure-charts

finden vor allem in den USA seit mehreren Jahren stets Verbreitung, während sie in Deutschland kaum gebräuchlich sind. Die Anhänger dieser Darstellungsweise argumentieren, daß Kursbewegungen einer Aktie das Wichtigste und die Zeit fast irrelevant sei. Dementsprechend hat diese Chartform zwar eine vertikale Kurseinteilung, man verzichtet aber auf die Zeitangabe in der Abszisse; sie ist folglich eindimensional. Auf der Ordinate wie auf der Abszisse werden ausschließlich Preise eingetragen. Eine Aufzeichnung im Diagramm findet nur statt, wenn sich der Kurs um einen vorher festgesetzten Betrag auf- oder abwärts bewegt. Dabei liegen die frei wählbaren Spannen üblicherweise zwischen einem halben Punkt für billige und bis zu fünf Punkten für teuere Wertpapiere. Ihre Anhänger glauben, dadurch verwirrende kurzfristige Kursschwankungen eliminieren zu können, deren Auftreten die tatsächliche Kursinterpretation und -prognose nur erschwere; außerdem ist diese Darstellung leichter zu konstruieren, kürzer und deshalb übersichtlicher, allerdings bedingt sie auch zwangsläufig ein neues Instrumentarium zur Interpretation des Kursverlaufs (z. B. Formationensystem, Trendanalyse, etc.). Die Konstruktion im einzelnen hier zu beschreiben, würde etwas zu weit führen angesichts der geringen Verbreitung in unserem Wirtschaftsraum.[15]

---

[15] Für Interessierte, vgl. Siepen, Volker, Point-and-figure-charts, in: WP 1973, S. 188–190 und S. 225–227.

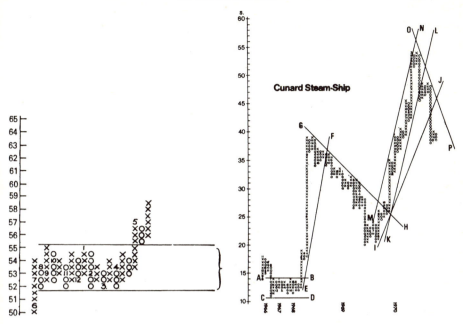

Abb. 26: Point-and-Figure-Chart; Beispiel links Unterstützungszone (vgl. S. 148), Beispiel rechts Trendlinien (vgl. S. 146 f.) – Die Abbildungen zeigen deutlich, daß der Zeitfaktor in der Abszisse nur von untergeordneter Bedeutung ist: Durch den Abstand der Ziffern (= Monatsangabe) in der Horizontalen läßt sich die Intensität von Kursänderungen innerhalb der verschiedenen Monate abschätzen.
(entnommen aus Siepen, V., Point and Figure Charts, Astrologie oder der Weg zum Reichtum?, in: WP 1973, S. 190 und 225)

b) Ansätze zur Analyse des Gesamtmarkts

Normalerweise versucht ein Anleger, bevor er sich der Einzelanalyse von Wertpapieren widmet, einen Überblick über die Gesamtmarktlage zu gewinnen. Er will wissen, ob sich der Markt in einer hausse, in einer baisse oder in einer neutralen Phase befindet.

aa) Aktienindizes

Aus der Vielzahl der Aktien mit ihren verschiedenen Kursverläufen ist es fast unmöglich, eine Gesamtübersicht zu erstellen, aus der sich ein Markttrend ablesen ließe. Mit der von Charles Dow in den Jahren 1900–1902 ausgearbeiteten Theorie wurde erstmals eine praktikable Lösung dieses Problems angeboten. Hamilton (1922) und Rhea (1932) verbesserten Dow's Arbeit und fundierten ihre Thesen auf Indizes, die aus den Preisen repräsentativ ausgewählter amerikanischer Papiere der Wall Street errechnet wurden. Noch heute ist der »Dow Jones Industrial Index« mit seinen 30 Industriewerten und der »Dow Jones Transportation Index« aus seinen 20 Transportwerten aktuell.

Heute ermöglicht die Datenverarbeitung die Berechnung von Indizes aus weit mehr Einzelwerten; beispielsweise der in den USA repräsentative Standard & Poor's Index faßt 500 Papiere zusammen; der bedeutendste deutsche Aktienindex, der FAZ-Index setzt sich aus 100 Werten zusammen, der Index des statistischen Bundesamtes errechnet sich aus 350 börsennotierten Aktien und daneben gibt es noch eine Reihe anderer Indizes, die zum Teil von Bankhäusern, zum Teil von Presseorganen errechnet und publiziert werden.

Je nach ihrer Zwecksetzung repräsentieren sie den gesamten Aktienmarkt, oder wichtige Standardwerte desselben oder bestimmte ausgewählte Branchen.[16]

Die Indizes werden im allgemeinen nach den bekannten statistischen Verfahren der Indexrechnung – hier als Preisindex – nach Laspeyre oder nach Paasche ermittelt. Unter einem Kursindex versteht man eine Kennzahl, die Kursveränderungen fortlaufend in der Zeit in Relation zum Kurs in einer frei wählbaren Basisperiode zum Ausdruck bringt. Bei der Ermittlung eines Index müssen die in ihrer Veränderung zu beobachtenden Daten (hier Kurse) gewichtet werden. Damit wird die unterschiedliche Bedeutung der Papiere im Gesamtmarkt rechnerisch berücksichtigt; ein Papier einer kleinen Familien-AG erhält das ihr zukommende Gewicht in Relation zur Publikumsgesellschaft. Als Gewichtungsgröße wird üblicherweise das nominelle Grundkapital der zum Index zusammengefaßten Gesellschaften herangezogen, wobei nach Paasche zur Gewichtung das Grundkapital des Berichtszeitpunktes, bei Laspeyre das des Basiszeitpunktes dient. Laspeyre bringt zum Ausdruck, was für das Portefeuille des Basisjahres *heute* zu bezahlen *wäre*, Paasche, wie hoch sich der Wert des derzeitigen Portefeuilles im Basiszeitpunkt bei den derzeitigen Kursen belaufen hätte. Die meisten veröffentlichten Aktienindizes verwenden den Laspeyre-Index,[17] da sich dort wegen der „starren Gewichtung" mit dem Basis-Grundkapital der Gesellschaften reine Preisveränderungen des Index besonders einfach verdeutlichen lassen.

$$P_i = \frac{\sum_{j=1}^{n} K_{ij} \cdot Q_{oj}}{\sum_{j=1}^{n} K_{oj} \cdot Q_{oj}} \times 100$$

wobei

P_i = Preisindex nach Laspeyre zum Zeitpunkt i
K_{ij} = Kurs der j-ten Gesellschaft zum Zeitpunkt i
Q_{oj} = Grundkapital der j-ten Gesellschaft im Basiszeitpunkt
i = Berichtsperiode
j = betrachtete Gesellschaft (zusammengefaßt zum Index aus n-Einzelwerten).

Bezugsrechtsabschläge, Kapitalherabsetzungen, Kapitalerhöhung aus Gesellschaftsmitteln u. ä. verändern und verfälschen das als konstant verrechnete „Mengengerüst" des Grundkapitals. Um diese Einflüsse zu neutralisieren, werden die Indexrechnungen durch sog. „Ausgleichsfaktoren" berichtigt. Würde man diese Abschläge (oder Zuschläge) nicht eliminieren, würden die Indizes zu niedrig (hoch) ausfallen und somit das wahre Bild verfälschen.[18]

---

[16] Vgl. Morgenroth, G., Aufbau und Aussage deutscher Aktienindizes, in: Der Bankbetrieb, 1970, S. 216–218; Möckel, L., Indizes der Aktienkurse, in: Die Aktiengesellschaft, 1965, S. 228–233.
[17] Der FAZ-Index arbeitet nach Paasche.
[18] Vgl. Möckel, L., a.a.O., S. 230.

Abschließend eine tabellarische Zusammenfassung der wichtigsten deutschen Indizes und der in diesen verarbeiteten Daten.[19]

Aufbau von Indizes der Aktienkurse						
Index	Formel	Basis	Zahl der Werte	Diff. nach Branchen	Gewichtung	Bezugsrechtsabschläge
Berliner Börse	La	31. 12. 53	30	—	GK	Ausgleichsfaktor
FAZ	Pa	31. 12. 58	100	12	GK	Ausgleichsfaktor
Volkswirt	⌀	—	150	17	GK	unberücksichtigt
SZ	La	31. 12. 58	104	11	GK	eliminiert
Commerzbank	La	Dez. 53	60	10	GK	Ausgleichsfaktor
Hardy	S	28. 9. 59	15/7	2	—	eliminiert
Herstatt	Pa	31. 12. 59	100	10	GK	Ausgleichsfaktor
StBA	La	31. 12. 53	430	33	GK	Ausgleichsfaktor

Quelle: Die Aktiengesellschaft, Nr. 8/1965, S. 232.

Abb. 27: Tabellarische Zusammenfassung der wichtigsten Aktienindices.

bb) *Trendentwicklungen und zyklische Schwankungen*

Bei längerfristiger Beobachtung kann die Aktienkursentwicklung trotz der täglichen Schwankungen als ein System von Überlagerungen verschiedenfristiger Zyklen interpretiert werden.[20] Diese Interpretation der Entwicklung des Aktienmarktes geht zurück auf Charles Dow, der als erster sogenannte primary and secondary Trends feststellen zu können glaubte. Die kurzfristigen Bewegungen darum bezeichnete er als unbedeutende day-to-day-fluctuations. In Anlehnung an diese Terminologie hat Schulz ein System dreier oszillierender zyklischer Schwankungen um einen allmählich ansteigenden langfristigen Basistrend entwickelt.

Der Basistrend

Nach Schulz läßt sich seit der Jahrhundertwende ein solcher Basistrend zumindest für die USA und England deutlich feststellen. So stieg seit der Jahrhundertwende der Basistrend des Dow-Jones-Industrial Index mit einer durchschnittlichen Wachstumsrate von 3–5% jährlich (vgl. Abb. 29)[21]. Schulz glaubt auch der deutschen Kursentwicklung einen langfristigen steigenden Basistrend zugrunde legen zu können, jedoch sei eine längerfristige Betrachtung erschwert durch die kriegsbedingten Unterbrechungen und die Schwankungsbreite des Index, die als Folge von Krisen und Inflationen besonders groß gewesen sei. Obwohl eine ökonomische Interpretation dieses Wachstums im Sinne der technischen Analyse überhaupt nicht notwendig ist, wird der langfristige Anstieg des Basistrends zurückgeführt auf verschiedene langfristige Entwicklungen in der Ertragskraft und im Substanzwert der Gesellschaften, hervorgerufen durch den technischen Fortschritt, durch Ausweitung des Absatzes und durch die zunehmende Kapitalbildung in Unternehmungen und in den privaten Haushaltungen in Form erhöhter Sparneigung. Sparen drängt nach rentierlicher Anlage, während das Angebot an Aktien nicht in gleichem Maße dem Schritt

---

[19] Vgl. Möckel, L., a.a.O., S. 232.
[20] Vgl. Schulz, H. D., Analyse zyklischer Aktien-Kursbewegungen, in: Beiträge zur Aktienanalyse, Hrsg. Siebert, G., Frankfurt 1972, S. 120–153; Schiller, W., Technische Aktienanalyse – Chart-Reading, München 1971, S. 24 ff.
[21] Schiller, W., a.a.O., S. 26 f.

hält, so daß sich für Aktien sozusagen ein Knappheitspreis herausbildet. Einen nicht unwesentlichen Einfluß auf diese Entwicklung könnten schließlich inflationäre Entwicklungen haben.

Primärbewegungen

Der langfristige Trend wird von zwei, bzw. drei simultan ablaufenden zyklischen Kursbewegungen oszillierend überlagert. Langfristig schwanken um ihn Primärbewegungen, die wiederum beim Dow-Jones-Index besonders deutlich erkennbar sind, während sie für den deutschen Aktiengesamtmarkt weniger klar, vor allem was die Zyklusdauer anlangt, ausgeprägt sind. Schulz gibt die Länge der amerikanischen Primärzyklen mit durchschnittlich vier Jahren, in Extremen mit 2–12 Jahren an. Die Abbildung des Dow-Jones-Industrial-Index, wiedergegeben bei Schiller unterlegt dagegen andere Zyklen und macht deutlich, welche Interpretationsmöglichkeiten ein Aktienchart gegebenenfalls zuläßt (vgl. Abb. 29, S. 139).

Auch für den deutschen Markt glaubt man Primärbewegungen feststellen zu können, wie die Abbildung 30 zeigt. Danach könnte eine erste aufwärts gerichtete Primärbewegung von 1948–1960 unterstellt werden, der dann etwa 6 Jahre lang ein leichter Abwärtstrend folgt; die Jahreswende 1966/67 könnte dann als Wendepunkt für einen erneuten leichten längerfristigen Aufwärtstrend vermutet werden. Schulz glaubt die Existenz primärer Kursbewegungen mit großer Wahrscheinlichkeit auf langfristige zyklische Entwicklungen der Ertragskraft von Aktiengesellschaften zurückführen zu können.

Die Sekundärzyklen

Um die Primärbewegungen schwanken die in den Abbildungen deutlich erkennbaren Sekundärzyklen, die Schulz[22] für den Zeitraum von 1948–1971 untersucht hat (vgl. nachfolgende Tabelle und Abbildung 30 auf Seite 141). Die durchschnittliche Dauer dieses Zyklus liegt danach bei etwa 4½ Jahren.

Sekundärzyklus von bis	Primärbewegung	Sekundärbewegung aufwärts	Sekundärbewegung abwärts	Dauer des Sekundärzyklus
1948 – 1952	aufwärts	3		4 1/2
1952 – 1953	aufwärts		1 1/2	
1953 – 1955	aufwärts	2		4
1955 – 1957	aufwärts		2	
1957 – 1960	aufwärts	3 1/4		5 1/4
1960 – 1962	aufwärts		2	
Okt. 1962 – März 1964	abwärts	1 1/2		4 1/4
Apr. 1964 – Jan. 1967	abwärts		2 3/4	
Jan. 1967 – Nov. 1969	aufwärts	3		5
Nov. 1969 – Nov. 1971	aufwärts		2	

Abb. 28: Dauer der Sekundärbewegungen im Zeitraum von 1948–1971

Der Sekundärzyklus spiegelt nach weit verbreiteter Ansicht die konjunkturellen Booms und Rezessionen der Börse in etwa wieder, ist also ebenfalls im wesentlichen auf zyklische Gewinnentwicklungen, darüber hinaus aber auch auf Zinsschwankungen und Liquiditätsverhältnisse einer Volkswirtschaft zurückzu-

---

[22] Vgl. Schulz, a.a.O., S. 132 f. und Hielscher, U., Das optimale Aktienportefeuille, Frankfurt 1969, S. 357 ff.

III 4 b: Zyklische Schwankungen 139

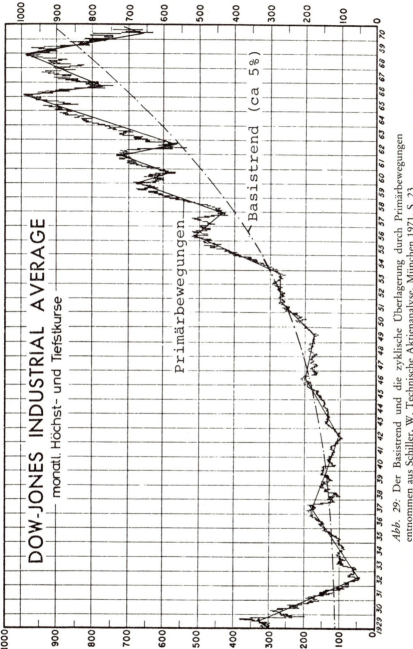

Abb. 29: Der Basistrend und die zyklische Überlagerung durch Primärbewegungen entnommen aus Schiller, W. Technische Aktienanalyse, München 1971, S. 23.

führen. Interessant und augenfällig sind jedoch die zeitlichen Abweichungen zwischen Börsenkonjunktur- und gesamtwirtschaftlichem Konjunkturverlauf; die Börse eskomptiert (nimmt vorweg) offensichtlich gesamtkonjunkturelle Entwicklungen. Die Ursachen sieht Schiller in der Wirkung der Geldmenge und deren Steuerung durch wirtschaftspolitische Maßnahmen seitens der Regierung bzw. der Notenbanken.[23]

Kurzfristige Kursschwankungen

Schulz versucht, sogar um die Sekundärbewegung noch idealtypische kürzerfristige Wellenbewegungen zu legen, die häufig über einen längeren Zeitraum nach seiner Beobachtung eine bemerkenswerte Konstanz aufweisen. Die durchschnittliche Dauer dieser Bewegungen, die er in Fortführung obiger Terminologie als Terziärbewegungen bezeichnet, gibt er mit etwa 5½ Monaten an. Dieser Versuch, der im übrigen allenfalls für spekulative Aktienengagements ausgenützt werden könnte, wird bei anderen Autoren kritisiert. Insbesondere das sozioökonomische Erklärungsmodell – Schulz geht bei seinem 6-Phasensystem von typischen Verhaltensweisen der Marktteilnehmer aus, die er in eine kleine Gruppe Erfolgreicher und in eine Masse Erfolgloser zu teilen versucht, und die im Laufe des zyklischen Ablaufes Besitzverschiebungen herbeiführen – werden bestritten.[24]

cc) Prognose des Gesamtmarktverlaufs

Die klassische Dow-Theorie

Die älteste und bekannteste Methode zur Bestimmung der Grundtendenz des Aktienmarktes ist die Dow-Theorie. Sie basiert auf zwei Indizes, dem Dow-Jones-Industrial-Index und dem Dow-Jones-Transportation-Index. Grundsätzlich beruht die Dow-Theorie auf der Aussage, daß der gemittelte Kursverlauf ausgewählter Titel eine Aussage über den Gesamtmarkt erlaubt.

Ihre Vertreter rechnen, auf einen einfachen Nenner gebracht, erst dann mit einer langfristigen Änderung der Börsensituation, wenn beide Indizes eine Trendänderung anzeigen. Die Dow-Theorie richtet sich in erster Linie an langfristige Börsenengagements und glaubt, Kaufempfehlungen bei einer bevorstehenden Hausse geben, andererseits bei Beendigung des Haussemarktes rechtzeitig Verkaufssignale liefern zu können. D. h. in der Dow-Theorie geht es vor allem um die Prognose des Primärtrends und des Timings seiner Wendepunkte, und diese lassen sich in einer verfeinerten Analyse der zyklischen Schwankungen nach der Dow-Theorie noch relativ rechtzeitig registrieren. Durch die Beobachtung der Sekundärbewegungen um den Primärtrend glaubt man, Wendepunkte des letzten erkennen zu können. Um nämlich eine Bestätigung des Primärtrends, d. h. seiner bisherigen Richtung zu erhalten, muß man warten, bis der Indexkurs den Extrempunkt erneut durchbricht. Dieser Extrempunkt ist beim Primär-Aufwärtstrend das Maximum, beim Primär-Abwärtstrend das Minimum der Sekundärbewegung, von dem die Sekundärbewegung ausging. Geschieht dies nicht, sieht man darin einen ersten Anhaltspunkt für eine allgemeine Trendänderung (vgl. Abb. 30). Cohen und Zinbarg bestätigen diese Aussage mit empirischen Ergebnissen aus der Analyse historischer Kursverläufe.[25]

---

[23] Vgl. Schiller, W., a.a.O., S. 28 f.; siehe auch S. 129 ff.
[24] Vgl. Waschowski, H., Prognose von Aktienkursen, Frankfurt 1971, S. 128 ff.
[25] Vgl. Cohen, J., Zinbarg, E., a.a.O., S. 521.

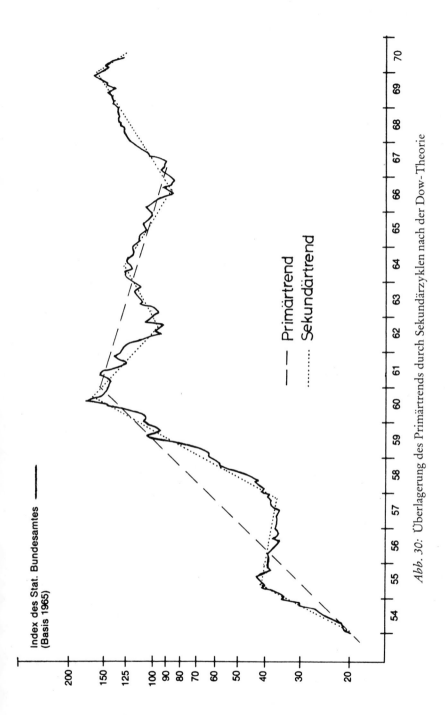

Abb. 30: Überlagerung des Primärtrends durch Sekundärzyklen nach der Dow-Theorie

Nur wer die Prämisse akzeptiert, daß sich Kursverläufe wiederholen, kann, wie wir in den Einführungen gesehen haben, dieser Theorie Aussagekraft beimessen. Natürlich fehlt es nicht an Kritik an diesem Verfahren. Vor allem wird von den Gegnern gespottet, daß bei diesem Verfahren die größten Chancen „verschlafen" werden, da man warten müsse, bis eine Indexänderung durch die zweite bestätigt werde.

Advance-and-Decline Methode (A-D-Linie)

Das ADL-Verfahren, Schiller bezeichnet es als Methode der Fortschritts-Rückschrittlinie,[26] ist für Deutschland besonders leicht in seiner Anwendung geworden, seitdem die Frankfurter Börse eine Übersicht liefert, wie viele Aktien jeweils im Vergleich zum Vortrag eine höhere, niedrigere bzw. unveränderte Kursnotiz aufweisen.

In einer zum tatsächlichen Indexverlauf parallel liegenden Skala mit einem frei wählbaren Basisniveau (in unserem Beispiel = 50) werden die kumulierten täglichen Differenzen zwischen gestiegenen und gefallenen Aktien eingetragen. Die A-D-Linie gibt somit ein Bild über die **quantitative** Bewegung des Marktes. Die Methode basiert darauf, daß durch den *Vergleich* des Indexkursverlaufes und der parallelen A-D-Linie Tendenzänderungen des Index erkannt werden können, die die bloße Analyse des Indexverlaufs *allein* nicht ermöglicht. Das Aussagesystem dieses Vrfahrens geht dahin, daß nur bei einer Parallelität beider Entwicklungen eine Trendbestätigung zu vermuten ist, bei konträrem Verlauf von Index und A-D-Linie dagegen eine Tendenzwende des Marktes zu erwarten sei.

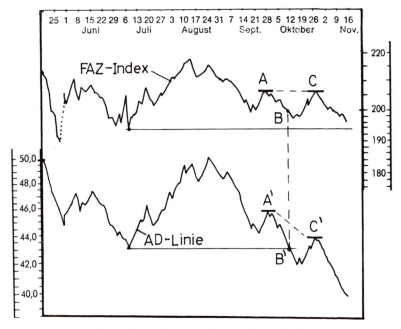

Abb. 31: Aktien-Trendentwicklung mittels AD-Linie

---

[26] Schiller, W., a.a.O., S. 36.

Mit Hilfe weiterer paralleler Untersuchungen von Indexverlauf und A-D-Linie lassen sich weitere Indizien für Trendbestätigungen bzw. Trendänderungen anführen, auf die später noch zurückzukommen sein wird.

Gleitende Durchschnitte

Beim nachträglichen Studium von historischen Kursverläufen läuft man leicht Gefahr, daß der Prognoseversuch in vielen Fällen von subjektiven Ansichten und Wunschinterpretation geprägt wird. Mit der Anwendung der statistischen Methode der gleitenden Durchschnitte hoffte man, einen Indikator gefunden zu haben, der möglichst mechanisch und damit objektiv reagiert und bei Trendänderungen automatisch und schnell auf veränderte Situationen hinweist.

Das Verfahren ist anwendbar für die Index- wie auch Einzelwertprognosen; und es kann ebenso für kurzfristige, d. h. spekulative Engagements wie für langfristige, d. h. Anlageentscheidungen herangezogen werden. Diese Methode ist in ihrer Anwendung äußerst einfach und deshalb wohl auch bei den Börsenteilnehmern bereits recht verbreitet.

Die gleitenden Durchschnittswerte ergeben sich als arithmetisches Mittel einer frei wählbaren Menge von Werten einer bestimmten Zeitreihe, in unserem Fall z. B. der täglichen Indexkurse, indem man gleitend fortschreitet: D. h. es wird jeweils der neueste aktuellste Kurswert zur Durchschnittsbildung herangezogen und dafür im Austausch der weitest zurückliegende Kurs fallen gelassen. Anders als es die statistische Methodenlehre üblicherweise vorsieht, wird der Mittelwert jedoch nicht gleichsam graphisch dem Zentrum der Betrachtungsspanne zugeordnet, sondern der Aktualität der gleitenden Durchschnittskurve wegen, an das Ende des Betrachtungszeitraums gelegt. Die Zusammenhänge macht nachfolgende Graphik deutlich (Abbildung 32). Welches Zeitintervall in die Durchschnittsbildung eingeht, bleibt dem Analysten überlassen. Bekannt sind insbesondere der gleitende 200-Tage-Durchschnitt, wie wir ihn z. B. in den Hopptenstedt-Charts bereits errechnet und eingetragen vorfinden, oder der gleitende 12-Monats-Durchschnitt, aber auch kurzfristige Durchschnitte von etwa 30, 60 oder 90 Tagen sind üblich. Diese Durchschnittskurve glättet naturgemäß den tatsächlichen Kursverlauf; je weiter dabei die Zeitspanne gewählt wird, um so stärker ist demgemäß die Glättung. Der so gewonnenen Durchschnittskurve stellt man nun die aktuellen Kursverläufe gegenüber.

Bei der Auswertung des Verfahrens sucht man nach Schnittpunkten zwischen Durchschnittskurve und aktuellem Kursverlauf und gibt daraus zwei generell gültige, mechanisch anzuwendende Engagementempfehlungen:

1. Kaufe, wenn die Durchschnittskurve von oben her den Kursverlauf durchstößt!

2. Verkaufe, wenn der Durchschnitt den Kursverlauf von unten schneidet!

Die Abbildung Nr. 32 macht deutlich, daß die zeitliche Verzögerung bei der Anzeige von Trendänderungen auch bei dieser Methode unvermeidbar ist. Diese „Spätzündung" hängt logischerweise von zwei Faktoren ab: von der Zeitspanne, die der Berechnung des Durchschnitts zugrunde liegt, und vom Grad und der Stärke der Trendänderung. Aufgrund der mathematischen Struktur der Durchschnittspunkte ändert sich die Kurve um so eher, je kürzer das Zeitintervall ist, aus dem der Durchschnitt errechnet wird. Andererseits beeinflußt ein drastischer Umschwung den Durchschnittsverlauf schneller als eine zögernde Tendenzänderung. Zudem muß man sich darüber klar sein, daß die Methode ungeeignet oder wenig hilfreich ist, wenn sich die Kurse relativ stabil um ein bestimmtes Niveau bewegen oder/und wenn sehr hektische Kursausschläge in rascher Folge vorliegen, was vorwiegend bei Einzelwerten möglich ist.

Durch die Verwendung kürzer befristeter Durchschnitte, die naturgemäß näher an der aktuellen Kurskurve verlaufen, erhöht sich die Zahl der Schnittpunkte, von denen jedoch nicht jeder eine Tendenzwende anzuzeigen braucht. Solche Durchschnittskurven reagieren zwar schneller, haben aber empirisch erwiesen eine weit höhere Fehlerquote als etwa die langfristigen 200 Tage- oder 12 Monatsdurchschnitte. Zur Lösung des Problems, welcher Durchschnitt in welcher Situation zweckmäßigerweise herangezogen werden soll, bietet Linden eine Kombination von 12-Monats- und 6-Monatsdurchschnitt an. Dabei soll die 6-Montskurve zur Anwendung kommen, wenn bei stark ausschlagenden Zyklen die beiden Durchschnittskurven immer weiter auseinanderstreben. In allen anderen Fällen empfiehlt Linden eine Verwendung der 12-Monatskurve.[27]

Sonstige Methoden für Engagementsignale

Vor allem in Amerika sind noch andere Verfahren entwickelt worden, die eine Prognose lang- oder mittelfristiger Trendverläufe eines Index ermöglichen sollen. Es würde die Aufgabenstellung der vorliegenden Arbeit bei weitem sprengen, hier in allen Einzelheiten alle bekannt gewordenen Verfahren zu beschreiben und zu werten. Genannt seien an dieser Stelle nur noch: die **Odd-Lot-Messungen** zur Aktivität der Kleinanleger oder die **Short-Interest-Ratio** oder den **Short-Range-Oscillator**. Eine gute, kurze Beschreibung dieser Verfahren findet sich bei Schiller.[28]

Die Zuverlässigkeit von Gesamtmarktprognosen

Die Namensgebung der hier vorgestellten und der darüber hinaus noch existierenden Verfahren zur Analyse und Prognose eines Gesamtmarktindex machen deutlich, daß sie für den amerikanischen Markt entwickelt wurden und auf dessen strukturelle Bedingungen abstellen, die mit den deutschen Gegebenheiten teilweise nicht vergleichbar sind. Sicher lassen sich einzelne Verfahren ohne Schwierigkeiten auf den deutschen Aktienmarkt übertragen, beispielsweise das Verfahren der Durchschnittsbildung oder die A-D-Linie. Andere dagegen lassen sich wegen des Fehlens statistischen Materials hier überhaupt nicht einführen.

Neben diesem allgemeinen Einwand, der durch Modifizierung der Verfahren vielleicht zu entkräften wäre, bleibt das Problem der Zuverlässigkeit. Untersucht man die Aussagen der einzelnen Methoden über einen längeren Zeitraum, so ist festzustellen, daß kein Verfahren die Entwicklung des Gesamtmarktes ständig richtig abschätzen konnte. Generell kann jeder einzelne Indikator Fehlsignale geben. Das bestätigen auch die Anhänger der technischen Analyse und empfehlen bei ersten Anzeichen einer Trendänderung nach weiteren Beweisen zu suchen. Dies führt aber leicht dazu, daß nur der Analyst auf die Bestätigung seiner durch ein bestimmtes Verfahren induzierten (präjudizierten) Meinung wartet und in der Kursbeobachtung nun Signale sieht, die die erste Prognose zu bestätigen scheinen, aber objektiv aus dem tatsächlichen Bild nicht abgeleitet

---

[27] Vgl. Linden, H., Wann ändert sich der Börsentrend?, in: WP, 1968, Heft 2, S. 41–43.
[28] Vgl. Schiller, W., a.a.O., S. 45–51.

III 4 b: Gleitende Durchschnitte

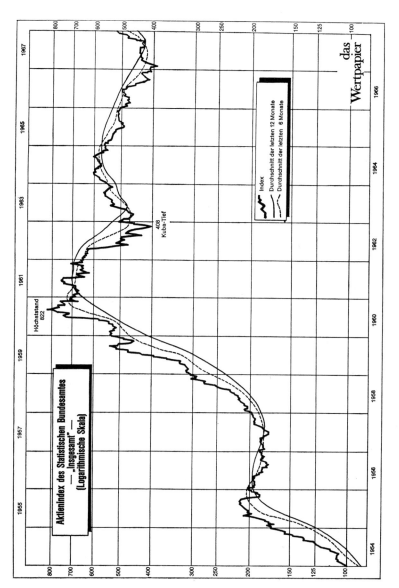

Abb. 32: Verfahren „Gleitende Durchschnitte", entnommen aus: Das Wertpapier 1968, S. 40.

werden können. Seine selektive Wahrnehmung läßt nur einen Kompromiß zwischen Erwartungen und Tatsachen zu. Automatisch kommt es dabei zu einer Vernachlässigung nicht erwarteter Ergebnisse, wie uns die Psychologie sagt.

Chartisten glauben, in einer Zusammenstellung verschiedener Indikatoren zu einem System zuverlässigere Prognosen geben zu können – Cohen und Zinbarg entwickelten einen „Composit-Indikator-Index" als eine Kombination von elf Indikatoren[29]. Ob aus einer additiven Verwendung verschiedener Verfahren bessere Ergebnisse erzielt werden können, muß offen bleiben. Indes dürfte ein System aus einzelnen falsch gedeuteten oder faktisch falschen Indizien oder Indikatoren vermutlich ebensowenig erfolgreich sein, wie Einzelverfahren für sich.

c) Ansätze zur Prognose von Einzelwerten

Die speziellen Verfahren zur Einzelanalyse von Aktienkursverläufen stellen den umstrittensten Teil der technischen Analyse oder des „Chart-reading" im engeren Sinn dar. Am bekanntesten sind die graphische Trendanalyse und die Lehre von den Formationen, aber auch Verfahren, die wir schon zur Gesamtmarktanalyse kennengelernt haben, insbesondere die gleitende Durchschnittsmethode sind für die Einzelwertanalyse verwendbar.

Zum methodischen Vorgehen empfiehlt Granwill[30] vor die spezielle Einzelanalyse auf jeden Fall die Suche nach dem Gesamtmarkttrend zu stellen und nicht gegen die allgemeine Entwicklung zu agieren. Normalerweise dürfte sonst kurzfristiger Erfolg kaum möglich sein und die Aktienspekulation zu risikoreich werden. Es ist z. B. bedeutend „sicherer", in einem ansteigenden Markt eine Aktie à la Hausse zu handeln, als gegen den Trend zu kämpfen, und umgekehrt muß eine im fallenden Markt gekaufte Aktie sich gegen den allgemeinen Pessimismus durchsetzen. Solche antizyklischen Strategien empfiehlt Schiller vor allem den substanzstarken Börsenteilnehmern, da sich bei der bekannten Marktenge der deutschen Börsen ein prozyklisches Verhalten sehr negativ auswirken muß.[31] Aber diese Empfehlung würde eher der gesamten Börsensituation zugute kommen, als dem einzelnen Teilnehmer.

Die nachfolgenden beiden Kapitel sind auf die beiden Verfahrensgruppen der graphischen Trendanalyse und des Formationen-Systems beschränkt. Die Durchschnittsmethode wurde bereits eingehend beschrieben, so daß an dieser Stelle auf die dortigen Ausführungen verwiesen werden kann.

aa) Aktientrendanalyse

Die einzelnen Methoden der graphischen Trendbestimmung bauen auf der Grundhypothese auf, wonach Trends eher die Tendenz haben, eine einmal eingeschlagene Richtung beizubehalten, als sich umzukehren; oder mit den Worten von Isaak Newton: „Ein in Bewegung befindlicher Gegenstand neigt dazu, die Bewegung beizubehalten; ein im Ruhestand befindlicher neigt dazu, in Ruhe zu verharren. Nun war Isaak Newton sicher kein ausgesprochener Diagramm-Statistiker, obgleich diese ihn zu den ihren zählen."[32]

---

[29] Cohen, J., Zinbarg, E., a.a.O., S. 532.
[30] Vgl. Granwill, J. E.: a.a.O., S. 267–270.
[31] Vgl. Schiller, W.: a.a.O., S. 52.
[32] Vgl. die etwas ironischen, aber gerade zum Chart-reading recht illustrativen Ausführungen von Adam Smith (Pseudonym): Das große Spiel um's Geld, München 1972, S. 115 ff.

Richtig ist aber, daß die „Techniker" auf der Hypothese der Trendfortsetzung weitgehend ihr Instrumentarium aufbauen. Aktien solle man erst kaufen oder verkaufen, wenn eine Tendenzwende des Trends signifikant signalisiert wird, und diese Umkehrpunkte würden nach Ansicht der Techniker sich deutlich im Kursbild ankündigen.

Wie läßt sich nun einem Kursbild (das einer Fieberkurve oft gleichen mag) ein allgemeiner Trend zugrundelegen? Bei Chartbetrachtung findet man sehr schnell eine einfache Methode. Durch Verbindung zweier Extrempunkte der Kurskurve entsteht eine Gerade, die sog. Trendlinie. Bewegt sich das Kursniveau nach oben, zieht der Chartist eine Linie zwischen zwei Minima, die einige Wochen auseinanderliegen. Soll der Aufwärtstrend bestätigt werden, dann muß – und das ist das Bestätigungssignal – das zweite Minimum höher liegen als das erste. Bei sinkendem Kursverlauf legt man die Trendlinie natürlich umgekehrt an zwei Maximapunkte, wobei der zweite Punkt dementsprechend niedriger als der erste liegen muß. Wird die Trendlinie markant durchbrochen durch den tatsächlichen Kursverlauf, so wertet dies der Chartgraphiker als ein erstes Zeichen einer denkbaren Wende, allerdings nur, wenn dieser Durchbruch durch entscheidende Umsätze hervorgerufen wurde.

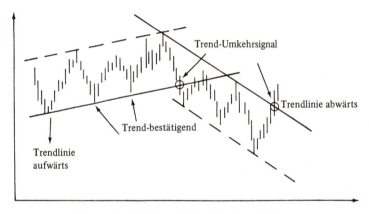

Abb. 33: Trendlinien und Trendkanäle, typisiert.

Die Trendlinie, die beim Aufwärtstrend unter dem Kursverlauf, beim Abwärtstrend über dem Kursverlauf liegt, wird als „innere Linie" bezeichnet. Spezielle empirische Untersuchungen zeigten, daß bei Aktien mit breitem Markt, deren Kurse auf einer Seite von einer inneren Trendlinie begrenzt werden, manchmal auch auf der anderen Seite durch eine parallele „äußere Linie" begrenzt werden. Beide Linien lassen sich nun als „Trendkanal" um den Kursverlauf beschreiben. Wer an die Existenz von Trendkanälen glaubt, kann versuchen, Schwankungen zwischen den Begrenzungslinien für kurzfristige Spekulationen auszunützen.[33]

---

[33] Vgl. Hielscher, U. und Schulz, H. D.: Was man von der Aktienanalyse wissen muß, Teil 4, in: WiWo 1971, S. 87; Vgl. Schiller, W.: a.a.O., S. 60.

Diese nur in Grundzügen skizzierte graphische Trendanalyse ist vielfältig modifiziert und verfeinert worden; so wird die Aufmerksamkeit des Börsenteilnehmers beispielsweise besonders auf markante Ausbrüche aus einem seitwärts gerichteten Trendkanal gelenkt, andere Chartisten legen in den Kursverlauf auch gekrümmte Trendlinien und leiten daraus in bestimmten Situationen Trendumkehrsignale ab.

So sehr dem Nichtfachmann schon jetzt dieses Instrumentarium ominös erscheinen mag, vielleicht läßt sich eine gewisse Berechtigung dieses Vorgehens durch ein viel zitiertes, dem Altmeister der technischen Analyse, Charles Dow zugeschriebenes Analogiebild plausibel machen. Aktientrends und Zyklen lassen sich mit dem Spiel der Gezeiten und den Wellen des Meeres vergleichen. Die Gezeiten sind die von der Konjunktur abhängigen zyklischen Schwingungen, die durch kürzerfristige Wellen und zufällige Schwankungen unterbrochen werden. Während nun die Wellen auf- und niedergehen, trägt die Flut das Wasser immer höher auf den Strand. Die Grundrichtung der Gezeitenströmung kann man messen, indem man am höchsten Punkt, den das Wasser erreicht, einen Stock in den Sand bohrt. Wird dieser Punkt von den nachfolgenden Wellen überspielt, so steigt die Flut; der Stock wird an einer höheren Stelle eingebohrt usw. Dann kommt einmal der Zeitpunkt, an dem die Wellen die letzte Markierung nicht mehr erreichen. Damit ist ein definitives Signal gegeben, daß die Flut in eine Ebbe, die Hausse in eine Baisse umschlägt. Hielscher benutzt diese Analogie, darauf hinzuweisen, daß die Trendanalyse primär keine Prognose stellt, sondern zunächst einmal Tatsachen konstatiert.[34]

bb) Widerstands- und Unterstützungslinien

Bei einzelnen Aktien lassen sich oft Kurse feststellen, die über einen längeren Zeitraum hinweg nicht unter- oder überschritten werden. So ist es bemerkenswert, daß beispielsweise auch schon Monate zurückliegende Höchstkurse weiteren Kurssteigerungen einen beachtlichen Widerstand entgegensetzen und umgekehrt bestimmte Kursminima sich oft erstaunlich lange behaupten, ohne weiter unterschritten zu werden.

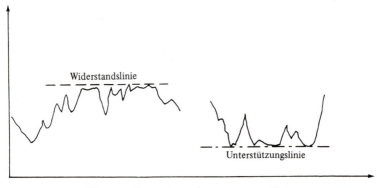

Abb. 34: Widerstands- und Unterstützungslinien.

---

[34] Hielscher, U.: Technische Aktientrendanalyse, in: Beiträge zur Aktienanalyse, Hrsg. Siebert, G., a.a.O., S. 156.

Wie kommt es zu solchen Handelsgrenzen? Die Chartisten haben auch hier marktpsychologische Erklärungen parat. Nach wiederholtem Widerstand an solchen Maxima-Grenzlinien limitieren viele Marktteilnehmer dort ihre Aufträge. Außerdem ist das einzige Ziel vieler Haussespekulanten, die knapp unter der Widerstandslinie gekauft haben und dann von Kursrückgängen überrascht wurden, nur noch ohne Verlust aus dem Engagement zu kommen. Sie warten also ab, bis die Kurse wieder deren Einstandsniveau erreicht haben, und verkaufen dann genauso wie andere Anleger, die mit keinem weiteren Anstieg rechnen und die deshalb ihre Buchgewinne realisieren wollen. Durch den vermehrten Abstoß von Papieren dreht nun die Kursrichtung tatsächlich um.

An der unteren Unterstützungslinie dagegen versuchen viele Anleger, die durch bisherige Minima dazu veranlaßt, an ein weiteres Absinken nicht glauben, günstig zu kaufen; die Aktienbesitzer andererseits sind dort oft nicht mehr bereit, Verluste hinzunehmen und verharren auf ihren Titeln; dadurch zusammengefaßt steigt die Nachfrage und somit auch der Kurs. Natürlich handeln hiermit Börsenteilnehmer im Grunde genommen falsch, denn der Haussier verhindert durch sein Engagement am Widerstandsniveau ein weiteres Ansteigen der Kurse und der Baissier tritt durch seine limitierten Orders zu früh als Käufer auf, ohne vielleicht den wirklichen Tiefstpunkt eines Papiers abzuwarten. So bilden sich in gewissen Bandbreiten Unterstützungs- und Widerstandsniveaus aus, innerhalb derer ein Wertpapier hin- und herpendelt. Und je öfter diese Grenzlinien „getestet" werden, um so widerstandsfähiger scheinen sie zu sein. Der Kurs braucht Zeit und eine gewisse Umsatzstärke, um diesen Wall zu überspringen. Gelingt endlich der Durchbruch, betrachten die Chartisten dies als deutlichen Hinweis für die zukünftige Trendrichtung.

cc) Die Formationen

Über das vielleicht am meisten verbreitete, am meisten belächelte und zurecht umstrittenste Teilgebiet der technischen Aktienanalyse liegen umfangreiche Darstellungen vor.[35] Formationen sind typische Kurs-Umsatzbilder, die in historische Kursverläufe mit einiger Phantasie gelegt werden können und die sich gelegentlich wiederholen. Aber nicht die *Beschreibung* gegenwärtiger Kurssituationen durch diese Bilder ist der Kern der Bemühung, sondern sie sollen Anzeichen oder *Signale* für bestimmte *Fortentwicklungen* des Kurses sein. „Wären diese graphischen Darstellungen lediglich Bilder von dem, was bereits geschehen ist, dann brauchte man sich darüber nicht besonders aufzuregen ... Worüber man sich aber wirklich streiten kann, ist der Gedanke, aus den graphischen Darstellungen ließen sich zukünftige Entwicklungen ableiten".[36]

Wir wählen hier zu einer kurzen Charakterisierung aus dem Formationsgestrüpp nur die klassischen und populären Bilder aus und stellen diese in Modell und Aussage vor. Üblicherweise werden dabei zwei Gruppen unterschieden:

(a) Konsolidierungsformationen, die den bisherigen Trend bestätigen und fortsetzen;

(b) Trendumkehrformationen.

---

[35] Vgl. u. a. Edwards, R. und Magee, J.: Technical Analysis of Stock Trends, Springfield 1973; Schiller, W.: a.a.O., S. 62 ff.
[36] Adam Smith, a.a.O., S. 127 f.

Grundsätzlich kann der Kurs natürlich bei Auftreten eines dieser Bilder die bisherige Richtung fortsetzen oder eine Tendenzwende nach sich ziehen. Der Begriff **Konsolidierungsformation** soll zum Ausdruck bringen, daß im Rahmen einer längerfristigen Entwicklung der Kurs eine gewisse Konsolidierungsphase braucht, um dann – *trendbestätigend* – die bisher eingeschlagene Richtung fortzusetzen. Bei Auftreten einer typischen **Umkehrformation** rechnet dagegen der Techniker mit einer Umkehr des bisherigen Kurstrends. Nach amerikanischer Auffassung, wo diese Lehre eine größere Verbreitung gefunden hat als in Deutschland, müssen Kurs- und Umsatzentwicklung gleichzeitig beobachtet werden und typische Bilder annehmen; denn die meisten Formationen erlauben nur dann Prognosen, wenn sich sowohl die Kurse als auch die Umsätze in einem bestimmten graphischen Zusammenhang entwickeln.

Trendbestätigende Konsolidierungsformationen

Zu dieser Gruppe zählen in erster Linie die Drei- und Viereckbilder, wie etwa das Dreieck selbst, der Wimpel, der Keil, die Flagge, das Rechteck, idealtypische Kursbilder mit ihren zugehörigen Umsatzstrukturen, wie sie nachfolgender Abbildung ohne Kommentar zu entnehmen sind.

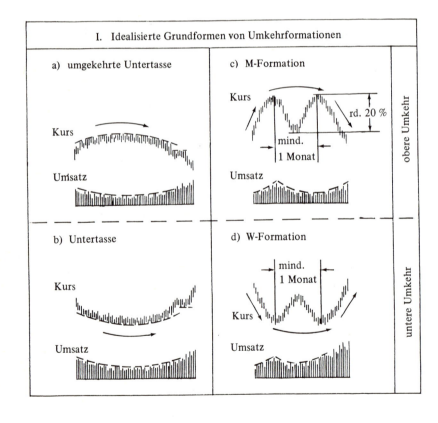

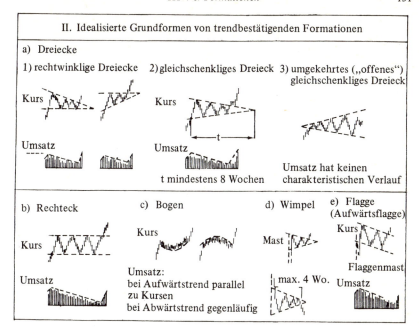

Abb. 35: Formationen, entnommen aus Hielscher U., Technische Aktienanalyse, a.a.O., S. 162.

Zwar unterbrechen diese Konsolidierungsformationen die bisherige Kursentwicklung – das Papier braucht nach oft hektischen Auf- oder Abwärtsentwicklungen eine Phase der Erholung, der Neuorientierung; die Börsenteilnehmer müssen sich an das neue Kursniveau erst gewöhnen, bevor sie Mut zu neuen Engagements finden – aber dann setzt dieses Neuengagement ein und führt zu einer Fortsetzung des alten Trends.

Trendumkehrformationen

Entscheidender für eine erfolgversprechende Börsentaktik ist das rechtzeitige Erkennen von Trendwendepunkten. Die Charttechniker glauben, beim Auftreten einiger typischer Kurs-Umsatzformationen Tendenzwenden an der Börse prognostizieren zu können. Die wichtigsten dieser sogenannten Trendumkehrformationen sind die Untertassen, die W- und M-Bilder, die Kopf-Schulter-Formation und die V-Formation. Eindeutige Untertassen sind das Ideal des Chartisten, doch kommen sie bei Publikumswerten nur relativ selten vor.[37] Das Problem der W-M-Formationen liegt in der Erkennung des Kursbildes. Es ist davor zu warnen, hinter jeder üblichen Zick-Zack-Linie eine Formation im Anfangsstadium zu vermuten. Andererseits ist – wie bei vielen Verfahren der technischen Analyse – nach der vollen Ausprägung einer Formation die günstigste Chance für ein Wertpapierengagement bereits vertan. Dieses Problem tritt auch bei der V-Formation zutage, denn dort folgt einem abrupten Abfallen des

---

[37] Vgl. Jiler, William, a.a.O., S. 85.

Kurses ebenso unerwartet ein erneuter steiler Kursanstieg; die Tendenzwende wird hier fast zwangsläufig nicht bemerkt, weil der erneute Aufschwung erst die V-Formation beendet.

Auch die Trendumkehrformationen lassen sich verhaltenstheoretisch interpretieren, wie es etwa der Versuch einer Interpretation bei Jiler zeigt.[38] Es würde jedoch zu weit führen, hier im einzelnen das Marktverhalten des Börsenpublikums zu beschreiben.

dd) Zuverlässigkeit des Formationssystems und des chart-reading

Die Unklarheit und die Möglichkeit der Fehlinterpretation der Kursbilder im Instrumentarium der Formationen wird selbst von den Anhängern dieser Lehre zugestanden. Viele Techniker lehnen dieses gesamte System deshalb von vornherein ab. Um dies zu belegen, soll im folgenden nur kurz gezeigt werden, welche Interpretationsmöglichkeiten ein Kursbild zuläßt, das je nach der Einstellung vor allem des ungeübten Chartlesers konträre Signalempfehlungen nach sich zieht. Leider findet der Analyst in der Realität nur selten eindeutig ausgeprägte Formationen.

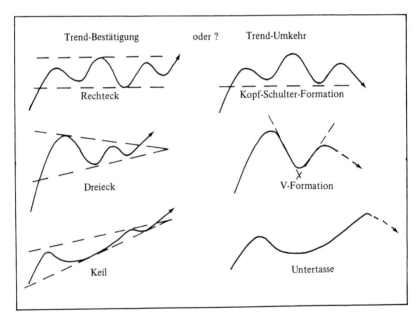

Abb. 36: Mehrdeutigkeit von Formationen.[39]

---

[38] Vgl. Jiler, William, a.a.O., S. 73 ff.

[39] Der Fachmann wird einwenden, daß aufgrund der den Formationen beizulegenden Umsatzstrukturen und/oder der unterschiedlichen Länge der Kurs-Umsatz-Bilder Verwechslungen nicht so leicht möglich sind. Mit den hier vorgetragenen Problemen sollte lediglich voreiligen Interpretations-Spielen des Unkundigen vorgebeugt werden und auf die Gefahren voreiliger Börsenengagements hingewiesen werden.

Eine Unterscheidung und richtige Auswahl unter verschiedenen Alternativen wird dadurch erschwert oder ist letztlich erst ex post zu treffen. Hinzu kommt, daß bestimmte Kursbilder wiederum nicht eindeutig fixiert sind. Als eines verschiedener Beispiele sei das offene Dreieck genannt, bei dessen Auftreten überhaupt nichts über die Fortsetzung des Kurses gesagt werden kann.

Es ist also viel Erfahrung im Umgang mit dieser Form des chart-reading nötig, wie in allen Äußerungen zu diesem Instrumentarium hervorgehoben wird. Dem Laien wird in jedem Fall äußerste Zurückhaltung im Gebrauch dieser Prognosemittel empfohlen. Unkritische daraus abgeleitete, auf bloßen Bildvermutungen basierende größere Börsenengagements, würden leicht zu großen Verlustrisiken führen. Deshalb wird in allen Publikationen empfohlen, nicht im luftleeren Raum ohne fundamentale und monetaristische Absicherung zu operieren, sondern *erst* eine Beurteilung der Gesamtmarktsituation *und* einzelner Objekte anzustreben und *dann* nach Bestätigungen über die Technische Analyse zu suchen und einen geeigneten Engagementzeitpunkt zu finden.

Literatur: Wertpapieranalyse

Büschgen, H. E., Wertpapieranalyse, Stuttgart 1966; *Hecker, G.*, Aktienanalyse zur Portfolio-Selection, Meisenheim am Glan 1974; *Mayer, G.*, Darstellung und Kritik fundamental-analytischer Aktienbewertungsmethoden, Diss. München 1973; *Schiller, W.*, Technische Aktienanalyse – Chart-Reading, München 1971; *Siebert, G.*, Beiträge zur Aktienanalyse, Frankfurt 1972; *Waschowski, H.*, Prognose von Aktienkursen, Frankfurt 1971;

Fragen: Wertpapieranalyse

1. Welche Effektivrendite ergibt sich aus folgendem Angebot einer Obligation: Kurs 106%, Nominalzins 9%, Rückzahlung zu pari nach noch 3 tilgungsfreien Jahren in fünf gleichen Jahresraten?
2. Begründen und beschreiben Sie das Konzept des present value!
3. Welche Gründe sprechen für und gegen die Verwendung der Dividende als Zentralgröße der fundamental-analytischen Beurteilung von Aktien im Konzept der „present-value-Theorie" und der PER?
4. Welche Bedeutung kommt im Rahmen der Aktienanalyse der PER zu und wie begründet sich dies?
5. Welche Einwände sprechen prinzipiell gegen die Fundamentalanalyse?
6. Welche Wirkung haben restriktive Maßnahmen der Bundesbank im Rahmen ihrer Geldpolitik theoretisch auf die Kursbildung am Aktienmarkt?
7. Von welchen Prämissen geht die Technische Analyse aus?
8. Wie ist das Verfahren der gleitenden Durchschnitt als Kursentwicklungs-Indikator zu beurteilen?

IV. Finanzwirtschaftliche Disposition des Umlaufvermögens

Das in der Bilanz ausgewiesene Umlaufvermögen kann auch Positionen enthalten, die dem Strukturkapital zuzurechnen sind. Die Vermögensteile, die sich innerhalb eines Produktionszykluses oder mindestens innerhalb eines Jahres wieder in liquide Mittel zurückverwandeln, sind dem sog. **Working Capital** (Umschlagvermögen, fond de roulment) zuzurechnen. Im Rahmen des Umsatzprozesses werden liquide Mittel in Vorräten gebunden, wandeln sich bei Veräußerung in Forderungen und werden bei Bezahlung wieder in liquide Mittel zurückgeführt (vgl. Schaubild).

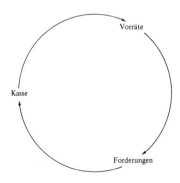

Abb. 37: Produktionszyklus und Vermögensumschichtung

Da die durch Verkauf ausscheidenden Vorräte durch neue ersetzt werden, und ebenso der Forderungsbestand immer wieder aufgefüllt wird, ist ein bestimmter Prozentsatz des Working Capital permanent vorhanden. Zum **permanenten Working Capital** tritt ein fluktuierender Teil hinzu, der sich aus Umsatzspitzen ergibt (vgl. Abbildung 38).

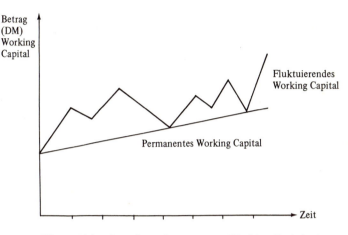

Abb. 38: Flukturierendes und permanentes Working Capital

Das **fluktuierende Working Capital** entzieht sich meist einer mittel- oder längerfristigen Kapitalbedarfsplanung. Es erfordert oft kurzfristig liquide Mittel und setzt andererseits liquide Mittel frei, die vorübergehend einer rentablen Kapitalanlage zugeführt werden müssen. Dadurch ergeben sich speziell Probleme im Hinblick auf eine bedarfsadäquate Kassenhaltung (zum Working Capital siehe auch Kapitel D Finanzanalyse, S. 262).

1. Das Kassenhaltungsproblem

a) Ziele und Aufgaben der Kassenhaltung

Unter Kasse ist im vorliegenden Zusammenhang nicht nur der Bargeldbestand einer Unternehmung, sondern auch das Buchgeld, das in liquider Form zur Verfügung steht, wie etwa auf Bank- und Postscheckkonten, zu verstehen. Dabei ist unerheblich, ob das Geld aus Kreditgewährung stammt oder aus eigenen Mitteln der Unternehmung.

Die Gründe für Kassenhaltung lassen sich nach Keynes zurückführen auf das **Transaktions-,** das **Vorsichts-** und das **Spekulationsmotiv.** Die Transaktionskasse einer Unternehmung dient dazu, den laufenden prognostizierten Auszahlungsbedarf abzudecken. Da die Prognose jedoch nicht mit letzter Genauigkeit möglich ist (fluktuierendes Working Capital!) sind liquide Mittel auch in gewissem Umfang aus dem Vorsichtsmotiv heraus zu halten. Die „Vorsichtskasse" trägt zur Stabilität des Zahlungsgebarens einer Unternehmung bei. Eine Kassenhaltung unter spekulativen Gesichtspunkten erfolgt, um plötzlich auftretende günstige Kapitalanlagemöglichkeiten zu nutzen. Zu diesen drei Hauptmotiven der Kassenhaltung können teilweise noch weitere sehr spezielle hinzukommen.

So kann es zur Sicherung der Kreditwürdigkeit erforderlich sein, einen höheren Kassenbestand zu halten als eigentlich erforderlich, um bestimmten von Kreditinstituten beachteten Liquiditätskennziffern zu entsprechen.

Auch die Kassendisposition (Cash Management) hat sich an den finanzwirtschaftlichen Zielsetzungen der Unternehmung zu orientieren. Sie muß daher ebenfalls zur Rentabilitätssteigerung unter Beachtung der Liquiditätssicherung beitragen. Da die Kasse keine verzinsliche Geldanlage darstellt, ist sie aus Rentabilitätsgründen möglichst niedrig zu halten.

Dem steht jedoch das Transaktions- und Vorsichtsmotiv entgegen. Bei der Kassenhaltung ist daher ein Ausgleich zwischen dem Rentabilitätsstreben und der Erhaltung der Liquidität zu suchen. Je präziser der Finanzplan, speziell der Plan der Einzahlungen und Auszahlungen, desto näher kann mit dem Cash Management an die Grenze zwischen Ertragssteigerung und Gewinnverlust (durch Illiquidität) herangegangen und eine möglichst hohe Rentabilität erzielt werden. Die Kassendisposition ist somit wesentlicher Bestandteil der kurzfristigen Finanzplanung (vgl. Kap. E, Finanzplanung).

Zum Cash Management gehört jedoch auch neben der planerischen Vorausschau eine aktive Gestaltung der Zahlungsvorgänge. Es bieten sich hier vor allem Maßnahmen an, die zu einer Beschleunigung der Einzahlungen und einer Verzögerung der Auszahlungen führen. Eine schnellere Rechnungsversendung und das Vorschreiben geeigneter Zahlungswege kann zu einer Beschleunigung des Zahlungseingangs beitragen. Bei der Verzögerung von Auszahlungen ist darauf zu achten, daß der Ruf der Unternehmung im Geschäftsleben nicht leidet.

Zur Ermittlung des optimalen Kassenbestandes sind in der Literatur eine Reihe von Modellen vorgeschlagen worden. Die Kassenhaltung wird dabei häufig als spezielles Lagerhaltungsproblem gesehen, zu dessen Lösung die für die optimale Lagerhaltung entwickelten Modelle herangezogen werden können.

b) Kassenhaltungsmodelle

aa) Baumol-Modell

Die zur Bestimmung der optimalen Bestellmenge bei der Lagerhaltung verwendete Formel (EOQ-Methode = Economic Order Quantity) wird von William Baumol auf das Problem der optimalen Kassenhaltung übertragen. In der Lagerhaltungsformel werden die Lagerhaltungs- und Bestellkosten, der Gesamtbedarf einer Periode und der Güterpreis berücksichtigt. Bei Uminterpretation auf das Kassenhaltungsproblem entsprechen den Lagerkosten entgangene Zinsgewinne für zinslos gehaltene Beträge, den Bestellkosten der Waren die Kosten bei der Beschaffung von Krediten oder bei der kurzfristigen Geldanlage. Im Gegensatz zur Lagerhaltung sind bei der Kassenhaltung die Kosten, die dadurch entstehen, daß ein Bedarf über den vorhandenen Bestand hinausgeht, nicht monetär quantifizierbar. Während bei einem zu geringen Bestand an Waren eine Gewinnminderung auftritt, besteht bei fehlender Liquidität die Gefahr des Konkurses.

Das Baumol-Modell unterstellt, daß Kassenzuflüsse jeweils zu Beginn einer Periode erfolgen, während die Abflüsse permanent und gleichmäßig während der ganzen Periode stattfinden (vgl. Abb. 39).

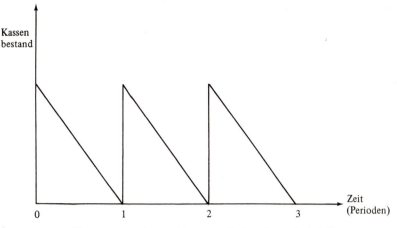

Abb. 39: Ein- und Auszahlungen nach dem Baumol-Modell

Unsicherheit über Zahlungsein- oder -ausgänge wird im Baumol-Modell nicht berücksichtigt. Auf dieser Basis kann nun eine optimale Politik der kurzfristigen Anlage liquider Mittel entwickelt werden.

Zu Beginn der Teil-Periode t_0 wird ein Betrag J einer kurzfristigen rentablen Anlage (Geldmarktpapiere) zugeführt. Ein kleiner Restbetrag R verbleibt zur Begleichung der laufenden Zahlungsanforderungen in der Kasse (s. Abb. 40).

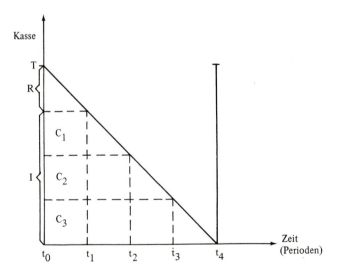

Abb. 40: Umwandlung von kurzfristig angelegten Mitteln in Geld innerhalb einer Periode

Ist der Betrag R in der Teil-Periode t_1 verbraucht, so wird der Betrag C_1 für die nachfolgende Periode (t_2) desinvestiert. Das Vorgehen in t_2 und t_3 ist analog, so daß sukzessive der in t_0 zur Verfügung stehende Gesamtbetrag T im Zeitpunkt t_4 liquidiert ist. Im Baumol-Modell wird also unterstellt, daß ein Gesamtbetrag von

T innerhalb einer Periode in einem konstanten Zahlungsstrom abfließt. Weiter geht Baumol davon aus, daß die Unternehmung sich Geld entweder durch Kreditaufnahme oder durch Desinvestition beschaffen kann, wobei für beide Alternativen sich die Opportunitätskosten auf einen Zinssatz i pro Geldeinheit und Periode belaufen.[1] Die Geldaufnahme bzw. der Desinvestitionsprozeß erfolgt jeweils in einem Teilbetrag in Höhe von C gleichmäßig über die ganze Periode verteilt. Bestimmt werden soll im Modell die Höhe der jeweils zu desinvestierenden bzw. aufzunehmenden Beträge C.

Nimmt man eine Unterteilung der Kosten in Kapitalanlagekosten (b_d = fixe Kosten der Kapitalanlage, k_d = variable Kosten der Kapitalanlage) und in Kosten des Desinvestitionsprozesses (b_w = fixe Desinvestitionskosten, k_w = variable Desinvestitionskosten) vor, so ergibt sich folgende Gesamtkostenfunktion:

$$Z = \left(\frac{T-J}{2}\right) i \cdot \left(\frac{T-J}{T}\right) + b_d + k_d J + \left(\frac{C}{2}\right) i \left(\frac{J}{T}\right) + \left(b_w + k_w C\right) \frac{J}{C}$$

Die optimale Höhe von C kann durch Ableiten der Gleichung nach C, Null-Setzen und Auflösung nach C ermittelt werden. Es ergibt sich folgende optimale Größe von C:

$$C' = \sqrt{\frac{2 b_w T}{i}}$$

Daneben kann auch das Optimum von R bestimmt werden, also des Betrages, der bereits zu Beginn der Periode in der Kasse verbleibt und keiner Anlage zugeführt wird.

$$R' = T - J = C + T \left(\frac{k_w + k_d}{i}\right)$$

Die optimale Größe von C ist also abhängig von den fixen Kosten des Kapitaltransfers, wobei höhere Fixkosten unter sonst gleichen Bedingungen ein höheres C zur Folge haben. Je höher die Opportunitätskosten i des Kassenfonds sind, um so kleiner sind die Desinvestitionsbeträge C zu wählen.

Baumol geht selbst davon aus, daß sein Modell eine starke Vereinfachung der Realität darstellt, daß es aber trotzdem als Entscheidungshilfe dienen kann. Die am meisten zu kritisierende Prämisse ist die Annahme, daß die Auszahlungen bekannt sind (Unsicherheitsproblem) und sich stetig über die Periode verteilen. Das Modell berücksichtigt außer den Desinvestitionsbeträgen C keine sonstigen Einzahlungen, wie sie etwa aus normalen und außerordentlichen Umsätzen resultieren. Es wird eher die Situation eines privaten Haushaltes, der Gehaltszahlungen erhält, beschrieben, als die einer Unternehmung. Berücksichtigt wird im Modell nur das Transaktionsmotiv, nicht jedoch das Vorsicht- und Spekulationsmotiv.

Insbesondere der im Modell unterstellte Zahlungsverlauf, der für die meisten Unternehmen nicht der Realität entspricht, hat zu einer Reihe von Modifikationen des Baumol-Modells geführt.

---

[1] Baumol, W. J., The Transactions Demand for Cash: An Inventory Theoretic Approach. In: Quarterly Journal of Economics, Nov. 1952, S. 545–556.

bb) Das Modell von Beranek

Beranek bezieht im Gegensatz zu Baumol eine Wahrscheinlichkeitsverteilung über die zu erwartenden Kassenzuflüsse mit ein. Darüber hinaus versucht er die Kosten, die einer Unternehmung dadurch entstehen, daß es zu Zahlungsstockungen kommt, die dann ihrerseits zu einer schwindenden Kreditwürdigkeit bei Banken und Lieferanten führen, zu berücksichtigen. Im Gegensatz zu Baumol treten bei ihm die Kassenzuflüsse als kontinuierlicher Strom auf, über die dann durch Auszahlungen disponiert wird (s. Abb. 41).

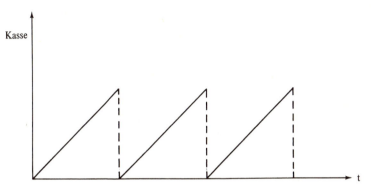

Abb. 41: Verlauf des Kassenbestandes im Modell von Beranek

Die Auszahlungen treten im Modell also jeweils am Periodenende auf, wobei ein vorhandener Restkassenbestand einer verzinslichen Anlage zugeführt wird.

Beranek geht von einem erwarteten Cash Flow aus, für den eine Wahrscheinlichkeitsverteilung ermittelt werden kann.[2] Ziel des Modells ist die Maximierung der Rückflüsse aus den kurzfristigen verzinslichen Geldanlagen unter Beachtung der Transaktionskosten und des Illiquiditätsrisikos.

cc) Das Modell von Miller und Orr

Miller und Orr berücksichtigen, daß die Einzahlungen sich nicht auf einen Zeitpunkt konzentrieren, sondern unregelmäßig während der ganzen Periode auftreten.[3] Gleiches gilt für die Auszahlungen, die sich ebenfalls über die ganze Periode verteilen. Dem Modell wird somit ein innerhalb der Periode schwankender Kassenbestand zugrunde gelegt (s. Abb. 42).

---

[2] Beranek, W., Analysis for Financial Decisions, Homewood, Ill. 1963, S. 345 ff.
[3] Miller, M. H., Orr, D., A Model of the Demand for Money by Firms, in: Quarterly Journal of Economics, Aug. 1966, S. 413 ff.

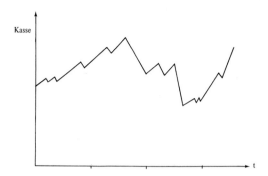

Abb. 42: Verlauf des Kassenbestandes im Modell von Miller und Orr

Es wird angenommen, daß sich der Kassenbestand innerhalb einer Periode in Richtung und Größe zufallsabhängig bewegt, daß jedoch über eine zunehmende Anzahl von Perioden eine Normalverteilung unterstellt werden kann.

Auch das Miller/Orr-Modell versucht einen optimalen Ausgleich zwischen Bargeldhaltung und kurzfristiger rentabler Geldanlage zu finden. Der Kassenbestand kann sich innerhalb der Kontrollgrenzen 0 (= Untergrenze) und h (= Obergrenze) frei bewegen. Erreicht der Kassenbestand die obere Kontrollgrenze h, so wird auf das niedrigere Niveau z abgesenkt. Der Betrag h − z wird einer kurzfristigen rentablen Geldanlage zugeführt. Sinkt der Kassenbestand auf 0 ab, so wird ein Betrag in Höhe von z an Geldmarktpapieren veräußert und der Kasse zugeführt. Das Ziel des Miller/Orr-Modells ist es nun, unter Maximierung der Rentabilität die optimale Höhe von h und z zu bestimmen.

Wie beim Modell von Baumol werden Transferkosten b unabhängig von Höhe und Richtung des Transfers angenommen. Dabei wird unterstellt, daß der Transfer selbst keine Zeit erfordert. Die rentabel angelegten Beträge erbringen einen Zins von i Prozent pro Tag. Ein Planungszeitraum wird in gleich große Einheiten unterteilt. Während dieser Zeitspanne (t) nimmt der Bestand an Zahlungsmitteln mit der Wahrscheinlichkeit p zu, oder mit der Wahrscheinlichkeit (1 − p) = q ab, und zwar jeweils um m-Geldeinheiten. Über einen Zeitabschnitt von nt hinweg führt dies zum Mittelwert μ_n = ntm (p − q) bei einer Varianz von σ^2_n = 4 ntpqm². Diese Verteilung kann für zunehmendes n als normal verteilt angesehen werden. Um das Problem der Optimumfindung zu vereinfachen, wird bei Miller/Orr unterstellt, daß p = q = 0,5. In diesem Fall ergibt sich ein μ = 0 und ein σ^2 = m² t. Für einen Planungszeitraum von T Tagen ergeben sich folgende Kosten:

$$E(c) = b \cdot \frac{E(N)}{T} + i \cdot E(M)$$

wobei E (N) die Anzahl der erwarteten Transfers und E (M) den Erwartungswert des durchschnittlichen täglichen Kassenbestandes darstellen.

E (c) soll durch entsprechende Wahl von h und z minimiert werden. Das Optimum liegt bei:

$$z^* = \sqrt[3]{\frac{3\,b\,m^2\,t}{4\,i}}$$

(für p = q = 0,5)

$h^* = 3z^*$

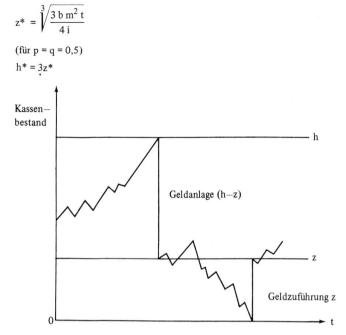

Abb. 43: Kassenhaltungsstrategie nach Miller und Orr

Die Geldzuführung in Höhe von z kann auch bereits vor Erreichung eines Kassenbestandes von 0 erfolgen. Hierzu bedarf es einer unteren Kontrollgrenze, die dem für erforderlich gehaltenen Minimumbestand entspricht. Gewisse Schwierigkeiten bereitet in der Praxis die Bestimmung des Parameters b „Transferkosten". Miller und Orr gehen davon aus, daß hierzu auch Kosten etwa für Ferngespräche, für Auftragserteilung, für Ausfüllen und Kontrollieren der Transaktionsunterlagen und ähnliches gehören, die jedoch häufig nur schwer bestimmt werden können.[4] Bei der hier wiedergegebenen Lösung wurde unterstellt p = q = 0,5. Diese einschränkende Bedingung kann jedoch aufgehoben werden und das Modell kann auch auf Fälle Anwendung finden, bei denen sich Ein- und Auszahlungen im Zeitablauf durchschnittlich nicht entsprechen. Der Wert von p = q = 0,5 stellt jedoch für die Mehrzahl der Unternehmungen eine relativ gute Annäherung an den Verlauf von Ein- und Auszahlungen dar.

Das Modell wurde von Miller und Orr auch dahingehend ausgeweitet, daß neben kurzfristigen Geldanlagen auch langfristige Kapitalanlagen mit einbezogen sind.[5] Es berücksichtigt in dieser erweiterten Form eine optimale Mischung zwischen kurz- und langfristigen Anlagen und integriert dabei die Annahme, daß eine langfristige Kapitalanlage zu höheren Erträgen führt, daß aber gleichzeitig die Transaktionskosten gegenüber einer kurzfristigen Anlageform steigen.

---

[4] Vgl. Miller, M. H., Orr, D., An Application of Control Limit Models to the Management of Corporate Cash Balances, in: Robichek, A. A., (Hrsg.), Proceedings of the Conference on Financial Research and its Implications for Management, New York 1967.

[5] Miller, M. H., Orr, D., The Demand for Money by Firms: Extension of Analytic Results, in: Journal of Finance, XXIII, Dez. 1968, S. 735 ff.

Besitzt eine Unternehmung einen Einzahlungs- und Auszahlungsplan, so ist sie auf die von Miller und Orr angenommene Zufallsabhängigkeit des Kassenbestandes nicht angewiesen. Trotzdem besitzt das Modell seine Praktikabilität, wie sich bei seiner Anwendung in der Praxis gezeigt hat. Insbesondere erscheint der von Miller und Orr angenommene Verlauf der Einzahlungen und Auszahlungen der Realität näher zu kommen als etwa der im Baumol-Modell unterstellte gleichmäßige Mittelabfluß innerhalb einer Periode.

dd) Beurteilung der Kassenhaltungsmodelle

Die am Lagerhaltungsproblem orientierten Kassenhaltungsmodelle unterstellen einen bestimmten Verlauf der Einzahlungen und/oder Auszahlungen, der keine Allgemeingültigkeit besitzt. Dies gilt insbesondere für das Konzept von Baumol. Die Modelle besitzen jedoch den Vorzug, daß sie die Probleme einer optimalen Kassenhaltung transparenter machen. Darüber hinaus können sie, wie etwa die praktische Bewährung des Ansatzes von Miller/Orr zeigt, auch Entscheidungshilfen darstellen. Wie gezeigt wurde, steht das Problem der optimalen Überführung von überschüssigen Kassenbeständen in rentable kurzfristige Anlagen im Vordergrund. In der Praxis ist jedoch meistens die rentabelste Verwendungsform für überschüssige liquide Mittel die Abdeckung eines in Anspruch genommenen Kontokurrentkredits, da dieser höhere Sollzinsen verursacht als andererseits kurzfristig Habenzinsen zu erzielen sind. Ferner sind bei der kurzfristigen Anlage liquider Mittel bestimmte Anlagefristen und -beträge zu beachten. Die Kassenhaltungsmodelle müßten daher durch Einbeziehung des passiven Kreditprogramms erweitert werden.

Eine Verbesserung in anderer Richtung ist dadurch zu bewirken, daß eine Präzisierung der Einzahlungen aus Forderungseinzug vorgenommen wird. Dies kann durch Ermittlung der Verweilzeiten der Forderungen erfolgen (s. nachfolgenden Abschnitt: 2. Disposition der Forderungen). Im Rahmen eines Simulationsmodells, wie es z. B. von Lerner vorgeschlagen wird, können dabei auch verschiedene Varianten der Kreditpolitik mit einbezogen werden.[6] Werden die so bestimmten Einzahlungen durch die in kurzfristigen Finanzplanungen festgelegten Zahlungsvorgänge ergänzt und präzisiert, so kann eine exaktere Vorausschau über den zu erwartenden Cash Flow erreicht werden.

2. Die Disposition der Forderungen

Der Forderungsbestand einer Unternehmung verursachte Finanzierungs-, Verwaltungs-, Inkassokosten und beinhaltet die Gefahr des Kapitalverlustes. Die Unternehmung muß zur Finanzierung des Forderungsbestandes, soweit keine Abdeckung durch Eigenkapital möglich ist, selbst Kredite aufnehmen. Vielfach erfolgt der Ausgleich durch Inanspruchnahme von Lieferantenkrediten. Auch im letzteren Fall entstehen der Unternehmung durch den Verzicht auf den Skontoabzug Finanzierungskosten. Die Verwaltung des Forderungsbestandes erfordert Personal- und Sachaufwendungen. Erfolgt keine fristgerechte Begleichung der Forderungen, so entstehen der Unternehmung Kosten des Mahn- und Inkasso-

---

[6] Lerner, E. M., Simulating a Cash Budget, in: California Management Review, Winter 1968, S. 78 ff., auch abgedruckt in: Smith, V. K., Management of Working Capital, (Reader), New York 1974, S. 51 ff.; derselbe, Managerial Finance, New York 1971, S. 119 ff.

wesens. Geht der Abnehmer in Konkurs und bleibt eine Zwangsvollstreckung erfolglos, so erleidet die Unternehmung einen Kapitalverlust schlechtestensfalls bis zur vollen Höhe der Forderung.

Zur Minimierung der Kosten und des Kapitalverlustrisikos wäre unter finanzwirtschaftlichem Gesichtspunkt ein möglichst kleiner Forderungsbestand sinnvoll. Dem stehen jedoch Marketing-Gesichtspunkte und gebräuchliche Handelskonditionen entgegen. Denn die Kreditpolitik stellt ein wichtiges absatzpolitisches Instrumentarium dar und hat in manchen Branchen einen erheblichen Einfluß auf die Umsatzentwicklung. Daher muß ein Ausgleich zwischen den Belangen der Absatzförderung und den Finanzierungskosten gefunden werden.

Die Höhe des Forderungsbestandes wird beeinflußt vom jeweiligen Umsatz, den Zahlungs- und Kreditkonditionen sowie durch die Handhabung des Mahn- und Inkassowesens. Bei jeder Umsatzausdehnung muß daher berücksichtigt werden, daß die damit zusammenhängende Erhöhung des Forderungsbestandes finanziert wird. Die Veränderung der Zahlungs- und Kreditkonditionen stellt ihrerseits ein wichtiges finanzwirtschaftliches Instrumentarium dar. Durch ein Absenken der Verweilzeit von Forderungen kann eine vorübergehende oder sogar eine dauernde Desinvestition erreicht werden, durch die sich liquide Mittel freisetzen. Eine Steuerung des Zahlungsverhaltens ist durch Veränderung der Kreditfristen und der Höhe des Skontoabzugs sowie durch die Intensität der Anmahnung säumiger Schuldner möglich. Bei diesen Maßnahmen ist allerdings auch zu berücksichtigen, daß sie zum Abwandern von Kunden führen können. Sie bieten sich jedoch speziell bei Liquiditätsengpässen der Unternehmung an.

Der voraussichtliche Forderungsbestand einer Unternehmung für die nächste Periode kann mit folgender Formel abgeschätzt werden:

$$\text{Forderungsbestand} = \frac{\text{prognostizierter Jahresumsatz}}{360} \times \text{durchschnittliche Inkassodauer (in Tagen)}$$

Für die Finanzplanung und die Kassendisposition ist die durchschnittliche Verweildauer der Forderungen von Bedeutung. Zur Ermittlung der Verweildauer bedarf es einer Untersuchung des Zahlungsverhaltens der Abnehmer. Ist das Zahlungsverhalten relativ stabil, so können Inkassoklassen gebildet werden. Einige derartige Aufschlüsselung kann z. B. folgendes Aussehen besitzen:

Zeit in Monaten	% der Forderungen aus t − 1, die zu Einzahlungen werden
t	10
t + 1	30
t + 2	55
t + 3	5

Abb. 44: Beispiel für ein Liquidationsspektrum eines Forderungsbestandes bei einem Zahlungsziel von 3 Monaten.

Basiert der Forderungsbestand auf einer geringen Anzahl von Rechnungen, so wird das Liquidationsspektrum den tatsächlichen Zahlungseingang meist nur schlecht wiedergeben.[7] (Zur Ermittlung von Liquidationsspektren und Verweilzeitverteilungen siehe im übrigen Kap. E: Finanzplanung).

---

[7] Vgl. Langen, H., u. a., Unternehmensplanung mit Verweilzeitverteilungen, Berlin 1971; Schmitt, H. J., Planungsbuchhaltung, Berlin 1971.

3. Die Lagerhaltung als finanzwirtschaftliches Entscheidungsproblem

Ebenso wie der Bestand an Forderungen bindet auch die Lagerhaltung finanzielle Mittel der Unternehmung, für die **Finanzierungskosten** entstehen. Eine zu kleine Vorratshaltung beinhaltet jedoch die Gefahr, daß durch Produktionsausfälle Fehlmengenkosten entstehen. Darüber hinaus können bei größeren Bestellmengen auch günstigere Bezugskonditionen ausgehandelt werden. Eine hohe Lagerhaltung mit starker Kapitalbindung stellt auch eine **Liquiditätsbelastung** dar. Ebenso wie bei der Kassenhaltung muß daher auch beim Lagerbestand ein Ausgleich zwischen den gegensätzlich verlaufenden Kosten und Größen gefunden werden.

Speziell für die Vorratshaltung wurden in der Literatur eine Reihe von Lagerhaltungsmodellen entwickelt. Unterstellt man, daß der Materialbedarf über die gesamte Planungsperiode konstant ist und sich somit die Lager kontinuierlich abbauen, so kann ein einfaches Vorratshaltungs-Modell entwickelt werden, das bereits 1927 von Stefanic-Allmeyer in seinen Grundzügen entwickelt wurde.[8] Zu Beginn der Periode t_o wird der Bedarf m für die nachfolgende Zeiteinheit beschafft. Dieser wird während der Periode kontinuierlich verbraucht und muß daher zum Zeitpunkt t_1 neu bestellt werden. Um stets einen gewissen eisernen Bestand zu gewährleisten, wird die Bestellung bereits durchgeführt, wenn der Lagerbestand diese Mindestmenge erreicht hat (vgl. Abb. 45).

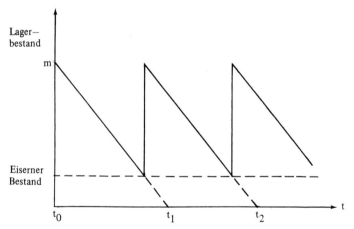

Abb. 45: Einfaches Lagerhaltungsmodell mit kontinuierlichem Lagerabgang

Wie bereits ausgeführt, wurde dieses Lagerhaltungsmodell von Baumol auf den Kassenbestand übertragen. Für die optimale Bestellmenge ergibt sich daher hier die gleiche Lösung wie beim Baumol-Modell:[9]

---

[8] Stefanic-Allmeyer, Die günstigste Bestellmenge beim Einkauf, in: Sparwirtschaft, Zeitschrift für wirtschaftlichen Betrieb, 1927, S. 504 ff.
[9] Zur Herleitung der Losgrößenformel siehe Baumol-Modell S. 158 sowie: Gutenberg, E., Grundlagen der Betriebswirtschaftslehre, Bd. 1: Die Produktion, 11. Aufl., 1965, S. 193 f.

$$x = \sqrt{\frac{2\,d\,m}{p\,q}}$$

x = optimale Bestellmenge p = Einstandspreis
d = bestellfixe Kosten (Lager- und Zinskontensatz)
m = Bedarf pro Periode $q = \dfrac{}{100}$

Saisonale, konjunkturelle oder zufallsbedingte Schwankungen im Materialverbrauch werden durch dieses Modell nicht berücksichtigt. Ferner wird der Einstandspreis der Vorräte als bestellmengenunabhängige Größe angesehen. In komplizierteren Modellen des Operations Research werden deshalb auch diese Größen bei der Bestimmung der optimalen Bestellmenge mit einbezogen.[10]

Durch Verringerung des Lagerbestandes von Vorräten, Halb- und Fertigfabrikaten kann ein Kapitalfreisetzungseffekt erfolgen (Finanzierung durch Vermögensumschichtung). Kurzfristige liquiditätspolitische Eingriffe sind jedoch nur im beschränkten Umfang möglich, da die Veräußerungsmöglichkeit sehr stark vom Absatzmarkt abhängt. Bei Liquiditätsengpässen bietet sich eine Veräußerung von Fertigerzeugnissen unter dem Marktpreis an, doch sollte diese Maßnahme nur zur Überwindung eines kurzfristigen Liquiditätsengpasses eingesetzt werden, da langfristig die erfolgswirtschaftliche Einbuße nicht außer Acht gelassen werden kann. Auch eine Produktion unter Abbau des Bestandes an Halbfabrikaten kann bei Liquiditätsanspannung sinnvoll sein. Durch diese Maßnahme können vorübergehend die Einzahlungen aus dem Umsatzprozeß über die Auszahlungen für die Fertigung gesteigert werden.

Literatur: Finanzwirtschaftliche Disposition des Umlaufvermögens

Langen, H., u. a., Unternehmensplanung mit Verweilzeitverteilungen, Berlin 1971; *Weston, J. F., Brigham, E. F.*, Managerial Finance, 4. Aufl., Jll. 1972, S. 507 ff.;
Orgler, Y. E., Cash Management Methods and Models, Belmont Calif. 1970;
Smith, K. V. (Hrsg.), Management of Working Capital, New York, 1974;
Steinmann, H., Liquiditätsoptimierung in der kurzfristigen Finanzplanung, in: BFuP, 1968, S. 257 ff.

---

[10] Vgl. Churchman, C. W. / Ackoff, R. L. / Arnoff, E. L., An Introduction to Operations Research, New York 1957, S. 189 ff.; Whitin, Th., The Theory of Inventory Management, Princeton 1957, S. 34 ff.; Sasieni, M. / Yaspon, A. / Friedman, L., Methoden und Problem der Unternehmensformung, in: Künzi, H. P., (Hrsg.) Operations Research, Würzburg 1966, S. 87 ff.

Kontrollfragen: Finanzwirtschaftliche Disposition des Umlaufvermögens

1. Vergleichen Sie die Formel zur Bestimmung der optimalen Bestellmenge mit dem Kassenhaltungsmodell von Baumol bezüglich der Variablen und der Prämissen.
2. Erläutern Sie die Probleme einer optimalen Kassenhaltung.
3. Was versteht man unter Verweilzeit und welche Rolle spielt diese bei der finanzwirtschaftlichen Disposition des Umlaufvermögens?
4. Geben Sie Maßnahmen an zur Überbrückung eines Liquiditätsengpasses, die sich auf das Umlaufvermögen beziehen.

C. Alternativen der Kapitalaufbringung

Der klassische **Finanzierungsbegriff** geht vom bilanziellen Kapital (Passiva der Bilanz) als abstrakter Wertsumme aus. In seiner engsten Fassung wird von den Vertretern dieses Finanzierungsbegriffes auf der Basis des **abstrakten Kapitals** sogar nur die langfristige Kapitalbeschaffung als Finanzierung bezeichnet (z. B. von Liefmann).[1] In seiner weiteren Form umfaßt der am abstrakten Kapital orientierte Finanzierungsbegriff neben der langfristigen Kapitalbeschaffung auch die kurzfristige Kapitalaufbringung sowie die Kapitalrückzahlung und Kapitalumschichtungen im Bereich der Passiva (z. B. vertreten von Schmalenbach).[2]

Der auf dem abstrakten Kapital basierende Finanzierungsbegriff kann durch Einbeziehung der Vermögensseite (Aktiva der Bilanz) erweitert werden. Dieser am **Realkapital orientierte Finanzierungsbegriff** umfaßt neben der Beschaffung externer Mittel auch die interne Kapitalaufbringung durch Gewinne, Mittelfreisetzungen, Abschreibungen usw. (Rössle, Beckmann).[3]

Neben den von Vermögen und Kapital bestimmten Begriffen hat sich ein an **Zahlungsströmen** orientierter **monetärer Finanzierungsbegriff** herausgebildet. Es stehen nicht Kapitalveränderungen sondern Geldströme im Vordergrund. So versteht Köhler unter Finanzierung die Gesamtheit der Zahlungsmittelzuflüsse (Einzahlungen) und die beim Zugang nicht monetärer Güter vermiedenen sofortigen Zahlungsmittelabflüsse (Auszahlungen).[4] Der so formulierte Finanzierungsbegriff umfaßt alle Formen der internen und externen Geld- und Kapitalbeschaffung einschließlich Kapitalfreisetzungseffekten.

Die verschiedenen Formen der Finanzierung können nach unterschiedlichen Kriterien systematisiert werden.

I. Systematisierungsansätze der Finanzierungsformen

(1) Nach dem Kriterium der **Rechtsstellung der Kapitalgeber** und der **Kapitalhaftung** unterscheidet man in **Eigenfinanzierung** und **Fremdfinanzierung**.

---

[1] Vgl. Liefmann, R., Beteiligungs- und Finanzierungsgesellschaften, 4. Aufl., Jena 1923.
[2] Vgl. Schmalenbach, E., Die Beteiligungsfinanzierung, 9. Aufl., Köln und Opladen 1966; derselbe, Finanzierungen, 6. Aufl., Leipzig 1937.
[3] Vgl. Rössle, K., Allgemeine Betriebswirtschaftslehre, 5. Aufl., Stuttgart 1956; Beckmann, L., Die betriebswirtschaftliche Finanzierung, 2. Aufl., Stuttgart 1956.
[4] Vgl. Köhler, R., Zum Finanzierungsbegriff einer entscheidungsorientierten Betriebswirtschaftslehre, in: ZfB, Nr. 7/1969, S. 435 ff.

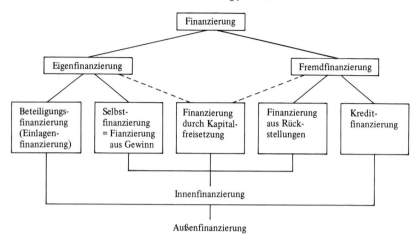

Abb. 46: Einteilung der Finanzierung nach dem Kriterium der Kapitalhaftung

Unter Eigenfinanzierung versteht man die Zuführung und Erhöhung des Eigenkapitals einer Unternehmung durch Einlagen der Unternehmenseigner oder aus dem Gewinn des Unternehmens. Das Eigenkapital haftet für Verpflichtungen der Unternehmung Dritten gegenüber und stellt somit Haftungskapital dar. Über die nominelle Höhe des Eigenkapitals hinaus können abhängig von der Rechtsform der Unternehmung auch höhere Haftungsansprüche resultieren, die sich dann auch auf das Privatvermögen des Unternehmers erstrecken. Das im Rahmen der Fremdfinanzierung aufgebrachte Fremdkapital haftet dagegen nicht für Verbindlichkeiten der Unternehmung. Es begründet für die Unternehmung eine Rückzahlungsverpflichtung gegenüber den Gläubigern. Es steht grundsätzlich nur terminiert zur Verfügung und muß zu den vereinbarten Terminen getilgt werden. Im Konkursfall haben die Gläubiger einen Quotenanspruch auf die Konkursmasse. In der nachfolgenden Tabelle sind die aus der Überlassung von Eigenkapital bzw. Fremdkapital resultierenden Rechte und Pflichten vereinfacht dargestellt (vgl. Abb. 47).

(2) Nach dem **Kriterium der Fristigkeit** der Finanzierungsformen kann in **kurz-, mittel- und langfristige** Finanzierung unterteilt werden. Die einer solchen Differenzierung zugrundeliegenden Zeitgrenzen sind stets willkürlich gewählt. Die Statistik der Deutschen Bundesbank weist als kurzfristig Kredite bis zu einem Jahr, als mittelfristig über ein bis unter vier Jahre und als langfristig über vier Jahre aus. Das deutsche Aktiengesetz unterscheidet bei den Verbindlichkeiten nur zwischen solchen von mehr als vier Jahren Laufzeit (langfristig) und solchen unter vier Jahren. Die Fristigkeit der Finanzierung ist für die Beurteilung des Kapitalentzugsrisikos bedeutsam. Obwohl Eigenkapital grundsätzlich langfristig zur Verfügung steht, kann auch hier ein gewisses Kapitalentzugsrisiko vorliegen. So kann etwa der Gesellschafter einer OHG nach § 132 HGB, wenn im Gesellschaftsvertrag nichts anderes vereinbart ist, sein Gesellschafterverhältnis mit einer Frist von sechs Monaten kündigen. Neben der formell vereinbarten Fristigkeit ist daher im Rahmen der Finanzierung auch die beabsichtigte Kapitalüberlassungsdauer von Bedeutung.

I: Finanzierungsformen – Einteilungskriterien

Kriterien	Eigenkapital	Fremdkapital
Haftung	(Mit-)Eigentümerstellung: = mindestens in Höhe der Einlage	Gläubigerstellung = keine Haftung
Ertragsanteil	volle Teilhabe an Gewinn und Verlust	i.d.R. fester Zinsanspruch, kein GuV-Anteil
Vermögens- anspruch	Quotenanspruch, wenn Liquidationserlös > Schulden	Rückanspruch in Höhe der Gläubiger-Forderung
Unternehmens- leitung	i.d.R. berechtigt	grundsätzlich ausge- schlossen
Verfügbarkeit	i.d.R. unbegrenzt	i.d.R. terminiert
steuerliche Belastung	Gewinn voll belastet von ESt, KörpSt: GewSt variiert nach Rechtsform	Zinsen bei Unternehmung als Aufwand steuerlich absetzbar (Einschränkung bei GewSt)
Fin.-Kapazität	durch private Vermögens- lage der Unternehmer be- schränkt	unbeschränkt, vom Vorliegen sog. Sicherheiten abhängig

Abb. 47: Grundsätzliche finanzwirtschaftliche Merkmale von Eigen- und Fremdkapital

(3) Nach dem Kriterium der **Entsprechung von finanzieller Ausstattung und Finanzbedarf** kann man unterscheiden in **Überfinanzierung, Unterfinanzierung** und in **bedarfsadäquate Finanzierung**. Überfinanzierung liegt vor, wenn der vorhandene Finanzfonds größer ist als der tatsächliche Kapitalbedarf. Da hierbei finanzielle Mittel nicht optimal eingesetzt werden, ergeben sich negative Auswirkungen auf die Rentabilität der Unternehmung. Kritischer ist der Fall der Unterfinanzierung, wenn der Kapitalbedarf durch die vorhandenen und zusätzlich erlangbaren finanziellen Mittel nicht abgedeckt werden kann. Unterfinanzierung behindert das Unternehmenswachstum. Bestehen Auszah- lungsverpflichtungen, so kann es zu Zahlungsstockungen oder sogar zu Illiquidi- tät kommen. Eine bedarfsadäquate Finanzierung liegt vor, wenn sich Kapitalbe- darf und Kapitalaufbringung entsprechen.

(4) Nach dem **Finanzierungsanlaß** kann man unterscheiden in **Gründungs- finanzierung, Erweiterungsfinanzierung, Umfinanzierung** und **Sanierungsfi- nanzierung** (z. B. Kapitalherabsetzung mit nachfolgender Kapitalerhöhung).

(5) Nach dem Kriterium der **Mittelherkunft** (aus der Sicht der Unterneh- mung) kann man in **Außen- und Innenfinanzierung** einteilen. Im Rahmen der **Außenfinanzierung** erfolgt eine Zuführung finanzieller Mittel durch Einlagen der Unternehmungseigner oder **Beteiligung** von Gesellschaftern sowie durch **Kreditkapital** von Gläubigern. Zur Außenfinanzierung zählt auch die Finanzie- rung über staatliche und sonstige **Subventionen**. Die **Innenfinanzierung** einer Unternehmung resultiert dagegen aus der marktlichen Verwertung von Vermö- gensteilen, also aus Umsatzerlösen. Es ist hierbei zu unterscheiden zwischen der **zusätzlichen Kapitalbildung** (Bilanzverlängerung) und der **Schaffung von dis- poniblem Kapital** durch Vermögensumschichtungen (Aktivtausch). Erfolgt eine Finanzierung aus einbehaltenen Gewinnen, so spricht man von **Selbstfinanzie- rung**. Durch die Selbstfinanzierung wird zusätzliches Kapital geschaffen. Ferner

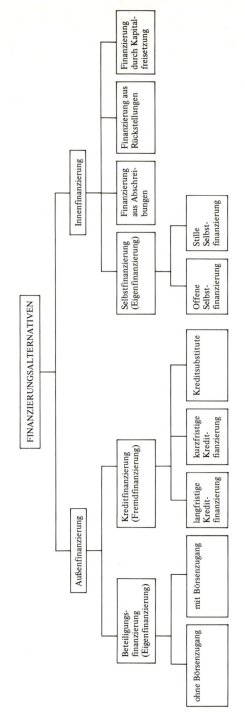

Abb. 48: Finanzierungsformen

ist eine Finanzierung durch Zurückbehaltung von Aufwandsgegenwerten, die in der betreffenden Periode nicht zu Auszahlungen führen, möglich. Auf dieser Basis erfolgt die **Finanzierung aus Abschreibungen** und die **Finanzierung aus Rückstellungen** (lanfristige Rückstellungen). Ferner kann eine **Kapitalfreisetzung** durch eine Beschleunigung der Kapitalumschlagsgeschwindigkeit (z. B. durch Rationalisierungsmaßnahmen) erfolgen.

II. Außenfinanzierung

1. Einlagen- und Beteiligungsfinanzierung

Die Einlagen- und Beteiligungsfinanzierung umfaßt alle Formen der Beschaffung von Eigenkapital durch Kapitaleinlagen von bisher bereits vorhandenen oder neu hinzutretenden Gesellschaftern der Unternehmung. Sie findet stets bei Gründung einer Unternehmung statt, aber auch bei späteren Kapitalerhöhungen.

Die Rechtsform einer Unternehmung hat entscheidenden Einfluß auf die Aufbringung von Eigenkapital in Form der Beteiligungsfinanzierung. Zum einen sind die sich aus einer Beteiligung ergebenden Rechtsfolgen für die Gesellschafter je nach gewählter Unternehmensform gesetzlich unterschiedlich geregelt, zum anderen hängt von der Rechtsform und der Größe einer Unternehmung auch der direkte Zugang zum Kapitalmarkt ab.

a) Beteiligungsfinanzierung von Unternehmungen ohne Zugang zur Börse

Einzelunternehmungen, Personengesellschaften, GmbHs, aber auch kleinere Aktiengesellschaften haben keinen Zugang zur Börse. Für diese Unternehmungen steht somit kein so hoch organisierter Kapitalmarkt zur Beschaffung von Eigenkapital zur Verfügung, wie ihn die Wertpapierbörsen für börsenfähige Aktiengesellschaften darstellen.

Bei der **Einzelunternehmung** bereitet die Beschaffung von Eigenkapital die größten Schwierigkeiten, da primär nur das Vermögen des Unternehmers zur Verfügung steht. Der Einzelunternehmer kann das Eigenkapital durch Zuführung aus seinem Privatvermögen erhöhen, aber auch jederzeit wieder durch Entnahmen verringern. Für eine Verstärkung der Eigenkapitalbasis kommt für den Einzelunternehmer vor allem die Innenfinanzierung in Betracht, indem der jährliche Gewinn ganz oder teilweise nicht entnommen wird. Als Möglichkeit der Beteiligungsfinanzierung unter Beibehaltung der Rechtsform bietet sich die Aufnahme eines stillen Gesellschafters an. Bei der **stillen Gesellschaft** §§ 335 ff. HGB handelt es sich um eine reine Innengesellschaft, die nach außen nicht in Erscheinung zu treten braucht. Die Einlage des stillen Gesellschafters geht in das Vermögen des Einzelunternehmers über und in der Bilanz wird ein einziges Eigenkapitalkonto ausgewiesen, so daß für Außenstehende die stille Beteiligung nicht aus der Bilanz ersichtlich ist. Wegen der Bestimmung des § 341 HGB, wonach der stille Gesellschafter bei Konkurs des Unternehmers seine Einlage nach Abzug des auf ihn entfallenden Verlustes als Konkursgläubiger geltend machen kann, erscheint ein getrennter Bilanzausweis der stillen Einlage geboten, bei Kapitalgesellschaften sogar als zwingend. Der stille Gesellschafter ist stets mit „angemessenem Anteil" am Gewinn zu beteiligen (§ 336 Abs. 2 HGB), am Verlust nimmt er nur bis zur Höhe seiner Einlage teil. Die Verlustbeteiligung kann ausgeschlossen werden. Nach der Art des Vermögensanspruchs, den der

Rechtsform → Merkmale ↓	Einzelkaufmann	Personengesellschaften			
		OHG	KG	Stille Gesellschaft	Bürgerliche Gesellschaft
Eigentümer	Kaufmann (Unternehmer)	Gesellschafter	a) Komplementäre b) Kommanditisten	Kaufmann	Gesellschafter
Mindestzahl der Gründer	1	2	a) 1 b) 1	2	2
Kapital- und Mindesteinzahlung	kein festes Kapital keine Mindesteinlage	kein festes Kapital, keine Mindesteinlage vorgeschrieben	a) wie OHG b) feste Einlagen, Höhe beliebig	wie OHG-Einlage des stillen Gesellschafters nominell festgelegt	Beiträge nach Vereinbarung
Haftung	Gesamtschuldnerische Haftung (unbeschränkt)	Gesamtschuldnerische Haftung. Jeder Gesellschafter haftet unmittelbar, unbeschränkt und solidarisch für die Schulden der Gesellschaft	Vor Eintragung ins Handelsregister haften alle Gesellschafter unbeschränkt. Nach Eintragung haften Komplementäre unbeschränkt, die Kommanditisten nur bis zur Höhe ihrer Einlage.	Der stille Gesellschafter nimmt am Verlust nur bis zur Höhe seiner Einlage teil. Haftung des Eigentümers richtet sich nach der Rechtsform der Gesellschaft	Unbeschränkte Haftung für alle Gesellschafter.
Steuerliche Behandlung	keine Körperschaftsteuer	keine Körperschaftsteuer	keine Körperschaftsteuer	keine Körperschaftsteuer	keine Körperschaftsteuer
Organe	Kaufmann	Gesellschafter	Komplementäre	–	Gesellschafter
gesetzliche Vorschriften	HGB, bes. §§ 1 – 104	HGB §§ 105 – 160	HGB §§ 161 – 177	HGB §§ 335 – 342	BGB §§ 705 – 740

II 1: Beteiligungsfinanzierung

Rechtsform → Merkmale ↓	Kapitalgesellschaften				Genossenschaft
	GmbH	AG	KGaA		
Eigentümer	Gesellschafter	Aktionäre	a) Komplementäre b) Kommanditisten		Genossen
Mindestzahl der Gründer	2	5	5		7
Kapital- und Mindesteinzahlung	festes Stammkapital mind. 20.000,-- DM Mindestgeschäftsanteil 500,-- DM	festes Grundkapital mind. 100.000,-- DM Mindestbetrag einer Aktie 50,-- DM	festes Grundkapital mind. 100.000,-- DM Mindestbetrag einer Aktie 50,-- DM		kein festes Grundkapital Mindesteinlage statutarisch festgelegt
Haftung	Das Gesellschaftsvermögen haftet in voller Höhe. Vor Eintragung ins Handelsregister haften alle Gesellschafter unbeschränkt und solidarisch; danach schulden die Gesellschafter nur ihre rückständige Einlage.	Das Gesellschaftsvermögen haftet in voller Höhe. Vor Eintragung im Handelsregister haften die Handelnden persönlich und unbeschränkt; danach entfällt die persönliche Haftung.	Nach Eintragung in das Handelsregister haften Komplementäre unbeschränkt, die Kommanditisten nur bis zur Höhe ihrer Einlage.		Beschränkte Haftung der Genossen bis zur Höhe ihrer Einlage. Den Gläubigern haftet nur das Vermögen der Genossenschaft.
Steuerliche Behandlung	Körperschaftssteuer	Körperschaftssteuer	Körperschaftssteuer		Körperschaftssteuer
Organe	Geschäftsführer Gesellschafterversammlung evtl. Aufsichtsrat	Vorstand Aufsichtsrat Hauptversammlung	Komplementäre Aufsichtsrat Hauptversammlung		Vorstand Aufsichtsrat Generalversammlung
gesetzliche Vorschriften	GmbH-Gesetz	Aktiengesetz	AktG §§ 278 – 290		Genossenschaftsgesetz

stille Gesellschafter beim Ausscheiden aus der Unternehmung besitzt, kann in eine **typische stille Gesellschaft** und in eine **atypische stille Gesellschaft** unterschieden werden. Der typische stille Gesellschafter wird mit seiner nominellen Einlage abgefunden, während der atypische am Vermögenszuwachs des Betriebs beteiligt und als echter Mitunternehmer anzusehen ist. Neben der Aufnahme eines stillen Gesellschafters besitzt der Einzelunternehmer zur Verbreiterung seiner eigenen Kapitalbasis die Möglichkeit der Umgründung in eine Personengesellschaft.

Bei der **offenen Handelsgesellschaft (OHG)** kann eine Beteiligungsfinanzierung durch Einbringung neuen Kapitals der bisherigen Gesellschafter oder durch Aufnahme neuer Gesellschafter erfolgen. Der Einbringung neuen Kapitals durch die bisherigen Gesellschafter werden durch deren Vermögensverhältnisse Grenzen gesetzt. Einer unbeschränkten Aufnahme neuer Gesellschafter steht die Leitungsbefugnis entgegen. Die Zahl der Gesellschafter einer OHG wird nicht nur vom Kapitalbedarf bestimmt, sondern auch vom Bedürfnis nach Aufteilung der Unternehmerfunktionen, wofür ein gutes persönliches Verhältnis der Gesellschafter untereinander erforderlich ist. In der Praxis hat eine OHG daher meist nur 2–4 Gesellschafter, da bei einer größeren Zahl zu leicht Konflikte auftreten, die den Vorteil der breiteren Kapitalbasis überkompensieren. Auch die Berücksichtigung der bereits vorhandenen stillen Reserven bereitet bei Aufnahme neuer Gesellschafter Schwierigkeiten, da letztere im Falle der Auseinandersetzung auch am Zuwachs dieser Vermögenswerte beteiligt sind.

Bei der **Kommanditgesellschaft (KG)** muß die Anzahl der **Komplementäre** (Vollhafter) aus den für die OHG angeführten Gründen ebenfalls beschränkt bleiben. Durch die Möglichkeit der Aufnahme von **Kommanditisten** (Teilhafter), deren Haftung auf die Höhe der Kapitaleinlage beschränkt ist und die von der Geschäftsführung ausgeschlossen sind, besitzt die Kommanditgesellschaft jedoch wesentlich günstigere Voraussetzungen zur Ausweitung der Eigenkapitalbasis. Kommanditisten sind aber nur solange zu gewinnen, wie das Risiko einer Kapitalbeteiligung nicht als zu hoch erachtet wird. Ein wichtiger Faktor ist hierbei die Höhe des Vermögens der Komplementäre. Als reine Kapitalanlage weist die Kommanditeinlage aufgrund ihrer schweren Realisierbarkeit Nachteile gegenüber anderen Kapitalanlageformen auf. Die Probleme der Sicherheit und Fungibilität der Kommanditbeteiligung begrenzen daher die Ausweitung der Kapitalbasis einer KG.

Die **Gesellschaft mit beschränkter Haftung (GmbH)** besitzt ein in seiner Höhe fixiertes Nominalkapital. Dieses Stammkapital wird durch Ausgabe von Anteilen an Gesellschafter aufgebracht. Die Haftung der Gesellschafter ist auf die Erbringung ihrer Einlage beschränkt. Für Verbindlichkeiten der GmbH haftet nur das Gesellschaftsvermögen. Die Haftungsbeschränkung erleichtert der GmbH die Aufnahme von Eigenkapital. Gegenüber börsenfähigen Aktien sind jedoch GmbH-Anteile weit weniger fungibel. Für GmbH-Anteile existiert kein organisierter Markt, wie ihn für Aktien die Wertpapierbörsen darstellen. Die Übertragung von GmbH-Anteilen bedarf zudem der gerichtlichen oder notariellen Form.

Ähnlich wie bei der GmbH sind auch die Eigenkapitalbeschaffungsmöglichkeiten einer **eingetragenen Genossenschaft (eG)** zu beurteilen. Das Eigenkapital variiert jedoch mit der jeweiligen Anzahl an Genossen, die zum Ende eines jeden Geschäftsjahres unter Einhaltung einer Kündigungsfrist ausscheiden können. Durch die im Gegensatz zur GmbH schwankende Kapitalbasis sind die

Genossenschaften verstärkt auf Selbstfinanzierung und Bildung von Reserven angewiesen. Da die Abstimmung in der Generalversammlung nach Köpfen erfolgt, ist der Erwerb mehrerer Genossenschaftsanteile unter dem Gesichtspunkt der Mitsprache und Einflußnahme nicht sinnvoll. Die Novelle zum Genossenschaftsgesetz von 1973 führte zur Aufgabe der Unterscheidung zwischen eingetragener Genossenschaft mit beschränkter Haftung (eGmbH) und eingetragener Genossenschaft mit unbeschränkter Haftung (eGmuH). Damit trug der Gesetzgeber der Tatsache Rechnung, daß die Beteiligungsfinanzierungsmöglichkeiten der letztgenannten Form wegen der unbeschränkten Haftung sehr begrenzt sind. So haftet nun nach § 2 GenG den Gläubigern nur das Vermögen der Genossenschaft. Die neue Bezeichnung **eG** ergibt sich zudem aus § 3 Abs. 3 GenG: „Der Firma darf kein Zusatz beigefügt werden, der darauf hindeutet, ob und in welchem Umfang die Genossen zur Leistung von Nachschüssen verpflichtet sind".

Für einen reinen Kapitalanleger bestehen die Nachteile einer Beteiligung an Unternehmen ohne Zugang zur Börse in der **mangelnden Fungibilität** sowie teilweise in der Schwierigkeit der individuellen **Beurteilung des Risikos** der Anlage. Es fehlt ein organisierter Markt, auf dem diese Beteiligungen leicht liquidierbar wären. Die Beteiligungen werden in der Regel auch nicht durch die Stellung von Sicherheiten geschützt, wie dies etwa bei der Vergabe von Krediten üblich ist. Aus der Sicht der bisherigen Eigentümer bringt die Ausweitung der Kapitalbasis zusätzliche meist **unerwünschte Mitsprache**, den Zwang zur **Erzielung eines höheren Gewinns** und die Schwierigkeit der **Aufteilung der stillen Reserven** mit sich.

Es wurden die verschiedensten Versuche unternommen, um einem Mangel an Beteiligungskapital der nicht emissionsfähigen Unternehmen abzuhelfen. Einen Lösungsversuch stellen die **Kapitalbeteiligungsgesellschaften** dar. Dies sind bankenähnliche Institute, die jedoch keine Kredite, sondern Eigenkapital zur Verfügung stellen. Eine andere Lösungsmöglichkeit besteht in der Schaffung eines organisierten Marktes für GmbH- und KG-Anteile. Derzeit erfolgt der Handel über Finanzmakler und Inserate in den einschlägigen Fachzeitschriften.

b) Beteiligungsfinanzierung von Unternehmungen mit Zugang zur Börse

Zugang zur Börse bezüglich der Aufbringung von Eigenkapital können Aktiengesellschaften (AG) und Kommanditgesellschaften auf Aktien (KGaA) haben. Für den Zugang zur Börse ist die Zulassung zum amtlichen Börsenhandel oder zum Freiverkehr entscheidend.

Bei der **Kommanditgesellschaft auf Aktien** gelten für den persönlich haftenden Gesellschafter die gleichen Beschränkungen bezüglich der Erweiterung der Kapitalbasis wie für die Komplementäre einer KG. Der Ausdehnung der Kapitalbasis des persönlich haftenden Gesellschafters werden vor allem durch seine Vermögensverhältnisse Grenzen gesetzt. Die Kommanditaktionäre haften nur für die Erbringung ihrer Einlage. Sie haben gegenüber den Kommanditisten einer KG den Vorteil, daß ihre Anteile, insbesondere wenn sie zur Börse zugelassen sind, relativ leichter realisiert werden können. Im Vergleich zur Aktiengesellschaft besteht jedoch der Nachteil des geringeren Einflusses der Kommanditaktionäre auf die Geschäftsführung des Komplementärs. Aus diesem Grunde ist die KGaA in der Praxis nicht sehr weit verbreitet und meist auf Familiengesellschaften beschränkt.

Die Rechtsform der **Aktiengesellschaft** ist am besten für die Aufbringung großer Eigenkapitalbeträge geeignet. Diese besondere Eignung ist vor allem auf folgende Gründe zurückzuführen:

(1) **Aufteilung des Kapitals in kleine und kleinste Teilbeträge**, so daß eine Beteiligung bereits mit geringem Kapital möglich ist;

(2) **Hohe Verkehrsfähigkeit der Anteile**, da sie Effekten darstellen und damit vertretbare Wertpapiere sind, die an der Börse gehandelt werden können;

(3) Die **Organisationsform gestattet eine große Anzahl von Eigentümern**, von denen grundsätzlich nur kapitalmäßige Interessen vorausgesetzt werden;

(4) Detaillierte **rechtliche Ausgestaltung** des Gesellschaftsvertrages durch das Aktiengesetz, das die Rechte der Eigentümer regelt und eine gewisse Sicherung für die Kapitalanlage bedeutet.

Für die Ausgabe von Anteilen einer Aktiengesellschaft stehen verschiedene **Aktienarten** zur Verfügung. Nach dem Grad der *Übertragbarkeit* können Inhaberaktien, Namensaktien und vinkulierte Namensaktien unterschieden werden. Die Eigentumsübertragung einer **Inhaberaktie** vollzieht sich durch Einigung und Übergabe (§ 929 BGB), da sie ein Inhaberpapier darstellt. Eine Ausgabe von Inhaberaktien ist nur zulässig, wenn die Aktien voll eingezahlt sind. Ist dies nicht der Fall, so müssen Namensaktien ausgestellt werden.

Die Übertragung von **Namensaktien** erfolgt durch Indossament und Übergabe. Sie stellen geborene Orderpapiere dar. Zusätzlich zum Indossament ist die Eintragung des Inhabers nach Namen, Wohnort und Beruf in das Aktienbuch der Gesellschaft erforderlich. Im Verhältnis zur Gesellschaft gilt nur der als Aktionär, der als solcher auch im Aktienbuch ausgewiesen ist. Durch die Einholung des Indossaments und die Umschreibung im Aktienbuch ist die Übertragung einer Namensaktie gegenüber einer Inhaberaktie etwas schwerfälliger und der Verwaltungsaufwand höher. Als Vorteil ist dagegen zu sehen, daß eine Gesellschaft, die Namensaktien ausgibt, ihre Aktionäre kennt, und Umschichtungen in den Beteiligungsverhältnissen frühzeitig ersichtlich werden. Die Möglichkeiten der Steuerhinterziehung für den Aktienbesitzer sind bei Namensaktien erschwert, da die jeweiligen Eigentümer aus dem Aktienbuch ermittelt werden können. Namensaktien müssen mindestens zu 25% einbezahlt sein. Sie sind immer dann angebracht, wenn das Grundkapital nicht voll einbezahlt werden soll. Dies ist z. B. bei Rückversicherungsgesellschaften der Fall, da diese für den normalen Geschäftsbetrieb ein geringes Eigenkapital benötigen und erst bei außergewöhnlichen Schadensfällen auf ein größeres Kapital zurückgreifen müssen. Abgesehen von diesen Ausnahmen des nicht voll eingezahlten Grundkapitals, ist in Deutschland die Inhaberaktie die übliche Aktienform.

Die Übertragung **vinkulierter Namensaktien** ist an die Zustimmung der Gesellschaft gebunden. Die Vinkulierung soll verhindern, daß die Anteile an Aktionäre verkauft werden, die der Gesellschaft als nicht wünschenswert erscheinen. Eine Vinkulierung kann z. B. dann erfolgen, wenn ein Schutz vor Überfremdung durch ausländische Kapitalanleger erfolgen soll. Die Vinkulierung ist zwingend erforderlich, wenn es sich um sogenannte Nebenleistungs-Aktiengesellschaften handelt, wenn also die Aktionäre verpflichtet sind, außer den Einlagen auf das Grundkapital gewisse ständig wiederkehrende und nicht in Geld bestehende Leistungen zu erbringen (z. B. eine bestimmte Menge Zuckerrüben für eine Zuckerrübenraffinerie). Die Gesellschaft hat in einem solchen Fall ein erhebliches Interesse an der Zusammensetzung ihres Aktionärskreises, da ihr ein Wechsel der Aktionäre unter Umständen die Erfüllung des Gesellschaftszweckes erschweren oder sogar unmöglich machen kann.

Ein weiteres Kriterium zur Unterscheidung von Aktienarten ist der *Umfang der Rechte*, die eine Aktienurkunde verbrieft. Hiernach kann in Stammaktien und in Vorzugsaktien unterschieden werden. **Stammaktien** sind solche Papiere, die ihrem Inhaber sämtliche im Aktiengesetz für den Normalfall vorgesehenen Rechte gewähren. Dies ist das Recht auf Teilnahme an der Hauptversammlung (HV), das Recht auf Auskunftserteilung auf der HV, das Stimmrecht, das Recht auf Dividende, das Recht auf Anteil am Liquidationserlös, das Bezugsrecht und das Recht auf Anfechtung von Hauptversammlungsbeschlüssen. Die **Vorzugsaktien** gewähren dagegen den Berechtigten Vorzüge gegenüber den Stammaktionären. Der Vorzug kann in einem besonderen Anspruch auf Dividende, Stimmrecht, Bezugsrecht oder Liquidationserlös begründet sein. Es gibt Vorzugsaktien, die den Vorzug zusätzlich zu den übrigen Rechten gewähren (absolute Vorzugsaktien) und solche, bei denen der Vorzug mit einem Nachteil verbunden ist oder in bestimmten Konstellationen sein kann (relative Vorzugsaktien). Sie werden meist dann ausgegeben, wenn die Gesellschaft besondere Anreize zur Aktienübernahme schaffen muß, wie dies etwa bei einer Sanierung der Fall ist.

Der Vorzug kann in einer **Vorabdividende** bestehen. Hierbei erhalten zunächst die Vorzugsaktionäre einen fest vereinbarten Prozentsatz an Vorzugsdividende dann, wenn noch Gewinn vorhanden ist, die Stammaktionäre den gleichen Prozentsatz und der Rest wird gleichmäßig auf alle Aktien verteilt. Ein Vorzug entsteht hier nur in schlechten Jahren, wenn der Gewinn nicht ausreicht, den Stammaktionären eine gleiche Dividende zu bezahlen wie den für die Vorzugsaktionäre fixierten Satz. **Vorzugsaktien mit Überdividende** gewähren in jedem Fall einen bestimmten Dividendenvorteil gegenüber den Stammaktionären. Bei **kumulativen Vorzugsaktien** besteht auch in Verlustjahren ein Anspruch auf Vorzugsdividende, der in den darauffolgenden Gewinnjahren ausgeglichen werden muß. Liegt ein zeitlich unbegrenzter Nachzahlungsanspruch für ausgefallene Vorzugsdividende vor, so garantiert die Aktie eine gewisse Mindestverzinsung. Bei **stimmrechtslosen Vorzugsaktien** wird vielfach vereinbart, daß bei Rückständigkeit der Dividendenzahlung für ein oder mehrere Jahre das volle Stimmrecht der Vorzugsaktionäre wieder auflebt. Bei **limitierten Vorzugsaktien** ist die Vorzugsdividende auf einen bestimmten Höchstbetrag festgesetzt. Übersteigt der Gewinn die zur Befriedigung der Vorzugsaktionäre erforderliche Summe, so wird der Überschuß allein an die Stammaktionäre verteilt. Limitierte Vorzugsaktion sind daher nur bei schlechter Ertragslage vorteilhaft und sie können sich bei guten Geschäftsjahren in einen Nachteil verwandeln. **Stimmrechtsvorzugsaktien** gewähren dem Vorzugsaktionär ein mehrfaches Stimmrecht in der Hauptversammlung. Das mehrfache Stimmrecht kann sich auf alle Beschlußfassungen erstrecken oder auf besondere in der Satzung festgelegte Fälle beschränken. Eine Ausgabe von Mehrstimmrechtsaktien ist nach § 12 Abs. 2 Aktiengesetz nicht mehr zulässig. Sie widerspricht dem Grundsatz, daß jeder nur so viel Rechte haben soll, wie er aufgrund seiner Kapitalbeteiligung beanspruchen kann. Die für die Wirtschaft zuständige oberste Behörde des Landes, in dem die Gesellschaft ihren Sitz hat, kann allerdings Ausnahmen zulassen, soweit es zur Wahrung überwiegend gesamtwirtschaftlicher Belange erforderlich ist. Hiervon wurde jedoch bisher kein Gebrauch gemacht. Soweit Mehrstimmrechtsaktien sich in

Umlauf befinden, stammen sie aus der Zeit vor dem Inkrafttreten des Aktiengesetzes von 1937.

Ein weiteres Unterscheidungskriterium für die Aktienarten bildet die *Methode der Zerlegung des Grundkapitals* in die einzelnen Anteile. Hiernach sind Nennwertaktien und Quotenaktien zu unterscheiden. **Nennwertaktien** lauten auf einen bestimmten, in Geldeinheiten ausgedrückten Nennbetrag. Nach dem deutschen Aktiengesetz muß der Nennwert mindestens DM 50,- betragen und höhere Werte müssen durch 100 teilbar sein. Aus der Summe der Aktiennennbeträge ergibt sich das Grundkapital. Nennwertaktien sind die in Deutschland und in den meisten kontinental-europäischen Ländern ausschließlich zulässige Aktienform. Eine Ausgabe unter dem Nennwert darf nicht erfolgen. Werden sie über pari, d. h. über dem Nennwert ausgegeben, so ist der über den Nennwert hinausgehende Betrag den gesetzlichen Rücklagen zuzuführen. **Quotenaktien** drücken dagegen die Beteiligung in einer bestimmten Quote am Reinvermögen aus, wie etwa ein Tausendstel oder ein Zehntausendstel. Die Quotenaufteilung richtet sich nach der Anzahl der ausgegebenen Aktien. Zu- oder Abnahmen des Reinvermögens, soweit sie auf Selbstfinanzierung zurückzuführen sind, verändern den nominellen Wert der Quote nicht, sie beeinflussen jedoch ihren realen Wert, der sich im Kurswert ausdrückt. So ist z. B. bei einer Kapitalherabsetzung im Falle einer Sanierung keine Herabstempelung eines Nennwertes erforderlich, da der quotenmäßige Anteil am verringerten Kapital gleichbleibt. Quotenaktien müssen stets zu Stückkursen notiert werden. In Deutschland werden seit 1967 auch die Nennwertaktien zu Stückkursen notiert, während früher die Prozentnotierung üblich war. In den USA haben die Stammaktien meist die Form von Quotenaktien, während die Vorzugsaktien in der Regel als Nennwertaktien ausgegeben werden. Der Nachteil der Nennwertaktie gegenüber der Quotenaktie wird vielfach darin gesehen, daß sie zu der irrigen Auffassung verleitet, der auf der Aktie aufgedruckte Nennbetrag sei ihr Wert und die Rendite ergebe sich aus der Relation von Dividende und Nennbetrag. Nennbetrag und Kurswert einerseits und Dividende und Rendite andererseits werden aber stets differieren. Der deutsche Gesetzgeber hat sich jedoch für die Nennwertaktie entschieden, um ein fixiertes Grundkapital unter dem Gesichtspunkt des Gläubigerschutzes zu gewährleisten, da bei der Quotenaktien das Aktienkapital mit der jeweiligen Höhe des Reinvermögens variiert. Ferner ist bei Nennwertaktien eine Vergleichbarkeit hinsichtlich Kaufpreis und Rendite mit anderen Kapitalanlagen leichter gegeben.

Das deutsche Aktiengesetz unterscheidet verschiedene **Formen der Kapitalerhöhung:**

(1) Kapitalerhöhungen, die zu einer **Erweiterung der Eigenkapitalbasis** führen und damit **Beteiligungsfinanzierung** darstellen:

a) ordentliche Kapitalerhöhung, d. h. Kapitalerhöhung gegen Einlagen (§§ 182 bis 191 Aktiengesetz),

b) bedingte Kapitalerhöhung (§§ 192 bis 201 Aktiengesetz),

c) genehmigtes Kapital (§§ 202 bis 206 Aktiengesetz).

(2) **Umschichtungen** innerhalb des Eigenkapitals **ohne Beteiligungsfinanzierungseffekt:**

Kapitalerhöhung aus Gesellschaftsmitteln (§§ 207 bis 220 Aktiengesetz).

Kapitalerhöhungen bedürfen der Dreiviertel-Mehrheit des auf der Hauptversammlung vertretenen Grundkapitals. Sind verschiedene Aktiengattungen vorhanden (Stammaktien und Vorzugsaktien), so muß die **Dreiviertel-Mehrheit bei jeder Aktiengattung getrennt** erzielt werden. Das *Eigenkapital* einer Aktiengesellschaft setzt sich aus **Grundkapital und Rücklagen** (gesetzliche und freie) zusammen. Das Grundkapital ist nach unten auf DM 100 000,- begrenzt und muß mindestens zu 25% einbezahlt werden. Auch bei jeder Neuemission von Aktien müssen mindestens 25% des Erhöhungskapitals eingezahlt werden.

Eine **ordentliche Kapitalerhöhung** erfolgt durch Ausgabe von neuen („junge") Aktien. Die bisherigen Aktionäre besitzen dabei ein **Bezugsrecht** entsprechend ihrer Beteiligung. Das Bezugsrecht kann nur durch Beschluß der Hauptversammlung mit Dreiviertel-Mehrheit des vertretenen Aktienkapitals ausgeschlossen werden. Man unterscheidet zwischen einem rein formellen und einem materiellen Ausschluß des Bezugsrechtes. Der formelle Ausschluß dient der Erleichterung des Emissionsvorgangs. Von der Unternehmung werden die jungen Aktien an ein Bankenkonsortium gegeben, wobei sich jedoch die Banken verpflichten, den Altaktionären die jungen Aktien gemäß dem Bezugsrecht anzubieten. Bei materiellem Ausschluß werden die jungen Aktien den Altaktionären nicht angeboten. Ein solcher Ausschluß ist z. B. bei Fusionen oder bei der Ausgabe von Belegschaftsaktien erforderlich. Das Bezugsrecht dient dem Schutz der Vermögensinteressen der Altaktionäre. Erhalten die Altaktionäre kein Bezugsrecht, so erleiden sie einen Vermögensverlust durch das Absinken des Aktienkurses nach erfolgter Kapitalerhöhung. Die offenen und stillen Reserven verteilen sich nach der Erhöhung auf mehr Anteilseigner (Kapitalverwässerung). Zum Vermögensverlust käme eine für die Altaktionäre unabwendbare Verschiebung der Stimmverhältnisse hinzu. Das gesetzliche Bezugsrecht soll den Altaktionär vor materiellen und immateriellen Verlusten schützen. Es besitzt in der Regel einen monetären Wert. Der **rechnerische Wert eines Bezugsrechts** wird durch folgende Faktoren bestimmt:

- Bezugsverhältnis,
- Bezugskurs der jungen Aktien,
- Börsenkurs der alten Aktien.

Das **Bezugsverhältnis** ergibt sich aus der Relation bisheriges Grundkapital zu Erhöhungskapital. Es drückt aus, wie viele Altaktien erforderlich sind, um eine neue Aktie zu beziehen. Bei einer Erhöhung des Grundkapitals z. B. um 20% ergibt sich ein Bezugsverhältnis von 5:1, d. h. auf fünf alte Aktien kann eine neue Aktie bezogen werden.

Juristische Untergrenze für den **Bezugskurs** der jungen Aktien ist der Nominalwert (pari). Als wirtschaftliche Untergrenze gilt der Nominalwert plus anteilige Emissionskosten. Da ein Anreiz vorhanden sein muß, junge Aktien zu kaufen, müssen diese billiger sein als Altaktien, so daß die wirtschaftliche Obergrenze für den Ausgabekurs der jungen Aktien der Börsenkurs der alten Aktien darstellt. Die richtige Wahl der Höhe des Bezugskurses der jungen Aktien ist ein wichtiger Faktor für das Gelingen oder Scheitern einer Kapitalerhöhung. Als Orientierungshilfen können dienen:

$$\text{der Bilanzkurs} = \frac{\text{bilanziertes Eigenkapital}}{\text{Grundkapital}} \times 100$$

$$\text{der Ertragskurs} = \frac{\text{Ertragswert der Unternehmung}}{\text{Grundkapital}} \times 100.$$

Der **rechnerische Wert des Bezugsrechts** ergibt sich nach der Formel:

$$\frac{\text{Börsenkurs der alten Aktien ./. Bezugskurs der jungen Aktien}}{\text{Bezugsverhältnis} + 1}$$

Beispiel:
Aktienkapital bisher DM 2 Mill.
Erhöhungskapital DM 1 Mill.
Damit Bezugsverhältnis 2:1
Börsenkurs der alten Aktien 250%
Ausgabekurs der jungen Aktien 200%.
Kurs, der sich nach erfolgter Kapitalerhöhung ergibt = 233,33
(2 × 250 + 200 = 700 3 = 233,33).
Wertverlust pro Altaktie und damit rechnerischer Wert des Bezugsrechtes = 16,67.
oder Berechnung mit Formel:

$$B = \frac{250 - 200}{2:1 + 1} = 16,67$$

Ein Dividendennachteil oder -vorteil der jungen Aktien (z. B. nicht für das ganze Geschäftsjahr dividendenberechtigt) ist beim rechnerischen Wert des Bezugsrechtes zu berücksichtigen. Wäre die im vorausgegangenen Beispiel angeführte junge Aktie nur für 10 Monate dividendenberechtigt, so würde dies bei einer erwarteten Dividende von 24% für die alte Aktie einen Nachteil von 4% pro junger Aktie bedeuten und damit bei einem Bezugsverhältnis von 2:1 zu einem Abschlag von DM 2,– pro Bezugsrecht führen.

Bezugsrechte können gekauft und verkauft werden. Zu diesem Zweck wird das Bezugsrecht an der Börse gehandelt und auch selbständig notiert. Der **tatsächliche Wert des Bezugsrechtes** richtet sich dabei nach Angebot und Nachfrage und kann mitunter erheblich vom rechnerischen Wert abweichen. Der Wert des Bezugsrechtes wird neben dem Zeitpunkt der Dividendenberechtigung der jungen Aktien, von Dividendenerwartung und Erwartung über die zukünftige Kursentwicklung beeinflußt. Die Wahl eines falschen Emissionszeitpunktes, wie etwa in einer anhaltenden Baisse, verringert nicht nur den Wert des Bezugsrechtes, sondern kann auch die Aufnahme der Aktien durch den Markt gefährden.

Hat die Unternehmung einen hohen Bezugskurs für die junge Aktie gewählt, so ist auch der Finanzierungseffekt hoch, da der Unternehmung durch das Agio zusätzliche Mittel zugeführt werden, ohne daß das dividendenberechtigte Kapital in gleichem Ausmaße steigt. Ein zu hoher Bezugskurs kann jedoch dazu führen, daß viele Altaktionäre kapitalmäßig nicht in der Lage sind, die jungen Aktien zu übernehmen. Sie müssen dann ihre Bezugsrechte verkaufen, wodurch ihre bisherige Beteiligungsquote verschlechtert wird. Der Bezugskurs der jungen Aktien muß bereits vor dem börsenmäßigen Handel der Bezugsrechte festgelegt werden. Zwischenzeitlich kann sich der Kurs der alten Aktien nach Angebot und Nachfrage frei verändern. Ein zu hoher Bezugskurs der jungen Aktien birgt die

Gefahr in sich, daß der Kurs der alten Aktien innerhalb der Bezugsfrist unter den Neuausgabekurs fällt. Die Emission kann dann nur gewährleistet werden, wenn massive Kursstützungskäufe erfolgen.

Niedrige Bezugskurse erleichtern dagegen in der Regel die Ausübung des Bezugsrechts. Für die Unternehmung besitzen sie jedoch den Nachteil, daß ihr weniger Mittel zufließen und der Finanzierungseffekt geringer ist. Je niedriger der Bezugskurs, um so stärker auch die Kapitalverwässerung, d. h. eine Verschlechterung der Relation offene und stille Reserven zu Grundkapital.

Für die Unterbringung der Kapitalerhöhung am Kapitalmarkt sind verschiedene Emissionsformen möglich. Hinsichtlich des *Emissionsweges* kann man in Selbstemission und Fremdenemission unterscheiden. Bei der **Selbstemission** übernimmt der Emittent selbst die Placierung seiner Wertpapiere am Kapitalmarkt. Da dies ein verzweigtes Vertriebssystem oder einen direkten Zugang zur Börse erfordert, ist die Selbstemission in Deutschland bei Industrie- und Gewerbebetrieben nicht üblich. Nur Kreditinstitute beschreiten den Weg der Selbstemission, meist aber auch nur für den Absatz von Pfandbriefen, Kommunalobligation u. a. Der übliche Emissionsweg für Unternehmungen ist die **Fremdemission**. Hierbei werden die jungen Aktien von einem Kreditinstitut oder von einer Gruppe von Banken, einem sogenannten Bankenkonsortium, übernommen. Treten die Banken dabei nur als Kommissionär auf, so spricht man von einem **Begebungskonsortium**. Das Risiko des Absatzes der Wertpapiere verbleibt bei der emittierenden Unternehmung. Übernehmen dagegen die Banken den gesamten Wertpapierbetrag fest und stellen der Unternehmung den Gesamterlös sofort zur Verfügung, so spricht man von einem **Übernahmekonsortium**. Das Emissionsrisiko liegt in diesem Falle bei den Banken. Für die Tätigkeit des Bankenkonsortiums muß die Unternehmung eine Provision zahlen.

Für die Unterbringung beim Publikum stehen verschiedene *Emissionsmethoden* zur Verfügung: Subskription, Bezugsangebot, freihändiger Verkauf mit und ohne Börse. Bei der **Subskription** erfolgt eine öffentliche Auflegung zur Zeichnung der Papiere. Die Subskription ist nur bei Gründung oder Erstausgabe von Aktien üblich (z. B. Ausgabe der „Volksaktien"). Häufiger kommt die Subskription beim Verkauf von Anleihen und Obligationen zur Anwendung. Das **Bezugsangebot** ist die gegebene Emissionsform bei Kapitalerhöhung einer Aktiengesellschaft, wenn das Bezugsrecht der Altaktionäre nicht materiell ausgeschlossen wird. Den Altaktionären werden die jungen Aktien schriftlich zum Bezug angeboten. Beim **freihändigen Verkauf** erfolgt der Absatz der Effekten sukzessive, entweder über ein eigenes Vertriebssystem (z. B. Pfandbriefe und Obligationen über den Bankschalter) oder durch Verkauf an der Börse entsprechend der Nachfrage. Für letzteres ist die Zulassung des Wertpapieres zum *amtlichen oder freien Handel an der Börse* Voraussetzung. Über die Börsenzulassung entscheidet der jeweilige Börsenvorstand. Der Zulassungsantrag muß von einem Kreditinstitut gestellt werden, das an der Börse vertreten ist, für die die Zulassung erfolgen soll. Für die Zulassung ist ein Börsenprospekt erforderlich, der die zur Beurteilung des Emittenten und der Emission erforderlichen Informationen enthält.

Aktien, die nicht zum Börsenhandel zugelassen sind, können außerhalb der Börse zwischen den Banken im sogenannten *Telefonverkehr oder ungeregelten Freiverkehr* gehandelt werden. Beim amtlichen Handel an der Börse gibt es einen Einheitsmarkt, bei dem an jedem Börsentag ein einheitlicher *amtlicher Kassakurs* festgestellt wird. Der Kurs wird dabei vom Börsenmakler bei jenem Wert festgesetzt, zu dem die meisten Kauf- und Verkaufsaufträge zum Ausgleich gebracht werden können. Neben dem amtlichen Handel existiert für die Aktien großer Gesellschaften (Grundkapital mindestens 10 Mill. DM) ein Markt mit *variablen Notierungen.* Der Mindestschluß am variablen Markt beträgt 50 Stück. Am variablen Markt erfolgt eine fortlaufende Notierung während der gesamten Börsenzeit.

Bei der **bedingten Kapitalerhöhung** ist die effektive Erhöhung des Aktienkapitals von der Ausübung von Bezugs- und Umtauschrechten abhängig. Der Beschluß der Hauptversammlung zu einer bedingten Kapitalerhöhung muß Zweck, Bezugsberechtigte und Ausgabebetrag enthalten. Der Nominalbetrag der bedingten Kapitalerhöhung darf die Hälfte des im Zeitpunkt der Beschlußfassung vorhandenen Grundkapitals nicht übersteigen. Das bedingte Kapital ist als Bilanzvermerk auszuweisen. Bedingte Kapitalerhöhungen sollen nach § 192 Aktiengesetz nur zu folgenden Zwecken erfolgen:

(1) zur Abdeckung der Umtauschrechte in Aktien, die den Inhabern von **Wandelschuldverschreibungen** zustehen;

(2) zur Vorbereitung von **Unternehmenszusammenschlüssen;**

(3) zur Gewährung von **Bezugsrechten an Arbeitnehmer** im Rahmen einer Gewinnbeteiligung der Belegschaft.

Beim **genehmigten Kapital** ermächtigt die Hauptversammlung den Vorstand der Aktiengesellschaft für längstens fünf Jahre das Grundkapital bis zu einem bestimmten Nennbetrag, der die Hälfte des bisherigen Grundkapitals nicht überschreiten darf, ohne erneutes Befragen der Hauptversammlung, jedoch mit Zustimmung des Aufsichtsrates zu erhöhen. Das genehmigte Kapital gestattet es dem Vorstand, den Zeitpunkt der Kapitalerhöhung frei zu wählen und damit eine günstige Lage auf dem Kapitalmarkt abzuwarten. Die Möglichkeit des genehmigten Kapitals hat die vor 1937 üblichen **Vorratsaktien** überflüssig gemacht. Beschließt die Hauptversammlung den materiellen Ausschluß des gesetzlichen Bezugsrechtes der Aktionäre, so kann der Vorstand die Aktien der Belegschaft anbieten, oder sie zum jeweiligen Tageswert an der Börse veräußern.

Die **Kapitalerhöhung aus Gesellschaftsmitteln** ist nicht zur Beteiligungsfinanzierung zu zählen, da der Unternehmung dabei keine neuen Mittel zufließen, sondern nur Teile der im Wege der Innenfinanzierung gebildeten offenen Rücklagen durch Ausgabe von Zusatzaktien in dividendenberechtigtes Grundkapital umgewandelt werden. Bilanzmäßig wirkt sich die Kapitalerhöhung aus Gesellschaftsmitteln als Passivtausch aus: Die offenen Rücklagen vermindern sich und das Grundkapital erhöht sich um den gleichen Betrag; die Aktivseite bleibt davon vollkommen unberührt. Die ausgegebenen Zusatzaktien werden vielfach auch fälschlich als **Gratisaktien** bezeichnet. Hierbei wird der Wertverlust der ursprünglichen Aktie nach erfolgter Kapitalumschichtung nicht berücksichtigt. Die Zusatzaktien stehen den bisherigen Aktionären im Verhältnis ihrer Anteile am bisherigen Grundkapital zu. Der Aktionär stellt sich vermögensmäßig vor und nach der Kapitalerhöhung aus Gesellschaftsmitteln gleich, ebenso wie sich das Realvermögen der Unternehmung nicht ändert. Die Kapitalumschichtung erfolgt häufig, um den Kurswert der Aktie zu ermäßigen und damit ihre Verkäuflichkeit zu erhöhen, teilweise aber auch, um hohe Dividendensätze, die gegenüber der Öffentlichkeit als ungünstig angesehen werden, zu senken.

2. Kreditfinanzierung

a) Charakteristika und Formen

Bei der Kreditfinanzierung wird im Gegensatz zur Beteiligungsfinanzierung Fremdkapital von außen aufgenommen. Durch die Kreditfinanzierung entstehen Gläubigerrechte. Dies bedeutet im Gegensatz zur Beteiligungsfinanzierung daß:

(1) in der Regel **keine Mitspracherechte** der Geldgeber bei der Geschäftsführung entstehen;

(2) die Kreditüberlassungsdauer **befristet** ist;

(3) ein Rechtsanspruch auf **Rückzahlung** des Kredits in nomineller Höhe besteht, also keine Beteiligigung am Vermögenszuwachs und den stillen Reserven der Unternehmung;

(4) das Fremdkapital in der Regel nicht am Gewinn der Unternehmung beteiligt ist, sondern es ist ein **fester Zins** vereinbart; allerdings nimmt das Fremdkapital auch nicht an Verlusten teil;

(5) für Kredite zu leistende Zins- und Tilgungszahlungen eine **feste Liquiditätsbelastung** darstellen, die bei starken Umsatzrückgängen zu Liquiditätsschwierigkeiten oder doch zumindest zu einer Einengung der Dispositionsfreiheit bezüglich der Preisuntergrenze führen können.

Die Einteilung der Kreditarten kann nach unterschiedlichen Gliederungskriterien erfolgen. Am häufigsten wird nach der *Laufzeit* unterschieden, wobei man in **kurz-, mittel-** und **langfristige Kredite** einteilen kann. Die Zeiträume, die dabei jeweils anzusetzen sind, werden in der Literatur jedoch nicht einheitlich gewählt. Das deutsche Aktiengesetz trennt bezüglich der Bilanzierung nur in Kredite mit einer vereinbarten Laufzeit von weniger als vier Jahren und in solche mit einer vereinbarten Laufzeit von mehr als vier Jahren. Die Deutsche Bundesbank ordnet bei ihrer Bankenstatistik Kredite bis zu einem Jahr als kurzfristig, Kredite über ein bis zu vier Jahren als mittelfristig und Kredite über vier Jahre als langfristig ein. In der Literatur wird mitunter die Grenze zwischen kurz- und mittelfristig bereits bei drei Monaten angesetzt. Die Einteilung der Kredite nach der Fristigkeit wird zum Teil dadurch problematisch, daß Banken vielfach Kredite vertraglich nur kurzfristig zusagen, jedoch bereits bei Kreditgewährung von einer dauerhaften Prolongation ausgegangen wird. Es ist daher bei der Fristigkeit zwischen der formellen und der beabsichtigten Überlassungsdauer zu trennen.

Nach der *Verwendungsart* kann unterschieden werden in:
Investitionskredite, die für Investitionen in das Anlagevermögen Verwendung finden;
Umsatzkredite oder Betriebsmittelkredite, die zur Finanzierung des Umlaufvermögens benötigt werden;
Konsum- oder Konsumentenkredite, die der Finanzierung des privaten Konsums dienen;
Zwischenkredite, die der Überbrückung bis zum Erhalt eines längerfristigen Kredits dienen.

Weitere Einteilungskriterien stellen z. B. die Besicherung (Personalkredit, Realkredit u. a.) oder die Art des Kreditgebers (Bankenkredit, Lieferantenkredit, Privatdarlehen) dar.

b) Kreditwürdigkeit

Vor der Ausreichung eines Kredits muß der Gläubiger die Kreditwürdigkeit des Kreditnehmers prüfen. Die Beurteilung hat sich dabei zu erstrecken auf:

- die **Kreditfähigkeit,** d. h. die rechtliche Fähigkeit, als Kreditnehmer auftreten zu können;

- die **persönliche Kreditwürdigkeit,** die sich aus der persönlichen Vertrauenswürdigkeit des Kreditsuchenden ergibt;

- der **wirtschaftlichen Kreditwürdigkeit,** die auf der Ertragskraft und der Qualität der Sicherheiten des Kreditnehmers beruht.

Die rechtliche Kreditfähigkeit ergibt sich bei natürlichen Personen aus ihrer Geschäftsfähigkeit; bei juristischen Personen, aber auch bei Personengesellschaften, ist die Legitimation ihrer Vertreter zu prüfen. Eine Beurteilung der persönlichen Kreditwürdigkeit muß sich auf das Verhalten des Kreditnehmers in der Vergangenheit stützen. Hierzu können Auskünfte bei Banken und Auskunfteien eingeholt werden. Die Prüfung der wirtschaftlichen Kreditfähigkeit erfolgt durch Bilanzanalysen und Überprüfung der angebotenen Kreditsicherheiten. Im Rahmen der Bilanzanalyse werden die Vermögensstruktur, die Kapitalstruktur und die horizontale Bilanzstruktur (Finanzierungsregeln, Liquiditätsgrade) sowie die gegenwärtige und zukünftige Erfolgslage beurteilt (vgl. hierzu Kapitel D Finanzanalyse). Unter **dynamischer Kreditwürdigkeitsprüfung** wird dabei eine Kreditvergabepraxis verstanden, die nicht primär auf die Kreditsicherheiten abstellt, sondern auf die Ertragskraft des Kreditnehmers. Die Ertragskraft muß durch eine prognostische Analyse (Planbilanz und -Gewinn- und Verlustrechnung, Prognose Cash-Flow, prospektive Kapitalflußrechnungen usw.) ermittelt und laufend überprüft werden. Um die Prüfung der wirtschaftlichen Kreditfähigkeit vornehmen zu können, sind dem Kreditantrag folgende Unterlagen beizufügen:

- die letzten Jahresbilanzen (möglichst Steuerbilanzen) mit Erläuterungen und dazu gehörigen Erfolgsrechnungen; soweit aufgrund der Rechtsform das Testat eines Wirtschaftsprüfers erforderlich ist, müssen die Abschlüsse testiert sein;

- ein Kreditstatus oder eine Zwischenbilanz zum Zeitpunkt des Antrages;

- soweit vorhanden Prüfungsberichte von Wirtschaftsprüfern oder anderen Sachverständen;

- Registerauszüge (Handelsregister, Grundbuch, Kataster);

- Zahlen über die Umsatzentwicklung, den Auftragsbestand, die Investitionstätigkeit;

- soweit möglich eine Finanzplanung für die Dauer des beantragten Kredits, zumindest für die nächsten Monate nach dem Kreditantrag;

- ein Verzeichnis über die zur Verfügung stehenden Sicherheiten.

Neben der Kreditwürdigkeit hängt die Kreditzusage und deren Modalitäten auch entscheidend von der Verhandlungsmacht der Vertragspartner ab.

c) Kreditbesicherung

Kreditsicherheiten sollen dem Kreditgeber die Möglichkeit bieten, sich aus den Sicherheiten zu befriedigen, wenn der Kreditnehmer seine Zahlungsverpflichtungen (Tilgung und Zins) nicht erfüllen kann. Nach ihrer *Sicherungsart* lassen sich die Kreditsicherheiten in **Personalsicherheiten** und in **Realsicherheiten** unterscheiden. Bei den Personalsicherheiten liegen schuldrechtliche Ansprüche, bei den Realsicherheiten dagegen sachenrechtliche Ansprüche des Sicherungsnehmers vor. Bei einer Personalsicherheit haftet neben dem Kreditnehmer eine dritte Person für den Kredit, während bei einer Realsicherheit dem Kreditgeber zur Sicherung bestimmte Rechte an Vermögenswerten eingeräumt werden. Formen der Personalsicherheit sind die Bürgschaft und die Garantie. Realsicherheiten stellen z. B. die Verpfändung oder Sicherungsübereignung beweglicher Sachen, die Zession von Rechten und die Begründung von Rechten an Grundstücken dar.

Nach dem Grad der *Abhängigkeit von der gesicherten Forderung* kann man in **akzessorische** und in **fiduziarische Sicherheiten** unterscheiden. Bestand, Umfang und Dauer einer akzessorischen Sicherheit hängt von Bestand, Umfang und Dauer der gesicherten Forderung ab. Das Sicherungsrecht kann für sich allein weder begründet noch übertragen werden. Akzessorische Sicherheiten, bei denen eine vollkommene Verknüpfung zwischen Sicherheit und gesicherter Forderung vorliegt, sind die Bürgschaft, die Verpfändung und die Hypothek. Bei der fiduziarischen Sicherheit ist der Sicherungsnehmer nach außen hin im Verhältnis zu Dritten voll- und selbständig berechtigter Inhaber der Sicherheit. Im Innenverhältnis ist der Sicherungsnehmer jedoch gegenüber dem Sicherungsgeber verpflichtet, von der Sicherheit keinen über den Sicherungszweck hinausgehenden Gebrauch zu machen. Dritte Personen können sich allerdings auf dieses Innenverhältnis nicht berufen. Sicherungsgeschäfte mit fiduziarischem Charakter stellen die Sicherungsübereignung, die Sicherungsabtretung und die Grundschuld dar.

Bürgschaft

Die **Bürgschaft** ist ein Vertrag, durch den sich der Bürge gegenüber dem Gläubiger eines Dritten verpflichtet, für die Verbindlichkeiten des Dritten einzustehen (§§ 765 ff. BGB). Da es sich bei der Bürgschaft um eine akzessorische Kreditsicherheit handelt, bestimmt sich der Umfang der Haftung des Bürgen nach dem jeweiligen Stand der Hauptschuld. Befriedigt der Bürge den Kreditgeber, so geht die Forderung (gegenüber dem Kreditnehmer) auf den Bürgen über. Kreditinstitute verlangen in der Regel **selbstschuldnerische Bürgschaften**, bei denen der Bürge auf die sogenannte Einrede der Vorausklage verzichtet. Die Einrede der Vorausklage beinhaltet das Recht des Bürgen, die Befriedigung des Kreditgebers zu verweigern, wenn dieser nicht die Zwangsvollstreckung gegen den Kreditnehmer erfolglos versucht hat. Bei der **Ausfallbürgschaft** verpflichtet sich der Bürge dagegen nur gegenüber dem Gläubiger für Verluste einzustehen, die nachweisbar auch nach einer erfolgten Zwangsvollstreckung noch vorhanden sind. Die Haftung des Bürgen wird in der Regel auf einen bestimmten Höchstbetrag begrenzt (Höchstbetragsbürgschaft).

Garantie

Im Gegensatz zur Bürgschaft ist die **Garantie** nicht gesetzlich geregelt. Bei der Garantie verpflichtet sich der Garantiegeber gegenüber dem Garantienehmer für einen bestimmten zukünftigen Erfolg einzustehen oder für das Ausbleiben des Erfolgs Gewähr zu leisten. Im Gegensatz zur Bürgschaft ist die Garantie nicht akzessorisch und damit unabhängig vom Bestand der Hauptschuld. Am häufigsten kommen in der Praxis Zahlungsgarantien vor, bei denen bei Eintritt einer bestimmten Bedingung die Zahlung einer gewissen Summe garantiert wird. Daneben sind jedoch auch Gewährleistungsgarantien und Bietungsgarantien von Bedeutung. Garantien können formlos übernommen werden, während Bürgschaften grundsätzlich der Schriftform bedürfen, es sei denn, bei dem Bürgen handelt es sich um einen Vollkaufmann, für den die Bürgschaftserklärung ein Handelsgeschäft darstellt.

Wechselsicherung

Eine ähnliche Wirkung wie mit den Personalsicherheiten Bürgschaft und Garantie kann mit der **Wechselsicherung** erreicht werden. Der Kreditgeber nimmt hierbei zur Sicherung des ausgereichten Kredits einen Wechsel (Depotwechsel) des Kreditnehmers herein. Während die normale Wechselbegebung zahlungshalber vorgenommen wird, erfolgt die Begebung eines Depotwechsels nur sicherungshalber, und er wird weder diskontiert noch verpfändet, sondern nur hinterlegt. Das Depotakzept hat den Vorzug, daß aufgrund der Wechselstrenge eine raschere Beitreibung der Forderung ermöglicht wird. Haben sich auf dem Wechsel neben dem Kreditnehmer noch weitere Personen verpflichtet, so ergibt sich für den Kreditgeber eine ähnliche Sicherung wie bei der Bürgschaft. Reine Depotwechsel werden vielfach als Solawechsel ausgestellt, aus dem nur der Aussteller (= Kreditnehmer) verpflichtet ist.

Verpfändung

Zur Sicherung von Krediten können auch bewegliche Vermögenswerte, d. h. Sachen und Rechte verpfändet werden. Eine **bewegliche Sache** kann zur Sicherung einer Forderung in der Weise belastet werden, daß der Gläubiger berechtigt ist, Befriedigung aus der Sache zu suchen (§§ 1204 ff. BGB). Zur Bestellung eines Pfandrechts ist die Einigung zwischen den Partnern erforderlich und die Übergabe des Vermögensgegenstandes an den Gläubiger. Die erforderliche Übergabe des Pfandes schränkt den Kreis der zur Verpfändung geeigneten Sachen ein. Das Pfandrecht ist streng akzessorisch, d. h. es ist abhängig vom Bestehen der zu sichernden Hauptforderung. Von praktischer Bedeutung ist vor allem die Verpfändung von Wertpapieren, die nicht im regelmäßigen betrieblichen Umsatzprozeß benötigt werden und meist auch bereits im Depot der kreditgewährenden Bank lagern.

Im letzteren Fall ist eine Einigung und Übergabe nicht erforderlich, da die allgemeinen Geschäftsbedingungen der Banken eine generelle Pfandklausel enthalten. Die Einigung erfolgt dann bereits durch Anerkennung der allgemeinen Geschäftsbedingungen durch den Kunden und zukünftigen Kreditnehmer. Zur Verpfändung eignen sich auch handelsrechtliche Dispositionspapiere wie Konnossement, Ladeschein, Lagerschein und Frachtbriefduplikat. Auch zum Einzug eingereichte Wechsel können im Rahmen des Lombardkredits verpfändet werden. Zur Verpfändung ungeeignet sind Gegenstände, die der Kreditnehmer im Rahmen des betrieblichen Umsatzprozesses benötigt wie Maschinen und Vorräte. Zur Beleihung dieser Vermögensteile bietet sich die Sicherungsübereignung an.

Die **Verpfändung von Rechten** ist in § 1274 BGB geregelt. Danach können nur übertragbare Rechte verpfändet werden. Als verpfändbare Rechte kommen vor allem in Frage: Grundpfandrechte (Hypotheken, Grundschulden), Gesellschaftsanteile (GmbH – und Kommanditanteile), Patent- und Erbrechte sowie Forderungsrechte. Die Bestellung von Pfandrechten an Forderungen ist in §§ 1279 ff. BGB speziell geregelt. Danach wird die Verpfändung nur wirksam, wenn sie dem Schuldner durch den Gläubiger angezeigt wird. Die Verpfändung von Rechten und Forderungen besitzt in der Bankpraxis keine allzugroße Bedeutung, da hier das Instrument der Sicherungsabtretung wegen seiner einfacheren Handhabung vorgezogen wird.

Sicherungsübereignung

Der Nachteil der körperlichen Übergabe im Falle der Verpfändung von beweglichen Vermögenswerten wird bei der **Sicherungsübereignung** vermieden. Die Sicherungsübereignung ist nicht gesetzlich geregelt, sondern sie stellt eine Rechtskonstruktion dar, die sich aus der Beleihungspraxis entwickelt hat und durch die Rechtssprechung anerkannt ist (gekorene Sicherheit). Wie bei der Verpfändung wird durch den Sicherungsgeber (Kreditnehmer) das Sicherungsgut an den Sicherungsnehmer (Kreditgeber) übereignet und der Sicherungsnehmer ist berechtigt, zur Abdeckung seiner Ansprüche die Sache gegebenenfalls zu verwerten. Erforderlich ist die Einigung, daß das Eigentum am Sicherungsgut auf den Sicherungsnehmer übergehen soll. Die Übergabe des Sicherungsgutes wird jedoch nach § 930 BGB durch ein Besitzmittlungsverhältnis ersetzt. Die sicherungsübereignete Sache bleibt daher im Wege des Besitzkonstituts (z. B. Leihe, Miete, Pacht, Verwahrung) in unmittelbarem Besitz des Sicherungsgebers zur weiteren Benutzung. Ein Sicherungsübereignungs-Vertrag beinhaltet damit eigentlich zwei Teilverträge, einen Vertrag zur sicherungsweisen Übereignung des Sicherungsgutes und einen Besitzmittlungsvertrag zur Nutzung des Objektes durch den Sicherungsgeber. Während früher für den rechtlichen Bestand der Sicherungsübereignung beide Teilverträge erforderlich waren, läßt die Rechtssprechung heute auch die schuldrechtliche Sicherungsabrede als Sicherungsübereignung gelten, wobei jedoch der Übergabeersatz, z. B. als unentgeltliche Verwahrung für die Bank, vereinbart sein muß.[1] Das Sicherungsgut muß genau bestimmt sein, so daß auch ein Dritter in der Lage ist, die sicherungsübereigneten Vermögensgegenstände von anderen Gütern des Sicherungsgebers zweifelsfrei zu trennen. Die zweifelsfreie Bestimmtheit des Sicherungsgutes muß im Sicherungsvertrag gewährleistet sein.[2] Bei der Einzelübereignung ergeben sich hierbei keine Schwierigkeiten, da der Sicherungsgegenstand im Vertrag genau bezeichnet werden kann. Soll jedoch ein Warenlager mit wechselndem Bestand übereignet werden, so muß für die Bestimmbarkeit der jeweils sicherungsübereigneten Güter Vorsorge getragen werden. Es kann ein bestimmter Sicherungsraum vereinbart werden, wobei alle in diesen Raum eingebrachten Waren als sicherungsübereignet gelten. Hierbei kann es allerdings zu Kollisionen zwischen der Sicherungsübereignung und dem Eigentumsvorbehalt, insbesondere einem verlängerten Eigentumsvorbehalt (Verarbeitungsklausel) der Lieferanten kommen.[3]

---

[1] Vgl. RGZ 132, 183, 186, BGH NJW 302, 303; OLG Hamm NJW 1970, 2067.
[2] Vgl. RGZ 132, 187; BGHZ 21, 56; BGHZ 28, 16.
[3] Da der Sicherungsgeber nicht Eigentümer der Vorbehaltsware ist, erwirbt der Sicherungsnehmer in der Regel nur das Anwartschaftsrecht. Gutgläubiger Erwerb des Sicherungsnehmers ist nicht möglich, da das Sicherungsgut nicht in seinen unmittelbaren Besitz übergeht (§ 933 BGB); vgl. Palandt-Degenhart, BGB Kurz-Kommentar, 34. Aufl., München 1975, Anm. 4) und 4a) zu § 930 BGB.

Darüber hinaus besteht für den Sicherungsnehmer das Risiko, daß der Sicherungsgeber nicht vertragsgemäß Waren in den Sicherungsraum einbringt, oder dort befindliche Waren mehrfach übereignet, verpfändet oder unberechtigt veräußert. Im letzteren Fall hat der Sicherungsnehmer gegenüber dem gutgläubigen Erwerber keinen Herausgabeanspruch. Der Gläubiger ist daher bei der Sicherungsübereignung einem größeren Risiko des Sicherheitenverlustes ausgesetzt wie etwa bei der Verpfändung.

Sicherungsabtretung

Neben der Übereignung von beweglichen Sachen kann zur Kreditsicherung die **Sicherungsabtretung** von Rechten und Forderungen erfolgen. Als abtretbare Rechte kommen, wie bei der Verpfändung, Rechte aus Gesellschaftsverhältnissen, aus Miet- und Pachtverträgen, aus Lohn- und Gehaltsforderungen, usw. in Frage. Von größter Bedeutung im praktischen Kreditverkehr ist die Abtretung von Forderungen aus Lieferungen und Leistungen. Im Rahmen eines Zessionsvertrages tritt der Altgläubiger (Zedent) dem Neugläubiger (Zessionar) Forderungen ab, wobei zur Wirksamkeit der Abtretung eine Benachrichtigung des Schuldners von der Zession nicht erforderlich ist. Wird der Schuldner von der Abtretung nicht unterrichtet, so kann er mit befreiender Wirkung an den Altgläubiger Zahlung leisten. Bei Nichtbenachrichtigung des Schuldners von der Zession spricht man von einer „**stillen Zession**", erfolgt dagegen eine Mitteilung, so liegt eine „**offene Zession**" vor. Bei der offenen Zession ist der Kreditgeber besser geschützt, da hierbei der Schuldner Zahlung mit befreiender Wirkung nur an ihn leisten kann. Eine zunächst stille Zession kann durch Anzeige der Abtretung bei den Schuldnern in eine offene umgewandelt werden. Da die zu sichernden Kredite häufig eine längere Laufzeit besitzen als die zur Sicherheit abgetretenen Forderungen, haben sich neben der Einzelabtretung in der Kreditpraxis die Mantelzession und die Globalzession entwickelt. Bei der **Mantelzession** wird vereinbart, daß der Kreditnehmer dem Kreditgeber zur Sicherstellung des Kredits stets Forderungen in einer bestimmten Höhe abtritt und erledigte Forderungen jeweils durch neue ersetzt. Der Ersatz erfolgt durch die Übersendung von Rechnungskopien oder Forderungsverzeichnissen. Erst durch die Einreichung der Listen bzw. Rechnungen gilt die jeweilige Forderung bei der Mantelzession als abgetreten. Unterläßt der Kreditnehmer die Einreichung von Abtretungsverzeichnissen, so bedeutet dies einen Ausfall an Sicherheiten für den Kreditgeber. Wesentlich besser geschützt ist daher der Kreditgeber bei einer **Globalzession.** Der Kreditnehmer tritt hierbei nicht nur gegenwärtige, sondern auch künftig entstehende Forderungen gegenüber bestimmten Schuldnern oder aus bestimmten Geschäften an den Kreditgeber ab. Die künftigen Forderungen gehen damit bereits zum Zeitpunkt des Vertragsabschlusses auf den Sicherungsnehmer über. Eine Einreichung von Abtretungslisten oder Rechnungskopien hat dabei nur informativen Charakter. Allerdings müssen die zukünftigen Forderungen ausreichend bestimmbar sein. Dies wird z. B. dadurch erreicht, daß vereinbart wird, daß alle Forderungen gegenüber Schuldnern mit den Anfangsbuchstaben A bis F oder gegenüber allen Schuldnern, die ihren Wohnsitz in einem bestimmten regionalen Bereich haben oder alle aus bestimmten Geschäften entstehenden Schulden abgetreten sind. Bei der Forderungsabtretung, insbesondere bei der Globalzession, kann es zu einer Kollision mit dem verlängerten Eigentumsvorbehalt kommen. Beim verlängerten Eigentumsvorbehalt tritt der Vorbehaltskäufer die aus der Weiterveräußerung an einen Dritterwerber entstehende Forderung im voraus an den Vorbehaltsverkäufer ab. Rechtswirksam ist jeweils diejenige Abtretung, die zeitlich zuerst vereinbart wurde (Grundsatz der Priorität).[4] Die Globalzession geht daher dem verlängerten Eigentumsvorbehalt, soweit dieser später vereinbart wurde, vor. Eine Globalzession kann jedoch sittenwidrig und damit rechtsunwirksam sein, wenn der Sicherungsnehmer bewußt die Kollision mit dem Eigentumsvorbehalt in Kauf genommen hat.[5]

Grundpfandrechte

Grundpfandrechte sind dingliche Rechte an einem Grundstück, die unabhängig von dessen jeweiligem Eigentümer bestehen können. Die Verpfändung unbeweglicher Sachen kann als **Hypothek** (§§ 1113 ff. BGB), als **Grundschuld** (§§ 1191 ff. BGB) und als **Rentenschuld** (§§ 1199 ff. BGB) erfolgen. Grundpfandrechte geben dem Gläubiger der gesicherten Forderung die Möglichkeit, sich Befriedigung aus dem Grundstück zu suchen, wenn der Kreditnehmer nicht termingerecht und vollständig eine bestimmte Geldsumme zuzüglich Zinsen aus dem Grundstück bezahlt. Für die Entstehung eines Grundpfandrechtes ist seine Eintragung in das Grundbuch beim zuständigen Grundbuchamt erforderlich. Das **Grundbuch** genießt öffentlichen Glauben, d. h., daß Eintragungen im Grundbuch zugunsten dessen, der im guten Glauben auf die Richtigkeit des Grundbuches ein Recht an einem Grundstück erwirbt, als richtig gelten (§§ 873 ff. BGB).

Das Grundbuch gliedert sich in drei Abschnitte. Der erste Abschnitt stellt das Bestandsverzeichnis dar, in dem alle Angaben über Lage und Größe des Grundstücks enthalten sind. Im zweiten Abschnitt sind die mit dem Grundstück verbundenen Nebenrechte, wie etwa Geh- und Fahrtrechte, die dem jeweiligen Eigentümer des Grundstückes zustehen, eingetragen. Der dritte Abschnitt des Grundbuches zerfällt in drei Abteilungen.

In der ersten Abteilung werden die Eigentümer ausgewiesen. Die zweite Abteilung enthält Grunddienstbarkeiten, Nießbrauchrechte und Reallasten. Monetäre Belastungen, wie Hypotheken, Grund- und Rentenschulden, werden in Abteilung drei eingetragen. Die Reihenfolge der Eintragung von Rechten in den verschiedenen Abteilungen ist grundsätzlich ausschlaggebend für ihren Rang. Rangverhältnisse können mit Zustimmung der Betroffenen geändert werden. Für die Qualität eines Grundpfandrechtes als Kreditsicherheit ist der Rang, mit dem es eingetragen ist, mitentscheidend. Nachrangige Rechte kommen im Falle der Zwangsvollstreckung erst dann zum Zug, wenn die vorrangigen Rechte befriedigt sind.

Die **Hypothek** hat streng akzessorischen Charakter und ist vom Bestand der dazugehörigen persönlichen Geldforderung abhängig. Eine Hypothek ermäßigt sich, bzw. erlischt ganz entsprechend der zugehörigen Geldforderung.

Formen der Hypothek sind die Verkehrshypothek, die Sicherungshypothek und die Höchstbetragshypothek.

Die **Verkehrshypothek** ist im Rahmen der Kreditsicherung die häufigste Form. Wird ein Hypothekenbrief ausgestellt, so spricht man von einer **Briefhypothek,** unterbleibt dagegen die Ausstellung eines solchen, so liegt eine **Buchhy-**

---

[4] Vgl. BGHZ 30, 151; 32, 361; 32, 357; vgl. auch Serick, R., Probleme bei mehrfacher Abtretung künftiger Forderungen, verlängerter Eigentumsvorbehalt und Globalzession, in: Der Betriebs-Berater, 1960, S. 141 ff.
[5] Vgl. BGHZ 30, 149; 32, 363; 32, 366; BGH NJW 74, 942.

pothek vor. Die Rückzahlung des Darlehens kann zu einem im voraus festgelegten bestimmten Zeitpunkt erfolgen (Festhypothek oder Fälligkeitshypothek) oder über die gesamte Laufzeit verteilt mit bestimmten Rückzahlungsraten erfolgen (Tilgungs- oder Annuitätenhypothek). Eine Rückzahlung mit gleichbleibenden Annuitäten ist die bei der Kreditvergabe im Wohnungsbau übliche Form. Innerhalb des festen Annuitätenbetrages nimmt bei fortschreitender Kapitaltilgung der Anteil der Tilgungsbeträge zu und der Zinsanteil entsprechend ab. Ist eine Verkehrshypothek ordnungsgemäß im Grundbuch eingetragen, so erstreckt sich der öffentliche Glaube des Grundbuches auch auf den Bestand der zugehörigen Forderung. Ein gesonderter Nachweis über das Bestehen der Forderung muß daher nicht geführt werden.

Bei der **Sicherungshypothek** (§ 1184 BGB) kann sich dagegen der Sicherungsnehmer (Gläubiger) zum Nachweis des Forderungsbestandes nicht auf die Eintragung berufen. Der Sicherungsnehmer muß im Verwertungsfalle den Nachweis über Bestand und Höhe der Forderung führen. Eine Sicherungshypothek kann nicht gutgläubig erworben werden. Ihre Übertragung ist davon abhängig, daß die gesicherte persönliche Forderung besteht und auf den Erwerber übergeht. Die Ausstellung eines Briefes ist bei der Sicherungshypothek ausgeschlossen, sie kann nur als Buchhypothek bestellt werden. Eine Sonderform der Sicherungshypothek stellt die **Höchstbetragshypothek** (Höchstbetragssicherungshypothek) dar (§ 1190 BGB). Eingetragen wird in diesem Falle der maximale Betrag, mit dem das Grundstück haften soll. Sie ist als Sicherheit für Kredite in wechselnder Höhe gedacht. Der Sicherungsnehmer (Gläubiger) hat im Vollstreckungsfall den Bestand und die Höhe der gesicherten Forderung nachzuweisen. Erst dann kann die übliche Vollstreckungsklausel erteilt werden. Eine sofortige Unterwerfung unter die Zwangsvollstreckungsklausel ist nicht möglich, da es zunächst an einer bestimmbaren Forderung fehlt.

Die Erteilung eines Hypothekenbriefes ist bei der Höchstbetragshypothek (§ 1190 BGB) ausgeschlossen. Wegen der Auflage des Forderungsnachweises zur Erlangung eines Vollstreckungstitels und den Problemen, die sich aus der Akzessorietät der Hypothek ergeben, findet die Höchstbetragssicherungshypothek in der Bankpraxis kaum Verwendung. Zur Sicherung von Krediten in schwankender Höhe wird hier die Grundschuld vorgezogen.

Die **Grundschuld** (§§ 1191 ff. BGB) setzt keine persönliche Forderung des Gläubigers voraus, sie liegt unabhängig davon auf dem Grundstück mit der Wirkung, daß aus diesem an den Eigentümer der Grundschuld eine Geldsumme zu zahlen ist. Als abstraktes Sicherungsmittel eignet sie sich daher in besonderer Weise zur dinglichen Sicherung von Kreditausleihungen. Sie bleibt als Sicherheit erhalten, wenn der Kredit vorübergehend, teilweise oder ganz zurückbezahlt wird. Trotz ihres abstrakten Charakters wird die Grundschuld meistens zur Sicherung einer persönlichen Forderung verwendet, wozu es einer zusätzlichen Vereinbarung zwischen Sicherungsgeber und Sicherungsnehmer bedarf. Ähnlich wie bei der Verkehrshypothek kann auch für die Grundschuld ein Grundschuldbrief ausgestellt werden (Briefgrundschuld) oder nur eine Eintragung in das Grundbuch erfolgen (Buchgrundschuld). Eine Grundschuld kann auch vom Eigentümer des Grundstückes für sich selbst eingetragen werden (§ 1196 BGB). Die **Eigentümergrundschuld** kann zur Sicherung von Krediten an Gläubiger abgetreten werden. Die Bestellung einer Eigentümergrundschuld hat in diesem Falle den Vorteil, daß aus dem Grundbuch nicht ersichtlich ist, daß und bei wem der Grundstückseigentümer Kredit aufgenommen hat.

Die ebenfalls zu den Grundpfandrechten gehörende **Rentenschuld** (§§ 1199 BGB) bedingt, daß aus dem Grundstück eine regelmäßig wiederkehrende Rente zu zahlen ist. Sie ist daher als Kreditsicherungsmittel insbesondere für Bankkredite ungeeignet.

d) langfristige Kreditformen

Die Formen langfristiger Kreditfinanzierung lassen sich im wesentlichen einteilen in:

(1) Schuldverschreibungen (Anleihen, Obligationen)

(2) Schuldscheindarlehen

(3) langfristige Bankkredite (in der Regel gesichert durch Hypotheken und Grundschulden)

(4) langfristige Darlehen von nicht institutionellen Kreditgebern

Die Aufnahme von Anleihen und langfristigem Bankkredit kann sowohl auf dem **nationalen Kapitalmarkt** als auch auf dem **internationalen Kapitalmarkt,** insbesondere dem Eurokapitalmarkt, erfolgen.

aa) Schuldverschreibungen

Das klassische Instrument der langfristigen Kreditfinanzierung stellt die Anleihe dar. Die Anleihe wendet sich nicht an einen speziellen Kreditgeber, sondern an den Kapitalmarkt. Man spricht hierbei auch vom „anonymen" Kapitalmarkt, da die Kreditgeber dem Kreditnehmer in der Regel unbekannt bleiben. Anleihen werden in Teilschuldverschreibungen zerlegt, die jeweils einen bestimmten Teilbetrag der Anleihe verbriefen. Schuldverschreibungen stellen **vertretbare Wertpapiere** dar, und sie lauten auf einen bestimmten Nennbetrag. Sie werden überwiegend als Inhaberpapiere ausgegeben, mitunter jedoch auch als Orderpapiere. Die Ausgabe von Schuldverschreibungen bedarf nach dem Bürgerlichen Gesetzbuch gem. § 795 BGB (Schuldverschreibungen auf den Inhaber) und § 808a (Ausgabe von Orderschuldverschreibungen) der **staatlichen Genehmigung.** Zuständig hierfür ist nach dem „Gesetz über die staatliche Genehmigung der Ausgabe von Inhaber- und Orderschuldverschreibungen" vom 26. 6. 1954 der Bundesminister für Wirtschaft im Einvernehmen mit der zuständigen obersten Behörde des Landes, in dem der Aussteller seinen Sitz oder seine gewerbliche Niederlassung hat. Das Gesetz selbst enthält keine näheren Ausführungen über Umfang und Inhalt der Prüfung. Für die Erteilung der Genehmigung sind zwei unterschiedliche Kriterien ausschlaggebend, zum einen die Bonität der Anleihe und zum anderen die Belastung des Kapitalmarktes durch die Emission. Das Erfordernis der Genehmigung soll die Funktionsfähigkeit des Kapitalmarkts gewährleisten.

In der Schuldverschreibung verpflichtet sich der Aussteller zur Zahlung einer bestimmten Geldsumme, in der Regel zur Rückzahlung des aufgenommenen Geldbetrages sowie zu regelmäßigen Zinszahlungen. Bei der Schuldverschreibung handelt es sich nicht um ein der Annahme bedürftiges Schuldversprechen, sondern der Aussteller wird bereits durch die Ausfertigung einseitig verpflichtet. Als Emittenten von Schuldverschreibungen treten neben Unternehmungen vor allem der Staat, die öffentlichen Körperschaften (Bundesbahn, Bundespost, Gemeinden usw.) und Realkreditanstalten (Hypothekenbanken) auf.

Industrieobligationen

Die **Schuldverschreibungen privater Unternehmungen** werden als Industrieobligationen bezeichnet. Da die Anleihen der Industrie etwa gegenüber dem Handel bei weitem überwiegen, hat sich der Name Industrieobligation für alle Schuldverschreibungen privater Unternehmungen eingebürgert. Industrieobligationen können nur von emissionsfähigen Unternehmen begeben werden. Obwohl die Emissionsfähigkeit hierbei nicht auf bestimmte Rechtsformen beschränkt ist, haben bisher nur große Aktiengesellschaften und einige wenige sehr große GmbH's (z. B. Robert Bosch GmbH) den Weg der Finanzierung über Industrieobligationen beschritten. Die Ursache hierfür liegt zum einen in den Bonitätsanforderungen an Anleiheemittenten und zum anderen an den Mindestbeträgen, die für die Zulassung einer Anleihe zur Börse vorgeschrieben sind.

Die Emission von Schuldverschreibungen kann als Eigen- oder Fremdemission erfolgen. In der Bundesrepublik ist die Fremdemission durch ein Bankenkonsortium, das dem Unternehmen sofort den Gegenwert der Anleihe zur Verfügung stellt, üblich. Durch ihre **Börsenfähigkeit** besitzen Industrieobligationen für den Anleihezeichner eine **hohe Fungibilität**, da sie jederzeit an der Börse verwertbar sind. Er hat jedoch auch ein Kursrisiko zu tragen, da die Teilschuldverschreibungen dem Wechselspiel von Angebot und Nachfrage an der Börse unterliegen. Kursabschläge treten insbesondere dann auf, wenn der Kapitalmarktzins über den Zinssatz der Anleihe steigt. Der **Nennbetrag**, auf den die Teilschuldverschreibungen lauten, muß weder mit dem **Ausgabekurs** noch mit dem **Rückzahlungskurs** übereinstimmen. Der Ausgabekurs kann bei pari (100%) oder unter pari liegen, der Rückzahlungskurs kann gleich pari oder über pari sein. Am üblichsten ist ein Ausgabekurs unter 100% und die Rückzahlung zu 100%. Der Differenzbetrag wird als **Disagio** bezeichnet. Die emittierende Unternehmung kann ihn in der Handelsbilanz (Pflicht in der Steuerbilanz) unter den aktiven Rechnungsabgrenzungsposten aktivieren und über die Laufzeit der Anleihe regelmäßig abschreiben. Durch das Disagio ergibt sich für den Kapitalanleger ein Auseinanderfallen von Nominalverzinsung und Effektivverzinsung (vgl. hierzu Kapitel Wertpapieranalyse S. 118 f.).

Für das emittierende Unternehmen liegen durch das Disagio die **Zinskosten** über dem Nominalzinssatz. Letzterer ist in seiner Höhe vom im Emissionszeitpunkt herrschenden Kapitalmarktzins abhängig. Die Anpassung des Nominalzinssatzes erfolgt dabei meist in Abstufungen von 0,5%, während die Feinanpassung an den Kapitalmarktzins durch den Ausgabekurs erfolgt.

Die durchschnittlichen **Laufzeiten** von Industrieobligationen liegen derzeit zwischen 8 und 15 Jahren. In früheren Jahren wurden auch längerfristige Anleihen emittiert, der Trend geht jedoch auf seiten der Anleger zu immer kürzeren Laufzeiten. Die **Tilgung** erfolgt überwiegend in Jahresraten, eine Gesamttilgung am Ende der Laufzeit stellt die Ausnahme dar. Sie setzt jedoch in der Regel erst nach einigen (häufig 5) tilgungsfreien Jahren ein. Dadurch wird die Liquidität der Unternehmung in den ersten Jahren, in denen die der Anleihe entsprechenden Investitionen noch keine Erlöse erbringen, nicht belastet, und die Tilgungsraten können aus den erwirtschafteten Abschreibungen erbracht werden. Die Rückzahlung kann in konstanten Tilgungsbeträgen oder in Annuitäten (konstanter Betrag aus Zins und Tilgung, wobei im Zeitablauf der Zinsanteil abnimmt und die Tilgung entsprechend zunimmt) erfolgen. Die jeweils zu tilgenden Schuldverschreibungen werden meist durch Auslosung ermittelt, wozu entweder die gesamte Anleihe in so viele Serien eingeteilt wird, wie Tilgungsraten vorgesehen sind, oder die Auslosung erfolgt nach den Wertpapiernummern. Da somit die genaue Laufzeit einer einzelnen Teilschuldverschreibung von vornherein nicht genau bestimmbar ist, kann auch die Effektivverzinsung nur als Durchschnittswert bestimmt werden. Eine weitere Rückzahlungsmethode besteht in der Bildung eines Tilgungsfonds (sinking fund), aus dem zu geeigneten Zeitpunkten ein freihändiger Rückkauf über die Börse erfolgt. Ein Rückkauf wird immer dann erfolgen, wenn der Börsenkurs unter dem Tilgungskurs liegt. Der freihändige Rückkauf kann auch zusätzlich zur Tilgung durch Auslosung vorgesehen sein.

Die emittierende Unternehmung kann sich ferner das Recht vorbehalten, die Anleihe auch außerhalb der planmäßigen Tilgung nach einer bestimmten Frist zu kündigen. Dadurch bewahrt sich der Emittent die Möglichkeit einer flexiblen Tilgungsweise, die sich der Entwicklung des Kapitalmarkts (Zinssatzsenkungen) und dem Kapitalbedarf der Unternehmung anpassen kann. Darüber hinaus kann sich der Anleiheschuldner auch das Recht der Zinskonversion vorbehalten. Sinkt der Kapitalmarktzins unter den Zinssatz der Anleihe, so können die Teilschuldverschreibungen gekündigt werden und den Obligationären wird eine neue niedriger verzinsliche Anleihe angeboten.

Von Seiten der Gläubiger sind Industrieobligationen fast immer unkündbar. Die sehr seltene Ausnahme der Möglichkeit einer Kündigung durch die Obligationäre bezeichnet man als **Degussaklausel**, da die im Jahre 1953 von der Firma Degussa emittierte Anleihe den Gläubigern ein Kündigungsrecht einräumte.

Die **Zinszahlungen** erfolgen vierteljährlich, halbjährlich oder jährlich, wobei in Deutschland die halbjährliche Zinszahlung überwiegt. Für den Obligationär ist die vierteljährliche Zinszahlung am günstigsten, da dann die Zinserträge bereits wieder früher verzinslich angelegt werden können, und somit die Effektivverzinsung bei sonst gleichen Bedingungen gegenüber Anleihen mit halb- und jährlicher Zinszahlung höher liegt.

Die **Besicherung** von Industrieobligationen erfolgt überwiegend durch Grundpfandrechte, wobei die Grundschuld am gebräuchlichsten ist, da sie wegen ihrer Unabhängigkeit von der zugrundeliegenden Forderung beweglicher ist als die akzessorische Hypothek. In Ausnahmefällen dienen auch Bürgschaften anderer Unternehmen, wie etwa der Konzernmutter, oder Bürgschaften des Bundes und der Länder als Besicherung. Industrieunternehmen erster Bonität verzichten teilweise auf Sicherheitsleistungen und gewähren den Obligationären nur die sogenannte „Negativklausel", die besagt, daß von nun an keinem Gläubiger bessere Sicherheiten gewährt werden dürfen, als sie den Obligationären eingeräumt wurden.

Bei den **Kosten** des Finanzierungsinstruments Industrieobligationen ist zwischen einmaligen und laufenden Kosten zu unterscheiden. Die wichtigste Position bei den **einmaligen Kosten** stellt die Konsortialprovision dar. Sie muß vom emittierenden Unternehmen an das Bankenkonsortium dafür abgeführt werden, daß dieses die Anleihe „en bloc" übernimmt und das Risiko der Unterbringung an der Börse trägt (Übernahmekonsortium; siehe zu Emissionsmethoden und -wegen auch Beteiligungsfinanzierung der AG S. 181). Zur Konsortialprovision treten weitere Kosten, wie etwa die Börseneinführungsprovision, Börsenzulassungsgebühr, Druckkosten, Kosten der Sicherheitenbestellung u. a. hinzu. Die gesamten einmaligen Nebenkosten belaufen sich auf ca. 4–5% des Nominalbetrages der Anleihe.

Die **laufenden Kosten** bestehen hauptsächlich aus den Zinszahlungen. Zu diesen treten noch laufende Nebenkosten, wie Coupon-Einlösungsprovision, Kosten der Auslosung u. a. hinzu. Die gesamten Nebenkosten, einmalige und laufende zusammen, betragen ca. 5–7% des Nominalbetrages der Anleihe.

Die Emission im Rahmen der in Deutschland für Industrieanleihen üblichen Fremdemission kann durch Auflegung zur öffentlichen Zeichnung oder als freihändiger Verkauf erfolgen (vgl. Eigenfinanzierung der AG). Zur Erhaltung des Emissionsstandings des Emittenten und des Emissionskonsortiums bedarf die Anleihe auch nach erfolgter Börseneinführung einer Beobachtung und Kurspflege.

Wandelschuldverschreibungen

Wandelschuldverschreibungen (convertible bonds) gewähren zusätzlich zu den Rechten normaler Industrieobligationen das **Recht auf Umtausch der Schuldverschreibungen in Aktien.** Das Umtauschrecht kann meist erst nach einer bestimmten Sperrfrist ausgeübt werden. Die Ausgabe von Wandelobligationen bedarf eines Beschlusses der Hauptversammlung, da zur Wahrung des Umtauschrechts eine bedingte Kapitalerhöhung vorgenommen werden muß (vgl. § 221 AktG). Für Wandelobligationen steht den Aktionären ein gesetzliches Bezugsrecht zu. Bei Ausgabe der Anleihe muß das Wandlungsverhältnis, d. h. wie viele Schuldverschreibungen eine Aktie ergeben, sowie evtl. beim Umtausch zu leistende Zuzahlungen festgelegt werden. Die Zuzahlungen können fest oder variabel vereinbart sein. Häufig werden die Aufgeldbeträge zeitlich steigend oder fallend gestaffelt. Durch Wahrnehmung des Wandlungsrechts erfolgt ein Tausch von Obligationen in Aktien, wobei die Obligationen untergehen. Für die Unternehmung erfolgt eine Umwandlung von Fremdkapital in Eigenkapital, aus den Kreditgebern werden Mitgesellschafter. Je nach Liquiditäts- und Rentabilitätslage hat eine Unternehmung Interesse an einer frühen oder späten Wandlung. Der Wandlungszeitpunkt kann von der Unternehmung insbesondere durch die Gestaltung der Zuzahlungen beeinflußt werden. Mit der Umwandlung in Eigenkapital wird die Unternehmung der Tilgung enthoben und erhält durch das Aufgeld noch weitere liquide Mittelzuflüsse.

Die Zinssätze von Wandelanleihen liegen im allgemeinen etwas unter den üblichen Anleihekonditionen. Je günstiger das Umwandlungsrecht im Zeitpunkt der Ausgabe erscheint, um so eher kann mit dem Zinssatz vom normalen Anleihesatz zugunsten der emittierenden Unternehmung abgewichen werden. Wandelobligationen werden vielfach bei schlechter Kapitalmarktlage emittiert, um gegenüber normalen Anleihen zusätzliche Kaufanreize zu schaffen.

Optionsschuldverschreibungen

Optionsanleihen unterscheiden sich von Wandelanleihen dadurch, daß sie zwar ebenfalls ein Aktienbezugsrecht verbriefen, im Falle seiner Geltendmachung jedoch weiter als Gläubigerpapier bestehen bleiben. An Stelle des Rechtes zur Umwandlung wird ein **Recht zum Bezug von Aktien** (Optionsschein) eingeräumt. Es erfolgt also kein Tausch von Obligationen gegen Aktien, sondern ein Aktienkauf, der zu Konditionen erfolgt, die bei Ausgabe der Obligation festgelegt werden. Somit findet keine Umwandlung von Fremd- in Eigenkapital statt, sondern es wird zusätzliches Eigenkapital geschaffen.

Auch die Ausgabe von Optionsanleihen bedarf des Beschlusses der Hauptversammlung über eine bedingte Kapitalerhöhung.

Gewinnschuldverschreibungen

Gewinnschuldverschreibungen stellen eine Sonderform der Industrieobligationen dar. Sie unterscheiden sich von diesen dadurch, daß der Obligationär entweder neben einem festen Grundzins einen weiteren mit der Dividende gekoppelten Gewinnanspruch hat oder gar keinen festen Zins, sondern an seiner Stelle nur einen bestimmten Gewinnanteil erhält. Gewinnschuldverschreibungen, die keinen festen Grundzins gewähren, tragen damit das Risiko, in Verlustjahren leer auszugehen sowie bei einer starken Gewinnthesaurierungspolitik der Unternehmung benachteiligt zu werden. Der Gewinnobligationär ist Gläubiger und kein Miteigentümer.

Genußscheine

Genußscheine verbriefen in der Regel das Anrecht auf einen **Anteil am Reingewinn,** manchmal auch am Liquidationserlös. Sie stellen **Gläubigerrechte** dar und verbriefen keine Mitgliedschaftsrechte. Die Ausgabe von Genußscheinen bedarf eines Hauptversammlungsbeschlusses mit ¾ Mehrheit des anwesenden Grundkapitals (§ 174 Abs. 1 AG).

Genußscheine werden häufig im Sanierungsfall als zusätzlicher Anreiz zur Kapitaleinbringung oder als Entschädigung für den Erlaß von Schulden ausgegeben. Genußrechte und -scheine stellen kein Finanzierungsinstrument dar, da für die Unternehmung keine Kapitalzuführung erfolgt.

Anleihen von Kreditinstituten und der öffentlichen Hand

Anleihen von Kreditinstituten sind als Refinanzierungsinstrumente der Banken für die Finanzwirtschaft der Unternehmung nur indirekt relevant. Anleiheformen von Kreditinstituten sind **Pfandbriefe** und **Kommunalobligationen** sowie **Bankobligationen.** Pfandbriefe und Kommunalobligationen werden von Hypothekenbanken und öffentlich rechtlichen Kreditanstalten ausgegeben. Wie alle übrigen Inhaber- und Orderschuldverschreibungen bedürfen auch Pfandbriefe und Kommunalobligationen der staatlichen Genehmigung. Darüber hinaus bestehen strengere gesetzliche Vorschriften bezüglich des Gläubigerschutzes, die im Hypothekenbankgesetz, im Gesetz über die Pfandbriefe und verwandten Schuldverschreibungen öffentlich rechtlicher Kreditanstalten (Pfandbriefgesetz) sowie im Gesetz über Schiffspfandbriefbanken niedergelegt sind. Die Pfandbriefe müssen durch Hypotheken und Grundschulden gesichert sein. Darüber hinaus dürfen Pfandbriefe von den Realkreditinstituten nur bis zu einem bestimmten Vielfachen ihres haftenden Eigenkapitals ausgegeben werden. Die durch Pfandbriefe aufgebrachten Mittel dienen primär der Finanzierung des Wohnungsbaus. Die Beleihung industriell genutzter Grundstücke durch Hypothekenbanken tritt demgegenüber stark zurück und macht im Durchschnitt nur wenige Prozent des Beleihungsstocks aus. Die rechtliche Zulässigkeit der industriellen Beleihungen durch Hypothekenbanken war auch einige Zeit umstritten.

Kommunalobligationen dienen der Refinanzierung von Kommunaldarlehen, die an Gemeinden ausgereicht werden. Für private Unternehmungen besitzen sie daher keine Bedeutung, für Kommunalbetriebe haben sie eine mittelbare Relevanz als Finanzierungsinstrument. Von den Kommunalobligationen, die von Banken ausgegeben werden, sind die **öffentlichen Anleihen** zu trennen, die von öffentlich rechtlichen Körperschaften (z. B. Bundesbahn und Bundespost) unmittelbar begeben werden. Staatsanleihen werden vom Bund, den Ländern und ausländischen Staaten emittiert, Kommunalanleihen von den Gemeinden.

Größere indirekte Bedeutung für die langfristige Fremdfinanzierung von Unternehmungen besitzen die Anleihen der Industrie-Kreditbank AG. Bei dieser Bank handelt es sich um ein Spezialinstitut für die mittel- und langfristige Fremdfinanzierung industrieller und gewerblicher Betriebe (siehe Abschnitt Langfristiger Bankkredit S. 201).

bb) Schuldscheindarlehen

Neben der Anleihe als klassischer Form der langfristigen Fremdfinanzierung hat sich in den letzten zwei Jahrzehnten das **Schuldscheindarlehen** als eigenständiges langfristiges Finanzierungsinstrument entwickelt und eine große Bedeutung gewonnen. Als Kreditgeber tritt beim Schuldscheindarlehen nicht der anonyme Kapitalmarkt (Börse) auf, sondern Kapitalsammelstellen, insbesondere die privaten und öffentlich rechtlichen Versicherungsunternehmen, die Träger der Sozialversicherung und die Bundesanstalt für Arbeit. Die Ausstellung eines Schuldscheins ist nicht konstituierendes Moment eines Schuldscheindarlehens. **Langfristige, bei Kapitalsammelstellen aufgenommene Großdarlehen** werden auch dann als Schuldscheindarlehen bezeichnet, wenn keine Ausstellung eines Schuldscheins erfolgt ist.

Der **Schuldschein** stellt kein Wertpapier dar und er ist auch im Gesetz nicht definiert. Er ist lediglich ein beweiserleichterndes Dokument, wodurch die sonst dem Gläubiger obliegende Beweislast auf den Schuldner verlagert wird. Zur Geltendmachung der Darlehensforderung ist der Besitz des Schuldscheins nicht erforderlich. Beim Wertpapier dagegen kann das verbriefte Recht nicht ohne Innehabung des Papiers geltend gemacht werden.

Ein Gesamtschuldscheindarlehen kann zur leichteren Unterbringung bei den Kreditgebern in Teilbeträgen abgetreten werden. In der Regel werden jedoch keine kleineren Teilbeträge als DM 100 000,- gewählt. Über die Teilbeträge können Teilschuldscheine ausgestellt werden.

Die Aufnahme von Schuldscheindarlehen kann direkt bei den Kreditgebern oder unter Einschaltung von Vermittlern erfolgen, wobei letzteres den häufiger gewählten Weg darstellt. Als Vermittler können fungieren eine Bank, ein Bankenkonsortium oder ein Finanzmakler. Eine direkte Kreditausreichung erfolgt durch Versicherungsgesellschaften, die das Industrieversicherungsgeschäft betreiben und sich durch ihre Kunden zu solchen Direktkrediten veranlaßt sehen. Die Einschaltung von Vermittlern hat den Vorteil, daß diese die Kreditwürdigkeitsprüfung übernehmen, erforderliche Unterlagen (Bestellung von Kreditsicherheiten) beibringen und sich um die Beschaffung der Deckungsstockfähigkeit bemühen.

Die **Deckungsstockfähigkeit** ist im allgemeinen Voraussetzung dafür, daß Versicherungsunternehmen als Kreditgeber fungieren. Versicherungsunternehmen haben für die Deckung ihrer zukünftigen Verpflichtungen aus dem Versicherungsgeschäft ein Sondervermögen, den sogenannten Deckungsstock, zu bilden. Die in den Deckungsstock eingebrachten Vermögenswerte müssen den Bestimmungen des Versicherungsaufsichtsgesetzes (VAG) sowie den Richtlinien des Bundesaufsichtsamts für das Versicherungs- und Bausparwesen (BAV) genügen. Das BAV hatte auf der Grundlage des § 68 VAG sehr detaillierte Vorschriften für die Deckungsstockfähigkeit von Schuldscheindarlehen erlassen. Danach mußte in jedem speziellen Beleihungsfall eine Genehmigung beim BAV eingeholt werden. Sie wurde nur für erste Adressen von Industrie- und Versorgungsbetrieben erteilt, wobei das Grundkapital der Gesellschaften mindestens 6 Mill.

betragen mußte und das Verhältnis von Eigenkapital zu Fremdkapital die Relation von 1:2 nicht überschreiten sollte. Neben der Beachtung weiterer Bilanzkennzahlen (z. B. Liquidität 3. Grades über 100%, Anlagevermögen gedeckt durch Eigenkapital und langfristiges Fremdkapital) durfte das Unternehmen keinen übermäßig starken Konjunkturschwankungen ausgesetzt sein. Durch die VAG-Novelle vom 20. 12. 74 wurde das Erfordernis der Genehmigung in jedem Einzelfall aufgehoben. Die Prüfung der Deckungsstockfähigkeit liegt nun überwiegend bei den Versicherungen selbst (vgl. § 54 a II VAG). Die Laufzeit der Schuldscheindarlehen soll im allgemeinen 15 Jahre nicht überschreiten, und die Darlehen müssen dinglich erstrangig gesichert sein. Ein einzelnes Schuldscheindarlehen darf einen bestimmten Prozentsatz des Deckungsstocks einer Versicherungsgesellschaft nicht übersteigen. Letzteres ist die Ursache dafür, daß Großkredite vielfach als Konsortialdarlehen ausgereicht werden. Als Inhaber der Forderung treten dabei jedoch jeweils die einzelnen Kreditgeber auf und nicht das Konsortium.

Die **Laufzeit** von Schuldscheindarlehen beträgt im allgemeinen wegen der sonst auftretenden Probleme mit der Deckungsstockfähigkeit nicht mehr als 15 Jahre. Die Tilgungsmodalitäten können individuell vereinbart werden, wodurch eine bessere Anpassung an die Liquiditätserwartung der Unternehmung möglich ist als etwa bei der breit gestreuten Anleihe. Die **Tilgung** wird meist erst nach Ablauf einer gewissen tilgungsfreien Zeit aufgenommen. Nach Ablauf dieser Freijahre kann im Darlehensvertrag ein einseitiges Kündigungsrecht des Schuldners vorgesehen sein, oder ihm die Möglichkeit einer verstärkten Tilgung eingeräumt werden. Ein freihändiger Rückkauf – wie bei der Anleihe – ist bei fristenkongruent finanzierten Schuldscheindarlehen nicht möglich.

Schuldscheindarlehen weisen für die kreditsuchende Unternehmung im **Vergleich zur Anleihe** einige Vorteile auf. Sie bedürfen **nicht der Genehmigung** des Bundeswirtschaftsministeriums noch der Zustimmung des zentralen Kapitalmarktausschusses. Sie können daher auch dann aufgenommen werden, wenn der Zentrale Kapitalmarktausschuß (ZKA) eine zusätzliche Belastung des Kapitalmarkts für nicht opportun hält. Darüber hinaus wird die zeitraubende und umständliche Börsenzulassung mit ihren weitgehenden Publizitätspflichten vermieden. Ferner ist beim Schuldscheindarlehen auch eine ratenweise Inanspruchnahme des Kredits möglich, wodurch eine **größere Finanzierungsflexibilität** erreicht wird. Generell kann gesagt werden, daß das Schuldscheindarlehen für das kreditsuchende Unternehmen anpassungsfähiger ist als die Anleihe. Nachteilig kann sich unter Umständen auswirken, daß den Darlehensgebern beim Schuldscheindarlehen im Kreditvertrag meist außerordentliche Kündigungsgründe eingeräumt werden, so etwa bei Gefahr einer Insolvenz oder bei der Veräußerung erheblicher Teile des Betriebes. Die Kündigung kann bei vorhandenen Zahlungsengpässen dann tatsächlich zur Insolvenz führen.

Als **Sicherheiten** kommen beim Schuldscheindarlehen in Frage: Grundpfandrechte, Bürgschaften, Negativerklärung, Verpfändung von Wertpapieren. Wegen der Anforderungen an die Deckungsstockfähigkeit überwiegt bei weitem eine Absicherung durch erstrangige Grundschulden.

An **einmaligen Nebenkosten** verursacht das Schuldscheindarlehen im wesentlichen nur die Makler- bzw. Vermittlungsgebühr (ca. ½ bis 1,5%) sowie die Kosten der Sicherheitenbestellung (ca. ½%). **Laufende Nebenkosten** treten nahezu nicht auf (evtl. Treuhandgebühr für Grundbuchvertreter). Die gesamten Nebenkosten beim Schuldscheindarlehen bewegen sich somit etwa zwischen

1 und 2% des Nominalbetrages. Bezüglich der Nebenkosten stellt sich daher das Schuldscheindarlehen günstiger als die Anleihe, da folgende Kosten entfallen: Konsortialnutzen, Stückedruck, Genehmigungsgebühr nach § 795 bzw. § 808 a BGB, Börseneinführungsprovision, Prospektdruck, Börsenzulassungsgebühr, Kosten der Auslosung, Coupon-Einlösungskosten, Einlösungsprovision. Die laufenden Zinskosten für Schuldscheindarlehen liegen dagegen um ca. ¼ bis ½% über dem jeweiligen Anleihezinssatz. Bei Laufzeiten unter 10 Jahren ist das Schuldscheindarlehen kostengünstiger als die Anleihe. Bei zunehmender Laufzeit ist die Vorteilhaftigkeit von den jeweiligen Konditionen abhängig, bei sehr langen Laufzeiten ist die Anleihe kostengünstiger.

Für die **Kreditgeber** hat der Schuldschein gegenüber der Obligation den Nachteil **mangelnder Fungiblität**. Dafür gewährt jedoch der Schuldschein dem Gläubiger eine **höhere Rendite** als die Obligation.

Ein Schuldscheindarlehen kann fristenkongruent oder revolvierend finanziert sein. Beim **fristenkongruenten Schuldscheindarlehen** erfolgt eine laufzeitkonforme Unterbringung des Schuldscheins bei Abschluß des Kreditvertrages (dies schließt eine spätere Abtretung des Schuldscheins nicht aus). Beim **revolvierenden Schuldscheindarlehen** treten dagegen nacheinander verschiedene Kreditgeber in das Schuldverhältnis ein, es werden kurzfristige Geldanlagen in einen langfristigen Kredit transformiert. Beim **direkt revolvierenden** Darlehen bemüht sich die vermittelnde Bank oder der Finanzmakler mit der Sorgfalt eines ordentlichen Kaufmannes, die Anschlußfinanzierung zu gewährleisten. Es werden jeweils nur kurzfristige Kreditverträge zwischen dem Kreditnehmer und den jeweiligen Kreditgebern abgeschlossen. Das Fristen- oder Prolongationsrisiko liegt bei diesem System beim Kreditnehmer. Darüber hinaus hat der Kreditnehmer auch das Zinsrisiko zu tragen, da die Zinsen bei jedem einzelnen Kreditvertrag wieder neu vereinbart werden können. Bei **indirekt revolvierenden** Darlehen werden diese Nachteile aufgehoben. Das Fristen- und Zinsrisiko liegt hier bei einer Bank, die zwischengeschaltet ist, und als juristischer Kreditgeber fungiert. Die Bank selbst oder ein zusätzlich mitwirkender Makler bemühen sich, den Kreditbetrag durch revolvierende Termineinlagen abzudecken. Die Einleger erhalten dabei über die normalen Zinsen für Termingelder hinaus meist noch eine zusätzliche Vergütung. Gelingt einmal die Refinanzierung über Termingelder nicht, so muß das Kreditinstitut andere Mittel einsetzen. Da die Termineinlagen bei Banken der Mindestreservepflicht unterliegen, verteuert sich ein Kredit der indirekt revolvierend finanziert wird.

Eine Sonderform des indirekt revolvierenden Darlehens stellt das durch den Finanzmakler Münnemann im Jahre 1957 geschaffene System 7 M dar. Das Prolongationsrisiko gegenüber dem Kreditnehmer und die Verpflichtung der termingerechten Rückzahlung gegenüber dem Kreditgeber wird hierbei vom Finanzmakler übernommen. Durch die Einbeziehung in den Kreis der Bankgeschäfte (KWG 1961) kann diese Funktion derzeit nur noch von Banken ausgeübt werden.

Merkmal	Industrieanleihe/ Obligation	Schuldscheindarlehen/ Schuldschein
Ausgabemöglichkeit	Emissionsfähige Unternehmungen (in der Regel nur große Aktiengesellschaften, die zum amtlichen Handel zugelassen sind).	Bedeutende Unternehmungen, unabhängig von ihrer Rechtsform, soweit sie den Sicherheitsanforderungen (z.B. Einhaltung bestimmter Bilanzrelationen) genügen.
Genehmigung	Genehmigung nach §§ 795, 808 a BGB durch Bundeswirtschaftsminister erforderlich.	Keine Genehmigung erforderlich, jedoch für erfolgreiche Placierung in der Regel Erlangung der Deckungsstockfähigkeit beim BAV notwendig.
Schuldurkunde	Wertpapier (Übertragung von Inhaberschuldverschreibungen durch Einigung und Übergabe)	Kein Wertpapier, sondern nur beweiserleichterndes Dokument; zur Geltendmachung der Forderung ist Schuldschein nicht erforderlich (Übertragung durch Forderungsabtretung)
Fungibilität der Kapitalanlage (für Kreditgeber)	Hohe Fungibilität, da Börsenhandel	Geringe Fungibilität, zum Börsenhandel nicht zugelassen, begrenzte Möglichkeit der Forderungsabtretung
Kreditgeber	Anonymer Kapitalmarkt (institutionelle und private Zeichner, auch in Kleinstbeträgen)	Kapitalsammelstellen, speziell Lebensversicherungen (Übernahme von Großbeträgen)

Abb. 49: Vergleich der Merkmale von Industrieanleihe und Schuldscheindarlehen

Merkmal	Industrieanleihe/ Obligation	Schuldscheindarlehen/ Schuldschein
Kapitalaufnahme	Für die Börsenzulassung sind je nach Börse unterschiedlich bestimmte Mindestbeträge (ca. DM 500.000,--) vorgeschrieben. Darüber hinaus wir die Aufnahme wegen der fixen Nebenkosten erst ab großen Beträgen (ca. 5 Mill. DM) lohnend, sukzessive Kapitalaufnahme erschwert.	Flexible Anpassung an den Kapitalbedarf möglich durch sukzessive Kapitalaufnahme (Mindestbetrag DM 100.000,--). Bei sehr großen Beträgen können sich Beschränkungen durch die Marktenge ergeben.
Tilgung	Tilgungsplan festgelegt, darüber hinaus jedoch freihändiger Rückkauf über die Börse möglich; im allgemeinen nach Ablauf der tilgungsfreien Zeit Kündigungsmöglichkeit des Schuldner vorgesehen.	Tilgung nach Darlehensvertrag, freihändiger Rückkauf nicht möglich; im Vertrag kann ein Kündigungsrecht des Schuldners vorgesehen sein, einseitiges Kündigungsrecht des Schuldners stellt jedoch Ausnahme dar.
Laufzeit	Zwischen 10 und 20 Jahren (Tendenz zu "Kurzläufern", da diese von den Kapitalanlegern bevorzugt werden).	Bis maximal 15 Jahre (individuelle Vereinbarung)
Sicherstellung	Grundschulden ohne Zwangsvollstreckungsklausel und bei Unternehmungen mit sehr gutem Emissions-Standing auch durch die Negativklausel.	Briefgrundschulden mit Zwangsvollstreckungsklausel.
Publizität	Publizitätspflicht für Schuldner.	Keine Publizitätspflicht.
Zinsen	Abhängig von Kapitalmarktlage	Ca. 1/4 bis 1/2 % über dem jeweiligen Anleihezinssatz
Nebenkosten	Einmalige Nebenkosten ca. 4 bis 5 %, laufende Nebenkosten ca. 1 bis 2 % des Nominalbetrages der Anleihe.	Einmalige Nebenkosten ca. 1 bis 2 %, keine laufenden Nebenkosten.

cc) Langfristiger Bankkredit

Während die Finanzierung über die Anleihe nur sehr großen Unternehmungen offensteht, ist der Kreis der Kreditsuchenden, die Zugang zum Schuldscheinmarkt haben, erheblich weiter. Es verbleibt jedoch eine Vielzahl von kleinen und mittleren Betrieben, denen auch diese Finanzierungsform wegen der Höhe der erforderlichen Beträge und der gestellten Anforderungen an die Bonität und Bedeutung des Unternehmens nicht zur Verfügung steht. Diese Unternehmungen sind auf andere langfristige Kreditformen, insbesondere den langfristigen Bankkredit angewiesen. Da dieser in den letzten Jahrzehnten jedoch vielfach nicht ausreichend zur Verfügung stand, spricht man auch von der »Kreditklemme« mittelständischer Unternehmen bei der langfristigen Fremdfinanzierung. Die Geschäftsbanken sind von ihrer Einlagenstruktur her nicht in der Lage, dem langfristigen Kapitalbedarf, insbesondere der kleineren Industriebetriebe, in vollem Umfang gerecht zu werden. Kredite werden daher meist kurzfristig zugesagt, wobei eine Prolongation in Aussicht gestellt wird. Verstärkt in den Bereich der langfristigen Industriefinanzierung vorgedrungen sind in den letzten Jahren die Sparkassen und insbesondere die Girozentralen (nicht immer ohne Verluste). Langfristige Bankkredite werden in der Regel nur gegen dingliche Sicherheiten ausgereicht. Klein- und Mittelbetriebe können diese Voraussetzungen nicht immer beibringen. Speziell zur Befriedigung des Kapitalbedarfs der mittelständischen Wirtschaft wurde 1949 die Industriekreditbank AG, Düsseldorf, gegründet.

Kredite der Industriekreditbank AG

Die Industriekreditbank AG, Düsseldorf, ist auf das langfristige gewerbliche Kreditgeschäft spezialisiert. Die Laufzeit der Kredite beträgt in der Regel bis zu 10 Jahren, mitunter auch bis zu 15 Jahren. Ausgereichte Kredite werden für die ganze Laufzeit fest zugesagt, und die Kündigungsmöglichkeit der Industriekreditbank beschränkt sich auf außerordentliche Gründe. Die Refinanzierung der Industriekreditbank erfolgt weitgehend über Anleihen, daneben auch durch langfristige Einlagen. Ferner ist die Industriekreditbank an der Ausreichung öffentlicher Mittel für die mittelständische Wirtschaft beteiligt. Darüber hinaus konnte die Industriekreditbank in den letzten Jahren auch Kredite aus dem sogenannten »Privatbanken-Fonds«, der aus Mitteln des Bundesverbandes der Deutschen Industrie und des Bundesverbandes Deutscher Banken stammt, ausleihen.

Finanzierung durch Kredithilfen der öffentlichen Hand

Der Bund und die Länder gewähren, insbesondere für Klein- und Mittelbetriebe, Kredithilfen. Die Art der Förderungsprogramme und der begünstigte Personen- und Unternehmenskreis hat jedoch in den letzten Jahren ständig gewechselt. Als *Kredithilfen* kommen in Frage: **Kredite** aus Mitteln der öffentlichen Hand oder deren Sondervermögen, **Zinsbeihilfen, Bürgschaften**. Soweit es sich um Kredite handelt, werden diese vielfach ausgereicht oder durchgeleitet von der Kreditanstalt für Wiederaufbau, der Lastenausgleichsbank in Bad Godesberg, der Bundesanstalt für Arbeit in Nürnberg sowie verschiedenen Landwirtschaftsbanken. Die Gewährung erfolgt dabei in der Regel unter Einschaltung der Hausbank des kreditnachsuchenden Unternehmens, die auch vielfach am Kreditrisiko beteiligt wird. Bei der Kreditanstalt für Wiederaufbau können auch

Kredite zur Finanzierung von Exportgeschäften in Entwicklungsländer erlangt werden, soweit eine Ausfuhrgarantie oder Bürgschaft des Bundes vorliegt.

Kredithilfe durch Kreditgarantiegemeinschaften

Unter dem Eindruck der erwähnten Knappheit von langfristigen Krediten für die mittelständische Industrie wurden von den berufsständischen Organisationen des Handwerks, des Handels und der gewerblichen Wirtschaft die Institution der Kreditgarantiegemeinschaften geschaffen. Die Kreditgarantiegemeinschaften werden meist in der Rechtsform der GmbH geführt, an der sich die erwähnten berufsständischen Verbände sowie die entsprechenden Kammern aber auch Banken beteiligen. Darüber hinaus übernimmt die öffentliche Hand (Bund und Länder) eine „Rückbürgschaft" für den Haftungsfond. Die Kreditgarantiegemeinschaften gewähren Unternehmen, denen bankmäßige Sicherheiten nicht ausreichend zur Verfügung stehen, Ausfallbürgschaften bis zu 80% des Kreditbetrages. Für den Rest von 20% verbleibt die Hausbank im Obligo, durch die die Kreditausreichung erfolgt.[6]

Kredite durch die AKA-Ausfuhr-Kredit-Gesellschaft mbH

Im Jahre 1952 wurde speziell für das Exportkreditgeschäft von den deutschen Geschäftsbanken die Ausfuhr-Kredit-AG (AKA) in Frankfurt am Main gegründet. Die Gesellschaft wurde inzwischen in eine GmbH umgewandelt und heißt nun AKA-Ausfuhr-Kredit-Gesellschaft mbH. An der AKA sind alle bedeutenden Geschäftsbanken, die das Außenhandelsgeschäft betreiben, beteiligt (1973: 52 Banken bei einem Stammkapital der AKA von 40 Mill. DM). Von der AKA werden speziell mittel- und langfristige Kredite für den Investitionsgüterexport bis zu einer Maximallaufzeit von 10 Jahren zur Verfügung gestellt. Zur Durchführung der Exportfinanzierung stehen der AKA verschiedene Kreditplafonds zur Verfügung:

Plafonds A mit einem derzeitigen Finanzierungsvolumen von 3 Mrd. DM und einer maximalen Kreditlinie von 4,5 Mrd. DM **aus Mitteln der an der AKA** beteiligten Banken zur Refinanzierung deutscher Exporteure.

Plafonds B, ebenfalls mit einem derzeitigen Finanzierungsvolumen von 3 Mrd. DM **aus Mitteln der Deutschen Bundesbank** im Rahmen eines bereitgestellten Rediskontkontingents zur Refinanzierung deutscher Exporteure.

Plafonds C mit einer Kreditlinie von 600 Mill. DM, die durch **Ausgabe von Kassenobligationen** der AKA finanziert werden soll, zur Gewährung von gebundenen Finanzkrediten an ausländische Besteller.

Die Kredite des **Plafonds A** können langfristig bis zu maximal 10 Jahren ausgereicht werden. Dabei erfolgt in der Regel eine Kreditierung der Produktion bis zu maximal 36 Monaten und des Zahlungsziels bis zu 84 Monaten. Die Kreditlaufzeiten beginnen mit der Inanspruchnahme des zur Verfügung gestellten Kredits. Die Selbstfinanzierungsquote des Exporteurs, d. h. der Teil des Rechnungsbetrages, der durch die AKA nicht kreditiert wird, beträgt normalerweise 20%, mindestens jedoch 15%. Von sukzessive eingehenden Erlösen erhält der Exporteur dann jeweils die Selbstbeteiligungsquote. Da es sich bei allen AKA-Krediten um Diskontkredite handelt, ist zur Erlangung eines Kredites aus

---

[6] Vgl. auch Brandenburg, B., Kreditgarantiegemeinschaften, in: Janberg, H. (Hrsg.), Finanzierungshandbuch, Wiesbaden 1970, S. 591 ff.

dem Plafonds A ein Solawechsel des Exporteurs an die Order der AKA erforderlich. Die Diskontierung erfolgt zu einem kleineren Teilbetrag durch die Hausbank (Hausbankanteil), zum größeren Teil durch die Konsorten der AKA (Konsortialanteil). Der Diskontsatz für Kredite aus dem Plafonds A lag in den letzten Jahren im Durchschnitt etwa 3% über dem Bundesbankdiskontsatz. Darüber hinaus berechnet die AKA eine Kreditzusageprovision und eine Kreditbereitstellungsprovision. Die Solawechsel des Plafonds A sind bei der Bundesbank nicht rediskontfähig, sondern nur lombardfähig.

Die Mittel aus dem **Plafonds B** waren lange Zeit ausschließlich für Lieferungen in Entwicklungsländer vorgesehen. Obwohl dies heute nicht mehr uneingeschränkt gilt, überwiegt dennoch die Kreditierung von Exporten in Entwicklungsländer sowie in Staatshandelsländer. Die B-Kredite sind mittelfristiger Natur und haben eine maximale Laufzeit von 4 Jahren. Die Laufzeit wird dabei nicht vom Tag der Inanspruchnahme an gerechnet, sondern vom Inkrafttreten des Liefervertrages. Die Selbstfinanzierungsquote des Exporteurs beträgt 30% des Auftragswertes. An den eingehenden Exporterlösen kann der Exporteur solange nicht partizipieren, bis die Kredite der AKA voll getilgt sind. Die Wechsel des Plafonds B sind bei der Bundesbank rediskontierbar, wodurch sich die Kosten von B-Krediten günstiger stellen als A-Kredite. Diskontierungen aus dem B-Plafonds erfolgen mit 1,5% über dem jeweiligen Diskontsatz der Bundesbank. Zur Mobilisierung von Krediten aus dem B-Plafonds sind 3-Monats-Solawechsel des Exporteurs, indossiert durch dessen Hausbank und die AKA (Erfordernis der drei guten Unterschriften zur Rediskontierung bei der Bundesbank) erforderlich. Die 3-Monats-Akzepte sind innerhalb der Gesamtkreditlaufzeit dann jeweils revolvierend zu ersetzen.

Kredite aus **Plafonds C** werden nur dann gewährt, wenn für die entsprechenden Exportgeschäfte bereits eine Vorfinanzierung aus Plafonds A oder B erfolgt ist. Die Kredite aus Plafonds C konnten bisher jedoch keine entscheidende Bedeutung erlangen, da die vorgesehene Refinanzierung der AKA über Bankobligationen Schwierigkeiten bereitet. Den Obligationen der AKA fehlt wegen mangelnder grundpfandrechtlicher Besicherung die Deckungsstockfähigkeit, wodurch Versicherungen und sonstige institutionelle Kapitalanleger nur bedingt als Käufer in Frage kommen.

Für die Finanzierung von Exportgeschäften im Rahmen des Interzonenhandels ist die „Gesellschaft zur Finanzierung von Industrieanlagen mbH" (GeFI) zuständig, die vom gleichen Bankenkonsortium wie die AKA betrieben wird und mit dieser in Personalunion geführt wird. Die Kreditabwicklung bei der GeFI über die Plafonds I und II erfolgt analog den Plafonds A und B der AKA. Eine Finanzierung setzt eine „Garantie des Bundes für langfristige Geschäfte im innerdeutschen Handel" voraus (Mandatar des Bundes: Deutsche Revisions- und Treuhand-AG, Treuarbeit, Düsseldorf).

Die Finanzierung durch die AKA ist an eine Bundesgarantie oder -bürgschaft (*„Hermes-Deckung"*) gebunden. Seit 1970 kann bei bestimmten Geschäften in gewissen Ländern von dieser Hermes-Deckung abgesehen werden. Kredite ohne Garantie des Bundes sind jedoch bisher nur in kleinem Umfang (ca. 10% des Gesamtkreditvolumens) von der AKA ausgereicht worden. Die Hermes-Kreditversicherungs-AG, Hamburg, fungiert als Mandatar des Bundes bei der Vergabe von Bundesgarantien und Bürgschaften für den Export. Die Hermes-Kreditversicherung ist ein privates Unternehmen, das neben seiner Auftragstätigkeit für den Bund als Spezialinstitut alle Zweige der Kredit-, Kautions- und Vertrauensschadenversicherung betreibt. Bei der Kredithaftung des Bundes ist zwischen **Ausfuhrgarantien**, die bei Geschäften deutscher Exporteure mit privaten ausländischen Firmen gegeben werden, und **Ausfuhrbürgschaften**, die bei Geschäften mit ausländischen Regierungen und sonstigen öffentlich-rechtlichen Körperschaften gewährt werden, zu unterscheiden. Die an die Hermes-AG zu zahlende Versicherungsprämie ist bei Ausfuhrgarantien wegen des angenommenen größeren Risikos höher. Das politische Risiko wird dabei bis zu 90% und das wirtschaftliche Risiko bis zu 80% abgedeckt. Versicherungen werden von deutschen Exporteuren überwiegend für Lieferungen in Entwicklungsländer und in Staatshandelsländer beantragt.

dd) Euromarktkredite

Neben den nationalen Geld- und Kapitalmärkten hat sich in den letzten Jahren ein internationaler Kreditmarkt entwickelt, der als **Euromarkt** oder noch häufiger – aber irreführend – als **Eurodollarmarkt** bezeichnet wird. Der Eurokreditmarkt zerfällt wie die nationalen Kreditmärkte in den Eurogeldmarkt (Eurodollarmarkt im engeren Sinn), in den Markt für mittelfristige Kredite und in den Eurokapitalmarkt. Der **Eurogeldmarkt** umfaßt Kredite mit einer maximalen Laufzeit bis zu einem Jahr (üblich jedoch 90 Tage), der Markt für mittelfristige Kredite mit variablen Zinssätzen umfaßt Laufzeiten von über einem Jahr bis zu 5 Jahren. Beim **Eurokapitalmarkt** handelt es sich um den Markt für internationale Anleihen, wobei Laufzeiten zwischen 5 und 15 Jahren üblich sind.

(Eurodollarmarkt im engeren Sinn) maximale Kreditlaufzeit bis zu 360 Tagen, finanziert durch Eurodollar- und sonstige Eurogeldeinlagen

Laufzeiten bis ca. 5 Jahre, revolvierend finanziert durch Eurogeldeinlagen (z. B. London Certificate of Deposit)

Laufzeiten zwischen 5 und 15 Jahren, Finanzierung durch Placierung internationaler Anleihen

Abb. 50: Teilmärkte des Euromarktes

Unter „Eurodollar" versteht man US-Dollareinlagen, die außerhalb der USA, z. B. unter Europäern (daher Eurodollar) gehandelt werden. Die etwa bei einer amerikanischen Bank eingelegten US-Dollar können laufend, auch zu Kreditzwecken, abgetreten werden. Der Handel am Euromarkt ist heute jedoch nicht mehr auf Dollar beschränkt. Wesentliche Beträge werden in DM und in Schweizer Franken umgesetzt, und am Handel nehmen auch außereuropäische Länder, wie etwa Japan oder die Ölstaaten, teil. Voraussetzung für die Bildung eines internationalen Kreditmarkts war die Einführung der Konvertibilität der Währungen im Jahre 1958. Mit dem Abbau der Zahlungsbilanzüberschüsse der USA in diesen Jahren und einem Übergang zu Zahlungsbilanzdefiziten wuchsen die Dollarguthaben im europäischen Besitz. Diese Dollarguthaben konnten in den USA nur zu sehr niedrigen Zinsen bzw. teilweise sogar unverzinslich angelegt werden. Da eine starke Nachfrage des Auslandes nach Dollarkrediten bestand, bot sich die Möglichkeit zu einer höher verzinslichen Geldanlage. Die Geldgeber erhielten eine bessere Verzinsung als sie in den USA erlangen konnten und die Kreditnehmer mußten geringere Kreditzinsen bezahlen als bei direkter Aufnahme auf dem amerikanischen Kreditmarkt.

Das Anlage- und Kreditvolumen auf dem Euromarkt hat sich in den letzten Jahren erheblich ausgeweitet. Eine der wichtigsten Ursachen hierfür ist darin zu sehen, daß dieser Markt nicht unmittelbar nationalstaatlicher Einflußnahme unterworfen ist. Die nationalen Regierungen und Notenbanken können im Rahmen ihrer Geld- und Konjunkturpolitik keinen direkten beschränkenden Einfluß auf den Markt ausüben und ihre Maßnahmen können derzeit nur indirekte Bedeutung erlangen. So können Unternehmen, deren Heimatland eine restriktive Kreditpolitik betreibt, mit ihrer Kreditnachfrage auf den Euromarkt ausweichen. Der Euromarkt trägt somit zu einem **Unterlaufen der nationalen Notenbankpolitik** bei und kann damit für die einzelnen Volkswirtschaften nachteilige Auswirkungen haben. Hinzu kommt, daß er ein Sammelbecken spekulativer Gelder (hot money) darstellt, die auch zur Währungsspekulation eingesetzt werden. Zur Beseitigung dieser nachteiligen Begleiterscheinungen des Eurokreditmarktes bedarf es einer engen Zusammenarbeit der nationalen Notenbanken. Derzeit fungiert die „Bank für Internationalen Zahlungsausgleich" (BIZ) in Basel als Informations- und Kooperationszentrum der nationalen Zentralbanken.

Ein wichtiges Zentrum des **Eurogeldmarktes** stellt der Londoner Bankplatz dar. Die dort vertretenen Banken übernehmen eine **Mittlerfunktion** zwischen Geldgeber und Kreditnehmer sowie insbesondere die Funktion der **Fristentransformation.** Die Kette zwischen Geldgeber und Kreditnehmer kann dabei über eine Vielzahl von Zwischengliedern, insbesondere Banken, laufen. Soweit die Kreditierung unter Banken erfolgt, werden keine Sicherheitsleistungen gefordert, und es entscheidet allein der gute Name. Wegen der langen Kreditierungsketten geht von einem notleidenden Kredit stets eine gewisse Ansteckungswirkung aus. Daneben stellt auch die bei mittelfristigen Ausleihungen erforderliche revolvierende Abdeckung durch Termineinlagen eine gewisse marktimmanente Gefährdung dar. Um dieses Risiko der Anschlußfinanzierung zu minimieren, wurde von den Londoner Banken speziell das sogenannte **„London Certificate of Deposit"** entwickelt. Dabei handelt es sich um ein Geldmarktpapier, für das bei Londoner Brokerfirmen ein Markt unterhalten wird. Geldgeber haben somit die Möglichkeit, dieses Papier auch für kurzfristige Anlagezwecke zu kaufen; auf der anderen Seite ermöglicht es eine mittelfristige Ausleihung.

Der **Eurokapitalmarkt** stellt den Markt für internationale Anleihen dar. Als **Euroanleihen** werden Anleihen bezeichnet, bei denen **Währung, Schuldnerund Begebungsland auseinanderfallen,** so z. B., wenn eine Londoner Bank eine Anleihe in US-Dollar für Schuldner in Holland auflegt. Die Grenzen zur klassischen Auslandsanleihe (in der Währung des Schuldnerlandes) sind jedoch fließend. Euromarktanleihen sind der Quellensteuer nicht unterworfen, wenn das Land, in dem der Schuldner seinen Sitz hat, eine solche nicht erhebt. Die Kapitalaufnahme großer deutscher Unternehmen am Euromarkt erfolgt daher über Tochterunternehmen, die in Ländern ohne Quellensteuer residieren. Euroanleihen können in einer bestimmten Währung, als Währungsoptionsanleihen, oder in Rechnungseinheiten ausgegeben werden. Bei den **Währungsoptionsanleihen** kann der Kreditgeber innerhalb eines vorgegebenen Rahmens die Währung, in der die Zinszahlung und Tilgung erfolgen soll, bestimmen. Als **Rechnungseinheiten** wurden bei Anleihen in den letzten Jahren das Unit of Account und das European Currency Unit (ECU) gewählt. Anleihen in der Rechnungseinheit „Unit of Account" sind heute nicht mehr üblich, da die Kapitalanleger durch diese Rechnungseinheit nur benachteiligt wurden. Beim European Currency Unit (ECU) werden die Währungen der ehemaligen sechs EWG Länder bei Ausgabe der Anleihe in einer festen Relation zueinander festgelegt (z. B. 1 ECU = DM 3,- = FF 4 usw.). Diese einmal festgelegte Relation wird während der ganzen Laufzeit aufrecht erhalten, und die Zins- und Tilgungszahlungen erfolgen in dieser Parität. Auch ECU-Anleihen sind in den letzten Jahren sehr selten geworden

Gründe für das Ausweichen von Unternehmen bei der **Kapitalbeschaffung auf den Euromarkt** sind insbesondere: günstigere **Zinskonditionen,** begrenztes **Kreditvolumen** des nationalen Geld- und Kapitalmarkts, nationale **Kreditrestriktionen** und **steuerliche Aspekte** (z. B. Vermeidung der Quellensteuer).

e) Kurzfristige Kredite

Die kurzfristigen Kreditformen setzen sich zusammen aus den institutionalisierten Kreditarten, speziell Bankkrediten, und den von Nichtbanken gewährten Handelskrediten.

aa) Handelskredite

Lieferantenkredit

Unter Lieferantenkredit im engeren Sinn (Lieferungskredit) versteht man den Kredit, der vom Verkäufer einer Ware dem Käufer im Zusammenhang mit dem Warenabsatz gewährt wird. Hierbei kann es sich um einen **Buchkredit** oder um einen **Wechselkredit** handeln. Daneben werden auch Einrichtungs- oder Ausstattungskredite, die der Lieferant seinen Abnehmern gewährt, zu den Lieferantenkrediten gezählt. Größte Bedeutung besitzt der Lieferantenkredit vor allem für kleine und mittlere Unternehmungen, deren Sicherheiten zur Inanspruchnahme von Geld- und Kapitalmarktkrediten nicht ausreichen.

Wesentliches Merkmal des Lieferantenkredits ist seine enge Verbundenheit mit dem Warenabsatz. In Form des **Lieferungskredits** soll er den Zeitraum zwischen Beschaffung und Wiedergeldwerdung der Ware überbrücken. Die Tilgung erfolgt aus dem Umsatzerlös der kreditierten Ware. Geldmittel werden dem Kreditnehmer hierbei nicht zur Verfügung gestellt, sondern die Kreditierung liegt in der Stundung des Kaufpreises der Ware durch den Lieferanten. Wird er in Form des Buchkredites gewährt, so erfolgt beim Lieferanten eine Belastung des entsprechenden Debitorenkontos (Bilanzposition „Forderungen aus Lieferungen und Leistungen") und beim Abnehmer eine Erkennung des entsprechenden Kreditorenkontos (Bilanzposition „Verbindlichkeiten aus Lieferungen und Leistungen"). Ein Akzept wird im allgemeinen dann verlangt, wenn es der Lieferant für seine eigene Refinanzierung benötigt oder aus Sicherungsgründen, wenn die Kreditwürdigkeit des Abnehmers nicht zweifelsfrei feststeht (vgl. hierzu Abschnitt cc Wechselkredit S. 209 ff.).

Der Lieferantenkredit stellt ein wichtiges absatzpolitisches Instrument dar. In manchen Branchen besitzt der Wettbewerb über die Zahlungskonditionen teilweise die gleiche Bedeutung wie der Preiswettbewerb. Der Lieferantenkredit kann zum einen eine planmäßige organisierte Maßnahme der Absatzförderung darstellen, zum anderen aber auch durch Zielüberschreitungen der Abnehmer oder Konkurrenzdruck erzwungen werden. Die häufigste Form des Lieferantenkredits ist der Verkauf auf Ziel, wobei der Rechnungsbetrag den Zielpreis darstellt. Der Barpreis unterscheidet sich vom Zielpreis durch den Skontoabzug. Seltener ist die Rechnungsstellung zum Barpreis und die Hinzurechnung von Zinsen, wenn eine Kreditzeit beansprucht wird.

Der Lieferantenkredit in Form des Skontoabzugs ist in der Regel sehr teuer, was sich bei Umrechnung der Skontosätze auf Jahreszinssätze zeigt:

$$\text{Jahressatz} = \frac{\text{Skontosatz in \%} \times 360}{\text{Zahlungsziel} ./. \text{Skontofrist}}$$

So ergibt sich etwa bei folgenden Konditionen:

3% Skonto bei Zahlung innerhalb von 3 Tagen, sonst rein netto innerhalb 30 Tagen:

$$\text{ein Jahreszinssatz von } 40\% \; (\frac{3 \times 360}{30 - 3})$$

Unter dem Rentabilitätskriterium gesehen ist es daher meist günstiger, Bankkredit in Anspruch zu nehmen als Lieferantenkredit. Eine hohe Verschuldung bei ein und demselben Lieferanten kann auch zu einer wirtschaftlichen Abhängigkeit führen. Da die Absicherung des Lieferantenkredits regelmäßig durch Eigentumsvorbehalt an der Ware erfolgt, ergibt sich hier auch eine gewisse Einschränkung der Verfügungsgewalt über die Vorräte, insbesondere bezüglich ihrer Verwendung für andere Sicherheitsleistungen. Der Lieferantenkredit beinhaltet auch für die Kreditgeber eine gewisse Ansteckungsgefahr bei Insolvenz der Kreditnehmer.

Die Hauptursache für die relativ häufige Inanspruchnahme des Lieferantenkredits ist darin zu sehen, daß die vergleichsweise umständlichen Formalitäten bei der Nachsuchung um andere Kreditarten vollkommen entfallen. Der Kreditnehmer wird sich häufig gar nicht der Tatsache bewußt, einen Kredit zu beanspruchen. Auch die Kreditwürdigkeitsprüfung wird durch die Lieferanten meist diskret vorgenommen bzw. überhaupt nicht durchgeführt.

Beim **Einrichtungs- oder Ausstattungskredit** stellt der Lieferant den Abnehmern einen Investitionskredit zur Verfügung, der der Beschaffung von Einrichtungs- und Ausrüstungsgegenständen dienen soll. Im Gegensatz zum kurzfristigen Warenkredit handelt es sich hierbei um einen mittel- bis langfristigen Kredit. Durch Inanspruchnahme eines Einrichtungskredits wird der Kreditnehmer in der Regel zu einer langfristigen Abnahme der Erzeugnisse des Lieferanten verpflichtet. Investitionskredite werden vor allem von Brauereien an Gaststätten und von Mineralölgesellschaften an Tankstellen gewährt, die dann jeweils verpflichtet sind, die entsprechenden Erzeugnisse des Kreditgebers zu veräußern. Die Rückzahlung des Kredits erfolgt häufig durch einen Aufschlag auf den sonst üblichen Warenpreis.

Kundenanzahlungen

Während beim Lieferantenkredit eine Kreditierung durch Zulieferer der Unternehmung erfolgt, treten beim Vorauszahlungskredit Abnehmer als Kreditgeber auf. Der Besteller einer Ware leistet hier im voraus, d. h. vor Lieferung, teilweise oder vollständige Bezahlung. Kundenzahlungen sind vor allem bei Auftragsproduktion üblich, insbesondere beim Schiffsbau und in der Maschinenindustrie beim Bau von Groß- oder Spezialmaschinen. Die Anzahlungen oder Vorauszahlungen stellen für das produzierende Unternehmen eine Finanzierungshilfe dar. Ferner wird das Risiko verringert, daß der Auftraggeber die bestellte Ware nicht abnimmt oder keine Zahlung leistet. Anzahlungen können zinslos zur Verfügung gestellt werden oder die Berücksichtigung der Kreditzinsen erfolgt durch einen unter dem normalen Barpreis liegenden Rechnungsbetrag.

bb) Kontokorrentkredit

Der Kontokorrentkredit stellt die klassische kurzfristige Kreditform dar. Unter **Kontokorrent** wird eine **laufende Rechnung** verstanden, bei der Plus- und Minusbewegungen stattfinden und von rechtlicher Bedeutung jeweils der Saldo ist, der durch die Verrechnung der wechselseitigen Ansprüche entsteht (vgl. §§ 355 ff. HGB). Mindestens einer der Partner, der an dem Kontokorrentverkehr beteiligt ist, muß Kaufmann im Sinne des HGB sein. Auch ein Lieferantenkredit kann somit ein Kontokorrentkredit sein. Unter Kontokorrentkrediten im engeren Sinn versteht man jedoch nur Bankkredite.

Die Abwicklung von Kontokorrentkrediten bei Banken erfolgt über die Kontokorrentkonten, die auch als Girokonten bezeichnet werden. Mit der Eröffnung eines Kontokorrentkontos ist jedoch nicht automatisch eine Krediteinräumung verbunden. Dies setzt vielmehr in der Regel einen Kreditantrag und eine Kreditwürdigkeitsprüfung durch die Bank voraus. Die Zusage des Kredits erfolgt dann in Form einer **Kontokorrentkreditlinie**. Die Kreditlinie stellt den Höchstbetrag dar, bis zu dem das Girokonto überzogen werden darf. Wird ein Kredit ohne Zusage durch die Bank in Anspruch genommen oder die Kreditlinie überschritten, so wird zusätzlich zu den normalen Kreditzinsen eine Überziehungsprovision berechnet.

Die effektiven **Kreditkosten** beim Kontokorrentkredit setzen sich zusammen aus: *Zinsen, Kreditprovision* und gegebenenfalls *Bereitstellungsprovision*. Hinzu kommt noch die allerdings auch bei kreditorischen Konten erhobene *Umsatzprovision*. Begrüßenswerterweise gingen die Kreditinstitute in den letzten Jahren immer mehr zu Nettozinssätzen über, die eine Zusammenfassung aus Zinsen und Kreditprovision darstellen, wodurch der Kostenvergleich erheblich erleichtert wird. Die Höhe der Kreditkosten ist abhängig von der Geldmarktlage. Es kann in einem Kreditvertrag auch eine Koppelung an den Bundesbankdiskontsatz, z. B. jeweils 4% über diesem Satz, vereinbart werden. Die jeweils gültigen Zinsen und Provisionen werden durch Aushang in den Schalterhallen der Kreditinstitute bekanntgegeben, sowie in den Monatsberichten der Deutschen Bundesbank im Überblick veröffentlicht. Welche Kreditkosten tatsächlich zu zahlen sind, ist jedoch abhängig von der Bonität und Verhandlungsposition des Kreditnehmers. Kreditkostenvergleiche werden teilweise durch die unterschiedlichen Bezugsbeträge, auf die die einzelnen Zinsen und Provisionen erhoben werden (z. B. effektiver Debetsaldo oder Höchstdebetsaldo der Abrechnungsperiode), erschwert.

Für die **Besicherung** von Kontokorrentkrediten kommen alle fiduziarischen Kreditsicherheiten in Frage, wie Bürgschaften, Sicherungsübereignungen, Abtretung von Forderungen, Verpfändung von Wertpapieren und Grundschulden.

Ungeeignet wegen der flexiblen Inanspruchnahme des Kredits sind streng akzessorische Sicherheiten, wie etwa die Verkehrshypothek. Befindet sich die Bank in der stärkeren Verhandlungsposition, so wird dem kreditnachsuchenden Unternehmen mitunter die Verpflichtung auferlegt, all seine Bankgeschäfte mit dem kreditgewährenden Institut abzuwickeln (»Ausschließlichkeitserklärung«). Die Bank erhält dadurch einen hervorragenden Einblick in die finanziellen Transaktionen der Unternehmung (regelmäßige Zahlungsverpflichtungen und Einnahmen, Kreis der Lieferanten und Abnehmer usw.).

Ein besonderer Vorzug des Kontokorrentkredits liegt in der Möglichkeit der flexiblen Inanspruchnahme. Darüber hinaus ist er nicht zweckgebunden und steht für alle banküblichen Transaktionen (Barabhebung, Überweisung, Scheck- und Wechseleinlösung usw.) zur Verfügung. Eine nicht ausgenutzte Kreditlinie steht als potentielle Liquiditätsreserve zur Verfügung und erlaubt es dem Betrieb, geringere liquide Mittel ersten Grades zu halten. Der Kontokorrentkredit eignet sich speziell als kurzfristiger Betriebsmittelkredit zur Finanzierung des Umsatzprozesses, als Saisonkredit zur Finanzierung eines saisonal bedingten Kapitalbedarfs und als Überbrückungs- bzw. Dispositionskredit.

cc) Wechseldiskontkredit

Wechselbegriff und Wechselarten

Der Wechsel stellt ein *Zahlungsversprechen* dar, das Wertpapiercharakter besitzt. Er ist ein geborenes Orderpapier, das durch einen schriftlichen Übertragungsvermerk, das Indossament, weitergegeben werden kann. Als Wechselberechtigter gilt derjenige, der den Wechsel in Händen hat und durch eine ordnungsgemäße Indossamentenkette ausgewiesen ist. Nach dem Wechselgesetz können zwei wichtige Grundformen des Wechsels unterschieden werden:

(1) Solawechsel,

(2) Tratte oder gezogener Wechsel.

Der **Solawechsel** stellt ein Zahlungsversprechen des Wechselausstellers über eine bestimmte Geldsumme dar. Aussteller und Bezogener (der letztlich aus dem Wechsel Verpflichtete) sind beim Solawechsel identisch. Beim **gezogenen Wechsel** fallen dagegen Aussteller und Bezogener (Akzeptant) nicht zusammen. Die Tratte (gezogener Wechsel) stellt die Anweisung des Wechselausstellers (Gläubigers, Trassant) an den Bezogenen (Schuldner, Trassat) dar, eine bestimmte Geldsumme an ihn oder einen Dritten (Wechselnehmer, Remittent) zu zahlen. Zur Zahlung aus dem Wechsel verpflichtet wird der Bezogene, wenn er den Wechsel durch seine Unterschrift angenommen (akzeptiert) hat. Ein gezogener Wechsel, der vom Bezogenen akzeptiert ist, wird auch als Akzept bezeichnet. Der Aussteller des Wechsels haftet beim gezogenen und akzeptierten Wechsel nur als Rückgriffsschuldner. Löst der Bezogene am Verfalltag den Wechsel nicht ein, so kann der ordnungsgemäß durch Indossament ausgewiesene Wechselbesitzer neben dem Aussteller auch auf alle Vorindossanten zurückgreifen (Regreß). Beim Wechsel handelt es sich um eine *abstrakte Zahlungsverpflichtung,* die von dem ursprünglich zugrundeliegenden Rechtsgeschäft (z. B. Warenlieferung auf Ziel) losgelöst ist. Der Akzeptant kann daher gegen die Wechselverpflichtung keine Einreden geltend machen, die ihm aus dem Grundgeschäft zustehen würden, wie etwa Mängelrügen.

Voraussetzung dafür, daß eine Urkunde als Wechsel gilt, ist die Beachtung der gesetzlichen Wechselbestandteile. Ein gezogener Wechsel muß folgende acht **gesetzlichen Bestandteile** enthalten:

(1) Die Bezeichnung „Wechsel" im Text der Urkunde.

(2) Die unbedingte Anweisung zur Zahlung einer bestimmten Geldsumme.

(3) Die Angabe des Bezogenen (die aus dem Wechsel zahlungsverpflichtete Person oder Firma).

(4) Die Angabe der Verfallzeit.
Erfolgt keine Angabe der Verfallzeit, so gilt der Wechsel als Sichtwechsel (vgl. WG Art. 2 Abs. 2).

(5) Angabe des Zahlungsortes.
Fehlt der Zahlungsort, so gilt hilfsweise der Wohnort des Bezogenen.

(6) Den Namen des Wechselnehmers (Remittent).
Ist der Aussteller gleichzeitig Remittent, so genügt die Angabe „an eigene Order".

(7) Tag und Ort der Ausstellung.
Fehlt der Ausstellungsort, so gilt der Wechsel an dem Orte ausgestellt, der beim Namen des Ausstellers angegeben ist.

(8) Eigenhändige Unterschrift des Ausstellers.

Neben diesen gesetzlichen Bestandteilen haben sich im Handelsverkehr auch noch sogenannte „*kaufmännische Bestandteile*" eingebürgert, die die Bearbeitung und Weitergabe der Wechsel erleichtern sollen. Die Ausstellung von Wechseln erfolgt heute nahezu ausschließlich auf gedruckten Wechselformularen (DIN 5004), die die gesetzlichen Bestandteile des Wechsels nach Art. 1 WG und die üblich gewordenen kaufmännischen Bestandteile enthalten.

Löst der Bezogene einen Wechsel bei Verfall nicht ein, so kann der Wechsel zu „**Protest**" gegeben werden. Unter Protest versteht man die öffentliche Beurkundung der Zahlungsverweigerung. Die Beurkundung kann erfolgen durch Gerichtsvollzieher, Postbeamte (bis zu DM 1000,- Wechselbetrag) oder Notare. Der Protest muß an einem der beiden auf den Zahlungstag folgenden Werktage erhoben werden. Wird diese Frist versäumt, so verliert der Wechselbesitzer seine Ansprüche gegenüber den Vorindossanten und dem Aussteller, und er kann sich dann nur noch an den Bezogenen halten. Die Ansprüche aus dem Wechsel können im Wechselprozeß (§§ 602 ff. ZPO) geltend gemacht werden.

Der **Wechselprozeß** bietet wegen der beschleunigten Abwicklung und der vereinfachten Beweisführung für den Kläger Vorteile gegenüber dem gewöhnlichen Prozeß. Als Beweismittel sind nur Eid und Urkunden zugelassen. Wegen der präzisen Formanforderungen an den Wechsel und der Möglichkeit des Wechselprozesses spricht man auch von der sogenannten „**Wechselstrenge**". Diese Wechselstrenge ist auch Ursache dafür, daß der Wechsel (speziell Solawechsel) häufig als zusätzliches Kreditsicherungsmittel Verwendung findet, da er dem Gläubiger eine rasche Beitreibung seiner Forderung ermöglicht.

Die Ansprüche aus dem Wechsel gegenüber dem Bezogenen verjähren in drei Jahren, gerechnet vom Tage des rechtzeitig erhobenen Protestes. Ansprüche gegenüber Indossanten und dem Aussteller dagegen verjähren bereits innerhalb von sechs Monaten.

II 2: Kreditfinanzierung – Diskontkredit

Wechsel unterliegen in Deutschland der **Wechselsteuer**, die für jede angefangene DM 100,– der Wechselsumme DM –,15 beträgt. Die Wechselsteuer ist zu entrichten, ehe ihn der Aussteller in Umlauf bringt bzw. bei einem ausländischen Wechsel vom ersten inländischen Inhaber. Die Entrichtung erfolgt in Gebührenmarken, die auf der Rückseite des Wechsels angebracht werden. Wechsel, die vom Inland auf das Ausland oder vom Ausland auf das Inland gezogen werden, unterliegen nur der halben deutschen Wechselsteuer. Transitwechsel, d. h. Wechsel, die im Ausland ausgestellt und auch dort zahlbar sind, müssen bei Weitergabe in Deutschland nicht versteuert werden.

Wechsel, denen ein Waren- oder Dienstleistungsgeschäft zugrundeliegt, werden als **Handelswechsel** bezeichnet. Diese Wechsel basieren auf einem Zielkauf (Kreditkauf), wobei der Lieferant als Aussteller auf den Abnehmer der Ware bzw. Dienstleistung (Bezogener) einen Wechsel zieht. **Finanzwechsel** beruhen dagegen nicht auf einer Warenlieferung als Grundgeschäft, sondern sie dienen ausschließlich der Kreditbeschaffung. So kann etwa eine Konzerntochtergesellschaft auf die Muttergesellschaft einen Wechsel ziehen, den diese akzeptiert und der dann von einem der beiden Unternehmen bei einer Bank diskontiert wird. Der Weg der Finanzierung über Finanzwechsel wird beschritten, da der Diskontkredit meist kostengünstiger ist als andere kurzfristige Kreditformen. Das Instrument der Finanzwechsel wird mitunter auch mißbraucht, etwa in Form der Wechselreiterei. Diese liegt vor, wenn zwei Personen oder Unternehmen gegenseitig aufeinander Wechsel ziehen.

Ein **Depotwechsel** dient ausschließlich Sicherungszwecken. Hierbei wird ein Wechsel, häufig ein Solawechsel des Kreditnehmers, beim Kreditgeber zur Sicherung eines Kreditverhältnisses hinterlegt. Kommt der Gläubiger seinen Verpflichtungen aus diesem Kreditverhältnis nach, so erhält er den Wechsel zurück. Erfolgt keine ordnungsgemäße Abwicklung des Schuldverhältnisses, so kann der Kreditgeber den Wechsel zu Protest geben und somit die Vorteile der Wechselstrenge ausnutzen.

Der Besitzer eines Wechsels kann diesen an eigene Gläubiger zahlungshalber weitergeben, ihn bis zur Fälligkeit selbst aufbewahren und dann dem Wechselschuldner vorlegen, oder ihn bei einem Kreditinstitut diskontieren lassen.

Diskontkredit

Unter **Diskontierung** versteht man den Ankauf von Wechseln vor Fälligkeit unter Abzug der Zinsen für die Zeit vom Ankaufstag bis zum Fälligkeitstag. Der Abzug der Zinsen wird als Diskont bezeichnet. Der **Nominalbetrag** des Wechsels verringert um den Diskont ergibt den **Gegenwartswert,** der dem Wechseleinreicher zur Verfügung gestellt wird. Die Kreditinstitute betreiben den Ankauf von Wechseln als wichtiges Aktivgeschäft. Obwohl man bei der Wechseldiskontierung vom Ankauf durch die Bank spricht, handelt es sich um ein Kreditgeschäft, da der Wechseleinreicher der Bank gegenüber so lange verpflichtet bleibt, bis der Bezogene Zahlung geleistet hat. Handelswechsel werden von den Kreditinstituten meist zu einem günstigeren Satz diskontiert als Finanzwechsel. Dies ist darauf zurückzuführen, daß die Banken Handelswechsel, die bestimmten Bedingungen genügen, ihrerseits bei der Bundesbank zum Diskont (Rediskontierung) einreichen können. Für die **Rediskontfähigkeit** bei der Bundesbank müssen Wechsel nach § 19 Abs. 1 Nr. 1 Bundesbankgesetz folgenden Anforderungen genügen:

(1) Es müssen drei als zahlungsfähig bekannte Verpflichtete haften (drei „gute" Unterschriften); von dem Erfordernis der dritten Unterschrift kann abgesehen werden, wenn die Sicherheit des Wechsels in anderer Weise gewährleistet ist.

(2) Die Wechsel müssen innerhalb von drei Monaten, vom Tage des Ankaufs an gerechnet, fällig sein.

(3) Es sollen gute Handelswechsel sein.

Zu diesen gesetzlichen Anforderungen hat die Deutsche Bundesbank im Rahmen ihrer Allgemeinen Geschäftsbedingungen weitere hinzugefügt. So müssen z. B. die Wechsel – damit sie rediskontfähig sind –, an einem Bankplatz zahlbar sein. Bankplätze sind alle Orte, an denen die Bundesbank eine Niederlassung besitzt. Darüber hinaus kann der Zentralbankrat der Deutschen Bundesbank im Rahmen seiner Rediskontpolitik weitere Detailbestimmungen zur Rediskontierfähigkeit beschließen. So legt er insbesondere die Normen für die Rediskontkontingente der Kreditinstitute fest. Über das ihnen eingeräumte Rediskontkontingent hinaus können die Banken keine Wechsel bei der Bundesbank rediskontieren. Da die Banken durch Diskontierung von Wechseln bei der Deutschen Bundesbank ihre eigene Liquiditätslage bei Bedarf verbessern können, werden rediskontfähige Wechsel von Kreditinstituten bevorzugt angekauft.

Auch die Kreditinstitute legen für ihre Wechseleinreicher Diskontlinien fest. Die Gesamtsumme der diskontierten Wechsel eines Einreichers darf das ihm zugestandene **Wechselobligo** nicht überschreiten, obwohl der Einreicher nicht Hauptschuldner der diskontierten Wechsel ist. Auch hierin zeigt sich deutlich der Kreditcharakter des Wechseldiskonts.

Die **Kosten** des Diskontkredits setzen sich zusammen aus dem *Diskont*, den das Kreditinstitut von der Wechselsumme abzieht, aus den *Diskontspesen*, die beim Inkasso des Wechsels auftreten können, und der *Wechselsteuer*. Der Diskontsatz, den Kreditinstitute beim Ankauf von Wechseln in Rechnung stellen, orientiert sich am jeweiligen Diskontsatz der Deutschen Bundesbank, indem ein bestimmter Aufschlag auf diesen erfolgt. Der Aufschlag ist abhängig von der Bonität der Wechsel und speziell der Verhandlungsposition des Einreichers (ca. 1,5% über dem Diskontsatz der Deutschen Bundesbank). Zur Ermittlung der Effektivkosten muß der Diskont „auf Hundert" berechnet werden, d. h. der jeweilige Wechselerlös ist als 100% anzusetzen, da nur er kreditiert wird.

Beispiel:

Wechselsumme = DM 100,–, Diskontsatz = 6% p. a.,
Laufzeit = 360 Tage
Diskonterlös somit DM 94,–

und effektive Kreditkosten $(\dfrac{6 \cdot 100}{94}) = 6{,}38\%$ p. a.

Beim Kostenvergleich mit dem Kontokorrentkredit ist noch zu berücksichtigen, daß die Zinsen beim Diskont im voraus abgezogen werden. Dennoch ist der Diskontkredit billiger als der Kontokorrentkredit und stellt den kostengünstigsten kurzfristigen Bankkredit dar.

Privatdiskontkredit

Für den Ankauf von Handelswechseln, die ein Bankakzept tragen, existiert ein eigener Markt, der sogenannte Privatdiskontmarkt. Der Ankauf von Wechseln auf dem Privatdiskontmarkt erfolgt zu günstigeren Sätzen als normale Diskontierungen. Die Privatdiskontfähigkeit eines Wechsels ist von der Einhaltung bestimmter Voraussetzungen abhängig. Die Wechsel müssen durch ein Kreditinstitut akzeptiert sein, dessen haftendes Eigenkapital mindestens 6 Mill. DM beträgt; die Restlaufzeit des Wechsels muß zwischen 30 und 90 Tagen liegen und die Wechselsumme mindestens DM 100 000,- betragen, wobei höhere Beträge durch 5000 teilbar sein sollen. Privatdiskonte dienen der Finanzierung von Einfuhr-, Ausfuhr- und Transitgeschäften, wobei dieser Zweck aus der auf dem Wechsel angebrachten Grundgeschäftserklärung hervorgehen soll.

Als alleinige Maklerin auf dem Privatdiskontmarkt fungiert die **Privatdiskont AG**, Frankfurt a. M. Sie stellt eine Gründung deutscher Kreditinstitute dar. Die Privatdiskont AG kauft Wechsel zum Geldsatz an und veräußert sie zum Briefsatz an Kreditinstitute. Die Sätze sind abhängig von der Lage auf dem Geldmarkt sowie dem jeweiligen Diskontsatz der Deutschen Bundesbank. Die Privatdiskont AG kann die Privatdiskonte auch bei der Deutschen Bundesbank rediskontieren.

Unternehmen können Privatdiskontkredite mobilisieren, wenn sie sich für ein Außenhandelsgeschäft einen Wechsel, der den Privatdiskontbedingungen genügt, durch ihre Hausbank akzeptieren und dann diskontieren lassen. Die Hausbank kann dann ihrerseits den Wechsel bei der Privatdiskont AG zum Diskont einreichen.

dd) Lombardkredit

Unter Lombardkredit versteht man die Ausreichung eines *Darlehens gegen Faustpfand* (bewegliche Sachen oder Forderungen; vgl. §§ 1204 ff. BGB). Das Charakteristikum des Lombardkredits ist somit die Art der Sicherstellung. Die Grenzen zu einem durch Verpfändung gesicherten Kontokorrentkredit sind jedoch mitunter fließend. Der Lombardkredit wird in der Regel als fester Betrag für eine bestimmte Laufzeit ausgereicht und ist nach Fristablauf auch in einer Summe zu tilgen. Dies unterscheidet ihn vom flexibel beanspruchbaren, durch Faustpfand gesicherten Kontokorrentkredit (unechter Lombard). Kredite gegen Faustpfand werden ausgereicht von den Kreditinstituten, von der Deutschen Bundesbank und darüber hinaus auch von Pfandleihanstalten (Leihhäusern). Im vorliegenden Zusammenhang sind nur die Lombardkredite der Banken von Interesse.

Je nach Art der zugrundeliegenden Pfandobjekte können folgende Formen des Lombardkredits unterschieden werden:

(1) Effektenlombard

(2) Warenlombard

(3) Wechsellombard

(4) Forderungslombard

(5) Edelmetallombard

Die größte Bedeutung im Rahmen des Kreditgeschäfts der Banken besitzt der Effektenlombard.

Effektenlombard

Beim Effektenlombard wird ein Kredit gegen Verpfändung von Effekten, d. h. fungiblen Wertpapieren (Aktien, Industrieobligationen, Pfandbriefe, Anleihen der öffentlichen Hand u. a.), gewährt. Er ist der Veräußerung der Wertpapiere vorzuziehen, wenn es sich nur um einen kurzfristigen Kapitalbedarf handelt oder der Kurs der Effekten sich zum Zeitpunkt des Kapitalbedarfs ungünstig stellt. Beliehen werden durch Kreditinstitute bevorzugt börsennotierte Effekten. Für festverzinsliche Werte liegt die Beleihungsgrenze hier bei ca. 80%, während bei Aktien eine Beleihung zu 50–70% ihres Wertes erfolgt. Bei nicht börsennotierten Werten liegen die Beleihungswerte in der Regel niedriger.

Beim Effektenlombard der Kreditinstitute überwiegt der unechte Lombard. Effekten, die ein Kreditnehmer im Depot einer Bank hinterlegt hat, gelten aufgrund der allgemeinen Geschäftsbedingungen der Banken automatisch für eingeräumte Kredite als verpfändet. Die Effekten dienen daher vielfach zur Sicherung von Kontokorrentkrediten. Echte Effektenlombardkredite werden häufig für den Kauf von Wertpapieren verwendet, wobei der Kreditnehmer dann für den Ankauf nur den die Beleihungsgrenze übersteigenden Betrag einschießen muß. In starken Baissezeiten kann von solchen Krediten ein zusätzlicher Kursdruck ausgehen, wenn die Kreditnehmer von den Banken gezwungen werden, zusätzliche Sicherheiten zu stellen oder das Engagement zu liquidieren.

Das Effektenlombardgeschäft der Deutschen Bundesbank ist auf Kreditinstitute beschränkt. Nach § 19 Abs. 1 Ziff. 3 BBankG dürfen die Darlehen auf längstens drei Monate gewährt werden, und zwar gegen Verpfändung von:

(a) Schatzwechsel des Bundes und der Länder (bis zu höchstens $^9/_{10}$ des Nennbetrages)

(b) Unverzinsliche Schatzanweisungen, die vom Tage der Beleihung an gerechnet innerhalb eines Jahres fällig sind (zu höchstens $^3/_4$ ihres Nennbetrages)

(c) Festverzinsliche Schuldverschreibungen und Schuldbuchforderungen des Bundes oder der Länder (zu höchstens $^3/_4$ des Kurswertes)

(d) Im Schuldbuch eingetragene Ausgleichsforderungen (bis zu höchstens $^3/_4$ des Nennbetrages)

Die **Kosten** des Lombardkredits sind höher als die des Diskontkredits. Der Lombardsatz der Deutschen Bundesbank liegt im allgemeinen 0,5 oder 1% über dem jeweiligen Diskontsatz.

Wechsellombard

Da der Wechsellombard teurer ist als der Wechseldiskont, besitzt er für die Kreditbeschaffung von Unternehmen eine geringe Bedeutung. Er wird meistens nur gewählt, wenn ein Kapitalbedarf von wenigen Tagen gedeckt werden soll.

Größere Bedeutung kommt dem Wechsellombard bei der Refinanzierung von Kreditinstituten bei der Deutschen Bundesbank zu. Sind die für die Rediskontierung vorgesehenen Kontingente ausgeschöpft und besteht ein weiterer Liquiditätsbedarf, so greifen die Kreditinstitute auf das Instrument der Wechsellombardierung zurück. Die Bundesbank lombardiert Wechsel (vgl. § 19 Abs. 1 Ziff. 3 a BBankG), die den Anforderungen für eine Rediskontierung genügen, zu höchstens $^9/_{10}$ ihres Nennbetrages.

Warenlombard

Das Warenlombardgeschäft ist mit dem Nachteil behaftet, daß die verpfändeten Waren dem Kreditgeber übergeben werden müssen. Der Kreditgeber muß daher je nach Art der Waren entsprechende Möglichkeiten der Lagerung besitzen. Eine direkte Einlagerung von Waren durch Kreditinstitute ist in Deutschland nicht üblich. Die Einlagerung kann jedoch bei einem Lagerhalter unter Mitverschluß der Bank erfolgen.

Größere Bedeutung besitzt die **Verpfändung von handelsrechtlichen Order-** bzw. **Dispositionspapieren,** die das Recht an der Ware verbriefen.

Die Verpfändung lagernder Ware kann durch Einlagerung in den Lagerhausanstalten erfolgen, die ermächtigt sind, „**Orderlagerscheine**" auszustellen. Mit Indossierung und Übergabe dieses Orderlagerscheins geht auch das Eigentum an der Ware über. Der Orderlagerschein erleichtert somit die Verpfändung von Waren. Die Verpfändung rollender Ware kann im Eisenbahnverkehr durch Übergabe des **Frachtbriefduplikats** erfolgen. Das Frachtbriefdoppel ist kein handelsrechtliches Dispositionspapier, dessen Übergabe die Besitzübertragung an der Ware ersetzen könnte. Aber die Übergabe des Frachtbriefduplikates verhindert, daß der Versender die Waren zuungunsten des Kreditgebers umdisponiert. Die Lombardierung schwimmender Ware kann durch Übertragung des Konossements als klassischem handelsrechtlichen Dispositionspapier (vgl. §§ 363 und 650 HGB) erfolgen. Das **Konossement** wird in der Überseeschiffahrt ausgestellt, während in der Binnenschiffahrt der Ladeschein des Binnenschiffers (Flußkonossement, Binnenkonossement) diesem gleichkommt. Das Konossement wird in der Regel an Order ausgestellt, und nur der durch eine fortlaufende Kette von Indossamenten ausgewiesene rechtmäßige Inhaber des Konossements kann über die Ware verfügen. Konossemente in der Seeschiffahrt werden regelmäßig in mehreren Originalfassungen ausgefertigt, wobei zur Verfügung über die Ware ein Original genügt.

Die Verpfändung von Orderpapieren im Rahmen des Lombardkredits erfolgt durch Einigung zwischen Kreditgeber und Kreditnehmer und der Übergabe des indossierten Papiers (Pfandindossament § 1292 BGB).

Forderungslombard

Auch Rechte können nach §§ 1273 ff. BGB verpfändet werden. Beim banküblichen Lombardkredit kommen als verpfändbare Rechte vor allem Forderungen in Frage. So können speziell Lebensversicherungspolicen in Höhe des Rückkaufwertes als Pfand Verwendung finden. Weniger bedeutsam ist die Verpfändung von Spar- und Festgeldguthaben, die nur bei einem sehr kurzfristigen Kapitalbedarf sinnvoll ist.

Die Verpfändung einer Forderung ist nur dann wirksam, wenn der Gläubiger sie dem Schuldner anzeigt (vgl. § 1280 BGB). Dies ist mit Ursache dafür, daß der Verpfändung von Forderungen aus Lieferungen und Leistungen die Forderungsabtretung (Zession) vorgezogen wird (s. auch Abschnitt c Kreditbesicherung S. 188).

Edelmetallombard

Die Verpfändung von Edelmetallen, Schmucksteinen und -stücken besitzt bei der kurzfristigen Fremdfinanzierung von Unternehmen keine Bedeutung. Kreditinstitute nehmen im allgemeinen nur Goldbarren, -münzen und Medaillen entgegen, für die ein notierter Kurs vorliegt. Für die Kreditbeschaffung von

Privatpersonen durch Edelmetall- und insbesondere Schmucklombard sind Pfandleihanstalten von größerer Bedeutung. Pfandleihanstalten zählen nicht zu den Kreditinstituten im Sinn des KWG.

ee) Kreditleihe

Bei den bisher behandelten Formen des kurzfristigen Bankkredits wird der Unternehmung durch das Kreditinstitut Geld zur Verfügung gestellt. Man spricht daher auch von **Geldleihe**. Bei der **Kreditleihe** dagegen erhält die Unternehmung keine finanziellen Mittel, sondern sie leiht sich die Kreditwürdigkeit einer Bank, d. h. die Bank steht mit ihrem Namen für das Unternehmen ein. An die Kreditleihe kann sich eine Geldleihe anschließen, wodurch dann dem Unternehmen finanzielle Mittel zufließen.

Formen der Kreditleihe sind der Akzeptkredit und der Avalkredit.

Akzeptkredit

Beim Akzeptkredit erteilt ein Kreditinstitut einem Kunden ein **Bankakzept**. Die Bank räumt dem Kunden das Recht ein, auf sie einen Wechsel zu ziehen, der dann von der **Bank als Bezogener** akzeptiert wird. Bei Fälligkeit des Wechsels muß der Kunde die Wechselsumme der Bank zur Verfügung stellen. Die Bank ist daher zwar wechselrechtlich Hauptschuldner, sie hat jedoch nur dann einzustehen, wenn ihr Kunde den Betrag nicht rechtzeitig anschafft. Für diese Eventualhaftung verlangt die Bank von ihrem Kunden eine Akzeptprovision (ca. 1%).

Das Bankakzept kann vom Kunden an einen seiner Gläubiger (z. B. Lieferant) weitergegeben oder bei einem Kreditinstitut diskontiert werden. Die Diskontierung erfolgt häufig bei der gleichen Bank, die das Akzept erteilt hat (Selbstdiskontierung). Das Bankakzept wird zu einem Vorzugssatz diskontiert, der unter dem normalen Diskontsatz liegt. Genügt der Wechsel den zusätzlich zum Bankakzept gestellten Anforderungen an Privatdiskonte, so kann die Diskontierung zum Privatdiskontsatz erfolgen (s. Abschnitt cc Wechseldiskontkredit).

Der Akzeptkredit besitzt seine größte Bedeutung im Rahmen des Außenhandels. Der Name und die Kreditwürdigkeit einer Bank treten an die Stelle des Schuldners (Abnehmer, Importeur), der häufig dem Gläubiger (Lieferant, Exporteur) nicht hinreichend bekannt ist. Die Kreditwürdigkeit der Bank gewährleistet die Einlösung des Wechsels und ermöglicht dem Gläubiger eine Diskontierung des Akzepts bei seiner Hausbank. Der Akzeptkredit besitzt daher im Rahmen von Rembourskrediten eine gesteigerte Bedeutung (s. Abschnitt ff Kredite im Auslandsgeschäft S. 217).

Avalkredit

Unter einem Aval versteht man die Übernahme einer **Bürgschaft** oder **Garantie durch ein Kreditinstitut** im Auftrag eines Kunden (Avalkreditnehmer) gegenüber einem Dritten (Avalbegünstigter). Im Rahmen des Avalkredits steht die Bank für gegenwärtige oder zukünftige Verbindlichkeiten unterschiedlicher Art ihrer Kunden gegenüber Dritten ein. Der Avalkreditnehmer bleibt Hauptschuldner seines Gläubigers und die Bank wird nur dann in Anspruch genommen, wenn der Avalkreditnehmer nicht zahlt. Der Avalkredit stellt für die Bank eine Eventualverbindlichkeit dar. Die von der Bank übernommene **Bürgschaft ist selbstschuldnerisch**, d. h. daß ihr die Einrede der Vorausklage nicht zusteht, da die Bürgschaftserteilung für die Bank ein Handelsgeschäft darstellt (§ 349 HGB). Der Avalbegünstigte kann sich daher bei Zahlungsverzug des

Avalkreditnehmers sofort an die bürgende Bank wenden, ohne vorherige Klageerhebung gegen den Hauptschuldner. Das Bankaval kann sich stets nur auf die Zahlung eines bestimmten Geldbetrages beziehen und nicht auf die Erbringung anderer Leistungen, wie etwa auf Erfüllung der Lieferung, gerichtet sein. Für die Einräumung des Avalkredits berechnet die Bank eine Avalprovision, deren Höhe von der Laufzeit, dem Bürgschaftsbetrag und von einer etwaigen Sicherstellung des Avals abhängt (ca. 1,5 bis 3% p. a.).

Bankavale werden häufig bei der Stundung von Abgaben durch die öffentliche Hand benötigt. Typische Formen sind hier das **Zollaval** und das **Frachtaval**. Für die Stundung von Zöllen und Einfuhrabgaben verlangt die Zollverwaltung eine Bankbürgschaft. Diese Bürgschaft ermöglicht es dem Importeur, die zu leistenden Abgaben aus dem Erlös der Importwaren zu begleichen. Über die Deutsche Verkehrskreditbank AG können Frachten der Deutschen Bundesbahn gestundet werden. Voraussetzung ist auch hier ein Frachtaval gegenüber der Deutschen Verkehrskreditbank. Bei Ausschreibungen der öffentlichen Hand werden häufig **Bietungsgarantien** verlangt. Hierbei verpflichtet sich die Bank für ihren Kunden, daß dieser den Auftrag ausführt, wenn er den Zuschlag erhält. Die Bietungsgarantie beträgt etwa 5–10% des Auftragswertes. Bietungsgarantien werden auch häufig bei Auslandsgeschäften gefordert. Dabei sind auch noch bezüglich des Umfangs weitergehende **Lieferungs- und Leistungsgarantien** üblich. Hierbei verpflichtet sich die Bank gegenüber dem Besteller (Avalbegünstigter) zur Zahlung eines bestimmten Betrages, wenn der abgeschlossene Liefervertrag nicht ordnungsgemäß durch den Avalkreditnehmer erfüllt wird. Die in bestimmten Branchen (Schiffsbau, Großmaschinenbau) und im Auslandsgeschäft üblichen Anzahlungen können durch eine **Anzahlungsgarantie** sichergestellt werden. Erfolgt keine ordnungsmäßige Erfüllung der Lieferverpflichtung, so erhält der Besteller (Avalbegünstigter) einen Betrag in Höhe der Anzahlung von der Bank zurückvergütet. Im Rahmen einer **Gewährleistungsgarantie** verpflichtet sich die Bank zur Zahlung eines bestimmten Betrages, wenn das vom Avalkreditnehmer gelieferte Produkt den vereinbarten Anforderungen nicht genügt. Auch für Prozeßverpflichtungen können Bankbürgschaften erforderlich sein (**Prozeßaval**). So können etwa Bankavale als Sicherheitsleistung bei vorläufig vollstreckbaren Urteilen oder zur Abwendung einer Zwangsvollstreckung dienen. Eine Sonderform des Avalkredits stellt die **Bürgschaft für Wechselschulden** dar. Die Bank unterzeichnet dabei den Wechsel, für den sie bürgen soll, als Aussteller, Girant (Indossant) oder als Wechselbürge. Wechselbürgschaften sind speziell bei der Stundung von Holzlieferungen der staatlichen Forstverwaltungen üblich. Man spricht in diesem Zusammenhang auch von **Holzgeldaval**.

ff) Kredite im Auslandsgeschäft

Die beschriebenen kurzfristigen Kreditformen stehen prinzipiell auch für das Außenhandelsgeschäft zur Verfügung. Es haben sich hierbei jedoch einige spezielle Kreditformen herausgebildet, die teilweise Kombinationen der bisher erläuterten Arten darstellen.

Akkreditiv

Ein Akkreditiv stellt den Auftrag eines Bankkunden an seine Bank dar, aus seinem Guthaben an einen Dritten eine bestimmte Geldsumme zu bezahlen. Die Auszahlung erfolgt dabei nur, wenn die vom Akkreditiveröffner gestellten Bedingungen durch den Begünstigten erfüllt werden. Beim sogenannten **Barak-**

kreditiv sind diese Bedingungen meist die Vorlage eines Ausweispapieres und Leistung der Unterschrift durch den Begünstigten. Barakkreditive besaßen früher im Reiseverkehr als Zahlungsmittel eine gewisse Bedeutung. Sie sind jedoch heute nahezu vollständig durch Reise- und Euroscheck abgelöst worden. Wesentlich größere Bedeutung als das Barakkreditiv besitzt für die Abwicklung von Handelsgeschäften das **Dokumentenakkreditiv**. Die Auszahlung beim Dokumentenakkreditiv ist an die Vorlage genau spezifizierter Dokumente durch den Akkreditivbegünstigten gebunden. Hat der Akkreditivsteller der akkreditiveröffnenden Bank den Akkreditivbetrag sofort anzuschaffen, so entsteht kein Kreditverhältnis. Das Akkreditiv stellt somit primär einen entgeltlichen Geschäftsbesorgungsvertrag (§ 675 BGB) dar. Ein Kreditverhältnis entsteht erst, wenn weitere Modalitäten hinzutreten.

Die Abwicklung von Akkreditiven im Rahmen des Außenhandels vollzieht sich weitgehend nach den „einheitlichen Richtlinien und Gebräuche für Dokumentenakkreditive" der internationalen Handelskammer, die durch Banken und Bankenverbände der wichtigsten Handelsnationen akzeptiert wurden. Dokumentenakkreditive werden durch den Importeur bei seiner Hausbank (Akkreditivbank) eröffnet. Zur Abwicklung bedient sich die Akkreditivbank einer Korrespondenzbank im Lande des Akkreditivbegünstigten. Die Korrespondenzbank teilt dem Akkreditivbegünstigten die Eröffnung und die Bedingungen mit und nimmt die Dokumente entgegen; nach ordnungsgemäßer Abwicklung leistet sie Zahlung an den Begünstigten. Das Akkreditiv ermöglicht den Zug um Zug-Kauf über räumliche Distanzen hinweg. An die Stelle der Zahlungsverpflichtung der Akkreditivbank kann ihre Verpflichtung zur Akzeptierung eines Wechsels treten.

Akkreditive können widerruflich oder unwiderruflich erteilt werden. Ein **widerrufliches Akkreditiv** kann durch die Akkreditivbank auf Veranlassung des Auftraggebers jederzeit zurückgezogen werden. Da die Sicherheit in diesem Falle für den Akkreditivbegünstigten sehr gering ist, sind widerrufliche Akkreditive im Auslandsgeschäft sehr selten. Beim **unwiderruflichem Akkreditiv** verpflichtet sich die Akkreditivbank bei ordnungsgemäßer Vorlage der Dokumente unwiderruflich Zahlung zu leisten. Die Sicherung des Exporteurs ist daher beim unwiderruflichen Akkreditiv wesentlich besser als beim widerruflichen. Soll noch eine Verstärkung der Sicherung des Lieferanten erfolgen, so kann ein **bestätigtes Akkreditiv** gewählt werden. Beim bestätigten Akkreditiv tritt die das Akkreditiv avisierende Korrespondenzbank zusätzlich in die Zahlungsverpflichtung ein. Dem Exporteur haftet somit neben der Akkreditivbank noch eine weitere Bank (meist die Hausbank des Exporteurs). Wegen der dabei auftretenden doppelten Bankprovision wird es jedoch seltener gewählt als das **unbestätigte Akkreditiv**. Akkreditive können auch übertragbar und teilbar gestellt werden. In diesem Fall ist der aus dem Akkreditiv Begünstigte ermächtigt, das Akkreditiv auf einen Dritten oder mehrere Dritte (z. B. Unterlieferanten) zu übertragen.

Wird der Akkreditivbetrag durch den Akkreditivsteller der Akkreditivbank nicht sofort bei Eröffnung angeschafft, sondern erst bei Eingang der Dokumente, so liegt eine Kreditleihe vor. Dies ist ebenfalls der Fall, wenn die Akkreditivbank dem Begünstigten einen Wechsel akzeptiert. Erfolgt eine Diskontierung des Wechsels durch die Akkreditivbank oder die Korrespondenzbank, so tritt zur Kreditleihe eine Geldleihe hinzu. Ein Kreditverhältnis kann sich auch aus dem ebenfalls im Außenhandelsgeschäft üblichen Dokumenten-Inkasso durch Kreditinstitute ergeben.

Die Abwicklung eines **Dokumenten-Inkasso** erfolgt ähnlich wie das Akkreditiv, gewährt jedoch dem Exporteur nicht die gleichen Sicherheiten, da kein Kreditinstitut die Zahlung bei Vorlage ordnungsgemäßer Dokumente gewährleistet. Die Sicherheit für den Exporteur besteht darin, daß die Warendokumente dem Importeur nur gegen Bezahlung bzw. Akzeptierung eines Wechsels ausgehändigt werden. Soweit es sich um handelsrechtliche Dispositionspapiere handelt, kann der Importeur vor Zahlung bzw. Akzeptierung über die Ware nicht verfügen. Erfolgt keine Abnahme der Ware, so trägt der Exporteur das Risiko einer anderweitigen Verwertung oder Rücksendung. Sollen die Dokumente nur gegen Zahlung ausgehändigt werden, so spricht man von „documents against payment" (d/p); soll eine Aushändigung der Dokumente gegen Akzept erfolgen, so handelt es sich um „documents against acceptance" (d/a). Im letzteren Fall kann der Exporteur den Wechsel diskontieren lassen und erhält somit sofort den Diskonterlös. Die Sicherung des Exporteurs ist jedoch von der Bonität der Akzeptanten abhängig.

Rembourskredit

Will sich der Exporteur mit dem Akzept des Importeurs nicht begnügen, da ihm dessen Bonität unbekannt ist oder unsicher erscheint, so wird er ein Remboursgeschäft fordern. Die Akzeptierung der Tratte bei Vorlage ordnungsgemäßer Dokumente erfolgt dann nicht durch den Käufer, sondern durch eine Bank, die sich hierzu verpflichtet hat. Die **akzeptierende Bank** wird als **Remboursbank** bezeichnet. Die Remboursbank ist häufig identisch mit der Hausbank des Exporteurs. Es kann jedoch auch die Bank des Importeurs gewählt werden oder – wie beim klassischen Rembourskredit – eine weitere angesehene Bank in einem dritten Land eingeschaltet werden. Der klassische Rembourskredit unter Einschaltung einer speziellen Remboursbank und somit von drei Kreditinstituten stellt heute, nicht zuletzt wegen der erhöhten Kosten, die Ausnahme dar.

Das Bankakzept kann der Exporteur diskontieren lassen. Der Rembourskredit stellt somit eine Kombination aus Akzept- und Diskontkredit dar.

Der Rembourskredit kann auch mit einem Dokumentenakkreditiv gekoppelt sein. An die Stelle der Barzahlung bei Übergabe ordnungsgemäßer Dokumente tritt dann das Bankakzept (vgl. Abschnitt Akkreditiv). Darüber hinaus gibt es insbesondere im angelsächsischen Bereich verschiedene Abwandlungen und Ausgestaltungen des Rembourskredits.

Negoziierungskredite

Die Negoziierungskredite stellen spezielle Formen des Diskontkredits dar, die sich im Außenhandelsgeschäft herausgebildet haben. Das Diskontgeschäft kann dabei mit einem Akkreditiv oder akkreditivähnlichen Ermächtigungen (z. B. commercial letter of credit) verbunden sein. Wesentliche Formen der Negoziierungskredite sind:

– authority to purchase

– order to negotiate

– commercial letter of credit (CLC)

Bei der **authority to purchase** ermächtigt die Bank des Importeurs die Hausbank des Exporteurs (oder eine sonstige Bank im Land des Exporteurs) eine vom Exporteur auf den Importeur gezogene Tratte zusammen mit den Dokumenten zu ihren Lasten anzukaufen. Die Bank des Exporteurs belastet dann ihrerseits den Wechselankauf der Bank des Importeurs weiter.

Die **order to negotiate** unterscheidet sich hiervon dadurch, daß ein Bankakzept gewährt wird. Die Bank des Importeurs beauftragt die Bank des Exporteurs eine auf sie (Importeursbank) gezogene Tratte mit den Dokumenten anzukaufen. Bei der order to negotiate ist daher die Importbank wechselmäßig verpflichtet, während bei der authority to purchase nur der Importeur als Hauptschuldner aus dem Wechsel haftet.

Der **commercial letter of credit** stellt ein dem Akkreditiv ähnliches Zahlungsversprechen dar. Es wird jedoch von der auftraggebenden Bank nicht an eine Korrespondenzbank gerichtet, sondern direkt an den Begünstigten adressiert. Der Begünstigte kann dann die von den Dokumenten begleitete Tratte unter Vorlage des commercial letter of credit einer Bank seiner Wahl zum Ankauf anbieten. Auch eine direkte Einreichung bei der Bank, die den letter of credit ausgestellt hat, ist mitunter möglich, soweit es sich nicht um einen „restricted" CLC handelt, bei dem der Ankauf nur durch eine vorgeschriebene Bank erfolgen kann.

Akkreditivbevorschussung (antizipatory credit)

Die Akkreditivklauseln können vorsehen, daß der Exporteur bereits vor Versendung der Ware und damit der Einreichung der geforderten Dokumente aus dem Akkreditiv einen Vorschuß erhalten kann. Dies soll dem Exporteur die Finanzierung des Versands erleichtern (packing credit). Die Bedingungen der Bevorschussung können differieren und unterscheiden sich insbesondere dadurch, ob die Bevorschussung gesichert oder ungesichert erfolgt (sogenannte Farbklauseln: Green Clause and Red Clause).

f) Kreditsubstitute

Neben den verschiedenen Formen des kurz- und langfristigen Bankkredits haben sich in den letzten Jahrzehnten Finanzierungsinstrumente herausgebildet, die Kredite substituieren können. Zu den wichtigsten institutionalisierten Kreditsubstituten zählt das Factoring und das Leasing.

aa) Factoring

Unter Factoring versteht man den **Ankauf von Forderungen aus Lieferungen und Leistungen vor Fälligkeit** durch einen Factor (spezielles Finanzierungsinstitut oder Kreditinstitut) unter Übernahme bestimmter **Service-Funktionen** und häufig auch des Ausfallrisikos. Der Veräußerer der Forderung (Klient, Anschlußkunde oder -firma) kann dem Factor die gesamte Debitorenbuchhaltung, das Inkasso- und Mahnwesen übertragen. Zu dieser Finanzierungs- und Dienstleistungsfunktion tritt bei Übernahme des Ausfallrisikos durch den Factor noch die Kreditsicherungsfunktion hinzu. Das Factoring zählt zu den Bankgeschäften im Sinne des § 1 KWG, da es als Kreditgeschäft interpretiert wird, wenn der Factor das Ausfallrisiko nicht übernimmt.

Das Factoring hat sich, abgesehen von den Factoreien des Mittelalters, in England und insbesondere in den Vereinigten Staaten entwickelt. In den USA besitzt es eine erhebliche Bedeutung, was sich sowohl an der Vielzahl der Factorinstitute als auch an deren Umsatz zeigt. In Deutschland wird demgegenüber das Factoring erheblich weniger verwendet. Während in den USA der Factor üblicherweise das Ausfallrisiko (Delkrederefunktion) übernimmt, stellt dies in

Deutschland, insbesondere bei dem von Banken betriebenen Factoring, die Ausnahme dar.

Der Klient übermittelt jeweils dem Factor seine ausgehenden Rechnungen oder, wenn diese Funktion vom Factor übernommen wird, die entsprechenden Daten. Der Factor schreibt dann seinem Klienten 70–90% der Rechnungswerte gut. Der Rest wird bis etwa vier Wochen nach dem Verfalltag der entsprechenden Rechnungen auf einem Sperrkonto festgehalten und soll zum Ausgleich von Beanstandungen und Rechnungskürzungen (etwa durch Mängelrüge) dienen. Der Factor kann auch einzelne Forderungen, die seinen Bonitätsanforderungen nicht genügen, aussondern und den Ankauf ablehnen. Erfolgt eine offene Abtretung der Forderungen, man spricht dann vom „notifizierten Factoring", so teilt der Lieferer seinen Kunden mit, daß sie mit befreiender Wirkung nur noch an den Factor Zahlung leisten können. Beim nicht notifizierten Factoring handelt es sich um eine stille Zession, bei der die Schuldner von der Abtretung der Forderungen an den Factor nicht unterrichtet werden. Sie können mit befreiender Wirkung an den Lieferer Zahlung leisten.

Für die Kreditierung der Forderungen berechnet der Factor banktübliche Sollzinsen, ferner wird eine Gebühr für die Übernahme der Dienstleistungen erhoben. Trägt der Factor auch das Ausfallrisiko, so wird zusätzlich eine Delkrederegebühr berechnet. Die Dienstleistungs- und Delkrederegebühr wird auch häufig in einem einheitlichen Prozentsatz vom Factoringumsatz erhoben. Die Höhe der berechneten Gebühren ist abhängig von der Bonität der Schuldner, der Beurteilung des Factorkunden und dem Gesamtgeschäftsumfang.

Während beim Inlandsfactoring in Deutschland meistens die Delkrederefunktion nicht enthalten ist, wird diese beim Exportfactoring im allgemeinen durch den Factor übernommen. International vertretene Factoringinstitute können durch ihre Tochtergesellschaften die Bonität der Schuldner in den einzelnen Ländern besser überprüfen als der Exporteur und auch den Einzug der Forderungen nachhaltiger betreiben.

Das Factoring kann zu folgenden Vorteilen führen:

- Kosteneinsparungen bei der Debitorenbuchhaltung, der Kreditprüfung und dem Mahnwesen

- Einsparungen der Gebühren für Auskunfteien

- Wegfall von Kosten für die Beitreibung von Forderungen

- Vermeidung von Verlusten aus Insolvenzen der Abnehmer

- Kapitalfreisetzung durch Abbau der Außenstände

Insbesondere für mittlere und kleinere Unternehmen kann das Factoring unter Kostengesichtspunkten sinnvoll sein. Der Einsatz eigener Datenverarbeitungsanlagen lohnt sich für diese Betriebe vielfach nicht und der Factor kann dann etwa die Debitorenbuchhaltung kostengünstiger ausführen. Für Betriebe, die weitgehend bar oder gegen sehr kurze Zahlungsziele verkaufen, eignet sich Factoring nicht. Große Unternehmen bedürfen häufig der Dienstleistungsfunktion des Factors nicht, wenn sie selbst über eine Datenverarbeitungsanlage verfügen und die Finanzierungsfunktion auf Wechselbasis kostengünstiger abwickeln können. Der mit dem Factoring verbundene Kapitalfreisetzungseffekt liegt nur einmal bei Aufnahme des Factoring vor und kann nur durch eine Vergrößerung des Absatzvolumens erweitert werden.

Dem Exportfactoring sehr ähnlich ist die **Forfaitierung** von Exportforderungen. Auch bei der Forfaitierung kauft der Forfaitist (Finanzierungsgesellschaft oder Kreditinstitut) Forderungen eines Exporteurs ohne Rückgriffsmöglichkeit auf. Der Forfaitist übernimmt somit ebenso wie der Exportfactor das Ausfallrisiko. Ein wesentlicher Unterschied liegt jedoch darin, daß der Forfaitist keine Dienstleistungsfunktionen, wie sie beim Factoring üblich sind, übernimmt. Ferner werden bei der Forfaitierung nur spezielle Forderungen, insbesondere mittel- und langfristige Exportforderungen, veräußert. Da beim Verkauf à Forfait (in Bausch und Bogen) die Rückgriffsmöglichkeit stets ausgeschlossen ist, kommen für die Forfaitierung nur erstklassige Forderungen, die zusätzlich gesichert sind, in Frage. Um Einreden aus dem Grundgeschäft auszuschließen, werden die Forderungen meist in Wechselform gekleidet. Als Sicherheit wird entweder ein Bankakzept, eine unkonditionierte Bankgarantie oder eine Staatsgarantie bzw. -bürgschaft gefordert.

bb) Leasing

Unter **Leasing** versteht man die **Vermietung von Anlagegegenständen durch Finanzierungsinstitute** und andere Unternehmen, die das Vermietungsgeschäft gewerbsmäßig betreiben. Bereits 1877 erfolgte durch die Bell Telephone Company in Amerika eine Vermietung von Telefonanlagen. In Deutschland wurden erstmals Leasing-Geschäfte um die Jahrhundertwende abgewickelt. Während spezielle Leasing-Gesellschaften in den USA bereits seit den fünfziger Jahren etabliert sind, setzte sich das Leasing in Deutschland nur zögernd durch. Die erste Gründung einer Leasing-Gesellschaft in Deutschland erfolgte im Jahre 1962 als „Deutsche Leasing GmbH, Düsseldorf".

Unter dem Begriff Leasing werden Vertragsgestaltungen subsumiert, die vom normalen Mietvertrag bis zum verdeckten Raten-Kaufvertrag reichen. Im Gegensatz zum normalen Mietverhältnis ist für das Leasing meistens charakteristisch, daß zwischen dem Hersteller eines Gebrauchsgutes und dessen Verwender eine Leasing-Gesellschaft als Käufer und Vermieter eingeschaltet wird (indirektes Mietgeschäft).

Nach dem Verpflichtungscharakter des Leasingvertrages lassen sich zwei grundsätzliche Formen des Leasings unterscheiden:

(1) **Operating Leasing** und das

(2) **Financial Leasing**.

Operating Leasing Verträge sind von beiden Vertragspartnern **jederzeit** bei Einhaltung gewisser Fristen **kündbare Mietverträge.** Es sind keine fest vereinbarten Grundmietzeiten vorgesehen und bei einer Kündigung sind auch keine Konventionalstrafen zu erbringen. Bei den Operating Leasing Verträgen handelt es sich daher um **normale Mietverträge** im Sinne des BGB. Bei vorzeitiger Kündigung des Vertrages reicht die Summe der vom Mieter zu zahlenden Mietraten nicht aus, um den Anschaffungspreis des Mietgegenstandes auszugleichen. Die **Leasing-Gesellschaft übernimmt** beim Operating Leasing im wesentlichen das **Investitionsrisiko,** und sie muß sich daher unter Umständen bemühen, das Objekt mehrmals zu vermieten (Second- Hand-Leasing), bis sich die Anschaffungskosten amortisiert haben. Auch die Gefahr des zufälligen Untergangs und der Entwertung durch technischen Fortschritt liegt beim Vermieter. Darüber hinaus hat der Leasing-Geber auch für Wartung und Reparatur zu sorgen. Da sich das Operating Leasing nicht von normalen Mietverträgen des BGB unterscheidet, ergeben sich bei der handels- und steuerrechtlichen Bilanzierung keine besonderen Probleme. Sie werden wie übliche Miet- und Pachtverträge bilanziert, d. h. die Leasing-Objekte sind beim Leasing-Geber zu aktivieren und von diesem über die betriebsgewöhnliche Nutzungsdauer abzuschreiben. Für den Leasing-Nehmer stellen die gezahlten Leasing-Raten Aufwand dar.

Für das **Finance-Leasing** ist die **Vereinbarung einer festen Grundmietzeit**, während der der **Vertrag** von beiden Seiten **nicht gekündigt werden kann**, charakteristisch. Die vereinbarte Grundmietzeit ist dabei in der Regel kürzer als die betriebsgewöhnliche Nutzungsdauer des Leasing-Gegenstandes. Die während der Grundmietzeit zu zahlenden Mietbeträge sind so berechnet, daß dem Leasing-Geber neben dem Anschaffungswert auch noch die Zinsen für die Refinanzierung, die Kosten der Verwaltung sowie ein Gewinn zufließen. Während der Grundmietzeit wird die Miete in der Regel monatlich konstant vereinbart. Für Anlagegüter mit hohem Verschleiß und zunehmenden Reparatur- und Instandhaltungskosten werden manchmal auch degressive Mietpläne vorgesehen.

Das **Investitionsrisiko** hat beim Financial Leasing der **Leasing-Nehmer zu tragen**. Neben den Reparatur- und Instandhaltungskosten entfallen auf ihn auch die Risiken des Untergangs oder der Verschlechterung des Leasing-Gegenstandes. Darüber hinaus wird der Leasing-Nehmer meistens auch noch verpflichtet, das Anlagegut zum Neuwert zu versichern. Die **Grundmietzeit** bewegt sich in der Regel **zwischen 50 und 75% der betriebsgewöhnlichen Nutzungsdauer** des Objektes. Da der Mieter das Investitionsrisiko trägt und die Amortisation innerhalb der Grundmietzeit erfolgt, eignet sich das Finanzierungs-Leasing auch zur Beschaffung sehr spezieller, auf die Wünsche des Mieters abgestellter Anlagen.

Bei der Leasing-Variante »**Sale-and-lease-back**« erwirbt die Unternehmung die Anlagegüter zunächst selbst und veräußert sie dann an eine Leasing-Gesellschaft, die die Anlagegüter ihrerseits wiederum der Unternehmung vermietet.

Nach der Art der Leasing-Gegenstände kann in Mobilien- und in Immobilien-Leasing unterschieden werden. Beim **Mobilien-Leasing** (Equipment-Leasing) werden bewegliche Güter, wie Maschinen und Fahrzeuge, beim **Immobilien-Leasing** (Plant-Leasing) dagegen unbewegliche Wirtschaftsgüter, wie Fabrik- und Verwaltungsgebäude, vermietet.

Für die **steuerliche Behandlung des Finanzierungs-Leasings** ist die Vertragsgestaltung ausschlaggebend. Entscheidend sind die Vereinbarungen über das Leasing-Objekt nach Ablauf der Grundmietzeit. Es lassen sich folgende Vertragstypen unterscheiden:

(1) Leasing-Verträge **ohne Optionsrecht**

(2) Leasing-Verträge **mit Kaufoption**

(3) Leasing-Verträge **mit Mietverlängerungsoption**

Bei den Leasing-Verträgen **ohne Optionsrecht** werden keine Vereinbarungen für den Zeitraum nach Ablauf der Grundmietzeit getroffen. Der Leasing-Nehmer besitzt nicht das Recht, für einen Kauf oder für eine Verlängerung des Mietvertrages zu optieren. Die Leasing-Objekte sind nach Ablauf der Grundmietzeit noch nicht völlig verbraucht und der Leasing-Geber muß sich um eine weitere Vermietung bemühen. Der Leasing-Nehmer kann nicht als wirtschaftlicher Eigentümer der Leasing-Objekte angesehen werden, da der Leasing-Geber nicht auf Dauer von der Einwirkung auf das Leasing-Objekt ausgeschlossen ist. Für die ertragssteuerliche Behandlung ist jedoch entscheidend, ob sich die Grundmietzeit mit der betriebsgewöhnlichen Nutzungsdauer des Leasing-Gegenstandes deckt oder geringer als diese ist.

Bei den Leasing-Verträgen **mit Mietverlängerungsoption** hat der Leasing-Nehmer das Recht, nach Ablauf der Grundmietzeit das Vertragsverhältnis zu verlängern. Die während des Verlängerungszeitraums zu zahlende Miete stellt meist nur einen geringen Prozentsatz der Grundmiete dar (ca. 10% der Grundmiete). Durch einseitige Willenserklärung kann der Leasing-Nehmer den Leasing-Geber von der Einwirkung auf das Leasing-Objekt ausschließen.

Bei den Leasing-Verträgen **mit Kaufoption** steht dem Leasing-Nehmer das Recht zu, nach Ablauf der Grundmietzeit, die regelmäßig kürzer ist als die betriebsgewöhnliche Nutzungsdauer, den Leasing-Gegenstand zu erwerben. Der Kaufpreis beträgt dabei dann in der Regel nur noch einen Bruchteil der Anschaffungskosten.

Für die steuerrechtliche Behandlung des Finanzierungs-Leasings ist das **Urteil des Bundesfinanzhofs** (BFH) vom 26. 1. 1970 von grundsätzlicher Bedeutung. Der BFH formulierte folgende sechs Leitsätze:

1. Maßgeblich für die steuerliche Beurteilung von sogenannten Leasing-Verträgen über bewegliche Wirtschaftsgüter ist die wirtschaftliche Betrachtungsweise.

2. Ob Wirtschaftsgüter, die Gegenstand eines solchen Leasing-Vertrages sind, steuerlich dem Leasing-Geber oder dem Leasing-Nehmer zuzurechnen sind, beurteilt sich nach den Umständen des Einzelfalles.

3. In den Fällen des sogenannten Finanzierungs-Leasing (Financial Lease) sind die Leasing-Gegenstände in der Regel dem Leasing-Nehmer zuzurechnen, wenn ihre betriebsgewöhnliche Nutzungsdauer erheblich länger ist als die Grundmietzeit und dem Leasing-Nehmer ein Recht auf Verlängerungs- oder Kaufoption zusteht, bei dessen Ausübung er nur einen einer Anerkennungsgebühr ähnelnden, wesentlich geringeren Betrag zu zahlen hat, als sich bei Berechnung des dann üblichen Mietzinses oder Kaufpreises ergeben würde.

4. Dasselbe gilt, und zwar hier ohne Rücksicht auf ein etwaiges Optionsrecht, wenn die Nutzungsdauer und die Grundmietzeit sich annähernd decken.

5. Dasselbe gilt ferner, hier ohne Rücksicht auf das Verhältnis von Grundmietzeit und Nutzungsdauer, wenn die Leasing-Gegenstände speziell auf die Verhältnisse des Leasing-Nehmers zugeschnitten sind und nach Ablauf der Grundmietzeit nur noch bei diesem eine wirtschaftlich sinnvolle Verwendung finden können.

6. Die Zurechnung beim Leasing-Nehmer bedeutet, daß nicht der Leasing-Geber, sondern nur der Leasing-Nehmer als wirtschaftlicher Eigentümer (Investor) die Investitionszulage beanspruchen darf. (BFH Urteil 26. 1. 1970 IV R 144/66).

Das Urteil wird im Hinblick auf eine praktische Anwendung durch die Finanzverwaltung von der Stellungnahme (**Leasing-Erlaß**) des Bundesministeriums der Finanzen (BdF) vom 19. 4. 1971 ergänzt (IV B/2-S 2170-31/71). Bezüglich der steuerlichen Zurechnung des Leasing-Gegenstandes beim **Mobilien-Leasing** werden vier Grundvertragstypen unterschieden, für die folgendes gilt:

(1) Bei **Leasing-Verträgen ohne Optionsrecht** ist der Leasing-Gegenstand regelmäßig zuzurechnen:

a) dem **Leasing-Geber,**
wenn die Grundmietzeit mindestens 40 v. H. und höchstens 90 v. H. der betriebsgewöhnlichen Nutzungsdauer des Leasing-Gegenstandes beträgt;

b) dem **Leasing-Nehmer,**
wenn die Grundmietzeit weniger als 40 v. H. oder mehr als 90 v. H. der betriebsgewöhnlichen Nutzungsdauer beträgt.

Bei einer Grundmietzeit von mehr als 90% der betriebsgewöhnlichen Nutzungsdauer, wie sie sich aus den AfA-Tabellen ergibt, ist der Herausgabeanspruch des Leasing-Gebers nahezu wertlos. Beläuft sich die Grundmietzeit auf weniger als 40 v. H., so wird angenommen, daß ein verdeckter Kauf vorliegt.

(2) Bei **Leasing-Verträgen mit Kaufoption** ist der Leasing-Gegenstand regelmäßig zuzurechnen

a) dem **Leasing-Geber,**
wenn die Grundmietzeit mindestens 40 v. H. und höchstens 90 v. H. der betriebsgewöhnlichen Nutzungsdauer des Leasing-Gegenstandes beträgt und der für den Fall der Ausübung des Optionsrechts vorgesehene Kaufpreis nicht niedriger ist als der unter Anwendung der linearen AfA nach der amtlichen AfA-Tabelle ermittelte Buchwert oder der niedrigere gemeine Wert im Zeitpunkt der Veräußerung;

b) dem **Leasing-Nehmer,**

aa) wenn die Grundmietzeit weniger als 40 v. H. oder mehr als 90 v. H. der betriebsgewöhnlichen Nutzungsdauer beträgt oder

bb) wenn bei einer Grundmietzeit von mindestens 40 v. H. und höchstens 90 v. H. der betrieblichen Nutzungsdauer der für den Fall der Ausübung des Optionsrechts vorgesehene Kaufpreis niedriger ist als der unter Anwendung der linearen AfA nach der amtlichen AfA-Tabelle ermittelte Buchwert oder der niedrigere gemeine Wert im Zeitpunkt der Veräußerung.

Dies gilt auch dann, wenn die Höhe des Kaufpreises für den Fall der Ausübung des Optionsrechts während oder nach Ablauf der Grundmietzeit festgelegt oder verändert wird.

Problematisch ist bei der Zurechnung nach Punkt bb) die Ermittlung des gemeinen Wertes im Zeitpunkt der Veräußerung bei Abschluß des Leasing-Vertrages.

(3) Bei **Leasing-Verträgen** mit Mietverlängerungsoption ist der Leasing-Gegenstand regelmäßig zuzurechnen:

a) dem **Leasing-Geber,**
wenn die Grundmietzeit mindestens 40 v. H. und höchstens 90 v. H. der betriebsgewöhnlichen Nutzungsdauer des Leasing-Gegenstandes beträgt und die Anschlußmiete so bemessen ist, daß sie den Wertverzehr für den Leasing-Gegenstand deckt, der sich auf der Basis des unter Berücksichtigung der linearen Absetzung für Abnutzung nach der amtlichen AfA-Tabelle ermittelten Buchwerts oder des niedrigeren gemeinen Werts und der Restnutzungsdauer laut AfA-Tabelle ergibt.

b) dem **Leasing-Nehmer,**
aa) wenn die Grundmietzeit weniger als 40 v. H. oder mehr als 90 v. H. der betriebsgewöhnlichen Nutzungsdauer des Leasing-Gegenstandes beträgt oder

bb) wenn bei der Grundmietzeit von mindestens 40 v. H. und höchstens 90 v. H. der betriebsgewöhnlichen Nutzungsdauer die Anschlußmiete so bemessen ist, daß sie den Wertverzehr für den Leasing-Gegenstand nicht deckt, der sich auf der Basis des unter Berücksichtigung der linearen AfA nach der amtlichen AfA-Tabelle ermittelten Buchwerts oder des niedrigeren gemeinen Werts und der Restnutzungsdauer laut AfA-Tabelle ergibt.

Gleiches gilt, wenn die Höhe der Leasing-Raten für den Verlängerungszeitraum während oder nach Ablauf der Grundmietzeit festgelegt oder verändert wird.

(4) Bei **Spezial-Leasing-Verträgen** ist der Leasing-Gegenstand regelmäßig dem Leasing-Nehmer ohne Rücksicht auf das Verhältnis von Grundmietzeit und Nutzungsdauer und auf Optionsklauseln zuzurechnen.

Die Ausführungen des Bundesministeriums der Finanzen zum Mobilien-Leasing werden durch das Rundschreiben vom 21. 3. 1972 an die Finanzminister der Länder über die ertragssteuerliche Behandlung von Finanzierungs-Leasing-Verträgen über unbewegliche Wirtschaftsgüter (**Immobilien-Leasing**) ergänzt. Die Regelungen bezüglich der Zurechnung des Leasing-Objektes entsprechen weitgehend denen des Mobilien-Leasing. Die **Zurechnungskriterien** sind jedoch dabei jeweils **getrennt für Gebäude und Grund und Boden** zu prüfen. Bei Finanzierungs-Leasing-Verträgen ohne Kauf- oder Verlängerungsoption und Finanzierungs-Leasing-Verträgen mit Mietverlängerungsoption ist der **Grund und Boden** grundsätzlich dem Leasing-Geber zuzurechnen, bei Finanzierungs-Leasing-Verträgen mit Kaufoption dagegen regelmäßig dem Leasing-Nehmer, wenn auch das Gebäude dem Leasing-Nehmer zuzurechnen ist. Auch in Fällen des Spezial-Leasings erfolgt die Zurechnung des Grund und Bodens entsprechend (vgl. Schreiben des BdF F/IVB2-S 2170-11/72). Da bei Spezial-Leasing-Verträgen das Gebäude stets dem Leasing-Nehmer zuzurechnen ist, wird auch der Grund und Boden bei Spezial-Finanzierungs-Leasing-Verträgen mit Kaufoption dem Leasing-Nehmer zugerechnet.

Der bereits im Leasing-Erlaß für Mobilien abgesteckte prozentuale Rahmen für das Verhältnis von Grundmietzeit und betriebsgewöhnlicher Nutzungsdauer ist auch Grundlage für die Zurechnung von **Gebäuden.** Als betriebsgewöhnliche Nutzungsdauer gilt bei 2%iger AfA nach EStG § 7 Abs. 4 Satz 1 oder Abs. 5 ein Zeitraum von 50 Jahren. Beträgt die betriebsgewöhnliche Nutzungsdauer weniger als 50 Jahre oder ist ein Erbbaurecht mit einer kürzeren Laufzeit bestellt, so ist von dieser auszugehen. Bei Leasing-Verträgen ohne Kauf- oder Mietverlängerungsoption ist das Gebäude regelmäßig dem Leasing-Nehmer zuzurechnen, wenn die Grundmietzeit kürzer als 40 v. H. oder länger als 90 v. H. der betriebsgewöhnlichen Nutzungsdauer beträgt. Die Zurechnung des Gebäudes hat beim Leasing-Geber zu erfolgen, wenn die Grundmietzeit zwischen 40 v. H. und 90 v. H. der betriebsgewöhnlichen Nutzungsdauer liegt. Bei Leasing-Verträgen mit Kaufoption erfolgt die Zurechnung des Gebäudes beim Leasing-Nehmer, wenn die Grundmietzeit kürzer als 40 v. H. oder länger als 90 v. H. der betriebsgewöhnlichen Nutzungsdauer ist. Liegt die Grundmietzeit bei Verträgen mit Kaufoption zwischen 40 v. H. und 90 v. H. der betriebsgewöhnlichen

Nutzungsdauer, so erfolgt die Zurechnung des Gebäudes auch beim Leasing-Nehmer, wenn der für den Fall der Ausübung des Optionsrechts vorgesehene Gesamtkaufpreis niedriger ist als der unter Anwendung der linearen AfA ermittelte Restbuchwert des bebauten Grundstücks oder niedriger ist als der gemeine Wert des bebauten Grundstücks im Zeitpunkt der Veräußerung. Ist eine Mietverlängerungsoption vereinbart, so ist für die Zurechnung des Gebäudes die Höhe der Anschlußmiete ausschlaggebend. Die Zurechnung des Gebäudes erfolgt auf jeden Fall beim Leasing-Nehmer, wenn die Grundmietzeit weniger als 40 v. H. oder mehr als 90 v. H. der betriebsgewöhnlichen Nutzungsdauer beträgt. Sie erfolgt aber auch dann, wenn sich die Grundmietzeit zwischen 40 v. H. und 90 v. H. bewegt, aber die Anschlußmiete niedriger ist als 75% der ortsüblichen Miete.

Bedeutung der steuerlichen Zurechnung

Wird der Leasing-Gegenstand dem **Leasing-Geber zugerechnet,** so hat ihn dieser mit seinen Anschaffungs- oder Herstellungskosten zu aktivieren. Er hat auch die Abschreibung über die betriebsgewöhnliche Nutzungsdauer vorzunehmen. Die Leasing-Raten stellen für den Leasing-Geber Betriebseinnahmen und für den Leasing-Nehmer Betriebsausgaben dar.

Erfolgt die **Zurechnung** des Leasing-Gegenstandes **beim Leasing-Nehmer,** so hat ihn dieser mit seinen Anschaffungs- oder Herstellungskosten zu aktivieren. Als Anschaffungs- oder Herstellungskosten gelten dabei die Anschaffungs- oder Herstellungskosten des Leasing-Gebers, die der Berechnung der Leasing-Raten zugrundegelegt worden sind, zuzüglich etwaiger weiterer Anschaffungs- oder Herstellungskosten, die nicht in den Leasing-Raten enthalten sind. Der Leasing-Nehmer hat dann die AfA nach der betriebsgewöhnlichen Nutzungsdauer des Leasing-Gegenstandes vorzunehmen. In Höhe der aktivierten Anschaffungs- oder Herstellungskosten mit Ausnahme der nicht in den Leasing-Raten berücksichtigten Anschaffungs- oder Herstellungskosten des Leasing-Nehmers ist eine **Verbindlichkeit** gegenüber dem Leasing-Geber zu **passivieren.**

Die **Leasing-Raten** sind in **Zins- und Kostenanteil** einerseits und in einen **Tilgungsanteil** andererseits aufzuteilen. Zins- und Kostenanteil stellen eine sofort abzugsfähige Betriebsausgabe dar, während der andere Teil der Leasing-Rate als Tilgung der Kaufpreisschuld erfolgsneutral mit der passivierten Verbindlichkeit zu verrechnen ist. Der Leasing-Geber hat eine Kaufpreisforderung an den Leasing-Nehmer in Höhe der den Leasing-Raten zugrundegelegten Anschaffungs- oder Herstellungskosten zu aktivieren. Die vom Leasing-Geber aktivierte Forderung ist mit der vom Leasing-Nehmer ausgewiesenen Verbindlichkeit grundsätzlich in ihrer Höhe identisch. Die Leasing-Raten in Höhe des Zins- und Kostenanteils hat der Leasing-Geber erfolgswirksam zu vereinnahmen, in Höhe des Tilgungsanteils dagegen sind sie erfolgsneutral.

Neben den Auswirkungen auf die **Bilanzierung** und **steuerliche Gewinnermittlung** hat die Zurechnung des Leasing-Objektes auch Konsequenzen bei der **Gewerbesteuer,** der **Vermögenssteuer** und der **Umsatzsteuer.** Erfolgt eine Aktivierung des Leasing-Gegenstandes beim Leasing-Nehmer, so stellt die gegenüber dem Leasing-Geber passivierte Schuld – soweit die mittlere Laufzeit 12 Monate übersteigt – eine Dauerschuld dar, die bei der Ermittlung des Gewerbekapitals nach § 12 Abs. 2 Ziff. 1 GewStG dem Einheitswert des gewerblichen Betriebes des Leasing-Nehmers hinzuzurechnen ist. Die in den Leasing-Raten enthaltenen Zinsanteile stellen entsprechend Dauerschuldzinsen dar. Daraus ergibt sich eine Zurechnung bei der Ermittlung des Gewerbeertrags gemäß § 8 Ziff. 1 GewStG beim Gewinn aus Gewerbebetrieb des Leasing-Nehmers.

Wird der Leasing-Gegenstand dem Leasing-Geber zugerechnet, so unterliegt er bei diesem in Höhe des Teilwerts der **Vermögenssteuer.** Der Leasing-Nehmer ist in diesem Falle von der Vermögenssteuer frei und er stellt sich vermögenssteuerlich günstiger, als wenn er den Leasing-Gegenstand gekauft hätte. Wird der Leasing-Gegenstand dagegen dem Betriebsvermögen des Leasing-Nehmers zugerechnet, so hat ihn dieser mit seinem Teilwert (§ 109 Abs. 1 BewStG) anzusetzen. Er kann jedoch dafür die gegenüber dem Leasing-Geber passivierte Verbindlichkeit mit ihrem Gegenwartswert als Schuld absetzen. Die Auswirkungen der Einbeziehung des Leasing-Objektes in das Betriebsvermögen des Leasing-Nehmers werden daher zunächst neutralisiert. Die Verbindlichkeit wird jedoch in der Regel schneller getilgt als das Leasing-Objekt über die betriebsgewöhnliche Nutzungsdauer abgeschrieben werden kann. Es kann sich somit eine Mehrbelastung des Leasing-Nehmers bei der Vermögenssteuer ergeben.

Die ertragssteuerlichen Zurechnungskriterien gelten auch für die Umsatzsteuer. Der wirtschaftliche Eigentümer, dem das Leasing-Objekt zugerechnet wird, unterliegt der im Rahmen von konjunkturpolitischen Maßnahmen zeitweise gültigen Investitionssteuer und kann dann nur einen verringerten Vorsteuerabzug geltend machen.

Die **Bilanzierung beim Leasing-Geber** ist für den Leasing-Nehmer insgesamt gesehen steuerlich **vorteilhafter,** weil er bei kurzer Grundmietzeit die Anschaffungs- bzw. Herstellungskosten des Leasing-Objektes in Form von Leasing-Raten als Betriebsausgaben verrechnen kann. Bei der Bilanzierung beim Leasing-Nehmer wirkt sich vor allem die Hinzurechnungsvorschrift des § 8 Ziff. 1 und § 12 Abs. 1 Ziff. 1 GewStG negativ aus. Bei einem Hebesatz von 400% tritt hierdurch eine Gewerbesteuermehrbelastung von 16,67% beim Gewerbeertrag bezüglich des Zinsanteils der Leasing-Raten ein und von 0,008% beim Gewerbekapital durch die passivierte Leasing-Verbindlichkeit. Die Leasing-Gesellschaften waren daher in den letzten Jahren bemüht, Vertragsformen zu finden, die eine Zurechnung des Leasing-Objektes beim Leasing-Geber ermöglichen. Bei diesen Leasing-Formen beträgt die unkündbare Grundmietzeit zwischen 40 und 90% der betriebsgewöhnlichen Nutzungsdauer. Die Anschaffungs- bzw. Herstellungskosten und Nebenkosten des Leasing-Gebers werden durch die Leasing-Raten in dieser Zeit nur zum Teil gedeckt. Man bezeichnet diese Leasing-Verträge daher auch als Non-Full-Pay-Out-Leasing-Verträge.

Neue Vertragsformen

Bei **Leasing-Verträgen mit Andienungsrecht** muß der Leasing-Nehmer den Leasing-Gegenstand auf Verlangen des Leasing-Gebers zu dem Preis kaufen, der bei Vertragsabschluß festgelegt wird. Der Leasing-Nehmer hat nicht das Recht, den Erwerb des Objektes zu verlangen. Das Risiko der Wertminderung trägt in diesem Fall der Leasing-Nehmer, da er auf Verlangen des Leasing-Gebers den Leasing-Gegenstand zum festgelegten Preis erwerben muß, auch bei niedrigerem Wert des Objektes am Markt. Das Leasing-Objekt ist bei dieser Vertragsgestaltung dem Leasing-Geber zuzurechnen (vgl. Schreiben des BdF vom 22. 12. 1975).

Beim **Vertragsmodell mit Aufteilung des Mehrerlöses** wird das Leasing-Objekt nach Ablauf der Grundmietzeit durch den Leasing-Geber veräußert. Ist der Erlös niedriger als die Differenz zwischen den gesamten Kosten des Leasing-Gebers und der Summe der entrichteten Leasing-Raten, muß der Leasing-Nehmer diese Differenz tragen. Ist der Erlös höher als die Restamortisation, erhält der Leasing-Nehmer 75% und der Leasing-Geber 25% des erzielten Veräußerungsgewinns. Fließt dem Leasing-Geber weniger als 25% des die Restamortisation übersteigenden Teils des Verkaufserlöses zu, so ist er nach Ansicht des BdF nicht mehr in einem wirtschaftlich ins Gewicht fallenden Umfang an etwaigen Wertsteigerungen des Leasing-Gegenstandes beteiligt und das Wirtschaftsgut ist daher dem Leasing-Nehmer zuzurechnen. Erhält der Leasing-Geber dagegen 25% oder mehr des Verkaufsgewinns, so ist er als wirtschaftlicher Eigentümer anzusehen, und er hat das Leasing-Objekt zu bilanzieren.

Beim **kündbaren Mietvertrag mit Anrechnung des Veräußerungserlöses** hat der Leasing-Nehmer das Recht, den Mietvertrag nach Ablauf der Grundmietzeit zu kündigen. Er muß dann allerdings eine Abschlußzahlung in Höhe der Differenz zwischen geleisteten Raten und den Gesamtkosten des Leasing-Gebers leisten. Auf diese Zahlung werden jedoch wiederum 90% des erzielten Veräußerungserlöses angerechnet. Ist der Veräußerungserlös höher als die vereinbarte Abschlußzahlung, erhält der Leasing-Geber den Unterschiedsbetrag in vollem Umfang. Das Risiko der Wertminderung liegt somit beim Leasing-Nehmer. Da eine während der Mietzeit eintretende Wertsteigerung nur dem Leasing-Geber zugute kommt, wird bei dieser Vertragsform das Leasing-Objekt dem Leasing-Geber zugerechnet.

Berücksichtigung des Finanzierungs-Leasing in der Handelsbilanz

Die handelsrechtliche Bilanzierung von Leasing-Objekten ist umstritten. Die Meinungen gehen insbesondere darüber auseinander, ob und in welcher Weise Leasing-Gegenstände beim Leasing-Nehmer zu bilanzieren sind. Eine Reihe von Autoren (z. B. Büschgen, Havermann, Pougin, Thiel und Wöhe)[7] befürworten eine Bilanzierung des Leasing-Gegenstandes beim Leasing-Nehmer. Sie halten dies aus Gründen des Gläubigerschutzes für erforderlich, um einen ausreichend sicheren Einblick in die Ertragslage des Leasing-Nehmers zu gewährleisten. Ferner soll die Verbindlichkeit gegenüber dem Leasing-Geber aus der Bilanz als Verpflichtung erkennbar sein. Diese Bilanzierung wird jedoch von einigen Autoren (z. B. Fink, Flume, Hintner und Leffson)[8] abgelehnt. Sie treten für eine Behandlung des Leasings entsprechend normalen Mietverträgen ein. Teilweise wird jedoch von diesen Autoren ein Bilanzvermerk oder ein Hinweis im

---

[7] Büschgen, H. E., Bilanzierung: Leasing setzt neue Akzente, Der Volkswirt, 1967, S. 54 ff.; Havermann, H., Leasing, eine betriebswirtschaftliche, handels- und steuerrechtliche Untersuchung, Düsseldorf 1965; Pougin, E., Leasing in Handels und Steuerbilanz, in: ZfB, 1965, S. 402 ff.; Wöhe, G., Betriebswirtschaftliche Steuerlehre, München 1976, S. 519 f.

[8] Fink, K., Equipment-Leasing in Bilanz und Steuer, in: Hagenmüller, K.-F. (Hrsg.), Leasing-Handbuch, 2. Aufl., Frankfurt 1968; Flume, W., Das Rechtsverhältnis des Leasing in zivilrechtlicher Sicht, in: Der Betrieb 1972, S. 1 ff.; derselbe, die Frage der bilanziellen Behandlungen von Leasing-Verhältnissen, in: Der Betrieb 1973, S. 1661 ff.; Hintner, O., Leasing in betriebswirtschaftlicher und steuerlicher Sicht, in: DStZ (A) 1965, S. 309 ff.; Leffson, U., Die Darstellung von Leasingverträgen im Jahresabschluß, in: Der Betrieb, 1976, Teil I, Heft 14, S. 637 ff., Teil II, Heft 15, S. 685 ff.

Geschäftsbericht auf die Leasing-Verpflichtung gefordert. Nach Leffson kommt nur bei Scheinmietverträgen, die materiell einen Kauf zum Inhalt haben, eine Bilanzierung des Leasing-Objektes beim Leasing-Nehmer in Betracht. Bei allen anderen Leasing-Verträgen ist seiner Ansicht nach eine Bilanzierung beim Leasing-Nehmer unstatthaft und verstößt gegen das geltende Recht selbst bei ausreichender Kennzeichnung des Aktiv- und Passivpostens.[9] Ferner ist nach Ansicht von Leffson der gesonderte Ausweis der gezahlten Mieten aufschlußreicher als die Angabe des Barwertes der geschlossenen Mietverträge.

Auch der Hauptfachausschuß des Instituts der Wirtschaftsprüfer (HFA des IdW) hat zur handelsrechtlichen Bilanzierung von Leasing-Verträgen Stellung genommen.[10] Nach der Stellungnahme sollen bestimmte Finanzierungs-Leasing-Verträge entweder bilanzierungspflichtig oder bilanzvermerkpflichtig sein. Unklar bleibt jedoch, wann jeweils ein bilanzierungspflichtiger Finanzierungs-Leasing-Vertrag vorliegt, da nur beispielhaft sieben Kriterien für die Beurteilung solcher Verträge aufgezählt werden.

In dem für die steuerliche Behandlung grundlegenden Urteil vom 26. 1. 1970 hat der BFH ausgeführt, daß die aufgestellten Leitsätze auch für die Bilanzierung in der Handelsbilanz Verwendung finden können. Die derzeitige Bilanzierungspraxis in der Handelsbilanz folgt daher weitgehend den steuerrechtlichen Vorschriften.

Vergleich Leasing und Kauf

Die Gesamtkosten des Leasings setzen sich in der Regel zusammen aus den laufenden Leasing-Raten, einer eventuellen Abschlußgebühr sowie gegebenenfalls der Verlängerungsmiete bzw. dem Restkaufpreis bei Ausübung einer Kaufoption. Die Mietraten belaufen sich während der Laufzeit des Leasing-Vertrages auf 120–150% des Anschaffungswertes des Leasing-Objektes. Hinzu kommt meistens die einmalige Abschlußgebühr, die sich bei ca. 5% der Anschaffungskosten bewegt. Wird ferner berücksichtigt, daß bei manchen Vertragsformen dem Leasing-Nehmer ein etwaiger Veräußerungserlös des Leasing-Objektes nach Ablauf der Mietzeit nicht zufließt, so ergeben sich vielfach relativ hohe Kosten für das Leasing. Vergleichsrechnungen zwischen Leasing und Kreditkauf auf der Basis der Kapitalwertmethode kommen daher zu dem Ergebnis, daß Kreditfinanzierung vorteilhafter als Leasing ist (z. B. Book, Büschgen, Heiss und Leifert).[11] Solche Vergleichsrechnungen sind jedoch neben den jeweils verwendeten Konditionen für Leasing und Kreditfinanzierung auch abhängig von den zugrundegelegten Steuersätzen und der Höhe des Kalkulationszinssatzes. Leasing-Alternativen, bei denen das Leasing-Objekt beim Leasing-Nehmer zu bilanzieren ist, schneiden wegen des Verlusts des Steuerstundungseffektes und der Mehrbelastung bei Gewerbesteuer und Vermögenssteuer ungünstiger ab als

---

[9] Leffson, U., a.a.O., S. 690.
[10] Vgl. Stellungnahme des HFA des IdW 1/73, in: WPg. 1973, S. 101 f.; vgl. auch Forster, K. H., Zur Leasing-Stellungnahme des HFA, in: WPg 1973, S. 81 ff.
[11] Vgl. Book, H., Maschinen kaufen oder mieten?, DB 1964, S. 229–236; Büschgen, H., Leasing in der Unternehmensfinanzierung, FR 1968, S. 49–54; derselbe, Das Leasing als betriebswirtschaftliche Finanzierungsalternative, DB 1967, S. 561–565; Heiss, Th. Die Kosten des Leasing im Vergleich zur Finanzierung mit Eigen- und Fremdkapital, Kostenrechnungs-Praxis, 1969, S. 133, 134; Leifert, H., Finanzierungs-Leasing in Deutschland, Grundlagen und Praxis der Betriebswirtschaft, Bd. 33, Berlin 1973, S. 110–121.

Leasing-Verträge, die eine Bilanzierung des Objektes beim Leasing-Geber ermöglichen. Die Höhe des Ertragssteuersatzes ist vor allem für den Vorteilsvergleich zwischen Leasing und Mischfinanzierung (Kombination aus Eigen- und Kreditfinanzierung) entscheidend. Beim Vorteilsvergleich auf der Basis der Kapitalwertmethode ist auch zu berücksichtigen, daß unterstellt wird, daß die freigesetzten Mittel jeweils wieder zum Kalkulationszinsfuß angelegt werden können. Rein rechnerisch schneidet die Eigenkapitalfinanzierung gegenüber dem Leasing nur bei sehr niedrigen Kalkulationszinsfüßen oder bei Nominalrechnung günstiger ab. Die Alternative Eigenkapitalfinanzierung oder Leasing ist jedoch in der Praxis nicht gegeben, da eine Unternehmung bei vorhandenem Eigenkapital nicht mit Leasing arbeiten wird oder das Eigenkapital anderweitig weniger rentabel einsetzen wird. Generell kann gesagt werden, daß Leasing bei Unternehmungen mit hohen Steuerbelastungen und hohen Kapitalrenditen mit Formen der Mischfinanzierung (Kombination aus Eigen- und Fremdfinanzierung) konkurrieren kann, aber nur in Ausnahmefällen vorteilhafter sein wird als Kreditfinanzierung.

Bei der üblichen Investitionsfinanzierung tritt die größte liquiditätsmäßige Belastung am Anfang der Nutzungsdauer auf, da die späteren Abschreibungen nur Aufwand und keine Ausgaben darstellen. Demgegenüber können beim Leasing die Leasing-Raten, die fixe Ausgaben darstellen, in umsatzschwachen Jahren zu einem Liquiditätsproblem führen. Im Gegensatz zu dem von Leasing-Gesellschaften häufig verwendeten Argument „Pay-as-you earn" muß der Leasing-Nehmer seine Leasing-Zahlungen auch in ertragsschwachen Zeiten leisten.

Die Abwicklung von Leasing-Geschäften erfolgt meist unkomplizierter als die Einräumung von Krediten. Leasing bietet sich daher als Finanzierungsalternative speziell für Unternehmen an, deren Kreditspielraum etwa durch mangelnde Sicherheiten begrenzt ist. Die dem Leasing zugeschriebene höhere Investitionsflexibilität, insbesondere die Möglichkeit, den Anlagenbestand schneller und leichter an den technischen Fortschritt anzupassen, ist wegen den fest vereinbarten Grundmietzeiten beim Financial Leasing nicht gegeben. Es besteht jedoch nicht die psychologische Hemmung, die vielfach vom Restbuchwert einer technisch nicht mehr konkurrenzfähigen Maschine ausgeht und die den rechtzeitigen Ersatz der Anlage verhindert.

Literaturempfehlung zu Kapitel C I und C II

Hagenmüller, K. F., Der Bankbetrieb, Bd. II, 3. Aufl., Wiesbaden 1970; *Hahn, G. (Hrsg.),* Handbuch der Unternehmensfinanzierung, München 1971; *Janberg, H. (Hrsg.),* Finanzierungshandbuch, Wiesbaden 1970; *Obst/Hintner,* Geld-, Bank- und Börsenwesen, Stuttgart 1967; *Vormbaum, H.,* Finanzierung der Betriebe, 3. Aufl., Wiesbaden 1974; *Wittgen, R.,* Moderner Kreditverkehr, München 1970;

Für spezielle Themenbereiche

Hagenmüller, K. F. (Hrsg.), Leasing-Handbuch, Frankfurt a. M. 1973; *Pottschmidt/Rohr,* Kreditsicherungsrecht, Bonn 1976; *Widmer, R.,* Der Euromarkt, Frankfurt a. M. 1968; *Zahn, J. C. D.,* Zahlung und Zahlungssicherung im Außenhandel, Berlin 1968.

Kontrollfragen
zu Kapitel C I Systematisierungsansätze der Finanzierungsformen und
zu Kapitel C II Außenfinanzierung

1. Welche grundlegenden Ansätze zum Finanzierungsbegriff existieren? Umreißen Sie jeweils die Begriffsextension!
2. Stellen Sie die verschiedenen Ansätze zur Systematisierung der Finanzierungsformen dar.
3. Prüfen Sie die Aussagen der Abb. 47 auf Seite 169 zur Unterscheidung von Eigen- und Fremdkapital im Hinblick auf die verschiedenen Rechtsformen der Unternehmung und konkreter Finanzierungsformen und versuchen Sie Ausnahmen zu den grundsätzlichen Aussagen der Tabelle zu finden.
4. Welche Möglichkeiten sehen Sie für eine Einzelunternehmung, ihre Eigenkapitalbasis zu erweitern, wenn sie dem sich abzeichnenden Unternehmenswachstum folgen möchte, aber aus eigenen Mitteln des Unternehmers keine Kapitalzuführung mehr möglich ist? Bedenken Sie alternative Lösungsmöglichkeiten und untersuchen Sie diese auf ihre unternehmenspolitischen Konsequenzen! Versuchen Sie auch Kriterien für eine Beteiligung aus der Sicht potentieller Kapitalanleger aufzustellen!
5. Erläutern Sie die finanzwirtschaftlichen und rechtlichen Merkmale der Beteiligungsfinanzierung!
6. Untersuchen und klären Sie die Stellung des stillen Gesellschafters im Konkursfall (§§ 335 ff. HGB).
7. Erläutern Sie die Unterschiede zwischen der Beteiligungsfinanzierung einer OHG und einer KG hinsichtlich der Haftung und des Gewinnanspruchs der Gesellschafter.
8. Sie sind als Direktionsassistent einer Publikums-AG beauftragt, die entscheidungsrelevanten Fragen für eine ordentliche Kapitalerhöhung im Sinne der §§ 182 ff. AktG (Aktiengesetz) entscheidungsreif vorzubereiten. Versuchen Sie die in diesem Zusammenhang zu beachtenden juristischen und wirtschaftlichen Probleme und Entscheidungstatbestände systematisch darzustellen!
9. Nach welchen Kriterien können Aktienarten unterschieden werden?
10. Welche Rechte verbrieft eine normale Stammaktie?
11. Wann müssen Namensaktien begeben werden?
12. In welchen Bilanzpositionen wird bei einer Aktiengesellschaft Eigenkapital ausgewiesen?
13. Welche Bedeutung kommt dem Bilanzkurs einer Aktie zu und wie wird er berechnet?
14. Welche Arten der Aktienemission kennen Sie?

15. Was versteht man unter „Bezugsrecht" und wem steht es aus welchen Gründen zu?
16. Wie wird der rechnerische Wert des Bezugsrechts bestimmt?
17. Was versteht man unter den Begriffen Kreditfähigkeit und Kreditwürdigkeit?
18. Nennen Sie Einteilungskriterien für die Kreditfinanzierung.
19. Überlegen Sie, bei welchen Kreditsicherheiten Kollisionen mit anderen Rechten auftreten können (z. B. Kollision zwischen verlängertem Eigentumsvorbehalt des Lieferanten und einer Mantelzession eines Kreditinstituts) und welches Recht hier jeweils juristisch vorgeht!
20. Erläutern Sie den Unterschied zwischen Hypothek und Grundschuld.
21. Stellen Sie die Verpfändung der Sicherungsabtretung gegenüber und beurteilen Sie Vor- und Nachteile jeweils aus der Sicht des Sicherungsgebers und des Sicherungsnehmers.
22. Geben Sie die verschiedenen Arten von Schuldverschreibungen wieder und charakterisieren Sie diese kurz. Wie ordnen Sie hier den Genußschein ein?
23. Geben Sie die grundsätzlichen Kriterien zur Beurteilung einer Kreditfinanzierungsform aus der Sicht der Unternehmung an.
24. Vergleichen Sie die Finanzierungsalternative Schuldscheindarlehen mit der Alternative Schuldverschreibung.
25. Was ist ein „Euro-Dollar" und welchen Kurswert hat er im Vergleich zur Deutschen Mark?
26. Geben Sie die verschiedenen Teilmärkte des Euromarkts an und erläutern Sie die auf diesen Märkten durchgeführten Transaktionen.
27. Erläutern Sie die Bilanzierung eines Disagios (Damnun) beim Kreditnehmer und beim Kreditgeber.
28. Stellen Sie den Lieferantenkredit dem kurzfristigen Bankkredit gegenüber und erläutern Sie Vor- und Nachteile.
29. Welche Möglichkeiten der Kreditbesicherung hat ein Lieferant bei Verkauf auf Ziel?
30. Inwiefern kann man bei Diskontierung eines Wechsels von einer Form der Kreditfinanzierung sprechen?
31. Was versteht man unter einem Solawechsel und was unter einer Tratte?
32. Gilt ein Wechsel, der vom Bezogenen nicht akzeptiert ist, als Wechsel im Sinne des Wechselgesetzes?
33. Welche Kriterien muß ein Wechsel erfüllen, damit er zum Rediskont bei der Deutschen Bundesbank geeignet ist?

34. Welche Qualität messen Sie einem Solawechsel als Kreditsicherungsmittel bei?
35. Was versteht man unter Privatdiskont?
36. Welche Objekte eignen sich prinzipiell zur Lombardierung und welche besitzen im Rahmen des Lombardkredits von Kreditinstituten eine Bedeutung?
37. Vergleichen Sie den Wechseldiskontkredit mit dem Wechsellombardkredit.
38. Grenzen Sie den Begriff der Kreditleihe von der Geldleihe ab.
39. Welche Finanzierungswirkung hat ein Akzeptkredit? Wann ist ein Akzeptkredit sinnvoll und notwendig?
40. Was versteht man unter einem Avalkredit und im Rahmen welcher Handelsgeschäfte findet er Verwendung.
41. Was versteht man unter einem Akkreditiv? Welche Formen des Akkreditivs kennen Sie? Worin besteht der Unterschied zum Dokumenteninkasso?
42. Erläutern Sie das Wesen und die Abwicklung eines Rembourskredits? Grenzen Sie ihn zum Akkreditiv hin ab.
43. Erläutern Sie Wesen und Formen der Negoziierungskredite!
44. Was versteht man unter Factoring und welche Funktionen hat ein Factor?
45. Grenzen Sie das Factoring zur Forfaitierung hin ab.
46. Welche Aufwendungen entstehen dem Klienten durch Factoring?
47. Was versteht man unter Leasing?
48. Welche grundsätzlichen Formen des Leasings kennen Sie und wie unterscheiden sich diese vom normalen Mietvertrag im Sinne des BGB?
49. Welche Bedeutung und Konsequenzen hat die wirtschaftliche Zurechnung des Leasingobjektes zum Leasinggeber oder zum Leasingnehmer?
50. Geben Sie einige grundlegende Beurteilungskriterien für die steuerrechtliche Zurechnung des Leasingobjekts zum Leasingnehmer oder zum Leasinggeber an.
51. Vergleichen Sie Leasing und Eigenerwerb anhand finanzwirtschaftlicher Entscheidungskriterien.

III. Innenfinanzierung

Bei der Innenfinanzierung erfolgt im Gegensatz zur Außenfinanzierung keine Zuführung finanzieller Mittel in speziellen Finanzierungsakten, sondern es fließen der Unternehmung finanzielle Mittel im Rahmen des normalen betrieblichen Umsatzprozesses zu. Bisher gebundenes Kapital wird in frei verfügbare Zahlungsmittel (liquide Mittel) umgewandelt. Die Innenfinanzierung erfolgt durch betriebliche Desinvestitionen. Diese Desinvestitionen können zum einen über die normalen Umsatzerlöse und zum anderen durch sonstige Geldfreisetzungen (z. B. Rationalisierung) erfolgen. Der Umsatzerlös setzt sich aus den Aufwendungsäquivalenten und dem Gewinn zusammen. In den Aufwendungsäquivalenten werden u. a. die Abschreibungsgegenwerte und die Aufwendungen für Rückstellungen vom Markt vergütet. Sind die nachfolgend aufgeführten Bedingungen erfüllt, so kann hieraus eine Finanzierung aus Faktor-Freisetzung erfolgen. Die Gewinnkomponente des Umsatzerlöses kann zur Selbstfinanzierung verwendet werden.

Der **Begriff** der Innenfinanzierung wird in der Literatur unterschiedlich weit ausgelegt. Teilweise werden auch reine Bewertungsakte (z. B. Steigen des Marktwertes von Grundstücken über die Anschaffungskosten, die in der Bilanz angesetzt werden müssen, hinaus) zur Innenfinanzierung gerechnet, unabhängig von der Zuführung oder Freisetzung finanzieller Mittel. Finanzwirtschaftlich relevant sind jedoch nur solche Vorgänge, bei denen der Unternehmung liquide Mittel zufließen und in der gleichen Periode kein auszahlungswirksamer Aufwand entsteht. Zusätzliche Investitionen sind nicht aus Bewertungsreserven finanzierbar, sondern aus dem Zugang liquider Mittel. Durch Bewertungsakte, die eine Erhöhung des Periodenaufwands und damit eine Verringerung des Periodengewinns zur Folge haben, können diese Mittel an den Betrieb gebunden werden.

Innenfinanzierung ist daher nur möglich, wenn folgende zwei Bedingungen gegeben sind:

(1) Der Unternehmung fließen in einer Periode **liquide Mittel** aus dem normalen betrieblichen Umsatzprozeß oder aus außergewöhnlichen Umsätzen zu.

(2) Dem Zufluß an liquiden Mitteln steht **in der gleichen Periode kein auszahlungswirksamer Aufwand** gegenüber.

Die für die Unternehmung verfügbare Differenz aus Einzahlungen minus Auszahlungen einer Periode wird als **finanzwirtschaftlicher Überschuß** oder auch als **Umsatzüberschuß** bezeichnet. Der finanzwirtschaftliche Überschuß gibt die finanziellen Mittel wieder, die einer Unternehmung in einer Periode zur Innenfinanzierung zur Verfügung standen. Dieser Umsatzüberschuß kann am Ende einer Periode durch den **finanzwirtschaftlichen Cash Flow** in direkter oder indirekter Form ermittelt werden (siehe hierzu Kapitel D I 4. aa Cash Flow). Die der Unternehmung im Rahmen der Innenfinanzierung zufließenden **Mittel laufen** während der Periode **sukzessive auf** und werden meist wieder **sofort reinvestiert**. Der am Ende einer Periode berechnete finanzwirtschaftliche Cash Flow kann daher nur wiedergeben, welche Mittel der Unternehmung in der abgelaufenen Periode zur Verfügung standen. Für die Beurteilung der Frage, welche Mittel aus der Innenfinanzierung einer Unternehmung zur Verfügung stehen werden, ist ein Prognose Cash Flow erforderlich.

C III: Innenfinanzierung

Während in der angelsächsischen Literatur die Bestimmung der Innenfinanzierungsmittel global über den Cash Flow erfolgt, ist in Deutschland eine Aufgliederung der Finanzierung aus dem Umsatzüberschuß in Selbstfinanzierung, Finanzierung aus Abschreibungen und Finanzierung aus Rückstellungen üblich. Diese Trennung ist primär gedanklicher Natur und kann in der betrieblichen Praxis wegen der teilweise fließenden Übergänge nicht immer absolut exakt vollzogen werden.

1. Selbstfinanzierung

Unter **Selbstfinanzierung** versteht man die Finanzierung aus **Gewinnen, die im Unternehmen zurückbehalten werden.** Der Finanzierungseffekt liegt dabei zeitlich schon vor dem Akt der bilanziellen Gewinnermittlung und der Gewinnverwendungsentscheidung. Erwirtschaftete Gewinne werden meistens sofort wieder für Investitionen verwendet, bevor die eigentliche Gewinnfeststellung erfolgt.

Nach der Art des Ausweises des zurückbehaltenen Gewinns in der Bilanz kann man unterscheiden in:

(1) Offene Selbstfinanzierung,

(2) stille Selbstfinanzierung.

Während eine **offene Selbstfinanzierung** sich auf das abstrakte Kapital auswirkt und aus der **Bilanz ersichtlich** ist, führt die **stille Selbstfinanzierung** zu einer Erhöhung des Realkapitals, die sich auf die bilanzielle Höhe des Eigenkapitals nicht auswirkt und damit auch **nicht aus der Bilanz ersichtlich** ist.

a) Offene Selbstfinanzierung

Offene Selbstfinanzierung erfolgt aus dem in der Bilanz und GuV ausgewiesenen Gewinn bzw. Jahresüberschuß. Der einbehaltene Gewinn unterliegt dabei der Einkommensteuer bzw. Körperschaftsteuer (Satz für einbehaltenen Gewinn). Da die offene Selbstfinanzierung aus **versteuertem Gewinn** durchgeführt wird, steht für die Finanzierung jeweils nur der Betrag nach Steuern zur Verfügung.

Die Einbehaltung ausgewiesener Gewinne erfolgt bei Personengesellschaften sowie Einzelunternehmen durch Gutschrift auf dem Kapitalkonto und Verzicht auf Entnahmen. Bei Kapitalgesellschaften mit festem Nominalkapital (GmbH, AG) wird der zurückbehaltene Gewinn den offenen Rücklagen zugeführt. Bei Aktiengesellschaften kann diese Zuführung zu den gesetzlichen, den freien oder den statutarischen Rücklagen erfolgen. Die Bildung einer gesetzlichen Rücklage ist für Aktiengesellschaften durch § 150 Aktiengesetz vorgeschrieben. Der gesetzlichen Rücklage sind jeweils 5% des um einen Verlustvortrag aus dem Vorjahr geminderten Jahresüberschusses zuzuführen, bis die Rücklage 10% des Grundkapitals erreicht hat (§ 150 Abs. 2 Nr. 1 AktG). Die Satzung kann einen höheren Prozentsatz des Grundkapitals vorsehen. Darüber hinaus sind Agiobeträge aus Kapitalerhöhungen (Ausgabekurs der Aktien über Nennbetrag) und bei der Ausgabe von Wandelschuldverschreibungen in voller Höhe der gesetzlichen Rücklage zuzuführen. Die gesetzliche Rücklage darf – soweit sie 10% des Grundkapitals oder den in der Satzung bestimmten höheren Teil nicht übersteigt – nur zum Ausgleich eines Jahresfehlbetrages, soweit dieser nicht durch einen Gewinnvortrag aus dem Vorjahr gedeckt ist und nicht durch Auflösung freier

Rücklagen ausgeglichen werden kann, verwendet werden. Ferner kann er unter den gleichen Bedingungen zum Ausgleich eines Verlustvortrages aus dem Vorjahr dienen. Übersteigt die gesetzliche Rücklage den geforderten Anteil des Grundkapitals, so kann sie auch zu einer Kapitalerhöhung aus Gesellschaftsmitteln verwendet werden. Die **bilanzielle Auflösung** der gesetzlichen Rücklage ist somit **zweckgebunden**. Davon zu trennen ist jedoch die Verwendung in der Vermögenssphäre (Aktiva) der Unternehmung, die nicht zweckgebunden ist. Gesetzliche Rücklagen können zur Finanzierung aller Vermögensteile, auch langfristiger Aktiva dienen. Die gesetzliche Rücklage stellt somit – wie manchmal fälschlich angenommen wird – **keine Liquiditätsreserve** dar, auf die bei Liquididätsschwierigkeiten zurückgegriffen werden könnte. Das Vorhandensein von Liquiditätsreserven wird durch die Vermögensstruktur determiniert, unabhängig von dem Vorhandensein einer gesetzlichen Rücklage. Durch die Auflösung der gesetzlichen Rücklage, wie ganz generell von Rücklagen, entsteht kein Finanzierungseffekt. Soweit eine Kapitalerhöhung aus Gesellschaftsmitteln vorgenommen wird, handelt es sich um einen rein buchmäßigen Vorgang, der das abstrakte Kapital und das Realkapital nicht verändert. Wenn die gesetzliche Rücklage zum Verlustausgleich herangezogen werden muß, ergibt sich sogar eine Verringerung des Kapitals, wobei der bilanzielle Vorgang nur den bereits in der abgelaufenen Periode stattgefundenen Mittelabfluß dokumentiert.

Vorstand und Aufsichtsrat der AG dürfen, wenn sie den Jahresabschluß feststellen, bis zu 50% des Jahresüberschusses den **freien Rücklagen** zuführen. Der Betrag, der in die gesetzliche Rücklage einzustellen ist, muß dabei vorab vom Jahresüberschuß abgesetzt werden. Darüber hinaus kann die Satzung den Vorstand und den Aufsichtsrat ermächtigen, mehr als die Hälfte des Jahresüberschusses den Rücklagen zuzuführen (aber nur solange die freien Rücklagen die Hälfte des Grundkapitals nicht übersteigen). Im Rahmen ihres Gewinnverwendungsbeschlusses kann die Hauptversammlung über die von Vorstand und Aufsichtsrat vorgenommenen Einstellungen hinaus noch weitere Beträge den offenen Rücklagen zuführen. Die Satzung kann für den Fall, daß die Hauptversammlung den Jahresabschluß feststellt, vorsehen, daß bestimmte Beträge aus dem Jahresüberschuß in die freien Rücklagen eingestellt werden müssen (**statutarische Rücklagen**). Zur Einstellung in die freien Rücklagen darf die Satzung jedoch nur maximal die Hälfte des Jahresüberschusses vorsehen.

b) Stille Selbstfinanzierung

Die stille Selbstfinanzierung erfolgt durch Einbehaltung **nicht ausgewiesenen Gewinns**. Der Gewinnausweis wird durch bewußte bilanzpolitische Bewertungsakte verringert, wodurch stille Reserven entstehen. Da die stillen Reserven erst bei ihrer Auflösung der Ertrags- bzw. Körperschaftssteuer unterliegen, erfolgt die stille Selbstfinanzierung aus noch **unversteuertem Gewinn**.

Die Bildung stiller Reserven in der Bilanz kann erfolgen durch:

(1) Unterbewertung von Aktiva
   a) Unterlassung von Aktivierungen
   b) niedriger Wertansatz von Vermögensteilen
   c) Unterlassung oder Unmöglichkeit (Zwangsreserven) der Zuschreibung bei Wertsteigerungen von Vermögensteilen

(2) Überbewertung der Passiva
speziell durch den Ansatz zu hoher Rückstellungen.

Eine Unterlassung des Ansatzes von aktivierungsfähigen Wirtschaftsgütern ist nur in bestimmten Fällen zulässig. So etwa bei Ausnutzung des Aktivierungswahlrechts bei entgeltlich erworbenen immateriellen Wirtschaftsgütern (z. B. Patente) oder der Sofortabschreibung von geringwertigen Wirtschaftsgütern im Jahr der Anschaffung. Ansonsten stellt die Nichtaktivierung von aktivierungsfähigen Aufwendungen einen Verstoß gegen die Grundsätze ordnungsmäßiger Buchführung dar. Eine bewußte Unterbewertung von Vermögensteilen kann im Bereich des abnutzbaren Anlagevermögens durch zu hohe Abschreibungsquoten erfolgen. Im Bereich des Umlaufvermögens können stille Reserven insbesondere durch den Ansatz zu niedriger Herstellungskosten bei Halb- und Fertigfabrikaten gelegt werden. Die Anschaffungs- oder Herstellungskosten stellen die obere Grenze für die Bewertung von Vermögensteilen in der Bilanz dar. Ein Bilanzansatz über diese Bewertungsgrenze hinaus ist nicht möglich, so daß sich bei Wertsteigerungen automatisch stille Reserven bilden können (so etwa speziell bei Grundstücken). Eine Verringerung des Gewinns und damit eine Bildung stiller Reserven kann auch durch einen zu hohen Ausweis der Verbindlichkeiten der Unternehmung erfolgen. Ein Bewertungsspielraum besteht beim Ansatz der Rückstellungen und der Rechnungsabgrenzungsposten.

Die Bildung stiller Bewertungsreserven in der Bilanz wird in der Literatur manchmal fälschlicherweise mit der stillen Selbstfinanzierung gleichgesetzt. Nicht jede in der Bilanz gelegte stille Reserve hat auch einen Selbstfinanzierungseffekt. Wie bereits eingangs ausgeführt wurde, liegt Innenfinanzierung und damit auch Selbstfinanzierung nur dann vor, wenn dem Betrieb liquide Mittel zufließen, denen in der gleichen Periode keine Auszahlungen gegenüberstehen. Etwa bei den stillen Reserven nach (1) c) den sogenannten „Wertsteigerungsreserven" ist dies nicht der Fall, da es sich um nicht realisierte Gewinne handelt und durch den gesetzlich erzwungenen Bewertungsakt keine realisierten Gewinne und liquiden Mittel im Unternehmen gebunden werden. Zu einer Selbstfinanzierung können daher jeweils nur Bewertungsakte führen, die realisierten Gewinn für einen bestimmten Zeitraum im Unternehmen binden.

Die stille Selbstfinanzierung besitzt gegenüber der offenen Selbstfinanzierung den Vorteil einer **Steuerstundung.** Bei der offenen Selbstfinanzierung unterliegen die ausgewiesenen und einbehaltenen Gewinne der Einkommensteuer bzw. bei Kapitalgesellschaften der Körperschaftsteuer und der Gewerbeertragsteuer. Die Körperschaftsteuer beträgt für ausgeschütteten Gewinn bei Kapitalgesellschaften 36 %, für einbehaltenen dagegen 56 %. Diese Sätze werden dann jeweils noch durch die Gewerbeertragsteuer unterschiedlich nach dem jeweiligen Hebesatz erhöht.

Demgegenüber erhöht die stille Selbstfinanzierung den Periodenaufwand, wodurch der zu versteuernde Gewinn verringert wird. Eine Versteuerung hat erst dann zu erfolgen, wenn die stillen Rücklagen durch Realisierung in Erscheinung treten. Diese **Steuerstundung** führt zu einem **Liquiditäts- und Zinsgewinn** für die Unternehmung. Der Liquiditätseffekt tritt dadurch auf, daß zunächst keine Steuerzahlungen zu leisten sind. Allerdings kann die später bei Realisierung der stillen Reserven erfolgende Nachversteuerung zu einer Liquiditätsbelastung führen. Zu einer effektiv höheren Steuerbelastung kommt es, wenn der steuerpflichtige Unternehmer zwischenzeitlich in eine höhere Progressionsstufe der Einkommensteuer gelangt ist oder eine Erhöhung der Steuertarife stattgefunden hat. Die Steuerstundung wird durch das Finanzamt zinslos gewährt. Gegenüber einer sonst etwa erforderlichen Finanzierung durch Kredite gelangt das Unternehmen somit zu einem Zinsgewinn, wodurch ceteris paribus eine Erhöhung der Rentabilität erreicht wird. Bei Unternehmen mit firmeneigenen Zielen, wie etwa Publikumsaktiengesellschaften, kommt hinzu, daß die stille Selbstfinanzierung der Mitsprache der Unternehmenseigner, speziell der Kleinaktionäre, weitgehend entzogen ist. Vorstand und Aufsichtsrat einer AG können bei Bilanzfeststellung stille Reserven bilden, ohne daß die Aktionäre dies erkennen. Die so einbehaltenen Gewinne sind auch zum Dividendenausgleich in ertragsschwachen Jahren geeignet. Einer zu starken Selbstfinanzierung der Unternehmen stehen die steuerlichen Bilanzierungsvorschriften entgegen. Die Bildung stiller Reserven ist in der Steuerbilanz nur in begrenztem Umfang möglich. Eine Ausweitung oder Einschränkung der stillen Selbstfinanzierung wird vom Gesetzgeber als wirtschaftspolitisches Instrument eingesetzt. Insbesondere nach dem II. Weltkrieg wurde durch die Zulässigkeit einer Reihe von Sonderabschreibungen die stille Selbstfinanzierung gefördert, um den Wiederaufbau zu beschleunigen. So ließ etwa der § 7 a EStG eine erhöhte Abschreibung (bis zu 50% der Anschaffungs- oder Herstellungskosten) bei der Ersatzbeschaffung von beweglichen Wirtschaftsgütern zu, die durch Krieg oder Kriegsfolge zerstört oder verlorengegangen waren. Ferner waren beim Neubau von Fabrik- (§ 7 e EStG bis zu 10% Sonderabschreibung in den ersten beiden Jahren neben der Normalabschreibung) und Wohngebäuden (alter § 7 b EStG) Sonderabschreibungen zulässig. Auch derzeit werden vom Steuergesetzgeber durch die Möglichkeit der stillen Reservenbildung in der Steuerbilanz Anreize zur Durchführung bestimmter Investitionen oder von Investitionen in bestimmten Gebieten (Strukturpolitik) geschaffen. So sind Investitionen in Berlin (Berlinhilfegesetz) oder in Entwicklungsländern bei Erfüllung bestimmter Bedingungen steuerbegünstigt. Zur Förderung des Wohnungsbaus sieht der § 7 b EStG Sonderabschreibungen in den ersten acht Jahren vor (für Eigentumswohnungen, Ein- und Zweifamilienhäuser jedoch nur einmal pro Eigentümer). Auch bei der Durchführung von Umweltschutzinvestitionen können Bewertungsfreiheiten in Anspruch genommen werden. Einer Vereinfachung des Rechnungswesens dient die Bewertungsfreiheit für geringwertige Anlagegüter. Nach § 6 Abs. 2 EStG können abnutzbare bewegliche Anlagegüter, deren Anschaffungs- oder Herstellungskosten DM 800,- nicht übersteigen, im Jahr der Anschaffung voll abgeschrieben werden. Das Wahlrecht (Sofortabschreibung oder Verteilung über die betriebsgewöhnliche Nutzungsdauer) besteht jedoch nur im Jahr der Anschaffung, eine Nachholung der nicht in Anspruch genommenen Bewertungsfreiheit ist nicht möglich.

Beurteilung der Selbstfinanzierung

Die Selbstfinanzierung stellt für manche Unternehmen die einzige Finanzierungsalternative dar, wenn die Möglichkeit der Zuführung finanzieller Mittel von außen nicht besteht, weil die Unternehmung entweder keine Sicherheitsleistungen für Kredite erbringen kann oder der Kapital- bzw. Geldmarkt nicht ausreichend leistungsfähig ist. Liegen derartige Restriktionen vor, so ist die Unternehmung zwangsweise – wenn sie auf Wachstum nicht verzichten will – auf Selbstfinanzierung angewiesen. Jedoch auch für Unternehmen, denen die Außenfinanzierung als Alternative offensteht, stellt die Selbstfinanzierung ein Finanzierungsinstrument mit einer **Reihe von betriebswirtschaftlichen Vorteilen** dar.

Bei der Selbstfinanzierung treten keine zusätzlichen Kreditgeber oder Eigentümer auf. Die Selbstfinanzierung trägt mithin zur Unabhängigkeit der Unternehmung von neuen Gesellschaftern und Fremdkapitalgebern bei. Ferner ergeben sich auch **keine Verschiebungen in den „Herrschaftsverhältnissen"**, die etwa bei der Beteiligungsfinanzierung möglich sind. (Prozentual ungleiche Gewinnentnahmen durch die Gesellschafter können allerdings bei Personengesellschaften zu Anteilsveränderungen führen). Über die Verwendung der durch Selbstfinanzierung aufgebrachten Mittel kann die Unternehmensleitung frei entscheiden, da **keine Zweckbindung** vorliegt. Die Selbstfinanzierung verursacht **keinen Zinsaufwand**, wodurch eine Verbesserung der Ertragslage eintreten kann. Sieht man von der Versteuerung bei der offenen Selbstfinanzierung ab, so treten auch keine Aufwendungen der Kapitalbeschaffung auf. Da **keine Zahlungen** für Zinsen zu leisten sind, wird die Liquidität der Unternehmung nicht belastet. Im Vergleich zur Kreditfinanzierung ist das durch Selbstfinanzierung aufgebrachte Kapital nicht terminiert, und es müssen auch keine Sicherheitsleistungen erbracht werden.

Die Selbstfinanzierung stärkt die Eigenkapitalbasis und trägt zu einer Verringerung der Krisenanfälligkeit bei. Eine gesunde Eigenkapitalausstattung fördert ihrerseits wiederum die Kreditwürdigkeit der Unternehmung. Insbesondere die im Rahmen der stillen Selbstfinanzierung gebildeten Reserven ermöglichen bei entsprechender Bewertungspolitik eine kontinuierliche Gewinnausschüttung. Letzteres ist für publizitätspflichtige Gesellschaften zur Erhaltung ihres Emissions-Standings und ihrer Kreditwürdigkeit von nicht unerheblicher Bedeutung. Das Fehlen von Zinszahlungen ermöglicht der Unternehmung eine niedrigere kurzfristige Preisuntergrenze als dies bei Kreditfinanzierung möglich wäre. Die Unternehmung kann vorübergehend auf eine Verzinsung des Eigenkapitals verzichten, während Kreditzinsen auch in ertragsschwachen Perioden zu zahlen sind.

Bei der stillen Selbstfinanzierung tritt noch der bereits erwähnte Steuerstundungsvorteil mit seinen positiven Auswirkungen auf Rentabilität und Liquidität hinzu.

Die Selbstfinanzierung ist jedoch, insbesondere im Bereich ihrer gesamtwirtschaftlichen Auswirkungen, auch kritisch zu sehen. Durch das Zusammenfallen von Sparer und Investor gelangen die Selbstfinanzierungsmittel nicht auf den Kapitalmarkt und das Kapitalmarktvolumen wird dadurch verringert. Darüber hinaus sind die durch Selbstfinanzierung aufgebrachten Mittel nicht der regulierenden Wirkung des Kapitalmarktzinses unterworfen. Dies kann zur Folge haben, daß die Mittel auch für weniger ertragreiche Investitionen (Rentabilität geringer als Kapitalmarktzins) Verwendung finden als dies, bedingt durch die Zinsverpflichtung, bei Aufnahme über den Kapitalmarkt geschieht. Die Selbstfinanzierung kann daher gesamtwirtschaftlich gesehen zu einer **Verringerung der Funktionsfähigkeit des Kapitalmarktes** sowie zu einem **weniger produktiven Einsatz volkswirtschaftlichen Vermögens** führen.

Ferner wird gegen die Selbstfinanzierung angeführt, daß sie wegen des Fehlens von Zinsaufwand und Tilgungszahlungen die Unternehmen zu Investitionen ohne ausreichende Rentabilitätsprüfung verleite. Die Selbstfinanzierung begünstige förmlich Fehlinvestitionen, die bei Fremdkapitalfinanzierung unterblieben wären. Vom betriebswirtschaftlichen Standpunkt ist dem entgegenzuhalten, daß betriebliche Investitionen mit Investitionsrechenverfahren auf ihre Rentabilität hin beurteilt werden unabhängig von der Art der Finanzierung, wodurch eine rentable Verwendung aller eingesetzten Mittel gewährleistet ist. Dieses Argument kann jedoch nur begrenzte Gültigkeit beanspruchen, da eine Vielzahl von mittleren und kleinen Betrieben keine Investitionsrechnungen auf der Basis eines Kalkulationszinsfußes durchführen. Allerdings setzt eine langfristige Selbstfinanzierung einen stets revolvierenden Kapitalgewinnungsprozeß voraus, d. h. daß die Unternehmung laufend ausreichend Gewinn erzielen muß, was zweifellos auf die Dauer nur durch erfolgreiche Investitionen und nicht durch Fehlinvestitionen möglich ist. Bei Ausschüttung der Gewinne und Zuführung zum Kapitalmarkt versickert stets ein gewisser Prozentsatz im Konsumbereich, der nicht wieder direkt produktiv den Investitionen zugeführt werden kann.

Als Nachteil der stillen Selbstfinanzierung muß die mit der Bildung stiller Reserven verbundene Bilanzverschleierung gesehen werden. Die Aussagekraft der Bilanz wird für externe Informationsadressaten verringert.

Bei Unterstellung der Gültigkeit der These vom optimalen Selbstfinanzierungsgrad führt eine zu starke Selbstfinanzierung zu steigenden Kapitalkosten bei der Unternehmung (siehe hierzu Kapitel F Grundmodelle der betriebswirtschaftlichen Kapitaltheorie). Für Kapitalgesellschaften stellt sich wegen des gespaltenen Körperschaftssteuersatzes die Frage, ob eine Gewinnausschüttung und eine anschließende Aufforderung an die Gesellschafter zur Einbringung neuen Kapitals aus Kapitalkostenüberlegungen heraus nicht günstiger ist. Diese als **Schütt aus-Hol zurück-Politik** bezeichnete Maßnahme kann wegen des höheren Steuersatzes für zurückbehaltene Gewinne kostengünstiger sein als eine volle Gewinnthesaurierung. Wie bereits angeführt beträgt der Körperschaftssteuersatz nach dem ab 1. 1. 77 gültigen Körperschaftssteuergesetz bei Kapitalgesellschaften für ausgeschüttete Gewinne 36% und für einbehaltene Gewinne 56%. Zu dieser Belastung tritt dann noch die Gewerbesteuer, abhängig vom jeweils gültigen Hebesatz, hinzu. Es verbleiben daher bei offener Selbstfinanzierung nur jeweils ca. 40% des ausgewiesenen Gewinns effektiv zu Finanzierungszwecken. Erfolgt dagegen eine Ausschüttung, so können ca. 60% des ausgewiesenen Gewinns (vor Steuerabzug) an die Aktionäre verteilt werden. Ob nun eine Ausschüttung und Wiedereinlage günstiger ist als eine Gewinnthesaurierung hängt vom jeweiligen Einkommensteuersatz der Aktionäre ab. Unter der Zielsetzung der Minimierung der Gesamtsteuerbelastung ist bei Anteilseignern mit kleinen und mittleren Einkommen das Schütt-aus-hol-zurück-Verfahren günstiger als eine Gewinneinbehaltung. Nur bei Aktionären und Gesellschaftern höchster Einkommens- und Kirchensteuerbelastungsstufe (Grenzsatz 55,55%) ist es bedingt durch die nur bei Ausschüttung anfallende Kirchensteuer und bei Wiedereinbringung fällig werdenden Gesellschaftssteuer (1% der Einlage) möglich, daß 56% Gesamtsteuerbelastung überschritten werden und sich somit die Rücklagenbildung als günstiger erweist.[1] Bei weit gestreutem Aktienbesitz ist allerdings zu berücksichtigen, daß nicht jeder Dividendenempfänger in Höhe seiner Zuflüsse neue Aktien erwirbt. Ein Teil der Dividende wird Konsumzwecken und anderen Arten der Vermögensbildung zufließen.

Die im Rahmen der stillen Selbstfinanzierung gebildeten Bewertungsreserven lösen sich automatisch durch Umsatzprozesse auf. Eine kontinuierliche Finanzierung ist nur gewährleistet, wenn entsprechend der Auflösung eine ständige Bildung neuer stiller Rücklagen vorgenommen wird. Der Zufluß liquider Mittel

---

[1] Vgl. Rose, G., Praxisorientierte Berechnungen zur Ausschüttungspolitik nach der Reform der Körperschaftsteuer und im Übergangsstadium, in: Der Betrieb, 1976, S. 1873 ff.

und damit der Finanzierungsakt erfolgt bei der Selbstfinanzierung grundsätzlich innerhalb der Periode. Die am Periodenende stattfindenden Bilanzbewertungs- und Gewinnverwendungsentscheidungen haben eine Verlängerung oder Beendigung des Finanzierungsvorgangs zur Folge. Selbst bei Ausschüttung tritt durch den sukzessive in der Periode auflaufenden Gewinn ein temporärer Selbstfinanzierungseffekt auf.

2. Finanzierung aus Abschreibungen

a) Begriff

Die planmäßige Abschreibung hat die Aufgabe, die Wertminderungen abnutzbarer Anlagegüter als periodenbezogenen Aufwand zu erfassen und auf die Jahre der Nutzung zu verteilen. Neben der **bilanziellen Abschreibung,** die als Aufwand in die Gewinn- und Verlustrechnung eingeht, erfolgt in der Kostenrechnung der Ansatz **kalkulatorischer Abschreibungen.** Daher stellt die Abschreibung primär einen Aufwands- bzw. Kostenfaktor dar. Daneben besitzen die Abschreibungen jedoch auch einen Finanzierungseffekt. Die Abschreibung bewirkt einen Desinvestitionsprozeß, der eine Vermögensumschichtung zur Folge hat. Es erfolgt eine Rückführung gebundener Finanzierungsmittel in eine liquide Form (Aktivtausch: Abnahme Anlagevermögen – Zunahme Umlaufvermögen). Durch die buchmäßige Verrechnung von Abschreibungen liegt jedoch noch kein Finanzierungseffekt vor. Für eine Finanzierung aus Abschreibungen müssen folgende Bedingungen erfüllt sein:

(1) Die verrechneten Abschreibungen müssen über die Umsatzerlöse **verdient** sein und

(2) die Abschreibungsgegenwerte müssen der Unternehmung als **Einzahlungen** zugeflossen sein.

Frei disponible Mittel stehen der Unternehmung dann zur Verfügung, wenn die Abschreibungsgegenwerte nicht zweckgebunden – etwa zur Ersatzbeschaffung – reinvestiert werden müssen. Die Abschreibungsgegenwerte einer Maschine mit 10 Jahren Nutzungsdauer müssen nicht während der ganzen Laufzeit in liquider Form angespart werden, sondern können zwischenzeitlich anderen Verwendungszwecken zugeführt werden. Es ist nur zu gewährleisten, daß nach Ablauf der Nutzungsdauer eine Ersatzbeschaffung finanziert werden kann. Diese Finanzierung muß nicht notwendigerweise aus den Abschreibungsgegenwerten der verbrauchten Maschine erfolgen, sondern kann auch aus Abschreibungsgegenwerten anderer Anlagen durchgeführt werden.

Zur „Finanzierung aus Abschreibungen" zählt nur der Teil der Abschreibungen, der dem tatsächlichen Wertminderungsverlauf des Wirtschaftsgutes entspricht. Überhöhte Abschreibungen führen zu einer **stillen Selbstfinanzierung.** Der Betrag, der über die tatsächliche Wertminderung hinausgeht, stellt eine stille Reserve dar, die den Periodengewinn mindert. Das Auftreten stiller Selbstfinanzierung im Zusammenhang mit der Abschreibung hängt nicht unerheblich vom verwendeten Abschreibungsverfahren ab. Man unterscheidet folgende Abschreibungsmethoden:

(1) **lineare Abschreibung** mit jährlich gleichem Abschreibungsbetrag, ermittelt als konstanter Prozentsatz vom Anschaffungswert;

(2) **degressive Abschreibung** mit jährlich fallenden Abschreibungsbeträgen;

(a) **geometrisch degressive Methode** mit konstantem Prozentsatz vom jeweiligen Restbuchwert;

(b) **arithmetisch degressive Methode** mit Abschreibungsquoten, die sich jährlich um den gleichen Betrag verringern;

(3) **progressive Abschreibung** mit jährlich steigenden Abschreibungsbeträgen (steuerrechtlich nicht zulässig);

(4) die **leistungsbedingte Abschreibung** erfolgt proportional zur Leistungsabgabe und Beanspruchung des Wirtschaftsgutes.

Bei den degressiven Verfahren eilen die Abschreibungsbeträge in den ersten Perioden meist der tatsächlichen Wertminderung voraus, so daß hier zusätzlich zur Finanzierung aus Abschreibungen ein Selbstfinanzierungseffekt auftreten kann. Ein Selbstfinanzierungseinfluß kann auch aus dem Auseinanderfallen der **bilanziellen und der kalkulatorischen Abschreibung** entstehen. Während die bilanzielle Abschreibung nur von Anschaffungs- bzw. Herstellungskosten bemessen werden darf, wird bei der kalkulatorischen Abschreibung vielfach von Wiederbeschaffungspreisen ausgegangen. Die in die Preise eingerechnete kalkulatorische Abschreibung wird vom Markt vergütet, in der Bilanz und GuV kann jedoch nur die zulässige bilanzielle Abschreibung angesetzt werden. Der über die bilanzielle Abschreibung hinausgehende Betrag der kalkulatorischen Abschreibung wird daher zu Bilanzgewinn (Scheingewinn).

(b) Kapitalfreisetzungs- und Kapazitätserweiterungseffekt

Müssen aus Abschreibungsgegenwerten zurückfließende Mittel nicht zweckgebunden zur Ersatzbeschaffung reinvestiert werden, so können sie auch für Erweiterungsinvestitionen Verwendung finden. Der **Kapitalfreisetzungseffekt** der Abschreibungen kann dann zu einer Kapazitätserweiterung führen. Diese **Kapazitätsausweitung** über den Kapitalfreisetzungseffekt der Abschreibungen wird als **Lohmann-Ruchti-Effekt** bezeichnet.[1]

Der Kapitalfreisetzungseffekt soll an einem Beispiel verdeutlicht werden: Ein Betrieb beschafft in vier aufeinanderfolgenden Jahren je eine Maschine zum Werte von DM 4000,–, die er jeweils linear abschreibt. Die Jahresabschreibung jeder Maschine beläuft sich somit auf

$$(\frac{\text{Anschaffungskosten}}{\text{Nutzungsjahre}} = \frac{4000}{4} = 1000)$$

DM 1000,–. Es ergibt sich folgender Abschreibungsplan:

---

[1] Vgl. Ruchti, H., Die Bedeutung der Abschreibung für den Betrieb, Berlin 1942; Lohmann, M., Abschreibungen, was sie sind und was sie nicht sind, in: Der Wirtschaftsprüfer, 1949, S. 353 ff.

Maschinen \ Jahr (Ende)	Phase des Kapazitätsaufbaus				Reinvestitionsphase			
	1	2	3	4	5	6	7	8
1	1.000	1.000	1.000	1.000	1.000	1.000	1.000	1.000
2		1.000	1.000	1.000	1.000	1.000	1.000	1.000
3			1.000	1.000	1.000	1.000	1.000	1.000
4				1.000	1.000	1.000	1.000	1.000
Gesamte Jahresabschreibung	1.000	2.000	3.000	4.000	4.000	4.000	4.000	4.000
Gesamte aufgelaufene liquide Mittel (kumuliert)	1.000	3.000	6.000	10.000	10.000	10.000	1.000	1.000
Erforderliche Reinvestitionen				4.000	4.000	4.000	4.000	4.000
Kapitalfreisetzung	1.000	3.000	6.000	6.000	6.000	6.000	6.000	6.000

Kapazitätserweiterung ab dem dritten Jahr möglich

Abb. 51: Kapitalfreisetzungseffekt aus Abschreibungen und Möglichkeit der Kapazitätserweiterung

In dem Beispiel findet eine dauerhafte Kapitalfreisetzung von DM 6000,– statt. Diese Mittel stehen der Unternehmung langfristig für Finanzierungszwecke zur Verfügung. Ab dem 3. Jahr sind DM 4000,– zur Neubeschaffung einer Maschine gleichen Typs verfügbar und die Kapazität könnte somit von 4 auf 5 Maschinen erhöht werden (vgl. Abb. 51).

Der Kapazitätserweiterungseffekt führt jedoch nur zu einer Ausweitung der Periodenkapazität, die Gesamt- oder Totalkapazität bleibt dagegen gleich. Die **Periodenkapazität** stellt das Leistungsvermögen dar, das von einer Maschine oder vom ganzen Anlagebestand in einer Nutzungsperiode abgegeben werden kann. Die **Totalkapazität** einer Maschine ergibt sich aus der Summe der noch abzugebenden Nutzungen (Periodenkapazität × Nutzungsdauer). Die Totalkapazität einer Unternehmung ergibt sich aus der Summe der Periodenkapazitäten der Aggregate multipliziert mit ihrer jeweiligen Restnutzungsdauer. Durch Reinvestition der Abschreibungsgegenwerte kann die Zahl der Anlagen und damit der Ausstoß pro Periode (Periodenkapazität) erhöht werden. Die Gesamt-Total-Kapazität, d. h. die Anzahl der Nutzungsjahre aller vorhandenen Aggregate bleibt dagegen gleich. Weniger Anlagen mit höherer Nutzungsreserve werden substituiert durch mehr Anlagen mit einer im Durchschnitt kleineren Restnutzungsdauer. Ausschlaggebend für die maximale Erzeugung in einer Periode ist die Periodenkapazität (vgl. Abb. 52).

Bei linearer Abschreibung entspricht die durchschnittliche Kapitalbindungsdauer gerade der Hälfte der Nutzungsdauer. Unterstellt man eine kontinuierliche Abschreibung und Reinvestition, so kann der Kapazitätserweiterungseffekt maximal zu einer Verdoppelung der Periodenkapazität führen. Da jedoch in der Praxis keine kontinuierliche Abschreibung und Reinvestition (Anlagen nicht teilbar!) erfolgt, ist der Kapazitätserweiterungseffekt stets kleiner als die maximal erreichbare Verdoppelung.

Sind die Abschreibungen höher als die tatsächliche Wertminderung, so kann durch den erweiterten Selbstfinanzierungseffekt auch eine Ausweitung der Gesamt-Total-Kapazität erfolgen. Das Ausmaß der Kapitalfreisetzung wird neben dem Altersaufbau der Anlagen, der Zahl der Anlageeinheiten und der Nutzungsjahre auch entscheidend von der Wahl des jeweiligen Abschreibungsverfahrens und der zeitlichen Folge und Homogenität der Investitionen bestimmt. Bei degressiver Abschreibung wird der Kapazitätserweiterungseffekt im Vergleich zur linearen Abschreibung noch verstärkt (soweit diese den tatsächlichen Wertverzehr übersteigt, liegt stille Selbstfinanzierung vor).

c) Beurteilung des Kapazitätserweiterungseffekts

Der Kapazitätsausweitungseffekt setzt eine durch Eigen- oder Fremdkapital finanzierte Grundausstattung voraus. Die freigesetzten Abschreibungsgegenwerte müssen in das Anlagevermögen investiert werden. Eine andere Verwendung, wie etwa Kreditrückzahlung, führt zu keiner Kapazitätsausweitung.

Eine Finanzierung aus Abschreibungen kann nur erfolgen, wenn die **Abschreibungsgegenwerte in liquider Form** vom Markt zur Verfügung gestellt werden. Dies ist eine unabdingbare Voraussetzung für das Auftreten sowohl des Kapitalfreisetzungs- als auch des Kapazitätserweiterungseffekts. Der Kapazitätserweiterungseffekt bedingt darüber hinaus, daß die Abschreibungsgegenwerte kontinuierlich in neue **gleichartige Anlagen** investiert werden. Dabei werden in den Modellen in der Regel konstante **Wiederbeschaffungskosten** unterstellt. Durch die Berücksichtigung steigender Wiederbeschaffungspreise wird der Effekt reduziert. Müssen noch gebrauchsfähige Anlagen wegen des technischen Fortschritts bereits vor ihrer vollen Abschreibung ersetzt werden, so führt dies zu einer Beeinträchtigung des Kapazitätserweiterungseffekts. Können produktivere Anlagen zu gleichen Preisen beschafft werden, so kann der Effekt verstärkt werden.

In den Modellen wird auch meist unterstellt, daß die Anlagen soweit **teilbar** sind, daß eine Wiederverwendung aller Abschreibungsgegenwerte in einer Periode möglich ist. Wird diese realitätsfremde Bedingung aufgehoben, so können nicht alle Abschreibungsgegenwerte in jeder Periode zur Kapazitätsausweitung Verwendung finden, was eine Verringerung des Effekts zur Folge hat. Bei einer Kapazitätsausweitung muß auch eine eventuelle Mehrstufigkeit des Produktionsprozesses berücksichtigt werden. Erfolgt nur eine Ausweitung bestimmter Stufen, so führt dies zu einer Disproportionalität im Produktionsablauf. Die Beachtung dieser **kapazitiven Abstimmung** kann den Effekt reduzieren.

Eine Ausweitung des Anlagevermögens ist im allgemeinen ohne gleichzeitige **Erhöhung des Umlaufvermögens** nicht möglich. So bedingt eine Vermehrung der maschinellen Anlagen auch eine Erhöhung der Lagerbestände und eine Ausweitung des Forderungsbestandes. Ferner erfordern die Maschinen zusätzliches Personal, wodurch weitere Zahlungsverpflichtungen auf den Betrieb zukommen. Diese Folgeverpflichtungen und -investitionen müssen für den Betrieb finanzierbar sein. Eine Ausweitung der Kapazität ist dann sinnlos, wenn nicht entsprechende **Absatzmöglichkeiten** vorhanden sind. Mit den Abschreibungsgegenwerten müssen daher notwendige und sinnvolle Investitionen finanziert

Perioden-ende	Buchwert vor Abschreibung und Reinvestition	Abschreibung (linear)	Buchwert nach Abschreibung	Investition aus Abschreibungen (Neu- und Ersatzinvestition)	Abschreibungsrest kumuliert	Buchwert nach Reinvestition	Periodenkapazität in DM	Periodenkapazität in Maschinen	Totalkapazität in DM	Totalkapazität in Restnutzungsjahren
0	16.000	–	–	–	–	–	4.000	4	16.000	16
1	16.000	4.000	12.000	4.000	–	16.000	5.000	5	16.000	16
2	16.000	5.000	11.000	4.000	1.000	15.000	6.000	6	15.000	15
3	15.000	6.000	9.000	4.000	3.000	13.000	7.000	7	13.000	13
4	13.000	7.000	6.000	8.000	2.000	14.000	5.000	5	14.000	14
5	14.000	5.000	9.000	4.000	3.000	13.000	5.000	5	13.000	13
6	13.000	5.000	8.000	8.000	–	16.000	6.000	6	16.000	16
7	16.000	6.000	10.000	4.000	2.000	14.000	6.000	6	14.000	14

Abb. 52: Vergleich von Perioden- und Totalkapazität beim Kapazitätserweiterungseffekt
(Beispiel: AB = 4 Maschinen a DM 4000,– mit je 4 Jahren Nutzungsdauer)

werden. Decken die Erlöse die aufwandsgleichen Kosten des Betriebes nicht ab, so steht zumindest ein Teil der Abschreibungsgegenwerte für Reinvestitionen nicht zur Verfügung. Die Finanzierung aus Abschreibungen wird daher – wie auch die Selbstfinanzierung – nicht unerheblich von den Absatzmöglichkeiten determiniert.

3. Finanzierung aus Rückstellungen

Durch die Bildung von Rückstellungen können Gelder an das Unternehmen gebunden werden, die auch zu Finanzierungszwecken Verwendung finden können. Da die Rückstellungen der Begleichung späterer Verbindlichkeiten dienen, zählen sie in der Bilanz zum Fremdkapital. Die Finanzierung aus Rückstellungen ist daher als **innerbetriebliche Fremdfinanzierung** einzuordnen.

Rückstellungen sind für **Verbindlichkeiten** der Unternehmung zu bilden, die am Stichtag zwar **dem Grunde nach** aber noch **nicht nach Höhe und Fälligkeitszeitpunkt** genau feststehen. Der § 152 Abs. 7 AktG unterscheidet folgende Rückstellungsfälle:

(1) Rückstellungen für ungewisse Verbindlichkeiten;

(2) Rückstellungen für drohende Verluste aus schwebenden Geschäften;

(3) Rückstellungen für im Geschäftsjahr unterlassene Aufwendungen für Instandhaltung oder Abraumbeseitigung, die im folgenden Geschäftsjahr nachgeholt werden;

(4) Rückstellungen für Gewährleistungen (getrennter Bilanzausweis für Gewährleistungen mit rechtlicher Verpflichtung und Gewährleistungen ohne rechtliche Verpflichtung);

(5) Pensionsrückstellungen.

Für den Finanzierungseffekt ist die Fristigkeit der Rückstellungen entscheidend. Finanzielle Mittel stehen der Unternehmung nur für den Zeitraum zwischen Bildung und Auflösung bzw. Inanspruchnahme der Rückstellung zur Verfügung. Fällt der Grund, für den die Verbindlichkeit gebildet wurde, ganz oder teilweise fort, so sind die Rückstellungen gewinnerhöhend aufzulösen. Da die Rückstellungen bei ihrer Bemessung einen Entscheidungsspielraum beinhalten, können sie durch zu hohen Ansatz auch zu einem Instrument der stillen Selbstfinanzierung werden (vgl. Abschnitt 1 b Stille Selbstfinanzierung).

Die Mehrzahl der Rückstellungsfälle ist kurzfristiger Natur. Sie werden in dem auf den Jahresabschluß folgenden Geschäftsjahr aufgelöst. Hierzu zählen etwa die Rückstellungen für zu erwartende Steuernachzahlungen, für Urlaubsgelder, für unterlassene Instandhaltung und Abraumbeseitigung, Rückstellungen für drohende Verluste aus schwebenden Geschäften und Prozeßrückstellungen. Der Finanzierungseffekt dieser Rückstellungen ist daher begrenzt. Da jedoch entsprechende Rückstellungen jährlich wieder neu gebildet werden, führt der sogenannte Bodensatz an Rückstellungen zu einem dauerhaften Finanzierungseffekt. Letzterer wird auch durch **langfristige Rückstellungen** erzielt. Hierzu zählen vor allem die Pensionsrückstellungen und in gewissem Umfang auch die Rückstellungen für Garantieverpflichtungen, die entsprechend den Garantiefristen über mehrere Jahre erhalten bleiben. Auch können sich Auflösungen und Zuführungen zu den Garantierückstellungen vielfach die Waage halten, so daß die Beträge langfristig zur Verfügung stehen.

Am bedeutendsten hinsichtlich des Finanzierungseffekts sind die **Pensionsrückstellungen**. Sie stehen dem Betrieb für einen langfristig geplanten Zeitraum zur Verfügung und können einen Umfang erreichen, der bei manchen Kapitalgesellschaften die Höhe des Grundkapitals übersteigt. Verpflichtet sich ein Unternehmen seinen Mitarbeitern gegenüber zur Zahlung von Alters-, Invaliden- oder Hinterbliebenenbezügen, dann kann sie dafür bereits vom Zeitpunkt der Zusage an Rückstellungen bilden. Nach dem **Anwartschaftsdeckungsverfahren** wird dabei innerhalb des Zeitraums zwischen Zusage und voraussichtlichem Eintritt des Versorgungsfalls eine Rückstellung angesammelt. Da die Pensionsrückstellungen ein Bilanzierungswahlrecht darstellen, kann ein Unternehmen seinen Pensionsverpflichtungen auch im sogenannten **Umlageverfahren** nachkommen. Die Pensionen werden dabei aus dem laufenden Gewinn bezahlt. Ein Finanzierungseffekt tritt hierbei nicht auf.

Für die steuerliche Anerkennung der Pensionsrückstellungen ist eine **Berechnung nach versicherungsmathematischen Grundsätzen** Voraussetzung. In die Berechnung ist die wahrscheinliche Lebenserwartung bzw. Invaliditätswahrscheinlichkeit einzubeziehen. Die Zuführungen zu den Rückstellungen sind so zu berechnen, daß bei Eintritt des Versorgungsfalls (Erreichen der Altersgrenze) die Gesamtsumme der Rückstellungsbeträge gerade dem kapitalisierten Wert der voraussichtlich zu leistenden Pensionszahlungen entspricht. Bei der Ermittlung des Gegenwartswertes der zukünftigen Pensionsleistungen muß mit einem Zinssatz von mindestens 5,5% abgezinst werden. Die Unternehmung hat dann jährlich 5,5% Jahreszinsen auf den jeweiligen Bestand zu Beginn des Jahres den Rückstellungen zum Jahresende zuzuführen.

Soweit die Pensionsrückstellungen nach den steuerrechtlichen Vorschriften berechnet sind, stellen sie abzugsfähigen Aufwand dar, der den steuerpflichtigen Gewinn reduziert und damit auch die Ertragsteuerbelastung. Voraussetzung für eine Finanzierungswirkung ist jedoch auch hier, daß die Rückstellungsgegenwerte über den Umsatzprozeß in liquider Form eingegangen sind.

Werden Pensionszusagen neu eingeführt, so ist der Finanzierungseffekt hoch, da zunächst nur Rückstellungen gebildet werden und noch keine Pensionen zu zahlen sind. Halten sich später die Zuführungen und Abgänge zu den Pensionsrückstellungen die Waage, so tritt kein zusätzlicher Finanzierungseffekt mehr auf, aber der Bodensatz des Pensionsfonds steht der Unternehmung als dauerhaftes Kapital zur Verfügung. Übersteigen dagegen die jährlichen Pensionszahlungen die Zuführungen, so kommt es für die Unternehmung zu einem Entzug finanzieller Mittel.

Unter der hypothetischen Annahme einer vollen Gewinnausschüttung ist der Finanzierungseffekt der Pensionsrückstellungen höher als bei voller Gewinnthesaurierung. Im ersten Fall beläuft sich der Finanzierungseffekt auf die vollen Pensionsrückstellungen, da sie sich ausgabemindernd niederschlagen; im zweiten Fall beschränkt er sich auf die Ertragssteuerersparnis.

4. Finanzierung durch Vermögensumschichtung (Kapitalfreisetzung)

Die Abschreibungen bewirken eine Vermögensumschichtung (Anlagevermögen in liquide Mittel) im Rahmen des regulären Umsatzprozesses. Daneben können aber auch durch außerordentliche Umsätze und dauerhafte Kapitalfreisetzungen Finanzierungseffekte auftreten. Die Unternehmung kann sich finanzielle Mittel durch die **Veräußerung nicht betriebsnotwendiger Vermögensteile** beschaffen. So können etwa bisher in Grundstücken oder Wertpapieren gebundene Mittel zu einer Ausweitung der Produktionskapazität Verwendung finden. Eine dauerhafte Vermögensumschichtung kann auch durch **Rationalisierungsmaßnahmen** erzielt werden. So kann etwa eine bessere Terminierung und Abstimmung des Bestellwesens zu einer Verringerung des Lagerbestandes führen, wodurch bisher gebundenes Kapital frei wird und für andere investive Zwecke zur Verfügung steht. Auch Rationalisierungsmaßnahmen im Produktionsbereich können Kapitalfreisetzungseffekte zur Folge haben. Die meisten Rationalisierungsmaßnahmen führen hier jedoch zu einer Aufwandsverringerung, z. B. durch Einsparung von Personal, Energie, Material, was sich in einem erhöhten Gewinn und in einer Steigerung der Rentabilität niederschlägt. Welcher längerfristige Finanzierungseffekt dann hierbei auftritt, hängt von der Gewinnverwendungsentscheidung (offene Selbstfinanzierung) bzw. der Bilanzbewertung (stille Selbstfinanzierung) ab.

Literaturempfehlung zu Kapitel C III Innenfinanzierung

Fettel, J., Die Selbstfinanzierung der Unternehmung, in: *Janberg, H.* (Hrsg.), Finanzierungshandbuch, Wiesbaden 1970, S. 131 ff.; *Langen, H.* Finanzierung von Investitionen aus Abschreibungen, in: *Janberg, H.* (Hrsg.), Finanzierungshandbuch, Wiesbaden 1970, S. 347 ff.; *Weihrauch, H.*, Finanzierungseffekt der Rückstellungen, insbesondere der Pensionsrückstellungen, in: *Janberg, H.* (Hrsg.), Finanzierungshandbuch, Wiesbaden 1970, S. 319 ff.; *Weihrauch, H.*, Pensionsrückstellungen als Mittel der Finanzierung, Stuttgart 1962; *Hahn, O.* (Hrsg.), Handbuch der Unternehmensfinanzierung, München 1971; *Gutenberg, E.*, Grundlagen der Betriebswirtschaftslehre, Bd. III, Die Finanzen, Berlin/Heidelberg/New York, 4. Aufl. 1970;

Kontrollfragen zu Kapitel C III Innenfinanzierung

1. Grenzen Sie die Innenfinanzierung gegenüber der Außenfinanzierung ab und geben Sie die verschiedenen Innenfinanzierungsformen an.
2. Geben Sie die unabdingbaren Voraussetzungen dafür an, daß von Innenfinanzierung gesprochen werden kann.
3. Geben Sie die wichtigsten Unterscheidungsmerkmale zwischen offener und stiller Selbstfinanzierung an.
4. Welche Rücklageformen gibt es bei Aktiengesellschaften und wie erfolgt ihre Bildung?
5. Welchen Finanzierungseffekt hat die Überführung freier Rücklagen in Grundkapital?
6. Kann durch Auflösung von Rücklagen ein Liquiditätsengpaß überwunden werden?
7. Wann führt eine stille Reservenbildung zu einem Finanzierungseffekt?
8. Beurteilen Sie die Selbstfinanzierung aus betrieblicher und gesamtwirtschaftlicher Sicht.
9. Zeigen Sie an einigen Beispielen, wie trotz grundsätzlicher Einschränkung der Selbstfinanzierung durch das Steuerrecht in bestimmten

Fällen sogar steuerliche Anreize zur stillen Selbstfinanzierung durch Bewertungswahlrechte vorliegen und erläutern Sie die Motive einer solchen Steuerpolitik.

10. Bestehen bei Personengesellschaften finanzwirtschaftliche Unterschiede zwischen offener Selbstfinanzierung und einer Schütt aus-Hol zurück-Politik?
11. Was versteht man unter dem Kapitalfreisetzungseffekt aus Abschreibungen und dem Lohmann-Ruchti-Effekt?
12. Zeigen Sie den Zusammenhang von Selbstfinanzierung und Finanzierung aus Abschreibungen.
13. Erklären Sie den Unterschied zwischen Periodenkapazität einerseits und Total-Kapazität andererseits sowie die Bedeutung dieser Unterscheidung für den Lohmann-Ruchti-Effekt.
14. Erläutern Sie die Prämissen und Bedingungen des Kapazitätserweiterungseffekts und geben Sie an, welche Auswirkungen jeweils die Nichterfüllung dieser Bedingungen hat.
15. In welcher Höhe ist Periodengewinn erforderlich, damit ein Finanzierungseffekt aus Abschreibungen auftreten kann?
16. Von welchen gesetzlichen Auflagen ist die steuerrechtliche Anerkennung einer Pensionsrückstellung abhängig?
17. Wovon hängt die Finanzierungswirkung von Pensionsrückstellungen ab?
18. Welche Finanzierungswirkung haben die „anderen Rückstellungen"?

D. Finanzanalyse

I. Kennzahlenanalyse

1. Analysezwecke

Unter Finanzanalyse versteht man die Beurteilung der finanziellen Lage einer Unternehmung. Wird die Analyse durch das in Frage stehende Unternehmen selbst durchgeführt, so spricht man von **interner Finanzanalyse**; wird sie dagegen von Personen außerhalb der Unternehmung erstellt, so handelt es sich um eine **externe Finanzanalyse**. Die interne Analyse soll Planungs- und Kontrollinformationen für Entscheidungen der Unternehmensleitung zur Verfügung stellen. Als Externe interessieren sich vor allem gegenwärtige oder zukünftige Anteilseigner (Kommanditisten, GmbH-Teilhaber, Aktionäre) und Gläubiger (Banken, Lieferanten, Kunden) für die finanzielle Lage einer Unternehmung, darüber hinaus aber auch Konkurrenzunternehmen, Gewerkschaften und Arbeitnehmer. Letztere haben nach dem Betriebsverfassungsgesetz (BVG § 108, Abs. 5, Satz 1) über den Betriebsrat bzw. Wirtschaftsausschuß das Recht auf Einsicht und Erläuterung der Bilanz.

Neben der internen Selbstanalyse ist für eine Unternehmung auch die externe Analyse bei Kauf einer Beteiligung oder Gewährung von Lieferantenkredit von Bedeutung.

Die im Rahmen einer externen Analyse zur Verfügung stehenden Daten und Informationen sind in der Regel begrenzter als bei einer internen Analyse. Der Informationsgrad ist jedoch fließend und steigt mit der Machtposition des Analysten. So kann ein Großaktionär oder Großkreditgeber einen Informationsstand erlangen, wie ihn sonst nur die Unternehmensleitung besitzt.

Im allgemeinen stehen für eine externe Finanzanalyse nur Bilanz und Gewinn- und Verlustrechnung sowie bei Aktiengesellschaften der Geschäftsbericht zur Verfügung. Darüber hinaus können noch allgemeine Daten der Branche und der konjunkturellen Entwicklung hinzugezogen werden. Die externe Finanzanalyse ist daher primär eine Analyse des Jahresabschlusses. Im Bereich der Wertpapieranalyse deckt sie sich weitgehend mit der Fundamentalanalyse (vgl. Kapitel B III 3).

Im Vordergrund der Betrachtung stehen die finanzwirtschaftlichen Kriterien der Rentabilität, der Liquidität, der Sicherheit und der finanziellen Unabhängigkeit, wobei die Schwerpunkte je nach Interessentengruppe graduell unterschiedlich liegen. Während Aktionäre vor allem auf die Ertragskraft abstellen werden, liegt bei Gläubigern das Hauptgewicht auf der Beurteilung der Zahlungsfähigkeit. Ertragskraft und Zahlungsfähigkeit sind jedoch zumindest langfristig nicht voneinander unabhängig. So ist die Erwirtschaftung eines Ertrags auf längere Sicht Voraussetzung für die Aufrechterhaltung der Liquidität. Tritt Illiquidität auf, so führt dies zum Konkurs und damit auch zum Versiegen des Ertrags. Eine Finanzanalyse muß daher, soweit es sich nicht um sehr kurzfristige Betrachtungen handelt, immer alle finanzwirtschaftlichen Kriterien mit einbeziehen.

2. Analyseablauf

Die Kennzahlenanalyse stützt sich – bei externer Analyse sogar ausschließlich – auf Daten der Bilanz und der Gewinn- und Verlustrechnung. Diese sind zunächst für Analysezwecke in geeigneter Form aufzubereiten.

(1) Aufbereitung des Zahlenmaterials

Die Bilanzpositionen sind zu den Größen zusammenzufassen, die anschließend zur Bildung der Kennzahlen benötigt werden. Soweit in der Bilanz nicht bereits ausgewiesen, sind folgende Positionen zu bilden: Anlagevermögen, Umlaufvermögen, monetäres Umlaufvermögen, liquide Mittel, Eigenkapital, langfristiges Fremdkapital, kurz- und mittelfristiges Fremdkapital. Wertberichtigungen sind dabei von den entsprechenden Positionen der Aktiva abzusetzen.

(2) Bildung von Kennziffern

Nach dem formalen Aufbau können Kennzahlen wie folgt eingeteilt werden:

(21) absolute Zahlen
Hierbei werden Positionen der Bilanz bzw. Gewinn- und Verlustrechnung durch Addition und/oder Subtraktion zu Kennzahlen formiert (z. B. Working capital, Cash Flow).

(22) Verhältniszahlen
Setzt man zwei absolute Zahlen zueinander in Beziehung, so ergeben sich Verhältniszahlen. Je nachdem, welche Größen aufeinander bezogen werden, unterscheidet man:

Gliederungszahlen
Diese drücken die Relation zwischen einer Teilgröße und der zugehörigen Gesamtgröße aus (z. B. Eigenkapital: Gesamtkapital).

Beziehungszahlen
Hierbei werden zwei Größen in Relation gesetzt, ohne daß eine davon eine übergeordnete Gesamtgröße darstellt (z. B. Anlagevermögen zu Umlaufvermögen; Anlagevermögen zu Eigenkapital).

Indexzahlen
Indexzahlen dokumentieren die zeitliche Entwicklung einer Größe. Der Ausgangswert – auch Basiswert genannt – wird gleich 1 oder 100% gesetzt und die Werte der nachfolgenden Zeitpunkte in Relation zu diesem Basiswert angegeben (z. B. Entwicklung der Personalausgaben durchschnittlich pro Beschäftigter mit 1950 = 100%).
Verhältniszahlen werden häufig in Prozentzahlen errechnet.

(23) statistische Maßgrößen
Finanzielle Kenngrößen können auch unter Anwendung von Verfahren der mathematischen Statistik ermittelt werden. Insbesondere Erwartungswert und Varianz sind Maßgrößen, die bei der Kennzahlenanalyse, soweit Aussagen über zukünftige Entwicklungen gemacht werden sollen, häufig Anwendung finden. So z. B. der Erwartungswert zur Beurteilung der Höhe von zukünftigen Erträgen und die Varianz als Maß des Risikos, mit der diese erwarteten Erträge eintreten werden. Darüber hinaus kommt statistischen Prognoseverfahren beim Aufzeigen von Tendenzen oder zukünftigen Entwicklungen erhebliche Bedeutung zu. Statistische Verfahren werden in jüngster Zeit auch zur Beurteilung der

Qualität von Kennzahlen des Jahresabschlusses verwendet, speziell im Hinblick auf ihre Eignung zur Insolvenzprognose (s. Kapitel D II 2).

(3) Durchführung von Vergleichen
Ein Kennzahlenwert erlangt erst durch die Gegenüberstellung mit normativen oder empirischen Kenngrößen Aussagekraft.

(31) Zeitvergleich
Beim Zeitvergleich werden die in periodischer Abfolge ermittelten Kennziffern einer Unternehmung miteinander verglichen. Hierdurch können insbesondere Trendentwicklungen gut erkannt werden.

(32) Betriebsvergleich
Beim Betriebsvergleich werden die Kennzahlen branchengleicher Unternehmen einander gegenübergestellt oder die Werte einer Unternehmung mit den Branchendurchschnitten verglichen. Für gesamtwirtschaftliche Betrachtungen kann auch ein Vergleich unterschiedlicher Branchen, z. B. bezüglich der Eigenkapitalausstattung, sinnvoll sein.

(33) Soll-Ist-Vergleich
Neben dem Vergleich mit normativen Werten (z. B. Eigenkapital zu Fremdkapital soll sich wie 1:1 verhalten), deren Aussagegehalt umstritten ist und sich auch empirisch nicht belegen läßt, kommt der Soll-Ist-Vergleich vor allem für die interne Analyse in Betracht. Vorgabe- und Planwerte sind im Rahmen der Kontrollphase mit den tatsächlich erreichten Kennziffern zu vergleichen und die aufgetretenen Abweichungen zu ermitteln.

Die Vergleiche können sowohl rechnerisch als auch graphisch durchgeführt werden. Insbesondere beim Zeit- und Betriebsvergleich kann die Übersichtlichkeit durch graphische Darstellungen gesteigert werden.

Im Rahmen der Finanzanalyse werden Kennzahlen zu folgenden Analyseschwerpunkten gebildet:

(1) Investition
(Vermögensstruktur, Umsatzrelationen, Umschlagskoeffizienten, Investitions- und Abschreibungspolitik)

(2) Finanzierung
(Kapitalaufbringung und -struktur, Sicherheit und Fristigkeit)

(3) Liquidität
(Zahlungsfähigkeit, Liquidierbarkeit von Vermögensgütern, Vermögensdeckung)

(4) Ertrag
(gegenwärtiger und zukünftiger Ertrag in absoluten und relativen Größen)

Die dazu erforderlichen Kennzahlen können aus Bilanzbeständen, die zeitpunktbezogen sind, oder aus Stromgrößen, die einen Zeitraum abdecken, gewonnen werden. Erstere werden vielfach auch als statische und letztere als dynamische Kenngrößen bezeichnet.

3. Bestandsorientierte Strukturkennzahlen

a) Vermögensstruktur

Das Vermögen einer Unternehmung wird in seiner Grobstruktur durch den Anteil von Anlage- und Umlaufvermögen bestimmt. Übliche Kennzahlen der Vermögensstruktur sind:

$$\frac{\text{Anlagevermögen}}{\text{Umlaufvermögen}} \times 100$$

$$\frac{\text{Anlagevermögen}}{\text{Gesamtvermögen}} \times 100$$

Niedriges Anlagevermögen ist ein Kennzeichen für betriebliche Flexibilität. Unternehmungen mit kleinem Anlagevermögen können sich leichter Beschäftigungsschwankungen anpassen, da sie zum einen weniger Kapital langfristig gebunden haben und zum anderen auch geringere fixe Kosten aufweisen. Ersteres ermöglicht rascher Produktionsumstellungen, letzteres läßt einen Beschäftigungsrückgang nicht so stark auf den Erfolg durchschlagen.

Bei Industriebetrieben können diesen positiven Gesichtspunkten eines niedrigen Anlagevermögens auch negative gegenüberstehen. So mag ein geringes Anlagevermögen auch darauf zurückzuführen sein, daß der Betrieb mit alten, bereits abgeschriebenen Anlagen arbeitet und die Gefahr besteht, daß der Anschluß an den technischen Fortschritt verlorengeht. Es ist dann in der Zukunft mit einem Rückgang des Ertrags zu rechnen, oder es werden erhebliche Investitionen erforderlich.

Zur Erfassung der maschinellen Ausstattung einer Unternehmung sind Kennzahlen, die den Anteil der Maschinen am Vermögen wiedergeben, geeignet.

$$\frac{\text{Maschinen und maschinelle Anlagen}}{\text{Sachanlagevermögen}} \times 100$$

$$\frac{\text{Maschinen und maschinelle Anlagen}}{\text{Gesamtvermögen}} \times 100$$

Während bei Handels- und Dienstleistungsbetrieben im allgemeinen ein niedriges Anlagevermögen und ein hohes Umlaufvermögen positiv zu beurteilen sind, bedarf es bei Industriebetrieben der Kenntnis der branchenspezifischen Gegebenheiten. Teilweise sind sogar Detailkenntnisse bezüglich der Anlagenstruktur eines speziellen Betriebes erforderlich, um zutreffende Aussagen machen zu können.

Branchendurchschnittswerte für Sachanlagen in % der Bilanzsumme im Jahr 1972 in der BRD				
	alle erfaßten Unternehmen	darunter Kapitalgesellschaften	Personengesellschaften	Einzelkaufleute
Eisen und Stahl	44,1 %	43,9 %	42,6 %	48,9 %
Chemie	40,0 %	40,3 %	36,6 %	40,5 %
Maschinenbau	24,2 %	20,7 %	28,5 %	39,5 %
Fahrzeugbau	42,7 %	43,7 %	38,2 %	39,7 %
Elektro	22,0 %	20,3 %	29,0 %	36,7 %
Textil	34,6 %	29,9 %	36,8 %	41,8 %
Großhandel	19,2 %	15,2 %	18,2 %	22,0 %

(Quelle: Sonderdruck der Deutschen Bundesbank, Jahresabschlüsse ..., a.a.O.)

b) **Kapitalstruktur**

Die Kapitalstrukturregeln, auch vertikale Finanzierungsregeln genannt, stellen auf Art und Zusammensetzung des Kapitals ab. Entscheidend ist dabei der Anteil von Eigen- und Fremdkapital, der den **Verschuldungsgrad** kennzeichnet und durch folgende Kennzahlen ausgedrückt werden kann:

$$\frac{\text{Eigenkapital}}{\text{Fremdkapital}}$$

$$\frac{\text{Eigenkapital}}{\text{Gesamtkapital}} \times 100$$

In der Beleihungspraxis der Banken wurde früher ein Verhältnis von Eigenkapital : Fremdkapital von 1:1 gefordert (normative Kennzahl). Die Forderung basierte auf Sicherheits- und Elastizitätsanforderungen. Der Kreditnehmer sollte zumindest soviel eigene Mittel besitzen, daß er den Kredit bei Verlust der geliehenen Mittel daraus zurückzahlen kann. Dies ist aber nur dann möglich und sinnvoll, wenn Eigen- und Fremdkapital nicht in den gleichen Objekten, also auch nicht in ein und derselben Unternehmung angelegt sind. Die Anwendung der 1:1 Regel auf die Bilanzstruktur einer Unternehmung bietet daher keine Gewähr für Gläubiger, das Risiko des Kapitalverlusts ausgeschaltet zu haben. Der Risikoaspekt des Eigenkapital/Fremdkapitalverhältnisses kann nicht ohne Berücksichtigung der Vermögensstruktur beurteilt werden. Vertikale Kapitalstrukturregeln sind daher jeweils durch horizontale Finanzierungsregeln zu ergänzen.

Der Eigenkapitalanteil der deutschen Unternehmen hat sich nach dem II. Weltkrieg immer mehr verringert und von der geforderten 1:1 Regel zu einem ungefähren durchschnittlichen Verhältnis von 1:2 (EK/FK) entwickelt. Damit ist die Eigenkapitalausstattung der deutschen Industrie im internationalen Vergleich sehr gering und von den Industrienationen weisen nur die Unternehmungen in Japan einen und noch kleineren Eigenkapitalanteil auf. Zurückzuführen ist diese Entwicklung auf das rasche Wachstum der deutschen Volkswirtschaft bei mangelnder Eigenfinanzierungsmöglichkeit der Betriebe.

Eine theoretisch begründbare Aussage über das richtige Verhältnis von EK/FK ist nicht möglich. Mit steigendem Fremdkapitalanteil sinkt die finanzielle Stabilität einer Unternehmung und wächst das Kapitalverlustrisiko der Gläubiger. Fremdkapital bedingt feste Zinszahlungen und kann in Jahren ohne ausreichenden Ertrag zu Liquiditätsschwierigkeiten führen und die Gefahr einer Insolvenz in sich bergen. Demgegenüber ergeben sich durch den **Leverage-Effekt** bei zunehmendem Fremdkapitalanteil positive Auswirkungen auf die Eigenkapitalrendite. Der Leverage-Effekt besagt, daß ceteris paribus eine Vermehrung des Fremdkapitalanteils zu einer Erhöhung der Eigenkapitalrendite führt, solange die Fremdkapitalzinsen unter der Gesamtkapitalrendite liegen.

Branchendurchschnittswerte für Eigenkapital in % der Bilanzsumme im Jahr 1972 in der BRD				
	alle erfaßten Unternehmen	darunter Kapitalgesellschaften	Personengesellschaften	Einzelkaufleute
Eisen und Stahl	30,8 %	31,5 %	26,4 %	26,2 %
Chemie	39,2 %	40,6 %	31,5 %	28,4 %
Maschinenbau	24,1 %	24,2 %	22,1 %	31,7 %
Fahrzeugbau	35,9 %	39,7 %	25,8 %	26,5 %
Elektro	26,5 %	26,8 %	24,9 %	31,1 %
Textil	28,5 %	30,2 %	26,9 %	29,2 %
Großhandel	20,9 %	18,1 %	19,0 %	23,0 %

Quelle: Sonderdruck der Deutschen Bundesbank, Jahresabschlüsse . . ., a.a.O.)

Die abnehmende Tendenz des Eigenkapitals hat sich seit 1971 in den meisten Branchen abgeschwächt bzw. der Eigenkapitalanteil blieb konstant. Ob sich hiermit eine endgültige Tendenzwende anbahnt, läßt sich noch nicht absehen. Die Vielzahl der in den Jahren 1974 und 1975 aufgetretenen Insolvenzen könnte jedoch einen solchen Tendenzumschwung zur Konsequenz haben.

Für die Ermittlung der Kapitalstruktur-Kennzahlen ist das Eigenkapital zu bestimmen, das sich bei Kapitalgesellschaften wie folgt ergibt:

    Grundkapital (Stammkapital)
+ Rücklagen
+ Gewinnvortrag
+ ½ Sonderposten mit Rücklageanteil
./. Ausstehende Einlagen auf das Grundkapital
./. Bilanzverlust

= Eigenkapital

Bei dem Ansatz der Sonderposten mit Rücklageanteil zum halben Wert handelt es sich um eine Hilfskonstruktion als Annäherung an den tatsächlichen Wert, da extern eine exakte Trennung in Rücklageanteil und Steuerschuld nicht möglich ist.

Je nach Analysezweck, so insbesondere bei internationalen Vergleichen, kann es sinnvoll sein, Pensionsrückstellungen zum Eigenkapital zu rechnen. Sie sind zwar juristisch eindeutig Fremdkapital, stehen aber den Unternehmen bei voller

Dispositionsfreiheit so langfristig zur Verfügung, daß sie wirtschaftlich wie Eigenkapital eingestuft werden können. Bei Zuordnung von Pensionsrückstellungen zu den eigenen Mitteln ist der Vermerk nach § 159 AktG bezüglich der Pensionszahlungen in den nächsten 5 Jahren zu berücksichtigen, ob nicht die Zahlungen die zu erwartenden Zuführungen übersteigen. Ist letzteres der Fall, so kann nur ein entsprechend verminderter Teil der Pensionsrückstellungen dem Eigenkapital zugeschlagen werden. Die Pensionsrückstellungen sind bei vielen Gesellschaften beträchtlich und erreichen bzw. übersteigen sogar in Einzelfällen das Grundkapital.

Neben dem Anteil von Eigen- und Fremdkapital ist die Fristigkeit des Kapitals ein weiteres wichtiges Kriterium der Kapitalstruktur. Während Eigenkapital als langfristig eingestuft werden kann, ist Fremdkapital in seine lang- und kurzfristigen Bestandteile zu trennen.

    Verbindlichkeiten mit einer Laufzeit von mindestens 4 Jahren
./. der Teil der Verbindlichkeiten, der vor Ablauf von 4 Jahren fällig wird (Bilanzvermerk)
+ Stiftungen und Darlehen von betriebszugehörigen Pensions- und Unterstützungskassen (soweit nicht eine wirtschaftliche Zurechnung zum Eigenkapital gerechtfertigt erscheint)
+ ½ Sonderposten mit Rücklageanteil
+ Langfristige Rückstellungen (insbesondere Pensionsrückstellungen, soweit nicht zu Analysezwecken zum Eigenkapital gerechnet)

= Langfristiges Fremdkapital

Das kurzfristige Fremdkapital ergibt sich wie folgt:

    Langfristige Verbindlichkeiten, die vor Ablauf von 4 Jahren fällig werden
+ Andere Verbindlichkeiten
+ Kurzfristige Rückstellungen (falls zusätzliche Angaben fehlen, Position „Andere Rückstellungen")
+ Dividendenzahlungen

= Kurz- und mittelfristiges Fremdkapital

Kennziffern, die auf die Fristigkeit des Kapitals abstellen:

$$\frac{\text{Langfristiges Kapital (d.h. EK + langfristiges FK)}}{\text{Gesamtkapital}} \times 100$$

$$\frac{\text{Kurz- und mittelfristiges Fremdkapital}}{\text{Gesamtkapital}} \times 100$$

$$\frac{\text{Kurzfristiges Fremdkapital}}{\text{Gesamtes Fremdkapital}} \times 100$$

Diese Kennzahlen können zur Beurteilung des **Risikos des Kapitalentzugs** herangezogen werden. Je höher der Anteil des langfristigen Kapitals, um so geringer ist dieses Risiko, während es mit zunehmendem kurzfristigen Kapital steigt.

Bei externer Analyse ist die Aussagekraft dieser Kennziffern dadurch eingeschränkt, daß die tatsächliche Fristigkeit des Kapitals teilweise nicht erkennbar ist. So kann z. B. bei einer OHG, wenn der Gesellschaftsvertrag nichts anderes bestimmt, das Eigenkapital mit einer Frist von 6 Monaten gekündigt und damit von langfristigem zu kurzfristigem Kapital werden. Demgegenüber können bei kurzfristigen Bankkrediten Prolongationszusagen vorliegen, die eine längerfristige Verfügbarkeit des Kapitals garantieren.

Eine weitere Kennzahl der Kapitalstruktur, die im Rahmen der Wertpapieranalyse Bedeutung besitzt, ist der **Bilanzkurs** einer Aktie.

$$\frac{\text{Eigenkapital}}{\text{Grundkapital}} \times 100$$

Er kann im Vergleich mit dem Kurswert Aufschlüsse über die Einschätzung des inneren Wertes einer Unternehmung durch die Börse geben. Die Differenz zwischen Bilanzkurs und Börsenkurs (in %-Werten) stellt unter der Voraussetzung, daß die Börsenteilnehmer rational handeln, das Äquivalent für die Bewertung der stillen Reserven und des good will einer Unternehmung dar.

$$\text{stille Reserven} = \frac{\text{Grundkapital} \times (\text{Börsenkurs} \cdot /. \text{ Bilanzkurs})}{100}$$

Durch Ermittlung der vorhandenen stillen Reserven, was extern nur sehr bedingt möglich ist, kann beurteilt werden, ob die im Aktienkurs ausgedrückte Bewertung der Börse über oder unter dem tatsächlichen Substanzwert der Unternehmung liegt.

c) Horizontale Bilanzstruktur

Kapital- und Vermögensstruktur einer Unternehmung können, wie bereits ausgeführt, nicht völlig unabhängig voneinander abschließend beurteilt werden. Durch horizontale Bilanzstrukturkennziffern lassen sich die Beziehungen zwischen Vermögen und Kapital bzw. Investition und Finanzierung aufzeigen. Bei den sogenannten »**Finanzierungsregeln**« handelt es sich um normative Kennziffern, die bestimmte langfristige Deckungsgrade vorschreiben. Bei den **Liquiditätsregeln** werden demgegenüber kurzfristige Deckungsgrade ermittelt, indem kurz- und mittelfristig liquidierbare Vermögensteile zu kurz- und mittelfristigen Schulden in Beziehung gesetzt werden.

aa) Finanzierungsregeln (langfristige Deckungsgrade)

Goldene Finanzierungsregeln

Diese Regel fordert die Einhaltung des Grundsatzes der Fristenkongruenz; das bedeutet, daß die Kapitalüberlassungsdauer und die Kapitalbindungsdauer übereinstimmen sollen. Kapital darf demnach nicht zeitlich länger in Vermögensteilen gebunden werden, als die jeweilige Kapitalüberlassungsdauer beträgt. Da dies für jedes Vermögensteil gefordert wird, ergibt sich das Problem der *Zurechnung* von finanziellen Mitteln zu den einzelnen Aktivpositionen, das abgesehen vom Planungsstadium nicht sinnvoll lösbar ist. Es gilt vielmehr die Auffassung der »**totalen Finanzierung**«, d. h. es ist davon auszugehen, daß die Aktiva durch die gesamten Passiva finanziert sind und eine spezielle Zuordnung nicht erfolgen kann. Um die goldene Finanzierungsregel in der Praxis anwenden zu können, bedient man sich daher einer groben Vereinfachung und beschränkt sich auf die zwei Fristigkeitskategorien *langfristig* und *kurzfristig* und fordert:

$$\frac{\text{langfristiges Vermögen}}{\text{langfristiges Kapital}} \leq 1$$

$$\frac{\text{kurzfristiges Vermögen}}{\text{kurzfristiges Kapital}} \geq 1$$

Die Einhaltung dieser Regeln soll die Aufrechterhaltung der Liquidität der Unternehmung, im Sinne der jederzeitigen Erfüllbarkeit der Zahlungsverpflichtungen, garantieren. Für die Wahrung der Liquidität ist die wertmäßige und zeitliche Übereinstimmung der Einzahlungen und Auszahlungen in einer Periode ausschlaggebend. Wie bereits erwähnt, ist aus der Bilanz die genaue Fristigkeit der Passivmittel meist nicht ersichtlich. Ebenso ist der Zeitpunkt der Liquidierung und der dabei auftretende Liquidationserlös (Stille Reserven!) der Aktivmittel nicht aus der Bilanz entnehmbar. Darüber hinaus sind eine Reihe von regelmäßigen Zahlungsverpflichtungen, wie z. B. Lohn-, Gehalts-, Miet- und Steuerzahlungen, in der Bilanz nicht enthalten und können daher durch die bestandsorientierte Kennzahl auch nicht erfaßt werden. Die Einhaltung der aus dem Grundsatz der Fristenkongruenz abgeleiteten Kennzahlen kann aus diesen Gründen die Aufrechterhaltung der Liquidität nicht gewährleisten.

Der „goldenen Finanzierungsregel" entspricht im Bankwesen die „goldene Bankregel", die besagt, daß kurzfristig aufgenommenes Geld nur kurzfristig ausgeliehen werden darf, während langfristig aufgenommenes Kapital auch langfristig ausgeliehen werden kann.

Goldene Bilanzregel

Eine weitere Operationalisierung der Fristenkongruenzregel stellt die „goldene Bilanzregel" dar. Dabei wird davon ausgegangen, daß die Zuordnung der Vermögensgegenstände zum Anlage- bzw. Umlaufvermögen identisch ist mit langfristiger bzw. kurzfristiger Kapitalbindung. Das Anlagevermögen soll dann durch Eigenkapital und langfristiges Fremdkapital gedeckt sein.

Goldene Bilanzregel – engere Fassung:

$$\frac{\text{Eigenkapital + langfristiges Fremdkapital}}{\text{Anlagevermögen}} \times 100 \geq 100\,\%$$

Vermögensgegenstände des Anlagevermögens müssen jedoch nicht zwangsläufig eine lange Liquidationsdauer besitzen, so können z. B. börsengängige Wertpapiere oder Grundstücke in guten Lagen sehr rasch veräußert werden. Demgegenüber kann das Umlaufvermögen Teile enthalten, die eine langfristige Kapitalbindung darstellen, wie Vorräte, die zum eisernen Bestand gehören oder die Ladenhüter sind.

Um dem letzteren Einwand zu begegnen, wurde die „goldene Bilanzregel" auch in einer weiteren Fassung unter Einbeziehung der langfristigen Teile des Umlaufvermögens formuliert:

Goldene Bilanzregel – weitere Fassung:

$$\frac{\text{Eigenkapital + langfristiges Fremdkapital}}{\text{Anlagevermögen + langfristig gebundene Teile des Umlaufvermögens}} \times 100 \geq 100\,\%$$

Bei externer Analyse ist es jedoch schwierig bzw. meistens sogar unmöglich, die langfristigen Teile des Umlaufvermögens zu bestimmen.

Die goldene Finanzierungsregel und die goldene Bilanzregel stellen auf die Aufrechterhaltung der Liquidität bei Unternehmensfortführung ab. Ihre Einhaltung soll das Risiko, daß ein Kapitalentzug vor dem entsprechenden Desinvestitionsprozeß erfolgt, beschränken. Demgegenüber ist die nachfolgende Regel aus Überlegungen zum Gläubigerschutz bei Liquidation der Unternehmung entstanden.

Anlagendeckung durch Eigenkapital:

$$\frac{\text{Eigenkapital}}{\text{Anlagevermögen}} \times 100$$

Bei dieser Kennzahl wird angenommen, je höher die prozentuale Deckung des Anlagevermögens durch Eigenkapital ist, um so eher kann ein Gläubiger im Liquidationsfall mit der Erstattung seines Geldes rechnen. Industrielle Anlagegüter, insbesondere Spezialmaschinen, sind im Konkursfall oder zwangsweise häufig nur sehr schwer bzw. weit unter ihrem Wert zu veräußern. Von den Gegenständen des Umlaufvermögens wird dagegen angenommen, daß sie in angemessener Zeit etwa in Buchwerthöhe liquidiert, also die ausstehenden Forderungen eingezogen und die Vorräte verkauft werden können. Daher soll nur der Umsatzprozeß kreditiert und langfristige Investitionen im Anlagenbereich aus Eigenmitteln gedeckt werden.

Die Regel berücksichtigt wiederum nicht, daß die Zuordnung zu Anlage- oder Umlaufvermögen nicht zwingend eine lange oder kurze Liquidationsmöglichkeit zur Folge hat, insbesondere können Teile der Vorräte unveräußerbar sein. Der Aussagewert der Kennzahl wird aber weit mehr dadurch beeinträchtigt, daß im Konkursfall bevorrechtigte Ansprüche vorliegen können und Vermögensteile als Kreditsicherheiten verpfändet wurden.

Branchendurchschnittswerte für Sachanlagendeckung 1972 in der BRD durch Eigenkapital (in Klammern darunter durch Eigenkapital und langfristiges Fremdkapital)

	Insgesamt	darunter Kapitalgesellschaften	Personengesellschaften	Einzelkaufleute
Eisen und Stahl	68,7 % (131,2 %)	71,0 % (134,1 %)	59,0 % (122,2 %)	51,5 % (98,8 %)
Chemie	96,0 % (170,5 %)	100,1 % (161,1 %)	84,1 % (137,7 %)	67,7 % (113,8 %)
Maschinenbau	97,0 % (170,5 %)	114,2 % (183,7 %)	74,3 % (167,1 %)	77,7 % (117,7 %)
Fahrzeugbau	82,8 % (116,2 %)	90,2 % (112,3 %)	65,3 % (145,0 %)	65,3 % (118,6 %)
Elektro	119,8 % (202,9 %)	132,0 % (214,9 %)	83,0 % (171,9 %)	83,0 % (134,9 %)
Textil	76,2 % (135,5 %)	92,2 % (142,0 %)	68,9 % (137,7 %)	68,9 % (112,3 %)
Großhandel	98,5 % (169,4 %)	114,7 % (168,8 %)	98,9 % (191,0 %)	98,8 % (153,6 %)

(Quelle: Sonderdruck der Deutschen Bundesbank, Jahresabschlüsse der Unternehmen in der Bundesrepublik Deutschland 1965–1972, Januar 1975)

bb) Liquiditätsregeln und -kennzahlen (kurzfristige Deckungsgrade)

Die bestandsorientierte Liquiditätsanalyse beruht auf einer Gegenüberstellung von Zahlungsverpflichtungen und flüssigen Mitteln, soweit diese aus der Bilanz ersichtlich sind. Traditionellerweise werden sogenannte **Liquiditätsgrade** ermittelt. Hierbei handelt es sich um Verhältniszahlen, die sich in der Einbeziehung von Vermögenspositionen unterschiedlicher Geldwerdungsdauer unterscheiden.

$$\text{Liquidität 1. Grades} = \frac{\text{Zahlungsmittel}}{\text{kurzfristige Verbindlichkeiten}} \times 100$$

(Kassa- oder Barliquidität, Absolute Liquidity Ratio)

$$\text{Liquidität 2. Grades} = \frac{\text{monetäres Umlaufvermögen}}{\text{kurzfristige Verbindlichkeiten}} \times 100$$

(Net Quick Ratio, Acid Test)

$$\text{Liquidität 3. Grades} = \frac{\text{(kurzfristiges) Umlaufvermögen}}{\text{kurzfristige Verbindlichkeiten}} \times 100$$

(Current Ratio)

wobei:

Zahlungsmittel	=	Kasse + Bank- und Postscheckguthaben
monetäres Umlaufvermögen	=	Umlaufvermögen ./. (Vorräte und geleistete Anzahlungen)
kurzfristiges Umlaufvermögen	=	Umlaufvermögen ./. der Teile, die soweit ersichtlich, nicht innerhalb eines Jahres liquidiert werden können, und von Vorräten, die durch Kundenanzahlungen gedeckt sind.

Die Bildung dieser Liquiditätsgrade erfolgt in der Literatur nicht einheitlich, teilweise werden nur zwei Grade unterschieden, vereinzelt aber auch mehr als die aufgeführten, indem noch feinere Abstufungen bezüglich der Liquidierbarkeit des Vermögens vorgenommen werden.

Je höher die ermittelten Prozentsätze der dargestellten Kennzahlen ausfallen, um so günstiger ist es mit der Liquidität der untersuchten Unternehmung bestellt. Allerdings ist zu beachten, daß eine unnötig hohe Liquidität zu Lasten der Rentabilität geht. Die durchschnittliche Liquidität ersten Grades liegt aus diesem Grunde in der Praxis sehr niedrig, da bei kurzfristigen Liquiditätsengpässen mit Bankkrediten gerechnet werden kann. Für Liquiditäten 2. bzw. 3. Grades werden Werte um 100% bzw. 200% gefordert. Entsprechend ist in der amerikanischen Literatur für den Acid Test die „One-to-One Rate" (1:1 Verhältnis, entspricht einer Liquidität 2. Grades von 100%) und für die Current Ratio die „Two-to-One Rate" (2:1 Verhältnis, entspricht einer Liquidität 3. Grades von 200%) anzutreffen.

An Kritischem bezüglich der Wahrung der Liquidität durch Beachtung dieser Kennzahlen gilt das unter dem Abschnitt „Fristenkongruenz" bereits Angeführte. Noch stärker als bei den langfristigen Deckungsgraden macht sich hier bei externer Analyse jedoch bemerkbar, daß die Daten der Bilanz zum Analysezeitpunkt bereits Vergangenheitsdaten darstellen. Die kurzfristigen Vermögens- und Kapitalpositionen können sich zwischenzeitlich bereits erheblich verändert haben.

Neben den traditionellen Verhältniszahlen werden auch vielfach absolute Kennzahlen zur Beurteilung der Liquidität im Rahmen der Finanzanalyse herangezogen. So insbesondere das in der anglo-amerikanischen Analysepraxis sehr beliebte „Working Capital".

Unter **Working Capital** versteht man:

> Umlaufvermögen
> (nur kurzfristige, d. h. mindestens innerhalb eines Jahres liquidierbare Teile)
> ./. kurzfristige Verbindlichkeiten
> _____
> = Working Capital

Es stellt somit den Überschuß des kurzfristig gebundenen Umlaufvermögens über das kurzfristige Fremdkapital dar und wird daher auch als Reinumlaufvermögen oder Betrag oder Netto-Umlaufmittel bezeichnet. Die Kennzahl kann in zweifacher Hinsicht interpretiert werden:

(1) Ermittlung der eingetretenen Liquiditätsveränderung,
(2) Abschätzung des vorhandenen langfristigen Finanzierungspotentials und damit des zukünftigen Liquiditätsrisikos.

Der Aussagewert bezüglich der ersten Interpretation entspricht weitgehend demjenigen der Liquidität 3. Grades. Das Working Capital bleibt jedoch durch eine gleichmäßige Erhöhung sowohl des Umlaufvermögens als auch der kurzfristigen Verbindlichkeiten in seiner Höhe unverändert, während der Prozentsatz der Verhältniszahl eine Veränderung erfährt. Liquiditätsgrade unter 100% können durch eine Bilanzverlängerung im Bereich der kurzfristigen Aktiva und Passiva aufgebessert werden, so z. B. durch die Aufnahme von Tagesgeld zum Bilanzstichtag.

Beispiel:

Ausgangssituation:	Umlaufvermögen	50
	kurzfrist. Verbindlichkeiten	100
Liquidität 3. Grades:	$\frac{50 \times 100}{100}$ =	50 %
Working Capital:	50 − 100 =	./. 50

Aufnahme eines eintägigen Kredits zum Bilanzstichtag von 50, der auf Bankkonto verbleibt, damit

	Umlaufvermögen	100
und	kurzfrist. Verbindlichkeiten	150
Liquidität 3. Grades:	$\frac{100 \times 100}{150}$ =	66,6 %
Working Capital:	100 − 150 =	./. 50

Während sich die Liquidität 3. Grades erheblich gebessert hat, blieb das Working Capital von der Manipulation unberührt.

Für den Branchen- oder Betriebsvergleich ist das Working Capital als absolute Zahl jedoch nicht so gut geeignet; es sind die Liquiditätsgrade vorzuziehen.

Die zweite Interpretation geht davon aus, daß das Working Capital einen Fond langfristig finanzierter Vermögensteile darstellt, die innerhalb eines Jahres verflüssigt werden können. Der Betrag des Working Capital gibt in Anlehnung an die goldene Bilanzregel den Überschuß an langfristiger Finanzierung wieder (vorausgesetzt, daß tatsächlich nur die kurzfristig liquidierbaren Teile des Umlaufvermögens einbezogen werden). Läßt sich dieser Teil des Vermögens noch kurzfristig finanzieren, so werden langfristige Mittel für andere Verwendungszwecke frei. Die Unternehmung besitzt damit in Höhe des Working Capitals ein Potential langfristiger Finanzierungsmöglichkeiten.

Ein negatives Working Capital bedeutet einen Verstoß gegen die Finanzierungsregeln, langfristige Vermögensteile wurden kurzfristig finanziert. Im Zeitvergleich bedeutet eine Erhöhung des Working Capital eine Zunahme der langfristigen Finanzierung, eine Verminderung des Working Capital eine Vermehrung der kurzfristigen Finanzierung und ein konstantes Working Capital, daß Neuinvestitionen fristenkongruent finanziert wurden.

Bei interner Analyse kann die Berechnung des voraussichtlich zur Verfügung stehenden Potentials an langfristigen Finanzmitteln noch wie folgt verbessert werden:

    Working Capital
+ nicht ausgenutzte langfristige Kreditmöglichkeiten
./. langfristige Verbindlichkeiten, die kurzfristig fällig werden
+ kurzfristige Verbindlichkeiten, die als langfristig zu betrachten sind (Verlängerungszusage liegt vor)
./. Teile des Umlaufvermögens, die zu langfristig gebundenem Vermögen werden
+ langfristige Vermögensteile, die sich in kurzfristiges Umlaufvermögen umwandeln
+ ausstehende Einlagen und Nachschüsse, die kurzfristig eingefordert werden können

= langfristiges Finanzierungspotential
   (Working Capital im weiteren Sinn)

Ebenfalls eine absolute Kennzahl stellt die **Effektivverschuldung** dar, die sich errechnet aus:

    Gesamte Verbindlichkeiten
    (lang- und kurzfristig)
./. monetäres Umlaufvermögen
    (soweit es innerhalb eines Jahres liquidierbar ist)

= Effektivverschuldung

Sie weist die um das Barvermögen bzw. die sehr rasch liquidierbaren Vermögensteile bereinigte Schuldenlast der Unternehmung aus. Diese Größe besitzt insbesondere im Zusammenhang mit Ertragskennzahlen Bedeutung, wenn bestimmt werden soll, welchen Zeitraum eine Schuldentilgung aus dem Unternehmenserfolg beanspruchen würde.

d) Beurteilung bestandsorientierter Kennzahlen

Die bestandsorientierten Kennzahlen orientieren sich nur an den Größen der Bilanz. **Aus der Bilanz** sind jedoch **nicht** oder nur teilweise **ersichtlich:**

(1) Liquidierbarkeit der Aktiva bezüglich
(11) – Zeitraum,
in dem verschiedene Positionen der Aktiva zu Geld transformiert werden können;
(12) – Höhe,

des Betrages, der sich bei der Liquidation ergibt (Unterbewertung oder Überbewertung!)

(2) Fristigkeit der Mittel der Passiva
(z. B. Eigenkapital kann kündbar sein; für kurzfristig ausgewiesenen Kredit besteht Prolongationszusage);

(3) Zahlreiche regelmäßige Verbindlichkeiten
(z. B. Lohn- und Gehaltszahlungen, Mietzahlungen, Steuervorauszahlungen sind in der Bilanz nicht als Verbindlichkeiten erfaßt);

(4) Der aktuelle Stand der Daten zum Analysezeitpunkt
(Bilanz ist eine auf einen Stichtag bezogene Vergangenheitsrechnung; Analysezeitpunkt liegt zeitlich nach diesem Stichtag);

(5) Beschäftigungslage zukünftiger Zeiträume.

Bei normativen Regeln (z. B. Eigenkapital zu Fremdkapital wie 1:2) sind die angegebenen Normen wissenschaftlich nicht begründbar. Sehr kritisch sind die bestandsorientierten Liquiditätskennzahlen zu sehen, da sie die Aufrechterhaltung der Zahlungsfähigkeit einer Unternehmung nicht garantieren können. Dennoch sind die angeführten Kennzahlen und Regeln für die Finanzanalyse in der Praxis nicht bedeutungslos. Insbesondere durch Zeit- und Betriebsvergleiche lassen sich wertvolle Erkenntnisse gewinnen. Eine Beurteilung sollte dabei nie anhand einer einzigen Kennzahl erfolgen, sondern sich aus einer Gesamtanalyse ergeben, die neben mehreren bestandsorientierten Zahlen auch stromgrößenorientierte Kenngrößen umfaßt. Gerade letztere besitzen für bestimmte Analysezwecke eine größere Prognosequalität. Empirische Untersuchungen (vgl. Kapitel D II 2, S. 288 ff.) haben gezeigt, daß durch eine solche Kennzahlenkombination gute Analyseergebnisse zu erreichen sind, die es z. B. ermöglichen, mit sehr hoher Wahrscheinlichkeit insolvenzgefährdete Unternehmen zu erkennen.

Neben ihrer Bedeutung für die Finanzanalyse haben die an Bilanzbeständen orientierten Kennzahlen auch eine gewisse Bedeutung für die Bilanz- und Finanzplanung. Da vielfach Kreditinstitute und andere Gläubiger bei der Beurteilung der Kreditwürdigkeit die Finanzierungs- und Bilanzstrukturregeln anwenden, muß eine um Kredit nachsuchende Unternehmung um die Einhaltung dieser Regeln bemüht sein. Sie können daher Nebenbedingungen bei der Bilanz- und Finanzplanung darstellen.

4. Stromgrößenorientierte Kennzahlen

Die bestandsorientierten Kennzahlen beschränken sich auf die Analyse der Bilanz und vernachlässigen die Gewinn- und Verlustrechnung als wichtige zusätzliche Informationsquelle. Aus der Gewinn- und Verlustrechnung lassen sich jedoch zum Teil die erwähnten regelmäßig auftretenden Zahlungsverpflichtungen, wie z. B. Lohn- und Gehaltszahlungen, die aus der Bilanz nicht ersichtlich sind, erkennen. Neben dieser Bedeutung für die Liquiditätsbeurteilung ist die Auswertung der Gewinn- und Verlustrechnung für die Erfolgsanalyse unerläßlich. Außer aus den Aufwendungen und Erträgen der Gewinn- und Verlustrechnung, die Stromgrößen darstellen, können auch aus periodisch aufeinanderfolgenden Bilanzen durch die Bildung von Bestandsdifferenzen stromgrößenorientierte Kennzahlen gebildet werden. Der informationelle Mindest-Input ist hierbei höher als bei den bestandsorientierten Kennzahlen, da wenigstens zwei Bilanzen zur Verfügung stehen müssen.

Anstelle von Beständen sollen die innerhalb eines Zeitraums aufgetretenen Bewegungen (**flows**) erfaßt werden. Stromgrößenorientierte Verhältniszahlen enthalten meist neben Strom- auch Bestandsgrößen.

a) Erfolgskennzahlen

aa) Absolute Erfolgskennzahlen:

Bilanzgewinn, Jahresüberschuß, geschätzter Steuerbilanzgewinn und Cash Flow.

Bilanzgewinn

Bei Aktiengesellschaften unterscheidet sich der Bilanzgewinn vom Jahresüberschuß wie folgt:

```
    Jahresüberschuß (bzw. Jahresfehlbetrag)
 +  Gewinnvortrag (./. Verlustvortrag) aus dem Vorjahr
 +  Entnahmen aus offenen Rücklagen
    (gesetzliche und freie)
./. Einstellungen aus dem Jahresüberschuß in offene Rücklagen
    (gesetzliche und freie)
 =  Bilanzgewinn (bzw. Bilanzverlust)
```

Der Bilanzgewinn kann also durch Zuführung bzw. Entnahme aus den Rücklagen verringert bzw. erhöht werden und ist daher keine geeignete Maßzahl für den Erfolg einer Unternehmung in einer bestimmten Periode. Im Zeitvergleich zeigt er jedoch, wieviel die Unternehmensleitung bereit ist, vom Jahresüberschuß an die Aktionäre auszuschütten. Bei der Feststellung des Jahresüberschusses durch Vorstand und Aufsichtsrat können diese neben der vorgeschriebenen Zuführung zu der gesetzlichen Rücklage bis zu 50% des Jahresüberschusses – soweit die Satzung nicht einen höheren Satz zuläßt – in die freien Rücklagen einstellen (§ 58 Abs. 2 AktG). Über den verbleibenden Rest hat die Hauptversammlung zu befinden, die weitere Teile in die freien Rücklagen einstellen kann. Bei Publikumsgesellschaften ist der Bilanzgewinn jedoch meist der Betrag, den Vorstand und Aufsichtsrat bereit sind auszuschütten, und von dem nur noch selten Zuführungen zu den offenen Rücklagen durch die Hauptversammlungen erfolgen. Der Bilanzgewinn bei Aktiengesellschaften ist also weniger ein Maßstab für den Periodenerfolg als vielmehr bei Gegenüberstellung mit dem Jahresüberschuß und im Zeitvergleich ein Hinweis auf die Ausschüttungs- und (offene) Selbstfinanzierungspolitik der Unternehmung.

Jahresüberschuß

Der Jahresüberschuß gibt den Periodenerfolg einer Aktiengesellschaft besser wieder als der Bilanzgewinn. Um qualitative Aussagen treffen zu können, ist jedoch eine **Analyse der Erfolgskomponenten** erforderlich.

Von besonderer Bedeutung ist hierbei die Trennung in **betriebsbedingte** und **betriebsfremde** sowie in **regelmäßig auftretende** und **einmalige Erfolgskomponenten**. Die erste Differenzierung läßt erkennen, inwieweit das ausgewiesene Ergebnis aus der Betriebstätigkeit stammt. Sie ist für einen erfolgsbezogenen Betriebs- und Branchenvergleich zweckmäßig. Demgegenüber stellt die zweite Differenzierung auf die Nachhaltigkeit des Erfolgs ab. Sie ist für die Prognose der zukünftigen Ertragskraft einer Unternehmung erforderlich.

Eine exakte Aufteilung der Aufwands- und Ertragspositionen auf die vier angeführten Erfolgskategorien ist bei externer Analyse nicht möglich, es kann nur unter Hinzuziehung der Erläuterungen des Geschäftsberichts eine grobe Abschätzung erfolgen. Als regelmäßig auftretendes betriebsbedingtes Ergebnis ist der Rohertrag abzüglich der Personalaufwendungen und der Abschreibungen auf Sachanlagen anzusehen. Davon sind noch teilweise die sonstigen Aufwendungen und sonstigen Steuern in einem aus der Gewinn- und Verlustrechnung jedoch nicht ersichtlichen Umfang abzusetzen.

    Umsatzerlöse
+ Bestandserhöhungen (./. Bestandsminderungen)
+ andere aktivierte Eigenleistungen

= Gesamtleistung
./. Aufwendungen für Roh-, Hilfs- und Betriebsstoffe sowie für bezogene Waren

= Rohertrag
./. Löhne und Gehälter
./. soziale Abgaben
./. Aufwendungen für Altersversorgung und Unterstützung
./. Abschreibungen auf Sachanlagen und immaterielle Anlagewerte
(./. sonstige Aufwendungen)
(./. sonstige Steuern)

= ordentliches betriebsbedingtes Ergebnis

Für die Abschätzung des nachhaltigen Ertrags ist dem noch das ordentliche betriebsfremde Ergebnis hinzuzurechnen.

    Erträge aus Gewinngemeinschaften, Gewinnabführungs- und Teilgewinnabführungsverträgen
+ Erträge aus Beteiligungen
+ Erträge aus anderen Finanzanlagen
+ sonstige Zinsen und ähnliche Erträge
+ sonstige Erträge abzüglich der außerordentlichen
./. Abschreibungen auf Finanzanlagen
./. Zinsen und ähnliche Aufwendungen
./. Lastenausgleichsvermögensabgabe
./. Aufwendungen aus Verlustübernahme
(./. sonstige Aufwendungen und sonstige Steuern, soweit nicht beim betriebsbedingten Ergebnis abgesetzt)

= ordentliches betriebsfremdes Ergebnis

Alle anderen Beträge der Gewinn- und Verlustrechnung sind dem außerordentlichen Ergebnis zuzurechnen und müssen bei der Prognose des zukünftigen Ertrags außer Ansatz bleiben. Der Jahresüberschuß setzt sich also bei dieser etwas vereinfachten Dreiteilung aus dem **Betriebsergebnis,** dem **Finanzergebnis** und dem **außerordentlichen Ergebnis** zusammen. Letzteres ist auf Bewertungsmaßnahmen oder Veräußerung von Teilen des Anlagevermögens zurückzuführen. Ein schlechtes reguläres Ergebnis kann durch das leichter manipulierbare außerordentliche Ergebnis verdeckt werden, weshalb die Aufspaltung des Erfolgs nach den erwähnten Gesichtspunkten erforderlich ist.

I 4: Erfolgsanalyse – Jahresüberschuß

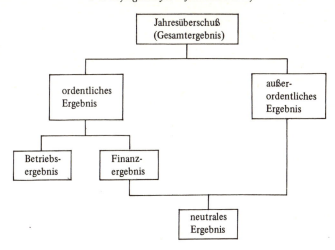

Abb. 53: Analytische Zerlegung des Jahresüberschusses.

Die Qualität des Jahresüberschusses als Erfolgsmaßstab wird jedoch auch durch die im Rahmen der gesetzlichen Vorschriften zulässige *Legung von stillen Reserven* beeinträchtigt. Der Erfolg wird kleiner ausgewiesen als er tatsächlich ist. Aus dem Jahresabschluß ist nur schwer zu bestimmen, in welchem Umfang stille Reserven gebildet wurden. Die nachfolgend aufgeführten Erfolgskenngrößen „geschätzter Steuerbilanzgewinn" und „Cash Flow" stellen Versuche dar, diesem Problem auf unterschiedliche Weise gerecht zu werden.

Zur Analyse der Erfolgskomponenten des Jahresüberschusses gehören auch Kennzahlen der Aufwands- und Ertragsstruktur. Sie werden durch Inbeziehungsetzung von Positionen der Gewinn- und Verlustrechnung zum Umsatz oder zum Gesamtergebnis[1] gebildet, so z. B.:

$$\text{Materialintensität} = \frac{\text{Materialaufwand}}{\text{Gesamtleistung}} \quad [2]$$

$$\text{Personalintensität} = \frac{\text{Personalaufwand}}{\text{Gesamtleistung}}$$

$$\text{Anlageintensität} = \frac{\text{Abschreibungen auf Sachanlagen}}{\text{Gesamtleistung}}$$

Darüber hinaus können die vorstehend erwähnten Komponenten des Erfolgs, Betriebsergebnis, Finanzergebnis, außerordentliches Ergebnis sowie der Jahresüberschuß selbst, in Prozentwerten des Gesamtergebnisses ausgedrückt werden.

Bei interner Analyse ist eine sparten- und produktionsbezogene Aufgliederung des Ergebnisses möglich.

---

[1] Gesamtergebnis = Betriebsergebnis + neutrales Ergebnis.
[2] Gesamtleistung = Umsatzerlöse + Bestandserhöhungen und aktivierte Eigenleistungen (./. Bestandsverringerungen).

Geschätzter Steuerbilanzgewinn

Eine Methode um zu erkennen, in welchem Umfang der Jahresüberschuß durch die Legung stiller Reserven beeinflußt wurde, ist die Schätzung des Steuerbilanzgewinns aus dem in der Gewinn- und Verlustrechnung ausgewiesenen Steueraufwand. Dabei wird davon ausgegangen, daß das Steuerrecht in geringerem Umfang die Bildung stiller Reserven zuläßt als das Handelsrecht. Die Methode ist nur bei externer Analyse von aktienrechtlichen Jahresabschlüssen, wie sie etwa im Rahmen der Wertpapieranalyse erfolgt, sinnvoll. Denn nur bei körperschaftssteuerpflichtigen Kapitalgesellschaften liegt eine konstante Relation zwischen dem Gewinn und der Höhe der gewinnabhängigen Steuern vor, während dagegen bei der Einkommensteuer ein progressiver Tarif besteht und sie zudem von Personen zu entrichten ist und damit von deren individuellen Einkommensverhältnissen abhängt. Eine Schätzung ist bei Personengesellschaften meist auch nicht erforderlich, da sich potentielle Kreditgeber oder zukünftige Miteigentümer in der Regel die Steuerbilanz zusätzlich zur Handelsbilanz vorlegen lassen. Bei entsprechend starker Stellung trifft dies auch für einen potentiellen GmbH-Gesellschafter zu.

Gewinnabhängige Steuern bei Kapitalgesellschaften sind die Körperschaftssteuer und die Gewerbeertragssteuer. Seit 1. 1. 1977 gilt für nicht ausgeschüttete Gewinne ein Körperschaftssteuersatz von 56% und für ausgeschüttete Gewinne von 36% vor Abzug der KSt. Die Gewerbeertragssteuer beläuft sich bei 5% Steuermeßzahl und einem durchschnittlichen Hebesatz von 400% auf 20%; unter Berücksichtigung der Abzugsfähigkeit bei sich selbst sind es nur noch 17%. Vereinfacht soll bei nachfolgender Abschätzungsformel angenommen werden, daß die Gewerbeertragssteuer aus dem Gewinn entrichtet wird. Die nach dem Steuerrecht vorgeschriebenen Hinzurechnungen bzw. Kürzungen zur Ermittlung des Gewerbeertrags bleiben also unberücksichtigt.

gSt = gewinnabhängige Steuern
KSt = Körperschaftssteuer
$GewESt$ = Gewerbeertragssteuer
D = Dividende
SG = Steuerbilanzgewinn

(1) $gSt = KSt + GewESt$

mit (entsprechend obigen Ausführungen):

(2) $KSt = 0{,}56\,(SG - 0{,}17\,SG) - 0{,}31\,D$

(3) $GewESt = 0{,}17\,SG$

(2) und (3) in (1) eingesetzt ergibt:

$$gSt = 0{,}56\,(SG - 0{,}17\,SG) - 0{,}31\,D + 0{,}17\,SG$$
$$= 0{,}635\,SG - 0{,}31\,D$$

aufgelöst nach SG ergibt **Schätzformel für Steuerbilanzgewinn:**

(4) $SG = 1{,}575\,gSt + 0{,}488\,D$

In der aktienrechtlichen Gewinn- und Verlustrechnung sind die gewinnabhängigen Steuern jedoch nicht getrennt von den gewinnunabhängigen ausgewiesen. Der in der Position „Steuern vom Einkommen, vom Ertrag und vom Vermögen" ausgewiesene Aufwand muß daher aufgeteilt werden. Hierzu ist die

Ermittlung der **gewinnunabhängigen Steuer** erforderlich, die sich aus der Vermögensteuer, der Grundsteuer und der Gewerbekapitalsteuer zusammensetzt. Die genauen Bemessungsgrundlagen dieser Steuern sind aus dem Jahresabschluß nicht ersichtlich, so daß eine Schätzung erfolgen muß.

Vermögensteuer:
geschätzte
Bemessungsgrundlage = Grundkapital + Rücklagen
Steuersatz = 1%

Grundsteuer:
geschätzte
Bemessungsgrundlage = Bilanzwert der Grundstücke
(anstelle des unbekannten Einheitswerts)
Steuersatz = ungefähr 3%
(10‰ Steuermeßzahl mal Hebesatz
von 300% als Durchschnittswert)

Gewerbekapitalsteuer:
geschätzte
Bemessungsgrundlage = Grundkapital
+ Rücklagen
+ Rückstellungen
+ langfristige Verbindlichkeiten
./. Bilanzwert der Grundstücke

= geschätztes Gewerbekapital

Steuersatz = ungefähr 0,8%
(2‰ vom Steuermeßbetrag mal
400% Hebesatz als Durchschnittswert)

Die so ermittelten gewinnunabhängigen Steuern sind vom ausgewiesenen Steueraufwand („vom Einkommen, vom Ertrag und vom Vermögen") abzusetzen, um zu den gewinnabhängigen Steuern (gSt) zu gelangen. Setzt man diese in die Schätzformel (4) ein, so erhält man den vermutlichen Steuerbilanzgewinn (vor Abzug der Steuern). Die im handelsrechtlichen Jahresabschluß gelegten stillen Reserven können dann wie folgt ermittelt werden:

geschätzter Steuerbilanzgewinn (= SG)
./. Steuern vom Einkommen, vom Ertrag und vom Vermögen
(Gewinn- und Verlustrechnungsausweis)
./. Jahresüberschuß
(wie in der Gewinn- und Verlustrechnung ausgewiesen)

= stille Reserven, die im relevanten Geschäftsjahr in der Handelsbilanz gebildet wurden

Nicht erfaßt werden natürlich stille Reserven, die sowohl in der Handelsbilanz als auch in der Steuerbilanz gelegt wurden.

Die Qualität der Schätzung des Steuerbilanzgewinns wird dadurch beeinträchtigt, daß die Bemessungsgrundlagen der gewinnunabhängigen Steuern nur angenähert werden können. Da die gewinnunabhängigen Steuern jedoch meist – insbesondere bei ertragsstarken Unternehmen – nur einen geringen Teil des Gesamtsteueraufwands ausmachen, schlägt dieser Umstand nicht so gravierend zu Buch. Beeinträchtigt wird dagegen die Schätzung wesentlich mehr durch den

Umstand, daß Steuernachzahlungen im Steueraufwand enthalten sein können und damit auf einen viel zu hohen Steuerbilanzgewinn geschlossen wird. Ferner können auf zuviel geleistete Vorauszahlungen im nächsten Jahr Rückerstattungen erfolgen. Bei einer Analyse, die sich nur auf eine Periode stützt, ist daher der geschätzte Steuerbilanzgewinn kein geeigneter Indikator des Erfolgs, während er bei längerfristiger Betrachtung die durchschnittliche Ertragskraft wiedergibt.

Zusätzlich kann noch die Kennzahl:

$$\frac{\text{Steuern vom Einkommen, vom Ertrag und vom Vermögen}}{\text{Umsatzerlöse}} \times 100$$

gebildet werden. Sie läßt im Zeitvergleich eventuell vorhandene Disproportionen bei den Steuerzahlungen, wie sie z. B. durch Steuernachzahlungen hervorgerufen werden, durch eine starke Änderung des prozentualen Wertes erkennen.

Cash Flow

Die Kennzahl **Cash Flow (CF)** ist in der Literatur zur Finanz- und Bilanzanalyse in unterschiedlichen Fassungen anzutreffen. Darüber hinaus wird der Begriff auch für Umsatzüberschußrechnungen verwendet, die unter dem Oberbegriff der *Kapitalflußrechnungen* subsumiert werden können (Cash Flow Statements). Als Kennzahl wird der Cash Flow, insbesondere bei externer Analyse, meist auf **indirektem Weg** ermittelt. Am häufigsten wird folgendes Berechnungsschema verwendet (alle Werte bezogen auf eine einheitliche Rechenperiode):

```
    Bilanzgewinn (bzw. Verlust)
  + Zuführung zu den Rücklagen
    (./. Auflösung von Rücklagen)
 ./. Gewinnvortrag aus der Vorperiode
    (+ Verlustvortrag aus der Vorperiode)
  = Jahresüberschuß
  + Abschreibungen
    (./. Zuschreibungen)
  + Erhöhung der langfristigen Rückstellungen
    (./. Verminderung der langfristigen Rückstellungen)
  = Cash Flow
```

Der Cash Flow kann jedoch auch auf **direktem Wege** bestimmt werden:

```
    Betriebseinnahmen
 ./. Betriebsausgaben
  = Cash Flow
```

In dieser Form wird er seiner wörtlichen Bedeutung als Einnahmenüberschuß gerechter. Die direkte Ermittlung wird vor allem bei intern erstellten liquiditätsbezogenen Kapitalflußrechnungen verwendet. Eine exakte Berechnung in direkter Form ist bei externer Analyse vielfach nicht möglich.

Die Kennzahl Cash Flow in ihrer indirekten Ermittlungsform wird im wesentlichen in zwei unterschiedlichen Interpretationen angewendet:

(1) als **erfolgswirtschaftlicher** Überschuß,
zur Bestimmung der gegenwärtigen und zukünftigen tatsächlichen Ertragskraft der Unternehmung und damit aufwands- und ertragsorientiert;

(2) als **finanzwirtschaftlicher** Überschuß
zur Bestimmung der Innenfinanzierungskraft für Investitionen, Schuldentilgung und Aufrechterhaltung der Liquidität und damit zahlungsstromorientiert (Ebene von Auszahlungen und Einzahlungen bzw. Ausgaben und Einnahmen).

Entsprechend diesen zwei unterschiedlichen Auslegungen und Anwendungen des CF gibt es eine Reihe von Modifikationen der Kennzahl.

ad (1) *Cash Flow als erfolgswirtschaftlicher Überschuß*

Die Höhe des Jahresüberschusses hängt von der jeweiligen Ausnutzung der gesetzlich zulässigen Bewertungsspielräume ab und ist daher für die Beurteilung des tatsächlichen Periodenerfolgs einer Unternehmung nur bedingt geeignet, wie bereits ausgeführt wurde. Der CF bezieht demgegenüber die Aufwandspositionen, die aus Bewertungsmaßnahmen herrühren und denen keine periodengleichen Ausgaben gegenüberstehen, mit ein. Während der Jahresüberschuß durch eine Erhöhung der Abschreibungen und Rückstellungen vermindert wird, bleibt der CF in seiner Höhe unverändert, da es sich nur um eine Umverteilung innerhalb der Komponenten des CF handelt. Daher ist der CF durch bilanzpolitische Maßnahmen in erheblich geringerem Umfang manipulierbar als der Jahresüberschuß oder der Bilanzgewinn. Bei einer Analyse, die mehrere Perioden umfaßt, ist er ein relativ guter **retrospektiver Indikator des Unternehmenserfolgs**. Der CF darf allerdings nicht als „tatsächlicher" Gewinn des Unternehmens interpretiert werden, wie es vielfach fälschlich geschieht. Abschreibungen und Rückstellungen stellen echten Aufwand dar und nur die Differenz zwischen überhöhtem und dem nach kaufmännischer Voraussicht erforderlichen Wertansatz ist als zusätzlicher Gewinn anzusehen. Diese Trennung ist dem unternehmensexternen Analytiker jedoch nicht möglich.

Beeinträchtigt wird die Qualität des CF als Erfolgsindikator dadurch, daß er nicht alle bewertungsabhängigen Erfolgskomponenten enthält. So werden z. B. Bewertungsmanipulationen im Bereich der Vorräte, nicht aufgedeckt. Darüber hinaus darf der CF bei Betriebsvergleichen nicht schematisch angewendet werden. Betriebe, die sehr viel Anlagevermögen besitzen, weisen höhere Abschreibungen auf als solche mit niedrigerem Anlagevermögen und damit bei sonst gleichen Voraussetzungen einen höheren CF. Ferner ist der CF eines Betriebes geringer, wenn er seine Anlagen gemietet hat und damit keine Abschreibungen verrechnen kann.

Modifikationen des CF in erfolgswirtschaftlicher Interpretation sind der betriebsbedingte CF und der Brutto-CF.

    Cash Flow
+ neutrale Aufwendungen
./. neutrale Erträge

= betriebsbedingter Cash Flow

    Cash Flow
+ außerordentliche Aufwendungen
./. außerordentliche Erträge

= ordentlicher bzw. nachhaltiger Cash Flow

	Cash Flow
+	Steuern vom Einkommen, vom Ertrag und vom Vermögen
=	Brutto Cash Flow (Cash Flow vor Steuern)

Der betriebsbedingte CF soll zeigen, welcher Teil des Erfolgs auf die eigentliche Betriebstätigkeit zurückzuführen ist. Er kann auch ausgehend vom „ordentlichen Betriebsergebnis" (siehe S. 265 ff.) durch Addition der Abschreibungen auf Sachanlagen und der langfristigen Rückstellungen ermittelt werden. Der Brutto Cash Flow ist bei Vergleich von Betrieben, die einer unterschiedlichen Besteuerung unterliegen, also insbesondere bei internationalen Vergleichen, heranzuziehen.

Neben der Vergangenheitsbetrachtung kommt der CF auch als **prospektiver Erfolgsmaßstab** zur Anwendung. Aus der Tendenz des CF in den abgelaufenen Perioden wird auf den voraussichtlichen Erfolg in den nächsten Perioden geschlossen. Es handelt sich hierbei um eine reine Extrapolation, bei der kausale Zusammenhänge keine Berücksichtigung finden. So hängt der zukünftige CF von der Auftragslage, der Qualität des Management, der allgemeinen Konjunkturlage, den branchenspezifischen Wachstumserwartungen und anderen Faktoren ab, die außer Ansatz bleiben, wenn eine schematische Trendverlängerung erfolgt. Die Abschätzung des zu erwartenden CF sollte daher die vorstehend erwähnten Einflußgrößen – soweit dies möglich ist – mit einbeziehen. Aber auch dann darf der CF nur als Tendenzindikator des zukünftigen Unternehmenserfolgs gesehen werden. Aus einer positiven oder negativen Veränderung des CF bei AG's kann geschlossen werden, daß der Gewinn mit einem time lag von 2–3 Jahren dieser Bewegung folgt, was allerdings nicht zwingend eintreten muß.

ad (2) Cash Flow als finanzwirtschaftlicher Überschuß

Bei dieser Interpretation wird unterstellt, daß der CF in liquider Form zur Verfügung steht bzw. in der abgelaufenen Periode zumindest vorhanden *war* und damit den Innenfinanzierungsspielraum der Unternehmung umreißt. Weiter wird angenommen, daß die durch den CF aufgezeigten Innenfinanzierungsmittel von der Unternehmung zur Tätigung neuer Investitionen oder zur Einlösung fälliger Verbindlichkeiten und damit zur Aufrechterhaltung der Liquidität verwendet werden können. Damit dies tatsächlich der Fall ist, müßten folgende **Bedingungen** erfüllt sein:

(a) Kein Auseinanderfallen von Einzahlungen und Erträgen

Es dürfen keine Zielverkäufe, Anzahlungen von Kunden, Aufstockungen oder Verringerungen der Läger erfolgt sein. Liegen z. B. Zielverkäufe vor, so ist der Einnahmenüberschuß geringer als der CF, d. h. der CF weist ein höheres Innenfinanzierungspotential aus als tatsächlich existiert.

(b) Kein Auseinanderfallen von Auszahlungen und Aufwand

Es dürfen keine Einkäufe auf Ziel, Anzahlungen an Lieferanten usw. vorliegen. Wurden z. B. Anzahlungen bei Lieferanten getätigt, so ist der Einnahmenüberschuß wiederum geringer als der CF.

(c) Gewinn, Abschreibungen und Zuführungen zu den Rückstellungen dürfen zu keinen unmittelbaren Folgeausgaben führen

Müssen Dividendenzahlungen, Ersatzinvestitionen und Pensionszahlungen vorgenommen werden, so ist über den CF in dieser Höhe bereits disponiert und er steht der Unternehmung nicht für Neuinvestitionen und Schuldentilgung zur Verfügung.

Diese Bedingungen sind in der Praxis nie alle erfüllt, so daß in der Literatur vielfach behauptet wird, der CF sei zur Beurteilung des Innenfinanzierungsspielraums völlig ungeeignet.[3] Sicherlich ist bei interner Analyse eine Finanzrechnung auf der Basis von Einnahmen und Ausgaben bzw. Einzahlungen und Auszahlungen wesentlich besser geeignet, diesen Spielraum zu ermitteln. Für eine externe Analyse kann diese jedoch nicht aufgestellt werden, da die entsprechenden Daten fehlen. Der CF ist dann immer noch von höherem Informationswert bezüglich des möglichen finanzwirtschaftlichen Überschusses, soweit er entsprechend kritisch beurteilt wird, als ein völliger Verzicht auf seine Ermittlung und Interpretation. Bei mittleren und kleineren Betrieben, die keine Finanzrechnung erstellen, kann der CF auch intern einen groben Orientierungsmaßstab für den Innenfinanzierungsspielraum abgeben.

Die Fehlberechnung des CF bei Nichterfüllung der Bedingungen (a) und (b) macht sich vielfach dadurch nicht gravierend bemerkbar, daß eine Kompensation durch Zahlungen, die erfolgsmäßig zur Vorperiode gehören, erfolgt. So kann etwa bei Zielverkäufen angenommen werden, daß das Einzahlungsminus durch Einzahlungen aus Zielverkäufen der vorangegangenen Periode ausgeglichen wird. Dies trifft allerdings nur dann annähernd zu, wenn keine allzu großen Umsatzschwankungen vorliegen. Soweit die Bedingung (c) nicht erfüllt ist, sind die entsprechenden Ausgaben als CF Verwendung anzusehen, und wenn die Ausgabenhöhe bekannt ist in einer Verwendungsrechnung, vom CF abzusetzen. Regelmäßig trifft dies auf die vorgesehene Gewinnausschüttung zu, so daß nur der einbehaltene Gewinn (Rücklagen, Gewinnvortrag) zur Disposition steht. Bei **ex post Betrachtung** kann nur ermittelt werden, welchen Innenfinanzierungsspielraum das Unternehmen in der vergangenen Periode hatte. Die Mittel sind in aller Regel dann bereits disponiert und sind für die neue Periode nicht mehr in liquider Form vorhanden. Soll dagegen bestimmt werden, welche Finanzmittel der Unternehmung im Rahmen der Innenfinanzierung in der kommenden Periode zur Verfügung stehen, so handelt es sich um eine **ex ante Betrachtung,** die auf einem prognostizierten CF beruht. Die Prognose ist mit den gleichen Unsicherheiten behaftet, die beim CF als prospektiver Erfolgsmaßstab bereits erwähnt wurden. Bei ex ante Betrachtung kann davon ausgegangen werden, daß auch Teile des auszuschüttenden Bilanzgewinns zumindest kurzfristig zu Finanzierungszwecken zur Verfügung stehen, da der Gewinn bei Kapitalgesellschaften erst etwa 3 Monate nach Geschäftsjahresschluß ausgeschüttet wird und der Gewinn der neuen Periode bereits innerhalb des Jahres aufläuft.

Zur Bestimmung des Finanzierungspotentials nach der Zeitdauer der Verfügbarkeit kann der CF folgendermaßen zerlegt werden:

---

[3] Vgl. Chmielewicz, K., Integrierte Finanz- und Erfolgsplanung, Stuttgart 1972, S. 58–66.

Gewinnvortrag
+ Rücklagenzuführung
+ Abschreibungen
+ Erhöhung der langfristigen Rückstellungen

= Cash Flow, der langfristig (d. h. mindestens ein Jahr) zur Verfügung steht

Erhöhung der kurz- und mittelfristigen Rückstellungen
+ Ertrags- und Vermögenssteuer
+ Dividendenbetrag
+ passive Rechnungsabgrenzung

= Teile des Cash Flow, die kurzfristig zur Verfügung stehen (bei interner Analyse gegebenenfalls mit Angabe der Fristigkeit)

Wichtige Kennzahlen mit dem CF in finanzwirtschaftlicher Interpretation sind:

$$\frac{\text{Cash Flow}}{\text{Nettoinvestitionen}} \times 100$$

$$\frac{\text{Cash Flow}}{\text{Effektivverschuldung}} \times 100$$

Die erste Kennzahl gibt wieder, inwieweit eine Unternehmung ihre Neuinvestitionen aus Mitteln der Innenfinanzierung bestreiten kann (Nettoinvestitionen = Zugänge ./. Abgänge des Anlagevermögens). Je höher der prozentuale Wert, um so weniger ist die Unternehmung auf Mittel von außen angewiesen und damit finanziell unabhängig. Die zweite Kennzahl stellt ein Maß für die Verschuldungsfähigkeit eines Unternehmens dar. (Effektivverschuldung = gesamte Verbindlichkeiten ./. monetäres Umlaufvermögen). Aus ihr läßt sich erkennen, wieviel Jahre es dauern würde, bis die Unternehmung ihre Schulden aus selbst erwirtschafteten Mitteln getilgt hätte. In Darlehensverträgen, so z. B. bei Schuldscheindarlehen, wird mitunter die Verschuldung des Kreditnehmers auf einen bestimmten Wert dieser Kennzahl begrenzt.

Um die Mängel zu beseitigen, die dem CF als finanzwirtschaftlichen Überschuß anhaften, wurden in der Literatur unterschiedliche Konzeptionen entwickelt, so z. B. das Konzept der **„Betrieblichen Nettoeinnahmen"** und der **„Totale Cash Flow"**.[4] Alle diese Konzeptionen zielen darauf ab, aus dem CF die nicht finanzwirksamen Teile, die sogenannten rechnungstechnischen Posten, zu eliminieren. Bei externer Analyse kann dies jedoch nur näherungsweise erfolgen.

Cash Flow (indirekt ermittelt)
./. Erhöhung (+ Verminderung) der Vorräte
./. aktivierte Eigenleistungen
./. Zahlung von in Vorjahren zurückgestellten Beträgen
+ Erhöhung (./. Verminderung) der erhaltenen Anzahlungen
+ Verminderung (./. Erhöhung) der eigenen Anzahlungen auf Waren

= Betriebliche Nettoeinnahmen

---

[4] Vgl. Busse von Colbe, W., Aufbau und Informationsgehalt von Kapitalflußrechnungen, in: ZfB 1966, E I, S. 88 ff.; Neubert, H., Working Capital und Totaler Cash Flow, in: Die Wirtschaftsprüfung, 1972, Nr. 24, S. 657 ff. derselbe, Totales Cash-flow-System und Finanzflußverfahren, Wiesbaden 1974.

Die Kennziffer betriebliche Nettoeinnahmen stellt, wie aus der Bezeichnung hervorgeht, auf die Ebene der Einnahmen und Ausgaben ab und ermittelt den Einnahmenüberschuß einer Periode. Für die Wahrung der Liquidität sind jedoch Einzahlungen und Auszahlungen bestimmend, so daß auch die Kennzahl betriebliche Nettoeinnahmen nicht allen Analysezielsetzungen, die mit einem finanzwirtschaftlichen Cash Flow verfolgt werden, gerecht werden kann. Betriebliche Nettoeinnahmen liegen auch dann vor, wenn sämtliche Umsätze auf Ziel getätigt wurden und keinerlei Einzahlungen erfolgt sind.

Um dies auszuschalten, sind alle Bestandsveränderungen zu berücksichtigen, die Einnahme- oder Ausgabewirkungen hervorrufen. Nachfolgend ist ein prinzipielles Berechnungsschema zur Ermittlung des finanzwirtschaftlichen Cash Flow in direkter und indirekter Form angegeben. Im praktischen Analysefall muß jeweils bestimmt werden, welche Aufwendungen und Erträge finanzwirksam waren, d. h. zu Ausgaben und Einnahmen (bzw. Auszahlungen und Einzahlungen) geführt haben. Bei externer Analyse wird dies vielfach nicht zweifelsfrei möglich sein.

Direkte Ermittlung
    finanzwirksame Erträge
./. finanzwirksame Aufwendungen
./. Mehrung kurzfristiger Aktiva
    (Vorräte, Forderungen usw., jedoch ohne Geldfonds, d. h. Kasse, Bank, Postscheck)
+ Minderungen kurzfristiger Aktiva
./. Minderungen kurzfristiger Passiva
+ Mehrungen kurzfristiger Passiva

= finanzwirtschaftlicher Cash Flow

Indirekte Ermittlung
    Jahresüberschuß
+ finanzunwirksame Aufwendungen
./. finanzunwirksame Erträge
+ Bestandsveränderungen mit Einnahmewirkung
./. Bestandsveränderungen mit Ausgabewirkung

= finanzwirtschaftlicher Cash Flow

Der ertragswirtschaftliche Cash Flow, wie er sich bei üblicher indirekter Ermittlung aus Jahresüberschuß + Abschreibungen und langfristigen Rückstellungen ergibt, ist für finanzwirtschaftliche Aussagen ungeeignet und kann zu erheblichen Fehlbeurteilungen führen.

bb) Relativierte Erfolgskennzahlen

Zur Beurteilung der Wirtschaftlichkeit eines Unternehmens sind die absoluten Erfolgskennzahlen nur bedingt geeignet, da keine Beziehung zum Mitteleinsatz hergestellt wird, wie dies bei Verhältniszahlen möglich ist. Auch beim Betriebsvergleich ist wegen unterschiedlicher Betriebsgrößen relativierten Erfolgskennzahlen der Vorzug zu geben. Die Messung der Wirtschaftlichkeit des Kapitaleinsatzes erfolgt durch Rentabilitätskennzahlen.

Rentabilitätskennzahlen

Rentabilitätskennzahlen können mit allen im vorausgegangenen Abschnitt erläuterten Erfolgsmaßstäben gebildet werden. Je nachdem, was als eingesetztes Kapital herangezogen wird, unterscheidet man zwischen Eigenkapital- und Gesamtkapitalrentabilität.

Eigenkapitalrentabilität

$$\text{(bezogen auf Jahresüberschuß)} = \frac{\text{Jahresüberschuß}}{\text{Eigenkapital}} \times 100$$

$$\text{(bezogen auf Steuerbilanzgewinn)} = \frac{\text{geschätzter Steuerbilanzgewinn}}{\text{Eigenkapital}} \times 100$$

$$\text{(bezogen auf Cash Flow)} = \frac{\text{Cash Flow}}{\text{Eigenkapital}} \times 100$$

Bei der Berechnung der Rentabilitätskennziffern kann der Gewinn bzw. Jahresüberschuß entweder vor oder nach Steuern herangezogen werden. Sollen körperschaftssteuerpflichtige Kapitalgesellschaften mit Personengesellschaften verglichen werden, so ist jeweils der Gewinn vor Steuerabzug heranzuziehen, um zu vergleichbaren Rentabilitätsaussagen zu gelangen.

Gesamtkapitalrentabilität

$$\text{(bezogen auf Jahresüberschuß)} = \frac{\text{Jahresüberschuß} + \text{Fremdkapitalzinsen}}{\text{Gesamtkapital}} \times 100$$

$$\text{(bezogen auf Steuerbilanzgewinn)} = \frac{\text{geschätzter Steuerbilanzgewinn} + \text{Fremdkapitalzinsen}}{\text{Gesamtkapital}} \times 100$$

$$\text{(bezogen auf Cash Flow)} = \frac{\text{Cash Flow} + \text{Fremdkapitalzinsen}}{\text{Gesamtkapital}} \times 100$$

Bei der Gesamtkapitalrentabilität sind zum Erfolg jeweils noch die Fremdkapitalzinsen hinzuzuzählen, denn auch diese sind durch das investierte Kapital erwirtschaftet worden und ein Vergleich zwischen Unternehmen mit unterschiedlichem Eigen-/Fremdkapitalanteil wäre sonst nicht sinnvoll.

Branchendurchschnittswerte für die Eigenkapitalrendite vor Steuern 1971 und 1972		
	1971	1972
Eisen und Stahl	13,2 %	11,4 %
Chemie	17,4 %	18,9 %
Maschinenbau	30,1 %	27,7 %
Fahrzeugbau	26,1 %	34,5 %
Elektro	27,9 %	33,8 %
Textil	25,0 %	25,0 %
Großhandel	43,8 %	45,4 %

(Quelle: Sonderdruck der Deutschen Bundesbank, Jahresabschlüsse . . ., a.a.O.)

Das Verhältnis von Eigenkapitalrendite zu Gesamtkapitalrendite wird als „**Leverage-Faktor**" bezeichnet.

$$\text{Leverage-Faktor} = \frac{\text{Eigenkapitalrendite}}{\text{Gesamtkapitalrendite}} \times 100$$

Diese Kennziffer läßt im Zeitvergleich erkennen, ob eine Veränderung der Eigenkapitalrendite auf rein finanzwirtschaftliche Faktoren und Maßnahmen zurückzuführen ist, insbesondere auf eine Veränderung der Relation von Eigen- und Fremdkapital.

Bei interner Analyse kann die Rentabilität auch auf das betriebsnotwendige Vermögen oder das betriebsbedingte Kapital bezogen werden. Dies ist insbesondere zweckmäßig, wenn eine Ursachenforschung über Abweichungen der Unternehmensrentabilität vom Branchendurchschnitt oder von vergleichbaren Betrieben erfolgen soll. Nicht betriebsnotwendige Vermögensteile, wie Wertpapiere des Anlage- und Umlaufvermögens oder Vermögensteile, die nicht zur Renditeerzielung beitragen, wie stillgelegte Anlagen, sind dabei auszusondern.

Return on Investment (RoI)

Die Rentabilität des gesamten Kapitaleinsatzes wird aus der anglo-amerikanischen Literatur kommend auch als **Return on Investment (RoI)** bezeichnet. Dabei kann sich die Rentabilitätsmessung auf die ganze Unternehmung, aber auch auf Teilbetriebe, Abteilungen, Produktbereiche, Produkte oder wie bei der Investitionsrechnung auf die Vorteilhaftigkeit von Projekten beziehen (siehe RoI als Investitionsrechenverfahren).

Bei der Berechnung des investierten Kapitals werden sowohl Brutto- (Anschaffungskosten) als auch Nettoanlagewerte (Anschaffungskosten abzüglich Abschreibungen) verwendet. Für die Ermittlung der Rendite der gesamten Unternehmung sind Nettoanlagewerte anzusetzen, während intern für den RoI von Unternehmensbereichen und Abteilungen, insbesondere wenn der RoI zur Personalbeurteilung herangezogen wird, Bruttoanlagewerte vorteilhafter sind. Würde man im letzteren Fall Nettowerte verwenden, so sind Abteilungen, die mit bereits voll abgeschriebenen Anlagen produzieren, im Vergleich zu Abteilungen, die mit neuen Maschinen arbeiten, im Vorteil, da sie wegen des minimalen Kapitaleinsatzes einen ungerechtfertigt hohen RoI aufweisen. Neben der Verteilung des investierten Kapitals ist bei abteilungsbezogenem RoI auch eine Aufteilung des Erfolgs erforderlich. Diese kann vielfach nur durch Schlüsselung erfolgen, die eine mehr oder weniger grobe Annäherung an das Verursachungsprinzip darstellt.

Im Rahmen der Finanzanalyse ist es zweckmäßig, den RoI durch Einbeziehung des Umsatzes als dritten Renditeeinflußfaktor wie folgt aufzuspalten:

$$\text{RoI} = \frac{\text{Jahresüberschuß}}{\text{Gesamtkapital}} \times 100$$

$$= \frac{\text{Jahresüberschuß}}{\text{Umsatz}} \times 100 \times \frac{\text{Umsatz}}{\text{Gesamtkapital}}$$

$$= \text{Umsatzgewinnrate} \times \text{Kapitalumschlagshäufigkeit}$$

Diese Aufspaltung der Rentabilität bildet die Grundlage für das von der Firma Du Pont de Nemours & Co. entwickelte finanzwirtschaftliche Berichtssystem, das kurz als Du-Pont-Kennzahlensystem bezeichnet wird (vgl. Kapital D II 1, S. 285 ff.).

Der RoI kann auch mit dem Cash Flow als Erfolgskennzahl gebildet werden.

$$\text{RoI (bezogen auf CF)} = \frac{\text{Cash Flow}}{\text{Gesamtkapital}} \times 100$$

$$= \frac{\text{Cash Flow}}{\text{Umsatz}} \times 100 \times \frac{\text{Umsatz}}{\text{Gesamtkapital}}$$

	Branchendurchschnittswerte für Umsatzgewinnrate und Kapitalumschlagshäufigkeit 1972			
	Umsatzgewinnrate		Kapitalumschlags- häufigkeit bezogen auf das Gesamtkapital	Cash Flow in % des Umsatzes
	vor Steuern	nach Steuern		
Eisen und Stahl	3,3 %	1,6 %	1,03	7,6 %
Chemie	7,3 %	3,6 %	1,07	11,4 %
Maschinenbau	5,9 %	3,7 %	1,18	8,5 %
Fahrzeugbau	6,6 %	3,1 %	1,95	9,5 %
Elektro	7,1 %	4,2 %	1,47	10,2 %
Textil	4,7 %	3,3 %	1,64	7,6 %
Großhandel	3,7 %	2,5 %	2,64	3,7 %

(Quelle: Sonderdruck der Deutschen Bundesbank, Jahresabschlüsse ..., a.a.O.)

Die Branchendurchschnittswerte ergeben bei Multiplikation nicht die durchschnittliche Gesamtkapitalrentabilität, da die Fremdkapitalzinsen nicht mit einbezogen sind. Durch die Aufspaltung des RoI in die Komponenten Umsatzgewinnrate und Kapitalumschlag wird die Ermittlung der Ursachen für Abweichungen vom Branchendurchschnitt erleichtert. Die Umsatzgewinnrate gibt an, wieviel Gewinn dem Unternehmen durchschnittlich von DM 100,– Umsatz bleiben. Sie wird durch die Aufwands- und Kostenstruktur bestimmt. Eine zu geringe Rentabilität kann somit durch zu hohe Kosten oder durch zu geringen Kapitalumschlag bedingt sein. Die Rentabilitätssituation einer Unternehmung läßt sich anhand eines Indifferenz-RoI-Diagramms veranschaulichen (vgl. Abb. 54).

Aus dem Diagramm ist gut erkennbar, daß eine bestimmte Rentabilität durch die unterschiedlichsten Kombinationen von Umsatzgewinnrate und Kapitalumschlag erzielt werden kann. Die geringe Rentabilität der in der Graphik als Beispiel wiedergegebenen Unternehmung beruht hauptsächlich auf einer zu geringen Umsatzgewinnrate. Dennoch wird zur Erreichung der Branchendurchschnittsrentabilität auch der Kapitalumschlag erhöht werden müssen, da sonst fast eine Verdreifachung der Umsatzgewinnrate (2,4%) erforderlich wäre.

Eine noch detailliertere Aufgliederung des RoI und damit auch eine detailliertere Ursachenforschung erfolgt im Rahmen der Analyse mit Kennzahlensystemen (siehe S. 285 f.).

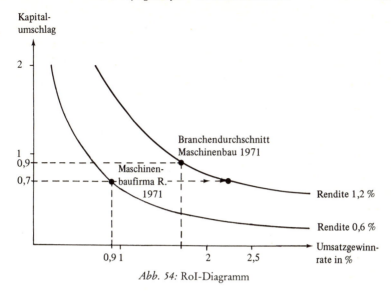

Abb. 54: RoI-Diagramm

b) Aktivitätskennzahlen

Aktivitätskennzahlen dienen der Charakterisierung und Kontrolle der Finanzpolitik einer Unternehmung. Zum einen sollen finanzwirtschaftliche Merkmale der *Ausnutzung des vorhandenen Vermögenspotentials* ermittelt, zum anderen der Umfang der *Investitionstätigkeit* dokumentiert werden. Die meisten Aktivitätskennzahlen stellen Umschlagshäufigkeiten dar und werden unter Einbeziehung des Umsatzes gebildet. Einer der wichtigsten Umschlagskoeffizienten ist der im vorigen Abschnitt angeführte Gesamtkapitalumschlag. Daneben können u. a. folgende Umsatzrelationen gebildet werden:

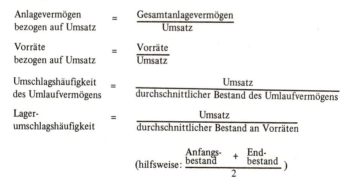

Personalwirtschaftliche Kennzahlen, die Hinweise auf die Produktivität geben, sind:

$$\frac{\text{Umsatz}}{\text{gesamte Personalkosten}}$$

$$\frac{\text{Umsatz}}{\text{Anzahl der Beschäftigten}}$$

Finanzwirtschaftlich bedeutsam sind auch die *Zahlungsziele,* die eine Unternehmung ihren Kunden einräumt bzw. bei ihren Lieferanten in Anspruch nimmt. Bei externer Analyse können diese Fristen nur annähernd berechnet werden, da von den Konstellationen am Bilanzstichtag ausgegangen werden muß, die nicht unbedingt für die ganze Periode charakteristisch sein müssen.

$$\text{Kundenziel} = \frac{\text{durchschnittlicher Bestand an Kundenforderungen} \times 365}{\text{Umsatz}}$$

$$\text{Lieferantenziel} = \frac{\text{durchschnittliche Verbindlichkeiten aus Lieferungen und Leistungen} \times 365}{\text{Wareneinkäufe in der Periode}}$$

Für die innerhalb eines Jahres getätigten Wareneinkäufe sind extern hilfsweise die Aufwendungen für Roh-, Hilfs- und Betriebsstoffe einschließlich bezogener Waren anzusetzen.

Zu den Aktivitätskennzahlen können auch Kenngrößen gerechnet werden, die über die *Investitions- und Abschreibungstätigkeit* einer Unternehmung Auskunft geben.

$$\text{Investitionsquote} = \frac{\text{Nettoinvestitionen im Sachanlagevermögen}}{\text{Buchwert der Sachanlagen am Jahresanfang}}$$

$$\text{Deckung der Nettoinvestitionen} = \frac{\text{Abschreibungen auf Sachanlagen}}{\text{Sachanlagenzugänge (= Nettoinvestitionen)}}$$

$$\text{Abschreibungsquote} = \frac{\text{Abschreibungen auf Sachanlagen}}{\text{Buchwert der Sachanlagen am Jahresende}}$$

Die Investitionsquote ist Maßstab für den Umfang der Investitionstätigkeit einer Unternehmung. Aus der Kennzahl „Deckung der Netto-Investitionen" läßt sich zum einen erkennen, inwieweit die Investitionen aus Abschreibungen finanzierbar waren und zum anderen, ob das Investitionsvolumen die Abschreibungen übertrifft und damit ein echter Zuwachs neben den erforderlichen Ersatzinvestitionen vorhanden ist. Die Abschreibungsquote läßt beim Betriebsvergleich erkennen, ob eine Unternehmung die branchenüblichen Abschreibungen vornimmt, oder ob zu geringe Abschreibungen getätigt werden, um zu einem höheren Gewinnausweis zu gelangen.

Die hier gegebene Darstellung der Kennzahlen mußte sich auf die wichtigsten beschränken. Darüber hinaus existieren noch viele weitere, wobei es sich jedoch häufig nur um Abwandlungen der hier aufgeführten handelt. Für ein weiterführendes Studium sei auf die angeführte Spezialliteratur verwiesen.

Literatur: Kennzahlenanalyse

Coenenberg, A. G., Jahresabschluß und Jahresabschluß-Analyse, München 1974, S. 307–398; *Härle, D.,* Finanzierungsregeln und ihre Problematik, Wiesbaden 1961; *Hofmann, R.,* Bilanzkennzahlen, 3. Aufl., Opladen 1973; *Vogler, G., Mattes, H.,* Theorie und Praxis der Bilanzanalyse, Berlin 1975; *Lachnit, L.,* Die betriebswirtschaftliche Kennzahl Cash Flow, in: WIST, Heft 5, Mai 1975, S. 218–224; *RKW,* Return on investment in der Praxis, Stuttgart 1968; *Leffson, U.,* Bilanzanalyse, Stuttgart 1976.

Fragen: Kennzahlenanalyse

1. Welche Arten von Kennzahlen können unterschieden werden?
2. Welche Vorteile weisen dynamische (stromgrößenorientierte) Liquiditätskennzahlen gegenüber den statischen Liquiditätsgraden auf?
3. Erläutern Sie die Mängel und Probleme der externen Finanzanalyse auf der Basis von Kennzahlen!
4. Nach welchen Gesichtspunkten ist der Gewinn (Jahresüberschuß) im Rahmen der Erfolgsanalyse zu zerlegen?
5. Was versteht man unter „Cash Flow"? Wie wird er berechnet?
6. Zu welchen Analyseaussagen wird die Kennziffer Cash Flow herangezogen?
   Welche Probleme treten bei der Anwendung der Kennziffer, insbesondere bei finanzwirtschaftlicher Interpretation, auf?
7. Welche Analysezielsetzung verfolgt die Kennzahl „betriebliche Nettoeinnahmen"?
8. Worin unterscheidet sich die Kennzahl „Return on Investment" von der Gesamtkapitalrentabilität?
9. Praktisches Beispiel einer externen Finanzanalyse auf der Basis eines veröffentlichten Jahresabschlusses (siehe abgedruckte Bilanz und GuV S. 282–284):
   a) Beurteilen Sie die Bilanzen 1970 und 1971 mit statischen Strukturregeln!
   Wodurch sind die erheblichen Abweichungen vom Branchendurchschnitt (Maschinenbau) in der Kapitalstruktur und auch in der Vermögensstruktur bedingt?
   b) Wie beurteilen Sie die Kapitalaufbringung der Unternehmung? Welchen Einfluß haben die Besonderheiten der Finanzierung auf die Vermögensstruktur?
   c) Beurteilen Sie die Erfolgsentwicklung der Unternehmung von 1970 bis 1971!
   Welche Prognose kann für das Jahr 1972 gestellt werden?
   d) Geben Sie eine Gesamtbeurteilung der finanz- und erfolgswirtschaftlichen Lage der Unternehmung!

D I: Kennzahlenanalyse

Bilanz zum 30. Juni 1971

Aktiva

	Stand am 1. 7. 1970	Zugänge	Umbuchungen	Abgänge	Abschreibungen	Stand am 30. 6. 1971	Stand am 30. 6. 1970
						DM	in 1 000 DM
Anlagevermögen							
Sachanlagen							
Grundstücke mit Geschäfts-, Fabrik- und anderen Bauten	6 156 770,−	1 455 016,92	+ 223 392,43	12 682,−	592 988,35	7 229 509,−	
Grundstücke und grundstücksgleiche Rechte mit Wohnbauten	467 454,−	−,−	−,−	670,−	14 844,−	451 940,−	
Grundstücke ohne Bauten	44 814,−	157 139,−	−,−	−,−	−,−	201 953,−	
Maschinen und maschinelle Anlagen	4 485 392,−	2 080 343,11	+1 482 055,98	39,−	1 459 829,09	6 587 923,−	
Betriebs- und Geschäftsausstattung	1 780 349,−	1 067 888,−	+ 248 966,29	18 631,−	871 334,29	2 207 238,−	
Anlagen im Bau und Anzahlungen	1 110 109,56	1 531 770,02	−1 954 414,70	24 039,66	−,−	663 425,22	
	14 044 888,56	6 292 157,05	−,−	56 061,66	2 938 995,73	17 341 988,22	14 045
Finanzanlagen							
Wertpapiere des Anlagevermögens	59 295,−	−,−	−,−	−,−	−,−	59 295,−	
Ausleihungen mit einer Laufzeit von mindestens vier Jahren	187 361,04	25 846,10	−,−	15 545,90	3 502,80	194 158,44	
	246 656,04	25 846,10	−,−	15 545,90	3 502,80	253 453,44	246
	14 291 544,60	6 318 003,15	−,−	71 607,56	2 942 498,53	17 595 441,66	14 291

Umlaufvermögen

Vorräte		
Roh-, Hilfs- und Betriebsstoffe	4 446 120,05	3 571
Unfertige Erzeugnisse	37 594 808,92	16 369
Fertige Erzeugnisse	783 506,90	982
	42 824 435,87	20 922
Andere Gegenstände des Umlaufvermögens		
Geleistete Anzahlungen (davon an verbundene Unternehmen: 2 010 191,30 DM)	10 692 749,53	5 000
Forderungen aus Lieferungen und Leistungen	17 949 381,85	13 501
(davon mit einer Restlaufzeit von mehr als einem Jahr 829 282,77 DM)		
Wechsel (davon bundesbankfähig 234 870,87 DM)	234 870,87	294
Kassenbestand, Bundesbank- und Postscheckguthaben	121 887,60	100
Guthaben bei Kreditinstituten	10 150 371,68	18 295
Forderungen an verbundene Unternehmen	788 935,09	15 809
Forderungen aus Krediten nach § 89 AktG	115 000,−	95
Sonstige Vermögensgegenstände	90 258,44	376
	40 143 455,06	53 560

Rechnungsabgrenzungsposten		
Disagio	12 208,−	17
Sonstiges	75 413,87	55
	87 621,87	72
	100 650 954,46	88 845

Lastenausgleichsvermögensabgabe:

Gegenwartswert am 30. Juni 1971	706 361,03 DM
Vierteljahresbetrag	26 892,60 DM

Haftungsverhältnisse (in Klammern: davon gegenüber verbundenen Unternehmen):

Verbindlichkeiten aus der Begebung und Übertragung von Wechseln	1 713 716,68 DM	(262 827,79 DM)
Verbindlichkeiten aus Bürgschaften	918 700,− DM	(918 700,− DM)
Treuhandvermögen/-verbindlichkeit	21 129,10 DM	

I: Kennzahlenanalyse – Kontrollfragen

		Passiva Stand am 30. 6. 1971	Stand am 30. 6. 1970
		DM	in 1000 DM
Grundkapital		6 000 000,—	6 000
Rücklagen			
Gesetzliche Rücklage	1 850 000,—		1 850
Andere Rücklagen	2 750 000,—		2 750
		4 600 000,—	4 600
Paul-Reusch-Jugendstiftung		20 000,—	20
Pauschalwertberichtigung zu Forderungen		391 502,—	386
Rückstellungen			
Pensionsrückstellungen	9 147 655,—		8 618
Andere Rückstellungen	6 621 141,33		3 616
		15 768 796,33	12 234
Verbindlichkeiten mit einer Laufzeit von mindestens vier Jahren			
Verbindlichkeiten gegenüber Kreditinstituten	1 864 315,34		2 359
(davon durch Grundpfandrechte gesichert: 1 864 315,34 DM)			
Sonstige Verbindlichkeiten	335 375,33		344
(davon gegenüber verbundenen Unternehmen 11 760,— DM durch Grundpfandrechte gesichert 322 118,87 DM)			
insgesamt sind vor Ablauf von vier Jahren fällig: 1 713 285,– DM		2 199 690,67	2 703
Anzahlungen und Kredite zur Finanzierung von Kundenaufträgen			
Erhaltene Anzahlungen	59 153 146,17		55 489
(davon von verbundenen Unternehmen 2 947 356,– DM)			
Verbindlichkeiten gegenüber Kreditinstituten	252 007,58		470
		59 405 153,75	55 959
Andere Verbindlichkeiten			
Verbindlichkeiten aus Lieferungen und Leistungen	8 610 991,06		4 394
Verbindlichkeiten gegenüber verbundenen Unternehmen	761 528,29		97
Sonstige Verbindlichkeiten	2 210 943,71		1 849
		11 583 463,06	6 340
Rechnungsabgrenzungsposten		71 959,15	—
Bilanzgewinn		610 389,50	603
		100 650 954,46	88 845

Vermerk nach § 159 AktG:
Pensionszahlungen betrugen im Geschäftsjahr 1970/71: 398 127,– DM
Voraussichtliche Entwicklung dieser Zahlungen in den Folgejahren:

1970/71	1971/72	1972/73	1973/74	1974/75	1975/76
100%	108%	119%	133%	164%	179%

Gewinn- und Verlustrechnung für das Geschäftsjahr 1970/71

		1970/71	1969/70
		DM	in 1000 DM
Umsatzerlöse	68 482 520,08		53 880
./. Umsatzsteuer	5 555 602,63		4 028
	62 926 917,45		49 852
Bestandsveränderungen bei Erzeugnissen	+21 026 575,44		+3 506
	83 953 492,89		53 358
Andere aktivierte Eigenleistungen		191 205,76	247
Gesamtleistung		84 144 698,65	53 605
Stoffaufwand		46 308 409,30	24 126
Rohertrag		37 836 289,35	29 479
Erträge aus anderen Finanzanlagen	17 518,21		17
Sonstige Zinsen und ähnliche Erträge	2 253 214,80		2 629
Erträge aus Anlagenabgängen	240 123,37		39
Erträge aus Herabsetzung der Pauschalwertberichtigung zu Forderungen	–,–		2
Erträge aus Auflösung von Rückstellungen	71 434,80		481
Sonstige Erträge	745 609,69		297
(davon außerordentliche: 568 631,28 DM)		3 327 900,87	3 465
		41 164 190,22	32 944
Löhne und Gehälter	24 755 951,09		21 311
Soziale Abgaben	2 654 600,85		2 202
Aufwendungen für Altersversorgung und Unterstützung	1 099 770,24		971
Abschreibungen auf Sachanlagen	2 938 995,73		2 053
Abschreibungen auf Finanzanlagen	3 502,80		2
Verluste aus Wertminderungen oder dem Abgang von „Anderen Gegenständen des Umlaufvermögens" und Einstellung in die Pauschalwertberichtigung zu Forderungen	107 392,41		7
Verluste aus Anlagenabgängen	37 318,66		2
Zinsen und ähnliche Aufwendungen	376 203,90		483
Steuern:			
vom Einkommen, vom Ertrag und vom Vermögen	874 786,81		360
Sonstige	16 313,20		22
Sonderumsatzsteuer	44,38		167
	891 144,39		549
Lastenausgleichsvermögensabgabe	107 655,07		107
Sonstige Aufwendungen	7 584 119,36		4 654
		40 556 654,50	32 341
Jahresüberschuß		607 535,72	603
Gewinnvortrag aus Vorjahr		2 853,78	–
Bilanzgewinn		610 389,50	603

II. Kennzahlensysteme

Einzelne Kennzahlen besitzen – wie bereits mehrmals dargelegt wurde – nur eine sehr begrenzte Aussagefähigkeit. Sowohl in der Theorie als auch in der Praxis gibt es daher verschiedene Ansätze, aus den zunächst ungeordnet nebeneinander stehenden Kennzahlen Systeme zu bilden, die bestimmten Zielsetzungen gerecht werden. Bei der Bildung dieser Kennzahlensysteme lassen sich zwei grundsätzlich unterschiedliche Vorgehensweisen unterscheiden. Die erste Gruppe von Kennzahlensystemen, die hier als deduktive Systeme bezeichnet werden, geht von Spitzenkennzahlen aus, die die betrieblichen Oberziele repräsentieren und bildet dann auf logisch deduktivem Wege weitere Kennzahlen im Sinne einer Mittel-Zweck-Hierarchie. Eine empirische Überprüfung der Systeme, ob sie den jeweiligen Analysezielsetzungen optimal entsprechen, findet nicht statt.

Die zweite Gruppe von Kennzahlensystemen, die hier als empirisch-induktive bezeichnet werden, wird dagegen unter Anwendung mathematisch-statistischer Verfahren auf der Grundlage empirischen Datenmaterials gewonnen. Auswahlkriterium für ein Zahlensystem ist dabei, wie gut dieses einer bestimmten Analysezielsetzung genügt. Dominierendes Analyseziel in der Literatur ist bisher die Insolvenzprognose, so daß die empirisch-induktiven Systeme auch als Insolvenzprognosemodelle bekannt sind.

1. Logisch-deduktive Kennzahlensysteme

Der Aufbau von Kennzahlensystemen hat sich an den beabsichtigten Funktionen zu orientieren. Grundsätzlich können sie zur betrieblichen **Planung, Kontrolle** und **Steuerung** herangezogen werden. Die Kontrolle kann dabei sowohl innerbetrieblich als Vergleich von Soll- mit Istwerten als auch als zwischenbetrieblicher Vergleich erfolgen. Im Bereich der Planung können die Kennzahlen zum einen Prognosewerte, zum anderen Vorgabewerte darstellen. Das bekannteste logisch-deduktive Kennzahlensystem ist das Du Pont-System of Financial Control.

a) Du Pont-System

Das auf die amerikanische Firma Du Pont de Nemours & Co. zurückgehende Kennzahlensystem basiert auf dem **Return on Investment** als zentraler finanzwirtschaftlicher Zielsetzung der Unternehmung und damit auch als Spitzenkennzahl im System. Die Komponenten des RoI, Kapitalumschlag und Umsatzgewinnrate werden in ihre Bestimmungsfaktoren aufgegliedert. Das investierte Kapital wird dabei nach der Zusammensetzung des Vermögens, der Gewinn in seine Erlös- und Kostenbestandteile zerlegt. Bei interner Analyse auf der Grundlage einer Teilkostenrechnung ergibt sich der Gewinn aus Deckungsbeitrag minus fixe Kosten (siehe Abb. 55: Du Pont-System bei Teilkostenrechnung).

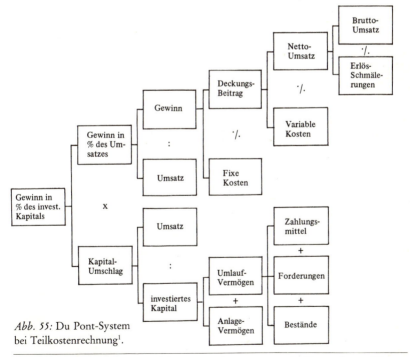

Abb. 55: Du Pont-System bei Teilkostenrechnung[1].

---

[1] Vgl. Staehle, W. H., Kennzahlensysteme als Instrumente der Unternehmensführung, WIST, Heft 5, Mai 1973, S. 224.

Liegt dagegen eine Vollkostenrechnung vor, so ist folgende Aufspaltung des Gewinns zweckmäßig:

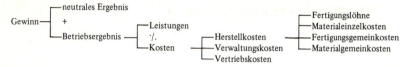

Bei interner Analyse können weitere Verfeinerungen, die auf speziellen Gegebenheiten des jeweiligen Betriebes abstellen, vorgenommen werden. Erfolgt dagegen eine externe Finanzanalyse, so steht nur das Datenmaterial aus Bilanz und Gewinn- und Verlustrechnung zur Verfügung und die Aufspaltung des Gewinns muß auf der Basis von Erträgen und Aufwendungen erfolgen.

Auch eine Aufteilung in „ordentliches betriebsbedingtes", „ordentliches neutrales" und „außerordentliches" Ergebnis, wie es im Abschnitt Kennzahlenanalyse beschrieben wird, ist zweckmäßig (vgl. S. 265 ff.).

Primär stellt das Du Pont-System auf die **Analyse** und **Kontrolle** ab; es ist jedoch auch zur **Planung** und Integration in die Budgetrechnung vorgesehen. Um diesen Anforderungen zu genügen, wird vorgeschlagen, die Kennzahlen des Systems mindestens für einen Zeitraum von fünf Jahren rückwirkend zu errechnen, um einen ausreichend abgesicherten Zeitvergleich durchführen zu können. Auf dieser Basis lassen sich Prognosewerte für zukünftige Perioden ermitteln. Werden Budgetansätze in das System eingesetzt, so erhält man Soll-Kennzahlen, die als Vorgabewerte fungieren können. In gleicher Weise wie beim RoI (siehe dort!) kann das Du Pont-System auch auf Teilbereiche einer Unternehmung angewandt werden und somit z. B. auch für Abteilungen Richtwerte setzen.

b) „Pyramid Structure of Ratios"-System

Das vom British Institute of Management 1956 vorgeschlagene Kennzahlensystem lehnt sich sehr stark an das Du-Pont-System an und beinhaltet als obersten Erfolgsmaßstab ebenfalls den RoI. Da es aber speziell für den **Betriebsvergleich** entworfen wurde, werden bei der weiteren Aufspaltung anstelle von absoluten Zahlen, die sich für den Vergleich nicht eignen, Verhältniszahlen verwendet. Es erfolgt jeweils eine Relativierung zum Umsatz.

c) ZVEI-System

Vom Zentralverband der Elektrotechnischen Industrie (ZVEI) in der Bundesrepublik wurde ein sehr detailliertes und umfangreiches Kennzahlensystem entworfen. Es soll sowohl der Analyse im Zeit- und Betriebsvergleich, als auch der Planung durch die Schaffung geeigneter Zielgrößen dienen. Das System zerfällt in die zwei Analysekategorien Unternehmenswachstum und -struktur. Die **Wachstumsanalyse** erfolgt durch Vergleich wichtiger Erfolgsindikatoren. Bei der **Strukturanalyse** wird die Wirkung des Leverage-Effekts, die im Du

II 1: Logisch-deduktive Systeme (ZVEI)

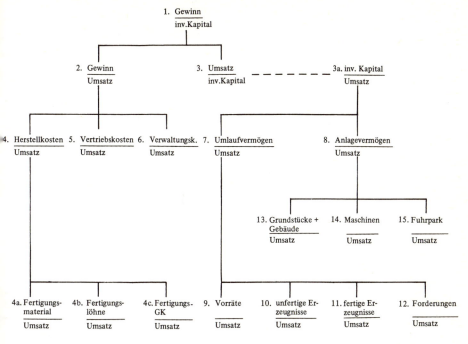

Abb. 56: Pyramid Structure of Ratios.[2]

Pont-System außer Ansatz bleibt, mit einbezogen. Primärkennzahl ist daher die *Eigenkapitalrentabilität*. Analyseschwerpunkte bilden die Rentabilität ausgehend vom RoI, die Ergebnisstruktur, die Kapitalstruktur und die Kapitalbindung. Auf die ausführliche Darstellung des über 100 Kennzahlen umfassenden ZVEI-Systems muß hier verzichtet werden. Das Schaubild auf S. 288 (Abb. 57) gibt einen schematischen Überblick über den grundlegenden Aufbau des Kennzahlensystems.

Die hier vorgestellten Kennzahlensysteme gehen überwiegend von Daten der Finanzbuchhaltung aus. Dadurch sind die Systeme auch für die externe Finanzanalyse und für den zwischenbetrieblichen Vergleich geeignet. Bei interner Analyse kann mehr auf spezielle Branchenerfordernisse und betriebsindividuelle Gegebenheiten abgestellt werden. Hierbei ist es zweckmäßig, in stärkerem Umfang auf Zahlenmaterial der Betriebsbuchhaltung abzustellen. Als innerbetriebliche Zielvorgaben sind meist Mengen- und Zeitgrößen besser geeignet als Finanzdaten, so daß innerbetriebliche Kennzahlensysteme auch diese Dimensionen mit einbeziehen müssen.

---

[2] Vgl. Staehle, W. H., a.a.O.

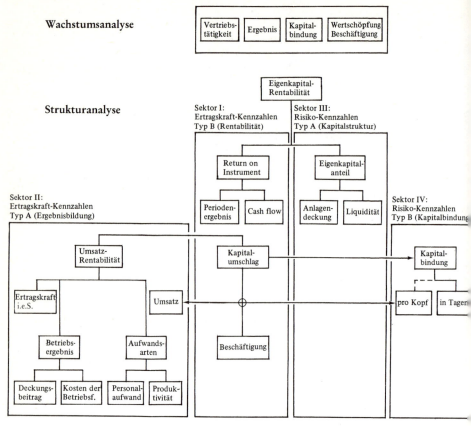

Abb. 57: Grundstruktur des ZVEI-Kennzahlensystems.[3]

2. Empirisch-induktive Kennzahlensysteme

Empirisch-induktive Kennzahlensysteme basieren auf mathematisch-statistischen Tests und Auswahlverfahren. Aus der Vielzahl der Kennzahlen werden mit Hilfe dieser Verfahren diejenigen ausgewählt, die den jeweils gestellten Anforderungskriterien am besten genügen.

Zentrales Kriterium ist hierbei die **„Predictive Power"**, d. h. die **Prognosequalität** einer Kennzahl. Die meisten empirischen Untersuchungen stellen auf die Qualität der Trennung in „gesunde" und „kranke" Unternehmen ab, wobei jedoch die Grenze zwischen „gesund" und „krank" graduell sehr unterschiedlich gezogen werden kann. Am operationalsten ist die Gleichsetzung von „krank" mit insolvenzgefährdet. Bei den bestehenden empirisch-induktiven Kennzahlensystemen wurden daher die Kennzahlen im Hinblick auf ihre Trennfähigkeit zwischen insolvenzgefährdeten und nicht gefährdeten Unternehmen ausgewählt.

---

[3] Vgl. Staehle, W. H., a.a.O.

II 2: Empirisch-induktive Systeme (Beaver)

Es können jedoch auch Kennzahlensysteme gebildet werden, die zwischen voraussichtlich „erfolgreichen" und „weniger erfolgreichen" Unternehmen trennen, ohne daß die zweite Gruppe deswegen insolvenzgefährdet sein müßte.

Als statistische Verfahren zur Bildung empirischer Kennzahlensysteme eignen sich Profilanalyse, paarweise und nicht paarweise Klassifikationstests, Diskriminanz- und Cluster-Analyse. Eine Darstellung der mathematischen Durchführung kann hier nicht erfolgen und es sei diesbezüglich auf die Spezialliteratur verwiesen; es soll nur der grundsätzliche Ablauf stark vereinfacht wiedergegeben werden. Das ex post Untersuchungsmaterial wird in zwei Gruppen geteilt, in die der guten Unternehmen und in die der schlechten bzw. insolvent gewordenen Unternehmen. Dann werden aus der Vielzahl der Kennzahlen diejenigen ermittelt, welche die beiden Gruppen mit möglichst hoher Wahrscheinlichkeit trennen. Der so ermittelte Kennzahlenkatalog kann teilweise reduziert werden, wenn die Kennzahlen, die dasselbe messen, also stark positiv korreliert sind, noch ausgesondert werden. Zurück bleiben die diskriminierendsten, d. h. trennfähigsten Kennzahlen, die weitgehend voneinander unabhängig sind.

Die derzeit bedeutendsten empirischen Untersuchungen stammen von Altman und Beaver für den amerikanischen und von Weibel für den deutschen Sprachraum. Daneben haben aber auch Deakin, Edmister, Fitz Patrick und Tamari wesentliche Beiträge zur empirischen Kennzahlenanalyse geleistet.[4] Bei allen Untersuchungen hat sich übereinstimmend gezeigt, daß gescheiterte Unternehmen innerhalb eines Zeitraums von maximal fünf Jahren vor dem Zusammenbruch andere Kennzahlenprofile aufweisen als solvent gebliebene Vergleichsunternehmen. Stellvertretend für die anderen Untersuchungen seien hier kurz die Ergebnisse von Beaver und Weibel wiedergegeben. Die auf ausländischen Bilanzierungsvorschriften beruhenden Erkenntnisse sind jedoch nur mit Vorbehalt auf deutsche Verhältnisse anwendbar.

a) Kennzahlensystem nach Beaver

Beaver verglich 79 „schlechte" Firmen mit der gleichen Anzahl „guter" Firmen, die jeweils paarweise in bezug auf das Tätigkeitsgebiet und die Bilanzsumme ähnlich waren. Aufgrund der statistischen Auswertung kam er zu dem Schluß, daß folgende sechs Kennzahlen eine hohe prognostische Trennfähigkeit besitzen:
- Cash Flow zu Fremdkapital,
- Reingewinn zu Gesamtkapital,
- Fremdkapital zu Gesamtkapital,
- Working Capital zu Gesamtkapital,

---

[4] Vgl. Altmann, E., Corporate Bankruptcy in America, Heath Lexington Books, Massachusetts 1971; Beaver, W., Financial Ratios as Predictors of Failure, in: Empirical Research in Accounting: Selected Studies 1966, Supplement to: Journal of Accounting Research, Vol. 4, 1966, S. 71–111; Deakin, E., A Diskriminant Analysis of Predictors of Failure, in: Journal of Accounting Research, Vol. 10, Nr. 1, 1972, S. 167–180; Edmister, R., An Empirical Test of Financial Ratio Analysis for Small Business Failure Prediction, in: Journal of Financial and Quantitative Analysis, März 1972, S. 1477–1493; Fitz Patrick, P. J., A Comparison of Ratios of Successful Industrial Enterprises with Those of Failed Firms, in: Certified Public Accountant, Okt., Nov. und Dez. 1932, S. 598–605, 656–662 und 727–731; Tamari, M., Finanzwirtschaftliche Kennzahlen als Mittel zur Vorhersage von Insolvenzen, in: Management International Review, Nr. 4, 1966, S. 29 ff.

- Umlaufvermögen zu kurzfristigem Fremdkapital (Liquidität 3. Grades, Current ratio),
- bald verfügbare Geldmittel minus kurzfristiges Fremdkapital zu Betriebsaufwendungen vor Abschreibungen (No-credit interval).

Die größte Bedeutung mißt Beaver der Kennzahl Cash Flow/Fremdkapital bei, da er bei ihr die geringste Irrtumswahrscheinlichkeit ermittelte. Auch die im Zähler ebenfalls aus einer Stromgröße bestehende Kennzahl Reingewinn/Gesamtkapital wies eine größere Prognosekraft auf als die rein bestandsorientierten Kennzahlen. Nach den Ergebnissen von Beaver empfiehlt es sich daher, bei der Finanzanalyse insbesondere stromgrößenorientierte Kennzahlen zu verwenden. Die statische Kennzahl Fremdkapital zu Gesamtkapital wies bei den insolvent gewordenen Unternehmen in den letzten fünf Jahren vor dem Zusammenbruch vielfach einen starken Anstieg auf, d. h. es wurde immer stärker fremdfinanziert. Es wäre jedoch eine Mißinterpretation der statistischen Ergebnisse, wenn hieraus der Schluß gezogen würde, daß hohe Fremdfinanzierung zwangsläufig zur Insolvenz führen muß. Es ist auch mit Hilfe der empirischen Kennzahlenforschung nicht möglich, den „gesunden" oder „ungesunden" Grad an Fremdfinanzierung unabhängig von den übrigen betrieblichen Gegebenheiten festzulegen. Nur im Rahmen einer Gesamtanalyse bzw. durch eine Analyse mit einem Kennzahlensystem von mindestens fünf bis sechs Kennzahlen kann eine qualifizierte Prognoseaussage erfolgen.

b) Kennzahlensystem nach Weibel

Zu einem ähnlichen Ergebnis wie Beaver kam auch Weibel, der 36 solvente mit 36 insolventen Unternehmungen aus der schweizerischen Bau-, Uhren-, Metall- und Bekleidungsindustrie verglich. Er ermittelte folgende sechs Kennzahlen als besonders trennfähig:
1. Cash Flow zu kurzfristigem Fremkapital,
2. Umlaufvermögen zu kurzfristigem Fremdkapital,
3. bald verfügbare Geldmittel minus kurzfristiges Fremdkapital zu Betriebsaufwendungen vor Abschreibungen,
4. (durchschnittlicher Lagerbestand zu Materialaufwendungen) × 365,
5. (durchschnittlicher Kreditbestand zu Wareneinkauf) × 365,
6. Fremdkapital zu Gesamtkapital.

Für eine zu beurteilende Unternehmung sind diese Kennzahlen zu ermitteln und mit den aus den empirischen Untersuchungen gewonnenen kritischen Werten zu vergleichen. Dies kann mit Hilfe einer Graphik erfolgen, in der die Werte der sechs Kennzahlen für den 80% aller Fälle umfassenden Interdezilbereich D_1 bis D_9 (D = Dezile) der guten und schlechten Risiken eingetragen sind (vgl. Abb. 58)

Bei jeder Kennzahl tritt dabei eine „graue Zone" auf, d. h. ein Werteintervall, in dem sowohl „gute" als auch „schlechte" Unternehmen liegen (Raster – Bereich in der Graphik!). Je kleiner dieses Intervall ist, um so trennschärfer ist eine Kennzahl. Liegen bei einem Unternehmen alle sechs Kennzahlen außerhalb des Gefährdungsbereichs, so ist ein Zusammenbruch des Unternehmens in naher Zukunft sehr unwahrscheinlich. Fallen dagegen mehr als 3 Kennzahlenwerte eindeutig in den Interdezilbereich der schlechten Risiken, so ist das Unternehmen sehr gefährdet und es muß damit gerechnet werden, daß es insolvent wird. Unternehmen, bei denen weniger als drei Kennzahlen im kritischen Bereich liegen, oder bei denen mehrere Kennzahlenwerte auf die „graue Zone" entfallen,

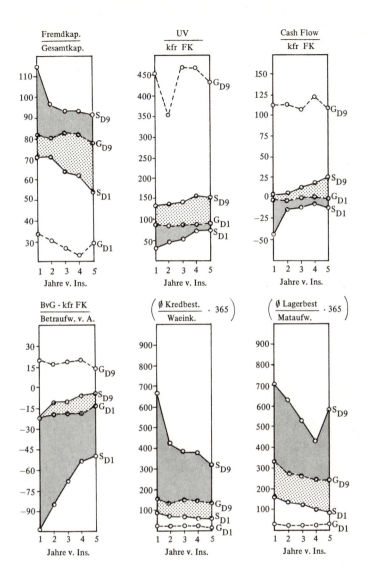

Abb. 58: Kennzahlensystem nach Weibel

Quelle: Weibel, P. F., a.a.O., S. 235.

können nicht eindeutig zugeordnet werden und es sind zusätzliche Analysen durchzuführen.

Die empirisch-induktiven Kennzahlensysteme versprechen bei der Insolvenzprognose teilweise sehr gute Ergebnisse, wie Vorhersagetreffsicherheiten bis zu 90%. Dies gilt allerdings jeweils nur für den national und branchenspezifisch begrenzten Bereich, für den sie konzipiert sind. Sie beweisen jedoch, daß die in der wissenschaftlichen Literatur vielfach kritisierte Kennzahlenanalyse bei richtigem Einsatz wertvolle Ergebnisse für die Praxis liefern kann.

Literatur: Kennzahlensysteme

a) Logisch-deduktive Systeme

Staehle, W. H., Kennzahlen und Kennzahlensysteme als Mittel der Organisation und Führung von Unternehmen, Wiesbaden 1969; *derselbe*, Kennzahlensysteme als Instrumente der Unternehmensführung, in WIST, Heft 5, Mai 1973, S. 222–228; *Kern, W.*, Kennzahlensysteme als Niederschlag interdependenter Unternehmensplanung, in: ZfbF, 1971, S. 701–718; *Lachnit, L.*, Kennzahlensysteme als Instrument der Unternehmensanalyse, dargestellt an einem Zahlenbeispiel, in: Die Wirtschaftsprüfung, 1975, S. 39-51; Betriebswirtschaftlicher Ausschuß des Zentralverbandes der Elektrotechnischen Industrie e. V. (Hrsg.), ZVEI-Kennzahlensystem. Ein Instrument zur Unternehmenssteuerung, Frankfurt/Main 1970.

b) Empirisch-induktive Systeme

Weibel, P. F., Die Aussagefähigkeit von Kriterien zur Bonitätsbeurteilung im Kreditgeschäft der Banken, Bern 1973; *Altmann, E. J.*, Corporate Bankruptcy in America, Lexington 1971; *Beaver, W.*, Financial Ratios as Predictors of Failure, in: Empirical Research in Accounting: Selected Studies 1966 (Supplement to Journal of Accounting Research, Vol. 4, 1966), S. 71–111; *Büschgen, H. E.*, Zunehmende Fremdfinanzierung als Insolvenzgefahr, in: BFuP, 1975, S. 93–109; *Steiner, M., Rössler, M.*, Zukunftsorientierte Bilanzanalyse und ihre Prognosequalität, in: BFuP, Heft 5, 1976, S. 440–453; *Beermann, K.*, Prognosemöglichkeiten von Kapitalverlusten mit Hilfe von Jahresabschlüssen, Düsseldorf 1976; *Perlitz, M.*, Die Prognose des Unternehmenswachstums aus Jahresabschlüssen deutscher Aktiengesellschaften, Wiesbaden 1973.

Fragen: Kennzahlensysteme

1. Wozu dienen die logisch-deduktiven Kennzahlensysteme?
2. Welche Spitzenkennzahl, „Return on Investment" oder Eigenkapitalrentabilität, ist vorteilhafter?
3. Erarbeiten Sie für die bei den Fragen zur Kennzahlenanalyse (S. 282 ff.) gegebene Bilanz und Gewinn- und Verlustrechnung die Kennzahlen und Werte entsprechend dem Du Pont-System!
4. Erläutern Sie die Vorgehensweise bei der Kennzahlenauswahl nach dem Kriterium der Prognosequalität!
5. Welche Erkenntnisse können aus den Ergebnissen der empirischen Untersuchungen zur Prognosequalität von Kennzahlen für die Finanzanalyse gezogen werden?

III. Kapitalflußrechnungen

1. Arten von Kapitalflußrechnungen

Kapitalflußrechnungen stellen **Zeitraumrechnungen** dar, bei denen im Gegensatz zur zeitpunktbezogenen Bilanz nicht Bestände an Vermögen und Kapital, sondern Bestandsveränderungen bzw. die zugrundeliegenden **Bewegungen** (Umsätze) ausgewiesen werden. Während die Gewinn- und Verlustrechnung, bei der es sich ebenfalls um eine Zeitraumrechnung handelt, nur erfolgswirksame Vorgänge erfaßt, beinhalten Kapitalflußrechnungen auch die erfolgsunwirksamen Bewegungen, da die Auswahl der Vorgänge nach anderen Gesichtspunkten erfolgt. Kapitalflußrechnungen sollen die Herkunft und Verwendung finanzieller Mittel, insbesondere liquiditätswirksame Umsätze darstellen und die Gründe für Veränderungen in Vermögen und Kapital offenlegen.[1]

Die Bezeichnung von zeitraumbezogenen Bewegungsrechnungen erfolgt in der Literatur nicht einheitlich. Neben dem Begriff Kapitalflußrechnung werden vor allem noch Finanzflußrechnung, Zeitraumbilanz, Finanzierungsrechnung, Fondsrechnung, Fonds Statement verwendet. Teilweise finden diese Begriffe jedoch auch für spezielle Unterformen der Kapitalflußrechnung Verwendung.

Die Erstellung von Kapitalflußrechnungen kann sowohl unternehmens**intern** als auch **extern** erfolgen und sich an Adressaten innerhalb und außerhalb der Unternehmung richten. Ferner kann die Rechnung **retrospektiv**, als Dokumentation vergangener Perioden, oder **prospektiv**, als Plan für zukünftige Perioden, aufgestellt werden.[2] Die Ausgestaltungsformen von Kapitalflußrechnungen differieren mit den Informationsbedürfnissen und -möglichkeiten der Adressaten. Kapitalflußrechnungen können prinzipiell erstellt werden
– aus **Bestandsgrößen** (Aktiv- und Passivposten der Bilanz) oder aus **Bewegungsgrößen** (Umsätze auf Konten);
– **ohne Fondsbildung** oder **mit Fondsausgliederung.**

Ferner kann bei Rechnungen, die auf Bewegungsgrößen basieren, eine
– Beschränkung auf **Umsätze der Bilanzkonten** oder eine Einbeziehung der Gewinn- und Verlustrechnung und damit Gegenüberstellung der **Umsätze auf Bilanz- und Erfolgskonten** erfolgen.

Die sich daraus ergebenden Möglichkeiten der Aufstellung von Zeitraumrechnungen sind in der Graphik (auf S. 294) Abb. 59 wiedergegeben.

Die einfachste Form einer Zeitraumrechnung, die auf dem Vergleich von Bilanzbeständen aufbaut, ist die Beständedifferenzenbilanz.

2. Beständedifferenzenbilanz

Bei externer Analyse bildet die Beständedifferenzenbilanz die Grundlage für die Erstellung von Kapitalflußrechnungen. Sie wird durch Saldierung der Bestände zweier aufeinander folgender Zeitpunktbilanzen gewonnen. Die sich ergebenden Differenzen bilden die Beständedifferenzenbilanz, wobei positive Beträge Bestandsmehrungen und negative Beträge Bestandsminderungen bedeuten. Auch bei der Beständedifferenzenbilanz muß sich auf beiden Bilanzseiten die

---

[1] Vgl. Käfer, K., Praxis der Kapitalflußrechnung, Stuttgart 1969, S. 12 f.
[2] Vgl. Busse von Colbe, W., Kapitalflußrechnungen als Berichts- und Planungsinstruments, in: Jacob, H. (Hrsg.), Kapitaldisposition, Kapitalflußrechnung und Liquiditätspolitik, Schriften zur Unternehmensführung, Bd. 6/7, Wiesbaden 1968, S. 9 ff.

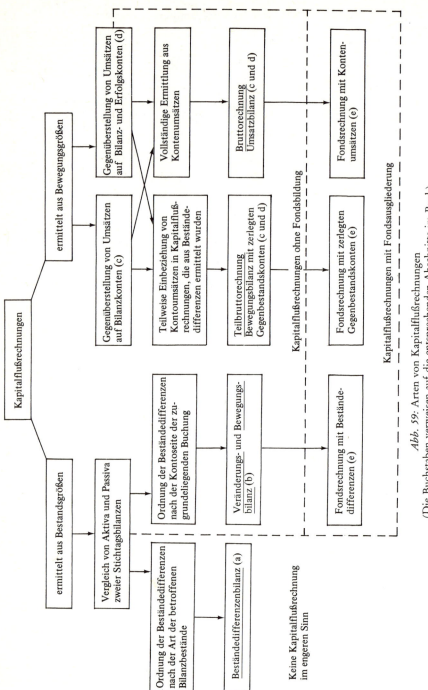

Abb. 59: Arten von Kapitalflußrechnungen
(Die Buchstaben verweisen auf die entsprechenden Abschnitte im Buch)

gleiche Summe ergeben. Das nachfolgende Beispiel zeigt die aus den verkürzten Bilanzen der Jahre 1970 und 1971 des VW-Konzerns gewonnene Beständedifferenzenbilanz (Saldenspalten).

Aktiva	1971	1970	Salden	Passiva	1971	1970	Salden
	Millionen DM				Millionen DM		
Anlagevermögen				Grundkapital	900	900	–
Sachanlagen	2.789	2.504	+ 285	Rücklagen	1.395	1.464	– 69
Finanzanlagen	999	692	+ 307	Sonderposten mit Rücklageanteil	132	114	+ 18
Umlaufvermögen				Pauschalwertberichtigung zu Forderungen	5	5	–
Vorräte	1.094	1.019	+ 75				
Andere Gegenstände des Umlaufvermögens				Rückstellungen			
Lieferungs- und Leistungsforderungen	90	100	– 10	Pensionsrückstellungen	579	475	+ 104
Flüssige Mittel	211	575	– 364	Andere Rückstellungen	921	694	+ 227
Eigene Aktien	40	–	+ 40	Langfristige Verbindlichkeiten	146	115	+ 31
Forderungen an verbundene Unternehmen	116	115	+ 1	Andere Verbindlichkeiten			
Übrige Vermögensgegenstände	203	259	– 56	aus Lieferungen und Leistungen	620	762	– 142
				gegenüber verbundenen Unternehmen	196	141	+ 55
				Übrige	567	427	+ 140
				Bilanzgewinn	81	167	– 86
	5.542	5.264	+ 278		5.542	5.264	+ 278

Abb. 60: Beispiel einer Beständedifferenzenbilanz

Bereits die Beständedifferenzenbilanz läßt die wichtigsten Bilanzveränderungen, wie etwa im dargestellten Beispiel die erhebliche Verringerung der liquiden Mittel, deutlich erkennen. Die Gliederung entspricht der der Stichtagsbilanz.

3. Veränderungsbilanz und Bewegungsbilanz

Werden die negativen Werte durch Übertrag auf die jeweils andere Seite der Bilanzgleichung zum Ausgleich gebracht, so erhält man die **Veränderungsbilanz**. Für sie gilt damit folgende Form der Bilanzgleichung:

$$\text{Aktivzunahmen } (A^+) + \text{Passivabnahmen } (P^-) = \text{Passivzunahmen } (P^+) + \text{Aktivabnahmen } (A^-)$$

Die Veränderungsbilanz für das bei der Beständedifferenzenbilanz angegebene Beispiel hat folgende Form:

A⁺ und P⁻		P⁺ und A⁻	
	TDM		TDM
Aktivzunahmen:		Passivzunahmen:	
Sachanlagen	285	Sonderposten mit Rücklage-	
Finanzanlagen	307	anteil	18
Vorräte	75	Pensionsrückstellungen	104
Eigene Aktien	40	Andere Rückstellungen	227
Forderungen an verbundene		Langfristige Verbindlich-	
Unternehmen	1	keiten	31
		Verbindlichkeiten gegen-	
Passivabnahmen:		über verbundenen Unter-	
Rücklagen	69	nehmen	55
Verbindlichkeiten aus		Sonstige Verbindlichkeiten	140
Lieferungen und			
Leistungen	142	Aktivabnahmen:	
Bilanzgewinn	86	Lieferungs- und Leistungs-	
		forderungen	10
		Flüssige Mittel	364
		Übrige Vermögensgegen-	
		stände	56
	1.005		1.005

Die Veränderungsbilanz ist nach Ansicht von Käfer noch als statische Darstellung einzustufen, die über das Verhalten von Beständen berichtet. Erst durch die Interpretation der Bestandsdifferenzen als Mittelbewegungen, die finanzwirtschaftliche Vorgänge anzeigen, erfolgt der Schritt zur Kapitalflußrechnung.[3] Bei der damit vorliegenden **Bewegungsbilanz** werden die Aktivzunahmen und Passivabnahmen als Mittelverwendung, die Passivzunahmen und Aktivabnahmen als Mittelherkunft angesehen.

Mittelverwendung	Mittelherkunft
Aktivzunahmen A⁺	Aktivabnahmen A⁻
Passivabnahmen P⁻	Passivzunahmen P+

Grundschema der Bewegungsbilanz

Entscheidend für den Aussagegehalt der Bewegungsbilanz ist ihre Gliederung. Bei der von Walter Bauer im Jahre 1926 entworfenen Bewegungsbilanz steht als Aussageziel die Ermittlung und Aufschlüsselung des Gewinns im Vordergrund, weshalb er seine Bilanz auch als „Gewinnverwendungsbilanz" bezeichnet.[4] Darüber hinaus wird die analytische Darstellung des Betriebsablaufs als Zielset-

---

[3] Vgl. Käfer, K., Praxis der Kapitalflußrechnung, a.a.O., S. 20 f.
[4] Vgl. Bauer, W., Die Bewegungsbilanz und ihre Anwendbarkeit insbesondere als Konzernbilanz, in: ZfbF, 20. Jg. (1926), S. 485–544.

zung für den Aufbau einer Bewegungsbilanz gesehen.[5] Dominierende Zielsetzung ist heute jedoch die Darlegung und Analyse finanzwirtschaftlicher Vorgänge einer Unternehmung innerhalb einer bestimmten Periode.[6] Die **Gliederung der Bewegungsbilanz** kann dabei auf Aussagen über das **gesamte Finanzgebaren der Unternehmung** oder speziell auf die Beurteilung der **Liquiditätsentwicklung** abgestellt werden. Bei der ersten Zielsetzung wird die Mittelherkunftsseite häufig nach Finanzierungsarten (Außen-, Innen-, Fremd-, Eigenfinanzierung) und die Mittelverwendungsseite nach Kategorien von Verwendungsarten (Investition, Schuldentilgung, Ausschüttung usw.) gegliedert. Soweit in den Geschäftsberichten deutscher Aktiengesellschaften Kapitalflußrechnungen enthalten sind, bauen sie weitgehend auf diesen Gliederungskriterien auf und werden dann vielfach auch als „Finanzierungsrechnungen" bezeichnet. Sollen mit der Bewegungsbilanz speziell Aussagen zur Liquiditätsentwicklung gewonnen werden, so ist eine Gliederung nach der Fristigkeit der Mittel bezüglich ihrer Herkunft einerseits und ihrer Bindungsdauer andererseits zweckmäßig. Je detaillierter und genauer die entsprechenden Zeiträume angegeben werden, um so präzisere Aussagen über die Liquiditätsentwicklung ergeben sich. Bei einer externen Analyse, die sich auf Stichtagsbilanzen stützt, kann die Fristigkeit der Mittel nur sehr grob bestimmt werden und an die Qualität der Liquiditätsbeurteilung können keine hohen Anforderungen gestellt werden. Intern dagegen ist die nach dem Gesichtspunkt der Fristigkeit gegliederte Bewegungsbilanz ein gutes Instrument sowohl für die Liquiditätsanalyse als auch für die Liquiditätsplanung.

Die nachfolgend verwendete Gliederung stellt auf die Analyse der gesamten finanziellen Vorgänge einer Periode ab und geht auf Flohr zurück.[7] Neben der Aufgliederung nach Finanzierungs- und Verwendungsarten berücksichtigt die Bewegungsbilanz auch horizontale Beziehungsverhältnisse, indem bestimmte Aufbringungsbeträge spezifischen Verwendungsformen gegenübergestellt werden.

---

[5] Vgl. z. B. Thomas, W., Bewegungs- und Wirkungsbilanzen, in: WPg, 10. Jg. (1957), S. 53–59.
[6] Vgl. Walb, E., Die finanzwirtschaftliche Bilanz, in: ZfbF, 20. Jg., 1942, S. 213–240; Flohr, G., Die Zeitraumbilanz, Berlin 1963.
[7] Flohr, G., Die Zeitraumbilanz, a.a.O., S. 60.

298 D III: Kapitalflußrechnungen

Mittelverwendung (Verwendungparte)	Mittelherkunft (i.T50) (Finanzierung parte)
I. Eigenkapitalminderung 603 *(Passivabnahme)* 1. Gewinnausschüttung 2. Kapitalentnahmen 3. Bilanzverlust —	**I.** Kapitaleinlagen *Außenfinanzierung* *– Eigenfinanzierung* *Passivzunahme*

II. Investitionen *(Aktivzunahme)*
1. Anlagevermögen
   netto 3297
  + Abschreibungen 2939
   brutto (Σ) 6236
2. Finanzinvestition
   netto 7
  + Abschreibungen 4
   brutto Σ 11
	II. Cash Flow
	Innenfinanzierung
	– Selbstfinanzierung
	– Finanzierung aus Abschreibungen
	– Finanzierung aus Rückstellungen
	1. Gewinn 610
	2. Rücklagenveränderung
	3. Abschreibungen 2943
	4. Veränderung der Rückstellungen 3540

III. Betriebsmittelzunahme 1. Vorrätemehrungen 21902 2. Krediteinräumungen	**III.** Betriebsmittelabnahme *Finanzierung durch Kapitalfreisetzung* 1. Vorräteabbau 2. Kreditabbau *(Aktivabnahme)* 517
IV. Schuldentilgung *(Passivabnahme)* lauf. Verb. 503	**IV.** Schuldenaufnahme 8763 *Außenfinanzierung* *– Fremdfinanzierung (kurzfr.)* 8268
V. Erhöhung der liquiden Mittel	**V.** Verminderung der liquiden Mittel 823

41189   32279   287 400

Abb. 61: Bewegungsbilanz, gegliedert nach Finanzierungs- und Verwendungsarten

Durch die Einbeziehung des Cash Flow in die Bewegungsbilanz wird die Mittelherkunftsseite gegenüber der Veränderungsbilanz um den Bilanzgewinn und die Abschreibungen ergänzt. Damit erfolgt ein Schritt in Richtung auf Erweiterung der Bewegungsbilanz durch Einbeziehung von Kontenumsätzen und Positionen der Erfolgsrechnung. Auf der Mittelverwendungsseite ist, um das Bilanzgleichgewicht wiederherzustellen, die in der Betrachtungsperiode getätigte Ausschüttung des Vorjahresgewinns aufzunehmen. Ferner sind die Investitionen brutto, d. h. unter Einbeziehung der Abschreibungen auszuweisen (vgl. hierzu die nachfolgenden Abschnitte 4 und 5).

Durch die Angabe von Prozentzahlen für die einzelnen Positionen der Mittelverwendung und Mittelherkunft kann die Übersichtlichkeit der Bewegungsbilanz für Analysezwecke gesteigert werden.

III 3: Bewegungsbilanz   299

Mittelverwendung		TDM	%
I. Eigenkapitalminderung			
1. Gewinnausschüttung	167	167	10,6
II. Investitionen (Brutto)			
1. Anlageinvestition netto	285		
+ Abschreibungen	544		
brutto	829	829	
2. Finanzinvestitionen netto	307		
+ Abschreibungen	19		
brutto	326	326	
		1.155	73,1
III. Betriebsmittelzunahme			
1. Vorrätemehrung	75		
2. Krediteinräumungen (Forderungen an verbundene Unternehmen)	1	76	4,8
IV. Schuldentilgung			
Verbindlichkeiten aus Lieferungen und Leistungen	142	142	9,0
V. Erhöhung liquider Mittel Eigene Aktien (Zuordnung auch zu Finanzinvestitionen möglich)	40	40	2,5
		1.580	100,0

Mittelherkunft		TDM	%
I. Kapitaleinlagen		–	–
II. Cash Flow (Umsatzüberschuß)			
1. Gewinn	– 69		
2. Rücklagen			
+ Sonderposten mit Rücklageanteil	+ 18 – 51	81	
3. Abschreibungen			
Sachanlagen	544		
Finanzanlagen	19	563	
4. Rückstellungen			
Pensionsrückstellungen	104		
Andere Rückstellungen	227	331	
		924	58,5
III. Betriebsmittelabnahme			
1. Vorräteabbau	–		
2. Kreditabbau Lieferungsforderungen	10		
3. Sonstiges Umlaufvermögen	56	66	4,2
IV. Schuldenaufnahme			
1. langfristige Verbindlichkeiten	31		
2. Verbindlichkeiten gegenüber verbundenen Unternehmen	55		
3. Sonstige Verbindlichkeiten	140	226	14,3
V. Minderung der liquiden Mittel		364	23,0
		1.580	100,0

Abb. 62: Bewegungsbilanz des VW-Konzerns für den Zeitraum 1970 bis 1971

4. Einbeziehung von Kontenumsätzen in Kapitalflußrechnungen (Brutto- und Teil-Brutto-Bewegungsrechnungen)

Die Aussagekraft bestandsorientierter Bewegungsrechnungen kann gesteigert werden, wenn die Bestandsveränderungen der Bilanzpositionen durch die sie verursachenden Kontenumsätze ersetzt werden. Damit erfolgt der Übergang zur echten stromgrößenorientierten Betrachtungsweise. Durch den Ausweis unsaldierter Umsätze werden die Vorgänge deutlich, die zum entsprechenden Bestandssaldo geführt haben. So ist es zum Beispiel bei Verbindlichkeiten informativ, neben der reinen Nettoveränderung auch die Zunahmen und Abnahmen des Verbindlichkeitskontos innerhalb des Jahres zu kennen. In der Bewegungsbilanz werden die Aufstockungen der Verbindlichkeiten unter Mittelherkunft, die Tilgungen als Mittelverwendung ausgewiesen. Allgemein gilt:

Soll-Umsätze auf Bestandskonten stellen **Mittelverwendung** dar; **Haben-Umsätze** auf Bestandskonten sind als **Mittelherkunft** zu interpretieren.

Bei externer Analyse stehen die Kontoumsätze nicht zur Verfügung, so daß eine vollständige Einbeziehung von Kontoumsätzen nur bei betriebsinterner Aufstellung von Kapitalflußrechnungen möglich ist. Teilweise sind jedoch auch extern für einige Bilanzpositionen die Umsätze oder wesentliche Bestandteile derselben aus dem Jahresabschluß bzw. Geschäftsbericht ersichtlich. Insbesondere bei aktienrechtlichen Jahresabschlüssen kann aufgrund des nach § 152 Abs. 1 AktG geforderten detaillierten Ausweises der Entwicklung des Anlagevermögens eine Zerlegung des Saldos der Anlagenbestände in die sie verursachenden Kontenumsätze, wie Zugänge, Abgänge, Zuschreibungen, Abschreibungen, Umbuchungen, erfolgen. Abgänge und Abschreibungen sind als Mittelherkunft, Zugänge und Zuschreibungen als Mittelverwendung zu betrachten.

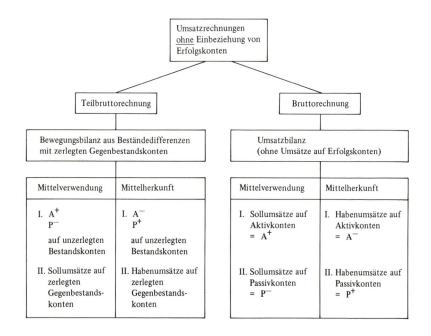

5. Einbeziehung der Erfolgsrechnung in Kapitalflußrechnungen

Kapitalflußrechnungen können erweitert werden, indem der ausgewiesene Gewinn bzw. die Gewinnveränderung teilweise oder ganz durch Erträge und Aufwendungen der Gewinn- und Verlustrechnung ersetzt wird.[8] Eine einfache Form stellt bereits der Ersatz der Gewinndifferenz durch Gewinnausschüttung (Mittelverwendung) und Bilanzgewinn (Mittelherkunft) dar, wie er im angeführten Beispiel zur Bewegungsbilanz vorgenommen wurde. Anstelle des Bilanzgewinns kann der **Jahresüberschuß** verwendet werden, was jedoch den Ausgleich der Rücklagenänderung erfordert (da sonst die Rücklagenveränderung sowohl als Mittelverwendung als auch als Mittelherkunft erscheint). Der Informationsgewinn wird in diesem Fall durch einen Informationsverlust kompensiert.

Eine tiefer gehende Einbeziehung der Erfolgsrechnung ergibt sich, wenn der Bilanzgewinn durch den **Betriebsgewinn** und die neutralen Aufwendungen und Erträge ersetzt wird. Verwendet man den **Rohertrag** als Erfolgsgröße, so sind bereits nahezu alle Positionen der Gewinn- und Verlustrechnung, mit Ausnahme der Materialaufwendungen, der Bestandsveränderungen und der aktivierten Eigenleistungen einzubeziehen. Auch ein vollständiger Ersatz des Gewinns durch die Aufwendungen und Erträge kann für bestimmte Analysezielsetzungen sinnvoll sein.

Aufwendungen aus der Gewinn- und Verlustrechnung stellen **Mittelverwendung**, **Erträge** dagegen **Mittelherkunft** dar.

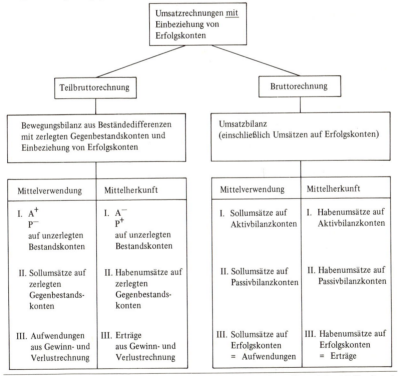

---

[8] Vgl. Käfer, K., Kapitalflußrechnungen, Stuttgart 1967, S. 94 ff. und S. 135 ff.; derselbe, Praxis der Kapitalflußrechnungen, a.a.O., S. 51 ff.

6. Fondsrechnung

Unter einem Fonds wird die Zusammenfassung bestimmter Aktiv- und Passivkonten zu einer buchhalterischen Einheit verstanden.[9] Diese Einheit wird dann in ihrer Gesamtheit durch Zu- und Abflüsse verändert. In einem Fonds sollen die Vermögensteile (allgemeiner auch als Nutzenpotentiale bezeichnet) zusammengefaßt werden, die einem bestimmten gemeinsamen *funktionalen Zweck* dienen und ihnen die Passiva (Restriktionen) gegenübergestellt werden, die dem Fonds zukünftig Mittel entzieht. Der Fondsbestand, d. h. der Saldo, der sich ergibt, wenn die Aktiva (Nutzungspotential des Fonds) die Passiva (Restriktionen) übersteigen, stellt die zur Erfüllung des Fondszwecks verfügbaren Mittel dar.[10]

Die Fondsrechnung kann folgende Tatbestände aufzeigen:
- Die **absolute Änderung** des Fondsbestands;
- Die Veränderung der einzelnen Fondskonten und damit **Veränderungen in der Struktur des Fonds** (Fondsnachweisrechnung);
- Die **Quellen der Fondsmittelzuflüsse** und die **Verwendung** der aus dem Fonds **abgeflossenen Mittel** (Gegenbeständerechnung oder Ursachenrechnung).[11]

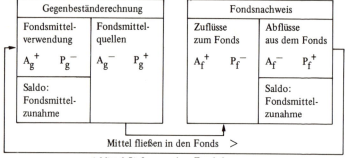

Abb. 63: Darstellung des Zusammenhangs von Fondsnachweisrechnung und Gegenbeständerechnung

Die Bilanzkonten zerfallen bei den Fondsrechnungen in Fondskonten (A_f = aktive Fondskonten; P_f = passive Fondskonten) und in Gegenbestandskonten, d. h. Konten, die nicht zum Fonds gehören (A_g = aktive Gegenbestandskonten, P_g = passive Gegenbestandskonten). Der Saldo der Fondsänderung kann sowohl durch die Fondsnachweisrechnung als auch durch die Gegenbeständerechnung ermittelt werden (vgl. Abbildung 63).

---

[9] Vgl. Käfer, K., Kapitalflußrechnungen, a.a.O., S. 41; Kosiol, E., Zur Axiomatik der Theorie der pagatorischen Erfolgsrechnung, in: ZfB, Nr. 3/1970, S. 135–162, hier: S. 158.
[10] Vgl. Eisenführ, F., Anforderungen an den Informationsgehalt kaufmännischer Jahresabschlußrechnungen, Diss. Kiel 1967, S. 98.
[11] Vgl. Lachnit, L., Zeitraumbilanzen, Berlin 1972, S. 193 f.

Fondsnachweisrechnung: $\quad \Delta F \;=\; A_f^+ + P_f^- - (A_f^- + P_f^+)$
(Liquiditätsnachweis)

| Fonds- | = Zuflüsse | − Fonds- |
| änderung | zum Fonds | abflüsse |

Gegenbeständerechnung: $\quad \Delta F \;=\; A_g^- + P_g^+ - (A_g^+ + P_g^-)$
(Kapitalflußrechnung)

Fonds-	= Fonds-	− Fonds-
änderung	mittel-	mittel-
	quellen	verwendung

Fonds können sowohl bei Kapitalflußrechnungen, die aus Bestandsgrößen gewonnen wurden, als auch bei Kapitalflußrechnungen, die teilweise oder ganz auf Umsätzen aufbauen, ausgeschieden werden.

Übliche Fondsbildungen sind:
− Geldfonds (Cash fund),
− Fonds der flüssigen Mittel,
− Fonds der bald netto verfügbaren Geldmittel,
− Fonds des Reinumlaufvermögens (Net Working Capital fund).

Der **Geldfonds** setzt sich aus den Zahlungsmitteln, d. h. Kasse, Bank, Postscheck, zusammen. Beim **Fonds der flüssigen Mittel** treten zu den Zahlungsmitteln noch Schecks, Wechsel und leicht verwertbare Wertpapiere hinzu. Die Summe der Veränderungen dieser Positionen ergibt die Fondsveränderung, ermittelt als Fondsnachweisrechnung. Die gleiche Fondsänderung muß sich bei der Kapitalflußrechnung als Gegenbeständerechnung ergeben, die folgende Form hat:

I. Geldbeschaffung
   a) Zunahme der Passivpositionen
   b) Abnahme der Aktivpositionen, die nicht Teil des Geldfonds (bzw. Fonds der flüssigen Mittel) sind

./. II. Geldverwendung
   a) Abnahme der Passivpositionen
   b) Zunahme der Aktivpositionen, die nicht Teil des Geldfonds (bzw. Fonds der flüssigen Mittel) sind

= Veränderung des Geldfonds (bzw. Fonds der flüssigen Mittel)

Der **Fonds der bald netto verfügbaren Geldmittel** beinhaltet neben den flüssigen Mitteln noch die kurzfristigen Forderungen, verringert um die kurzfristigen Verbindlichkeiten.

Die Zurechnung von Bilanzpositionen zu kurzfristigen Forderungen und kurzfristigen Verbindlichkeiten bei der Ermittlung dieses Fonds erfolgt in der Literatur nicht einheitlich. Wysocki rechnet den kurzfristigen Forderungen nur die „Forderungen aus Lieferungen und Leistungen" und die „sonstigen Vermögensgegenstände" (soweit sie den Charakter kurzfristiger Forderungen besitzen) zu.[12] Aktive und passive Rechnungsabgrenzung, Verbindlichkeiten und Forderungen gegenüber verbundenen Unternehmen, erhaltene und geleistete Anzahlungen sollen nicht einbezogen werden.

Zum Fonds des Reinumlaufvermögens (Fonds des Netto-Umlaufvermögens) gehören alle Aktiven, die sich innerhalb eines Jahres in Geld verwandeln, abzüglich aller Verbindlichkeiten, die innerhalb eines Jahres zu decken sind. Dieser Fonds wird in der anglo-amerikanischen Literatur unter der Bezeichnung Working Capital Fund bzw. Net Working Capital Fund häufig verwendet. Die finanzwirtschaftliche Interpretation dieses Fonds deckt sich weitgehend mit der Bedeutung der Kennzahl Working Capital (vgl. S. 262 f.). Der Wert des Fonds wie der Kennzahl gibt an, ob die kurzfristig liquidierbaren Vermögensteile die kurzfristigen Verbindlichkeiten abdecken und wieviel darüber hinaus an kurzfristigen Vermögensteilen langfristig finanziert sind und inwieweit damit ein Liquiditäts- und Finanzierungsspielraum besteht. Die Kapitalflußrechnung weist jedoch im Gegensatz zur Kennzahl Working Capital die Veränderungsursachen auf.

Für das in den Abschnitten Beständedifferenzenbilanz und Bewegungsbilanz verwendete Bilanzbeispiel weist die **Kapitalflußrechnung mit ausgeschiedenem Fonds des Reinumlaufvermögens** folgende Form auf:

		Mill. DM
I.	Herkunft langfristiger Mittel (Fondsmittelbeschaffung)	
	Kapitaleinlagen	—
	langfristige Schuldenaufnahme	31
	Cash Flow	924
	Summe Fondsmittelquellen	955
./. II.	Verwendung von Mitteln für langfristige Kapitalbindung (Fondsmittelverwendung)	
	Kapitalminderungen	
	– Gewinnausschüttung	167
	Investitionen in Sach- und Finanzanlagen	
	– Bruttoinvestitionen	1155
	Tilgung langfristiger Schulden	—
	Summe Fondsmittelverwendung	1322
	Veränderung des Fonds des Reinumlaufvermögens (Working Capital Fund)	./. 367

---

[12] Vgl. Wysocki, K., Die Kapitalflußrechnung als integrierter Bestandteil des aktienrechtlichen Jahresabschlusses, in: Die Wirtschaftsprüfung, 24. Jg., 1971, S. 617–625, hier S. 622 f.

Die gleiche Fondsveränderung muß sich bei Ermittlung über die **Fondsnachweisrechnung** ergeben:

	Mill. DM
I. Verwendungsnachweis von Fondszuflüssen	
Aufstockung von Vorräten	75
Kauf eigener Aktien	40
Erhöhung der Forderungen gegenüber verbundenen Unternehmen	1
Abbau von Verbindlichkeiten aus Lieferungen und Leistungen	142
Summe Fondsmittelzugänge	258

	Mill. DM
./. II. Herkunftsnachweis von Fondsmittelabgängen	
Verringerung der Lieferungs- und Leistungsforderungen	10
Verringerung flüssiger Mittel	364
Verringerung übrige Vermögensgegenstände des UV	56
Erhöhung der Verbindlichkeiten gegenüber verbundenen Unternehmen	55
Erhöhung der übrigen Verbindlichkeiten	140
Summe Fondsmittelverringerung	625
Veränderung des Fonds des Reinumlaufvermögens (Working Capital Fund)	./. 367

Kapitalflußrechnungen mit ausgeschiedenen Fonds sind zur Liquiditätsbeurteilung einer Unternehmung besser geeignet als Rechnungen ohne Fondsbildung. Die Aussagekraft einer Fondsänderung oder eines **Fondsbestandes** kann durch Kombination mit anderen Daten gesteigert werden:
- Die Fondsänderung kann zum Fondsbestand, dieser wiederum zu anderen Bestandsgrößen, wie z. B. Gesamtkapital, in Beziehung gesetzt werden.
- Vergleich der Entwicklung des Fonds über mehrere Jahre hinweg.
- Vergleich der entsprechenden Fonds ähnlicher Unternehmen (gleicher Größe und Branche).
- Vergleich des Fondsbestandes mit den geschätzten Ausgaben der folgenden Rechnungsperiode.

Bei externer Analyse darf jedoch nicht übersehen werden, daß eine auf den veröffentlichten Daten aufbauende Kapitalflußrechnung nicht mehr Informationen bieten kann als in Bilanz, Gewinn- und Verlustrechnung und Geschäftsbericht enthalten sind und wie sie weitgehend auch durch eine Kennzahlenanalyse erschlossen werden können. Der Aussagewert der Kapitalflußrechnung beschränkt sich bei externer Analyse letzten Endes darauf, durch entsprechende Gliederungen und Zusammenfassungen die interessierenden Tatbestände hervorzuheben und so deren Beurteilung zu erleichtern. Um zu Informationen zu gelangen, die nicht im Jahresabschluß enthalten sind, ist die Einbeziehung von Kontenumsätzen in die Kapitalflußrechnung erforderlich, was bei interner Rechnungserstellung leicht möglich ist. Die derzeit in den Geschäftsberichten deutscher Aktiengesellschaften freiwillig veröffentlichten Kapitalflußrechnungen bauen auf Bestandsveränderungen auf und beziehen keine Kontenumsätze mit ein. Diese meist in Form von „Finanzierungsrechnungen" erstellten Kapitalflußrechnungen geben daher keine Information, die ein kundiger Leser nicht auch aus Bilanz und Gewinn- und Verlustrechnung durch Berechnung selbst ermitteln könnte.

Literatur: Kapitalflußrechnungen

Käfer, K., Praxis der Kapitalflußrechnung, Aufstellung und Auswertung, Aufgaben und Lösungen, Stuttgart 1969; *Käfer, K.*, Kapitalflußrechnungen, Funds Statement, Liquiditätsnachweis, Bewegungsbilanz als dritte Jahresrechnung der Unternehmung, Stuttgart 1967; *Flohr, G.*, Die Zeitraumbilanz, Berlin 1963; *Lachnit, L.*, Zeitraumbilanzen, Ein Instrument der Rechnungslegung, Unternehmensanalyse und Unternehmenssteuerung, Berlin 1972; *Jacob, H. (Hrsg.)*, Kapitaldisposition, Kapitalflußrechnung und Liquiditätspolitik, Schriften zur Unternehmensführung, Bd. 6/7, Wiesbaden 1968

Fragen: Kapitalflußrechnungen

1. Nach welchen Gesichtspunkten lassen sich Kapitalflußrechnungen klassifizieren?
2. Worin sind die wesentlichen Unterschiede zwischen einer Beständedifferenzbilanz und einer Bewegungsbilanz zu sehen?
3. Was versteht man unter einer Teilbruttorechnung? Kann diese auch bei externer Analyse aufgestellt werden?
4. Welche zusätzlichen Informationen lassen sich durch Einbeziehung von Erfolgskonten in Kapitalflußrechnungen erzielen?
5. Erläutern Sie den Unterschied zwischen Fondsnachweisrechnung und Gegenbeständerechnung!
   Stellen Sie die Verbindung zu den Berechnungsmöglichkeiten des Cash Flow her!
6. Beurteilen Sie den Informationswert der verschiedenen Formen der Kapitalflußrechnung bei externer Beurteilung der Liquidität aufgrund von Jahresabschlußdaten!
7. a) Erstellen Sie für den bei den Fragen zur Kennzahlenanalyse (S. 282 ff.) gegebenen Jahresabschluß eine Bewegungsbilanz und interpretieren Sie diese!
   b) Ermitteln Sie für diesen Jahresabschluß die Veränderung des Fonds des Reinumlaufvermögens (Working Capital Fund) in Form der Gegenbeständerechnung!
   Überprüfen Sie das Ergebnis durch Berechnung der Fondsveränderung über die Fondsnachweisrechnung!

E. Finanzplanung

I. Begriff und Wesen der Finanzplanung

Die Finanzplanung, d. h. der Inbegriff aller systematischen Schätzungen und Berechnungen der eingehenden und ausgehenden Zahlungsströme, die aufgrund der geplanten Aktivitäten eines Produktionshaushaltes in einem gegebenen Zeitraum zustande kommen sollen, bildet zweifelsohne das Kernstück des Finanzmanagements. Obwohl die Finanzplanung erst seit ungefähr fünfzig Jahren als Managementtechnik ihren Eintritt in das Unternehmensgebaren gefunden hat, war Planung eigentlich seit jeher die Grundlage gesunder Unternehmenspolitik und -führung.

Bereits um 1850 wies einer der Begründer der italienischen Betriebswirtschaftslehre, Francesco Villa, in seinen Büchern „il Ragioner Perfetto" und „Elementi di Amministrazione e Contabilità" auf die Bedeutung der Finanzplanung oder richtiger auf das Budgetwesen hin. Er definiert das Budget (Conto preventivo) als einen Voranschlag, der vor Anfang einer Geschäftsperiode (periodo di Amministrazione) die zu erwartenden Einnahmen und Ausgaben, die Kapitalbewegungen und schließlich das Resultat aller Geschäftsaktivitäten festhält.[1] Weiterhin weist er darauf hin, daß der Nutzen eines Budgets von der Richtigkeit der Vorkalkulation abhängt. Daß Villa dem Budget große Bedeutung beimaß, dürfte damit zusammenhängen, daß er sich eingehend mit dem Rechnungswesen der öffentlichen Hand beschäftigte. Auch die ersten amerikanischen Veröffentlichungen über das Budgetwesen als Steuerungsinstrument (J. O. McKinsey, Budgetary Control, 1922) leiten die Grundsätze der Budgetierung weitgehend aus den bewährten Regeln für den staatlichen Haushalt ab (sowie aus den Grundsätzen des Scientific Managements). Die erste große Weltwirtschaftskrise ebnete den Weg für die Verbreitung des Budgets in den amerikanischen Unternehmen. Im sogenannten *Budgetary Control* wurde vor allem ein Instrument zur Rationalisierung und Kostensenkung gesehen.[2] In Europa gelangte das betriebliche Budgetwesen erst nach dem zweiten Weltkrieg verstärkt zur Anwendung.

Um die Bedeutung der Finanzplanung richtig zu erfassen, erscheint es angebracht, kurz auf das Wesen der Planung einzugehen.[3] Im betriebswirtschaftlichen Schrifttum, aber auch in der Praxis, hat der Begriff „Planung" im Laufe der Zeit eine Wandlung erfahren, die auf eine Änderung der Planungsfunktion zurückgeführt werden kann. Wurde früher die Planung in erster Linie als Methode der Vorkalkulation und somit als Teil des Rechnungswesens betrachtet,

---

[1] Villa, F., Elementi di Amministrazione e Contabilità, 3. Aufl., Pavia 1857, S. 67.
[2] Budgetary Control: „The establishment of budgets relating the responsibilities of executives to the requirements of a policy, and the continuous comparison of actual with budgeted results, either to secure individual action the objective of that policy or to provide a basis for its revision." Institute of Cost and Management Accountants (Hrsg.), Terminology of Management & Financial Accountancy, London 1974, S. 13.
[3] Vgl. Häusler, J., Planung als Zukunftsgestaltung, Wiesbaden 1969.

so wird sie heute vorwiegend als **Instrument des Managements** gesehen. Mit anderen Worten, die Planung stellt einen wesentlichen Bestandteil des unternehmerischen Entscheidungsprozesses dar.

Die Analyse der betrieblichen Planung wird in der Literatur im wesentlichen nach zwei sich komplementierenden Gesichtspunkten vorgenommen. Zum einen steht der **Planungsprozeß** und dessen optimale Organisation im Vordergrund; zum anderen wird die **Planungsfunktion** als integrativer Bestandteil der Managementfunktion gesehen, auf die die allgemeinen Managementprinzipien anzuwenden sind. Im letzteren Fall ist die „Planung" in die Theorie der Unternehmensführung eingebettet.

1. Planung

Im Gegensatz zu Improvisation und Intuition als Grundlage für Handlungen, bedeutet Planung eine systematische Durchleuchtung der vorhandenen Daten, welche einerseits der Vergangenheit und der Gegenwart entnommen sind und andererseits sich auf die Zukunft beziehen. **Zweck** der Planung ist die Ausschaltung bzw. Verringerung von unerwarteten Ereignissen, damit sich das Risiko der zu treffenden Maßnahmen auf ein Minimum verringert. Da die Zukunft immer zu einem gewissen Grad unsicher ist, kann die Planung die durch Unsicherheit verursachten Risiken nicht völlig ausschließen. **Sinn** der Planung ist die „aktive Gestaltung der Zukunft".[4] Planung beinhaltet somit die Gestaltungsfunktion.[5] Hier liegt der Unterschied zur Prognose, die sich lediglich auf das Vorausdenken der zukünftigen Entwicklungen erstreckt. Als Planer wird der Mensch nicht nur aktiv tätig, sondern er wird zum Schöpfer seiner Zukunft. Es liegt auf der Hand, daß Prognosen einen wesentlichen Bestandteil des Planungsprozesses bilden. Durch Prognosen werden vielfach jedoch nur quantitative Merkmale erfaßt. Qualitative Elemente, die für zukünftige Entwicklungen ebenso bedeutsam sein können, bleiben meist unberücksichtigt. Neben der Einbeziehung der entscheidungsrelevanten Faktoren soll im Planungsprozeß – über die reine Projektion hinaus – eine aktive Zukunftsgestaltung erfolgen. Bei letzterem spielt auch die jeweilige konstruktive Managementphilosophie eine bedeutende Rolle. „Jede Planung", betont Häusler mit Recht, „ist eine Herausforderung zur Gestaltung einer ‚besseren Welt'; bei jeder Planung muß deshalb die Fähigkeit und Bereitschaft der Planer gefördert werden, Ziele und/oder Sollwerte auch im Utopischen und Phantastischen zu suchen und zu diskutieren".[6]

---

[4] Vgl. Häusler, J., a.a.O., S. 25.

[5] Vgl. Mackay, A. O., Planning „is anticipating the future. It is not overstating the case to say it is a force. It forces you to **determine** where you **want** to go ... It forces you to evaluate systematically those measures that you can use to implement your various strategies ...", Mackay, A. O., Corporate Planning and the Chief Executive, in: Aspects of Corporate Planning, London 1970, S. 29.

[6] Häusler, J., a.a.O., S. 30;
Utopien sind nach diesem Autor „Abbilder einer idealen oder als ideal vorgestellten Zukunft". In Anlehnung an Lewis Umford (The Story of Utopias, London 1923) kann man zwischen **Fluchtutopien** und **konstruktiven Utopien** unterscheiden. Fluchtutopien stellen Traumbilder dar, die dazu dienen, unbewältigten gesellschaftlichen Konflikten zu entfliehen, während konstruktive Utopien eine konstruierbare bessere Welt anstreben. Auf die Unternehmung übertragen sind solche Utopien gleichsam Leitbilder, die den Ausgangspunkt für reformistische Maßnahmen bilden.

Wenn man diese Auffassung auf die Unternehmung anwendet, dann bedeutet dies, daß die Unternehmensplanung letzten Endes auf einer Managementkonzeption beruhen muß, die ihrerseits wieder auf einer Managementphilosophie, d. h. einer Vorstellung über Ziele und Zwecke der Unternehmung als Bestandteil der Gesellschaft und als Wirtschaftseinheit fußt.[7] Die Managementphilosophie ist speziell für die gesellschaftliche Orientierung des Managements ausschlaggebend.

Der Begriff der Planung kann wie folgt definiert werden: Planung heißt – aufgrund einer vorgegebenen Managementphilosophie und -konzeption – Vorstellungen über zukünftige Aufgaben der Unternehmung zu schaffen, diese Vorstellungen methodisch zu durchdenken, ihre Realisierbarkeit zu überprüfen und schließlich für die Verwirklichung der Vorstellungen, für die man sich entschieden hat, die erforderlichen Sach- und Personalmittel bereitzustellen. Planung umfaßt demnach folgende Stufen:

(1) **Vorausschau** auf mögliche Umweltkonstellationen und Handlungsweisen, die in der Betrachtungsperiode realisierbar erscheinen;

(2) **Festlegung der Handlungsweise** zur Realisierung des gesetzten Planungszieles in Übereinstimmung mit der jeweiligen Managementphilosophie.

2. Organisation der Planung

Bezüglich der Organisation der Planung kann man mit Helmut Koch folgende Stufen des Planungsprozesses unterscheiden:

(1) **Grundsatzplanung**
Ihr obliegt die Aufgabe, die Unternehmenskonzeption festzulegen; sie bildet also die Basis für die weiteren Planungsarbeiten.

(2) **Maßnahmenplanung**
Sie hat die Entwicklung von Programmen und Operationen zum Gegenstand und gliedert sich in folgende Kategorien:

(a) **Strategische Planung**
Sie ist ex nature langfristig orientiert und kann somit den eigentlichen Planungszeitraum überschreiten;

(b) **Operative Planung**
Sie ist mittelfristig ausgerichtet und hat zur Aufgabe, die „Marschroute" festzulegen, die sich aus der(n) Strategie(n) ergibt; sie bildet den Rahmen für die

(c) **Taktische Planung**
Diese bezieht sich auf die Aktivitäten, die in der kommenden Geschäftsperiode verwirklicht werden sollen; sie ist kurzfristiger Natur.[8]

Darüber hinaus muß natürlich auch feststellbar sein, ob die im Rahmen der Planung gestellten Ziele erreicht worden sind. Durch die Analyse der Abweichungen können die Ursachen derselben offengelegt und gegebenenfalls korri-

---

[7] Von aktueller Bedeutung sind hier vor allem die zwei grundsätzlichen Unternehmensphilosophien, die man mit den Stichworten „privatwirtschaftliche" und „gesellschaftsbezogene" Philosophie belegen könnte. Erstere betrachtet die Unternehmung als Einkommensquelle für die risikotragenden Kapitalgeber, während letztere der Unternehmung auch außer-ökonomische Aufgaben zuerkennt. Vgl. Thomas A. Petit, The moral Crisis in Management, New York 1967.

[8] Vgl. Koch, H., Planung, betriebswirtschaftliche, in: Handwörterbuch der Betriebswirtschaft, 4. Auflage, Stuttgart 1975, Sp. 3002–3016.

gierende Maßnahmen ergriffen werden. Somit stellt die **Kontrolle** einen wesentlichen Bestandteil des Planungsprozesses dar. Letzterer ist nicht ein einmaliger, sondern ein sich ständig wiederholender Vorgang. Die Kontrolle der Abweichungen dient also nicht nur der Erklärung, sondern vorrangig der Korrektur der Planungen kommender Geschäftsperioden.[9]

Der **strategische Plan** legt die Ziele fest, die die Unternehmung auf lange Sicht erreichen möchte, und muß deshalb eine Diagnose der Stärke- und Schwächestellen des Unternehmens sowie der Bedürfnisse und Anforderungen der Marktpartner enthalten. Anhand dieser Ergebnisse sind die Strategien zu entwickeln, die zur Erreichung der gestellten Ziele führen sollen.[10]

Das **Programm** enthält die mittelfristigen Prognosen und den Stufenplan. Letzterer legt die Zeiträume fest, in denen die Teilziele erreicht werden sollen. Darüber hinaus dient das Programm der Koordination der Aktivitäten der einzelnen Sektoren des Unternehmens sowie einer Quantifizierung der Sach- und Personalmittel, die eingesetzt werden müssen.

Das **Budget** wird aus dem Programm entnommen. Es stellt eine Konkretisierung der Pläne dar, die im Programm enthalten sind und in der kommenden Geschäftsperiode verwirklicht werden sollen. Es ist somit der wertmäßige Ausdruck der Unternehmenspolitik für die fragliche Budgetperiode.

Da die Planung schließlich in ein Budget mündet, das die Aufgaben der verschiedenen Abteilungen und somit der einzelnen Mitarbeiter fixiert, stellt sich die Frage nach dem Verhalten dieser Mitarbeiter. Im Rahmen der „Accounting Theory of Budgeting" wird davon ausgegangen, daß Budgets und Kostenstandards bei entsprechender Festlegung motivierend auf die Betroffenen wirken.[11] Diese Annahme läßt sich jedoch nicht zweifelsfrei verifizieren. Sie basiert auf den Grundgedanken des Scientific Managements und geht letzten Endes von einem mechanischen Menschenbild aus. Erst die Forscher des Human Relations Movements waren durch die Entwicklung einer „Behavioral Theory of Budgeting" in der Lage, die Bedingungen für den Einsatz des Budgetwesens als Instrument zur Steigerung der Selbstverantwortung der Mitarbeiter anzugeben. Die Organisation der Planung und Budgetierung bietet die Möglichkeit, einen Mittelweg zwischen Zentralisation und Dezentralisation der Verantwortung zu beschreiten.

---

[9] Alan Chambers definiert Strategic Planning als „allocation of companies resources over productmarket opportunities to achieve optimum growth and profitability", während er unter Tactical Planning die „Preparation of detailed plans required to achieve the strategic plan" versteht. Chambers, A., „Planning and achieving profitable growth", in: Aspects of Corporate Planning, eine Studie von The Institute of Cost and Works Accountants, London 1970. Chambers vertritt die in der Praxis sehr verbreitete Ansicht, daß Budgetierung ein Instrument par excellence für die Beurteilung der Leistungen einzelner Manager bzw. Abteilungen darstellt. Bezüglich der Probleme, die diese Handhabung der Budgetierung mit sich bringt, vgl. Dearden, J., Cost und Budget Analysis, Englewood Cliffs 1962.

[10] Vgl. hierzu auch Mackay, A. O., Corporate Planning and the Chief Executive, in: Aspects of Corporate Planning, London 1970, S. 26,
„The first step in any plan starts with an intimate and realistic understanding of existing products, organisation, markets, competitors, margins, profits, returns on investment, cash flow, availability of capital, research and development abilities and skills, and capacity of personnel. A critical evaluation of the Company's strengths and weaknesses in each of these areas can give a first indication of how well the organization is doing today".

[11] Vgl. Hofstede, G. H., The Game of Budget Control, Assen 1970, S. 37.

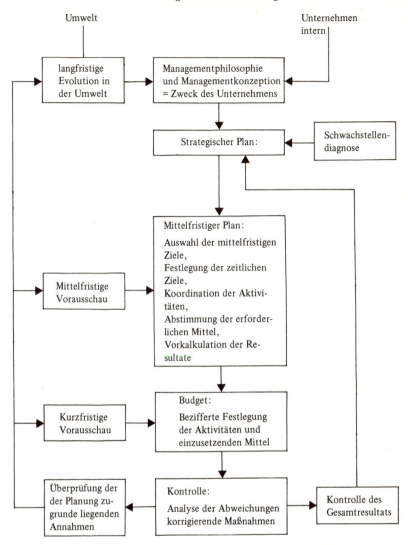

Abb. 64: Grundschema des Planungsprozesses

Beim **autoritären Budgetwesen** werden Ziele und Vorgaben von der Unternehmensleitung festgelegt und jeder Abteilung die Aufgaben und die zu erreichenden Ziele autoritativ zugewiesen. Die Mitarbeit der Betroffenen beschränkt sich im Wesentlichen auf Informationstransmission. Es liegt auf der Hand, daß sich die Betroffenen nicht notwendigerweise mit den vorgegebenen Zielen identifizieren, daß – wie Argyris in seiner Studie „The Impact of Budgets on People" nachgewiesen hat – sogar eine Ablehnung bei den Mitarbeitern entstehen kann.[12] Demgegenüber beruht das **partizipative Budgetwesen** auf einer

---

[12] Vgl. Argyris, C., The Impact of Budgets on People, Ithaca 1952, S. 25.

effektiven Zusammenarbeit aller Betroffenen. Es setzt eine genaue und realistische Arbeits- und Verantwortungsteilung voraus. Das Management übt dann im wahren Sinne des Wortes seine Ausgleichsfunktion aus, weil es bei möglichen Konflikten zwischen den Interessen von Abteilungen und Funktionsbereichen vermittelt.

Das zustandekommende Budget ist dann das Ergebnis kooperativen Zusammenwirkens im Gesamtinteresse der Unternehmung. Es ist gleichsam ein „Vertrag", der zwischen allen Betroffenen geschlossen wird und dessen Bedingungen, d. h. die fixierten Aufgaben, von ihnen zu erfüllen sind.[13] Auf diese Weise wird die Solidarität aller für die Erreichung der gemeinsam vereinbarten Ziele des Unternehmens dokumentiert.

Die Einführung des Budgetwesens als Führungsinstrument setzt eine Durchleuchtung der Unternehmensorganisation voraus (organisational audit). Ein Budget ist wenig wirksam, wenn es nicht auf der vorhandenen Organisation aufbaut. Grundvoraussetzung für ein funktionierendes Budgetwesen ist daher die Ermittlung der betrieblichen Verantwortungszentren (responsibility centres). Unter einem Verantwortungszentrum versteht man eine organisatorische Einheit, die selbständig die ihr obliegenden Aufgaben verwirklicht. Im Rahmen des Budgetwesens werden ihr hierzu Mittel zur Verwendung in eigener Verantwortung zugewiesen (Budget centre). Ein Budget centre oder ein Verantwortungszentrum ist jedoch nicht notwendigerweise ein Profitzentrum.[14] Von einem Profitzentrum ist dann die Rede, wenn es sich um Gebilde innerhalb einer Wirtschaftseinheit handelt, die über eine Autonomie verfügen derart, daß sie selbständig handeln können und ihr Anteil am Gesamtergebnis eindeutig identifiziert werden kann. Durch die Analyse der Verantwortungsbereiche als vorbereitende Phase des Budgetwesens werden oft Unzulänglichkeiten in der Organisationsstruktur offenkundig. Hieraus läßt sich ein zusätzlicher Vorteil des Budgetwesens ableiten, nämlich eine ständige Überprüfung der Effizenz der Organisationsstruktur. Bei organisatorischen Umstrukturierungen und Reorganisation sind jeweils auch die Erfordernisse der Budgetierung und Kostenstellenrechnung zu beachten. Umgliederungen von Verantwortungsbereichen innerhalb einer Budgetperiode beeinträchtigen die Kontrollfunktion.

3. Planungs- und Budgetierungsgrundsätze

In Anlehnung an die allgemeinen Planungsgrundsätze und an die von der Finanzwissenschaft für die Aufstellung des Staatshaushaltes entwickelten Grundregeln erscheint es angebracht, auch für das Budget-(Planungs-)wesen der Unternehmung eine Anzahl von Budgetierungsgrundsätzen aufzustellen, deren Einhaltung die Handhabung des Budgets als Führungsinstrument erleichtert.

---

[13] Vgl. Guerny, J. de, Guirac, J. C., Principes et pratique de gestion prévisionnelle, 3. Aufl., Paris 1976, S. B 3.

[14] Budget centre: A section of an organization defined for the purposes of budgetary control;
Profit centre: A division of an organiziation to which both expenditure and revenue are attributable and in respect of which profitability can be asessed. Definition entnommen aus Institute of Cost and Management Accountants (Hrsg.), Terminology of Management & Financial Accountancy, London 1974, S. 21.

(1) Grundsatz der Vollständigkeit

Alle Vorgänge, die in einem Unternehmen zu Einnahmen und Ausgaben führen, müssen im Budget berücksichtigt werden. Ein Budget kann seiner Funktion als Führungsinstrument nur unvollkommen genügen, wenn einnahme- und ausgabewirksame Vorgänge in wesentlichem Umfang nicht erfaßt werden.

(2) Grundsatz der Einheit des Budgets

Da für alle Verantwortungszentren bzw. Profitzentren ein eigenes Budget aufgestellt wird, müssen diese Teilbudgets in einem Gesamtbudget (sog. Master budget) zusammengefaßt werden. Nur die Aufstellung des Gesamtbudgets gibt einen Überblick über die inneren Zusammenhänge und ermöglicht die globale Führung des Unternehmens. Mit anderen Worten, im Gesamtbudget werden die Teilbudgets aufeinander abgestimmt und konsolidiert.

(3) Grundsatz der Zentralisation

Dieser Grundsatz fordert, daß alle Einnahmen – auch Kreditaufnahmen – zur Deckung sämtlicher Ausgaben dienen. Hierdurch soll das finanzielle Gleichgewicht der Unternehmung als Ganzes sichergestellt bzw. überwacht werden können.

(4) Grundsatz der Durchsichtigkeit

Nach diesem Grundsatz ist das Budget so aufzustellen, daß jeder Betroffene in der Unternehmung die geplanten Aktivitäten und seine spezifischen Aufgaben zu erkennen vermag. Gerade dieser Grundsatz soll dazu dienen, die Mitarbeiter zu motivieren und sie zu veranlassen, sich für eine Verwirklichung der gestellten Ziele einzusetzen.

(5) Grundsatz der Genauigkeit des Budgets

Die geplanten Aktivitäten und die durch sie auszulösenden Einnahmen und Ausgaben müssen auf realistischen Annahmen beruhen. Dient doch das Budgetwesen dazu, Fehlentscheidungen zu vermeiden. Auch in bezug auf die Kontrolle wirkt die Genauigkeit einer Verschleierung der wahren Gegebenheiten entgegen.

(6) Grundsatz der Spezialisierung des Budgets

Er fordert, daß die Einnahmen und Ausgaben ihrer Art und Ursache nach genau zu bestimmen sind. Hierdurch soll feststellbar werden, welche Mittel den einzelnen Verantwortungs- und Profitzentren zufließen und welcher Verwendung sie von diesen zugeführt werden.

(7) Grundsatz der Periodizität

Nach diesem Grundsatz sollen Budgets periodisch aufgestellt werden. Die Periodizität ist je nach Natur des Teilbudgets verschieden. So können Tages-, Wochen-, Monats-, Vierteljahres-, Jahres- und mehrjährige Budgets aufgestellt werden – je nach Bedürfnis.

(8) Grundsatz der materiellen Bedeutung und Wirtschaftlichkeit

Eine uneingeschränkte Anwendung der Grundsätze 1, 5 und 6 könnte unter Umständen hohe Kosten verursachen, ohne daß die zusätzliche Präzision, die dadurch erreicht wird, eine wesentliche Bedeutung für das Geschäfts- und Finanzgebaren der Unternehmung hat. Es ist deshalb erforderlich, die Kosten und Nutzen an Vollständigkeit und Genauigkeit abzuwägen. Überwiegen die Kosten gegenüber dem Nutzen, muß man sich mit einem geringeren Grad an Präzision zufriedengeben. Schließlich erhalten betriebswirtschaftliche Budgets immer eine gewisse Unvollkommenheit, da die Zukunft immer zu einem gewissen Grad unsicher ist.

4. Stellung der Finanzplanung und Budgetierung im Rahmen der Gesamtplanung

Aus den bisherigen Ausführungen geht hervor, daß der Finanzplan nicht autonom erstellt werden kann, sondern die Interdependenzen zu den übrigen betrieblichen Plänen beachtet werden müssen. Er nimmt jedoch im Vergleich zu anderen Teilplänen eine Sonderstellung ein, weil er eine globale, d. h. auf das Gesamtunternehmen bezogene Planung enthält. In ihm finden die finanzwirtschaftlich relevanten Vorgänge ihren Niederschlag. Er stellt somit das Instrument des betrieblichen Finanzmanagements par excellence dar.

Nachstehendes Schaubild soll die Stellung des Finanzbudgets verdeutlichen:

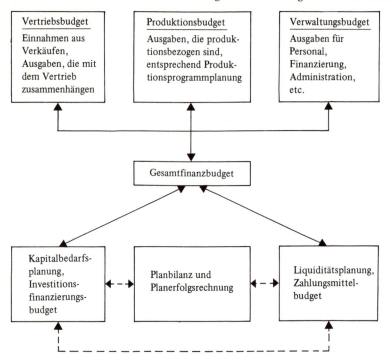

Abb. 65: Gesamt- und Teilbudgets

Aus dem Schema wird ersichtlich, daß das Finanzbudget faktisch in zwei Teilpläne zerfällt, in den Kapitalbedarfsplan für Investitionen (Investitionsfinanzierungsbudget) und in den Liquiditätsplan (Liquiditätsbudget, Cash Budget). Der Grund hierfür ist offensichtlich: Der Liquiditätsplan konsolidiert alle eingehenden und ausgehenden Zahlungsströme der betreffenden Budgetperiode, wie sie sich aus dem Gesamtbudget, das seinerseits wieder eine Konsolidierung der Teilbudgets ist, ergeben. Dieser Plan ermöglicht also, wie bereits erwähnt, die Überwachung der Zahlungsbereitschaft des Unternehmens.

Der Investitionsfinanzierungsplan enthält Angaben über die Kapitalbedarfsdeckung für die beabsichtigten Investitionen im Laufe der betreffenden Budgetperiode. Er bildet das Kernstück des Finanzmanagements, denn Investitionen binden in der Regel Kapital auf lange Zeit und können nicht mehr bzw. nicht ohne Verluste rückgängig gemacht werden. Das Investitionsbudget stellt einen „Ausschnitt" aus dem langfristigen Investitions- und Kapitalbedarfsplan dar, denn meistens überschreitet der Investitionsvorgang den Zeitraum der kurzfristigen Budgetperiode.

Im Schaubild (Abb. 65) geht das Gesamtbudget (Master budget) aus den Teilbudgets „Vertrieb", „Produktion" und „Verwaltung" hervor. Diese vereinfachte Darstellung darf nicht so verstanden werden, als ob es nur diese Teilbudgets gäbe, es sind weit detailliertere Aufgliederungen möglich. Ferner stellen diese Budgets ihrerseits wieder eine Konsolidierung von Unterteilbudgets dar. Grundsätzlich ist für jedes Verantwortungszentrum und Profitzentrum ein Budget aufzustellen.

5. Aufgaben und Ablauf der Finanzplanung

Entscheidungen über Kapitalbindung (Investitionen) und Kapitalaufbringung (Finanzierung) einer Unternehmung sind sowohl unter dem Rentabilitäts- als auch unter dem Liquiditätsaspekt zu sehen. Die **Erfolgsbeurteilung** erfolgt auf der Ebene von **Aufwendungen und Erträgen** (bzw. Kosten und Leistungen). Demgegenüber ergibt sich die **Liquidität** im Sinne jederzeitiger Zahlungsfähigkeit aus **Auszahlungen und Einzahlungen.** Zwischen dem Auftreten der einander entsprechenden Erfolgs- und Zahlungsbewegungen besteht häufig eine zeitliche Differenz. So erfolgt z. B. die Mehrzahl der Einzahlungen erst nach dem Auftreten der zugehörigen Erträge (z. B. Verkäufe auf Ziel), die Auszahlungen dagegen liegen häufig vor den Aufwendungen (z. B. Abschreibung bezahlter Investitionsgüter). Durch dieses zeitliche Auseinanderfallen von Erfolgs- und Zahlungsvorgängen kann sich eine unterschiedliche Beurteilung einer finanzwirtschaftlichen Maßnahme bezüglich der Kriterien Rentabilität und Liquidität ergeben. Zur Wirtschaftlichkeitsanalyse muß daher notwendigerweise die Liquiditätsanalyse und -planung hinzutreten. Liquiditätswirksame Vorgänge können auch ohne entsprechende Erfolgskomponente stattfinden, wie etwa bei Kreditaufnahme oder Kredittilgung. Die in die Liquiditätsplanung und -kontrolle einzubeziehenden Bewegungen können daher sowohl zeitlich als auch sachlich von erfolgswirksamen Vorgängen differieren.

Neben der **Erhaltung der Liquidität** ist es Aufgabe der Finanzplanung, den **Kapitalbedarf** der Unternehmung auf kurze und lange Sicht zu ermitteln. Tritt bei der Planung ein Kapitalbedarf oder ein Finanzmittelüberschuß auf, so ist unter den verschiedenen Alternativen der Mittelbeschaffung bzw. Mittelanlage die optimalste und gleichzeitig aber auch realisierbare Alternative der Planung zugrunde zu legen. Es ergibt sich somit folgendes Ablaufschema der Finanzplanung:

(1) Erstellung der **Finanzprognose**;

(2) **Alternativenplanung**, d. h. Ermittlung der alternativen Möglichkeiten der Mittelbeschaffung bzw. Mittelanlage;

(3) **Planausgleich und -feststellung,** durch Einbeziehung der als optimal erkannten Alternativen;

(4) **Plankontrolle**, Ermittlung von Planabweichungen durch Soll-Ist-Vergleich und Analyse der Abweichungsursachen;

(5) **Planrevision**, laufende Anpassung der Planung an den realisierten Istzustand.

Im Finanzplan hat eine Abstimmung der übrigen betrieblichen Teilpläne zu erfolgen. Er kann somit als Zentralplan bezeichnet werden, der die Rentabilitätsüberlegungen mit den Möglichkeiten der Kapitalaufbringung und Liquiditätserhaltung zum Ausgleich zu bringen hat.

6. Formen und Arten der Finanzplanungsrechnung

Um die Liquidität im Sinne der Zahlungsfähigkeit einer Unternehmung in jedem Zeitpunkt zu gewährleisten, müßte die Finanzplanung **alle** zukünftigen Einzahlungen und Auszahlungen tagesgenau enthalten. Bei zunehmender Reichweite der Planung werden die Zahlungen jedoch immer weniger genau bezüglich ihrer Höhe und des Zeitpunktes ihres Auftretens präzisierbar.

In Finanzplänen auf mittlere und längere Sicht müssen daher Zusammenfassungen nach Zahlungsarten und Perioden erfolgen. Je längerfristiger die Planung insgesamt erstellt wird, um so ausgedehnter werden auch die Planungsteilperioden (zeitliche Planungseinheiten). Die Liquidität ist dabei für eine Periode nur durchschnittlich gewährleistet; innerhalb der Periode kann durchaus ein Ungleichgewicht zwischen Zahlungskraft und Zahlungsverpflichtungen entstehen (vgl. Abbildung 66).

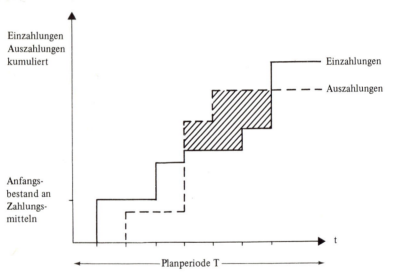

Abb. 66: Graphische Darstellung einer möglichen Illiquidität innerhalb einer Finanzplanungsperiode

Langfristige Finanzpläne garantieren daher nicht die tägliche Zahlungsfähigkeit. Sie dienen der Ermittlung des zukünftigen Kapitalbedarfs und sollen gleichzeitig die Kapitalbindung aufzeigen.

Aufgrund dieser Überlegungen können folgende Arten von Finanzplanungsrechnungen unterschieden werden:

(1) **Liquiditätsplanung**

Kurzfristige Detailplanung, die sich weitgehend passiv anpassend vollzieht. Recheneinheiten sind **Zahlungsströme**.

(a) **täglicher Liquiditätsstatus** und tagesgenaue Liquiditätsvorausschau
Prognosezeitraum: 1 Woche bis ca. 1 Monat
Planungseinheit: 1 Tag

(b) **Finanzplan im engeren Sinn**
Prognosezeitraum: bis ca. 1 Jahr
Planungseinheit: Woche oder Monat

(2) **Kapitalbedarfsplanung**
Langfristige Grobplanung, die aktiv als Ausfluß der Finanzpolitik vollzogen werden kann. Recheneinheiten sind (Bilanz-)**Bestände** und Beständedifferenzen.

Prognosezeitraum: mehrere Jahre
Planungseinheit: 1 Jahr

(a) **Prognoseplanung**
Prognose der Vermögens- und Kapitalbestände und damit des Kapitalbedarfs in Abhängigkeit von Umsatzentwicklung und Unternehmenswachstum.

(b) **Standardplanung**
Setzung von Vorgaben (Finanzbudgets) und Richtwerten (Soll-Kennzahlen), die erreicht werden sollen.

Bei **passiver Finanzplanung** ergibt sich der Finanzplan als Konsequenz anderer Pläne, wobei die planerische Tätigkeit nur noch in der Bestimmung der optimalen Deckungsmöglichkeit eines etwaigen Kapitalbedarfs besteht. Wird dagegen berücksichtigt, daß der finanzielle Bereich Engpaß bzw. betrieblicher Minimumsektor sein kann oder von den Finanzierungskosten Rückwirkungen auf andere betriebliche Teilpläne ausgehen, so liegt **aktive Finanzplanung** vor.[15]

Der passive Finanzplan wird sukzessive durch stufenweises Zusammenführen der übrigen betrieblichen Teilpläne erstellt. Für die aktive Finanzplanung werden neben dem **sukzessiven** Vorgehen in der Literatur auch **simultane Planungsmodelle** diskutiert. Diese Simultanansätze bedienen sich der mathematischen Planungsrechnungen, insbesondere der linearen Programmierung und versuchen gleichzeitig, die Variablen mehrerer Teilpläne optimal festzulegen. In den meisten Modellen erfolgt eine simultane Bestimmung des Investitions- und Finanzierungsprogramms, daneben versuchen einige Ansätze jedoch auch die Einbeziehung der Produktions- und Absatzplanung. (Weitere Ausführungen siehe Kapitel B II 5: Investitionsprogrammentscheidungen S. 108 ff.).

Von einer **integrierten Finanzplanung** wird bei einer Zusammenfassung der Finanz-, Erfolgs- und Bilanzplanung zu einem Gesamtsystem gesprochen.[16] Es erfolgt eine Ergänzung des traditionellen Rechnungswesens um differenzierte Einnahme- und Ausgabekonten. Der Finanzplan stellt damit keine isolierte Nebenrechnung dar.

Bei **gleitender Finanzplanung** bleibt der Planungshorizont konstant, indem eine abgelaufene Planungsteilperiode jeweils durch Neuplanung einer Teilperi-

---

[15] Vgl. Albach, H., Kapitalbindung und optimale Kassenhaltung, in: Janberg, H. (Hrsg.), Finanzierungshandbuch, 2. Aufl., Wiesbaden 1970, S. 381 f.

[16] Vgl. Chmielewicz, K., Integrierte Finanz- und Erfolgsplanung, Stuttgart 1972; Niebling, H., Kurzfristige Finanzrechnung auf der Grundlage von Kosten- und Erlösmodellen, Wiesbaden 1973.

ode am Ende des Gesamtplanungszeitraums ersetzt wird. Demgegenüber verringert sich bei **einmaliger Finanzplanung** der Planungshorizont im Zeitablauf bis zur Erstellung der Neuplanung.

II. Prognosemethoden im Rahmen der Finanzplanung

Für die Finanzplanung sind Prognosewerte über zukünftige Ein- und Auszahlungen, finanzwirksame Veränderungen von Bilanzpositionen, zu erwartende Umsätze und andere den Erfolg beeinflussende Faktoren erforderlich. Die Zukunftswerte werden durch Verarbeitung von Vergangenheits- und Gegenwartsdaten gewonnen. Im wesentlichen haben sich hierbei drei Gruppen von Prognosetechniken herausgebildet:
(1) subjektive (pragmatische, intuitive, qualitative) Verfahren,
(2) extrapolierende Verfahren (Zeitreihenanalyse),
(3) kausale Verfahren.

Bei den **subjektiven Verfahren** werden Prognosewerte aufgrund von Erfahrung und Intuition ermittelt. Demgegenüber erfolgt bei den **extrapolierenden Verfahren** eine Analyse der Vergangenheit einer bestimmten Größe mit mathematisch-statistischen Methoden und die dabei ermittelte Gesetzmäßigkeit wird dann auch für die zukünftige Entwicklung dieser Größe unterstellt. Die Prognose bei **kausalen Verfahren** beruht auf logischen Ursache-Wirkungszusammenhängen. Von der vergangenen und gegenwärtigen Entwicklung eines oder mehrerer Einflußfaktoren werden zukünftige Ausprägungen der Prognosegröße abgeleitet.

Die Auswahl des geeigneten Prognoseverfahrens hängt von der Art der zu prognostizierenden Größe sowie den spezifischen Gegebenheiten der jeweiligen Unternehmung ab. Je mehr Planungsgrößen einen deterministischen Charakter besitzen, um so geringer wird die Unsicherheit, mit der die Finanzplanung behaftet ist.

1. Subjektive Planzahlenbestimmung

Die subjektive Planzahlenermittlung beruht überwiegend auf menschlicher Erfahrung und Einschätzung der Zukunft. Es finden keine mathematisch-statistischen Verfahren, sondern Planungsheuristiken Verwendung. Planwerte werden aufgrund des Urteils von „Experten" festgelegt. Das Expertenurteil kann z. B. durch Befragung der Geschäftsleitung, der Verkaufsleitung, von Abteilungsleitern und Sachbearbeitern gewonnen werden. Zur Bestimmung des Umsatzes kommen darüber hinaus auch Umfragen bei derzeitigen und potentiellen Kunden in Frage.

Die subjektive Prognose kann auf einem **Einzelurteil** oder auf einem **Gruppenurteil** beruhen. Bei letzterem ist zwischen abhängigem und unabhängigem Gruppenurteil zu unterscheiden.

Beim **abhängigen Gruppenurteil** werden Planzahlen oder subjektive Wahrscheinlichkeiten für das Auftreten bestimmter Ereignisse in einer Gruppendiskussion, eventuell unterstützt durch ein brainstorming, gewonnen. Die Qualität der in einer Gruppendiskussion erarbeiteten Werte kann negativ beeinflußt werden durch das Vorhandensein von dominierenden Persönlichkeiten in der Gruppe, einem Gruppenzwang zur Konformität und irrelevanter Information

II 1: Subjektive Planzahlenbestimmung

und Kommunikation.[1] Zur Ausschaltung dieser Nachteile sind Methoden der strukturierten Gruppenbefragung erarbeitet worden, bei denen der Kontakt unter den Befragten auf allen oder zumindest einigen Stufen des Informationsgewinnungsprozesses ausgeschlossen ist. Da die Einzelurteile somit nicht durch Gruppendruck beeinflußt sind, wird das Gesamtergebnis auch als **unabhängiges Gruppenurteil** bezeichnet. Das bekannteste Verfahren stellt die Anfang der sechziger Jahre erarbeitete **Delphi-Methode** dar. Der Ablauf dieser strukturierten Gruppenbefragung kann wie folgt charakterisiert werden:

(1) Verwendung eines formalen Fragebogens

(2) anonyme Einzelantworten

(3) Ermittlung einer statistischen Gruppenantwort

(4) Information der Teilnehmer über die Gruppenantwort

(5) Wiederholung der Befragung.

Die Ermittlung der Gruppenantwort kann unter Verwendung des arithmetischen Mittels oder des Medians erfolgen. Durch die Information über die Gruppenmeinung erhält der Einzelne die Möglichkeit, seine eigene Prognose zu revidieren. Die Befragung kann solange durchgeführt werden, bis eine starke Verdichtung des Gruppenurteils erreicht ist oder keine nennenswerte Korrektur in den Einzelergebnissen erfolgt. Von dieser Grundform der Delphi-Methode gibt es inzwischen eine Reihe von Varianten (z. B. SEER System for Event, Evaluation and Review), die insbesondere eine Kombination der Vorteile des abhängigen und unabhängigen Gruppenurteils anstreben.

Die subjektiven Planungsverfahren besitzen speziell für die langfristige Planung des Absatzes und für die Beurteilung von Innovationen Bedeutung. Hierbei kann es auch sinnvoll sein, externe Experten in die Befragung miteinzubeziehen.[2] Auch bei der Festlegung von Plansätzen, die im Rahmen der Standardplanung und Budgetierung unter dem Motivationsgesichtspunkt erfolgen, handelt es sich um subjektive Verfahren.

2. Extrapolierende Verfahren

Mit Hilfe der extrapolierenden Verfahren wird untersucht, ob die zeitliche Entwicklung einer Größe (z. B. Umsatz) bestimmte Gesetzmäßigkeiten aufweist. Die zeitlich geordneten Beobachtungswerte bilden eine **Zeitreihe**, ihre Analyse wird als Zeitreihenanalyse bezeichnet. Die untersuchte Größe wird als ausschließlich zeitabhängig gesehen; die Zeitreihenanalyse hat damit rein beschreibenden Charakter und bietet für die Ursache einer beobachteten Veränderung keine Erklärung.

Eine Zeitreihe y_t setzt sich aus der Trendkomponente u_t, der zyklischen Komponente z_t, der Saisonkomponente s_t und der irregulären Komponente r_t zusammen:

$$y_t = f(u_t, z_t, s_t, r_t)$$

---

[1] Vgl. Albach, H., Informationsgewinnung durch strukturierte Gruppenbefragung, – Die Delphi Methode –, in: ZfB 1970, I. Ergänzungsheft, S. 11 ff., hier S. 18.

[2] Vgl. Schöllhammer, H., Die Delphi-Methode als betriebliches Prognose- und Planungsverfahren, in: ZfbF, 1970, S. 128 ff.

Der **Trend** einer Zeitreihe gibt deren grundsätzliche Entwicklungsrichtung an. Eine Zeitreihe kann mit steigendem oder fallendem, aber auch ohne Trend verlaufen. Der **Zyklus** ist die langfristige Schwankung um den Trend (z. B. durch Konjunktur bedingte Umsatzschwankungen), die **Saison** eine kurzfristige Bewegung um Trend und Zyklus (z. B. monatliche Umsatzschwankungen). Die irreguläre Komponente ist als zufällig auftretende Störgröße aufzufassen.

Treten in einer Zeitreihe alle aufgezählten Komponenten gleichzeitig auf, so ist eine Analyse einer der Komponenten oft sehr erschwert. Soll etwa der Trend einer Zeitreihe mit starken saisonalen Schwankungen untersucht werden, ist es deshalb häufig empfehlenswert, die Saisoneinflüsse auf rechnerischem Weg aus den Ausgangsdaten zu eliminieren, die Zeitreihe wird bereinigt. Die Bereinigung von Zeitreihen erfordert häufig einen großen rechnerischen Aufwand, ohne zum Verständnis extrapolierender Verfahren beizutragen. In der folgenden Darstellung wird deshalb angenommen, daß nur die jeweils betrachtete Komponente und die Störgröße wirksam sind.

Mit extrapolierenden Verfahren sollen zeitlich regelmäßig anfallende Bewegungen einer Zeitreihe aufgezeigt werden, um so ein Fortschreiben in die Zukunft für Prognose- und Planungszwecke zu ermöglichen. Voraussetzung ist dafür eine ausreichend lange Zeitreihe. Ist dies nicht der Fall, so kann zwischen den einzelnen Komponenten, etwa Trend und Zyklus, oft nicht hinreichend genau unterschieden werden. Darüber hinaus ist die Treffsicherheit einer Prognose davon abhängig, daß die in der Vergangenheit wirksamen Einflußfaktoren einer Größe auch in der Zukunft in der gleichen relativen Stärke zueinander wirksam sind.

a) Trendanalyse

Einfache Mittelwertbildung

Bei dem Verfahren der einfachen Mittelwertbildung wird aus allen m Gliedern einer Zeitreihe der Mittelwert $\bar{x}$ gebildet:

$$\bar{x} = \frac{1}{m} \sum_{t=1}^{m} x_t$$

Für Prognosewerte soll für die folgende Darstellung die Bezeichnung $x_t(1)$ als Prognosewert des Zeitpunktes t für die Periode t + 1 festgelegt werden. Entsprechend ist dann $x_t(k)$ der in t bestimmte Prognosewert für den Zeitpunkt t + k. (k = 1, 2, ...)
Aus der Zeitreihe

t	1	2	3	4	5
x_t	169	165	173	170	168

wird $\bar{x}$ = 169 errechnet. Alle Vergangenheitswerte gehen mit der gleichen Gewichtung ein. Die Prognosewerte $x_5(k)$ werden dann alle gleich $\bar{x}$ gesetzt, also

$$x_5(1) = x_5(2) = x_5(3) = \ldots = 169$$

Dieses Verfahren ist nur bei Zeitreihen ohne Trend anwendbar, da andernfalls die Prognosewerte erheblich hinter der tatsächlichen Trendentwicklung zurückbleiben. Eine Zeitreihe ohne Trend ist in der folgenden Abbildung skizziert:

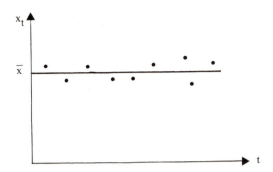

Verfahren der gleitenden Durchschnitte

Das Verfahren der gleitenden Durchschnitte basiert ebenfalls auf der Berechnung von Mittelwerten. Im Unterschied zur einfachen Mittelwertbildung wird hier ein Mittelwert nicht mehr mit allen m Werten der Zeitreihe, sondern wiederholt mit einer Anzahl von 2k+1 Werten berechnet.

Soll der gleitende Durchschnitt für k = 1 gebildet werden, so wird der erste Mittelwert aus x_1, x_2, x_3, der zweite aus x_2, x_3, x_4 etc. gebildet. Die allgemeine Berechnungsformel für gleitende Durchschnitte lautet:

$$M_t = \frac{1}{2k+1} \sum_{i=t-k}^{t+k} x_i \quad \text{mit } i = k+1 \ldots m-k$$

Die gleitenden Durchschnitte sind für k = 1 und k = 2 im folgenden Beispiel berechnet:

	t/i	1	2	3	4	5	6	7	8	9
	x_t	169	165	173	170	168	176	184	198	209
M_t für k =	1	–	169	169	170	171	176	186	197	–
	2	–	–	169	170	174	179	187	–	–

Für die Prognose wird der gewogene Durchschnitt der letzten 2k+1 Daten als erster Prognosewert berechnet; dieses geht dann in den nächsten Prognosewert ein. Für k = 1 ergibt sich so:

t/i	7	8	9	10	11	12	13
x_t	184	198	209				
$x_t(k)$				197	201	202	200

E II: Prognosemethoden

Das Beispiel verdeutlicht, daß dieses Verfahren einem einsetzenden Trend (ab Periode 6) folgen kann. Die Reagibilität ist von der Wahl von k abhängig. Für die Prognosewerte ist festzustellen, daß diese den Trend nicht ausreichend fortschreiben, sondern ihn deutlich abflachen. Gleitende Durchschnitte sind damit für die Glättung einer Zeitreihe mit Trend geeignet; als Prognoseverfahren sollte es nur bei Zeitreihen ohne Trend zur Anwendung kommen.

Methode der kleinsten quadratischen Abweichung

Der Trend einer Zeitreihe wird häufig durch die Methode der kleinsten quadratischen Abweichung bestimmt. Kann von einer Größe lineare Zeitabhängigkeit angenommen werden, so wird der Trend durch die Gerade

$$x_t = a + b \cdot t$$

beschrieben. Die Geradenparameter a und b werden so bestimmt, daß die Summe der Abweichungsquadrate der Werte x_t von der Trendgeraden minimal wird.

$$f(a,b) : \sum_{t=1}^{m} (x_t - (a+b\cdot t))^2 \to \text{Min.}$$

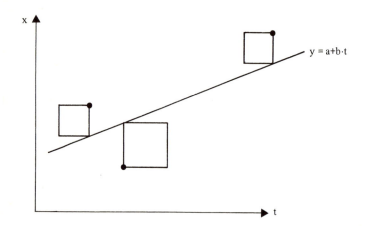

Abb. 67: Methode der Minimierung der Summe der Abweichungsquadrate

Durch partielles Differenzieren erhält man:

$$b = \frac{12 \sum_{t=1}^{m} t \cdot x_t - 6(m+1) \sum_{t=1}^{m} x_t}{m(m^2 - 1)}$$

$$a = \frac{1}{m} \sum_{t=1}^{m} x_t - b \frac{m+1}{2}$$

Für die Zeitreihe

t	1	2	3	4	5	6	7	8	9	10	11	12
x_t	169	165	173	170	168	176	184	198	209	195	186	185

ergibt sich

$$\sum_{t=1}^{12} x_t = 2.178$$

$$\sum_{t=1}^{12} t\, x_t = 14.563$$

und damit b = 2,84 und a = 163.
Die Gerade lautet damit

$$x_t = 163 + 2,84 \cdot t$$

Der Prognosewert für die Periode 13 ist dann

$$x_{12}(1) = 163 + 2,84 \cdot 13 = 200$$

Das Verfahren reagiert auf anhaltende Trendänderungen nur relativ langsam. Dies liegt u. a. daran, daß alle Zeitreihenwerte, die für die Berechnung der Gleichungsparameter herangezogen werden, mit gleicher Gewichtung eingehen. Für eine schnellere Anpassung an Trendbewegungen wäre es wünschenswert, die zeitlich jüngsten Werte einer Zeitreihe stärker zu gewichten. Dies geschieht bei den Methoden der exponentiellen Glättung.

Exponentielle Glättung erster Ordnung

Für eine endliche Zeitreihe ergibt folgende Formel für die exponentielle Glättung 1. Ordnung:

$$\hat{x}_t(1) = \alpha\, x_t + (1-\alpha)\, \hat{x}_{t-1}(1)$$

Prognosenwert für = α · tatsächlicher + (1 − α) · Prognosewert
Periode t + 1   Wert der Periode t   für die Periode t,
                                         aufgestellt in t − 1

Wird $\hat{x}_{t-1}(1)$ durch

$$\hat{x}_{t-1}(1) = \alpha\, x_{t-1} + (1-\alpha)\, \hat{x}_{t-2}(1)$$

ersetzt und dieses Verfahren für $\hat{x}_{t-2}(1), \hat{x}_{t-3}(1) \ldots$ entsprechend wiederholt, so ergibt sich für eine unendliche Zeitreihe:

$$x_t(1) = \alpha \sum_{i=0}^{\infty} (1-\alpha)^i\, x_{t-i}$$

In den Prognosewert für die Periode t + 1 gehen also die tatsächlichen Werte einer unendlichen Zeitreihe mit exponentiell abnehmender Gewichtung ein. Daraus leitet sich die Bezeichnung exponentielle Glättung ab.

Von großer Bedeutung ist die Wahl von α, da durch α der Einfluß der Vergangenheit und somit die Reagibilität des Verfahrens beeinflußt wird. In den Extremfällen bleibt für α = 1 die Vergangenheit unberücksichtigt, für α = 0 wird der jüngste tatsächliche Wert nicht in die Glättung einbezogen. Eine Abschätzung von α ist auf folgendem Weg möglich:

Das mittlere Alter der Daten beträgt:

$$\overline{A} = \sum_{i=0}^{\infty} i \, \alpha(1-\alpha)^i = \alpha \sum_{i=0}^{\infty} i(1-\alpha)^i$$

$$= \frac{1-\alpha}{(1-(1-\alpha))^2} = \frac{1-\alpha}{\alpha}$$

Anmerkung:
$$\sum_{i=0}^{\infty} i q^i = \frac{q}{(1-q)^2}$$

Wird nun vom Anwender der exponentiellen Glättung festgelegt, daß k Vergangenheitswerte berücksichtigt werden sollen, so ist

$$k = \frac{1-\alpha}{\alpha} \quad \text{und} \quad \alpha = \frac{1}{1+k}$$

Die Bestimmung von α kann auch zeitabhängig mit

$$\alpha(t) = \frac{K_1}{t^\beta}$$

K_1 : Konstante
$(K_1 \geq 0)$
$0{,}5 < \beta \leq 1$

erfolgen, um die Reaktionsfähigkeit des exponentiellen Glättungsverfahrens zu verbessern.[3]

Die exponentielle Glättung erster Ordnung soll am folgenden Beispiel demonstriert werden. Bei einer endlichen Zahlenreihe wird $\hat{x}_0(1) = x_1$ gesetzt, $\alpha = 0{,}2$.

t	1	2	3	4	5	6	7	8	9	10
x_t	169	165	173	170	168	176	184	198	209	
$\hat{x}_t(1)$	(169)	169	168	169	169	169	170	173	178	184

Der Prognosewert der ein-Schritt-Prognose $\hat{x}_9(1)$ beträgt 184. Der Wert der k-Schritt-Prognose wird diesem Wert gleichgesetzt,

$$x_t(1) = x_t(2) = \ldots x_t(k)$$

Aus dem Beispiel wird deutlich, daß die exponentiell geglätteten Werte dem nach Periode 5 einsetzenden Trend nur sehr zögernd folgen. Die Prognosewerte der exponentiellen Glättung erster Ordnung verlaufen ohne Trend. Damit wird deutlich, daß dieses Verfahren nur bei Zeitreihen ohne Trend zur Anwendung kommen sollte.

Exponentielle Glättung erster Ordnung mit Trend[4]

Die exponentielle Glättung erster Ordnung kann einem linearen Trend nicht ausreichend folgen. Nach r Zeitperioden beträgt der Fehler

$$\frac{b}{\alpha}(1-(1-\alpha)^r),$$

---

[3] vgl. Griese, J., Adaptive Verfahren im betrieblichen Entscheidungsprozeß, Würzburg/Wien 1972.

[4] vgl. Gahse, S., Mathematische Vorhersageverfahren und ihre Anwendung, München 1971, S. 47 ff.

II 2: Extrapolierende Verfahren

wobei b als Steigung der Trendgeraden zu verstehen ist. Für $r \to \infty$ geht der Fehler gegen

$$\frac{1}{\alpha} b$$

Dieser Wert kann zur Anpassung an einen linearen Trend verwendet werden:

$$\hat{v}_t(1) = \hat{x}_t(1) + \frac{1}{\alpha} \cdot b$$

Prognosewert für die Periode t + 1	exponentiell = geglätteter Prognosewert (1. Ordnung) für t + 1	$+\ \dfrac{1}{\alpha}\cdot$ Steigung der Trendgeraden

Für eine weitere Verbesserung der Extrapolation wird die Steigung b selbst als zeitlich veränderlich angesehen und ihrerseits einer exponentiellen Glättung erster Ordnung unterzogen:

$$b_t = \beta (x_t - x_{t-1}) + (1 - \beta) b_{t-1}$$

mit $0 \leq \beta \leq 1$

Mit diesem Steigungswert b_t wird dann die exponentielle Glättung erster Ordnung mit Trend folgendermaßen berechnet:

$$\hat{v}_t(1) = \hat{x}_t(1) + \frac{1}{\alpha} b_t$$

$$\hat{v}_t(1) = \alpha x_t + (1-\alpha) \hat{x}_{t-1}(1) + \frac{1}{\alpha} b_t$$

Das folgende Beispiel veranschaulicht diese Berechnung (Dabei wurde $\alpha = \beta = 0{,}2$ gesetzt):

t	1	2	3	4	5	6	7	8	9	10	11	12	13
x_t	169	165	173	170	168	176	184	198	209	195	186	185	
b_t	0	–0,8	0,96	0,17	–0,26	1,39	2,71	4,97	6,17	2,14	0,01	–0,2	
$\hat{x}_t(1)$	(169)	169	168	169	169	169	170	173	178	184	186	186	186
$\hat{v}_t(1)$	–	169	164	174	170	168	177	187	203	215	197	186	185

Dieses Verfahren reagiert auf den einsetzenden Trend schnell und zieht mit dem Trend stark mit. Auch bei Trendumkehr (nach Periode 9) reagiert es schnell und recht genau. Problematisch ist eine k-Schritt Prognose wegen der Berechnung von b_t, da dieser Berechnung tatsächliche Werte zugrundeliegen und somit eine Berechnung nach obigem Verfahren für Prognosewerte $k > 1$ nicht fortgesetzt werden kann.

Es ist möglich, die Prognose mit einem konstanten Steigerungswert, der etwa durch die Methode der kleinsten Quadrate gewonnen wird, fortzuführen, doch kann damit bei weitem keine so schnelle Reaktionsfähigkeit erwartet werden. Die Prognoseproblematik wird noch durch die Schwierigkeiten der k-Schritt Prognose bei exponentieller Glättung erster Ordnung kompliziert, auf die wir bereits eingegangen sind.

Exponentielle Glättung zweiter Ordnung

Die Verfahren der exponentiellen Glättung höherer Ordnung sind auf bestimmte Trendverläufe einer Zeitreihe ausgerichtet. Die exponentielle Glättung zweiter Ordnung ist anzuwenden, wenn von der Zeitreihe ein linearer Trend angenommen werden kann. Bei diesem Verfahren wird die Summe der diskontierten Abweichungsquadrate von der Trendgeraden minimiert:

$$f(a,b): \sum_{i=0}^{\infty} (1-\alpha)^i (x_{t-i} - (a+b(t-i)))^2 \to \text{Min.}$$

Mit den Ergebnissen der partiellen Ableitungen nach den Parametern a und b unter Berücksichtigung einer endlichen Zeitreihe ergibt sich folgendes schrittweises Vorgehen für die Berechnung der Prognosewerte durch exponentielle Glättung zweiter Ordnung:

1. Schritt: $\hat{x}_t = \alpha x_{t-1} + (1-\alpha)\hat{x}_{t-1}$

2. Schritt: $\hat{\hat{x}}_t = \alpha \hat{x}_{t-1} + (1-\alpha)\hat{\hat{x}}_{t-1}$

3. Schritt: $a_t + b_t \cdot t = \hat{x}_t + (\hat{x}_t - \hat{\hat{x}}_t)$

4. Schritt: $b_t = \frac{\alpha}{1-\alpha}(\hat{x}_t - \hat{\hat{x}}_t)$

Aus den Schritten 3 und 4 ergeben sich die Geradenparameter b_t (direkt aus Schritt 4) und a_t (durch Einsetzen von b_t in die Gleichung des 3. Schrittes). Daraus läßt sich die

Ein-Schritt Prognose mit $\quad \hat{\hat{x}}_t(1) = a_t + b_t\,(t+1) \quad$ und die

k-Schritt Prognose mit $\quad \hat{\hat{x}}_t(k) = a_t + b_t\,(t+k)$

berechnen.

t	1	2	3	4	5	6	7	8	9	10	11	12	13
x_t	169	165	173	170	168	176	184	198	209	195	186	185	–
$\hat{x}_t$	(169)	169	168	169	169	169	170	173	178	184	186	186	186
$\hat{\hat{x}}_t$	–	(169)	169	169	169	169	169	169	170	172	174	176	178
$a_t+b_t\cdot t$	–	169	167	169	169	169	171	177	186	196	198	196	194
b_t	–	0	–0,25	0	0	0	0,25	1	2	3	3	2,5	2

Für t = 13 wird also ein Wert von 194 prognostiziert.

$\hat{\hat{x}}_{13}(1)$ wird folgendermaßen berechnet:
$a_{13} + b_{13} \cdot 13$ = 194
b_{13} = 2
dann ist a_{13} = 168
und $\hat{\hat{x}}_{13}(2)$ = 168 + 2 · 14 = 196

Der weiteren Prognosewert ergeben sich entsprechend.

t	13	14	15	16
$\hat{\hat{x}}_t(t+k)$	194	196	198	200

Ein Vergleich dieser Werte mit den durch die Methoden der kleinsten Quadrate errechneten Prognosewerten von

t	13	14	15	16
$x_t(t+k)$	200	203	206	208

macht deutlich, daß die exponentielle Glättung zweiter Ordnung wesentlich wirkungsvoller auf den nach Periode 9 einsetzenden Trendabschwung reagiert. Dies wird durch die stärkere Gewichtung der jüngsten Zeitreihenwerte bei der exponentiellen Glättung zweiter Ordnung erreicht.

Langfristige Vorhersageverfahren

Die bisher dargestellten Verfahren können für kurz- bis mittelfristige Prognosen und Planung herangezogen werden. Die Verfahren basieren alle auf der Annahme, daß die Einflußfaktoren einer untersuchten Größe auch in Zukunft in gleicher relativer Stärke wirksam sind. Für langfristige Vorhersagen ist diese Annahme nicht realistisch, die dargestellten Methoden können deshalb bei langfristiger Prognose keine Verwendung finden.

Langfristige Vorhersagen beziehen sich meist auf makroökonomische Größen, beispielsweise soll der Bedarf von Taschenrechnern in der BRD geschätzt werden. Der Absatz eines Produkts wird nicht linear steigend verlaufen, sondern er wird an eine Sättigungsgrenze stoßen, die eine Bedarfsobergrenze darstellt. So ist der Absatz von Taschenrechnern wohl kaum mehr zu steigern, falls jeder Haushalt in der BRD über zwei Rechner verfügt.

Eine langfristige Wachstumsfunktion läßt sich als logistische Kurve

$$x_t = a \cdot b^{e(ct)}$$

beschreiben. Diese Kurve hat etwa folgenden Verlauf

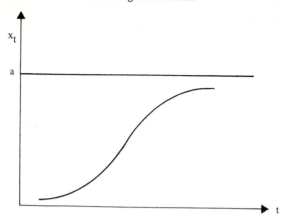

a ist die Sättigungsgrenze für x_t

Neben der logistischen Funktion ist als weitere bekannte Wachstumsfunktion die Gompertz-Funktion

$$x_t = \frac{a}{1 + b \cdot e^{-ct}}$$

zu erwähnen.

Wachstumskurven werden in der Praxis häufig für langfristige Bedarfsprognosen von Gebrauchsgütern herangezogen. Ihre Anwendung wirft Probleme auf, die hier nur andeutungsweise angesprochen werden können:

- Wachstumskurven beziehen sich auf makroökonomische Größen. Das einzelne Unternehmen muß bei der Ableitung des langfristigen Absatzplanes aus Wachstumsfunktionen Veränderungen zukünftiger Marktanteile berücksichtigen, die oft schwer abzuschätzen sind. Veränderungen von Marktanteilen werden in Wachstumsfunktionen nicht berücksichtigt.
- Die Lebensdauer eines Gutes muß bekannt sein. Es muß meist zwischen Erst- und Ersatzbedarf unterschieden werden.
- Die Sättigungsgrenze sollte autonom geschätzt werden. Langfristig kann sie sich durch soziographische Veränderungen oder Verhaltens- und Einstellungswandel ändern.

b) Berücksichtigung von Zyklus und Saison

Eine zyklisch um einen linearen Trend verlaufende Zeitreihe ist in folgender Abbildung dargestellt:

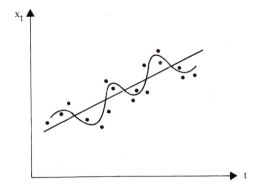

Soll bei dieser Zeitreihe das zyklische Verhalten untersucht werden, ist es oft zweckmäßig, die Zeitreihe durch Drehung und Parallelverschiebung so zu bewegen, daß Trendgerade und Zeitachse deckungsgleich sind.

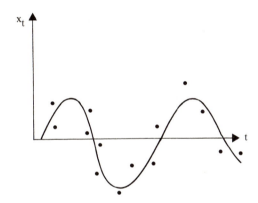

Ist nicht Zyklus oder Saison, sondern der Trend Untersuchungsgegenstand, kann die Zeitreihe um die zyklische bzw. die saisonale Komponente bereinigt werden. Verfahren zur Bereinigung der Zeitreihe lassen sich grundsätzlich auf beide Komponenten anwenden.

In vielen Fällen der Finanzplanung wird die Saisonbereinigung einer Zeitreihe vorzunehmen sein, wobei als Saison die monatlichen Veränderungen aufgefaßt werden. Ein einfaches Verfahren zur Ermittlung der Saisonschwankungen läuft folgendermaßen ab:

(a) Für mehrere Jahre wird durch einfache Mittelwertbildung die durchschnittliche Monatsgröße eines jeden Jahres berechnet (z. B. durchschnittliche monatliche Umsatzeinnahmen für die Jahre 1972, 1973 usw.).

(b) Die tatsächlichen Monatsgrößen werden für jedes Jahr als Prozentsätze der unter a errechneten Durchschnittsgröße angegeben.

(c) Aus den monatlichen Prozentzahlen der einzelnen Jahre wird der einfache Mittelwert gebildet. Die Mittelwerte ergeben für jeden Monat einen Indexwert, aus den zwölf Indexwerten sind die Saisonbewegungen der untersuchten Zeitreihe ersichtlich.

Ist der Trend einer Zeitreihe durch ein geeignetes Verfahren, etwa durch exponentielle Glättung zweiter Ordnung, ermittelt worden, so liegen die Prognosewerte auf der Trendkurve. Hat die Vergangenheit zyklische Bewegungen um den Trend gezeigt, so können diese nach einem Verfahren, das Gahse angibt,[5] auch um die prognostizierte Trendkurve fortgeschrieben werden. Die korrigierten Prognosewerte sind das Produkt aus ursprünglichen auf der Trendkurve liegenden Werten und einem Zyklusfaktor.

$$V_t(k) = z_k \cdot x_t(k)$$

Gahse ermittelt die Zyklusfaktoren durch exponentielle Glättung erster Ordnung. Alternativ könnten nach obigem Verfahren berechnete Indexwerte, für Zyklen entsprechend aufgestellt, als Zyklusfaktoren dienen.

3. Kausale Prognosen

In den bisher dargestellten Verfahren wurde eine Größe rein zeitabhängig gesehen. Dagegen stellen kausale Prognosen eine Größe in Abhängigkeit von einer anderen dar, beispielsweise kann der Lagerbestand in Abhängigkeit vom Umsatz untersucht werden. Für zwei Größen y, x gilt allgemein:

$$y = f(x)$$

Für die Prognose von y aus x sind zwei Konstellationen denkbar:
(a) Wurde x beobachtet kann nach k Perioden regelmäßig mit der Beobachtung von y gerechnet werden (time lag):

$$y(t+k) = f(x(t))$$

(b) y und x treten regelmäßig gleichzeitig auf, wobei x durch ein extrapolierendes Verfahren prognostiziert werden kann:

$$y(t+k) = f(x(t+k))$$

Kausale Prognosen treten als deterministische oder stochastische Prognosen auf.
(1) **deterministische Prognosen**
Von den Größen y und x wird angenommen, daß sie in einem eindeutigen Ursache-Wirkungs-Zusammenhang stehen. Die Prognose erfolgt damit unter der Hypothese sicherer Erwartungen und ist somit eindeutig möglich.
(2) **stochastische Prognosen**
Die Zusammenhänge zwischen den Größen sind nicht eindeutig determiniert, sondern nur durch eine Wahrscheinlichkeitsverteilung anzugeben. Die Prognose ist dann immer mit einer Unsicherheit belastet, die Prognosewerte werden ebenfalls durch Wahrscheinlichkeitsverteilungen beschrieben.

Als kausale Prognoseverfahren finden häufig einfache und multiple **Regressionsansätze** Verwendung. Bei der einfachen linearen Regression stehen zwei Größen y und x in folgendem linearen Zusammenhang:
$$y = a + b \cdot x$$
x ist die erklärende, y die erklärte Größe.

Wurden die Größen mehrmals beobachtet, so kann dies folgendermaßen skizziert werden:

---

[5] Vgl. Gahse, S., a.a.O., S. 70 ff.

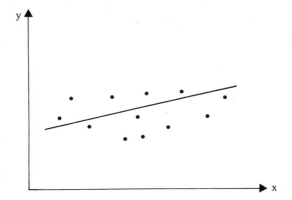

Die Gerade wird so bestimmt, daß die Summe der Abweichungsquadrate der Punkte (y_i, x_i) von ihr minimal wird:

$$f(a,b) : \sum_{i=1}^{n}(y_i - a - bx_i)^2 \to \text{Min.}$$

n ist die Anzahl der Beobachtungen von y und x.
Durch partielles Ableiten nach a und b ergeben sich folgende Normalgleichungen:

$$\sum_{i=1}^{n} y_i = a \cdot n + b \sum_{i=1}^{n} x_i$$

$$\sum_{i=1}^{n} x_i y_i = a \sum_{i=1}^{n} x_i + b \sum_{i=1}^{n} x_i^2$$

Aus den Normalgleichungen lassen sich a und b berechnen:

$$a = \frac{\Sigma y_i \Sigma x_i^2 - \Sigma x_i \Sigma x_i y_i}{n \Sigma x_i^2 - (\Sigma x_i)^2}$$

$$b = \frac{n \Sigma x_i y_i - \Sigma x_i \Sigma y_i}{n \Sigma x_i^2 - (\Sigma x_i)^2}$$

Neben der einfachen linearen gibt es noch eine Reihe von einfachen nicht linearen Regressionsansätzen, wie

Exponentialfunktion	$y = a \cdot e^{b \cdot x}$
logarithmische Funktion	$y = a \cdot \log(b + c \cdot x)$
Parabel	$y = a + b \cdot x + c \cdot x^2$

Charakteristisch für alle einfachen Regressionsansätze ist, daß die Größe y aus nur einer Größe x erklärt wird. Die Beschränkung auf eine erklärende Größe ist eine oft hinderliche Einschränkung. Die einfache Regression wurde deshalb zur multiplen Regression erweitert, bei der die erklärte Größe aus mehreren Größen erklärt wird. Für die lineare multiple Regression lautet die Grundgleichung:

$$y = a + b_1 x_1 + b_2 x_2 + \ldots + b_k x_k$$

Auf die weitere Behandlung der multiplen Regression muß wegen der Komplexität des Gebietes verzichtet und auf einschlägige Fachliteratur verwiesen werden.[6] Stochastische Prognosen werden häufig auf **Verweilzeitverteilungen** aufgebaut. Die Grundüberlegung zielt dabei auf die Tatsache, daß die einzelnen Vorgänge des Betriebsprozesses Zeit verbrauchen. Kann die zeitliche Verteilung eines jeden Vorgangs bestimmt werden, so ist es möglich, aus früheren Ereignissen auf spätere zu schließen. So können beispielsweise bei bekannter zeitlicher Verteilung der Produktion aus den monatlichen Auftragseingängen die zukünftigen Umsäze prognostiziert werden. (Zur Verweilzeitverteilung siehe S. 341 f.).

III. Kapitalbedarfsplanung

1. Prognoseplanung

Im Rahmen der Prognoseplanung wird eine langfristige Vorausschau über die finanzwirtschaftliche Entwicklung einer Unternehmung erstellt. Es werden die zukünftige Kapitalbindung und ein etwaiger Kapitalbedarf aufgezeigt. Ausgangspunkt der Planung ist die Prognose des Umsatzes bzw. der Gesamtleistung und des voraussichtlichen Unternehmenswachstums. Aus dem Planumsatz können dann die umsatzbedingten Bilanzveränderungen ermittelt werden. Dies ist zum einen das Betriebsergebnis, das ergänzt um das neutrale Ergebnis zum Plangewinn führt. Zum anderen kann die Höhe bestimmter Bilanzbestände, wie etwa Verbindlichkeiten und Forderungen aus Lieferungen und Leistungen, als umsatzabhängig angesehen werden. Zur Erstellung der Planbilanz ist zusätzlich noch die Planung der umsatzunabhängigen (bestandsbedingten) Bilanzveränderungen erforderlich. Aus der Planbilanz, die auch als Bewegungsbilanz (Kapitalflußrechnungen) erstellt werden kann, läßt sich Umfang und Art der Kapitalbindung erkennen. Unter Berücksichtigung des zur Innenfinanzierung zur Verfügung stehenden Bilanzgewinns kann dann ein etwaiger Kapitalbedarf ermittelt werden (vgl. Abb. 68).

Die *Umsatzplanung* kann als Zeitreihenanalyse basierend auf dem Verfahren der exponentiellen Glättung oder der Methode der kleinsten Quadrate durchgeführt werden. Daneben ist auch eine kausale Prognose in Form einer einfachen oder multiplen Regression möglich. Als Einflußgrößen kommen dabei u. a. in Betracht: gesamtwirtschaftliches Wachstum, Branchenwachstum, Werbungsaufwand, Marktwachstum in Verbindung mit Marktanteil und Grad der Marktsättigung.

Im Rahmen einer externen Kapitalbedarfsanalyse kann die Gesamtleistung der nächsten Periode hilfsweise in Abhängigkeit vom Bestand der Sachanlagen bzw. ihrer Veränderung, vom Bestand an Vorratsvermögen oder – soweit branchenüblich – von den Kundenanzahlungen zu Beginn des Prognosezeitraums prognostiziert werden.[1] Der kausale Zusammenhang ist natürlich gerade umgekehrt.

---

[6] Vgl. Gaensslen, H., Schubö, W., Einfache und komplexe statistische Analyse, München/Basel 1973.

[1] Vgl. Vogler, G., Mattes, H., Theorie und Praxis der Bilanzanalyse, Berlin 1975, S. 129 ff.

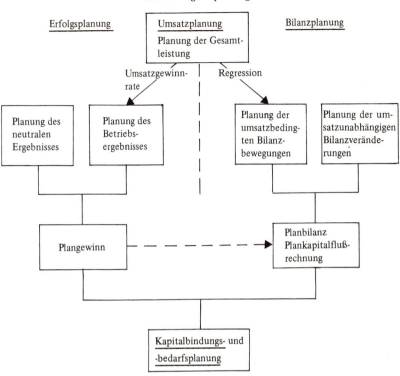

Abb. 68: Ablaufsschema der langfristigen Kapitalbindungs- und -bedarfsprognose

Bei interner Planung ergeben sich daher diese Positionen in Abhängigkeit vom Umsatz. Darüber hinaus können auch noch weitere Bilanzbestände als umsatzabhängig angesehen werden (vgl. Abb. 69).

Aktiva	Passiva
Sachanlagen	kurzfristige Verbindlichkeiten (speziell Lieferantenverbindlichkeiten)
Vorräte	
Forderungen	
Kasse	Rückstellungen für übernommene Gewährleistungen
	Gewinn

Abb. 69: Bilanzpositionen, die umsatzabhängig sind oder sein können

Die **Prognose der umsatzbedingten Bilanzbewegungen** kann durch Annahme einer (konstanten) prozentualen Umsatzabhängigkeit (Umsatz-Prozent-Methode) oder bei Vorhandensein mehrerer Vergangenheitsbilanzen durch **Regression** erfolgen.[2] Der tatsächliche Zusammenhang wird dabei vielfach nicht linear

---

[2] Vgl. Weston, J. F., Brigham, E. F., Managerial Finance, 4th ed., London 1972, S. 72 ff.

sein. So erfolgt die Erhöhung des Sachanlagevermögens meist sprunghaft. Die Vorräte können einen unterproportionalen Verlauf in Abhängigkeit vom Umsatz aufweisen (vgl. Abb. 70).

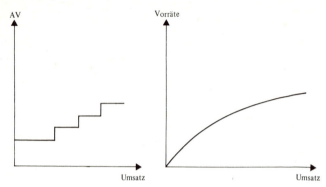

Abb. 70: Mögliche Umsatzabhängigkeit von Anlagevermögen und Vorräten

Die Ermittlung zukünftiger Werte von Bilanzpositionen mit Hilfe einer Regressionsgeraden kann daher nur eine grobe Annäherung darstellen. Eine differenziertere Analyse muß sich komplexerer Regressionsmodelle bedienen.

Der Kapitalbedarf ergibt sich unter Berücksichtigung der umsatzunabhängigen Bilanzpositionen als Überschuß der Aktiva über die Passiva.

Beispiel:

Bilanzen in Mio DM

Aktiva	73	74	75
Anlagevermögen			
Grundstücke u. Gebäude	1,60	1,85	2,10
Maschinen	1,50	1,80	2,08
Betr.- und Geschäftsausstattung	0,90	1,03	1,14
	4,00	4,68	5,32
Umlaufvermögen			
Vorräte	2,30	2,47	2,65
Forderungen	2,70	3,10	3,38
Kasse, Bank, Postscheck	1,00	1,15	1,25
	6,00	6,72	7,28
	10,00	11,40	12,60
Passiva			
Grundkapital	2,00	2,00	2,30
Rücklagen	1,30	1,30	1,50
Rückstellungen	0,80	0,88	0,95
langfristige Verbindlichkeiten	3,20	4,00	4,11
kurzfristige Verbindlichkeiten	2,50	3,00	3,50
Gewinn	0,20	0,22	0,24
	10,00	11,40	12,60
Umsatz	10	12	14

Für die Jahre 76 und 77 wird ein konstantes Umsatzwachstum von jeweils 2 Mio prognostiziert.

Bei Unterstellung einer linearen Umsatzabhängigkeit ergeben sich mit Hilfe der einfachen Regressionsrechnung

$y = a + b x$; mit x = Umsatz ; und

$$a = \frac{\Sigma y_i \Sigma x_i^2 - \Sigma x_i \Sigma x_i y_i}{n \Sigma x_i^2 - (\Sigma x_i)^2} \qquad b = \frac{n \Sigma x_i y_i - \Sigma x_i \Sigma y_i}{n \Sigma x_i^2 - (\Sigma x_i)^2}$$

folgende Prognosegleichungen:
Anlagevermögen $y_{i1} = 0{,}766 + 0{,}33\, x_i$
Umlaufvermögen $y_{i2} = 2{,}826 + 0{,}32\, x_i$
Kurzfristige
Verbindlichkeiten $y_{i3} = 0{,}25\, x_i$
Bilanzgewinn $y_{i4} = 0{,}1 + 0{,}01\, x_i$

und die Prognosewerte:

Bilanzpositionen	1976	1977
Anlagevermögen	6,046	6,706
Umlaufvermögen	7,946	8,586
Gesamtvermögen	13,992	15,292
Kurzfristige Verbindlichkeiten	4	4,5
Gewinn	0,26	0,28
Eigen- und Fremdkapital (ohne kurzfristige Verbindlichkeiten und Gewinn)	8,86	9,732
Gesamtkapital	13,12	14,512
Prognose-Kapitalbedarf (bei voller Gewinneinbehaltung)	0,872	0,780

Eine **Prognosekapitalbedarfsrechnung bei Gründung** oder Aufnahme einer neuen Fertigung ist mit extrapolierenden Verfahren nicht möglich, da Vergangenheitsdaten fehlen. Die Prognose knüpft an der gewünschten und absatzpolitisch als sinnvoll erachteten Ausbringung an. Daraus kann die durchschnittliche Tagesproduktion ermittelt werden, aus der sich die erforderliche Kapazität an Maschinen und maschinellen Anlagen ergibt. Die Art des Fertigungsverfahrens und die Kapazität bedingen die räumliche Ausstattung. Für das Umlaufvermögen ist die **Kapitalbindungsdauer** zu ermitteln. Diese ergibt sich aus der Rohstofflagerdauer, der Produktionsdauer, der Lagerdauer für Fertigprodukte und dem Debitorenziel. Das Lieferantenziel kann bei der Kapitalbindung für

Werkstoffe abgesetzt werden. Der Einsatz für den Fertigungslohn erstreckt sich nur auf den Zeitraum ab Produktionsbeginn. Aus dem täglichen durchschnittlichen Aufwand für Roh-, Hilfs- und Betriebsstoffe sowie für Fertigungslöhne und Gemeinkosten, soweit sie zu Zahlungen führen, mal der jeweiligen Bindungsdauer ergibt sich der Kapitalbedarf.

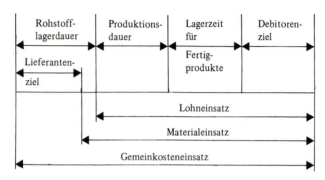

Abb. 71: Kapitalbindung im Umlaufvermögen

Beispiel:

Rohstofflagerdauer 40 Tage, Lieferantenziel 30 Tage, Produktionsdauer 20 Tage, Fertigwarenlager 20 Tage, Debitorenziel 30 Tage; durchschnittlicher täglicher Werkstoffeinsatz DM 4000,–, Lohneinsatz DM 20 000,– und Einsatz an Gemeinkosten, die zu Zahlungen führen, DM 10 000,–.

Kapitalbindung im Umlaufvermögen:

Lohneinsatz	70 × 20 000,–	= DM 1 400 000,–
Werkstoffeinsatz	80 × 4 000,–	= DM 320 000,–
Gemeinkosteneinsatz	110 × 10 000,–	= DM 1 100 000,–
Kapitalbedarf Umlaufvermögen		DM 2 820 000,–

+ Kapitalbedarf Anlagevermögen
+ Kapitalbedarf für Gründungskosten und Kosten der Ingangsetzung des Geschäftsbetriebes

Gesamtkapitalbedarf bei Gründung

Es handelt sich hierbei um eine reine Kapitalbedarfsermittlung, die nicht an der Zahlungsebene anknüpft und somit keine Liquiditätsplanung darstellt. In den Kapitalbedarf ist daher auch ein gewisser Kassenmindestbestand zur Liquiditätssicherung mit einzubeziehen.

2. Standardfinanzplanung

Die Standardfinanzplanung ist eine Vorgaberechnung, die ihren Niederschlag in den Budgetierungsansätzen findet. Es wird primär nicht auf eine Voraussage abgestellt, sondern ein als wünschenswert erachteter Sollzustand vorgegeben. Die Vorgaben sollen der mittleren Führungsebene als Ziel und Maßstab ihres Handelns dienen. Der Ansatz der Planwerte erfolgt daher primär unter dem

Gesichtspunkt des Leistungsanreizes. Die Planung der Verbrauchswerte und der Erlöse erfolgt unter Optimalitätsgesichtspunkten. Wie verhaltenswissenschaftliche Untersuchungen gezeigt haben, gehen von Vorgaben, die nur unter größeren Anstrengungen zu erreichen sind, höhere Leistungsanreize aus als von Richtwerten mit geringem Anforderungsniveau.[3] Die Standardfinanzplanung basiert somit weitgehend auf der Standardplankostenrechnung ergänzt um das Investitionsbudget.

Der Ansatz von Optimalwerten kann dazu führen, daß der Planerfolg gegenüber dem tatsächlich zu realisierenden Ist zu hoch angesetzt wird. Diese Fehleinschätzung des Erfolgssaldos kann nach Ansicht von Chmielewicz zu einer Gefährdung der Liquidität führen. Ein Standardfinanzplan ist daher seiner Ansicht nach wegen der ihm immanenten Liquiditätsgefahren abzulehnen.[4]

Das Gefährdungselement tritt jedoch nur dann auf, wenn eine Unternehmung sich im Rahmen der Finanzplanung allein und ausschließlich auf eine Standardplanung stützt. Die Standardfinanzplanung ist von ihrem Zweck und von ihrer Ausrichtung her als längerfristiges Planungsinstrument nicht zur Liquiditätssicherung gedacht. Auch eine Prognoseplanung in Form einer langfristigen Kapitalbedarfs- und Kapitalbindungsplanung kann die Liquidität nicht gewährleisten. Beide Finanzplanungsarten bedürfen daher der Ergänzung durch eine kurzfristige Liquiditätsplanung, die an Zahlungen anknüpft. Aufgabe der Standardfinanzplanung ist zum einen, eine explizite Formulierung der finanzwirtschaftlichen Unternehmenspolitik zu erreichen, und zum anderen als **Lenkungs- und Steuerungsinstrument** für die mittlere Führungsebene zu dienen.

Als Planungshilfen zur Standardfinanzplanung sind Kennzahlensysteme sowohl logisch-deduktiver als auch empirisch-induktiver Art geeignet (vgl. hierzu Kapitel D Finanzanalyse, II. Kennzahlensysteme). So kann etwa das Du Pont-Kennzahlensystem dazu verwendet werden, die erfolgswirtschaftlichen und finanzwirtschaftlichen Konsequenzen einer Steigerung des ROI (Return on Investment) abzuleiten. Das investierte Kapital kann dabei sowohl nach dem Gesichtspunkt der Kapitalherkunft als auch nach der Kapitalbindung in Vermögensteilen aufgegliedert werden. Die auf diese Weise ermittelten absoluten und relativen Kennzahlen, aufgespalten auf organisatorische Teileinheiten der Unternehmung, können dann als Vorgabewerte dienen. Empirisch ermittelte Kennzahlensysteme und -werte stellen eine Orientierungshilfe zur Ermittlung des als wünschenswert anzustrebenden Sollzustandes dar.

Die Finanzierung des im Rahmen der Prognose- oder Standardplanung ermittelten Kapitalbedarfs kann in einem langfristigen Finanzplan dargelegt werden. Der langfristige Finanzplan zerfällt in den Kapitalbedarfsplan, der sich aus den

---

[3] siehe hierzu: Macharzina, K., Die Bedeutung verhaltenstheoretischer Aussagen für kosten- und leistungsorientierte Planungs- und Kontrollrechnungen, in: Coenenberg, A. G. (Hrsg.), Unternehmensrechnung, München 1976, S. 324 ff.; Steiner, M., Berücksichtigung von Erkenntnissen der Lernforschung in der Unternehmensrechnung, in: Management International Review, 1975, Heft 2-3, S. 55 ff.; derselbe, Die Berücksichtigung personaler und sozialer Aspekte in der Unternehmensrechnung und ihre Problematik, in: Reber, G. (Hrsg.), Personal- und Sozialorientierung der Betriebswirtschaftslehre, Bd. 2, Stuttgart 1974.
[4] Chmielewicz, K., Betriebliche Finanzwirtschaft I, Berlin/New York 1976, S. 152 f.

vorgesehenen kapitalbindenden und kapitalentziehenden Maßnahmen ergibt, sowie in den Kapitaldeckungsplan, der die ausgleichenden Kapitaldispositionen enthält (siehe Abb. 72). Die kapitalbindenden Maßnahmen können entsprechend der Detailliertheit der Investitionsplanung spezifiziert werden.

	Betrag

I. **Dauerhafter Kapitalbedarf der Planperiode**
a) **Kapitalbindende Maßnahmen**
  Investitionen in Sachanlagen
  (ggfs. aufgegliedert nach Bereichen, Funktionen etc.)
  entsprechend Investitionsplan
  langfristige Finanzinvestitionen
    Darlehen
    Beteiligungen
    Wertpapiere
  Erhöhung des Betriebskapitals
  (permanentes Working Capital)
b) **Kapitalentziehende Maßnahmen**
  Eigenkapitalverringerung
  Rückzahlungen von aufgenommenen langfristigen Krediten	

Summe I: Kapitalbedarf der Planperiode	

II. **Finanzierungsquellen der Planperiode**
a) **Eigenfinanzierung**
  Cash Flow der Budgetperiode
  (betriebsbedingter)
  Eigenkapitalzuführungen, soweit sie nicht aus dem Cash Flow stammen
    z. B. Kapitalerhöhung durch Einlagen
  Außerordentliche Einnahmen
    z. B. Veräußerung von Vermögensteilen
  Verringerung des Betriebskapitals
b) **Fremdfinanzierung**
  aufzunehmende langfristige Kredite
  aufzunehmende mittelfristige Kredite
  aufzunehmende kurzfristige Kredite
  (zur vorübergehenden oder revolvierenden Abdeckung)	

Summe II: Kapitalbedarfsdeckung	

Abb. 72: Kapitalbedarfs- und Kapitaldeckungsplan

IV. Liquiditätsplanung

Zur Gewährleistung der Liquidität im Sinne der jederzeitigen Zahlungsfähigkeit müßte eine Liquiditätsplanung alle zukünftigen Ein- und Auszahlungen tagesgenau enthalten. Eine solche Planung ist jedoch meist nur sehr kurzfristig, in der Regel sogar nur für wenige Tage möglich. Der **tägliche Liquiditätsstatus,** der der Ermittlung der aktuellen Zahlungskraft dient, kann sich, soweit eine tagfertige Buchhaltung vorliegt, auf Ist-Größen stützen. Die **taggenaue Liquiditätsvorschaurechnung** baut dagegen bereits auf Prognosedaten auf. In der Praxis werden für die taggenaue Liquiditätsdisposition nur Zahlungsbewegungen von erheblicher Bedeutung erfaßt.

Für eine Liquiditätsplanung auf mittlere Sicht wird als Planungseinheit nicht der Tag, sondern die Woche oder der Monat gewählt. Bei dieser **Finanzplanung im engeren Sinne** ist die Liquidität nur durchschnittlich für die Planungseinheit gewährleistet. Die Planung kann wie beim täglichen Liquiditätsstatus auf Einzahlungen und Auszahlungen oder aber auch auf der Basis von Einnahmen und Ausgaben beruhen. Die Grundstruktur des Finanzplans hat folgende Gestalt:

```
  Anfangsbestand an Zahlungskraft zu Beginn der Planperiode
+ Planeinnahmen der Planperiode
./. Planausgaben in der Planperiode
= Endbestand an Zahlungskraft am Ende der Planperiode
```

Die in der Literatur vorgeschlagenen Finanzpläne unterscheiden sich im wesentlichen nach der Art der Aufgliederung der Einnahmen und Ausgaben. Eine häufig vorgenommene Trennung stellt die Aufteilung der Zahlungsbewegungen in „ordentliche" und „außerordentliche" dar. Ordentliche Zahlungsvorgänge resultieren aus dem Umsatzprozeß, soweit er auf die Betriebstätigkeit zurückzuführen ist. Außerordentliche Zahlungen treten im Zusammenhang mit der Investitionstätigkeit und ihrer Finanzierung auf.[1] Die Trennung der Zahlungsbewegungen in ordentliche und außerordentliche kann sogar zu einer Aufspaltung des Finanzplans in einen **ordentlichen** und einen **außerordentlichen Plan** führen. Der außerordentliche Finanzplan erfaßt den Geldbedarf für Investitionszwecke und seine Abdeckung.[2] Eine Gliederung, die mehr auf die Anbindung der Finanzplanung an die Finanzbuchhaltung abstellt, ist die Trennung in erfolgswirksame bzw. erfolgsunwirksame Einnahmen und Ausgaben.[3] Eine tiefere Untergliederung kann dann nach der Art der Ausgaben bzw. Einnahmen (Materialausgaben, Lohnausgaben usw.) erfolgen. Auch eine Aufgliederung nach Abteilungen, Projekten oder Produkten ist möglich. Die Wahl der jeweiligen Gliederung des Finanzplans hängt wesentlich von den betriebsspezifischen Gegebenheiten ab. Die Gliederung nach Funktionsbereichen der Unternehmung bzw. nach Abteilungen bezeichnet man auch als Finanzstellenrechnung.[4] Die Finanzstellenrechnung ist vor allem in Verbindung mit der Standardplanung geeignet, Vorgabewerte (Finanzbudget) für die mittlere Führungsebene zu ermitteln.

Im folgenden ist ein Finanzplan wiedergegeben, der eine Trennung der Zahlungen nach ihrer Herkunft aus dem laufenden Geschäft (ordentliche Umsätze), aus Investitions- und Desinvestitionsvorgängen sowie im Rahmen des Finanzverkehrs vornimmt.[5] Die Über- oder Unterdeckung der Planperiode an

---

[1] Vgl. Mellerowicz, K., Planung und Plankostenrechnung, Bd. 1, Betriebliche Planung, 2. Aufl., Freiburg 1970, S. 530 ff.; Vieweg R., Finanzplanung und Finanzdisposition, Gütersloh u. Berlin 1971, S. 31 ff.
[2] Vgl. Sellien, H., Finanzierung und Finanzplanung, 2. Aufl., Wiesbaden 1964, S. 147 ff.
[3] Vgl. Chmielewicz, K., Integrierte Finanz- und Erfolgsplanung, Stuttgart 1972, S. 9 ff.; derselbe, Betriebliche Finanzwirtschaft I, Berlin u. New York 1976, S. 31 ff.
[4] Vgl. Lücke, W., Finanzplanung und Finanzkontrolle in der Industrie, Wiesbaden 1965, S. 55 f.
[5] Vgl. auch die Gliederung bei Witte, E., Klein, K., Finanzplanung der Unternehmung/ Prognose und Disposition, Reinbek 1974, S. 49.

liquiden Mitteln wird zunächst anhand der bereits festgelegten Zahlungsvorgänge ermittelt. Anschließend können die erforderlichen Ausgleichs- und Anpassungsmaßnahmen, wie Geldbeschaffung im Fall der Unterdeckung oder Geldanlage im Fall der Überdeckung, berücksichtigt und der Finanzplan auf den gewünschten Zahlungsmittelbestand am Periodenende hin ausgeglichen werden.

	Monate				
	Jan.	Febr.	März	April	...

I. Auszahlungen
1. **Auszahlungen für laufendes Geschäft**
   1.1. Gehälter
   1.2. Löhne
   1.3. Rohstoffe
   1.4. Hilfsstoffe
   1.5. Betriebsstoffe
   1.6. Frachten
   1.7. Steuern und Abgaben
   1.8. ...
   1.9. ...
2. **Auszahlungen für Investitionszwecke**
   2.1. Sachinvestitionen
      Ankäufe
      Vorauszahlungen
      Restzahlungen
   2.2. Finanzinvestitionen
3. **Auszahlungen im Rahmen des Finanzverkehrs**
   (soweit bereits festgelegt)
   3.1. Kredittilgung
   3.2. Akzepteinlösung
   3.3. Eigenkapitalminderungen
      (z. B. Privatentnahmen)

II. Einzahlungen
1. **Einzahlungen aus ordentlichen Umsätzen**
   1.1. Barverkäufe
   1.2. Begleichung von Forderungen aus
      Lieferungen und Leistungen
2. **Einzahlungen aus Desinvestitionen**
   (soweit bereits festgelegt)
   2.1. Anlageverkäufe
      (außerordentliche Umsätze)
   2.2. Auflösung von Finanzinvestitionen
3. **Einzahlungen aus Finanzerträgen**
   3.1. Zinserträge
   3.2. Beteiligungserträge

III. Ermittlung der Über- oder Unterdeckung
   durch
      II ./. I
      + Zahlungsmittelbestand der Vorperiode

IV. Ausgleichs- und Anpassungsmaßnahmen
1. Bei Unterdeckung (Einzahlungen)
1.1. Kreditaufnahme
1.2. Eigenkapitalerhöhung
1.3. Rückführung gewährter Darlehen
1.4. zusätzliche Desinvestition
2. Bei Überdeckung (Auszahlungen)
2.1. Kreditrückführung
2.2. Anlage in liquiden Mitteln

V. Zahlungsmittelbestand am Periodenende nach Berücksichtigung der Ausgleichs- und Anpassungsmaßnahmen

Abb. 73: Kurzfristiger Liquiditätsplan

Die Planung der Zahlungsvorgänge kann direkt aus den übrigen betrieblichen Teilplänen, speziell aus dem Produktions- und Absatzplan erfolgen. Es ist jedoch auch eine Anbindung an die Erfolgsrechnung möglich, indem eine Korrektur der Aufwendungen und Erträge um nicht zahlungswirksame Vorgänge erfolgt bzw. eine Ergänzung um Zahlungsvorgänge vorgenommen wird, die nicht zu Aufwendungen und Erträgen führen. Für die Planung der Einzahlungen bietet sich in beiden Fällen als Planungshilfsmittel die Ermittlung von Verweilzeitverteilungen an.

Eine **Verweilzeitverteilung** gibt an, welche Verweildauer ein bestimmtes Element A aufweist, bis es sich in ein Element B umgewandelt hat. So etwa im Rahmen der Finanzplanung, speziell wie lange Umsatzforderungen im Forderungsbestand verbleiben, bis sie zu einer Einzahlung führen. Neben dem Übergang von Forderungen zu Einzahlungen existieren noch weitere für die Finanzplanung bedeutsame **Phasenfolgen**. So etwa die Abfolge Kundenauftrag, Fertigungsauftrag, Forderung, Einzahlung. Ähnlich kann aus Kundenaufträgen auch eine Phasenfolge für die Auszahlungen bestimmt werden: Kundenauftrag, Liefererbestellung, Verbindlichkeiten aus Lieferungen und Leistungen, Auszahlung. Neben der Kenntnis der Phasenfolgen ist für die Planung die Ermittlung der Übergangszeiträume erforderlich. Für den Übergang von Forderungen aus Umsatzerlösen in Einzahlungen kann das **Liquidationsspektrum** folgendes Aussehen aufweisen:

Periode nach Entstehung der Forderung		Prozent der Forderungen, die in der jeweiligen Periode zu Einzahlungen werden
1	t + 1	40
2	t + 2	20
3	t + 3	30
4	t + 4	10

oder in Vektorschreibweise:
$$S = (0,4 \; 0,2 \; 0,3 \; 0,1)$$

Im vorliegenden Beispiel erfolgt eine hundertprozentige Umwandlung der Forderungen zu Einzahlungen (inneres Produkt des Vektors = 1). In der Praxis werden vielfach auch Forderungsausfälle auftreten, so daß der Gesamtprozentsatz der Umwandlungen etwas unter 100% liegen wird. Prinzipiell kann die Verweilzeitverteilung als Anzahlverteilung oder als Betragsverteilung wiedergegeben werden. Bei der Anzahlsverteilung, wie sie im vorstehenden Beispiel vorliegt, ist eine multiplikative Verknüpfung mit dem jeweiligen Forderungsbestand zur Ermittlung der Einzahlungen erforderlich.

$$\begin{pmatrix} F_t & F_{t-1} & F_{t-2} & F_{t-3} \\ F_{t+1} & F_t & F_{t-1} & F_{t-2} \\ F_{t+2} & F_{t+1} & F_t & F_{t-1} \\ F_{t+3} & F_{t+2} & F_{t+1} & F_t \end{pmatrix} \times \begin{pmatrix} 0{,}4 \\ 0{,}2 \\ 0{,}3 \\ 0{,}1 \end{pmatrix} = \begin{pmatrix} E_{t+1} \\ E_{t+2} \\ E_{t+3} \\ E_{t+4} \end{pmatrix}$$

Als Einzahlungen für die nächste Periode $(t+1)$ ergibt sich somit:

$$E_{t+1} = 0{,}4\,F_t + 0{,}2\,F_{t-1} + 0{,}3\,F_{t-2} + 0{,}1\,F_{t-3}$$

Auch Verknüpfungen von Verweilzeitverteilungen mehrerer hintereinander ablaufender Phasenfolgen sind möglich. Sind etwa die Übergänge von Aufträgen in Forderungen einerseits und von Forderungen in Einzahlungen andererseits bekannt, so kann daraus der Übergang von Aufträgen in Einzahlungen ermittelt werden.[6]

Der Übergang vom Anfangsereignis zum Folgeereignis kann sowohl deterministisch als auch stochastisch sein. So wird sich der Übergang von Kundenaufträgen zum Materialbedarf vielfach deterministisch ergeben, während der Übergang zu Kundeneinzahlungen fast ausschließlich stochastisch ist. Für die Ermittlung der stochastischen Verweilzeitverteilungen ist es erforderlich, daß eine ausreichende Grundgesamtheit vorliegt. Bestehen etwa pro Periode nur wenige Forderungen, so kann sich entsprechend den Zufallsschwankungen das Liquidationsspektrum von Periode zu Periode erheblich verändern. Die Begleichung der Forderungen darf ferner auch nicht von einander abhängig sein, wie es etwa der Fall ist, wenn Großkunden Rechnungen unterschiedlicher Perioden zur Bezahlung zusammenfassen. Darüber hinaus führt die Wahl der Planungsperiode (Woche, Monat) zur Bildung von Mittelwerten und damit zu einer Nivellierung der Verteilung. Die kausale Prognose mit Verweilzeitverteilungen ist nur möglich, wenn der Phasenübergang eine für die Finanzplanung ausreichende Zeitspanne in Anspruch nimmt. Bei Phasenübergängen, die sich innerhalb von wenigen Tagen vollziehen, ergibt sich ein sehr kurzfristiger Planungshorizont.[7] Liegt eine sehr gleichmäßige Umsatzentwicklung vor, so kann eine Zeitreihenanalyse der Einzahlungen aus Umsatzerlösen eine ähnlich gute Prognosequalität aufweisen, wie sie mit Hilfe der Verweilzeitverteilungen zu erzielen ist.

Die auf dem Umsatzprozeß beruhenden Auszahlungen können ebenfalls kausal in Abhängigkeit vom Auftragseingang oder vom Produktionsplan abgeleitet werden. Zusätzlich sind die Auszahlungen im Rahmen des Finanzverkehrs zu berücksichtigen, wobei für Tilgung und Zinszahlungen die Fälligkeitstermine

---

[6] Vgl. Pönninghaus, S., Betriebswirtschaftliche Multiplikatoren, in: ZfbF 1967, S. 659 ff.

[7] vgl. Langen, H., u. a., Unternehmensplanung mit Verweilzeitverteilungen, Berlin 1971; Edin, R., Wirkungsweise und Voraussetzungen der Prognose mittels Verweilzeitverteilungen, in: ZfB 1968, S. 743 ff.; Edin, R., Schmitt, H. J., Verweilzeitverteilungen und Prognosen. Einige empirische Ergebnisse, in: ZfbF 1969, S. 484 ff.

als bekannt angenommen werden können. Die Auszahlungen im Rahmen des Investitionsplans ergeben sich aus den vertraglichen Absprachen über die Zahlungskonditionen.

V. Integrierte Finanzplanung

Bei den bisher behandelten Finanzplanungsansätzen wurden die Größen des Finanzplans aus dem Zahlenmaterial der Finanzbuchhaltung, ergänzt um die Ergebnisse bestimmter betrieblicher Teilpläne, wie speziell des Absatzplans und des Produktionsplans, abgeleitet. Der Finanzplan wurde dabei jedoch isoliert vom übrigen Rechnungswesen geführt. Im Rahmen einer **integrierten Finanzplanung** wird nun versucht, die Finanzrechnung stärker in die vorhandenen betrieblichen Rechnungssysteme mit einzubeziehen. Zum einen kann eine Integration in die Finanzbuchhaltung und damit eine rechnungstechnische Verbindung mit der Bilanz und der Erfolgsrechnung erfolgen (Chmielewicz), zum anderen eine Anbindung der Finanzrechnung an die Plankostenrechnung (Niebling).[1]

Bei der Integration der Finanzrechnung in die Finanzbuchhaltung wird bei Verbuchung der Geschäftsvorfälle jeweils auch ihre Liquiditätswirkung mit berücksichtigt. Ein solches Buchungssystem, das neben dem Ausweis der Bestände und des Erfolgs auch einen Liquiditätssaldo aufführt, ist bereits in der „funktionalen Kontorechnung" von Thoms verwirklicht.[2] Die funktionale Kontorechnung wurde zunächst jedoch primär als Istrechnung und damit als Vergangenheitsrechnung gesehen. Erst später trat der Aspekt der Planungsrechnung verstärkt hinzu.[3] Ähnlich erfolgt bei Chmielewicz eine zusätzliche Aufgliederung jeder Buchung, soweit sie einem Zahlungsvorgang ohne Aufrechnung entspricht, auf differenzierten Einnahme- und Ausgabekonten. Diese Konten stellen die Finanzrechnung dar, deren Abschluß den Liquiditätssaldo ergibt, der dann auf das Kassenkonto der Bilanz abgeschlossen wird. Die **Bilanz** stellt im integrierten System eine **Zweisaldenrechnung** dar, die erst durch Übernahme des **Gewinn- und Liquiditätssaldos** zum Ausgleich gelangt. Im Planungsbereich wird der geplante Liquiditätssaldo des Finanzplans an die Planbilanz abgegeben, die durch den geplanten Erfolg aus der Planerfolgsrechnung vervollständigt wird.[4]

Die Integration der Finanzplanung in die Erfolgs- und Bilanzplanung führt zu einer automatischen Abstimmung der verschiedenen Planungssysteme, der Pla-

---

[1] Vgl. Chmielewicz, K., Integrierte Finanz- und Erfolgsplanung, Stuttgart 1972; Niebling, K., Kurzfristige Finanzrechnung auf der Grundlage von Kosten- und Erlösmodellen, Wiesbaden 1973.

[2] Thoms, W., Das Buchen und Bilanzieren der funktionalen Kontorechnung, 2. Aufl., Herne/Berlin 1956; derselbe, Die Vorteile der funktionalen Kontorechnung, in: ZfB 1956, S. 503 ff.

[3] Thoms, W., Die Buchhaltung als Instrument der Planungsrechnung, Herne/Berlin 1960; derselbe, Die funktionale Planungsrechnung, in: ZfB 1962, S. 625 ff.; derselbe, Integrale Kapitalbedarfsrechnung, in: Neue Betriebswirtschaft 1969, No. 2, S. 18 ff.

[4] Vgl. Chmielewicz, K., Anwendungsbeispiel und Grundzüge einer integrierten Finanz- und Erfolgsplanung, in: Wirtschaftswissenschaftliches Studium (WiSt), 1974, S. 474 ff., hier S. 475.

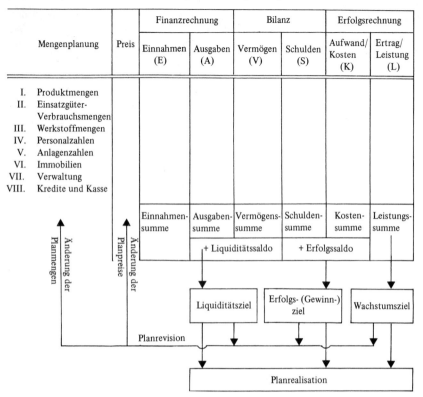

Abb. 74: Grundschema einer integrierten Finanz- und Erfolgsplanung

nungsprozeß selbst (Ermittlung der Plandaten) wird dadurch jedoch nicht gelöst. Einen Beitrag hierzu stellt die Verzahnung der Finanzplanung mit der Planung der betrieblichen Güterprozesse (Produktionsplan) dar. Die **Gütermengenplanung** kann über Produktprogramm-Matrizen erfolgen.[5] Ausgangspunkt für die Planung ist die nach dem Zugang aufgelöste Lagergleichung:

$$\text{Abgang} + \frac{\text{Gewünschter Endbestand}}{} ./. \frac{\text{Vorhandener Anfangsbestand}}{} = \text{Nötiger Zugang} \geq 0$$

Der produktionsbedingte Lagerabgang kann ermittelt werden, wenn die Verbrauchskoeffizienten bekannt sind.

Produkt-Herstellmengen × Verbrauchskoeffizienten + Gewünschter Endbestand ./. Vorhandener Anfangsbestand = Nötiger Zugang ≥ 0

---

[5] Vgl. Chmielewicz, K., Integrierte Finanz- und Erfolgsplanung, a.a.O., S. 123 ff.; Niebling, H., Kurzfristige Finanzrechnung..., a.a.O., S. 67 ff. Die Gleichungen für die Produktmengenplanung werden im folgenden nicht in Matrizenform und damit nur für den Einproduktbetrieb und für eine Planperiode dargestellt. Ferner wird nur eine Einflußgröße berücksichtigt. Die Planung mit Produktprogrammmatrizen kann jedoch sowohl den Mehrproduktbetrieb (verschiedene Produktherstellmengen und Verbrauchskoeffizienten) als auch mehrere Einflußgrößen und den Mehrperiodenfall berücksichtigen.

Bei Einsatzgütern, die keiner Lagerung bedürfen, genügt die Ermittlung der Verbrauchsmengen (=Produkt-Herstellmengen × Verbrauchskoeffizienten). Darüber hinaus ist zu prüfen, ob der Bestand an Potentialfaktoren (Maschinen und maschinelle Anlagen, Personal) für die geplante Produktionskapazität ausreichend ist.

$$\frac{\text{Produkt-Herstellmengen} \times \text{Verbrauchskoeffizienten}}{\text{Periodenkapazität je Potentialfaktor}} = \text{Nötiger Anfangsbestand an Potentialfaktoren}$$

Der erforderliche Anfangsbestand an Potentialfaktoren darf die vorhandene Kapazität nicht überschreiten. Ist letzteres der Fall, so müssen im Rahmen der Finanzplanung Ausgaben für Investitionen oder Neueinstellungen von Personal einkalkuliert werden. Die Verbrauchsmengenplanung kann durch **Bewertung mit den Preisen** in monetäre Plangrößen überführt werden. Ergibt sich nach Abschluß der integrierten Planung ein zu geringer Liquiditätssaldo oder/und Erfolgssaldo, so führt dies zur Planrevision, die sowohl bei der Mengenplanung als auch bei den Planpreisen (für Produktions- und Potentialfaktoren) ansetzen kann.

Die Integration der Finanzplanung mit Kosten- und Erlösmodellen hat den Vorteil, daß kausale Planungsmethoden zum Einsatz gelangen können, die speziell bei der kurzfristigen Liquiditätsplanung einer Prognose mit Hilfe von Zeitreihenanalysen überlegen sind.[6]

VI. Plananpassung und Kontrolle

Anpassungsmaßnahmen zum Ausgleich des Finanzplans müssen ergriffen werden, wenn die vorhandenen Kapitalmittel zur Deckung des ermittelten Kapitalbedarfs nicht ausreichen, oder wenn die Liquidität in der Planungsperiode nicht gewährleistet ist. Bei der integrierten Finanzplanung werden Anpassungsmaßnahmen neben einem zu gringen Liquiditätssaldo auch durch einen den Planvorstellungen nicht entsprechenden Erfolgssaldo ausgelöst. Anpassungsmaßnahmen können sowohl auf der Finanz- als auch auf der güterwirtschaftlichen Seite (Mengen und Preise) ansetzen. Auch die Änderung von Zahlungs- und Lieferungskonditionen kann bedingt für einen Planausgleich in Frage kommen. Bei perfekter Planung der Einzahlungen und Auszahlungen (Einnahmen/Ausgaben) könnte der Liquiditätssaldo Null sein. Zum Ausgleich zeitlicher Fehlplanungen wird jedoch in der Praxis ein gewisser Mindestbestand an Zahlungsmitteln erforderlich sein. Die Höhe dieses Bestandes wird zum einen begrenzt durch den Verlust an Rentabilität, der durch das Brachliegen der Zahlungsmittel entsteht, zum anderen durch den Schaden der auftritt, wenn Auszahlungen nicht aus dem Zahlungsmittelbestand gedeckt werden können. Dieser Schaden muß nicht zwingend dem Illiquiditätsrisiko entsprechen, er kann sich auch in Form der Kosten eines Überziehungskredits bei einem Kreditinsti-

---

[6] Vgl. auch Hauschildt, J., Entwicklungsschritte auf dem Weg zu einer integrierten Erfolgs- und Finanzplanung, in: Beiträge zur Finanzplanung und Finanzpolitik, Schriftreihe des Österreichischen Forschungsinstituts für Sparkassenwesen, 1974, Heft 1, S. 17 ff.

tut darstellen. (Zur Höhe des Kassenmindestbestandes vgl. Kapitel B IV. Abschnitt Kassenhaltungsmodelle, S. 155 ff.).

Bei passiver Finanzplanung wird der **Planausgleich** meist auf der **Kapitalzuführungsseite** ansetzen. Ergibt sich ein Kapitalbedarf, der die vorhandenen Mittel übersteigt, so ist zu überprüfen, in welchem Umfang zusätzliche Mittel zur Abdeckung der Finanzierungslücke gewonnen werden können. Dabei ist zu beachten, daß die Zuführung von Fremd- oder Eigenkapital in der Planbilanz zu Kapitalstrukturveränderungen führt. Bei Unterstellung der Gültigkeit der These vom kostenoptimalen Verschuldungsgrad kann damit auch eine Veränderung der Kapitalkosten verbunden sein (vgl. Kapitel F, S. 364 ff.). Im Rahmen der Anpassungsmaßnahmen, die bei der Kapitalzuführung ansetzen, stellt sich daher jeweils das Problem der Auswahl der geeigneten Finanzierungsalternative. Eine Finanzierung kann auch durch Kapitalfreisetzungsmaßnahmen erfolgen. Besteht ein Überschuß an Zahlungsmitteln, für die Planperiode, so bietet sich eine kurzfristige rentable Geldanlage an, oder die Mittel können zur Tilgung von Krediten Verwendung finden.

Als weitere Planpassungsmaßnahme ist die **Steuerung der** nach Höhe und Fälligkeit **noch nicht terminierten Ausgaben** möglich. Der Finanzplan kann durch einen Verzicht auf Ersatzinvestitionen, Rationalisierungsinvestitionen, Erweiterungsinvestitionen oder Finanzinvestitionen zum Ausgleich gebracht werden, falls keine geeignete Deckung für den Kapitalbedarf vorhanden ist. Hierbei ist jedoch zu berücksichtigen, daß das Aufschieben von notwendigen Ersatzinvestitionen oder von Rationalisierungs- bzw. Erweiterungsinvestitionen in Zeiten der Vollbeschäftigung sich in verringerten Umsatzeinnahmen niederschlagen kann. Ferner wird das langfristige Unternehmenswachstum beeinträchtigt. Eine weitere Möglichkeit der Steuerung von Ausgaben besteht in der Verringerung der Einkäufe für Roh-, Hilfs- und Betriebsstoffe. Allerdings beinhaltet der dadurch entstehende geringere Lagerbestand die Gefahr, daß es zu Produktionsstockungen kommen kann. Der Verzicht auf Investitionen wird immer dann zu wählen sein, wenn ein Liquiditätsengpaß vorliegt und die langfristigen Wachstumsziele hinter der Unternehmenserhaltung zurücktreten müssen.

Als Anpassungsmaßnahmen kommen auch Aktionen in Frage, die die **Verweilzeitverteilungen der Zahlungsströme beeinflussen.** Speziell ist dabei eine Beschleunigung des Phasenübergangs im Bereich der Einzahlungen und eine Verzögerung des Phasenübergangs im Bereich der Auszahlungen interessant. Die Phasenübergänge können beeinflußt werden durch die Änderung des eigenen Zahlungsverhaltens oder durch Einflußnahme auf das Zahlungsgebaren der Abnehmer. Eine Steuerung der Einzahlungen aus Lieferungen und Leistungen ist durch Veränderung der Zahlungskonditionen und durch die Intensität und den Zeitraum der Anmahnung von säumigen Schuldnern möglich. Die Änderung des eigenen Zahlungsverhaltens kann in der Verzögerung von Auszahlungen bestehen. Bei diesen Maßnahmen ist jedoch zu berücksichtigen, daß sie zum Abwandern von Kunden oder zum Verlust von Lieferanten führen können. Einzahlungen können beschleunigt werden, wenn ein rascherer Phasenübergang im güterwirtschaftlichen Bereich (Beschleunigung der Produktion) erreicht werden kann.

Liquide Mittel für den Planausgleich sind auch durch **zusätzliche Desinvestitionsmaßnahmen** zu erzielen. Im Vordergrund steht hierbei die Liquidation von Finanzvermögen oder von Sachvermögen, das für den Produktionsprozeß nicht erforderlich ist. Darüber hinaus kann bei Liquiditätsgefährdung auch eine Veräußerung von Halb- und Fertigfabrikaten unter dem Marktpreis in Betracht kommen.

Bei der Auswahl der Anpassungsmaßnahmen ist neben dem primären Aspekt des Finanzplanausgleichs auch jeweils der sich ergebende Sekundäreffekt, speziell die Auswirkungen auf das Umsatzwachstum, zu berücksichtigen. Auch saisonale und konjunkturelle Schwankungen können die Anpassungsentscheidung beeinflussen.

Die Finanzplanung bedarf einer permanenten **Finanzkontrolle**. Die Finanzkontrolle hat zu ermitteln, ob die im Rahmen des Plans prognostizierten bzw. vorgegebenen Werte (Planwerte) mit den tatsächlich aufgetretenen Zahlungsströmen (Istwerte) in Höhe und Zeitpunkt übereinstimmen. Ergeben sich Abweichungen zwischen Plan- und Istdaten, so resultiert daraus das Erfordernis einer Korrektur der laufenden Finanzplanung. Ohne eine permanente an den jeweils aufgetretenen Istwerten orientierte Planrevision, würde sich insbesondere bei längerfristigen Plänen eine erhebliche Fehleinschätzung der Zukunft ergeben.

Eine Kontrolle ist nur möglich, wenn eine den Planwerten entsprechende Erfassung der Istwerte vorliegt. Dies setzt beim Liquiditätsplan voraus, daß eine laufende Aufzeichnung der Einzahlungen und Auszahlungen bzw. Einnahmen und Ausgaben erfolgt. Bei den in die Finanzbuchhaltung integrierten Planrechnungen (Thoms, Chmielewicz) ist eine laufende Erfassung der liquiditätswirksamen Geschäftsvorfälle gewährleistet und die Kontrolle damit erheblich vereinfacht. Bei isoliert als Nebenrechnungen geführten Finanzplänen müssen die jeweiligen Istwerte erst aus dem Datenmaterial der Finanzbuchhaltung gewonnen werden. Neben dem vermehrten Zeitaufwand kann dies auch zu einem time-lag der Kontrolle und damit der Planrevision führen. Eine sinnvolle Kontrolle ist nur möglich, wenn die Einnahmen und Ausgaben in der gleichen Systematik zusammengefaßt werden, wie sie bei der Aufstellung der Prognosewerte Verwendung fand.

Die Erfassung der Abweichungen kann sowohl absolut als auch prozentual erfolgen. Innerhalb der Planungsteilperioden ermittelte Werte können darüber hinaus auf den Gesamtplanungszeitraum kumuliert werden.

Analog zur Plankostenrechnung können die Abweichungen im Rahmen der Finanzplanung einer Abweichungsanalyse unterzogen werden. Es lassen sich auch prinzipiell die gleichen Abweichungsursachen wie bei der Plankostenrechnung unterscheiden: Preis- und Mengenabweichungen, wobei letztere noch aufgegliedert werden können in Beschäftigungs- und Verbrauchsabweichungen. Speziell bei der Liquiditätsplanung tritt jedoch noch die Zeitabweichung hinzu, die sich bei einer Fehlterminierung der Zahlungsströme ergibt. Zur Ermittlung der Mengen- und Preisabweichung müssen die Zahlungsbeträge in ihr Mengen- und Preisgerüst aufgespalten werden. Nicht plangemäße Faktorverzehrmengen können ihre Ursache zum einen in einer Fehleinschätzung der Umsatzentwicklung (Entwicklung der Gesamtleistung) zum anderen (unabhängig vom Umsatz) in höheren oder geringeren Faktorverbrauchsmengen gegenüber dem Plansatz haben. Soweit es sich um eine Prognosefinanzplanung handelt, zielt die Abweichungsanalyse in erster Linie nicht darauf ab, Mängel in den Realprozessen aufzudecken, da dies der Kostenrechnung überantwortet wird, sondern aufgrund der Analyse eine Verbesserung der zukünftigen Finanzplanung zu ermöglichen. Liegt dagegen eine Standardfinanzplanung vor, deren Planwerte im Rahmen des Budgets als Vorgabewerte für das mittlere Management dienen, so steht bei der Abweichungsanalyse die Ermittlung der Verantwortlichkeit für die Abweichung im Vordergrund. Eine solche Kontrolle der Verantwortlichkeit setzt klar umrissene Verantwortungsbereiche voraus. Die Finanzzentren (Budget Centre) müssen so gewählt sein, daß sich die finanzielle Verantwortlichkeit mit der Leitungsbefugnis, die sich aus dem Organisationsplan ergibt, deckt. Eine eindeutige Zuordnung von Abweichungsursachen zu bestimmten Verantwortungsbereichen ist jedoch nicht in allen Fällen möglich. Insbesondere Beschäftigungsabweichungen sind vielfach auf Einflußfaktoren zurückzuführen, die außerhalb des Unternehmens liegen. Die Kontrollfunktion hat im Rahmen der Standardfinanzplanung auch die Aufgabe, Leistungsanreize zu schaffen. Diese können zum einen in Belohnungen und Sanktionen bestehen, zum anderen in der Möglichkeit der Mitsprache bei der Planrevision, die sich aus der Abweichungsanalyse heraus ergibt.

Literatur: Finanzplanung (einschließlich Prognosemethoden)
Chmielewicz, K., Integrierte Finanz- und Erfolgsplanung, Stuttgart 1972; *Gahse, S.*, Mathematische Vorhersageverfahren und ihre Anwendung, München 1971; *Gahse, S.*, Die neuen Techniken der Finanzplanung mit elektronischer Datenverarbeitung, München 1971; *Griese, J.*, Adaptive Verfahren im betrieblichen Entscheidungsprozeß, Würzburg/Wien 1972; *Hahn, D.*, Planungs- und Kontrollrechnung, Wiesbaden 1974; *Langen, H., u. a.* Unternehmensplanung mit Verweilzeitverteilungen, Berlin 1971; *Lücke, W.*, Finanzplanung und Finanzkontrolle in der Industrie, Wiesbaden 1965; *Mellerowicz, K.*, Planung und Plankostenrechnung, Bd. 1: Betriebliche Planung, 2. Aufl., Freiburg i. Br. 1970; *Niebling, H.*, Kurzfristige Finanzrechnung auf der Grundlage von Kosten- und Erlösmodellen, Wiesbaden 1973; *Orth, L.*, Die kurzfristige Finanzplanung industrieller Unternehmen, Köln/Opladen 1961; *Schütz, W.*, Methoden der mittel- und langfristigen Prognose, München 1975; *Weston, F., Brigham, E.*, Managerial Finance, London 1972; *Witte, E., Klein, H.*, Finanzplanung der Unternehmung, Prognose und Disposition, Reinbek 1974.

Kontrollfragen und -aufgaben zur Finanzplanung

1. Was versteht man unter Planung und was ist ihr Sinn und Zweck? Worin unterscheidet sie sich von „Fluchtutopien"?
2. Erläutern Sie den Unterschied zwischen strategischer und taktischer Planung! Stellen Sie eine Verbindung zu den verschiedenen Formen der Finanzplanung her!
3. Was versteht man unter einem „Budget Centre" und welche Bedeutung besitzt eine solche Einrichtung im Rahmen der Unternehmensführung?
4. Erläutern Sie die allgemeinen Planungs- und Budgetierungsgrundsätze!
5. Welche Aufgaben hat die Finanzplanung zu erfüllen?
6. Aus welchen Phasen setzt sich der Prozeß der Finanzplanung zusammen?
7. Worin besteht der Unterschied zwischen Kapitalbedarfs- und -bindungsplanung einerseits sowie der Liquiditätsplanung andererseits?
8. Erläutern Sie die Vorgehensweise bei der Planzahlengewinnung mit Hilfe extrapolierender Verfahren auf Zeitreihenbasis einerseits und andererseits mit kausalen Prognoseverfahren! Versuchen Sie Aussagen über den Anwendungsbereich und die Prognosequalität im Rahmen der Finanzplanung zu machen!

9. Ein Unternehmen hatte folgende Umsatzentwicklung:
   1. Quartal des Vorjahres   DM 125 000,–
   2. Quartal des Vorjahres   DM 117 000,–
   3. Quartal des Vorjahres   DM 115 000,–
   4. Quartal des Vorjahres   DM 142 000,–
   1. Quartal des laufenden Jahres   DM 163 000,–
   2. Quartal des laufenden Jahres   DM 160 000,–
   Bezüglich der Zahlungsgewohnheiten der Kunden ist bekannt, daß sich Umsätze wie folgt in Einnahmen verwandeln:
   Im gleichen Quartal werden 40%, im folgenden Quartal weitere 35% und im darauffolgenden Quartal der Rest von 25% zu Einnahmen. Prognostizieren Sie die voraussichtlichen Einnahmen aus Umsatzerlösen für das 3. und 4. Quartal des laufenden Jahres.
10. Erläutern Sie die „Umsatz-Prozent-Methode" als Hilfsmittel der langfristigen Kapitalbedarfs- und -bindungsplanung und zeigen Sie die Prämissen und Grenzen dieses Verfahrens auf.
11. Geben Sie den Grundaufbau der kurzfristigen Liquiditätsrechnung wieder!
12. Listen Sie wichtige Aufwands- und Ertragsarten auf und geben Sie jeweils ihre Auswirkung auf die Zahlungsebene an (Perioden- und Sachverschiedenheit)!
13. Erläutern Sie die Grundgedanken einer integrierten Finanzplanung! Grenzen Sie die Simultanplanung gegenüber der integrierten Planung ab!
14. Welche Bedeutung kommt der Abweichungsanalyse im Rahmen der Finanzkontrolle zu?
15. Der nachfolgende Fall soll in vereinfachter Form die Zusammenhänge zwischen Erfolgs-, Finanz-, Bestands- und Flußrechnung aufzeigen. Die X-Gesellschaft produziert Büchsenöffner für DM –,75 und verkauft sie für DM 1,–. Es wird ein Fertigwaren-Lagerbestand zur Deckung eines 30 Tage Bedarfs für erforderlich gehalten. Die Firma X zahlt prompt und stellt ihre Rechnungen auf 30 Tage netto aus. Der Marketing Manager prognostiziert eine stetige Absatzsteigerung von 500 Büchsenöffnern monatlich. Das Jahr begann erfolgreich:
    1.1. Zahlungsmittel DM 875,–, Forderungen DM 1000,–, Lager DM 750,–.
    Im Januar Verkauf von 1000 Büchsenöffnern mit Gesamtkosten von DM 750,–, Eingang aller Forderungen und Gewinn von DM 250,–.
    1.2. Zahlungsmittel DM 1125,–, Forderungen DM 1000,–, Lager DM 750,–.
    In diesem Monat stieg der Absatz wie erwartet auf 1500 Stück. Um den 30 Tage-Lagerbestand zu halten, Produktion von 2000 Stück mit Gesamtkosten von DM 1500,–. Die Forderungen aus den Januar-Verkäufen wurden beglichen. Der Gewinn stieg auf DM 625,–.
    1.3. Zahlungsmittel DM 625,–, Forderungen DM 1500,–, Lager DM 1125,–.

Die März-Verkäufe waren noch besser: 2000 Stück. Forderungseingang normal; Ausweitung der Produktion gemäß der Lagerpolitik: 2500 Stück. Gewinn stieg auf DM 1125,–.

1.4. Zahlungsmittel DM 250,–, Forderungen DM 2000,–, Lager DM 1500,–.

Im April erhöhte sich der Absatz weiter auf 2500 Stück, die Kunden zahlten wie vereinbart, die Produktion stieg auf 3000 Stück, und der Gesamtgewinn auf DM 1750,–.

Zeigen Sie die Erfolgs- und Liquiditätsentwicklung in dem nachfolgenden Formular sowie graphisch für das ganze Jahr auf (Ist- und Prognosewerte)!

	Ist			Plan					
	Jan.	Feb.	Mar.	Apr.	May	Jun.	Jul.	Aug.	Sep.
Umsatz	1000		Erfolgsrechnung						
+ Bestandserhöhungen (zu Herstellungskosten)									
./. Gesamtkosten der Periode	750								
Periodenerfolg	250								
Zahlungsmittelbestand	875		Finanzrechnung (Liquiditätsplan)						
+ Einzahlungen aus Forderungseingängen	1000								
Zusammen	1875								
./. Auszahlungen für Erstellung der Gesamtleistung	750								
Über-/Unterdeckung	1125								
Kreditaufnahme									
Kreditrückzahlung									
Endbestand									
Vermögen:			Bilanz						
Zahlungsmittel	1125								
Forderungen	1000								
Lager	750								
Zusammen	10525								
Kapital:									
Eigenkapital									
Bankkredit									
Gewinn	250								
Zusammen									
Mittelherkunft:			Bewegungsbilanz						
Gewinn									
Zahlungsmittelabnahme									
Kreditaufnahme									
Zusammen									
Mittelverwendung:									
Zahlungsmittelzunahme									
Forderungszunahme									
Lagerzunahme									
Kreditrückzahlung									
Zusammen									

F. Grundmodelle der betriebswirtschaftlichen Kapitaltheorie

I. Zielsetzung und Struktur der neueren betriebswirtschaftlichen Kapitaltheorie

Der betriebswirtschaftlichen Kapitaltheorie fällt grundsätzlich die Aufgabe zu, eine Theorie der simultanen Bestimmung von Kapitalbeschaffung und Kapitalverwendung unter bestimmten Optimalitätskriterien zu entwickeln.[1] Neben die traditionellen Finanzierungsregeln (vgl. Kapitel D, Finanzanalyse) soll ein theoretisch fundiertes Konzept zur Abstimmung von Kapitalbedarf und Verwendung sowie der Aufbringung gestellt werden. Neben Rentabilitäts- und Produktivitätsgesichtspunkten sind dabei auch individuelle Konsum- und Spar-Entscheidungen zu berücksichtigen. Ziel der betriebswirtschaftlichen Kapitaltheorie ist es daher, Modellansätze zu einer optimalen Unternehmensfinanzierung zu entwickeln. Die „neuere" Theorie unterscheidet sich von der „neoklassischen" im wesentlichen dadurch, daß Ungewißheitskonstellationen in die Modellanalyse einbezogen werden. Eine Berücksichtigung mehrwertiger Datenkonstellationen wird in den klassischen Kapitaltheorien, wie sie etwa von Irving Fisher und Friedrich und Vera Lutz konzipiert worden sind, nicht vorgenommen.[2] Die neoklassische Theorie bildet jedoch den gemeinsamen Ansatzpunkt der in Aufbau und Prämissen stark divergierenden kapitaltheoretischen Modellansätze. Die klassischen Modelle gehen von einem mengenunabhängigen Zinssatz aus und unterstellen somit einen vollkommenen Kapitalmarkt. Auf dem **vollkommenen Kapitalmarkt** kann zum gegebenen Kalkulationszinssatz beliebig Geld angelegt und aufgenommen werden. Die neueren kapitaltheoretischen Modellansätze versuchen die Prämisse des vollkommenen Kapitalmarkts aufzuheben und die Ungewißheit in die Modellansätze mit einzubeziehen. Die Einbeziehung der Ungewißheit ist in den Modellen jedoch nur unterschiedlich gewährleistet. Ansätze, die nur auf eine „technologische" Ungewißheit, d. h. Ungewißheit über den Eintritt bestimmter exogener Daten, abstellen, gehen von der Prämisse der Kreditsicherheit und Konstanz des marginalen Sollzinssatzes aus. Wird die Ungewißheit dagegen als „Marktungewißheit", d. h. Ungewißheit der Wirtschaftssubjekte über ihre zukünftigen Transaktionsmöglichkeiten, verstanden, so ergeben sich Analysen unter Berücksichtigung des Kreditrisikos. Die Berücksichtigung des unvollkommenen Kapitalmarktes führt zur Annahme getrennter Soll- und Habenzinssätze und des Kreditrisikos zu einem Sollzinssatz, der sich als Funktion des Verschuldungsgrades darstellt. Unter Kreditrisiko ist hierbei die Gefahr des teilweisen oder vollständigen Darlehensverlustes einschließlich Zinsentgang für den Gläubiger zu verstehen.

---

[1] Vgl. Moxter, A., Lineares Programmieren und betriebswirtschaftliche Kapitaltheorie, in: Zeitschrift für handelswissenschaftliche Forschung, 1963, S. 285 ff.; Lutz, F. A., The Essentials of Capital Theory, in: Lutz, F. A., Hague, D. C. (Hrsg.), The Theory of Capital, Proccedings of a Conference held by the International Economic Association, London 1961, S. 3 ff.

[2] Vgl. Fisher, I., The Theory of Interest, New York 1930 (Neuauflage 1965); Lutz, F. A., Lutz, V., The Theory of Investment of the Firm, Princeton, N. Y., 1951.

Die neueren kapitaltheoretischen Modelle unterscheiden sich auch im Hinblick auf die Handlungsvariablen, die zur Erreichung der optimalen Unternehmensfinanzierung Berücksichtigung finden. Bei Zugrundelegung der personenbezogenen Unternehmenskonzeption, bei der keine firmeneigenen Ziele bestehen, steht der Verschuldungsgrad im Vordergrund der Analyse.[3] Demgegenüber berücksichtigen Modellkonzeption, die auch firmeneigene Unternehmensziele mit einbeziehen, auch die Ausschüttungsentscheidung als Einflußvariable einer optimalen Unternehmensfinanzierung. Ein kapitaltheoretisches Modell, das sich auf die Verschuldungsanalyse beschränkt, stellt etwa das von Eli Schwarz dar.[4] Auch im Modell von Modigliani/Miller ist die Ausschüttungspolitik für eine optimale Unternehmensfinanzierung irrelevant.[5] Eine explizite Berücksichtigung der Ausschüttungspolitik als einer Handlungsvariablen optimaler Unternehmensfinanzierung bei Vorliegen firmeneigener Zielsetzungen erfolgt z. B. in den Modellen von Gordon, Lintner, Lerner und Carleton.[6] Verschuldungs- und Ausschüttungspolitik sollen in den Modellen so bestimmt werden, daß ein Optimum erreicht wird.

Die Modelle gehen im wesentlichen von zwei unterschiedlichen Optimalitätskriterien aus: der Marktwertmaximierung oder der Minimierung der Kapitalkosten. Marktwertmaximierung kann als Maximierung des Unternehmenswertes oder als Maximierung des Anteilseignervermögens gesehen werden. Im letzteren Fall wird die Marktwertmaximierung auf den einzelnen Unternehmensanteil (z. B. pro Aktie) bezogen. Für börsennotierte Anteile wird dabei der Wert in der Kapitaltheorie generell mit dem jeweiligen Börsenwert gleichgesetzt. Das Kriterium der Kapitalkostenminimierung kann als weitgehend äquivalent zum Kriterium der Marktwertmaximierung angesehen werden. Eine Finanzierungspolitik, die den Marktwert der Unternehmung maximiert, ist durch einen minimalen Gewinnentgang gekennzeichnet und beinhaltet damit auch minimale Kapitalkosten.

Das nachfolgende Schaubild (Abb. 75) gibt einen Überblick über wichtige betriebswirtschaftliche Kapitaltheorien und ihren Analysegegenstand.

---

[3] Zur finanziellen Zielsetzung in „personenbezogenen" und „firmenbezogenen" Unternehmen vgl. Schneider, D., Investition und Finanzierung, 4. Aufl., Opladen 1975, S. 179 ff.

[4] Vgl. Schwartz, E., Corporation Finance, New York 1962; ders., Theory of the Capital Structure of the Firm, in: Journal of Finance, 1959 (14), S. 18 ff.

[5] Vgl. Modigliani, F., Miller, M. H., The Cost of Capital, Corporation Finance and the Theory of Investment, in: American Economic Review, 1958 (48), S. 261 ff.

[6] Vgl. Gordon, M. J., Dividends, Earnings, and Stock Prices, in: Review of Economics and Statistics, 1959 (41), S. 99 ff.; derselbe, The Investment, Financing, and Valuation of the Corporation, Homewood, Ill., 1962; Lintner, J., Dividends, Earnings, Leverage, Stock Prices and the Supply of Capital to Corporations, in: The Review of Economics and Statistics, 1962 (Jg. 44), S. 243 ff.; derselbe, Optimal Dividends and Corporate Growth under Uncertainty, in: Quarterly Journal of Economics, 1964 (78), S. 49 ff.; Lerner, E. M., Carleton, W., The Integration of Capital Budgeting and Stock Valuation, in: American Economic Review, 1964 (54), S. 683 ff.; dieselben, A Theory of Financial Analysis, New York u. a. 1966.

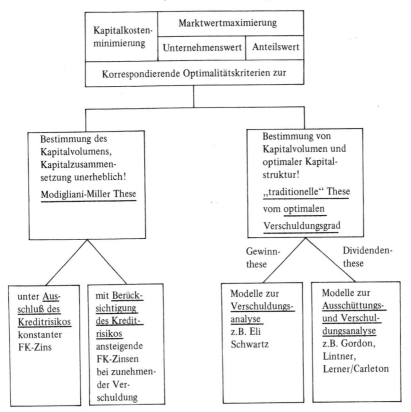

Abb. 75: Überblick über kapitaltheoretische Grundmodelle

II. Kapitalkosten und Leverage

Die Theorie der Kapitalkosten wurzelt in der volkswirtschaftlichen Zinstheorie. So sieht Menger das Kapital als dritten Produktionsfaktor neben Arbeit und Boden an, für dessen Nutzung eine Kompensation zu erfolgen hat. Nach der „Wartetheorie" (z. B. vertreten von Marshall) findet der Zins seine Rechtfertigung durch den momentanen Verzicht des Gläubigers auf Konsum. Eine andere Erklärung geben die „Agio"-Theorien, deren Hauptvertreter Böhm-Barwerk ist. Dabei wird davon ausgegangen, daß Gegenwartsgüter höher geschätzt werden als Zukunftsgüter gleicher Art und Zahl. Auch von Fisher wird diese „time preference" mit als Rechtfertigungsgrund für die Kapitalkosten angesehen. Zum anderen ist für ihn Kapitalausleihen ein Opfer von Gegenwartseinkommen zugunsten eines größeren Zukunfteinkommens. Ähnlich wird bei Keynes der Zins als Preis für die Bereitschaft Kasse (liquidity preference) aufzugeben gesehen.

Bei der Ermittlung der betriebswirtschaftlichen Kapitalkosten ist in die Kosten des Eigen- und des Fremdkapitals zu trennen. Die **Fremdkapitalkosten** sind dabei die unmittelbar aus dem Kreditverhältnis für den Schuldner folgenden

Aufwendungen einschließlich Abschlußgebühr und Disagio. Der Kapitalkostensatz kann in diesem Fall durch die Methode des internen Zinssatzes bestimmt werden. Darüber hinaus wird bei manchen kapitaltheoretischen Modellen in den Fremdkapitalkostensatz eine Risikoprämie mit einbezogen, die die Gläubiger den von ihnen erwarteten Renditen aufgrund des Kreditrisikos hinzufügen. Diese Wagnisprämien werden auch als implizite Fremdkapitalkosten bezeichnet. Die Berücksichtigung dieser impliziten Fremdkapitalkosten kann zu einer ansteigenden Sollzinskurve führen.

Bei der Ermittlung der **Eigenkapitalkosten** im Sinne der Renditeerwartungen der Anteilseigner ist zwischen personenbezogener und firmenbezogener Unternehmenskonzeption zu unterscheiden. Die Kosten der Beteiligungsfinanzierung personenbezogener Unternehmen hängen im wesentlichen von den prospektiven Alternativanlagemöglichkeiten der Anteilseigner ab, wobei Risikodifferenzen in den Anlagealternativen durch Risikoprämien ausgeglichen werden. Die Kapitalkosten werden dabei mit dem „richtigen" Kalkulationszinsfuß gleichgesetzt, der zur Diskontierung des marktwertmaximalen Entnahmestroms heranzuziehen ist. Bei firmenbezogenen Unternehmen sind die Kosten des Eigenkapitals die von den Anteilseignern erhobenen Ausschüttungsforderungen. Diese sind wiederum abhängig von den externen Anlagealternativen sowie den individuellen Verschuldungsmöglichkeiten. Die Ausschüttungsforderungen sind auch für die Ermittlung der Kosten der Selbstfinanzierung bestimmend.

Die **Gesamtkapitalkosten** ergeben sich aus der Addition der Eigen- und Fremdkapitalkosten. Zur Ermittlung der **durchschnittlichen Kapitalkosten** (r_d) ist die Eigenkapital-Fremdkapitalrelation zur Gewichtung heranzuziehen.

$$r_d = \frac{EK}{GK} \cdot r_{EK} + \frac{FK}{GK} \cdot i$$

Die Rentabilität des Eigenkapitals ist bei Berücksichtigung des „**Leverage-Effekts**" abhängig vom Umfang der Fremdfinanzierung. Der Leverage-Effekt sagt aus, daß bei gegebener Rentabilität des Gesamtkapitals mit steigender Fremdfinanzierung die Eigenkapitalrendite zunimmt, wenn die Rentabilität des Gesamtkapitals größer als der Fremdkapitalzinssatz ist.

Beispiel:

Der Gesamtkapitalbedarf (GK) betrage 1000 Einheiten. Die damit getätigten Investitionen erbringen einen leistungswirtschaftlichen Überschuß ($\bar{x}$) von 100 Einheiten. Der Zins (i) für aufzunehmendes Fremdkapital (FK) betrage 0,06. Ausgehend von der vollständigen Finanzierung mit Eigenkapital (EK) werden die Auswirkungen auf die Eigenkapitalrentabilität

$$(r_{EK} = \frac{\text{Nettogewinn}}{EK} = \frac{\bar{x} - i\,FK}{EK})$$ und die Gesamtkapitalrentabilität

$$r_{GK} = \frac{\bar{x}}{GK}$$ untersucht.

II: Leverage-Effekt

EK	FK	iFK	x̄−iFK	r_{EK}	r_{GK}
1.000	0	0	100	10 %	10 %
900	100	6	94	10,4 %	10 %
800	200	12	88	11 %	10 %
700	300	18	82	11,71 %	10 %
600	400	24	76	12,6 %	10 %
500	500	30	70	14 %	10 %
400	600	36	64	16 %	10 %
300	700	42	58	19,3 %	10 %
200	800	48	52	26 %	10 %
100	900	54	46	46 %	10 %
0	1.000	60	40	00 %	10 %

Dieser Zusammenhang zwischen Eigenkapitalrentabilität und Verschuldungsgrad kann formal wie folgt dargestellt werden:

$$r_{EK} = \frac{GK \cdot r_{GK} - i \cdot FK}{EK} \quad \text{mit GK = EK + FK folgt:}$$

$$r_{EK} = r_{GK} + \frac{FK}{EK}(r_{GK} - i)$$

Wird ein vom Verschuldungsgrad unabhängiger Fremdkapitalzinssatz unterstellt, so ergibt sich aus der Gleichung eine lineare Abhängigkeit zwischen Eigenkapitalrentabilität und Verschuldungsgrad (vgl. Abb. 76). Die Rentabilität des Eigenkapitals kann solange gesteigert werden, wie der Fremdkapitalzinssatz unter der Gesamtkapitalrendite liegt.

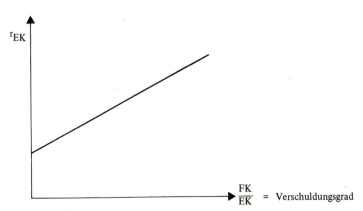

Abb. 76: Leverage-Effekt bei konstantem Fremdkapitalzinssatz

Bei Annahme eines wegen des zunehmenden Ausfallrisikos mit dem Verschuldungsgrad ansteigenden Fremdkapitalzinssatzes ergibt sich eine unterproportionale Abhängigkeit der Eigenkapitalrendite vom Verschuldungsgrad (vgl. Abb. 77). Auch dabei kann die Eigenkapitalrentabilität solange erhöht werden, als der Fremdkapitalzins kleiner oder gleich der Gesamtkapitalrentabilität ist.

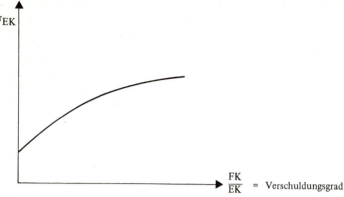

Abb. 77: Leverage Effekt unter der Prämisse eines mit dem Verschuldungsgrad ansteigenden Fremdkapitalzinssatzes

Bei dem gegebenen Beispiel wurde davon ausgegangen, daß das Gesamtkapital unverändert bleibt und Eigenkapital jeweils durch Fremdkapital substituiert wird, wobei die Gesamtkapitalrentabilität konstant bleibt. Durch diesen Substitutionsprozeß wird Eigenkapital freigesetzt, über dessen alternative Anlagemöglichkeiten im Modell keine Aussagen getroffen werden. Können die im vorausgegangenen Beispiel angenommenen 1000 Geldeinheiten Eigenkapital nach vollzogener Fremdkapitalsubstitution nur zu 5% anderweitig angelegt werden, so tritt ein Gesamterlös von 90 Einheiten (50 + 40) auf. Bei voller Eigenfinanzierung hätte demgegenüber ein Erlös von 100 Geldeinheiten erzielt werden können. Dies zeigt, daß eine Substitution von Eigenkapital durch Fremdkapital nur dann sinnvoll ist, wenn für die substituierten Eigenkapitalanteile Alternativanlagen mit ausreichender Rentabilität zur Verfügung stehen.

In der Praxis wird die Fremdkapitalaufnahme nicht der Substitution von Eigenkapital dienen, sondern der Erhöhung des Gesamtkapitals und des Investitionsvolumens. Dabei ist zu berücksichtigen, daß dann die Gesamtkapitalrentabilität nicht mehr als konstant angesehen werden kann, da sie durch die Investitionsprozesse verändert wird. Im Beispiel wurde unterstellt, daß der Bruttogewinn ($\bar{x}$) von 100 Geldeinheiten sicher zu erzielen ist. Bei Berücksichtigung der Unsicherheit der Gesamtkapitalrentabilität müssen bezüglich des Bruttogewinns alternative Zukunftslagen unterstellt werden. Das nachfolgende Beispiel zeigt die Entwicklung der Eigenkapitalrentabilität unter Beibehaltung der sonstigen Ausgangsdaten für alternative Bruttogewinne:

EK	FK	iFK (i = 0,06)	r_{EK} bei alternativen Bruttogewinnen			
			$\bar{x} = 100$ ($r_{GK} = 10\%$)	$\bar{x} = 80$ ($r_{GK} = 8\%$)	$\bar{x} = 60$ ($r_{GK} = 6\%$)	$\bar{x} = 50$ ($r_{GK} = 5\%$)
1.000	0	0	10 %	8 %	6 %	5 %
900	100	6	10,4 %	8,2 %	6 %	4,8 %
800	200	12	11 %	8,5 %	6 %	4,7 %
700	300	18	11,7 %	8,8 %	6 %	4,5 %
600	400	24	12,6 %	9,3 %	6 %	4,3 %
500	500	30	14 %	10 %	6 %	4 %

Wie das Beispiel zeigt, ergibt sich nur solange ein positiver Leverage-Effekt (Steigerung der Eigenkapitalrentabilität), solange die Gesamtrentabilität über dem Zinssatz für Fremdkapital liegt. Ferner läßt das Beispiel erkennen, daß mit zunehmendem Verschuldungsgrad auch die Schwankung der Eigenkapitalrentabilität zunimmt. Der im Beispiel vorgegebenen Bruttogewinnminderung von 50 entspricht bei einem Verschuldungsgrad von 0 eine Eigenkapitalrendite-Minderung von 5%, bei einem Verschuldungsgrad von 1 dagegen bereits von 10%.

Bei Absinken der Gesamtkapitalrendite unter den Fremdkapitalkostensatz ergibt sich aus dem Leverage-Effekt eine negative Hebelwirkung, d. h. mit zunehmender Verschuldung sinkt die Eigenkapitalrentabilität. Man spricht in diesem Zusammenhang auch von der Risikokomponente des Leverage-Effektes. Da wie erläutert jedoch andererseits mit zunehmender Verschuldung die Rentabilität des Eigenkapitals sich solange erhöht, wie die Gesamtkapitalrentabilität über den Fremdkapitalzinsen liegt, gehen vom Verschuldungsgrad gegenläufige Effekte aus. Die kapitaltheoretische Verschuldungsanalyse versucht nun zu klären, welchen Einfluß der Verschuldungsgrad auf den Marktwert der Unternehmung (alternativ Anteilswert der Eigner) oder die Kapitalkosten besitzt und ob es einen Verschuldungsgrad gibt dergestalt, daß der Marktwert maximiert bzw. die Kapitalkosten minimiert werden.

III. Verschuldungsanalyse

1. Modigliani-Miller-Theorem

a) Modellannahmen

Modigliani und Miller leiten ihre Modellaussagen in einer partiellen Gleichgewichtsanalyse ab. Es wird unterstellt, daß die zukünftigen Periodenergebnisse des jeweiligen Analyseobjektes „Unternehmung" zwar ungewiß, die Anleger jedoch einen bestimmten durchschnittlichen Periodengewinn der Unternehmung erwarten. Ferner wird unterstellt, daß die Anteile der Unternehmung auf einem Kapitalmarkt mit atomistischer Konkurrenz gehandelt werden. Für die Durchführung des Arbitrage-Beweises wird von Modigliani und Miller das Konzept der Risikoklassen eingeführt. Durch die Zuordnung einer Unternehmung zu einer Risikoklasse kann ein Vergleich mit den bekannten Marktwerten anderer Unternehmen hergestellt werden und so leistungswirtschaftliches (**Geschäftsrisiko**) und Verschuldungsrisiko (**Kapitalstrukturrisiko**) bezüglich ihres Marktwerteinflusses isoliert untersucht werden. Für Unternehmen ohne Fremdkapitalwagnis, die also ausschließlich mit Eigenkapital finanziert sind, die der gleichen Risikoklasse angehören, folgt aus der Annahme des atomistischen Marktes ein einheitlicher Preis pro Anteil des erwarteten Gewinns. Der Wert eines Unternehmensanteils P_j ist für alle Unternehmen j, die der gleichen Risikoklasse k angehören, dem erwarteten Gewinn $\bar{x}_j$ proportional:

oder
$$P_j = \frac{1}{\rho_k} \cdot \bar{x}_j$$

$$\rho_k = \frac{\bar{x}_j}{P_j} \quad \text{(Konstant für alle Unternehmen j der Risikoklasse k)}$$

Der Faktor ϱ_k stellt die in einer Risikoklasse erwartete Effektivrendite der Eigenkapitalanlage dar. Er kann auch als Kapitalisierungszinssatz für die zukünftigen Gewinnströme der Unternehmen, die der entsprechenden Risikoklasse angehören, betrachtet werden. Durch das Konzept der Risikoklassen wird erreicht, daß Differenzen in der Unternehmensbewertung auf unterschiedliches Geschäftsrisiko zurückzuführen sind. Wird nun die Prämisse der Eigenkapitalfinanzierung aufgehoben und eine Verschuldung zugelassen, so ist gewährleistet, daß Bewertungsdifferenzen bei Unternehmen, die der gleichen Risikoklasse angehören, auf das unterschiedliche Fremdkapitalwagnis zurückzuführen sind.

Modigliani und Miller leiten ihr Theorem unter der Annahme der Kreditsicherheit ab. Dies bedeutet, daß eine konstante marginale Sollzinskurve unterstellt wird. Ferner wird angenommen, daß Anteilseigner sich zum gleichen Zinssatz wie Unternehmen in beliebiger Höhe verschulden können.

Das Theorem kann jedoch auch unter der praxisnäheren Annahme des Kreditrisikos mit der Konsequenz einer ansteigenden marginalen Sollzinskurve abgeleitet werden. Die Beweisführung des Theorems wird dabei jedoch erschwert.

b) Modigliani-Miller-Thesen

Modigliani und Miller haben im Rahmen ihrer kapitaltheoretischen Modellanalyse drei Thesen aufgestellt.

These I:

Der Marktwert eines Unternehmens ist unabhängig von seiner Kapitalstruktur und ergibt sich durch Kapitalisierung der erwarteten Gewinne (vor Abzug der Fremdkapitalzinsen) mit der Marktrate ϱ_k der Risikoklasse k, dem das Unternehmen angehört.

Diese Aussage läßt sich unter Verwendung folgender Symbole

GK^M = Gesamtkapital zu Marktpreisen = Marktwert der Unternehmung;
EK^M = Marktwert des Eigenkapitals;
FK = Fremdkapital, wobei davon ausgegangen werden kann, daß Nominalwert = Marktwert;
$\bar{x}$ = Gewinn vor Abzug der Zinsen;
ϱ_k = Marktrate der Risikoklasse k

wie folgt formulieren:

$$GK_j^M = (EK_j^M + FK_j) = \frac{\bar{x}_j}{\rho_k}$$

Die These I wurde von Modigliani/Miller auch wie folgt formuliert:

These I b:

Die durchschnittlichen Kapitalkosten eines Unternehmens sind unabhängig von der Kapitalstruktur des Unternehmens und gleich der Kapitalisierungsrate (Kalkulationszinsfuß) für die Abzinsung des Einkommensstroms einer ausschließlich mit Eigenkapital finanzierten Unternehmung.

$$\frac{\bar{x}_j}{(EK_j^M + FK_j)} = \frac{\bar{x}_j}{GK_j^M} = \rho_k$$

Aus dieser Aussage kann unmittelbar der Verlauf der Eigenkapitalkostenkurve bei Veränderungen des Verschuldungsgrades einer Unternehmung wiedergegeben werden. Modigliani/Miller haben dies in einer weiteren These formuliert:

These II:
Die Eigenkapitalkosten eines Unternehmens sind eine linear ansteigende Funktion des Verschuldungsgrades.
Für die Eigenkapitalkosten r_{EK} ergibt sich damit folgende Funktion:

$$r_{EK} = \rho_k + (\rho_k - i)\frac{FK}{EK_M}$$

Diese Formulierung deckt sich formal mit der Gleichung zur Formulierung des Leverage-Effekts, sie wird jedoch umfassender interpretiert. Aus der These wird abgeleitet, daß die **Eigenkapitalrendite-Forderungen** gleich dem Kalkulationszinsfuß für ausschließlich eigenfinanzierte Unternehmen der gleichen Risikoklasse sind, zuzüglich einem Aufschlag für das Leverage-Risiko. Der Risikozuschlag bestimmt sich aus dem Produkt von Verschuldungsgrad (FK : EK) und der Differenz zwischen Gesamtkapitalrentabilität und Fremdkapitalzinsen. Da nach der These I der durchschnittliche Kapitalkostensatz unabhängig vom Verschuldungsgrad ist, wird der Verlauf der Eigenkapitalkostenfunktion durch die Entwicklung des Fremdkapitalzinssatzes i in Abhängigkeit von der Verschuldung bestimmt. Modigliani/Miller unterstellen einen vom Verschuldungsgrad unabhängigen Fremdkapitalkostensatz. Wird somit das Kreditrisiko nicht berücksichtigt, so ergibt sich ein proportionaler Anstieg der Eigenkapitalkosten mit zunehmendem Verschuldungsgrad (vgl. Abb. 78)

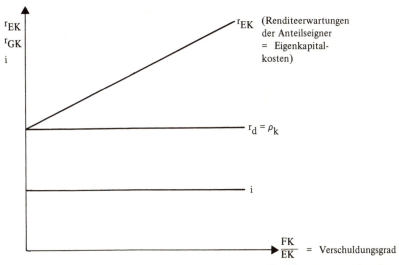

Abb. 78: Verlauf der Eigenkapitalkosten beim Modigliani-Miller-Theorem unter Annahme von Kreditsicherheit

Geht man jedoch davon aus, daß mit zunehmendem Verschuldungsgrad sich das Kreditrisiko für die Fremdkapitalgeber erhöht, so ist eine ansteigende Sollzinsfunktion zu unterstellen. Soll auch dort die Modigliani-Miller-These Gültigkeit besitzen, so muß von abnehmenden Renditeforderungen der Anteilseigner ausgegangen werden. Die zunächst ebenfalls linear verlaufende Eigenkapitalkostenfunktion steigt ab jenem Verschuldungsgrad, bei dem die Fremdkapitalkosten ansteigen, nur noch mit abnehmenden Zuwächsen. (Vgl. Abb. 79)

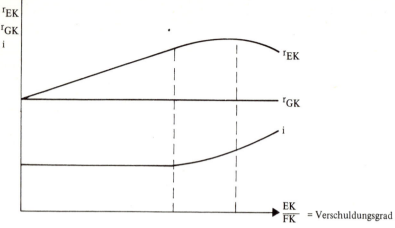

Abb. 79: Verlauf der Eigenkapitalkosten beim Modigliani-Miller-Theorem unter Annahme von Kreditrisiko

Bei weiterer Verschuldung und zunehmend ansteigenden Fremdkapitalkosten muß sogar davon ausgegangen werden, daß die Eigenkapitalkosten-Erwartungen sinken. Der abfallende Ast der Eigenkapitalkosten-Funktion bereitet gewisse Interpretationsschwierigkeiten, so daß in der Literatur die Verschuldungsanalyse meist auf Verschuldungsgrade beschränkt bleibt, bei denen die Eigenkapitalkosten-Funktion noch keine absoluten Abnahmen aufweist. Schließt man dies nicht aus, so könnten Unternehmen der gleichen Risikoklasse mit unterschiedlichem Verschuldungsgrad gleiche Renditeforderungen der Anteilseigner aufweisen.

Die III. These von Modigliani und Miller beantwortet die Frage nach dem „richtigen" Kalkulationszinsfuß bei Ungewißheit.

These III:

Der Kalkulationszinsfuß, der dem internen Zinsfuß von Investitionsprojekten als Vergleichsmaßstab gegenüberzustellen ist, ergibt sich ausschließlich aus dem Geschäftsrisiko und entspricht der Marktrate ϱ_k der Risikoklasse k, dem das Unternehmen angehört.

Aus dieser These würde folgen, daß über Investition und Finanzierung getrennt entschieden werden kann.

c) Thesen-Beweise

Ihre erste These beweisen Modigliani und Miller mit Hilfe eines Arbitrageprozesses. Ausgangspunkt der Überlegung ist dabei, daß für zwei gleiche Güter auf einem vollkommenen Kapitalmarkt stets gleiche Preise existieren. Tritt ein Preisungleichgewicht auf, so führen Arbitrageprozesse wiederum das Preisgleichgewicht herbei.

Es soll nun von zwei Unternehmen U_1 und U_2 ausgegangen werden, die beide der gleichen Risikoklasse k angehören und den gleichen Bruttogewinnstrom $\bar{x}$ (Gewinn vor Abzug der Fremdkapitalzinsen) erzielen. U_1 ist zum Teil mit Eigenkapital EK_1 und zum Teil mit Fremdkapital FK_1 finanziert. Für das Fremdkapital sind Zinsen in Höhe von i ($=\frac{P}{100}$) zu bezahlen. Der Nettoerfolgs-

III 1: Modigliani-Miller-Theorem

strom ergibt sich somit für $U_1 : \bar{x} - i \cdot FK_1$. Ein Anteilseigner, der über einen Anteil a am Marktwert des Unternehmens U_1 verfügt, erzielt damit ein Einkommen von

$$y_1 = a \cdot \bar{x} - i \cdot FK_1$$

Das Unternehmen U_2 erzielt, da es ausschließlich mit Eigenkapital finanziert ist, einen Nettoerfolgsstrom von $\bar{x}$. Es soll nun die Situation untersucht werden, wenn ein Anteilseigner seine Anteile an U_1 verkauft und sich statt dessen an U_2 beteiligt. Durch den Verkauf seiner Anteile an U_1 erhält der Kapital in Höhe von $a \cdot EK_1$. Da mit der Investition in dem ausschließlich eigenfinanzierten Unternehmen U_2 kein Fremdkapitalwagnis verbunden ist, kann der Investor, um die gleiche Risikoklasse weiterhin beizubehalten, zusätzlich privat Fremdkapital aufnehmen. Der Gesamtbetrag seiner Investitionsmittel setzt sich somit zusammen aus seiner bisherigen Eigenkapitalbeteiligung bei U_1 zuzüglich des privat aufgenommenen Fremdkapitals. Da der Investor mit einem Anteil a am Marktwert des Unternehmens U_1 beteiligt war, hatte er auch in diesem Umfang Anteil an Eigen- und Fremdkapital. Um das gleiche Fremdkapitalwagnis zu erreichen, muß er sich deshalb in Höhe von $a \cdot FK_1$ privat verschulden. Seine gesamten Investitionsmittel belaufen sich somit auf

$$a \cdot EK_1 + a \cdot FK_1$$

Am Erfolgsstrom der Unternehmung U_2 ist er somit in folgendem Verhältnis beteiligt:

$$\frac{a \cdot EK_1 + a \cdot FK_1}{EK_2} \cdot \bar{x}$$

Da ihm durch die Fremdkapitalaufnahme Zinszahlungen in Höhe von $i \cdot FK_1$ entstehen, ergibt sich sein Nettoerfolgsstrom zu

$$y_2 = \frac{a \cdot EK_1 + a \cdot FK_1}{EK_2} \cdot \bar{x} - i \, a \, FK_1$$

$$= \frac{a(EK_1 + FK_1)}{EK_2} \cdot \bar{x} - i \, a \, FK_1$$

Der Nettoerfolgsstrom aus U_1 betrug

$$y_1 = a \cdot \bar{x} - i \cdot a \, FK_1$$

Die Transaktion ist nur sinnvoll, wenn sich der Nettoerfolgsstrom vergrößert, also gilt:

$$y_1 < y_2$$

$$a \cdot \bar{x} - i \, a \, FK_1 < \frac{a(EK_1 + FK_1)}{EK_2} \, \bar{x} - i \, a \, FK_1$$

umgeformt:

$$\bar{x} < \frac{EK_1 + FK_1}{EK_2} \, \bar{x}$$

Der Arbitrageprozeß ist somit nur lohnend, wenn

$$EK_2 < EK_1 + FK_1$$

Gilt jedoch

$$EK_2 = EK_1 + FK_1$$

so sind die beiden Nettoerfolgsströme gleich. Treten in diesem Fall Abweichungen in der Anteilsbewertung auf, so werden Arbitrageprozesse lohnend. Durch diese Arbitrageprozesse wird das Gleichgewicht wieder hergestellt.

Der Arbitragebeweis zeigt also auf, daß längerfristige Unterschiede im Marktwert zwischen verschuldeten und unverschuldetenen Unternehmen der gleichen Risikoklasse nicht auftreten können, da diese dann Arbitrageprozesse auslösen würden, die das Gleichgewicht wieder herstellen. Dies zeigt nach Ansicht von Modigliani/Miller, daß der Verschuldungsgrad keinen Einfluß auf den Marktwert (= Wert des Eigen- und Fremdkapitals) besitzt.

Die Höhe des Unternehmenswertes hängt ausschließlich vom Bruttoerfolgsstrom $\bar{x}$ und dem Kapitalisierungsfaktor ϱ_k der entsprechenden Risikoklasse ab. Der Preis P des Unternehmens ergibt sich daher wie folgt:

$$P = \frac{\bar{x}}{\varrho_k}$$

Der Arbitragebeweis setzt voraus, daß die potentiellen Anleger sich „rational" verhalten. Darüber hinaus wird vorausgesetzt, daß sie bereit sind, sich zu verschulden, und daß diese private Verschuldung das gleiche Risiko beinhaltet wie die Verschuldung der Unternehmung. Die Kreditkosten werden für einen privaten Schuldner in gleicher Höhe in Ansatz gebracht wie für eine Unternehmung.

Der Marktwert des Eigenkapitals ergibt sich als Differenz aus Gesamtwert der Unternehmung und Fremdkapital:

$$EK_M = \frac{\bar{x}}{\varrho_k} - FK$$

Diese Bewertung entspricht der Net-Operating-Income-Methode (NOI).[1] Andererseits schlagen Modigliani/Miller zur Bewertung des Eigenkapitalmarktwertes das Net-Income-Verfahren (NI) vor.

$$EK_M = \frac{\bar{x} - i\,FK}{r^*_{EK}}$$

r^*_{EK} stellt dabei die Renditeerwartungen der Eigenkapitalgeber dar. Beide Wertermittlungen müssen zum selben Ergebnis führen, was jedoch nur unter bestimmten Bedingungen der Fall ist.[2]

d) Beurteilung des Modells

Modigliani und Miller unterstellen in ihrer Theorie einen Kapitalmarkt, auf dem „Idealmarktbedingungen" herrschen.[3] Es wird unterstellt, daß auf diesem Kapitalmarkt sowohl Fremdkapital als auch Eigenkapital ohne Transaktionsko-

---

[1] Vgl. Schemman, G., Zielorientierte Unternehmensfinanzierung, Köln und Opladen 1970, S. 53 ff.
[2] Vgl. derselbe, S. 54.
[3] Vgl. Moxter, A., Optimaler Verschuldungsumfang und Modigliani-Miller-Theorem, in: Aktuelle Fragen der Unternehmensfinanzierung und Unternehmensbewertung, Kurt Schmaltz zum 70. Geburtstag, Hrsg. Forster, K. H., Schuhmacher, P., Stuttgart 1970, S. 128 ff., hier S. 148.

sten gehandelt werden kann. Ferner wird für den Arbitragebeweis unterstellt, daß eine Vielzahl von unabhängigen Anbietern und Nachfragern vorhanden sind, die über vollkommene Information verfügen. In der Praxis ist jedoch von einem Informationsungleichgewicht zwischen den Kapitalmarktinteressenten auszugehen. Spekulative Kapitalmarkttransaktionen sind gerade auf die ungleiche Verteilung von Informationen zurückzuführen. Berücksichtigt man Transaktionskosten auf dem Kapitalmarkt, so werden die Arbitrageprozesse nicht zu einem vollständigen Gleichgewicht führen.

Darüber hinaus gehen Modigliani/Miller von der Existenz von Risikoklassen aus, denen alle Unternehmen zugeteilt werden können. Diese Voraussetzung ist erforderlich, um das leistungswirtschaftliche Risiko der Unternehmung vom Kapitalstrukturrisiko zu isolieren.[4]

Eine Realisierung solcher Risikoklassen wird jedoch in der Praxis nicht möglich sein. Auch die Bestimmung vergleichbarer Periodengewinne verschiedener Unternehmen bereitet aufgrund der bilanziellen Bewertungsspielräume Probleme. Anlaß zu Kritik gibt auch die dem Modell unterlegte Annahme, daß alle Anleger zwar unterschiedliche Risikopräferenzen, jedoch homogene Erwartungen in bezug auf das Risiko einer speziellen Unternehmung haben. Die Homogenitätsprämisse ist allerdings bei allen neueren betriebswirtschaftlichen Kapitaltheorien unterstellt.

Modigliani und Miller gehen in ihrerem Modell davon aus, daß weder wirtschaftliche noch juristische Unterschiede zwischen der Verschuldung eines Unternehmens und der privaten Fremdkapitalaufnahme bestehen. Handelt es sich bei der Unternehmung um eine Kapitalgesellschaft, so ist die Haftung des Anteilseigners auf die Höhe seiner Einlage begrenzt. Demgegenüber kann bei privater Verschuldung die Haftung des Schuldners nicht begrenzt werden und erstreckt sich auf sein ganzes Vermögen. Der private Schuldner trägt daher ein größeres Kreditrisiko. Zudem werden die Zinssätze für eine private Kreditaufnahme vielfach etwas höher liegen als für Unternehmensverschuldung.

Das Modell vernachlässigt auch eine mögliche Zahlungsunfähigkeit der Unternehmung und abstrahiert daher vom Illiquiditätsrisiko. Allerdings trifft dieser meist nur gegenüber dem Modigliani/Miller-Modell erhobene Vorwurf auch andere, im nachfolgenden aufzuführende kapitaltheoretische Konzeptionen.[5]

Die Diskussion von Kapitalstrukturproblemen unter Ausschluß des Wagnisses der Zahlungsunfähigkeit sieht Moxter für eine „Spielerei" an.[6] Ein Problem der Dividendenpolitik, d. h. der optimalen Ausschüttungspolitik, tritt im Modigliani-Miller-Modell nicht auf. Es ist gleichgültig, ob und welcher Anteil des Gewinns ausgeschüttet oder thesauriert wird. Einbehaltene Gewinne führen zu einer entsprechenden Erhöhung des Unternehmenswerts und damit zu einer Erhöhung des Anteilswertes. Es wird die später noch zu erläuternde „Gewinnthese" unterstellt.

Empirische Überprüfungen des Modigliani-Miller-Theorems haben weder zu einer statistischen Absicherung der Hypothese noch zu ihrer Verwerfung geführt. Dies liegt weitgehend daran, daß empirisch das Kapitalstrukturrisiko nur

---

[4] Vgl. Schneider, D., Investition und Finanzierung, a.a.O., S. 506 ff.
[5] Vgl. Standop, D., Optimale Unternehmensfinanzierung. Zur Problematik der neueren betriebswirtschaftlichen Kapitaltheorie, Berlin 1975, S. 136.
[6] Vgl. Moxter, A., Otpimaler Verschuldungsumfang . . ., a.a.O., S. 154.

schwer vom leistungswirtschaftlichen Risiko zu isolieren ist und damit eine beschränkte Meßbarkeit des Kapitalstrukturrisikos vorliegt.[7] (Siehe auch Kapitel F VI Portfeuille-Analyse).

Eine Gegenposition zum Modigliani-Miller-Theorem stellt im Rahmen der Verschuldungsanalyse die These vom optimalen Verschuldungsgrad dar.

2. Modell des optimalen Verschuldungsgrades

Bei Gültigkeit des Modigliani-Miller-Theorems kann sich die optimale Unternehmensfinanzierung auf die Bestimmung des optimalen Kapitalvolumens beschränken. Die Strukturierung des Kapitals stellt kein Problem dar. Demgegenüber versuchen die häufig auch als „traditionell" bezeichneten Konzeptionen Regeln für eine optimale Kapitalstruktur abzuleiten.

Ausgangspunkt der Überlegungen bildet der bereits erwähnte Leverage-Effekt. Die Unternehmung ist danach bei gegebenem Gesamtkapital in der Lage, die Eigenkapitalrentabilität zu steigern, indem sie teureres Eigenkapital durch billigeres Fremdkapital ersetzt. Dies bedingt zunächst einen sinkenden Verlauf der Durchschnittskapitalkosten. Mit zunehmender Verschuldung verlangen jedoch sowohl Fremd- wie auch Eigenkapitalgeber eine Risikoprämie, die einen Anstieg der entsprechenden Kapitalkostenkurven bedingen. Dies führt dazu, daß auch die Durchschnittskapitalkostenkurve ab einem gewissen Verschuldungsgrad von ihrem fallenden Verlauf in einen steigenden überwechselt und damit U-Form besitzt. Es existiert also ein Minimum der Durchschnittskapitalkostenkurve, , d. h. es gibt einen optimalen Verschuldungsgrad. Da die Zielsetzung minimale Kapitalkosten und maximaler Unternehmenswert als äquivalent angesehen werden, liegt das Maximum des Unternehmenswertes dort, wo die Durchschnittskapitalkosten minimal sind. (Vgl. Abb. 80).

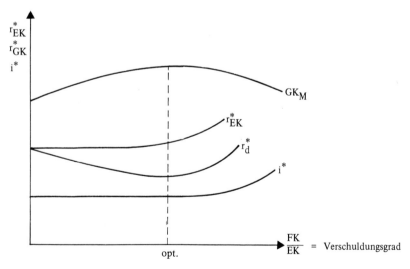

Abb. 80: Darstellung der These vom optimalen Verschuldungsgrad

---

[7] Vgl. Schneider, D., Investition und Finanzierung, a.a.O., S. 511.

III 2: Optimaler Verschuldungsgrad

Eine Substitution von Eigenkapital durch Fremdkapital über das Optimum hinaus ist nicht sinnvoll, weil ab diesem Verschuldungsgrad der marginale Zuwachs der Renditeforderungen der Eigenkapitalgeber größer ist als die marginale Rentabilitätserhöhung. Der gekrümmte Durchschnittskostenverlauf kann auch unter der Prämisse eines fixierten Eigenkapitals und zunehmendem Gesamtkapitaleinsatz abgeleitet werden. Das Gesamtkapitalvolumen wird dann durch den optimalen Verschuldungsgrad determiniert.

Beispiel zum optimalen Verschuldungsgrad:
Eine Publikumsgesellschaft hat DM 500 000,- Eigenkapital (EK) und erwirtschaftet einen Gewinn von DM 75 000,-. Zusätzliche Investitionen erbringen eine Rendite (r_i) von 15% vor Abzug von Fremdkapitalzinsen. Der Verschuldungsgrad wird durch zusätzliche Fremdkapitalaufnahme variiert. Die Unternehmensleitung sieht die Maximierung des Endvermögens der Unternehmung als ihr Ziel an. Der Kapitalmarkt ermöglicht beliebige Fremd- und Eigenkapitalaufnahme. Die Renditeforderungen r_{EK}^* der Eigenkapitalgeber betragen 10%. Ab einem Verschuldungsgrad $V = \frac{FK}{GK}$ von 60% ergibt sich allerdings aufgrund des Risikos folgendes Bild:

r_{EK}^*	13 %	18 %	23 %	30 %
V	60 %	70 %	80 %	90 %

Der Verschludungsgrad V ist durch das Verhältnis von Fremdkapital (FK) und Gesamtkapital (GK) bestimmt. Den einzelnen prozentualen Verschuldungsgraden entsprechen folgende Fremd-Gesamtkapitalrelationen.

V	50 %	50 %	60 %	70 %	80 %	90 %
FK/GK in Mio.	0/0,5	0,5/1	0,75/1,25	1,2/1,7	2,25	4,5/5

Der Fremdkapitalzins (i) beträgt 5% bis zu einem Verschuldungsgrad von 80%. Ab 80% werden von den Gläubigern 8% gefordert, bei 90% sogar 12%. Der Anteilswert K in Prozent vom Nennwert ergibt sich aus der Formel:

$$K = \frac{r_i \cdot GK - FK \cdot i}{EK \cdot r_{EK}} \times 100$$

Auf das Beispiel angewandt ergeben sich folgende Anteilswerte (K):

V	0 %	50 %	60 %	70 %	80 %	90 %
K	150	250	230	216	186	140

Der optimale Verschuldungsgrad kann auch als Verschuldungsgrad mit minimalen durchschnittlichen Kapitalkosten r_g^* interpretiert werden, wobei die Kapitalkosten als Relation zwischen Bruttogewinn (Gewinn vor Abzug von Fremdkapitalzinsen) und Marktwert des Gesamtkapitals definiert sind.

V	50 %	60 %	70 %	80 %
r_d^*	8,5 %	3,8 %	11,18 %	12,7 %

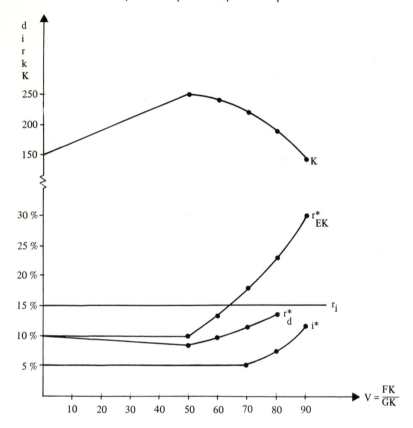

Abb. 81: Beispiel zum optimalen Verschuldungsgrad

In der These vom optimalen Verschuldungsgrad wird sowohl der Rentabilitätsaspekt als auch der Risikoaspekt des Leverage-Effektes berücksichtigt. In den traditionellen Ansätzen wird dabei jedoch häufig nicht explizit das Geschäftsrisiko vom Kapitalstrukturrisiko getrennt. Implizit wird allerdings das leistungswirtschaftliche Risiko über die Konstanz der internen Rendite ausgeklammert.

Bei zunehmender Erhöhung des Kapitalfonds und damit des Investitionsvolumens kann es jedoch zu sinkenden Grenzrenditen kommen.

Die „traditionelle" These vom optimalen Verschuldungsgrad dient einer Reihe von neueren betriebswirtschaftlichen kapitaltheoretischen Ansätzen als Grundlage. Bei stationärem Ansatz kann sich die Analyse auf die Bestimmung des optimalen Verschuldungsgrades beschränken. Geht man dagegen von evolutorischen Bedingungen aus, so muß die Selbstfinanzierungs-Entscheidung in die Analyse mit einbezogen werden. Eine entsprechende stationäre Verschuldungsanalyse wurde von Eli Schwartz entwickelt.[8] Mit Hilfe einer Indifferenzkurven-Analyse wird hierbei die optimale Kapitalstruktur und das zugehörige Kapitalvolumen bestimmt. Im Gegensatz zu Modigliani/Miller wird angenommen, daß Eigen- und Fremdkapital nicht beliebig substituierbar sind, da Haftungsunterschiede zwischen Unternehmung und Anteilseignern bestehen.

Ausgehend vom Arbitrage-Theorem von Modigliani/Miller kommt Ben-Shahar unter Einbeziehung der Indifferenzkurven-Analyse zu einem Verlauf der Durchschnittskapitalkosten, der den „traditionellen" Annahmen entspricht. Es gibt jedoch nicht eine optimale Kapitalstruktur, sondern einen ganzen Bereich effizienter Kapitalstrukturen, indem die Kapitalkostenkurve parallel zur Abszisse verläuft (vgl. Abb. 82).[9]

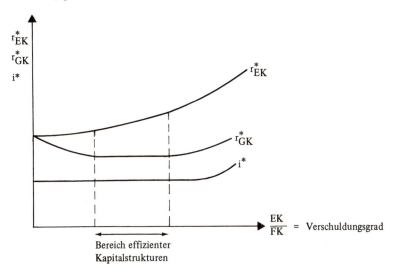

Abb. 82: Kapitalkostenkurve mit Bereich effizienter Kapitalstrukturen

IV. Ausschüttungsentscheidung

Bezieht man das Unternehmenswachstum in die Modellanalyse mit ein, so stellt sich die Frage nach dem Einfluß der Selbstfinanzierung auf die Verschuldungsanalyse.

1. Gewinn- und Dividendenthese

Die **Gewinnthese** geht davon aus, daß die Gewinnverwendungsentscheidung keinen Einfluß auf das Anlegerverhalten besitzt. Die Kapitalgeber verhalten sich danach indifferent gegenüber Dividendenzahlungen und Steigerungen der Anteilswerte, die durch die Gewinneinbehaltungen hervorgerufen werden. Den Anteilseignern wird ein Verhalten unterstellt, das auf die Maximierung des

---

[8] Vgl. Schwartz, E., Theory of the capital structure of the firm, a.a.O.
[9] Vgl. Ben-Shahar, H., The Capital Struktur and the Cost of Capital; A Suggested Exposition, in: Journal of Finance, 1968 (23), S. 639 ff.

Barwertes der gegenwärtigen und zukünftigen Gewinne abstellt. Die Gewinnthese setzt neben rationalem Verhalten der Kapitalanleger voraus, daß auf dem Kapitalmarkt vollkommene Markttransparenz besteht und insbesondere keine institutionellen und persönlichen Beschränkungen vorliegen. Die Beurteilung des bewertungsbereinigten Gewinns erfolgt durch die Anteilseigner homogen. Bei Unterstellung der Gewinnthese liegt ein Ausschüttungsproblem, wie auch bei Gültigkeit der Modigliani-Miller-These, nicht vor.

Demgegenüber stellt sich bei der **Dividendenthese** die Ausschüttung als Problem der optimalen Unternehmensfinanzierung dar. Die Dividendenthese geht davon aus, daß der Kapitalanleger gegenwärtige sichere Gewinnausschüttungen den unsicheren Kurssteigerungen als Folge von Gewinneinbehaltungen vorzieht. Eine zunehmende Einbehaltung von Gewinnen führt daher zu einem Sinken der Anteilswerte.

Hat die Unternehmung das finanzwirtschaftliche Ziel der Einkommensmaximierung der Anteilseigner zu verfolgen, so steht eindeutig das Streben nach optimaler Ausschüttung im Vordergrund. Soll dagegen die Zielsetzung der Maximierung des Anteilseigner-Vermögens verfolgt werden, so stellen sich die Gewinn- und Dividendenthese als Konflikte dar. Kapitaltheoretische Modelle, die eine optimale Ausschüttungsrate ermitteln, unterstellen dabei implizit oder explizit die vollständige oder teilweise Gültigkeit der Dividendenthese.

2. Modelle zur Bestimmung der optimalen Ausschüttung

Modelle zur Bestimmung der optimalen Ausschüttung wurden vor allem von Gordon, Lintner, Lerner und Carleton entwickelt. Die Ansätze basieren im wesentlichen auf dem Grundmodell, den Marktwert eines Unternehmensanteils durch den Barwert aller zukünftigen Dividenden zu bestimmen. Bezeichnet P_0 den Anteilswert im Entscheidungszeitpunkt t_0, so ergibt sich bei einem Kalkulationszinsfuß von k und erwarteten Dividenden von D:

$$P_0 = \sum_{t=1}^{\infty} \frac{\overline{D}_t}{(1+K)^t}$$

bzw. bei stetigen Dividendenströmen:

$$P_0 = \int_0^{\infty} \overline{D}_t e^{-kt} dt$$

Der Kalkulationszinsfuß k ergibt sich dabei empirisch, als jener Zinssatz, der den prognostizierten Dividendenstrom in den geltenden Kurswert der Unternehmung umwandelt.

Im Modell wird von einem konstanten Verschuldungsgrad h sowie von einer konstanten Selbstfinanzierungsrate b ausgegangen. Bei gegebenem Ausgangsgewinn Y_0 ergeben sich damit im Zeitablauf gleichbleibende Wachstumsraten. Wird ferner vorausgesetzt, daß die einbehaltenen Gewinne eine durchschnittliche Rendite von r erbringen, so kann, was hier nicht abgeleitet werden soll, ein endlicher Gegenwartspreis P_0 bestimmt werden:

$$P_0 = \frac{\overline{D}_0}{K - br}$$

oder mit $\overline{D}_0 = (1-b) Y_0$

$$P_0 = \frac{(1-b) Y_0}{K - br}$$

IV 2: Modelle der optimalen Ausschüttung

P_o kann als Anteilswert oder als Marktwert des gesamten Eigenkapitals der Unternehmung interpretiert werden. Je nachdem, ob D_o als Dividende pro Anteilswert oder als Dividendensumme in t_o betrachtet wird. Die optimale Selbstfinanzierungspolitik könnte bestimmt werden, wenn die Funktion von P_o ein Maximum aufweist. Eine zweite Ableitung nach b existiert jedoch nicht. Es müssen daher weitere Annahmen zur Optimumbestimmung getroffen werden. Dies ist dann möglich, wenn der Kalkulationszinssatz k nicht als konstant sondern in Abhängigkeit von der Ausschüttungsrate b gesehen wird. Die Bewertungsrate ist dann an die von der Entscheidung der Unternehmung abhängige Ausschüttungsrate gekoppelt. Mit einer nicht linearen Bewertungsfunktion kann eine Maximumbestimmung erfolgen.

Lerner/Carleton gehen von folgendem Dividendenmodell aus:

$$P_0 = \frac{(1-b) r A_0}{K - br}$$

Wobei gilt $Y_o = r \cdot A_o$
und sich dann als optimale Ausschüttungsrate ergibt:[1]

$$b = \frac{k - r'}{r - r'}$$

(mit r' = marginale interne Verzinsung)
wobei $r > K > r'$

Die Ergebnisse der Ausschüttungsmodelle sind im wesentlichen unbefriedigend. Zum einen ist dies auf die Prämissen konstanter Ausschüttungs- und Wachstumsraten zurückzuführen, zum anderen auf die Abhängigkeit der Lösung von der unterstellten Funktion des Kapitalisierungszinsfußes. Die Bewertung von Ausschüttungen durch die Anteilseigner und die daraus resultierenden Einflüsse auf das Kapitalangebot werden durch die Modelle nicht gelöst. Ein wesentlicher Kritikpunkt ist ferner, daß steuerliche Überlegungen völlig außer Ansatz bleiben und damit die Grundannahmen der „Schütt-aus-hol-zurück-Politik" nicht mit einbezogen werden.

Wie bereits die im Rahmen der Verschuldungsanalyse abgehandelten kapitaltheoretischen Modelle setzen auch die Ausschüttungsmodelle ein bestimmtes Kapitalmarktmodell voraus, das ebenfalls als Idealmodell bezeichnet werden kann. So müssen wiederum homogene Erwartungen der Marktteilnehmer angenommen werden. Kapitaltheoretische Modelle sind daher jeweils auf das zugrunde liegende Marktmodell beschränkt. Bei Aufhebung der Marktmodell-Restriktionen verlieren die Handlungsanweisungen für eine optimale Unternehmensfinanzierung ihre Gültigkeit.[2]

---

[1] Zur Ableitung vgl. Schemman, G., a.a.O., S. 64.
[2] Zur weiteren Kritik der kapitaltheoretischen Ansätze vgl. Standop, D., a.a.O., S. 125 ff.

V. Portfolioanalytischer Ansatz

Die Portefeuille-Theorie untersucht die Möglichkeit eines Investors, durch effiziente Streuung seines Kapitaleinsatzes, eine Steigerung des Risikonutzens zu erzielen. Neuerdings wird das Portfolio-Konzept auch zur Ermittlung der Eigenkapitalkosten einer Unternehmung herangezogen. Die Eigenkapitalkosten werden dabei zusammengesetzt gesehen aus einer **risikofreien Zinsrate i,** einer Prämie für das **finanzielle Risiko y** und einer Rate für das **Geschäftsrisiko b.**

$$r_{EK}^* = i + y + b$$

Die Prämie für das finanzielle Risiko ist dabei eine Funktion des Verschuldungsgrades. Das Geschäftsrisiko wird meist als branchenabhängig angesehen. Untersuchungen haben jedoch gezeigt, daß das Geschäftsrisiko auch ganz wesentlich von der strategischen Position der Unternehmung abhängt, so etwa speziell dem Marktanteil, der Produktqualität usw. Das Modell geht davon aus, daß ein Investor, der Unternehmensanteile erwirbt, eine Rendite erwartet, die über derjenigen für risikofreie Anlagen liegt. Der Investor kann nun versuchen, durch Diversifikation seines Portefeuilles das Risiko zu mindern. Das Risiko, das durch Diversifikation ausgeschaltet werden kann, wird als **„unsystematisches Risiko"** bezeichnet. Aber selbst in gut diversifizierten Portfolios kann ein bestimmter Teil des Risikos nicht eliminiert werden. Dieses Risiko wird als **„systematisches** oder **Markt-Risiko"** bezeichnet. (Vgl. Abb. 83)

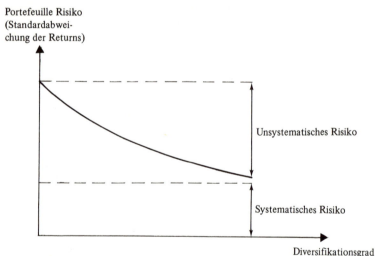

Abb. 83: Darstellung des systematischen und unsystematischen Risikos

Das systematische Risiko einer gegebenen Kapitalanlage kann durch die Korrelation mit der Entwicklung des Gesamtmarktes gemessen werden. Um diese Tendenz zu quantifizieren, wurde von William Sharpe der realisierte Return on Investment der speziellen Kapitalanlage mit dem Return eines breit diversifizierten Portefeuille verglichen (vgl. Abb. 84).[1]

---

[1] Vgl. Sharpe, W. F., Capital Asset Prices: A Theory of Market Equilibrium Under Conditions of Risk, in: Journal of Finance, 1964 (19), S. 425 ff.; derselbe, Portfolio Theory and Capital Markets, New York 1970.

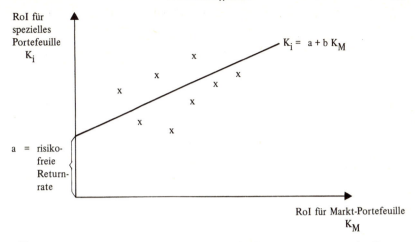

Abb. 84: Korrelation des RoI eines speziellen Portefeuilles K_i mit Markt-Portefeuille K_M

Die Steigung b der Regressions-Geraden für ein spezielles Portefeuille wird als sein **Beta-Koeffizient** bezeichnet. Ein positiver Beta-Koeffizient bedeutet, daß der Kurswert des Portefeuilles sich in gleicher Richtung entwickelt wie der Gesamtmarkt. Ist der Beta-Koeffizient größer als eins, so ist die Kursentwicklung des speziellen Portefeuilles stärker als die des Gesamtmarktes. Der Umfang, in dem sich ein individuelles Portefeuille mit dem Markt verändert, gibt sein systematisches Risiko wieder. Der Beta-Koeffizient stellt daher ein Maß für das systematische Risiko eines Portefeuilles dar. Ein hoher Beta-Koeffizient gibt somit ein hohes systematisches Risiko wieder. Der Beta-Koeffizient kann nicht nur für ein Portefeuilles sondern auch für eine spezielle Unternehmung ermittelt werden. Mit Hilfe des Beta-Faktors können dann die Eigenkapitalrendite-Erwartungen der Anteilseigner, die mit den Eigenkapitalkosten gleichgesetzt werden, ermittelt werden:

$$r^*_{EK_i} = \text{Risiko freie Renditerate } (r_F) + \text{Risikoprämie } (p_i)$$

$$r^*_{EK_i} = r_F + P_i$$

$$r^*_{EK_i} = r_F + b_i \, (K_M - r_F)$$

K_M stellt dabei die von Kapitalanlegern für ein typisches Markt-Portefeuille geforderte Verzinsung dar. Für die Ermittlung der Eigenkapitalkosten muß der risikofreie Zinssatz und der von Investoren für Markt-Portefeuilles geforderte Zinssatz bekannt sein. Zur Ermittlung des risikofreien Zinssatzes wird vorgeschlagen, den Zinssatz von Staatsanleihen zu verwenden. (Vgl. Abb. 85)

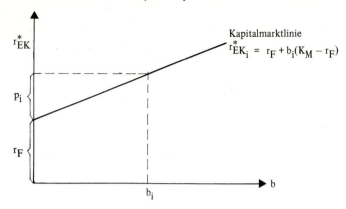

Abb. 85: Ermittlung der Eigenkapitalkosten mit Hilfe der Kapitalmarktlinie

Diese Methode der Ermittlung der Eigenkapitalkosten wird auch als **Capital Asset Pricing Model** (CAPM) bezeichnet. Die Aussagen zur Abhängigkeit des Beta-Faktors vom Verschuldungsrisiko sind in der Literatur nicht einheitlich. Zum Teil wird Beta als linear abhängige Funktion vom Verschuldungsgrad gesehen. Mit zunehmender Verschuldung steigt dabei Beta an. Andererseits wird auch die Auffassung vertreten, daß Beta durch Veränderungen des Verschuldungsgrades solange nicht beeinflußt wird, wie sich diese Änderungen innerhalb der normalen Finanzierungsstandards bewegen. Geht dagegen die Verschuldung über ein durch normative Regeln festgelegtes Maß hinaus, so wird ein überproportionales Anwachsen des Beta-Koeffizienten angenommen. Eine statistisch signifikante empirische Bestätigung des funktionalen Zusammenhangs zwischen Beta und Verschuldungsgrad steht noch aus. Das Portfolio-Modell besitzt jedoch den Vorzug, daß es vom Grundaufbau her einen der empirischen Überprüfung zugänglicheren Ansatz darstellt, da es nicht auf so einschränkenden Marktprämissen aufbaut wie die übrigen kapitaltheoretischen Ansätze.

Literaturempfehlungen
Grundmodelle der betriebswirtschaftlichen Kapitaltheorie

Gans, B., Loos, W., Zickler, D.: Investitions- und Finanzierungstheorie, 2. Aufl., München 1974; *Schemman, G.:* Zielorientierte Unternehmensfinanzierung, Köln, Opladen 1970; *Schneider, D.:* Investition und Finanzierung, 4. Aufl., Opladen 1975; *Standop, D.:* Optimale Unternehmensfinanzierung, Berlin 1975; *Swoboda, P.:* Finanzierungstheorie, Würzburg, Wien 1973; *Swoboda, P.:* Investition und Finanzierung, Göttingen 1971; *Hax, H., Laux, H.,* (Hrsg.), Die Finanzierung der Unternehmung, Köln 1975.

Kontrollfragen:

1. Skizzieren Sie den Leverage-Effect und seine Implikationen!
2. Erläutern Sie die Aussagen des Modigliani-Miller-Theorems!
3. Geben Sie die Prämissen des Modigliani-Miller-Theorems an und zeigen Sie daran die wesentlichsten Kritikpunkte auf!
4. Erläutern Sie den Unterschied zwischen effektiven Eigenkapitalkosten und den Renditeforderungen der Anteilseigner als „Verhaltensgröße"!
5. Skizzieren Sie die Grundgedanken der These vom optimalen Verschuldungsgrad!
6. Zeigen Sie mögliche Zusammenhänge zwischen Verschuldungsanalyse und Ausschüttungsentscheidung auf (Selbstfinanzierung der Unternehmung)!
7. Unterscheiden Sie Gewinn und Dividendenthese und zeigen Sie die Bedeutung dieser beiden Hypothesen für die optimalen Ausschüttungsmodelle (Gordon, Lintner, Lerner-Carleton) auf!
8. Zeigen Sie wie die Portfolio-Analyse zur Bestimmung der Eigenkapitalkosten einer Unternehmung herangezogen werden kann!
9. Was versteht man in diesem Zusammenhang unter dem Beta-Faktor.

Literaturverzeichnis

Abromeit, H. G.: Das Problem der Anlagenerneuerung, in: ZfB 1953, S. 89 ff.
Adam, D.: Die Bedeutung der Restwerte von Investitionsobjekten für die Investitionsplanung in Teilperioden, in: ZfB 1968, S. 391 ff.
Albach, H.: Investitionspolitik in Theorie und Praxis, in: ZfB 1958, S. 766 ff.
Albach, H.: Wirtschaftlichkeitsrechnung bei unsicheren Erwartungen, Köln/Opladen 1959.
Albach, H.: Lineare Programmierung als Hilfsmittel betrieblicher Investitionsplanung, in: ZfhF 1960, S. 535 ff.
Albach, H.: Investition und Liquidität, Wiesbaden 1962.
Albach, H.: Zur Verbindung von Produktionstheorie und Investitionstheorie, in: Koch, H. (Hrsg.), Zur Theorie der Unternehmung. Festschrift zum 65. Geburtstag von Erich Gutenberg, Wiesbaden 1962, S. 137 ff.
Albach, H.: Finanzplanung im Unternehmen, in: Management International 1962 (6), S. 67 ff.
Albach, H.: Investitionsentscheidungen im Mehrproduktunternehmen, in: Angermann, A. (Hrsg.), Betriebsführung und Operations Research, Frankfurt 1963, S. 24 ff.
Albach, H.: Das optimale Investitionsbudget bei Unsicherheit, in: ZfB 1967, S. 503 ff.
Albach, H.: Kapitalbindung und optimale Kassenhaltung, in: Janberg, H. (Hrsg.), Finanzierungshandbuch, 2. Aufl., Wiesbaden 1970, S. 369 ff.
Albach, H.: Informationsgewinnung durch strukturierte Gruppenbefragung. Die Delphi Methode, in: ZfB 1970, I. Ergänzungsheft, S. 11 ff.
Albach, H.: Aktienrechtliche Publizität und Börsenkursentwicklung, in: Ballerstedt, K., Hefermehl, W. (Hrsg.), Festschrift für Ernst Gessler, München 1971, S. 61 ff.
Albach, H. (Hrsg.): Investitionstheorie, Köln 1975.
Albach, H.: Zur Entwicklung der Kapitalstruktur deutscher Unternehmen, in: ZfB 1975, S. 1 ff.
Altmann, E. J.: Financial ratios, discriminant analysis and the prediction of corporate bankruptcy, in: Journal of Finance 1968 (23), S. 589 ff.
Altmann, E. J.: Corporate bankruptcy in America, Heath Lexington Book 5, Mass. 1971.
Angénieux, G.: Techniques modernes de gestion financière, Paris 1973.
Arbeitskreis Prof. Krähe der Schmalenbach-Gesellschaft: Finanzorganisation, Köln/Opladen 1964.
Archer, S. H.; D'Ambrosio, C. A. (eds.): The theory of business finance. A book of readings, New York/London 1967.
Archer, S. H.; D' Ambrosio, C. A.: Business finance: Theory and management, 2nd ed., New York/London 1972.
Archer, S. H.; Faerber, L. G.: Firm size and the cost of equity capital, in: Journal of Finance 1966 (21), S. 69 ff.
Argenziano, R.: Il finanziamento delle imprese industriali, Revidierte Auflage, Milano 1963.
Argyris, C.: The impact of budgets on people, Ithaca 1952.
Arrow, K. J.: Alternative Approaches to the Theory of Choice in Risk-Taking Situations, in: Econometrica 1951 (19), S. 404 ff.
Arrow, K. J.: The Role of Securities in the Optimal Allocation of Risk-bearning, in: Review of Economic Studies 1964 (31), S. 91 ff.
Ballmann, W.: Beitrag zur Klärung des betriebswirtschaftlichen Investitionsbegriffs und zur Entwicklung einer Investitionspolitik der Unternehmung, Diss., Mannheim 1954.
Bamberg, G.; Coenenberg, A. G.: Betriebswirtschaftliche Entscheidungslehre, München 1974.

Bauer, W.: Die Bewegungsbilanz und ihre Anwendbarkeit insbesondere als Konzernbilanz, in: ZfhF 1926 (20), S. 485 ff.
Baumol, W. J.: The Transaction Demand for Cash: An Inventory Theoretic Approach, in: Quarterly Journal of Economics 1952, S. 545 ff.
Baumol, W. J.: On dividend policy and market imperfection, in: Journal of Business 1963 (36), S. 112 ff., deutsche Übersetzung in: Hax, H.; Laux, H. (Hrsg.), Die Finanzierung der Unternehmung, Köln 1975, S. 301 ff.
Baumol, W. J.; Malkiel, B. G.: The Firm's Optimal Debt-Equity Combination and the Cost of Capital, in: The Quarterly Journal of Economics 1967 (81), S. 547 ff.
Baumol, W. J.; Quandt, R. E.: Investment and Discount Rates under Capital Rationing. A Programming Approach, in: The Economic Journal 1965 (75), S. 317 ff.
Bayerischer Sparkassen- und Giroverband (Hrsg.): Ein EDV-Prognosesystem für Sparkassen, München o. J.
Beaver, W.: Financial ratios as predictors of failure, in: Empirical Research in Accounting, Selected studies 1966, Supplement to: Journal of Accounting Research 1966 (4), S. 71 ff.
Beckmann, L.: Die betriebswirtschaftliche Finanzierung, 2. Aufl., Stuttgart 1956.
Beermann, K.: Prognosemöglichkeiten von Kapitalverlusten mit Hilfe von Jahresabschlüssen, Düsseldorf 1976.
Bellinger, B.: Langfristige Finanzierung, Wiesbaden 1964.
Ben-Shahar, H.: The Capital Structure and the Cost of Capital. A Suggested Exposition, in: Journal of Finance 1968 (23), S. 639 ff.
Ben-Shahar, H.; Ascher, A.: The Integration of Capital Budgeting and Stock Valuation: Comment, in: The American Economic Review 1967 (57), S. 209 ff.
Beranek, W.: Analysis for Financial Decisions, Homewood/Ill. 1963, (2nd ed. 1965).
Berekoven, L.: Das Leasing, in: Hahn, O. (Hrsg.), Handbuch der Unternehmensfinanzierung, München 1971, S. 769 ff.
Betriebswirtschaftlicher Ausschuß des Zentralverbandes der Elektrotechnischen Industrie e. V. (Hrsg.), ZVEI-Kennzahlensystem. Ein Instrument zur Unternehmenssteuerung, Frankfurt 1970.
Beyer, H.-T.: Allgemeine Finanzplanung, in: Hahn, O. (Hrsg.), Handbuch der Unternehmensfinanzierung, München 1971, S. 213 ff.
Biergans, E.: Investitionsrechnung. Verfahren der Investitionsrechnung und ihre Anwendung in der Praxis, Nürnberg 1973.
Bierman, H.; Smidt, S.: The capital budgeting decision, 3rd ed., New York/London 1971.
Bischoff, W.: Die Finanzierungsregeln im Lichte der neueren Literatur, in: DB 1971, S. 1581 ff.
Bischoff, W.: Cash Flow and Working Capital, Wiesbaden 1972.
Blohm, H.; Lüder, K.: Investition. Schwachstellen im Investitionsbereich des Industriebetriebes und Wege zu ihrer Beseitigung, 3. Aufl., München 1974.
Blumentrath, U.: Die Maximierung des Endwertes der Unternehmung in der Investitionsprogrammplanung, Diss., Münster 1968.
Blumentrath, U.: Investitions- und Finanzplanung mit dem Ziel der Endwertmaximierung, Wiesbaden 1969.
Bodinat de H.; Klein, J.: Gestion financière internationale, Bd. I. Analyse des variables financières, Bd. II. Les décision de stratégie financière, Paris 1975.
Böhm-Bawerk, E. v.: Kapital und Kapitalzins, 2. Abt.: Positive Theorie des Kapitals, 4. unveränd. Aufl., Jena 1921.
Börner, D.: Die Bedeutung von Finanzierungsregeln für die betriebswirtschaftliche Kapitaltheorie, in: ZfB 1967, S. 341 ff.
Book, H.: Maschinen kaufen oder mieten?, in: DB 1964, S. 229 ff.
Borch, K. H.: Wirtschaftliches Verhalten bei Unsicherheit, Wien/München 1969.
Boulding, K. E.: The Theory of a Single Investment, in: The Quarterly Journal of Economics 1934/35 (49), S. 475 ff.
Boulding, K. E.: Time and Investment, in: Economica, New Series, 1936 (3), S. 196 ff.
Bouma, J. L.: De Theorie van de financiering van ondernemingen, Wassenaar 1971.

Brandenburg, B.: Kreditgarantiegemeinschaften, in: Janberg, H. (Hrsg.), Finanzierungshandbuch, 2. Aufl., Wiesbaden 1970, S. 591 ff.
Brandes, H.: Der Euro-Dollarmarkt, Wiesbaden 1970.
Brandt, H.: Der Restwert in der Investitionsrechnung, in: ZfB 1959, S. 393 ff.
Brandt, H.; Statische und dynamische Verfahren der Investitionsrechnung, in: Agthe, K.; Blohm, H.; Schnaufer, E. (Hrsg.), Industrielle Produktion, Baden-Baden 1967.
Brandt, H.: Investitionspolitik des Industriebetriebs, 3. Aufl., Wiesbaden 1970.
Brigham, E. F.; Gordon, M. J.: Leverage, dividend policy and the cost of capital, in: Journal of Finance, 1968 (23), S. 85 ff.
Brockhoff, K.: Planung und Prognose in deutschen Großunternehmen, in: DB 1974, S. 838 ff.
Buchner, R.: Anmerkungen zum Fisher-Hirshleifer-Ansatz der simultanen Bestimmung von Gewinnausschüttungs-, Finanzierungs- und Investitionsentscheidungen, in: ZfbF 1968, S. 30 ff.
Buchner, R.: Zur Bedeutung des Fisher-Hirshleifer-Ansatzes für die betriebswirtschaftliche Theorie der Kapitalwirtschaft, in: ZfbF 1969, S. 706 ff.
Buchner, R.: Das Problem der Finanzierung des Unternehmungswachstums aus Abschreibungen, in: ZfB 1969, S. 71 ff.
Buchner, R.; Weinreich, J.: Der Einfluß des Abschreibungsverfahrens auf die Kapazitätsveränderung im Zeitablauf beim Marx-Engels-Effekt, in: ZfbF 1971, S. 454 ff.
Büschgen, H. E.: Wertpapieranalyse, Stuttgart 1966.
Büschgen, H. E.: Das Leasing als betriebswirtschaftliche Finanzierungsalternative, in: DB 1967, S. 561 ff.
Büschgen, H. E.: Bilanzierung: Leasing setzt neue Akzente, in: Der Volkswirt 1967, S. 54 ff.
Büschgen, H. E.: Leasing und finanzielles Gleichgewicht der Unternehmung, in: ZfbF 1967, S. 625 ff.
Büschgen, H. E.: Zum Problem optimaler Selbstfinanzierungspolitik in betriebswirtschaftlicher Sicht, in: ZfB 1968, S. 305 ff.
Büschgen, H. E.: Leasing in der Unternehmensfinanzierung, in: FR 1968, S. 49 ff.
Büschgen, H. E.: Bankbetriebslehre, Wiesbaden 1972.
Büschgen, H. E.: Die Bedeutung des Verschuldungsgrades einer Unternehmung für die Aktienbewertung und seine Berücksichtigung im Aktienbewertungsmaßstab, in: Siebert, G. (Hrsg.), Beiträge zur Aktienanalyse, Frankfurt a. M. 1972, S. 54 ff.
Büschgen, H. E.: Grundlagen betrieblicher Finanzwirtschaft, Frankfurt a. M. 1973.
Büschgen, H. E.: Zunehmende Fremdfinanzierung als Insolvenzgefahr, in: BFuP 1975, S. 93 ff.
Busse von Colbe, W.: Aufbau und Informationsgehalt von Kapitalflußrechnungen, in: ZfB 1966, 1. Ergänzungsheft, S. 82 ff.
Busse von Colbe, W.: Kapitalflußrechnungen als Berichts- und Planungsinstrument, in: Jacob, H. (Hrsg.), Kapitaldisposition, Kapitalflußrechnung und Liquiditätspolitik, Schriften zur Unternehmensführung, Bd. 6/7, Wiesbaden 1968, S. 9 ff.
Busse von Colbe, W.: Prognosepublizität von Aktiengesellschaften, in: Angehrn, O.; Künzi, H. P. (Hrsg.), Beiträge zur Lehre von der Unternehmung. Festschrift für K. Käfer, Stuttgart 1968, S. 91 ff.
Buttler, G.: Finanzwirtschaftliche Anwendungsmöglichkeiten der Netzplantechnik, in: ZfB 1970, S. 183 ff.
Carleton, W. T.: An Analytical Model for Long-Range Financial Planning, in: The Journal of Finance 1970 (25), S. 291 ff.
Chambers, A.: Planning and achieving profitable growth, in: Institute of Cost and Works Accountants (Hrsg.), Aspects of Corporate planning, London 1970, S. 35 ff.
Charnes, A.; Cooper, W. W.: Chance-Constrained Programming, in: Management Science 1960 (6), S. 73 ff.
Charnes, A.; Cooper, W. W.; Miller, H. M.: Application of linear programming to financial budgeting and the costing of funds, in: The Journal of Business 1959 (32), S. 20 ff.

Charnes, A.; Cooper, W. W.; Symonds, G. H.: Cost Horizons and Certainty Equivalents. An Approach to Stochastic Programming of Heating Oil, in: Management Science 1958 (4), S. 235 ff.
Chmielewicz, K.: Integrierte Finanz- und Erfolgsplanung, Stuttgart 1972.
Chmielewicz, K.: Betriebliches Rechnungswesen, 1: Finanzrechnung und Bilanz, Reinbek b. Hamburg 1973.
Chmielewicz, K.: Grundzüge einer integrierten Finanz- und Erfolgsplanung, in: Grochla, E.; Szyperski, N. (Hrsg.), Modell- und computer-gestützte Unternehmensplanung, Wiesbaden 1973, S. 571 ff.
Chmielewicz, K.: Anwendungsbeispiel und Grundzüge einer integrierten Finanz- und Erfolgsplanung, in: WiSt 1974, S. 474 ff.
Chmielewicz, K.: Betriebliche Finanzwirtschaft I, Berlin/New York 1976.
Christians, W.: Langfristige Finanzierung durch Schuldscheindarlehen, in: Janberg, H. (Hrsg.), Finanzierungshandbuch, 2. Aufl., Wiesbaden 1970, S. 281 ff.
Churchman, C. W.; Ackoff, R. L.; Anoff, E. L.: An Introduction to Operations Research, New York 1957.
Coenenberg, A. G.: Jahresabschluß und Jahresabschluß-Analyse, München 1974.
Cohen, J. B.; Zinbarg, E. D.: Investment analysis and portfolios management, Homewood 1967.
Cohen, K. J.; Hammer, F. S. (eds.): Analytical methods in banking, Homewood/Ill. 1966.
Conso, P.: La gestion financière de l'entreprise, 3. Aufl., 2 Bde., Paris 1973.
le Coutre, W.: Grundzüge der Bilanzkunde, Wolfenbüttel 1949.
Cyert, R. M.; March, J. G.: A behavioral theory of the firm, Englewood Cliffs 1963.
Dantzig, G. B.: Linear Programming under Uncertainty, in: Management Science 1955 (1), S. 197 ff.
Deakin, E.: A discriminant analysis of predictors of failure, Journal of Accounting Research 1972 (10), S. 167 ff.
Dean, J.: Capital budgeting, 8th print, New York 1969.
Dearden, J.: Cost and budget analysis, Englewood Cliffs 1962.
Deppe: H. D.: Betriebswirtschaftliche Grundlagen der Geldwirtschaft, Bd. I: Einführung und Zahlungsverkehr, Stuttgart 1973.
Deppe, H. D.: Grundriß einer analytischen Finanzplanung, Göttingen 1975.
Deutsch, P.: Grundfragen der Finanzierung im Rahmen der betrieblichen Finanzwirtschaft, 2. Aufl., Wiesbaden 1967.
Deutsche Bank (Hrsg.): Monetäre und fundamentale Daten für den Aktienmarkt 1974/75, in: Anlagenspiegel 2/3, Frankfurt 1975.
DIHT (Hrsg.): Leasing im Steuerrecht, 2. Aufl., Bonn 1969.
Drukarczyk, J.: Investitionstheorie und Konsumpräferenz, Berlin 1970.
Drukarczyk, J.: Bemerkungen zu den Theoremen von Modigliani-Miller, in: ZfbF 1970, S. 528 ff.
Dudley, C. L.: A note on reinvestment assumptions in choosing between net present value and internal rate of return, in: Journal of Finance 1972, S. 907 ff.
Edin, R.: Wirkungsweise und Voraussetzung der Prognose mittels Verweilzeitverteilungen, in: ZfB 1968, S. 743 ff.
Edin, R.: Übergangsfunktionen in betriebswirtschaftlichen Systemen, in: ZfB 1969, S. 569 ff.
Edin, R.: Dynamische Analyse betrieblicher Systeme, Berlin 1971.
Edin, R.; Schmitt, H. J.: Verweilzeitverteilungen und Prognosen. Einige empirische Ergebnisse, in: ZfbF 1969, S. 484 ff.
Edmister, R.: An empirical test of financial ratio analysis for small business failure prediction, in: Journal of financial and quantitative Analysis 1972, S. 1477 ff.
Edwards, R.; Magee, J.: Technical analysis of stock trends, Springfield 1973.
Eggers, T.: Grundsätze für die Gestaltung der Finanzplanung, in: BFuP 1971, S. 257 ff.
Eisele, W.: Betriebswirtschaftliche Kapitaltheorie und Unternehmensentwicklung, Stuttgart 1974.

Eisenführ, F.: Anforderungen an den Informationsgehalt kaufmännischer Jahresabschlußrechnungen, Diss., Kiel 1967.
Fama, E. F.: Portfolio Analysis in a Stable Paretian Market, in: Management Science 1965 (11), S. 404 ff.
Fama, E. F.: The Behavior of Stock Market Prices, in: The Journal of Business 1965 (38), S. 34 ff.
Fama, E. F.: Efficient capital markets: A review of theory and empirical work, in: Journal of Finance 1970 (25), S. 383 ff.
Faust; Klopfer; Eufinger; Spieß: Prognose im Sparkassenbetrieb, München 1972.
Fernández Pirla, J.-K.: Economia y gestion de la Empresa, 5. Aufl., Madrid 1972.
Fettel, J.: Die Selbstfinanzierung in der Unternehmung, in: Janberg, H. (Hrsg.), Finanzierungshandbuch, 2. Aufl., Wiesbaden 1970, S. 131 ff.
Fischer, O.: Bankbilanz-Analyse, Meisenheim 1956.
Fischer, O.: Neuere Entwicklungen auf dem Gebiet der Kapitaltheorie, in: ZfbF 1969, S. 26 ff.
Fisher, I.: The Theory of Interest, New York 1930 (Neuauflage 1965).
Fink, K.: Equipment-Leasing in Bilanz und Steuer, in: Hagenmüller, K.-F. (Hrsg.), Leasing-Handbuch, 2. Aufl., Frankfurt 1968.
Fitz Patrick, P. J.: A comparison of ratios of successful industrial enterprises with those of failed firms, in: Certified Public Accountant 1932, S. 598 ff., 656 ff., 727 ff.
Flohr, G.: Die Zeitraumbilanz. Einige Bemerkungen zur „Externen Bilanzänderungsrechnung" Rubergs, in: ZfB 1960, S. 663 ff.
Flohr, G.: Die Zeitraumbilanz, Berlin 1963.
Flume, W.: Das Rechtsverhältnis des Leasing in zivilrechtlicher Sicht, in: DB 1972, S. 1 ff.
Flume, F.: Die Frage der bilanziellen Behandlungen von Leasing-Verhältnissen, in: DB 1973, S. 1661 ff.
Förstner, K.; Henn, R.: Dynamische Produktionstheorie und Lineare Programmierung, Meisenheim/Glan 1957.
Forster, K. H.: Zur Leasing-Stellungnahme des HFA, in: WPg 1973, S. 81 ff.
Forster, K.-H.; Schuhmacher, P. (Hrsg.): Aktuelle Fragen der Unternehmensfinanzierung und Unternehmensbewertung. Kurt Schmaltz zum 70. Geburtstag, Stuttgart 1970.
Franke, G.; Laux, H.: Die Ermittlung der Kalkulationszinsfüße für investitionstheoretische Partialmodelle, in: ZfbF 1968, S. 740 ff.
Franquet, A.: La pratique des études de rentabilité, Paris 1973.
Frischmuth, G.: Daten als Grundlage für Investitionsentscheidungen, Berlin 1969.
Fürst, R.: Insolvenzen in betriebswirtschaftlicher Schau, Stuttgart 1962.
Gälweiler, A.: Die Bewegungsbilanz in der Vorschaurechnung, in: ZfB 1969, S. 269 ff.
Gaensslen, H.; Schubö, W.: Einfache und komplexe statistische Analyse, München/Basel 1973.
Gahse, S.: Die neuen Techniken der Finanzplanung mit elektronischer Datenverarbeitung, München 1971.
Gahse, S.: Mathematische Vorhersageverfahren und ihre Anwendung, München 1971.
Gans, B.; Loss, W.; Zickler, D.: Investitions- und Finanzierungstheorie, 2. Aufl., München 1974.
García Echevarría, S. (Hrsg.): Política economica de la Empresa, Madrid 1976.
García Echevarría, S.: Significado e importancia de la autofinanciación para el desarrollo y crecimiento de las empresas, in: García Echevarría, S. (Hrsg.), Política economica de la Empresa, Bd. II, Madrid 1976, S. 335 ff.
García Echevarría, S.: Política financiera de la Empresa, in: García Echevarría, S. (Hrsg.), Política economica de la Empresa, Bd. II, Madrid 1976, S. 233 ff.
Gerbel, B. M.: Rentabilität. Fehlinvestitionen, ihre Ursache und ihre Verhütung, 2. Aufl., Wien 1955.
Giannessi, E.: L'equazione del fabbisogno di finanziamento, Pisa 1955.
Gibson, W. E.: Price-Expectations effects on interest rates, in: Journal of Finance 1970 (25), S. 19 ff.

Gordon, M. J.: Dividends, Earnings and Stock Prices, in: Review of Economics and Statistics 1959 (41), S. 99 ff.
Gordon, M. J.: The Investment, Financing, and Valuation of the Corporation, Homewood/Ill. 1962.
Gordon, M. J.: The savings investment and valuation of a corporation, in: Review of Economics and Statistics 1962 (44), S. 37 ff.
Gordon, M. J.: Optimal investment and financing policy, in: Journal of Finance 1963 (18), S. 264 ff.
Graham, B.: The intelligent investor, 3. Aufl., New York/Evanston/London 1965.
Granville, J. E.: New key to stock market profits, Englewood Cliffs 1963.
Granville, J. E.: A strategy of daily stock market timing for maximum profit, 9th print, Englewood Cliffs 1964.
Griese, J.: Adaptive Verfahren im betrieblichen Entscheidungsprozeß, Würzburg/Wien 1972.
Griese, J.; Matt, G.: Prognose mit Hilfe einer Konbination von schrittweiser Regressionsanalyse und exponentieller Glättung, in: Mertens, P. (Hrsg.), Prognoserechnung, Wien/Würzburg 1972, S. 159 ff.
Grochla, E.: Finanzierung, in: HdSW, Bd. 3, Göttingen 1961, S. 604 ff.
Grochla, E.: Der Aufgabenbereich der betrieblichen Finanzwirtschaft, dargestellt am Beispiel der amerikanischen Literatur, in: Büschgen, H. E. (Hrsg.), Geld, Kapital und Kredit, Stuttgart 1968, S. 401 ff.
Guerny, J. de,; Guirac, J. C.: Principes et pratique de gestion prévisionnelle, 3. Aufl., Paris 1976.
Gutenberg, E.: Der Stand der wissenschaftlichen Forschung auf dem Gebiet der betrieblichen Investitionsplanung, in: ZfhF 1954, S. 557 ff.
Gutenberg, E.: Einführung in die Betriebswirtschaftslehre, Wiesbaden 1958.
Gutenberg, E.: Untersuchungen über die Investitionsentscheidungen industrieller Unternehmen, Köln/Opladen 1959.
Gutenberg, E.: Grundlagen der Betriebswirtschaftslehre, Bd. I, Die Produktion, 18. Aufl., Berlin/Heidelberg/New York 1971.
Gutenberg, E.: Grundlagen der Betriebswirtschaftslehre, Bd. III, Die Finanzen, 4. Aufl., Berlin/Heidelberg/New York 1970 (6. Aufl. 1973).
Haegert, L.: Die Aussagefähigkeit der Dualvariablen und wirtschaftliche Deutung der Optimalitätsbedingungen beim chance-constrained-programming, in: Hax, H. (Hrsg.), Entscheidungen bei unsicheren Erwartungen, Köln/Opladen 1970.
Haegert, L.: Der Einfluß der Steuern auf das optimale Investitions- und Finanzierungsprogramm, Wiesbaden 1971.
Härle, D.: Finanzierungsregeln und ihre Problematik, Wiesbaden 1961.
Härle, D.: Finanzierungsregeln und Liquiditätsbeurteilung, in: Janberg, H. (Hrsg.), Finanzierungshandbuch, 2. Aufl., Wiesbaden 1970, S. 89 ff.
Häußler, J.: Planung als Zukunftsgestaltung, Wiesbaden 1969.
Hagenmüller, K.-F.: Der langfristige Kredit für den gewerblichen Klein- und Mittelbetrieb, München 1962.
Hagenmüller, K.-F. (Hrsg.): Leasing-Handbuch, 2. Aufl., Frankfurt 1968 (3. Aufl. 1973)
Hagenmüller, K.-F.: Der Bankbetrieb, Bd. II, 3. Aufl., Wiesbaden 1970.
Hahn, D.: Integrierte ergebnis- und liquiditätsorientierte Planungs- und Kontrollrechnung als Instrument der Unternehmensführung, Vortrag, gehalten auf der Hochschullehrertagung in Augsburg 1973.
Hahn, D.: Planungs- und Kontrollrechnung, Wiesbaden 1974.
Hahn, G.: Untersuchungen über die Ursachen von Unternehmensmißerfolgen, Diss., Köln 1958.
Hahn, O.: Zahlungsmittelverkehr der Unternehmung, Wiesbaden 1962.
Hahn, O.: Bankbetriebslehre, Stuttgart/Düsseldorf 1967.
Hahn, O.: Handbuch der Unternehmensfinanzierung, München 1971.
Hahn, O.: Finanzwirtschaft, München 1975.

Hampton, J. J.: Financial Decision Making, Concepts, Problems and Cases, Reston/Virg. 1976.

Harms, J. E.: Die Steuerung der Auszahlungen in der betrieblichen Finanzplanung, Wiesbaden 1973.

Hauschildt, J.: Organisation der finanziellen Unternehmensführung. Eine empirische Untersuchung, Stuttgart 1970.

Hauschildt, J.: Kommunikationsprobleme der kurzfristigen Finanzplanung, in: ZfO 1970, S. 121 ff.

Hauschildt, J.: Entwicklungsschritte auf dem Weg zu einer integrierten Erfolgs- und Finanzplanung, in: Beiträge zur Finanzplanung und Finanzpolitik, Schriftenreihe des Österreichischen Forschungsinstituts für Sparkassenwesen, 1974 (1), S. 17 ff.

Haverkamp, H.: Leasing, eine betriebswirtschaftliche, handels- und steuerrechtliche Untersuchung, Düsseldorf 1965.

Hax, H.: Der Geltungsbereich des Kapazitätserweiterungs-Effektes, in: ZfhF 1958, S. 533 ff.

Hax, H.: Lineare Planungsrechnung und Simplexmethode als Instrumente betriebswirtschaftlicher Planung, in: ZfbF 1960, S. 586 ff.

Hax, H.: Rentabilitätsmaximierung als unternehmerische Zielsetzung, in: ZfhF 1963, S. 337 ff.

Hax, H.: Die Kapitalwirtschaft des wachsenden Industrieunternehmens, in: ZfbF 1964, S. 252 ff.

Hax, H.: Investitions- und Finanzplanung mit Hilfe der linearen Programmierung, in: ZfbF 1964, S. 430 ff.

Hax, H.: Der Einfluß der Investitions- und Ausschüttungspolitik auf den Zukunftserfolgswert der Unternehmung, in: Busse von Colbe, W.; Sieben, G. (Hrsg.), Betriebswirtschaftliche Information, Entscheidung und Kontrolle, Wiesbaden 1969, S. 359 ff.

Hax, H.: Investitionstheorie, Würzburg/Wien 1970.

Hax, H. (Hrsg.): Entscheidungen bei unsicheren Erwartungen, Köln/Opladen 1970.

Hax, H.: Investitionsrechnung in der Kontroverse (II), in: Wirtschaftswoche 1972, Heft 23, S. 30 ff.

Hax, H.: Entscheidungsmodell in der Unternehmung, Einführung in Operation Research, Reinbek bei Hamburg 1974.

Hax, H.; Laux, H.: Investitionstheorie, in: Menges, G. (Hrsg.), Beiträge zur Unternehmensforschung, Würzburg 1969, S. 227 ff.

Hax, H.; Laux, H.: Flexible Planung – Verfahrensregeln und Entscheidungsmodelle für die Planung bei Ungewißheit, in: ZfbF 1972, S. 318 ff.

Hax, H.; Laux, H. (Hrsg.): Die Finanzierung der Unternehmung, Köln 1975.

Hax, K.: Die Bedeutung von Abschreibungs- und Investitionspolitik für das Wachstum industrieller Unternehmungen, in: Industriebetrieb und industrielles Rechnungswesen. Festschrift für Erwin Geldmacher, Köln/Opladen 1961, S. 9 ff.

Hax, K.: Langfristige Finanz- und Investitionsentscheidungen, in: Hax, K.; Wessels, T. (Hrsg.), Handbuch der Wirtschaftswissenschaften, Bd. I, 2. Aufl., Köln/Opladen 1966, S. 399 ff.

Hecker, G.: Aktienanalyse zur Portfolio-Selection, Meisenheim/Glan 1974.

Hederer, G.: Die Motivation von Investitionsentscheidungen in der Unternehmung, Meisenheim/Glan 1971.

Heinen, E.: Zum Begriff und Wesen der betriebswirtschaftlichen Investition, in: BFuP 1957, S. 16 ff., S. 85 ff.

Heinen, E.: Das Zielsystem der Unternehmung. Grundlagen betriebswirtschaftlicher Entscheidungen, Wiesbaden 1966.

Heinen, E.: Industriebetriebslehre, Wiesbaden 1972.

Heiser, H.: Budgetierung. Grundsätze und Praxis der betriebswirtschaftlichen Planung, Berlin 1964.

Heiss, T.: Die Kosten des Leasing im Vergleich zur Finanzierung mit Eigen- und Fremdkapital, in: Kostenrechnungs-Praxis 1969, S. 133 f.

Heister, M.: Rentabilitätsanalyse von Investitionen, Köln/Opladen 1962.
Héline, R.; Poupart-Lafarge, O.: Investissements: Sélection et financement, Paris 1975.
Herbst, G.: Investitionen, Bonn 1974.
Hertz, D. B.: Risk Analysis in Capital Investment, in: Harvard Business Review 1964 (1), S. 95 ff.
Hielscher, U.: Das optimale Aktienportefeuille, Frankfurt 1969.
Hielscher, U.: Technische Aktientrendanalyse, in: Siebert, G. (Hrsg.), Beiträge zur Aktienanalyse, Frankfurt 1972.
Hielscher, U.; Schulz, H. D.: Was man von der Aktienanalyse wissen muß, Teil 4, in: Wirtschaftswoche 1971, Nr. 34, S. 61 ff., Nr. 35, S. 86 ff., Nr. 36, S. 83 ff., Nr. 37, S. 86 ff., Nr. 38, S. 92 ff., Nr. 39, S. 96 ff., Nr. 40, S. 96 ff.
Hill, W.: Brevier der Unternehmensfinanzierung, Bern/Köln/Opladen 1967.
Hill, W.; Rohner, H. C.: Finanzplanung in der Unternehmung, Bern 1969.
Hintner, O.: Wertpapierbörsen, Wiesbaden 1961.
Hintner, O.: Leasing in betriebswirtschaftlicher und steuerlicher Sicht, in: DStZ (A) 1965, S. 309 ff.
Hirshleifer, J.: On the Theory of Optimal Investment Decision, in: The Journal of Political Economy 1958 (66), S. 329 ff., wiederabgedruckt in: Solomon, E. (ed.), The Management of Corporate Capital, 3rd printing, London 1964, S. 205 ff.
Hirshleifer, J.: Risk, the discount rate and investment decisions, in: American Economic Review 1961 (51), S. 112 ff.
Hirshleifer, J.: Investment Decision under Uncertainty: Choice-Theoretic Approaches, in: The Quarterly Journal of Economics 1965 (79), S. 509 ff.
Hirshleifer, J.: Investment Decision under Uncertainty: Applications of the State-Preference Approach, in: The Quarterly Journal of Economics 1966 (80), S. 252 ff.
Hoffmann, R.: Bilanzkennzahlen, 3. Aufl., Opladen 1973.
Hofstede, G. H.: The game of budget control, Assen 1970.
van Horne, J. C.: Function and analysis of capital market rates, Englewood Cliffs 1970.
van Horne, J. C.: Financial management and policy, 2nd ed., Englewood Cliffs 1971.
Hueck, A.: Gesellschaftsrecht, 17. Aufl., München 1975.
Institute of Cost and Management Accountants (Hrsg.), Terminology of Management & Financial Accountancy, London 1974.
Jacob, H.: Investitionsplanung auf der Grundlage linearer Optimierung, in: ZfB 1962, S. 651 ff.
Jacob, H.: Neuere Entwicklungen in der Investitionsrechnung, in: ZfB 1964, S. 487 ff., S. 551 ff.
Jacob, H.: Flexibilitätsüberlegungen in der Investitionsrechnung, in: ZfB 1967, S. 1 ff.
Jacob, H.: Zum Problem der Unsicherheit bei Investitionsentscheidungen, in: ZfB 1967, S. 153 ff.
Jacob, H. (Hrsg.), Kapitaldisposition, Kapitalflußrechnung und Liquiditätspolitik, Bd. 6/7 der Schriften zur Unternehmensführung, Wiesbaden 1968.
Jacob, H.: Investitionsrechnung, in: Jacob, H. (Hrsg.), Allgemeine Betriebswirtschaftslehre in programmierter Form, Wiesbaden 1969, S. 593 ff. (3. Aufl. 1976).
Jacob, H.: Investitionsplanung und Investitionsentscheidung mit Hilfe der Linearprogrammierung, 2. Aufl., Wiesbaden 1971.
Jääskeläinen, V.: Optimal financing and tax policy of the corporation, Helsinki 1966.
Jährig, A.: Handbuch des Kreditgeschäfts, Wiesbaden 1973.
Janberg, H. (Hrsg.): Finanzierungshandbuch, 2. Aufl., Wiesbaden 1970.
Jiler, W. L.: How Charts can help You in the Stock Market, 3rd printing, New York 1965.
Käfer, K.: Die Bilanz als Zukunftsrechnung, Zürich 1962.
Käfer, K.: Investitionsrechnungen, Zürich 1966.
Käfer, K.: Kapitalflußrechnung, Funds Statement, Liquiditätsnachweis, Bewegungsbilanz als dritte Jahresrechnung der Unternehmung, Stuttgart 1967.
Käfer, K.: Praxis der Kapitalflußrechnung, Aufstellung und Auswertung, Aufgaben und Lösungen, Stuttgart 1969.

Käfer, K.: Kapital- und Finanzflußrechnung, in: Kosiol, E. (Hrsg.), Handwörterbuch des Rechnungswesens, Stuttgart 1970.
Kalveram, W.: Finanzierung der Unternehmung, 3. Aufl., Wiesbaden 1956.
Kappler, E.; Rehkugler, H.: Kapitalwirtschaft, in: Heinen, E. (Hrsg.), Industriebetriebslehre. Entscheidungen im Industriebetrieb, Wiesbaden 1972, S. 575 ff.
Kern, W.: Finanzierung durch neue Formen der Vermögensumschichtung, in: Engeleiter, H.-J. (Hrsg.), Gegenwartsfragen der Unternehmensführung. Festschrift zum 65. Geburtstag von Wilhelm Hasenack, Herne/Berlin 1966, S. 347 ff.
Kern, W.: Kennzahlensysteme als Niederschlag interdependenter Unternehmensplanung, in: ZfbF 1971, S. 701 ff.
Kern, W.: Investitionsrechnung, Stuttgart 1974.
Keynes, J. M.: The general theory of employment interest and money, London 1936.
Kilger, W.: Kritische Werte in der Investitions- und Wirtschaftlichkeitsrechnung, in: ZfB 1965, S. 338 ff.
Kilger, W.: Zur Kritik am internen Zinsfuß, in: ZfB 1965, S. 765 ff.
Kilger, W.: Kostenrechnung oder Zahlungsstromanalyse?, in: Der Volkswirt 1968 (22), S. 32 ff.
Kinnebrock, F.: Das Rechnungswesen der Brauerei und Mälzerei, Nürnberg 1965.
Kirsch, W.: Gewinn und Rentabilität, Wiesbaden 1968.
Kirsch, W.: Zur Problematik „optimaler" Kapitalstrukturen, in: ZfB 1968, S. 881 ff.
Klinger, K.: Das Schwächebild der Investitionsrechnungen. Ein Diskussionsbeitrag, in: DB 1964, S. 1820 ff.
Knight, F. H.: Risk, uncertainty and profit, Boston/New York 1921, Reprint Chicago 1964.
Knight, W. D.; Weinwurm, E. H.: Managerial budgeting, New York 1964.
Koch, H.: Grundlagen der Wirtschaftlichkeitsrechnung, Wiesbaden 1970.
Koch, H.: Planung, betriebswirtschaftliche, in: Grochla, E.; Wittmann, W. (Hrsg.), Handwörterbuch der Betriebswirtschaft, 4. Aufl., Stuttgart 1975, Sp. 3002 ff.
Köhler, R.: Zum Finanzierungsbegriff einer entscheidungsorientierten Betriebswirtschaftslehre, in: ZfB 1969, S. 435 ff.
Köhler, R.: Ermittlungsziele und Aussagefähigkeit von Cash Flow-Analysen, in: WPg 1970, S. 385 ff.
Köhler, R.; Zöller, W.: Arbeitsbuch zu „Finanzierung", Berlin/Heidelberg/New York 1971.
Kolbeck, R.: Leasing als finanzierungs- und investitionstheoretisches Problem, in: ZfbF 1968, S. 787 ff.
Koller, H.: Simulation als Methode in der Betriebswirtschaft, in: ZfB 1966, S. 95 ff.
von Kortzfleisch, G.: Die Grundlagen der Finanzplanung, Berlin 1957.
Kosiol, E.: Finanzplanung und Liquidität, in: ZfhF 1955, S. 251 ff.
Kosiol, E.: Zur Axiomatik der Theorie der pagatorischen Erfolgsrechnung, in: ZfB 1970, S. 135 ff.
Kosiol, E.: Typologische Gegenüberstellung von standardisierender (technisch orientierter) und prognostizierender (ökonomisch ausgerichteter) Plankostenrechnung, in: Kosiol, E. (Hrsg.), Bausteine der Betriebswirtschaftslehre, Bd. 2: Rechnungswesen, Berlin 1972, S. 1209 ff.
Kossbiel, H.: Die Umsatzeinnahmen als Gegenstand der unternehmerischen Liquiditätsplanung und Liquiditätspolitik, Berlin 1968.
Krause, W.: Investitionsrechnungen und unternehmerische Entscheidungen, Berlin 1973.
Krelle, W.: Unsicherheit und Risiko in der Preisbildung, in: Zeitschrift für die gesamte Staatswissenschaft 1957, S. 632 ff.
Krelle, W.: Präferenz- und Entscheidungstheorie, Tübingen 1968.
Krümmel, H.-J.: Rentabilität, in: HdSW, Bd. 8, Göttingen 1964, S. 797 ff.
Krümmel, H.-J.: Grundsätze der Finanzplanung, in: ZfB 1964, S. 225 ff.
Krümmel, H.-J.: Finanzierungsrisiken und Kreditspielraum, in: ZfB 1966, 1. Ergänzungsheft, S. 134 ff.

Lachnit, L.: Zeitraumbilanzen. Ein Instrument der Rechnungslegung, Unternehmensanalyse und Unternehmenssteuerung, Berlin 1972.

Lachnit, L.: Kennzahlensysteme als Instrument der Unternehmensanalyse, dargestellt an einem Zahlenbeispiel, in: Die Wirtschaftsprüfung 1975, S. 39 ff.

Lachnit, L.: Die betriebswirtschaftliche Kennzahl Cash Flow, in: WiSt 1975 (5), S. 218 ff.

Lafita Babio, F.: La Estructura financiera del Capital y su influencia en el coste del Capital, in: García Echevarría, S. (Hrsg.), Política economica de la Empresa, Bd. II, Madrid 1976, S. 313 ff.

Langen, H.: Die Kapazitätsausweitung durch Reinvestition liquider Mittel aus Abschreibungen, Diss., Berlin 1952.

Langen, H.: Die Prognose von Zahlungseingängen. Die Abhängigkeit der Bareinnahmen von Umsätzen und Auftragseingängen in dynamischer Betrachtung, in: ZfB 1964, S. 289 ff.

Langen, H.: Betriebliche Zahlungsströme und ihre Planung in dynamischer Sicht, in: ZfB 1965, S. 261 ff.

Langen, H.: Finanzierung von Investitionen aus Abschreibungen, in: Janberg, H. (Hrsg.), Finanzierungshandbuch, 2. Aufl., Wiesbaden 1970, S. 347 ff.

Langen, H., u. a.: Unternehmensplanung mit Verweilzeitverteilung, Berlin 1971.

Laux, H.; Franke, G.: Investitions- und Finanzplanung mit Hilfe von Kapitalwerten, in: ZfbF 1969, S. 43 ff.

Leffson, U.: Leasing beweglicher Anlagegüter, in: ZfbF 1964, S. 396 ff.

Leffson, U.: Der Ausbau der unternehmerischen Rechenschaft durch vollständigen Kapitaldispositionsnachweis, in: Neue Betriebswirtschaft 1968, Heft 1, S. 1 ff.

Leffson, U.: Cash Flow – weder Erfolgs- noch Finanzierungsindikator, in: Forster K.-H.; Schuhmacher, P., Aktuelle Fragen der Unternehmensfinanzierung und Unternehmensbewertung. Kurt Schmaltz zum 70. Geburtstag, Stuttgart 1970, S. 108 ff.

Leffson, U.: Investitionsrechnung, Wiesbaden 1973.

Leffson, U.: Bilanzanalyse, Stuttgart 1976.

Leffson, U.: Die Darstellung von Leasingverträgen im Jahresabschluß, in: DB 1976, Teil 1, Heft 14, S. 637 ff.; Teil 2, Heft 15, S. 685 ff.

Leifert, H.: Finanzierungs-Leasing in Deutschland. Grundlagen und Praxis der Betriebswirtschaft, Bd. 33, Berlin 1973.

Lehner, U.: Modelle für das Finanzmanagement, Darmstadt 1976.

Lerner, E. M.: Simulating a Cash Budget, in: California Management Review, Winter 1968, S. 79 ff., auch abgedruckt in: Smith, V. K. (ed.), Management of the Working Capital (Reader), New York 1974, S. 51 ff.

Lerner, E. M.; Carleton, W.: The Integration of Capital Budgeting and Stock Valuation, in: American Economic Review 1964 (54), S. 683 ff.

Lerner, E. M., Carleton, W.: A Theory of Financial Analysis, New York u. a. 1966.

Levy, R. A.: Random Walks: Reality or Myth?, in: Financial Analyst's Journal 1967 (23), No. 6, S. 69 ff.

Levy, R. A.: Relative Strength as a Criterion for Investment Selection, in: Journal of Finance 1967 (22), S. 595 ff.

Liefmann, R.: Beteiligungs- und Finanzierungsgesellschaften, 4. Aufl., Jena 1923.

Linden, H.: Wann ändert sich der Börsentrend?, in: Das Wertpapier 1968 (2), S. 41 ff.

Linhardt, H.: Finanzierung und Sanierung. Wegweiser für Prüfungen im Betrieb, Herne/Berlin 1968.

Lintner, J.: Dividends, Earnings, Leverage, Stock Prices and the Supply of Capital to Corporations, in: The Review of Economics and Statistics 1962 (44), S. 243 ff.

Lintner, J.: The cost of capital and optimal financing of corporate growth, in: Journal of Finance 1963 (18), S. 292 ff.

Lintner, J.: Optimal dividends and corporate growth under uncertainty, in: Quarterly Journal of Economics 1964 (78), S. 49 ff.

Lintner, J.: Security prices, risk, and maximal gains from diversification, in: Journal of Finance 1965 (20), S. 587 ff.

Lipfert, H.: Finanzierungsregeln und Bilanzstrukturen, in: Janberg, H. (Hrsg.), Finanzierungshandbuch, 2. Aufl., Wiesbaden 1970, S. 67 ff.
Lipfert, H.: Optimale Unternehmensfinanzierung, 3. Aufl., Frankfurt 1969.
Lipfert, H.: Nationaler und internationaler Zahlungsverkehr, 2. Aufl., Wiesbaden 1970.
Lohmann, M.: Der Wirtschaftsplan der Unternehmung. Die kaufmännische Budgetrechnung, 2. Aufl., Berlin/Leipzig/Wien 1930.
Lohmann, M.: Abschreibungen, was sie sind und was sie nicht sind, in: Der Wirtschaftsprüfer 1949, S. 353 ff.
Lorie, J. H., Savage, L. J.: Three problems in rationing capital, in: Journal of Business 1955 (28), S. 229 ff.
Lücke, W.: Investitionsrechnungen auf der Grundlage von Ausgaben oder Kosten?, in: ZfhF 1955, S. 310 ff.
Lücke, W.: Finanzplanung und Finanzkontrolle in der Industrie, Wiesbaden 1965.
Lücke, W.: Die „dritte" Jahresrechnung, in: Hax, K.; Pentzlin, K. (Hrsg.), Instrumente der Unternehmensführung, München 1973, S. 167 ff.
Luervo, A.: Los medios de financiación de la Empresa, in: García Echevarría, S. (Hrsg.), Política economica de la Empresa, Bd. II, Madrid 1976, S. 449 ff.
Lutz, F. A.: The Essentials of Capital Theory, in: Lutz, F. A.; Hague, D. C. (Hrsg.), The Theory of Capital, Proccedings of a Conference held by the International Economic Association, London 1961, S. 3 ff.
Lutz, F. A.; Lutz, V.: The Theory of Investment of the Firm, Princeton 1951.
Macharzina, K.: Die Bedeutung verhaltenstheoretischer Aussagen für kosten- und leistungsorientierte Planungs- und Kontrollrechnungen, in: Coenenberg, A. G. (Hrsg.), Unternehmensrechnung, München 1976, S. 324 ff.
Mackay, A. O.: Corporate Planning and the Chief Executive, in: Aspects of Corporate Planning, London 1970, S. 23 ff.
Männel, W.: Der Einfluß des Restbuchwertes alter Anlagen auf Investitionsentscheidungen, in: NB 1964, S. 115 ff.
Magee, J. E.: Decision tree for decision making, in: Harvard Business Review 1964 (42), July-Aug., S. 126 ff.
Magee, J. E.: How to use decision trees in capital investment, in: Harvard Business Review 1964 (42), Sept.-Oct., S. 79 ff.
Mao, J. C. T.: The valuation of growth stocks: The investment opportunities approach, in: Journal of Finance 1966 (21), S. 95 ff.
Markowitz, H. M.: Portfolio selection, in: Journal of Finance 1952 (7), S. 77 ff.
Markowitz, H. M.: Portfolio selection. Efficient diversification of investment, New York/London/Sydney 1959.
Massé, P.: Investitionskriterien, Würzburg 1968.
Matzeit, E.: Die Investitionsrechnung, Diss., Nürnberg 1954.
Mayer, G.: Darstellung und Kritik fundamentalanalytischer Aktienbewertungsmethoden, Diss., München 1973.
Mazal, W.: Mathematische Modelle zur Haltung optimaler Kassenbestände, in: Österreichisches Bank-Archiv 1971, S. 169 ff.
Mellerowicz, K.: Betriebswirtschaftslehre der Industrie, Bd. 1, Freiburg 1958.
Mellerowicz, K.: Planung und Plankostenrechnung, Bd. 1, Betriebliche Planung, 2. Aufl., Freiburg 1970.
Menges, G.: Grundmodelle wirtschaftlicher Entscheidungen, 2. Aufl., Köln 1969.
Menrad, S.: Das Theorem des optimalen Verschuldungsgrades, in: WiSt 1973, S. 266 ff.
Menrad, S.; Timm, E.: Das Modigliani-Miller-Theorem, in: WiSt 1975, S. 434 ff.
Mertens, P.: Ertragsteuerwirkungen auf die Investitionsfinanzierung – ihre Berücksichtigung in der Investitionsrechnung, in: ZfhF 1962, S. 570 ff.
Mertens, P.: Simulation, Stuttgart 1969.
Mertens, P. (Hrsg): Prognoserechnung, Würzburg/Wien 1973.
Meyer, J. R.; Kuh, E.: The Investment Decision, Cambridge/Mass. 1957.
Meyer zu Selhausen, H.: Ein Operations-Research-Modell zur Optimalplanung von

Aktiv- und Passivgeschäft in der Kreditbank, in: Blätter für Genossenschaftswesen 1971, S. 125 ff.

Miller, M. H.; Modigliani, F.: Dividend policy, growth, and the valuation of shares, in: Journal of Business 1961 (34), S. 411 ff., deutsche Übersetzung in Hax, H.; Laux, H. (Hrsg.), Die Finanzierung der Unternehmung, Köln 1975, S. 270 ff.

Miller, M. H.; Modigliani, F.: Some estimates of the cost of capital to the electric utility industry, in: American Economic Review 1966 (56), S. 333 ff.

Miller, M. H.; Orr, D.: A model of the demand for money by firms, in: Quarterly Journal of Economics 1966 (80), S. 413 ff.

Miller, M. H.; Orr, D.: An Application of Control-Limit Models to the Management of Corporate Cash Balances, in: Robichek, A. A. (ed.), Proceedings of the Conference on Financial Research and its Implikations for Management, New York 1967, S. 133 ff.

Miller, M. H.; Orr, D.: The Demand for Money by Firms: Extension of Analytic Results, in: Journal of Finance 1968 (23), S. 735 ff.

Modigliani, F.; Miller, M. H.: The cost of capital, corporation finance, and the theory of investment, in: American Economic Review 1958, S. 261 ff., deutsche Übersetzung in: Hax, H.; Laux, H. (Hrsg.), Die Finanzierung der Unternehmung, Köln 1975, S. 86 ff.

Modigliani, F.; Miller, M. H.: The cost of capital, corporation finance, and the theory of investment: Reply, in: American Economic Review 1959 (49), S. 655 ff.

Modigliani, F.; Miller, M. H.: Corporate income taxes and the cost of capital: A correction, in: American Economic Review 1963 (53), S. 433 ff., deutsche Übersetzung in: Hax, H.; Laux, H. (Hrsg.), Die Finanzierung der Unternehmung, Köln 1975, S. 120 ff.

Möckel, L.: Indizes der Aktienkurse, in: Die Aktiengesellschaft 1965, S. 228 ff.

Morgenroth, G.: Aufbau und Aussage deutscher Aktienindizes, in: Der Bankbetrieb 1970, S. 216 ff.

Moxter, A.: Die Bestimmung des Kalkulationszinsfußes bei Investitionsentscheidungen. Ein Versuch zur Koordination von Investitions- und Finanzierungslehre, in: ZfhF 1961, S. 186 ff.

Moxter, A.: Die Bestimmung des optimalen Selbstfinanzierungsgrades unter privatwirtschaftlichem Aspekt, in: Der Betrieb in der Unternehmung. Festschrift für Wilhelm Rieger, Stuttgart 1963, S. 300 ff.

Moxter, A.: Lineares Programmieren und betriebswirtschaftliche Kapitaltheorie, in: ZfhF 1963, S. 285 ff.

Moxter, A.: Offene Probleme der Investitions- und Finanzierungstheorie, in: ZfbF 1965, S. 1 ff.

Moxter, A.: Optimaler Verschuldungsumfang und Modigliani-Miller Theorem, in: Forster K.-H.; Schuhmacher, P. (Hrsg.), Aktuelle Fragen der Unternehmensfinanzierung und Unternehmensbewertung. Kurt Schmaltz zum 70. Geburtstag, Stuttgart 1970, S. 128 ff.

Mülhaupt, L.: Der Bindungsgedanke in der Finanzierungslehre unter besonderer Berücksichtigung der holländischen Finanzierungsliteratur, Wiesbaden 1966.

Müller-Merbach, H.: Mathematik für Wirtschaftswissenschaftler, in: WiSt 1975, Heft 6, S. 285 ff.

Munz, M.: Investitionsrechnung, Wiesbaden 1971.

Neubert, H.: Working Capital und totaler Cash Flow, in: WPg 1972 (25), S. 657 ff.

Neubert, H.: Totales Cash-flow-System und Finanzflußverfahren, Wiesbaden 1974.

Nicholson, S. F.: Price-Earning-Ratios, in: The Financial Analysts Journal 1960, 16 (4).

Nicklisch, H.: Budgetierung und Rechnungswesen, in: Zeitschrift für Handelswissenschaft und Handelspraxis 1929 (22), S. 50 ff.

Niebling, H.: Kurzfristige Finanzrechnung auf der Grundlage von Kosten- und Erlösmodellen, Wiesbaden 1973.

Obst, G.; Hintner, O.: Geld-, Bank- und Börsenwesen, Stuttgart 1967.

Oettle, K.: Selbstfinanzierungsmöglichkeiten und Investitionsentscheidungen, in: ZfbF 1964, S. 381 ff.

Oettle, K.: Unternehmerische Finanzpolitik. Elemente einer Theorie der Finanzpolitik industrieller Unternehmungen, Stuttgart 1966.

Orgler, Y. E.: An Unequal-Period Model for Cash Management Decisions, in: Management Science 1969 (16), S. 77 ff.

Orth, L.: Die kurzfristige Finanzplanung industrieller Unternehmungen, Köln/Opladen 1961.

Pack, L.: Betriebliche Investition, Wiesbaden 1966.

Palandt, O.: BGB-Kommentar, 34. Aufl., München 1975.

Perlitz, M.: Die Prognose des Unternehmenswachstums aus Jahresabschlüssen deutscher Aktiengesellschaften, Wiesbaden 1973.

Perridon, L.: Het mobiliseerbare middellange krediet als financieringsmiddel in Frankrijk, in: Economie 1959 (24), Nr. 1, Okt., S. 22 ff.

Perridon, L.: De functie van het mobiliseerbare middellange krediet in het financiewezen van de bedrijfshuishouding, in: Economie 1959 (24), Nr. 3, Dez., S. 145 ff.

Perridon, L.: Quelques réflexions sur le financement des entreprises, Section I, in: Economie et Comptabilité 1963 (17), Nr. 61, März, S. 3167 ff., Section II, in: Economie et Comptabilité 1963 (17), Nr. 63, Sept., S. 3297 ff.

Perridon, L.: Frankreich: Mittelfristiger Kreditmarkt – ein Musterbeispiel, in: Der Volkswirt 1967 (21), Nr. 4, S. 121 ff.

Perridon, L.: Einige Grundlagen zu einer Philosophie des Managements, in: Macharzina, K.; von Rosenstiel, L. (Hrsg.), Führungswandel in Unternehmung und Verwaltung, Wiesbaden 1974, S. 47 ff.

Peters, L.: Simultane Produktions-Investitionsplanung mit Hilfe der Portfolio Selection. Diversifikation des Produktionsprogramms industrieller Unternehmungen als Mittel zur Streuung des Risikos im Investitionsprogramm, Berlin 1971.

Petit, T. A.: The moral crisis in management, New York 1967.

Pfeiffer, J. H.: Langfristige Fremdfinanzierung durch Ausgabe von Obligationen, Wandelanleihen usw., in: Janberg, H. (Hrsg.), Finanzierungshandbuch, 2. Aufl., Wiesbaden 1970, S. 299 ff.

Philippatos, G. C.: Financial Management, Theory and Techniques, San Francisco 1973.

Philippatos, G. C.: Essentials of Financial Management, San Francisco 1974.

Philipp, F.: Unterschiedliche Rechnungselemente in der Investitionsrechnung, in: ZfB 1960, S. 26 ff.

Philipp, F.: Modelle der Finanzierung, in: Kosiol, E. (Hrsg.), Handwörterbuch des Rechnungswesens, Stuttgart 1970, Sp. 1145 ff.

Pönninghaus, S.: Betriebswirtschaftliche Multiplikatoren, in: ZfbF 1967, S. 659 ff.

Porterfield, J. T. S.: Investment Decisions and Capital Cost, Englewood Cliffs 1965.

Pottschmidt, G.; Rohr, U.: Kreditsicherungsrecht, Bonn 1976.

Pougin, E.: Leasing in Handels- und Steuerbilanz, in: ZfB 1965, S. 402 ff.

Priewasser, E.: Betriebliche Investitionsentscheidung, Berlin/New York 1972.

Reinboth, H.: Schuldscheindarlehen als Mittel der Unternehmungsfinanzierung, Wiesbaden 1965.

Rieger, W.: Einführung in die Privatwirtschaftslehre, 3. unveränd. Aufl., Erlangen 1964.

Rittershausen, H.: Industrielle Finanzierungen, Wiesbaden 1964.

RKW: Return on investment in der Praxis, Stuttgart 1968.

Robichek, A. A.; Myers, S. C.: Optimal financing decisions, Englewood Cliffs 1965.

Rössle, K.: Allgemeine Betriebswirtschaftslehre, 5. Aufl., Stuttgart 1956.

Roy, H.: Analyse financière et méthode normative, 2 Bde., Paris 1971.

Ruchti, H.: Die Bedeutung der Abschreibung für den Betrieb, Berlin 1942.

Ruchti, H.: Erfolgsermittlung und Bewegungsbilanz, in: ZfhF 1955, S. 499 ff.

Rühli, E.: Methodische Verfeinerungen der traditionellen Verfahren der Investitionsrechnung und Übergang zu den mathematischen Modellen, in: Die Unternehmung 1970, Heft 3, S. 161 ff.

Salvo, A. de: Cash Management converts dollars into working assets, in: Harvard Business Review 1972, May-June, S. 92 ff.

Samuelson, P. A.: Some Aspects of the Pure Theory of Capital, in: The Quarterly Journal of Economics 1936/37 (51), S. 469 ff.

Sandig, C.: Finanzen und Finanzierung der Unternehmung, Stuttgart 1968.
Sasieni, M.; Yaspon, A.; Friedman, L.: Methoden und Problem der Unternehmensforschung, in: Künzi, H. P. (Hrsg.), Operations Research, Würzburg 1966.
Schacht, K.: Die Bedeutung der Finanzierungsregeln für unternehmerische Entscheidungen, Wiesbaden 1971.
Schäfer, E.: Abschreibung und Finanzierung, in: ZfhF 1955, S. 137 ff.
Scheffer, C. F.: Financiële notities, Bd. I, 2. Aufl., den Haag 1966, Bd. II, den Haag 1964.
Schemmann, G.: Zielorientierte Unternehmensfinanzierung, Köln und Opladen 1970.
Schiller, W.: Technische Aktienanalyse. Chart-Reading, München 1971.
Schlembach, H.: Die Bewertung von Aktien, 3, Aufl., München 1971.
Schmalenbach, E.: Finanzierungen, 6. Aufl., Leipzig 1937.
Schmalenbach, E.: Kapital, Kredit und Zins in betriebswirtschaftlicher Beleuchtung, 3. Aufl., Köln/Opladen 1951.
Schmalenbach, E.: Dynamische Bilanz, 13. Aufl., Köln/Opladen 1962.
Schmalenbach, E.: Die Beteiligungsfinanzierung, 9. Aufl., Köln/Opladen 1966.
Schmidt, R. B.: Die finanzwirtschaftliche Deckungsbilanz für private Unternehmungen, in: BFuP 1953 (5), S. 213 ff.
Schmidt, R. B.: Die finanzwirtschaftliche Funktion der offenen Unternehmungsrücklagen, in: ZfB 1963, S. 47 ff.
Schmidt, R. H.: Aktienkursprognose, Wiesbaden 1976.
Schmitt, H. J.: Planungsbuchhaltung, Berlin 1971.
Schneeweiß, H.: Entscheidungskriterien bei Risiko, Berlin/Heidelberg/New York 1967.
Schneeweiß, H.: Monte-Carlo-Methoden, in: Mayer, G. (Hrsg.), Beiträge zur Unternehmensforschung, Würzburg/Wien 1969.
Schneider, D.: Die wirtschaftliche Nutzungsdauer von Anlagegütern als Bestimmungsgrund der Abschreibungen, Köln/Opladen 1961.
Schneider, D.: Der Einfluß von Ertragssteuern auf die Vorteilhaftigkeit von Investitionen, in: ZfhF 1962, S. 539 ff.
Schneider, D.: Ausschüttungsfähiger Gewinn und das Minimum an Selbstfinanzierung, in: ZfbF 1968, S. 1 ff.
Schneider, D.: Korrekturen zum Einfluß der Besteuerung auf die Investitionen, in: ZfbF 1969, S. 297 ff.
Schneider, D.: „Flexible Planung als Lösung der Entscheidungsprobleme unter Ungewißheit?" in der Diskussion, in: ZfbF 1972, S. 456 ff.
Schneider, D.: Anpassungsfähigkeit und Entscheidungsregel unter Ungewißheit, in: ZfbF 1972, S. 745 ff.
Schneider, D.: Investition und Finanzierung, 4. Aufl., Opladen 1975.
Schneider, E.: Kritisches und Positives zur Theorie der Investition, in: Weltwirtsch. Archiv 1967 (98), S. 314 ff.
Schneider, E.: Wirtschaftlichkeitsrechnung. Theorie der Investition, 7. Aufl., Tübingen/Zürich 1968.
Schröllhammer, H.: Die Delphi-Methode als betriebliches Prognose- und Planungsverfahren, in: ZfbF 1970, S. 128 ff.
Scholten, M.: De liquiditeit van de onderneming, Leiden 1962.
Scholz, H.: Das Recht der Kreditsicherung, 4. Aufl., Berlin 1972.
Schütz, W.: Methoden der mittel- und langfristigen Prognose, München 1975.
Schulz, H. D.: Nur wenig Grundkapital fluktuiert, in: Der Volkswirt 1966, S. 1532 f.
Schulz, H. D.: Analyse zyklischer Aktienkursbewegungen, in: ZfgK 1969, S. 522 ff., S. 652 ff., S. 712 ff., auch abgedruckt in: Siebert, G. (Hrsg.), Beiträge zur Aktienanalyse, Frankfurt 1972, S. 120 ff.
Schwartz, E.: Theory of the capital structure of the firm, in: Journal of Finance 1959 (14), S. 18 ff.
Schwartz, E.: Corporation Finance, New York 1962.
Schwarz, H.: Zur Bedeutung und Berücksichtigung nicht oder schwer quantifizierbarer

Faktoren im Rahmen eines investitionspolitischen Entscheidungsprozesses, in: BFuP 1960, S. 686 ff.

Schwarz, H.: Optimale Investitionsentscheidungen, München 1967.

Schweim, J.: Integrierte Unternehmensplanung, Bielefeld 1969.

Schwerma, W.: Untersuchungen zur Theorie der Investition, Tübingen 1971.

Seelbach, H.: Planungsmodelle in der Investitionsrechnung, Würzburg/Wien 1967.

Seelbach, H.; Zimmermann, H. G.: Quantitative Kapitalbedarfsanalyse, in: ZfB 1973, S. 329 ff.

Seicht, G.: Investitionsentscheidungen richtig treffen. Theoretische Grundlagen und praktische Gestaltung moderner Investitionsverfahren, Wien 1973.

Sellien, H.: Finanzierung und Finanzplanung, 2. Aufl., Wiesbaden 1964.

Serick, R.: Probleme bei mehrfacher Abtretung künftiger Forderungen, verlängerter Eigentumsvorbehalt und Globalzession, in: Der Betriebs-Berater 1960, S. 141 ff.

Sharpe, W. F.: A simplified model for portfolio analysis, in: Management Science 1963 (9), S. 277 ff.

Sharpe, W. F.: Capital Asset Prices. A Theory of Market Equilibrium under Conditions of Risk, in: Journal of Finance 1964 (19), S. 425 ff.

Sharpe, W. F.: Portfolio theory and capital markets, New York/London/Sydney/Toronto 1970.

Siebert, G. (Hrsg.): Beiträge zur Aktienanalyse, Frankfurt a. M. 1972.

Siepen, V.: Point- and figure-charts, in: WP 1973, S. 188 ff. und 225 ff.

Smith, A. (Pseudonym): Das große Spiel um's Geld, München 1972.

Solomon, E.: Measuring a company's cost of capital, in: Journal of Business 1955 (28), S. 240 ff., deutsche Übersetzung in: Hax, H.; Laux, H. (Hrsg.), Die Finanzierung der Unternehmung, Köln 1975, S. 36 ff.

Solomon, E.: Leverage and the cost of capital, in: Journal of Finance 1963 (18), S. 273 ff., deutsche Übersetzung in: Hax, H.; Laux, H. (Hrsg.), Die Finanzierung der Unternehmung, Köln 1975, S. 160 ff.

Solomon, E.: The theory of financial management, New York/London 1963.

Spickhoff, F.: Anwendung der Netzwerktechnik bei der langfristigen Finanzplanung, in: ZfB 1966, S. 592 ff.

Staehle, W. H.: Die Schuldscheindarlehen, Wiesbaden 1965.

Staehle, W. H.: Kennzahlensysteme als Mittel der Organisation und Führung von Unternehmen, Wiesbaden 1969.

Staehle, W. H.: Kennzahlensysteme als Instrumente der Unternehmensführung, in: WiSt 1973 (5), S. 224.

Standop, D.: Optimale Unternehmensfinanzierung. Zur Problematik der neueren betriebswirtschaftlichen Kapitaltheorie, Berlin 1975.

Stefanič-Allmeyer, K.: Die günstigste Bestellmenge beim Einkauf, in: Sparwirtschaft, Zeitschrift für den wirtschaftlichen Betrieb, Wien 1927, S. 504 ff.

Steiner, M.: Die Berücksichtigung personaler und sozialer Aspekte in der Unternehmensrechnung und ihre Problematik, in: Reber, G. (Hrsg.), Personal- und Sozialorientierung der Betriebswirtschaftslehre, Bd. 2, Stuttgart 1977.

Steiner, M.: Berücksichtigung von Erkenntnissen der Lernforschung in der Unternehmensrechnung, in: Management International Review 1975, Heft 2–3, S. 55 ff.

Steiner, M.; Rössler, M.: Zukunftsorientierte Bilanzanalyse und ihre Prognosequalität, in: BFuP 1976, S. 440 ff.

Steinmann, H.: Liquiditätsoptimierung in der kurzfristigen Finanzplanung, in: BFuP 1968, S. 257 ff.

Stützel, W.: Liquidität, in: von Beckerath, E., u. a. (Hrsg.), Handwörterbuch der Sozialwissenschaften, Bd. 6, Stuttgart/Tübingen/Göttingen 1959, S. 622 ff.

Süchting, J.: Zur Problematik von Kapitalkosten-Funktionen in Finanzierungsmodellen, in: ZfB 1970, S. 329 ff.

Süchting, J.: Geldfreisetzungseffekte im Zahlungsverkehr der Unternehmung, in: ZfbF 1970, S. 241 ff.

Swoboda, P.: Die Ermittlung optimaler Investitionsentscheidungen durch Methoden des Operations Research, in: ZfB 1961, S. 96 ff.

Swoboda, P.: Der Einfluß der steuerlichen Abschreibungspolitik auf betriebliche Investitionsentscheidungen, in: ZfbF 1964, S. 414 ff.

Swoboda, P.: Die simultane Planung von Rationalisierungs- und Erweiterungsinvestitionen und von Produktionsprogrammen, in: ZfB 1965, S. 148 ff.

Swoboda, P.: Die Wirkungen von steuerlichen Abschreibungen auf den Kapitalwert von Investitionsprojekten bei unterschiedlichen Finanzierungsformen, in: ZfbF 1970, S. 77 ff.

Swoboda, P.: Investition und Finanzierung, Göttingen 1971.

Swoboda, P.: Finanzierungstheorie, Würzburg/Wien 1973.

Tamari, M.: Finanzwirtschaftliche Kennzahlen als Mittel zur Vorhersage von Insolvenzen, in: Management International Review 1966, Heft 4, S. 29 ff.

Terborgh, G.: Dynamic Equipment Policy. A MAPI-Study, Machinery and Allied Products Institute, New York/Toronto/London 1949.

Terborgh, G.: Business Investment Policy. A MAPI-Study and Manual, Machinery and Allied Products Institute, Washington 1958.

Terborgh, G.: Business Investment Management, Washington 1967.

Terborgh, G.: Leitfaden der betrieblichen Investitionspolitik, Wiesbaden 1969.

Thiess, E.: Kurz- und mittelfristige Finanzierung, Wiesbaden 1958.

Thoms, W.: Bewegungs- und Wirkungsbilanzen, in: WPg 1957 (10), S. 53 ff.

Thoms, W.: Das Buchen und Bilanzieren der funktionalen Kontorechnung, 2. Aufl., Herne/Berlin 1956.

Thoms, W.: Die Vorteile der funktionalen Kontorechnung, in: ZfB 1956, S. 503 ff.

Thoms, W.: Die Buchhaltung als Instrument der Planungsrechnung, Herne/Berlin 1960.

Thoms, W.: Die funktionale Planungsrechnung, in: ZfB 1962, S. 625 ff.

Thoms, W.: Integrale Kapitalbedarfsrechnung, in: Neue Betriebswirtschaft 1969 (2), S. 18 ff.

Tongocci, D.: Variabilità della struttura del Capitale d'impresa nel suo adattamento alle condizioni di mercato, Pisa 1956.

Tschumi, O.: Optimale kurzfristige Finanzierung, in: Industrielle Organisation 1969, S. 60 ff.

Tschumi, O.: Graphische Bestimmung der optimalen kurzfristigen Finanzierung, in: Industrielle Organisation 1970, S. 14 ff.

Umford, L.: The Story of Utopias, London 1923.

Verheyen, P.: Investeren en risiko, Leiden 1975.

Vieweg, R.: Finanzplanung und Finanzdisposition, Gütersloh/Berlin 1971.

Vigneron, P.: La politique financière de l'entreprise, Paris 1975.

Villa, F.: Elementi di Amministrazione e Contabilità, 3. Aufl., Pavia 1857.

Vörös, L.: Cash Flow, Stuttgart 1970.

Vogler, G.; Mattes, H.: Theorie und Praxis der Bilanzanalyse, Berlin 1975.

Vormbaum, H.: Das finanzwirtschaftliche Gleichgewicht des Betriebes, in: ZfB 1962, S. 65 ff.

Vormbaum, H.: Finanzierung der Betriebe, 3. Aufl., Wiesbaden 1974.

Wagner, H.: Simultane Planung von Investition, Beschäftigung und Finanzierung mit Hilfe der dynamischen Programmierung, in: ZfB 1967, S. 709 ff.

Walb, E.: Die finanzwirtschaftliche Bilanz, in: ZfbF 1942, S. 213 ff.

Walb, E.: Finanzwirtschaftliche Bilanz, 3. Aufl., Wiesbaden 1966.

Waldmann, J.: Optimale Unternehmensfinanzierung, Wiesbaden 1972.

Waschkowski, H.: Prognose von Aktienkursen, Frankfurt 1971.

Weibel, P. F.: Probleme der Bonitätsbeurteilung von Unternehmen aus der Sicht der Banken, in: Die Unternehmung 1970, S. 269 ff.

Weibel, P. F.: Die Aussagefähigkeit von Kriterien zur Bonitätsbeurteilung im Kreditgeschäft der Banken, Bern 1973.

Weihrauch, H.: Pensionsrückstellungen als Mittel der Finanzierung, Stuttgart 1962.

Weihrauch, H.: Finanzierungseffekt der Rückstellungen, insbesondere der Pensionsrückstellungen, in: Janberg, H. (Hrsg.), Finanzierungshandbuch, 2. Aufl., Wiesbaden 1970, S. 319 ff.
Weingartner, H. M.: Mathematical programming and the analysis of capital budgeting problems, 2. Aufl., Englewood Cliffs 1964.
Weston, J. F.; Brigham, E. F.: Managerial finance, 4th ed., London/New York/Sydney/Toronto 1972.
Whalen, E. L.: An extension of the Baumol-Tobin approach to the transactions demand for cash, in: Journal of Finance 1968 (23), S. 113 ff.
Whitin, T.: The Theory of Inventory Management, Princeton 1957.
Widmer, R.: Der Euromarkt, Frankfurt a. M. 1968.
Williams, J. B.: The theory of investment-value, Cambridge 1938.
Witte, E.: Der Zusammenhang von Kalkulation und Finanzplanung im Industriebetrieb, Diss., Berlin 1953.
Witte, E.: Die Liquiditätspolitik der Unternehmung, Tübingen 1963.
Witte, E.: Zur Bestimmung der Liquiditätsreserve, in: ZfB 1964, S. 763 ff.
Witte, E.; Klein, K.: Finanzplanung der Unternehmung. Prognose und Disposition, Reinbek 1974.
Wittgen, R.: Moderner Kreditverkehr, München 1970.
Wittmann, W.: Unternehmung und unvollkommene Information, Köln/Opladen 1959.
Wöhe, G.: Einführung in die Allgemeine Betriebswirtschaftslehre, 12. Aufl., München 1976.
Wöhe, G.: Betriebswirtschaftliche Steuerlehre, München 1976.
von Wysocki, K.: Das Postulat der Finanzkongruenz als Spielregel, Stuttgart 1962.
von Wysocki, K.: Die Kapitalflußrechnung als integrierter Bestandteil des aktienrechtlichen Jahresabschlusses, in: WPg 1971, S. 617 ff.
Wytzes, H. C.: Ondernemingsfinanciering, Leiden 1975.
Zahn, J. C. D.: Die Zahlung und Zahlungssicherung im Außenhandel, 4. Aufl., Berlin 1968.

Stichwortverzeichnis

Abschreibung
- Ermittlung der 25
- Finanzierung aus 242 ff.
- formen 242 f.
- Sonder- 239

Abzinsung 47
Abzinsungsfaktor 47
Abweichungskoeffizient 88
Advance-and-Decline-Linie 142
Äquidistanz 53
Äquivalenz 53
Agio 118
Akkreditiv 217 f.
- Bar- 218
- bevorschussung 220
- bestätigtes 218
- Dokumenten- 218
- unbestätigtes 218
- unwiderrufliches 218
- widerrufliches 218

Aktien
- Arten 176 ff.
- Gratis- 182
- Inhaber- 176
- Namens- 176
- Nennwert- 178
- Quoten- 178
- Stamm- 177
- vinkulierte 176
- Vorrats- 182
- Vorzugs- 177 f.
- Zusatz- 182

Aktienanalyse
- Methodische Ansätze 120 ff.

Aktiengesellschaft (AG) 176 ff.
- Kapitalerhöhung 178 ff.

Aktienindex 135 ff.
Aktientrend 146 ff.
Akzept 209
- Bank- 216, 219
- kredit 216

Akzeptant 209
Amortisationsdauer 41
Amortisationsrechnung **41 ff.**, 45

- dynamische 54

Amortisationszeitpunkt 41 f.
Anfangsvermögensmaximierung 109
Anleihen
- Begriff 116, **191 f.**

Annuitätenmethode 53, 64
- approximative 65 f.

Annuitätenfaktor 48
Antizipatory credit 220
Anzahlungen 207 f
Arbitrageprozeß 360 ff.
Asset Pricing Model 372
Aufzinsung 47
Aufzinsungsfaktor 47
Ausgaben 16, 70
Ausgleichsfaktor 136
Ausnahmezins 71
Auswahlproblem 31
- bei Investitionen 54 ff.
- finanzielles 105

Auszahlungen 16, 70
Auszahlungsannuität 65
Ausfuhr
- bürgschaften 204
- garantien 204

Ausfuhr-Kredit-Gesellschaft (AKA) 202 ff.
- Plafonds A 202 f.
- Plafonds B 203
- Plafonds C 203

Ausschüttung
- optimale 368 f.

Außenfinanzierung 169, **171 ff.**
Ausstattungskredit 207
Authority to purchase 219 f.
Avalkredit 216 f.

Baldwin-Methode 54
Balkenchart 133
Barwert 37, 40, 48
Barwertfaktor 48
Baumol-Modell 156 ff.
Basistrend 137
Bayes-Regel 86 f., 91

Beleihung 117
Beranek-Modell 159
Bernoulli-Prinzip 91 f.
Beständedifferenzbilanz 293 ff.
Bestellmenge
 – optimale 164 f.
Beta-Koeffizient 371 f.
Beteiligungsfinanzierung 171 ff.
 – mit Börse 175 ff.
 – ohne Börse 171 ff.
Betriebsgewinn (Mapi-Methode) 67
Bewegungsbilanz 295 ff.
Bezugsangebot 181
Bezugsrecht 179 f.
 – rechnerischer Wert 179 f.
 – tatsächlicher Wert 180
Bezugsrechts-Abschlag 136
Bilanz
 – analyse
 (siehe Kennzahlenanalyse) 251 ff.
 – Bewegungs- 295 ff.
 – gewinn 265
 – kurs 180, 258
 – planung 332 ff.
 – strukturkennzahlen
 (siehe Kennzahlenanalyse) 254 ff.
 – Veränderungs- 295 f.
Börse
 – Amtlicher Handel 181
 – Freiverkehr 181
 – Telefonverkehr 181
 – variable Notierung 182
Börsenkonjunkturen 130
Börsenzulassung 117
Börsenzyklen 137 ff.
Bürgschaft 185
 – Ausfall- 185
 – Bank- 216 f.
 – selbstschuldnerische 185, 216
Budget 307, 310, 314 f.
 – centre 312
 – grundsätze 312 ff.
 – Master- 315
 – Teil- 314 f.
 – wesen 307
Budgetary Control 307
Budgeting
 – Theory 310
Budgetwesen 307

 – autoritäres 311
 – partizipatives 311

Capital Asset Pricing Model 372
Cash Flow 70, **270 ff.**
 – betriebsbedingter 271
 – Brutto- 272
 – direkte Ermittlung 270
 – erfolgswirtschaftlicher 271 f.
 – finanzwirtschaftlicher 272 ff.
 – indirekte Ermittlung 270
 – Totaler 274
Chance constrained programming 114
Chart-Diagram 123, **132 ff.**
Chart-Neading 146, 152
Coefficient of variation 88
Commercial letter of credit 219 f.

Deckungsgrade
 – kurzfristige 260 ff.
 – langfristige 258 ff.
Deckungsstockfähigkeit 117, **196 f.**
Degussaklausel 193
Delkrederefunktion 221
Delphi-Methode 319
Differenzbetrachtung 67
Differenzinvestition 55, 72
Disagio 119, 192
Diskont
 – kredit 211 ff.
 – Privat- 213
 – Re- 211 f.
 – satz 212
Diskontierung 48 f.
Dispositions
 – kredit 209
 – papiere 215, 219
Dividendenmodelle 368 f.
Dividendenthese 368
Dokumenten-Inkasso 219
Dow Jones Index **135**, 138 f., 140
Dow-Theorie 140 f.
Du Pont-Kennzahlensystem 285 f.
Durchschnitte
 – gleitende 321 f.
Durchschnittsrechnung 42
Durchschnittsrentabilität 72

Effektivverschuldung 263
Effektivverzinsung

– Berechnung 117 ff.
Eigenfinanzierung 167 ff., **171 ff.**, **236 ff.**
Eigenkapital 256
Eigenkapitalrentabilität 40
Einkommensmaximierung 14, 112
Einnahmen 16, 70
Einperiodenmodell 109
Einrichtungskredit 207
Einzahlung 16, 70
Emission 181
– Fremd- 181
– Methoden (der) 181
– Selbst- 181
– Wege (der) 181
Emissionskurs 117
Entscheidungsbaumverfahren 99 f.
Entscheidungskriterien
– finanzwirtschaftliche 13 ff.
Entscheidungsmodelle
– deterministische **28 ff.**, 78
– stochastische 78 ff.
Ergebnis
– betriebsbedingtes 265 f.
– betriebsfremdes 265 f.
– finanz- 266 f.
– Gesamt- 267
– neutrales 267
– ordentliches 266
Ersatzproblem 34
Ersatzzeitpunkt 34
– optimaler 64
Ertragskurs 180
Ertragswirkung
– Ermittlung (der) 25
Erwartungswert 86 f.
Euro-
– anleihen 205
– dollar 204
– geldmarkt 204 f.
– kapitalmarkt 204 ff.
European-Currency-Unit (ECU) 206
Exponentielle Glättung 323 ff.

Factoring 220 ff.
Festgeld 131
Finanzanalyse 125
– Begriff 251
– externe 251
– interne 251

– Untersuchungsgegenstand 253
Finanzielles Gleichgewicht 110
Finanzierung
– (aus) Abschreibungen 242 ff.
– Außen- 169, 171 ff.
– Begriff 167
– Beteiligungs- 171 ff.
– Eigen- 167 ff., 171 ff., 236 ff.
– Formen 167 ff., 170
– Fremd- 167 f., **183 ff.**
– Innen- 169, **235 ff.**
– Kosten 72, 353 ff.
– partielle 6
– (aus) Rückstellungen 168, **247 f.**
– Selbst- 169, **236 ff.**
– totale 6
– Über- 169
– Unter- 169
– (durch) Vermögensumschichtung 248 f.
Finanzierungsregeln
– horizontale 258 ff.
– vertikale 255 ff.
Finanzorganisation 9 f.
Finanzplan
– außerordentlicher 339
Finanzplanung 44, **307 ff.**
– Ablauf 315
– aktive 317
– integrierte 317, **343 ff.**
– Kapitalbedarfs- 317, **332 ff.**
– Liquiditäts- 316 f., **338 ff.**
– Rechnungsarten 316 ff.
– simultane **108 ff.**, 317
Finanzstellenrechnung 339
Finanzwirtschaft
– Begriff 4, 11 f.
Fonds
– Arten 303 f.
– Geld- 303
– rechnungen 302 ff.
Forderungen
– Disposition (der) 162 ff.
Forfaitist 222
Forfaitierung 222
Formation 149 ff.
Frachtbriefduplikat 215
Fremdfinanzierung 167 f., **183 ff.**
Fremdkapital 257
Fundamentalanalyse 121 f., **124 ff.**

Stichwortverzeichnis

Fungibilität 192, 198
– Begriff 117

Ganzzahligkeitsbedingung 112
Garantie 185 f.
– Bank- 216 f.
– Bietungs- 217
– Gewährleistungs- 217
– Lieferungs- 217
Gegenwartswert 124
Geld 2
Geldleihe 216 f.
Genossenschaft 173, 174 f.
Genußscheine 195
Gesamtkapitalrentabilität 40, **276**
Gesamtgewinnprognose 74
Gesellschaft mit beschränkter Haftung (GmbH) 173 f.
Gewinn
– schuldverschreibungen 194
Gewinnschwelle 98
Gewinnthese 367 f.
Gewinnvergleichsrechnung 37
– Differenzbetrachtung 38
– isolierter Vergleich 37
– Totalperiode 40
Gewinnverlagerung 73
Gleitender Durchschnitt **143 f.**, 145 f.
Goldene
– Bankregel 259
– Bilanzregel 259
– Finanzierungsregel 258
Gompertz-Funktion 328
Grundbuch 189
Grundkapital
– fluktuierendes 120
Grundpfandrechte 189 f.
Grundschuld 189 ff.
– Eigentümer- 190
Gruppenurteil 318 f.
Gütermengenplanung 344 f.

Handelskredit 206 f., 211
Hermes-Deckung 203 f.
Hypothek 189 f.
– Brief- 189
– Buch- 189
– Höchstbetrags- 190
– Sicherungs- 190
– Verkehrs- 189

Imponderabilien
– (der) Investitionsentscheidung 26
Indifferenzkurven 89 f.
Industriekreditbank 201
Industrieobligationen 191 f.
– Begriff 116
Innenfinanzierung 169, **235 ff.**
Innerer Wert (intrinsic value) 121 f., **124 ff.**
Insolvenzprognose 288 ff.
Integrierte Finanzplanung 343 ff.
Interdependenzen 26, 108
– horizontale 69
– vertikale 69
Interne Zinssatzmethode **52 f.**, 54, 56, 64, 105 ff.
Interpolation 52
Investition
– Arten 21 f.
– Ausschuß 27
– Auswahlproblem 54 ff.
– Differenz- 55
– Einzel- 49 ff.
– Entscheidungsprozeß 22 ff.
– Finanz- 111
– Imponderabilien der Entscheidung 26
– Kette 63
– Komplementär- 55
– Planung 22 f.
– Politik 22 f.
– Programmentscheidung 105 ff.
– Organisation 23 f.
– Rechenverfahren 28 ff.
– Stab **24**, 27
– und Steuern 73 f.
– Supplement 55
– Vorteilsvergleich 54 ff.
– Zusatz 55
Investitionsrechenverfahren
– dynamische 29, **47 ff.**
– Entscheidungsbaumverfahren 99 f.
– kapitaltheoretische Modelle 109 f.
– Korrekturverfahren 81 f.
– produktionstheoretische 109, **113 f.**
– Programmentscheidungen 105 ff.
– Simulation 93 f.

– statische 29, **30 ff.**
– Verfahrenswahl 54
Investititonsrechnung 28 f.
– unter Unsicherheit 78 ff.
Investitionsrisiko 44

Jahresüberschuß 265 f.

Kalkulationszinsfuß
– und Inflation 73
– und Steuern 73
Kalkulationszinssatz 53, 54, 56, **70 f.**, 110 f.
Kalkulatorische Kapitalkosten 35
Kalkulatorische Zinsen 37, 40
Kalkulatorischer Buchwert 34
Kalkulatorischer Zinssatz 81
Kapazitätserweiterungseffekt 243 ff.
Kapital 5
– abstraktes 167
– arbeitendes 7
– Eigen- 168 f., 171 ff., 256
– freisetzungseffekt 243 ff.
– Fremd- 168 f., 183 ff., 257
– permanentes 7
– Real- 167
Kapitalbedarfsplanung 317, **332 ff.**
Kapitalbindungsdauer 335 f.
Kapitaleinsatz
– Ermittlung (des) 25
Kapitalerhöhung (der AG)
– bedingte 178, **182**
– genehmigte 178, **182**
– (aus) Gesellschaftsmitteln 178, **182**
– ordentliche 178 ff.
Kapitalertragssteuer 119
Kapitalflußrechnungen 293 ff.
– Arten 293 f.
– Fondsrechnungen 302 ff.
– Umsatzrechnungen 300 ff.
Kapitalisierungszins 121 f., 126 f.
Kapitalkosten 31, 107, **353 ff.**
– durchschnittliche 354
– Eigen- 354, 359 f.
– Fremd- 353 f.
Kapitalmarkt 116
– unvollkommener 68
– vollkommener 52, 68
– Zinssatz 52

Kapitalmarktlinie 372
Kapitalstruktur
– Kennzahlen 255 ff.
Kapitaltheorie 351 ff.
– neoklassische 351
Kapitalverzehr (Mapi-Methode) 67
Kapitalwert 49, 81 ff.
Kapitalwertfunktion 61
Kapitalwertmethode **49 ff.**, 54, 56, 64, 105 ff.
Kapitalwertrate 105 f.
Kapitalzins 71
Kassakurs 181
Kassenhaltung
– Baumol-Modell 156 ff.
– Beranek-Modell
– Miller/Orr-Modell 159 ff.
– Modelle 156 ff.
– Motive 3, 155
– optimale 155 ff.
Kennzahlen
– Aktivitäts- 279 f.
– Arten 252
– Beurteilung 263 f.
– dynamische 253, 264 ff.
– Erfolgs- 265 ff.
– horizontale Bilanzstruktur 258 ff.
– Kapitalstruktur 255 ff.
– Rentabilitäts- 275 ff.
– statische 253, 254 ff.
– stromgrößenorientierte 264 ff.
– Systeme 284 ff.
– Vermögensstruktur 254 f.
Kennzahlenanalyse
– Analyseablauf 252
– Analysegegenstand 253
– Methoden 251 ff.
Kennzahlensysteme
– empirische 288 ff.
– deduktive 285 ff.
Kommanditgesellschaft (KG) 172, 174
– auf Aktien (KGaA) 173, 175
Komplementärinvestition 55
Komplementarität 54
Konossement 215
– Binnen- 215
– Fluß- 215
Konsortium
– Begebungs- 181
– Übernahme- 181

Kontokorrentkredit 208 f.
Korrekturverfahren 81
Kommunalobligation
- Begriff 116, 195
Konsolidierungsformation 149 f.
Kosten 16, 70
Kostenvergleichsrechnung 30
- pro Leistungseinheit 32
- pro Zeiteinheit 31
Kredit
- Außenhandels- 217 ff.
- besicherung 185 ff., 208
- Diskont- 211 ff.
- formen 183
- Handels- 206 f.
- hilfen 201 f.
- Kontokorrent- 208 f.
- kurzfristiger 206 ff.
- langfristiger 191 ff.
- leihe 216 ff.
- Lieferanten- 206 f.
- linie 208
- sicherheiten 185 ff.
- substitute 220 ff.
- würdigkeit 184
Kreditfinanzierung 168 f., **183 ff.**
Kreditgarantiegemeinschaften 202
Kreditwürdigkeitsprüfung 184
Kritische Menge 33
Kritischer Wert 83 f.
Kumulationsrechnung 42 f.
Kundenanzahlungen 207 f.
Kursdiagramm (siehe Chart-Diagramm)
Kurs-Gewinn-Verhältnis 128 f.
Kursspanne 133

Lagerhaltung 164 f.
Leasing 222 ff.
- Bilanzierung 227 f.
- Erlaß 224 ff.
- Financial 222 f.
- Operating 222 f.
- Sale and lease back 223
- Second hand 222
- Urteil 224
Leistung 16, 70
Leverage **353 ff.**
- Effekt 256, **354 ff.**
- Faktor 277

Lieferantenkredit 206 f.
Lineare Programmierung 108 f.
Linienchart 133
Liquidationsspektrum 163 f., 341
Liquidationswert (Mapi-Methode) 67
Liquidität
- Begriff 14 ff.
- finanzwirtschaftliches Entscheidungskriterium 14 f.
- Grade 15, **260 ff.**
- Kennzahlen 260 ff.
Liquiditätsplan 340 f.
Liquiditätsplanung 316 f., **338 ff.**
Liquiditätsstatus 338
Logistische Funktion 327 f.
Lohmann-Ruchti-Effekt 243 ff.
Lombard
- Edelmetall 215 f.
- Effekten- 214
- Forderungs- 215
- kredit 213 ff.
- Waren- 215
- Wechsel 214
London Certificate of Deposit 205

μ, σ-Kriterium 88
Management
- Begriff 8 ff.
- finanzwirtschaftliches 8
Mapi-Methode 66
Markteffizienz 123
Mehrperiodenmodell **113,** 109
Miller und Orr-Modell 159 ff.
Modigliani-Miller-Theorem 357 ff.
Monetaristen 129 f.
Monte-Carlo Simulation 95

Negativklausel 117, 192
Negoziierungskredit 219 f.
Nettoeinnahmen
- betriebliche 274 f.
Normalzins 71
Nutzenerwartungswert 91 f.
Nutzenfunktion 80
Nutzenquantifizierung 93
Nutzungsdauer 35, 82
- Ermittlung (der) 25
- optimale 60 ff.
- rechtliche 61
- technische 61
- wirtschaftliche 61

Obligationen
- Bank- 195
- Industrie- 191 f.
- Kommunal- 195
- (der) öffentlichen Hand 195
Odd-Lot-Messung 144
Offene Handelsgesellschaft (OHG) 172, 174
Opportunitätskosten 63
Optionsschuldverschreibungen 194, 206
Order
- lagerschein 215
- papiere 215
- to negotiate 219 f.

Pari-Ausgabe 118
Pensionsrückstellungen 248
Periodenkapazität 244, 246
Personalsicherheiten 185
Pfandbriefe 181, **195**
Pfandbrief-Begriff 116
Phasenfolge 341
Plan
- anpassung 345 f.
- kontrolle 347 f.
Planbilanz 332 ff.
Planung
- Begriff 308 f.
- grundsätze 312 f.
- Grundsatz- 309
- operative 309
- Organisation (der) 309
- prozeß 311
- strategische 309 f.
- taktische 309
Planungshorizont 72
Planungszeitraum 112
Point-and-Figure-Chart 134
Portefeuille Theorie 370 f.
Portefolioanalyse 370 ff.
Predicitive Power 288
Present value 121, **124 ff.**
Price-earning-ratio-Begriff **127 ff.**
Privatdiskont 213
Primärbewegungen 138
Produktionshaushalt 1
Produktionszyklus 154 f.
Profit centre 312
Prognose

- deterministische 330
- kausale 330
- stochastische 330
Prognosemethoden 318 ff.
- extrapolierende 319 ff.
- kausale 330 ff.
- subjektive 318 ff.
Prognoseplanung 317, **332 ff.**
Profitability Index 105 f.
Provision
- Bereitstellungs- 208
- Konsortial- 193
- Kredit- 208
- Umsatz- 208

Random-Walk-Hypothese 123 f.
Ratio-Systeme 285 ff.
Realsicherheiten 185 ff.
Rediskont 202, **211**
- fähigkeit 211 f.
- kontingent 211, **212**
Regreß
- Wechsel 209 f.
Regression **330 ff.**, 335
Reinvestitionsannahmen 52
Rembourskredit 216, **219**
Remittent 209
Rentabilität 40
- Betriebskapital 13
- Eigenkapital- 13, **276**
- finanzwirtschaftliches Ziel 13
- Gesamtkapital- 13, **276**
Rentabilitätsvergleichsrechnung
- statische 40 f.
Rentenbarwertfaktor 48
Rentenschuld 189 f.
Responsibility centres 312
Restbuchwert 34
Resterlöswert 34
Restverkaufserlös 62
Return on Investment (RoI) 40
- Kennzahlenanalyse 277, 285
Risiko
- Geschäfts- 357, 370
- Kapitalstruktur- 357, 370
- systematisches 370
- unsystematisches 370
Risikoeinstellung 87
Risikofreude 92
Risikokategorie 81

Stichwortverzeichnis

Risikomaßstab 88
Risikonutzen 91
Risikopräferenzfunktion 89
Risikoprofil 98
Risikoscheu 92
Roll back-Verfahren 101 f.
Rücklagen 236 f.
Rückstellungen 247 f.
– Pensions- 247 f.
Ruchti-Effekt 243 ff.

Saison 320, **328 ff.**
Sekundärzyklen 138
Sensitivitätsanalyse **82 ff.**, 115
Short-Interest-Ratio 144
Short-Range-Oscillator 144
Schütt aus-Hol zurück-Politik 241
Schuldscheindarlehen 196 ff.
– revolvierende 198
Schuldverschreibungen 191 ff.
– Gewinn- 194
– Industrie- 191
– Options- 194
– Wandel- 194
Selbstfinanzierung 169, **236 ff.**
– offene 236 f.
– stille 236, **237 ff.**, 242
Sicherheit
– finanzwirtschaftliches Entscheidungskriterium 17
Sicherungs
– abtretung 188 f.
– übereignung 187
Simulation 93 ff.
– deterministische 94
– dynamische 94
– statische 94
– stochastische 94
Simultanmodelle 30
Skonto 207
Spekulationsgewinn 120
Standardabweichung 88
Standardplanung 317, **336 ff.**
Steuerbilanzgewinn 126
– geschätzter 268 ff.
Steuerminimierung
– und Investition 74 f.
Stille Gesellschaft 171 ff.
– atypische 174
– typische 174

Strukturvermögen 19
Subskription 181
Substitutionalität 54
Supplementinvestition 55

Technische Analyse
– Begriff 122 f., 132 ff.
Teilschuldverschreibung
– Begriff 116
Tertiärbewegungen 140
Tilgungsfonds 193
Totalkapazität 244, 246
Totalrechnung 42
Trassant 209
Trassat 209
Tratte 209
Trend 320 ff.
Trendlinie 147

Umkehrformation 151 f.
Umsatzplanung 332 f.
Umsatzrentabilität 40
Umsatzüberschuß 235, 271 ff., 300 f.
Umschlagvermögen 19
Unabhängigkeit
– finanzwirtschaftliches Entscheidungskriterium 18
Ungewißheit 30, 79
Uniformität 53
Unit of Account 206
Unsicherheit 69, 80
– Ursachen (der) 26
Unternehmungstheorien
– behavioristische 12
– holistische 12
Unterstützungslinie 148
Utopie 308

Varianz 88
Veränderungsbilanz 295 f.
Vermögensmaximierung 13, 112
Vermögensstruktur 19 ff.
Verpfändung 186 f.
– Rechte 186
– Sachen 186
Verschuldungsgrad
– Kennzahlen 255 ff.
– optimaler 364 ff.

Verweilzeit 163 f., 341
Verweilzeitverteilung 332, **341**
Verzinsung
- kontinuierliche 48
Verzinsungsenergie 48
Vorteilsvergleich
- begrenzter 54 f.
- vollständiger 54 f.

Wachstumsfunktionen 327 f.
Währungsoptionsanleihen 206
Wahrscheinlichkeit
- objektive 79
- subjektive 79, 85
Wandelschuldverschreibungen 194
Wechsel 209 ff.
- Depot- 211
- diskontkredit 211 ff.
- Finanz- 211
- gesetzliche Bestandteile 210
- Handels- 211
- obligo 212
- protest 210
- prozeß 210
- sicherung 186, 211
- Sola- 209
- steuer 211
- strenge 210
- Transit- 211

Wert
- kritischer 83 f.
Wertpapiere
- festverzinsliche - Begriff 116, 191 f.
Widerstandslinie 148
Wiedergewinnungsfaktor 48, 54
Wirtschaftlichkeit, relative 30, 37
Wohlstandsmaximierung 14
Working Capital 7, 154 f., **262 f.**

Zeitreihe 319 f.
Zession 188 f.
- Global- 188
- Mantel- 188
- offene 188
- stille 188
Zielsetzungen
- finanzwirtschaftliche 13 ff.
- (der) Unternehmung 1, 8, 12
Zins
- Netto- 208
Zinssatz
- interner 53
Zufallsvariable 123
Zurechnungsproblem 69, 113
Zusatzinvestition 55
ZVEI-Kennzahlensystem 286 f.
Zyklus 320, **328 ff.**